中国企业管理研究会社会责任专业委员会

企业社会责任最新文献导读
(2014~2015)

An Introduction to the Latest Literatures on
Corporate Social Responsibility (2014-2015)

肖红军　李伟阳　郑若娟　编译

经济管理出版社
ECONOMY & MANAGEMENT PUBLISHING HOUSE

图书在版编目（CIP）数据

企业社会责任最新文献导读（2014~2015）/肖红军等编译. —北京：经济管理出版社，2017.10
ISBN 978-7-5096-5449-1

Ⅰ. ①企…　Ⅱ. ①肖…　Ⅲ. ①企业责任—社会责任—文集　Ⅳ. ①F272-05

中国版本图书馆 CIP 数据核字（2017）第 261095 号

组稿编辑：申桂萍
责任编辑：高　娅　梁植睿　赵亚荣　侯春霞
责任印制：黄章平
责任校对：张晓燕

出版发行：经济管理出版社
　　　　　（北京市海淀区北蜂窝 8 号中雅大厦 A 座 11 层　　100038）
网　　　址：www. E-mp. com. cn
电　　　话：(010) 51915602
印　　　刷：三河市延风印装有限公司
经　　　销：新华书店
开　　　本：720mm×1000mm/16
印　　　张：35.25
字　　　数：688 千字
版　　　次：2017 年 10 月第 1 版　　2017 年 10 月第 1 次印刷
书　　　号：ISBN 978-7-5096-5449-1
定　　　价：148.00 元

前　言

　　企业社会责任思想的演进历经百年，时至今日，无论在研究或实践领域依然生机勃勃。为了让学界和业界同人能更加便捷地了解各个时期企业社会责任思想的发展，我们甄选、翻译了各个时期有代表性的企业社会责任文献，其中既包括经典文献，也包括前沿文献。

　　第一，2011 年出版的《企业社会责任经典文献导读》收录了企业社会责任思想产生、发展和兴起过程中 18 篇具有重大影响的标志性文献，这些文献发表于 20 世纪 30 年代到 21 世纪初，这些文献归类为：企业社会责任必要性的争论、企业社会责任的内涵和演进、企业社会责任的研究范式、企业社会责任与企业财务绩效的相关性。我们希望通过这些文献使读者更加清晰地了解企业社会责任理论的发展渊源和脉络，领会企业社会责任发展过程中重要的议题和观点。第二，2013 年出版的《企业社会责任前沿文献导读》选取了发表于 2006~2011 年的 18 篇文献，包括企业社会责任最新认知、企业社会责任影响因素、企业社会责任影响效应、企业社会责任管理模型四个主题。第三，2017 年出版的《企业社会责任前沿文献导读（2012~2013)》对在 2012~2013 年发表于国际顶尖学术期刊的企业社会责任领域的相关论文进行收集、甄选，选取了 16 篇有代表性的文献，这些来自不同学科背景的文献被归类为四个议题：企业社会责任的不同视角透视、企业社会责任的影响因素与效应、责任领导力与道德决策、利益相关方期望与压力回应。

　　为了持续跟踪企业社会责任理论发展的最新进展，本书收集、甄选出 16 篇在 2014~2015 年发表于国际顶尖学术期刊的企业社会责任领域的相关论文，按照企业社会责任的认知与理解、企业社会责任的影响因素、企业社会责任的影响效应三个部分进行分类、翻译并加以导读。本书依然采用"众筹"的方式，组成了一个由来自国内外一流高校、研究机构和企业的学界和业界人士组成的研究团队，包括清华大学的钱小军、北京大学的杨东宁、广西大学的黄瑛、太原科技大学的刘传俊、中国社会科学院数量经济技术经济研究所的陶野、中国社会科学院工业经济研究所的谭玥宁，责扬天下（北京）管理顾问有限公司的殷格非、中国石油昆仑能源公司的李文、国家电网公司的浮婷、中国有色矿业集团公司的聂丽蓓。为了确保对原文理解的准确性以及中文表达的统一性和规范性，我们对初稿进行了3~4次的校对。

尽管编译者都十分认真和谨慎，但由于时间和学识的局限，加上中英文语境的差异，对文中词句含义的理解可能出现偏差，对语言的把握和表达可能不当，敬请读者不吝指正。

目　录

第一部分　企业社会责任的认知与理解

导　读

　　企业社会责任的认知与理解历经了百余年的发展，时至今日，观点依然异彩纷呈。

　　本部分共选取了六篇具有代表性的文献，来展现当今学术界对企业社会责任的不同认知和理解。在第一篇文献中，Benedict Sheehy 应用哲学的方法对企业社会责任的定义重新做出了解释。在第二篇文献中，Nien-hê Hsieh 提出了一个用社会契约理论来解决关于商业参与者责任的问题。在第三篇文献中，Tobias Hahn 等提出企业可持续性的两个认知框架：商业理由框架和矛盾框架，并探索了两者在认知内容与结构上的差异是如何影响管理意义建构的三个阶段的，即对可持续性议题的管理扫描（Managerial Scanning）、解释以及响应。在第四篇文献中，Arne Kroeger 和 Christiana Weber 构建了一个模型来量化和比较社会价值创造。在第五篇文献中，Flore Bridoux 和 J. W. Stoelhorst 提出要用不同的策略管理不同动机的利益相关方，如公平策略对吸引、维护和激励互利型利益相关方创造价值更加有效；而保持距离的策略则能更有效地激励利己型利益相关方，吸引和维护议价能力较高的利己利益相关方。在第六篇文献中，Frank Wijen 探讨了可持续标准在应用过程中如何处理合规与实现目标的取舍问题。

　　第一篇文献是 Benedict Sheehy 的《界定企业社会责任：问题及解决方案》。作者认为，企业社会责任这一术语的普遍存在对其所隐含的特定含义构成了威胁。尽管企业社会责任一词由来已久，业内人士、学术界和其他有关各方对其仍然莫衷一是。作者认为其复杂性来源于企业社会责任与哲学、社会和经济系统这三者之间紧密的联系。作者认为可以通过：其一，应用传统的用于定义的学术方法；其二，认识论方法，来界定企业社会责任并在这个过程中拓展有关企业社会责任的知识。

　　该文的第一部分是问题和方法。首先，作者讨论了当前企业社会责任定义存在的问题和混乱状况。其次，重点分析了经济学、商业、法学、政治学和制度主义的方法论和认识论目标，因此形成了对企业社会责任的不同关注点和定义。作者提出由于各学科对企业社会责任定义和关注的多元和混乱，使得企业社会责任无论在实践或理论发展上都受到制约。再次，作者讨论是否有可能对这一概念加以定义。作者认为，现在存在着与企业社会责任和伪企业社会责任相关的重要法律和经济影响，需要一个定义来指导法律和经济决策的制定、明确表达和维护。全世界的政府都开始倡议企业社会责任，投入大量的经济资本建立管制环境，没有企业社会责任的定义，那么，政府的努力和相关的支出就算不是完全浪费，至少也是用错了方向。同时，企业社会责任是一种跨国的治理形式，因此，一个更准确的企业社会责任定义是可取而且迫在眉睫的。企业社会责任显然会成为商业和社会互动的一种特定类型、一种私营部门的管制。最后，作者回顾了关于企业社会责任定义的几个经典研究，包括 Carroll 从四个责任类别的角度界定了企业社会责任；Donaldson 和 Preston 将学者们使用的方法归类为描述性的、规范性的和工具性的；Dahlsrud 在界定企业社会责任理论方法的基础上识别出三个广泛的学科——责任的哲学、政治科学以及公民身份概念的运用；Wartick 和 Cochrane 将企业社会责任分类为原则、过程和政策；Garriga 和 Mele 将企业社会责任理论分为四组或者说是四种类型，即将企业社会责任看做一种获利手段的工具主义理论，关注企业权力的政治理论，将社会看成一个整体，并强调将商业行为更广泛地与其他社会关注点相结合的整合性理论，以及强调人类共存性的伦理本质的伦理理论；Edward Freedman 的利益相关方观点；Elkington 关于经济繁荣、社会公正和环境质量的三重底线；Wood 界定的制度、组织和个人层次。作者认为，现在的大多数文献都关注组织和个人层次，然而，制度层次已经越来越重要了，由此产生了对企业社会责任的一种定义，即作为国际的私营商业部门的自我管制。第一部分已经解释了企业社会责任复杂且多变的状况、涉及问题的本质以及迄今为止在观点上的不同方法和完善。它还表明，至今尚未有合适的方法将这些表述和行为加以巩固或解读，使之成为一个对现象的整体描述，以适当对其加以定义。

该文的第二部分是解决方案。作者认为，科学定义的传统和广为接受的方法是通过识别"属"进而识别能引向"种"的"微小区别"。换言之，它先识别大范围的、被接受和知晓的群组，再去对那些明显的特征加以识别和归类，以此最终引导我们识别出现存的具体现象。

首先，在定义企业社会责任这一概念时，要以考虑企业社会责任的具体"属"为起点。从"属"的角度来看，作为一种政治争论，企业社会责任可能更接近于政治学，作者通过一系列的分析说明企业社会责任明确归属于政治，其更为具体的结果或者表现是法律和规章。

其次，作者分析了企业社会责任是哪一种政策、法律或规章。为了回答这一问题，作者先从官方机构和结构的角度审视基本的管制选择：从大众官方机构的角度审视，选项有：国际法律、国家法律或非国家法律；从结构的角度审视，选项有：集中管制、协同管制或自我管制。利用这一框架，将企业社会责任界定为一种国际私人自我管制的类型。这一描述意味着作为一种管制，企业社会责任不是主要依靠公共资源来制订规则、执行（包括强制）和裁定。相反，它是一个主要依赖于私人资源的体制。也就是说，私人行为主体是标准创造、采用、执行和裁定的驱动力。企业社会责任被归类为自我管制，执行和裁定均依靠受管制的团体。进一步地，作者转向对"类"的分析。"类"可以源自两个互不相关的分析：一是对管制的实质内容的分析，从本质上看，我们可以将"类"的一个方面界定为包括对行业组织的内部管理的影响；二是对"类"的分析可以更细致地限制为分析行为主体，作者将满足企业社会责任的行为主体视为行业组织。

　　基于上述分析，作者给出定义：企业社会责任是一种国际私人法律，可以被界定为一种产生私人自我管制自觉性的社会—政治行为，包含公共和私人的国际法律规范，意在改善和减轻行业组织产生的社会危害，增加其公共产品的产出。其精简的定义是国际商业私人自我管制。在得出这一定义后，作者应用五条标准逐一对这一定义加以检验，这些标准分别是：①必须陈述潜在的属性；②避免循环；③既不过于广泛，也不过于狭隘；④不晦涩；⑤能用正面叙述的情况就不给出反面的界定。接下来，作者逐一反驳这一定义的三个假设性异议。一是"自愿性"，作者认为这是个误解，管制不再单纯地被理解为那些由公共官方机构发展和执行的强制规则，相反，它被理解为影响个人和组织行为的一系列广泛的方法和制度；二是它没有考虑单独的企业倡议，作者认为，单个组织采纳企业社会责任政策的决策不会发生在真空中，而是从其制度环境中发展而来的；三是企业社会责任是一种内部管理系统，作者认为这与本文所提出的定义没有冲突。

　　最后，作者总结了从管制的角度定义企业社会责任的启示。作者认为，私人管制与公共管制一样具备三个任务，即遵从、强制执行以及裁定。但私人管制在两个明显的方面存在差异。第一个区别是规则制定、执行和裁定的资源并不是从公共范围内征用的，相反，这些资源必然是由各种私人实体提供的；第二个区别特征是受到管制的团体可以选择是否参与管制。此外，从管制角度定义企业社会责任还有五个启示。第一个启示是它为进一步分析和争论企业社会责任提供了一个框架，并且为增加企业社会责任有效性提供了一个平台；第二个启示在于它有助于减少各方观点的不一致性并对其加以完善，也允许各方关注其自身感兴趣和关注的特定领域；第三个启示是制度性的，私人自我管制的定义是制度层次的具体阐述，这一定义将企业社会责任置于国家、国际机构和行业的制度环境中；第四个启示来自于对政府角色的考虑，政府肩负着社会治理的任务，然而，其定义范围或宽或窄，根据定义，像社会成本这样的危害是社会的关注点，因此，显然在其管制中需要政府的参与；第五个启示是考虑这个定义对企业社会责任的其他定义的意义，这一管制定义并不否定其他定义或方法，而是通过将其他定义与更大的制度争论相联系来发挥作用。

　　第二篇文献是 Nien-hê Hsieh 的《企业目的和责任的社会契约模型》。作者提

出，在 Thomas Donaldson 帮助先驱者建立的许多商业伦理中，其中一个就是用社会契约理论来解决关于商业参与者责任的问题。Donaldson 观点的核心是两个目标：①证明营利性企业存在的合理性；②说明其责任及其责任的基础。为了进一步了解生产组织的目的和责任以及支持对 Donaldson 想法的研究，本文总结了对 Donaldson 观点的批评，以及 Donaldson 对这些批评的回答。

该文第一部分简要总结了在社会和生产组织之间构建假设的社会契约的步骤，以及该契约规定的所有产生的权力及责任。在 Donaldson 的观点中，构建生产组织和社会之间的假设性社会契约分为三步。第一步就是想象一个没有生产组织的社会，也就是说"一个个体生产的国度"，在这个国度里，个人"独立生产和工作"。第二步就是说明生产组织能够解决的问题，而因此社会允许其存在。对于社会，Donaldson 想象的是社会的个体成员，而不是将社会视为一个整体。他关注的是两个群体的利益：消费者和员工。从消费者的观点来看，生产组织能够"提高经济利益的满意度"，例如，提高生产效率以及稳定生产和分销。生产组织也会给员工带来利益，例如，增加其收入并提高为社会做贡献的能力。第三步就是使用"第二步产生的理由来说明社会及其生产组织之间的社会契约"。所产生的契约规定了生产组织的权力和责任，并用这些权力给社会成员带来利益。与此同时，社会成员会向生产组织分配责任，来尽量减少其所带来的负面影响。

第二部分研究了一些异议，这些异议认为假设的契约本身就没有向社会成员提供任何理由来允许生产组织的存在，且契约未能在责任方面证明任何责任。首先是证明生产组织存在的合理性。在讨论 Donaldson 的观点时，按照 Paul Hodapp 的说法，社会成员可通过引入生产组织来合理地获得利益，且不需要引入社会契约的概念。在回应 Hodapp 时，Donaldson 区分了特定生产组织的目的和社会成员可能具有的允许生产组织存在的根本原因。Donaldson 认为，不需要了解特定组织的目的来实现社会契约的成果。但是，社会契约的概念可以帮助我们说明生产组织的目的，因为"只有在此类组织能够推动社会的整体利益时，理性的社会成员才会承认其合法，因此从社会的角度来看，社会福利的进步是生产组织的'目的'"。其次是说明并证明生产组织的责任。针对 Donaldson 提出的社会契约概念，Kultgen 反驳他的第一条意见认为这是一种想象的协议，而并不是真正的协议，这样的协议对任何人都没有约束力。对此，Donaldson 解释为，"社会契约可以作为一种线索来发现这些权力和责任"。Kultgen 提出的第二条反对意见就是否认了社会契约在发现这些责任时会起到探索作用。对此，Donaldson 回应道，分配给生产组织的角色责任实际上并不是属于组织或其管理者的全部道德责任，社会契约的概念有助于确定这些额外的道德责任。

第三部分研究了对 Donaldson 观点的修改对解决这些异议能有多大的帮助。首先，作者研究了一些观点的合理性，以修改 Donaldson 对个体生产状态的说明。例如，Gillian Brock 提出了一种三方条件契约，根据该契约，社会成员同意允许生产组织的存在，但假设条件是国家提供各种保护和担保，包括保护公民权、提供失业福利以及教育资源的使用权。而按照 John Bishop 的观点，想象的社会契约并不是在社会和生产组织之间产生的，而是在管理企业建立和行为的规定方面时在社会成员之间产生的。作者讨论了关于各种经济安排的特殊性程度，以及管理生产组织的各种规定的特异性。作者认为，上文的观点旨在通过将关于生产组织的契约加入到这样的契约中来解决不确定性问题，这种契约是 Rawls 的公正观点中无知面纱背后的相关各方所制定的。在 Rawls 的框架中，社会成员会解决生产组织的目的和责任问题，但是只是在立法阶段。

第四部分通过研究 T. M. Scanlon 的道德契约观点探讨是否能够让假设契约成为 Donaldson 观点的核心。Scanlon 在其道德观点中使用了一种假设的协议，即人们应当遵守的准则是那些理性的人会接受的准则。契约论能够提供一种方法来说明并证明 Donaldson 分配给生产组织的责任，至少是在当我们支持他提出的证明这些责任的理由时。

第五部分通过描述社会契约理论对实现两个目标的过程中的作用进行了总结。作者认为，可以通过两种方法让社会契约的理念进入 Donaldson 的观点。第一种就是作为生产组织和社会成员之间的一种协议，这种协议能够列出生产组织存在及其权利和责任的基本原理。第二种引入该理念的方法更加普通，且指的是社会契约理论用来回答关于什么能证明生产组织存在合理性及其责任和理由是什么的问题的方法。作者总结道，Donaldson 的观点为进一步对生产组织的目的和责任进行理论化指明了道路，即便社会契约仅起到有限的作用。

第三篇文献是 Tobias Hahn 等的《企业可持续性的认知框架：矛盾框架与商业理由框架下的管理意义建构》。 企业的可持续性要求管理者不得不面对来自复杂的经济、环境与社会议题的冲突。本文参考管理认知、企业可持续性与战略矛盾方面的文献，提出了对于企业可持续性的两个认知框架：商业理由框架和矛盾框架，并探索了两者在认知内容与结构上的差异是如何影响管理意义建构的三个阶段的，即针对可持续性议题的管理扫描（Managerial Scanning）、解释以及响应。

该文第一部分提出了商业理由框架和矛盾框架的内容与结构。作者认为，决策者往往在混乱组织环境中工作，环境中满是复杂和模糊的信号；通过认知框架，管理者从组织环境中有选择地整理和解释信号，从而减少其复杂性与模糊性。作者将认知框架的内容与结构区别开。认知的内容"由他们所知道的、所想象的和所相信的组成"，而认知结构则表示"内容在执行者的思想中是如何安排、联系或研究的"。认知框架的内容与特定的领域有关，而认知框架的结构包括差异化和一体化两个主要维度，差异化抓住了框架之中元素的数量，一体化描述了这些元素之间的关联性。特定认知框架的结构与内容共同作用，导致对一个情形的特定解释，进而得到一个特定的管理响应。企业可持续性管理将管理者置于一种境地，他们要同时处理企业与社会层面上的多种合意但相互矛盾的经济、环境和社会的结果，这些结果遵循不同的时间框架和逻辑。本文提出了两个认知框架来反映决策者对于可持续性在这几个方面关系的假设。第一种认知框架称为商业理由框架，第二种认知框架被命名为矛盾框架，框架内容由决策者在理解模糊线索时所使用的属性决定，并根据这些属性的优势与多样性而变化。商业理由框架遵循一致的逻辑，并把经济属性放在第一位，其基础是相信处理环境与社会议题有助于实现利润的最大化。矛盾框架的内容特征是多种相互矛盾的经济、环境与社会属性并重，以此理解模糊的可持续性议题。两个框架的内容和基础逻辑的差异也会影响框架的结构，既影响主导的框架元素的数量（即差异化程度），也影响这些元素之间联系的复杂性和量级（即一体化程度）。对于两个框架之间的关系，作者认为，商业理由框架和矛盾框架是管理者如何将经济、环境和社会议题相联系的理想概念化模型。它们代表了一个连续统一体的两个观点，一端与经济属性完全一致，而另一端则是相互联系又相互冲突的经济、环境与社会议题的组合。虽然商业理由框架与矛盾框架这样理想的框架是有明显区别的，但真实的框架往往是两种理想框架在内容和结构上的不同组合。

第二部分研究了两个框架对可持续性议题的管理意义建构的影响。作者在此研究了具有商业理由框架或矛盾框架的决策者，在关于可持续性议题的管理扫描、解释和响应过程中的差异，并提出了如下命题：首先，在扫描阶段，当决策者的认知框架越趋近于商业理由框架时，他们就越可能基于聚焦于小范围的搜索而关注相对有限的可持续性议题，但是会寻求这些议题如何与经济目标相联系的详细信息。当决策者的认知框架越趋向于矛盾时，他们越有可能通过广泛的浏览去关注可持续性议题多个方面的信息，但详细程度低。具有外部导向职能背景的决策者会广泛地扫描不详细的信息，从而弱化了商业理由框架在扫描方面的作用；具有内部导向职能背景的决策者更倾向于扫描小范围但详细的信息，从而弱化了矛盾框架在扫描方面的作用。额外时间与资源的可用性将会使得具有矛盾框架的决策者扫描更详细的信息，但并不会增加具有商业理由框架的决策者扫描的广度。其次，在解释阶段，决策者的认知框架越趋近商业理由框架，他们越可能在所选定的可持续性议题上感觉到高度的控制感，并单向地解释这些议题；决策者的认知框架越趋近于矛盾框架，他们越可能对于可持续性议题的多个方面感到适中的控制感，并做出矛盾的解释。具有同质商业认同的组织决策者不太可能模糊地解释可持续性议题，同时也弱化了矛盾框架对解释的影响；具有异质认同的组织决策者更可能模糊地解释可持续性议题，同时也弱化了商业理由框架对解释的影响；时间与资源的缺乏会导致具有矛盾框架的决策者对可持续性议题感到更低的失控感以及更单向地解释可持续性议题，但不会影响具有商业理由框架的决策者的解释。最后，在响应阶段，决策者的认知框架越趋近于商业理由框架，他们越可能在可持续性议题上采取务实的立场；决策者的认知框架越趋近于矛盾框架，他们对于可持续性议题越可能采取谨慎的立场。

第三部分总结了前文的结论，并提出本文的贡献在于推进了可持续性议题的管理决策理论，揭示了不同认知框架在潜在意义建构过程中的影响，该过程将认知与管理者的决策立场相联结。本文的另一个重要意义是在研究中加入了管理者对于可持续性议题所考虑的不同种类的响应方式。最后，作者还总结了该领域的其他认知框架，并对未来研究进行了展望。

第四篇文献是 Arne Kroeger 和 Christiana Weber 的《比较社会价值创造的概念构架》。随着商业实践在社会领域的普及，学者及业界人士更重视采用适当的方法以量化和比较社会价值创造。而现有文献表明，当前的方法既不能清晰地反映社会价值创造，也不能对社会价值创造进行特定的比较。为弥补以往研究的不足，本文构建了一个可以为在不同社会经济和制度背景下各目标群体差异性需求服务的异质、不相关的社会干预进行比较的概念模型，从主观幸福感、组织有效性理论、非营利管理与公益创业项目评估四个方面展开研究。更确切地说，采用主观满意度作为统一的测量单位，对不同领域社会干预的绩效表现进行测量、衡量，并与业内同行进行比较。

该文第一部分首先阐述了社会干预及不同社会背景下价值创造的内涵。将社会干预有效性定义为：组织减少目标群体社会需求的程度，并可以有效地与其他异质性社会干预的成效进行比较，这也减少了目标群体的社会需求。"组织有效性"研究形成了"大量潜在的有效性模型"，本文认为，综合性或多变量模型相比单变量有效性模型更全面，并兼顾了更大范围的方差有效性。单变量有效性模型主要用于组织成功的单一测量。多变量模型主要包括：目标模型、系统资源模型和功能模型。根据目标模型，有效性是一个组织实现目标的程度；系统资源模型将组织嵌入其所在的社会、经济和制度背景中，组织有效性体现在能够通过增强其获取稀缺性和有价值资源的议价能力来改善其经营环境，以确保自身的活力；功能模型将目标定位于社会经济和体制的背景下，并将有效性定义为组织的产出"造福其所属社会"的程度，它非常适宜于判断有利社区和全社会的社会干预的有效性。因此，本文将以功能模型作为比较社会价值创造的框架基础。然而，由于功能模型与目标模型、系统资源模型存在重叠，"组织有效性"相关文献中很少明确提及功能模型。

第二部分通过文献回顾总结出现有研究的不足，认为当前的方法既不能清晰地反映社会价值创造，也不能对社会价值创造进行明确的比较，并提出社会价值创造的三个特征使其不具备可比性：①社会干预的异质性；②社会因素；③社会经济和制度环境的差异性。基于上述分析，针对不同社会经济、制度背景下目标群体差异化需求的社会干预框架提出如下三个要求：首先，在不同的生活领域存在大量的异质性社会干预，以提高不同目标群体的福祉，社会干预的异质性需要一个能够统一测量不同社会干预的社会价值架构及一个统一的基本测量单位，为此，提出了第一个要求：比较两个独立干预的社会价值创造框架必须基于能测量各类社会干预的统一的社会价值架构和测量单位。其次，"社会"这一构念还没有清晰定义，现有研究对"何谓社会价值创造"更未达成一致的理解。因此，社会价值创造的不可理解性成为对其进行比较的一大难题。本文将商业价值创造、文化价值创造以及其他潜在类型的价值创造归入非社会化的集体名词中，并将社会化的和非社会化的价值创造进行区别，为此，提出第二个要求：比较两个独立干预的社会价值创造的框架必须区分社会和非社会价值创造。最后，比较社会价值创造对不同国家的改善程度非常困难，社会价值创造的研究必须考虑其所发生的背景，因此提出第三个要求：两个独立干预的社会价值创造框架必须考虑不同的社会经济和制度条件的可能性。

第三部分以"主观幸福感"和组织有效性理论为基础，构建了一个满足上述三个要求的比较社会价值创造框架。

要求1：统一的社会价值架构与测量单位。与现有的文献一致，本文将社会价值创造理解为由社会干预引起的弱势群体的主观幸福感的积极变化。主观幸福感主要关注个体内心对幸福的感知，而非政策制定者、学者或其他人的判断。文中构建了一个包含以下内容的主观幸福感架构。首先，作者认为，主观幸福感包含积极和消极两种情感成分，情感成分体现个体经历愉快或不愉快感觉的程度，主观幸福感的认知成分则关注个体的生活满意度，社会价值创造框架突出主观幸福感中生活幸福感的部分。其次，框架引入全球生活满意度这一维度，且将生活满意度定义为个体感知到的其渴望和需求实现水平之间的差距。这一定义强调了三个方面：第一，将生活满意度在个体层面进行评估，个人的生活满意度可以被聚合到群体或社会层面，本文关注群体、地区及国家的平均生活满意度；第二，生活满意度具有极强的个人主观性；第三，生活满意度反映了人的需求。鉴于生活满意度的这三个特点和前文所述的条件，即社会干预的最终目的在于提高目标群体的生活满意度，个体全球生活满意度为社会价值创造比较框架奠定了基础。虽然社会干预存在较强的异质性，对全球生活满意度构建可以体现社会干预下不同目标群体的不同需求。最后一个维度是领域满意度。为体现干预与目标群体生活满意度改善之间更直接的关系，全球生活满意度可以被划分为几个领域，即人类的需求，如流动性、安全性、健康、平等、社区整合和教育的需要，因此，领域满意度是个人根据与其所感知的涉及某一特定的需要情况的满意度，其中包括对流动性和安全性的满意度。领域满意度指数是一个不同领域满意度的函数，并与全球满意度相关。作者进一步分析了领域满意度指数的指标、权重和函数等问题。本文在领域满意度指数的基础上构建其框架，并用生活满意度的样本填补领域满意度指数数据的空缺。

要求2：社会因素。确定比较社会价值创造的框架，需要将社会价值创造从非社会价值创造中区分出来。功能模型表明：如果社会干预输出有益于社会，那么社会干预就创造了价值。然而，社会干预通常不会针对单独的个体。通过将收益群体的代表性样本和没有接受干预的代表性样本的领域满意度指数的总和除以样本中个体的数量，可以计算社会的平均指数（以下简称指数的阈值）。总之，一个社会干预的有效性等于它所提高的目标群体的平均领域满意度指数，一个社会干预的特征取决于受益个体的领域满意度指数低于领域满意度指数阈值的程度。

要求3：对不同社会经济和制度环境的控制。不同地区或国家生活水平的不同，导致了相同的目标群体领域满意度指数绝对改善程度在贫穷国家的增长率高于富裕国家的增长率。因此，要将有效性理解为相对的概念，社会价值创造取决于社会干预对受益群体社会需要的减少上。

从以上的讨论中，得出含有以下六个变量的功能模型：①t = 0时受益群体的平均领域满意度指数；②地区或国家的领域满意度指数阈值；③t = 0时某一地区或国家的社会需要；④t = 1时目标群体的平均领域满意度指数改善；⑤社会价值创造的程度；⑥社会价值创造的加权程度。作者逐一分析了这六个变量的测算。

该文最后部分是讨论，提出其所构建的基于量化的社会价值比较的概念框架对非营利管理和公益创业在评估框架研究方面的贡献，包括：第一，这是一个新的、可以满足于不同社会经济和制度环境下的不同实验组不同需求的社会干预方法，填补了该领域的空白，具有较高的信度和效度；第二，为非营利管理和公益企业方面的研究提供了社会要素（在社会价值创造讨论中的核心要素）的新概念；第三，考虑了不同国家和地区的社会干预、社会经济和制度环境的重要性；第四，通过论证针对特定的社会环境的，具有适当性、独立性和合法性的功能模型对组织有效性文献做出补充。最后，作者提出了本文的理论意义在于：提出了一种能够比较在不同国家和地区，服务于不同受益群体的异质性社会干预的社会价值创造方法，推进了非营利性管理和公益创业研究的发展；为社会领域的研究和发展提供了一个全新的视角；对备受争议的"社会"的含义进行了界定；对主观幸福感研究和组织有效性理论有一定影响。在理论上，其存在的问题是在不同国家背景下对企业社会责任进行测量时"缺乏可行的测量方法"，未来研究的一个重要方向在于通过实证研究检验这个框架。此外，作者提出社会价值创造框架在实践意义方面对社会干预的各类利益相关方，尤其是非营利组织和公益企业的管理者、影响力投资者、企业和政府的影响。

第五篇文献是 Flore Bridoux 和 J. W. Stoelhorst 的《利益相关方理论的微基础：管理不同动机的利益相关方》。文中提出，根据利益相关方工具论，企业对待利益相关方的公平性与企业的绩效正相关。然而，一些企业基于不同利益相关方讨价还价的能力而不是公平原则，在利益相关方管理时却采取保持距离的做法。本文着重解决以下问题：为什么利益相关方管理的公平策略和保持距离的策略，同样都能创造可持续价值。本文认为，个体开展合作的动机是多样化的，而这些动机会影响合作的效果；利己者和互利者对于公平有着不同的偏好。据此，作者提出应弱化利益相关方工具论中有关对所有利益相关方都重视公平并且当被企业平等对待时更能被激励去创造价值的假设，通过对人类心理复杂性的探讨，来建立利益相关方理论，强调了利益相关的策略应建立在更加牢固的微观分析上。

首先，该文解释了聚焦利益相关方管理的两种不同的策略。一种是公平策略，另一种是保持距离策略。在公平策略中，企业与利益相关方的互动建立在彼此平等的基础之上。这主要体现在三个方面：一是公平驱动分配利益相关方在不同各方之间创造的价值的过程，包括成果分配公平和人际关系公平；二是企业与利益相关方的正式合同不应该太具体，因为各方需要相互信任并基于社会规则自律，而不是法律的强制；三是与利益相关方的关系倾向于是长期的。而与之对应的，保持距离策略所依据的是利益相关方的议价能力。这就产生了三点与公平策略的明显不同：一是由各方的议价能力决定所创造价值的分配过程，包括这一过程的成果以及在这一过程中的人际关系；二是依靠经济与法律的强制性规定来强化正式合同中利益相关方的义务，往往包括明确具体的绩效标准和要求；三是与利益相关方的关系往往是短期的。作者对人类不同动机的分析表明：企业面对的利益相关方包括利己者与互利者两种类型。

其次，作者以上述分析为微观基础来解释：为什么公平策略和保持距离策略同样都能持续创造价值。作者指出，要理解这一问题，需要考虑企业利益相关方管理的动机与分选效果，基于利益相关方动机对两种策略的分析表明：互利型利益相关方在公平策略下会对价值创造做出更多贡献，但对于利己型的利益相关方则恰好相反。这同时也表明：公平策略在发挥作用时，必须能够影响到那些互利型利益相关方。基于利益相关方的不同特点，我们得出如下观点：在持续运用的条件下，公平策略和保持距离策略都能够促进价值创造。

通过对两种利益相关方管理策略的激励效果加以分析，本文得出如下观点：两种不同利益相关方管理策略，针对互利型和利己型利益相关方会产生不同的效果。推论 1：企业采用公平策略而不是区别对待策略，将会更好地激励互利型利益相关方创造更多的价值。推论 2：企业采用区别对待策略而不是公平策略，将会更好地激励利己型利益相关方创造更多的价值。推论 3：企业只有对所有的利益相关方都采取公平策略，不能对其中一部分采取公平策略，另一部分采取区别对待策略，才会更好地激励互利型利益相关方创造更多的价值。

为了更充分地考察利益相关方管理对于价值创造的重要意义，作者认为需要综合考虑两种利益相关方管理策略的分选效果。第一种分选机制是利益相关方的自我选择，可以得出推论4：互利型利益相关方更倾向与采取公平策略的企业合作，而不是那些采取区别对待策略或是总是在二者之间摇摆不定的企业。推论5：利己型利益相关方中拥有较强议价能力者，更倾向与采取区别对待策略的企业合作，而不是那些采取公平策略或是总是在二者之间摇摆不定的企业。第二种分选机制是企业对利益相关方的选择，可以得出推论6：利己型利益相关方中议价能力较弱者，更倾向与采取区别对待策略的企业或是在二者之间摇摆不定的企业合作，而不是那些采取公平策略的企业。推论7：与区别对待策略或不稳定的策略相比，持续的公平策略将会增加互利型利益相关方在企业中的比例，并对价值创造产生积极影响。推论8：与公平策略或不稳定的策略相比，持续的区别对待策略将会增加利己型利益相关方在企业中的比例，并对价值创造产生积极影响。

更进一步地，作者分析了环境变化、延续性与可持续的价值创造。作者提出，实现可持续的价值创造不能依靠激励和分选利益相关方，还需要在企业的竞争环境中把握时机和排除威胁。分析表明，推论9：在外部环境变化时，采取公平策略企业的互利型利益相关方将做出更多贡献，或相较于采取区别对待策略企业中的利己型和互利型利益相关方，他们对于价值贡献的减少幅度较小。推论10：采取公平策略的企业的互利型利益相关方认为企业行动违反了公平原则时，相较于采取区别对待策略的企业的利己型和互利型利益相关方，将会增加较少的贡献或减少更多的贡献。推论11：在面对外部环境变化时，持续采取公平策略对待利益相关方的企业，将会比采取区别对待的企业获得更多的价值创造回报——前提是互利型利益相关方不认为企业的应对行为违反了公平原则。推论12：在面对外部环境变化时，采取区别对待策略对待利益相关方的企业，将会比采取公平策略的企业获得更多的价值创造回报——前提是互利型利益相关方认为企业的应对行为违反了公平原则。

该文最后部分首先指出其在以下三个方面对利益相关方工具论做出了拓展：一是提出了更现实的微观基础；二是对两种利益相关方策略的行为动机和分选效果进行了具体的分析；三是解释了一些无视公平的企业能够实现持续价值创造的实证难题。接着指出这一研究在理论、实践和道德语境中的意义应用并做出论述。在理论上，对互利者和利己者的区分，有助于调和利益相关方管理强调公平原则与传统经济学文献强调个体动机之间的矛盾，并提高了在利益相关方管理与企业绩效相关性研究中样本的一致性。当然，这篇文章更明显的局限性在于：仅仅分析了公平策略与保持距离策略如何影响利益相关方的价值创造的效果，却并没有分析企业为什么选择这种或那种策略的原因。其实践意义在于：指出两种利益相关方管理策略都有着具体的成本与效益；在组织相对应的行动支持下，两种策略都能够促进可持续的价值创造。其道德意义在于，因为利益相关方的动机是多样的，管理者仅仅出于工具性层面放弃区别对待策略，采取公平策略的理由不充分。如果认为建立公平的世界需要企业公平对待每一个利益相关方，那么利益相关方自身也应当成为公平信条的坚持者和守护者。

第六篇文献是 Frank Wijen 的《模糊制度领域中的手段与目的：在可持续性的标准被采纳的过程中对合规与达成目标的取舍》。本文研究的中心问题是"在相对模糊的领域中，采纳制度能够达成制度制定者目标的条件是什么"。作者认为，模糊制度领域中普遍存在"手段—目的相脱节"的现象，因此，需要构想一些条件，使那些相对模糊领域的制度采纳者达成设想的目标。作者以治理社会环境问题的自愿可持续性标准来讨论这个问题。可持续性标准是一些这样的制度：它们构成了确定社会实践、分派角色、指导角色相互作用的游戏规则。

该文首先描述了可持续标准的演化、合理性、类型，以及建立和采纳可持续标准的流程。在过去的 30 年中，成百个自愿可持续性的标准从无到有，在许多不同的部门中发展出来，达到了较高的绝对数量并占有重要的市场份额。自愿可持续性标准的一个重要功能就是它们传递了这样的信号，即与那些没有获得认证的对手相比，已认证的产品和流程相关的社会环境绩效更正面一些。引起非政府组织和公司接受可持续性标准的动机有三类：工具驱动、关联驱动和道德驱动。有着充分动机（联合）制定可持续性标准的非政府组织和公司会建立能够刺激采纳者达成设计目标的规则、激励机制和支持结构，标准制定者往往关注最显著的社会环境议题。一旦可持续标准制定出来，这些标准就需要有企业广为采纳来提升影响力。因为采纳是一种自愿行为，涉及认证和采纳成本，只有当企业期望其所带来的收益超过成本时，它们才会继续实施；如果企业只是象征性地采纳可持续标准，那么制度制定者就达不成设计的目标。因此，可持续性标准要按照采纳者实质地遵守标准要求的方式进行设计和执行。

其次，作者讨论了象征性和实质性采纳以及对象征性采纳进行纠正的措施。作者认为，在相对模糊领域，对于像可持续性标准这样的制度采纳者是否实质性地遵守了标准是难以跟踪的，因此，形成了三种主要的合规障碍：缺少关注、缺少动机、缺少知识。第一是因果的复杂性，由于存在大量多样化的行动者及许多因素以多元非线性的方式相互联系，带来了因果复杂性问题，这种复杂性的结果是不同类型的不确定性，缘于因果复杂性的不确定性导致了关注和知识的缺乏，阻碍了具有认知局限的采纳者通过试验性学习从而遵守标准的能力。第二是实践的多样性，当采纳者观察到其他采纳者的实践多样性后，从事合规行为的难度被进一步复杂化了。第三是行为的不可见性，由于行为主体的行为无法轻易地被观察和评估，因此，在工具性和关联性驱动采纳者缺少遵守动机的情况下，行为的不可见性削弱了合规性。简而言之，制度创立者如果想要采纳者遵守标准，就必须克服在相对模糊领域中普遍存在的关注、知识和动机三个障碍。作者进一步分析纠正象征性采纳的措施，即采纳和合规相结合，包括合规性引导、设立规则、制定激励措施、最佳实践。作者总结道，领域模糊的因果复杂性、实践多样性和行为不可见性带来了对设计和实施具体和统一的规则、强力的激励和最佳实践的需要，以确保采纳者合规。

再次，作者介绍了合规—达成目标的取舍，讨论了什么时候和为什么实质性采纳并不等同于达成目标，提出降低两者之间冲突的方式。为此，作者讨论了如下议题。第一，取舍的理由。作者提出，在高度模糊领域，实质性遵守不一定能达成设计的目标，甚至可能适得其反，主要原因在于，因果复杂性和实践多样性削弱了合规导向的制度达成设计目标的能力，以及强合规导向约束了采纳者的代理。由于因果复杂性、实践多样性和受约束的机构，作者提出：领域的模糊性越高，高度合规导向的制度采纳者达成发起者所设立的目标的可能性越低。第二，减少取舍。以上讨论展示了相对模糊领域的制度创立者所面对的一个真实的两难选择。制度创立者因此面对一种取舍：优先选择刚性来保证实质合规可能危及所设计目标的达成，而支持灵活性来保证达成目标则可能提高了象征性采纳的风险。如何解决或者至少减少这种合规和达成目标之间的取舍？合规和达成目标之间对立的性质导致在高度模糊领域中设计和维持最优制度是不可能的。然而，通过以一种系统性心态设计一些关键的规则、鼓励采纳者将制度的目标内部化，并制定"利基制度"来适应情境特殊性，可以减少一些取舍。第三，培养一种系统性的心态。制度创立者可以通过规定和鼓励那些没有显著削弱标准自身目标的副作用规则和实践，减少因果复杂性驱动的合规和达成目标的取舍。第四，鼓励内部化。激励采纳者将制度目标内部化的制度创立者可以缓解由行为不可见性导致的紧张局势。第五，建立利基制度。通过建立具有某种"超规范"的"主制度"或者具有核心原则的对所有采纳者普适的规则，并辅以对具体情境变量进行定制的（不断演化的）利基制度，如地理环境、社会群体和经济体系。总之，在相对模糊的领域，鼓励采纳者培养一种系统性心态的制度、将制度目标内部化的制度以及包含利基制度的制度，减少了强制实施和达成目标之间存在的取舍情况。

最后，讨论了这种取舍对于未来在相对模糊性领域对可持续性标准和其他制度进行概念性和经验性研究的意义。作者认为，因果复杂性和实践多样性模糊了制度设计和执行因素的影响。在这种情况下，制度理论可能从复杂性理论"引进"一些见解来理解不同层次相关行动者和因素之间系统的、通常是非线性的关系。这些见解让制定可行的制度成为可能，这些制度内嵌的与情境共同演化的适应性能力给予这些制度更强的反应性和稳定性。换句话说，强制合规要求的严格性和达成目标的灵活性之间存在取舍关系。减少取舍的办法包括设计制度时采用一种系统性的心态、激励采纳者将制度目标内部化，以及用精心设计的利基制度补充普适的核心原则和安排。作者也指出，本文的一个局限是本文的讨论只限于相对模糊的领域，另一个局限是该文关注的是采纳制度的一个具体的维度。

界定企业社会责任：问题及解决方案*

Benedict Sheehy

【摘　要】企业社会责任这一术语的普遍存在对其所隐含的特定含义构成了威胁。尽管企业社会责任一词由来已久，业内人士、学术界和其他有关各方对其仍然莫衷一是。在细致地梳理对企业社会责任的争论及不同学科定义的多变性和复杂性后，本文转而使用哲学的方法来解决定义的问题。这种方法利用属、差异、种类的科学定义方法得出企业社会责任的概念，即国际私人企业的自我管制。本文对企业社会责任这一概念的含义进行综述，其含义包括作为一个研究领域、一种管理实践和一种促进对话的途径，这种对话涉及企业对社会的贡献。

【关键词】企业社会责任；管制；自我管制；私法；私人政治；定义；知识哲学

导　论

企业社会责任对话的普遍存在和私人与公共部门对企业社会责任投入的大量资源均表明了清楚地界定这一术语的重要性。除了投入资金以外，这些投资还包括政府主导的旨在改革企业和行业行为的硬法以及近期塑造组织政策的软法（Kirkton & Trebilcock，2004；Bismuth，2010)，同时也包括那些基于行业的重要项目。这些投入和项目涉及的范围从卓越的公共国际软法项目、联合国全球契约、公共跨国硬法倡议、欧盟的新强制性企业社会责任，到著名的私人国际倡议。后面所说的倡议包括全球报告倡议组织（GRI）、ISO 26000 以及大量行业的特殊项目，比如林业管理委员会、责任关怀和金伯利进程。

除了对企业社会责任的突出关注和投资以外，我们必须要仔细界定这一术语的更深层次的原因来自于企业社会责任所强调的议题。这些议题非常重要，其范围从企业盈利能力和经济稳定性，到工作组织、安全和更为根本的生态保护。尽管我们

---

* Benedict Sheehy. 2015. Defining CSR：Problems and Solutions. Journal of Business Ethics，131：625-648. 初译由郑若娟完成。

十分清楚企业社会责任以及扩展这些规范和标准的重要性（Bessire & Mazuer，2012），但是我们还是远远没有清楚地知道企业社会责任在对话中是怎么界定的，甚至不明白怎样着手来界定这一术语。

企业社会责任的定义既复杂又多变，其复杂性来源于问题的实质和环境。哲学、社会和经济系统都是高度复杂的动态系统，而企业社会责任与这三者之间均存在紧密的联系。进一步地，企业社会责任的复杂性缘于其考虑范围内议题的固有歧义。例如，我们并不清楚哪一个产生有害物质的行业需要重点关注，也不知道哪一种观点可以消除某些特定的危害。为了解释这一点，我们有一个现实的议题，就是"第一世界的生产者对改善发展中国家的分包商的工作条件负有责任"的范围。这是一个复杂的说法，因为不同的角色以及它们所在的社会都有各自的数量、位置、关注点和权力。但是，不同的政治议程和利益将多变性加诸复杂性之上。比如投资者的利益表现为被金钱利益牢牢限制，因此，重视和保护金钱利益的政治议程同时也取消了其他要求的合法地位。牺牲工人还是投资者的利益就成为了一个本就复杂的领域内的多变因素。

我们来思考复杂型的第二个层次，将注意力转向决定重视危害的程度和范围。所有的工作条件都应该被重视吗？还是我们应该只考虑像国际劳工组织和人权大会这样的国际大会所重视的工作环境？再一次地，在某些人眼里，那些微不足道又不切身的危害可能根本就不需要重视，而另一些人却认为所有危害都是应该被重视的。如果后者的观点占据了上风，所有危害统统都应该被行业企业重视，这可能导致许多构成现代生活的产品和服务销声匿迹。这样的事实引出了复杂性的第三个层次，即哪个团体应该对重视哪一种危害负有责任。例如，下列哪个团体应该为更好的工作环境埋单：当地政府、接受捐赠的非政府组织中的积极分子、某个利益相关方、某个生产者还是选择是否支付溢价的消费者？

正如前文所说，企业社会责任的定义是复杂的，不仅因为这个问题的多层面本质和相关者的数量、位置和制度，而且由于其涉及特定企业中的四个不同的议程。这些议程使定义的企业更加多变，因为其趋向不同的特定利益（Wells，2013；Ireland & Phillay，2009）。它们的目标并不是对术语准确度无私的知识探求，而是通过控制企业社会责任的定义，这些团体希望能够控制企业社会责任议程并利用它达到自己的目的。比如，如果企业社会责任的概念是"任意绿色营销"，它就适用于一个对更广泛设想的社会责任商业实践不感兴趣的企业的营销部门。同时，这样一个弱的定义破坏了其他致力于更广泛实践的组织为解释其为何投资于这些实践的努力。

四个多变因素中的第一个来自企业。这个高度相关的人员关注一个特定组织的政策和行为以及组织自身是否可以名正言顺地自称是对社会负责的。就像我们预料的那样，企业管理者在保证他们自己组织财富的情况下为企业社会责任制定特定的情形，丝毫不考虑定义准确性的问题。他们自称代表了对社会负责的组织，并且根据事实本身，这些组织的行为一定是对社会负责的。这个问题在致力于相似策略的产业协会层面可能会被放大。在商业领域中，站在企业对立面的就是各种各样的非政府组织和其他公民社会组织，包括其他意图约束产业组织对其造成的社会危害承担责任的商业群体。一些非政府组织可能以追求原始淳朴的环境为己任，考虑所有不负责任的负面环境效应，从根本上反对工业产品。而其他组织可能接受一些发展进程中不可避免的危害，并采取协作的方式来解决问题。

商业领域中的定义议题仍在激烈的争论中。举例来说，关于烟草公司以及菲利普·莫里斯的企业社会责任战略的争论，Yang 和 Malone（2008）对国际绿色标准、ISO 14000（Mil-Homens，2011）关注化工行业的责任关怀项目的议题（Gunningham，1995；King & Lennox，2000；Delmas & Montiel，2007）和珠宝行业的金伯利进程（Haufler，2009）提出了质疑。基本的质疑观点是企业社会责任是否就是简单的"漂绿"（Greer & Bruno，1996）。也就是说，企业仅仅声称经过环保认证并做出了其他社会贡献，与此同时继续制造过多的危害，如社会成本，即"一切如常"（KPMG & UNEP，2006；OECD，1999，2003；UNEP，2000；Palazzo & Richter，2005），或者企业社会责任是否真的是为了更公正地分配工业生产的成本和效益的目的而真正、认真地对各种行为进行管制和改变所付出的努力。换言之，将利润用于达到社会目标的非盈利目的，减少如社会成本这样的危害或者生产如减少贫困这样的公共产品（Blowfield，2009）。这个争论从根本上说是一次政治争论，尽管从表面上看，它是一次关于定义的争论（Shamir，2011）。

第二个多变因素来自不同的学者对界定企业社会责任而做出的尝试。这些定义偏向于反映不同的学科角度和优先顺序。这种较为普遍的学术方法聚焦于描述和分类——通常是对组织的特征和行为的描述和分类。然后，通过尝试决定这些特征和行为是否为企业社会责任的表现而展开分析。有时分析是通过为决策建立标准而开始的。然而，这些描述性定义并不能强调核心议题，即识别所掌握的现象的本质。

界定企业社会责任的第三个多变因素是对话和争论背后的政治哲学之间的明显冲突。这些政治哲学是社会范围内的议程，关于公共与私人的划分、政府的角色、私人企业或"市场"以及政治权利的地位。除了看上去与上文讨论的商业和其他团体的争论相仿以外，政治哲学还拥有一个更为广泛的基础（Crifo & Forge，2012；Ireland & Pillay，2009；Shamir，2005；Wells，2013）。

政治参与者将企业社会责任作为一种发展不同政治哲学的企业和经济政策特定偏好的手段来界定并运用。这些政治视角可以被看做属于自由主义和自由市场的右翼经济偏好。例如，Milton Friedman（1970）极好地普及了这样的观点："商业的社会责任就是获利。"尽管这一政治保护观点被有类似思想的新古典经济学家奉为经济学，在它成为经济的同时它至少也是政治的（Krugman，2007）。企业社会责任被看做是公共社会偏好加诸私人财产权利上的一个不公平的负担，它是一个需要反对的议程。

另一个可供选择的政治议程来自中间左翼，他们寻求围绕企业社会责任进行动员，以实现一个更公正平等的社会。这一政治议程由各种非政府组织和其他公民组织发展。这个团体把私人财产和相关的商业权利视为政府保护的权利，并将大型的行业组织看做一个应该迎合社会需求的社会公共机构。更为左翼的观点认为企业社会责任是发展新自由主义的策略（Ireland & Pillay，2009），这限制了有关社会重新排序的可能性的思想（Fleming & Jones，2013），显而易见，信奉政治的团体为界定企业社会责任做出的努力是一个多变因素，因为这样的团体会受到其内在的政治哲学的深刻影响。

第四个多变因素，也就是最后一点，许多政府都试图推进和利用企业社会责任来处理社会和环境议题，也许它们希望这样一个解决方案从政治角度来看比直接的公共管制成本更低。然而，为了达到这一目的，政府需要一个既能被企业接受又可以驱动行为变化的企业社会责任定义。至此，政府已经做出努力，并受制于强调因对选民的承诺、政治自利和企业行使的政治经济权力而产生的政策要求的必要性。结果，政府的议程与学者、企业及政治哲学家们显然存在分歧甚至冲突。

除企业社会责任所强调的问题的复杂本质以及这四个多变因素以外，很明显，企业社会责任是一个极其多样的、多层面的事业。探究和提出一个并不关注一个或几个因素、议题、作用者或解决方案的定义是一个挑战。这给出了前述关键议题的规模和本质——经济的、政治的和环境的。毫不意外地，这些定义引发了争论，而且争论至今仍未解决。

企业社会责任是至关重要的、复杂的、多变且难懂的，恰恰因为这些原因，有必要赋予企业社会责任一个定义。尽管人们已经为界定企业社会责任付出了几十年的讨论、努力和研究，在某些方面，人们对这个概念仍然知之甚少。任何一个定义的提出都会不可避免地引发激烈争论——这不仅是这个议题重要性的象征，也代表着定义注定会失败的共识。确实，有些人会争辩说缺乏共识且无结果的争论不仅仅是不可避免的，甚至是令人满意的，因为在这些思想被从无政府组织到市场部门的这些团体所应用的过程中，会出现不断的兴衰更替。然而，在那些"漂绿"指控会伴生严重的法律和财务后果或者无法免除与企业社会责任相关的法定义务的领域，这样的立场也很难维持。

本文试图界定企业社会责任，并在这个过程中拓展有关企业社会责任的知识。我们可以通过两种不同的方法来达到这一目的。其一，通过应用传统的用于定义的学术方法，其二，通过运用检验科学探索中的知识主张的哲学方法——认识论方法。这些认识论的方法与先前将关注点放在描述和分类构成企业社会责任的特征及行为的研究之间存在尖锐的冲突。本文旨在提供一个企业社会责任的概念，这个概念从描述的、规范的、工具的角度都符合两派学者的探究（Dentchev，2009；Donaldson & Preston，1995），又同时符合管理者、企业高管和律师的实用主义视角。最后，使用传统方法可以对企业社会责任的现象进行科学的分类和决策。

本文分为两个主要部分：第一部分紧接着导论，强调在界定企业社会责任时存在的问题、界定的方法以及尝试。因此，第一部分从第二节开始。紧接着的第三节对企业社会责任的学科方法进行论证。第四节论证界定企业社会责任的合意和可能性。接着，第五节检验界定企业社会责任的不同方法。第二部分提出了利用上文提到的传统学术方法给出的解决方案。这一部分从第六节开始。第六节介绍学术领域内认识论的工具和方法，并思考了哲学科学对现存问题的潜在应用。这一节对所掌握的问题进行分析，并得出结论，认为以国际私人企业管制的形式来界定企业社会责任是最优的。第七节说明了根据已建立的哲学标准并反对相反的假设来检验企业社会责任的定义。最后，结论部分总结了这一定义的重要应用。

第一部分：问题和方法

关于企业社会责任定义的议题和问题

为了辨别议题和企业社会责任定义本质的技术视角，考虑下面的例子：企业社会责任可能被定义为这样的行为——如果企业社会责任被简单地从行为上定义为企业慈善，那么一个拥有 10 亿美元的企业付出 100 美元，并且继续大肆污染环境，这个企业就可以声称自己履行了企业社会责任。不管这个实体拥有怎样的经济资源，这份赠予就可以定性为企业社会责任。如果企业社会责任被进一步行为化地定义为改变了的企业行为，那么，进一步理解同样的例子，我们可能提出这一小小的捐赠可能是企业实践的变化，从 1 美元变成付出 100 美元。这个 100 倍的变化是一个显著的行为变化。

若非前文所述，就像一些经济学家、企业法律学者和商业伦理学家所说的那样，如果企业社会责任被定义为"牺牲利润"，则付出这 100 美元就是一种抛开获取利润目的的投资转移，并被定性为企业社会责任。显然，有关企业社会责任不同的行为化定义需要显著不同的行为类型，这些例子解释了对特定行为及其分类的关注不能发展并理解企业社会责任的现象。关注行为分类的大多数争论似乎都没有抓住重点，上文讨论的行为的区别并不是性质上的，而仅仅是数量上的，也就是说，这是程度问题。这些行为上的讨论与实际执行相关，而且它们是描述性的而非定义性的。这些行为的和数量上的讨论并不能触及问题的核心，即识别现象以导出企业社会责任的定义。

转而思考一个不同类型的例子，在这个例子中，企业社会责任的一个更为真实的定义是有效的，企业社会责任可以被分类或者理解为企业内部实践—— 一种内部管理系统——的关注点或者规制的变化。这种观点认为，企业社会责任是改善利益相关方和社会关系，或者改善组织绩效的一些其他方面的管理动机。为了评估一种内部管理系统是否可以被刻画为企业社会责任，需要通过背离一些最初毫不明确的标准来识别行为，这些标准通常从制度环境中获取，并被提炼为某种行为准则。在其他情况下，企业社会责任可以反映企业参与一个明确的标准的决策，这个标准通常是一个更广泛的强调行业生产的负面影响的合作方案，比如 ISO 26000、联合国的全球报告倡议组织（GRI）或其他行业特殊标准。然而，关注此类企业决策以及随之发生的组织实践会导致对组织进一步的行为化描述，而不是将企业社会责任定义为现象。

借鉴上文提到的那些外部标准和规范，这为应从何开始定义企业社会责任提供了一个重要的线索。企业社会责任不是一次特殊的组织创新。它不是那些要求经理们提出社会责任计划的管理层脑中的灵光一现，而是一个更为广阔的制度环境的组成部分。它来自自身特定的短期目的和长期目标。因此，更好的方法是提出问题并验证企业社会责任可能属于哪一种或者哪一组制度。

企业社会责任很可能被分类为属于涉及政策的那组制度，而且作为政治制度，被划分为某种形式的管制。也就是说，人们会在理解和界定企业社会责任时将它看做一种管制，划入应急法律规范的范畴（Pitts，2009）。将企业社会责任界定为私人自我管制规则是一种重要的、演变的理解（Whitehouse，2005；Tallontire，2007；Sethi，2011；Sheehy，2012c）。进一步讲，企业社会责任涉及诸如民营企业、雇佣关系、社会福利和公共产品这样的社会制度，这是显而易见的。然而，在大多数文献和激烈的讨论中，这个制度方面的定义却被轻易地忽略了。而正是下文即将阐述和讨论的关于企业社会责任的制度上的定义才是最能使人信服的。

为了完全理解上文识别定义之争背后的复杂性，我们有必要从定义的议题转向更为宽泛的争论本身。这样，我们可以发现企业社会责任不是一个单一的概念。相反，我们找到了大量反映上文提到的一系列政治议程、管理概念和经济方法的概念，它们强调了各种定义不清的社会和环境的关注点（Wells，2002，2003）。结合这组企业社会责任概念与构成企业社会责任《牛津手册》编辑所描述的"学术领域"（Crane et al.，2008），以及"一个概念、一个构想或一个理论"（Crane et al.，2008），毫无疑问，这些描述都是准确的；然而，无论是对于定义的理论目的，还是对处理因不适当应用而引起的法律及财务影响的实践目的来说，这样的描述都是不充分的。我们需要的是这样一种定义，它能拓展知识，提供对企业社会责任的认识，进而提供一个表达企业社会责任的基础，使之可以被挑战、辩护、运用和发展。尽管学术界的争论强调了一系列明晰的主题，这些主题关注商业活动的经济、法律、政治和道德视角，包括管理层自主决断的本质和范围，但它们仍未提炼出其中的精华——对产业组织减少如社会成本这样的危害、生产公共产品的管制（Sheehy，2012）。

正确定义的缺乏并不仅仅是疏忽的问题或者缺乏努力的结果，而是在界定企业社会责任方面的进展有限。最近一篇文章的作者研究发现，从定义的角度来看，"企业社会责任在有关其确切的含义、内容和实践、与法律关系的确定性及明晰规范设计和实施方面均没有得到发展"（Osuji，2011）。这样的表述与50年前大卫"模糊想法"（David，1960）的描述十分相似。我们难以知道这个领域究竟包括什么（Glavas，2012；Obe，2004）。确实，一些作者认为企业社会责任仅仅是一个给定各种真实内容来推动具体政治议程的"空壳"（Mark-Ungenricht & Weiskopf，2007）。也许就像我们注意到的那样，它的普遍存在威胁到了它作为一个有意义的概念的有用性（Utting & Marques，2009）。本文认为这些问题都来自那些关注行为的描述和分类而不是用现象本身来定义企业的失败。

了解了问题的背景后，本文现在开始检验这个学术方法是怎样处理企业社会责任和它的定义的。

企业社会责任的学术视角：经济学、商业、法学、政治学和制度主义

社会将知识创造、散播和保存的任务分配给了大学，尤其是学术职业的公共机构（Sheehy，2010）。不同学科视角下的企业社会责任学术分析看起来十分不同。本文检验那些学科视角来理解学术现状、定义和它们的局限性。所有的学科视角都有与它们的方法和规范相匹配的基础：它们都不是价值中立的。在这些学科对企业社会责任的思考中，它们做出了不同的贡献，但是都必然偏向于它们自己的方法论和认识论目标。基于这个提醒，我们简要思考一下经济学、商学、法学和政治科学。

作为一个学科，经济学理论和方法关注市场及作为整体经济系统中个人和企业的运营（Hausmann，1992）。这些范畴以外的现象不构成经济探索领域的一部分。例如，那些没有公认的经济价值的事物，社会文化价值和实践以及诸如环境这样的非商品化现象。如果没有经济价值，它们就被假定为没有价值，也不是经济系统的一部分，处于经济分析的考虑范围之外（Daly & Cobb，1989；Sheehy，2006）。这些经济理论的方向对于理解企业社会责任的经济视角至关重要，因为所有不能或没有从财务方面加以衡量的活动都被认为是无价值的，没有被用来增加私人利益的投资都被认为是浪费。

经济学家已经研究了大量有关企业社会责任的议题（Crifo & Forge，2012），企业社会责任的主要定义为"牺牲利润"（McWilliams & Siegel，2001；Reinhardt et al.，2008）。伴随着这个定义产生的主要问题是，一些企业社会责任的决策很可能是可以提高利润的——确实，这有时被提作"开明的利己主义"（Porter & Kramer，2011；Crane et al.，2014）。举例来说，这样的企业社会责任决策可能会减少能源消费或者创造那些有附加值的产品（Auld et al.，2014）。而且这一经济方面的定义不能识别某些主要的衡量参数。比如，经济学不界定时间框架，或者包含公共收益的成本和收益——应该是否以及怎样被衡量并代入等式。最后，就像下文将要论证的，经济学定义的企业社会责任与经济学自身的标准基础背道而驰，因此我们会发现企业社会责任并不能很好地与之匹配。的确，一些经济学家意识到了这一问题，并争辩说这个定义只是一个很有用的研究工具（Hay et al.，2005；Reinhardt et al.，2008；Portney，2005；Esty，2005）。关于经济学方面的一些更进一步的探索是必要的，因为其在商业和公共政策上的影响力是很大的。

从根本上来说，经济学用二种框架来思考企业社会责任，即公司理论、代理理论以及市场失灵理论。经济学将企业看做在市场中运行的私人实体，其任务是生产产品，提供的服务包括创造财富。在这个公司理论框架中，企业社会责任建议私人企业考虑公众关心的议题和社会成本，这是对企业的一种误解，也是对企业资源的一种不当配置。

第二种经济框架即代理理论，它论证了怎样控制代理经理人使用自由裁量权，利用企业资源满足个人利益。经济学家关注授予管理层过多自由裁量权的可能性，以至于这可能需要纳入企业社会责任，而且将企业社会责任的关注纳入管理决策的制定可能会产生更多的道德风险（Crane et al.，2008）。

第三种经济框架把企业社会责任看做市场失灵的初步解决方案（Heal，2005）。在这个框架中，市场并没有充分强调诸如劳动条件和污染这样的社会成本。对于社会成本造成的市场失灵，更好的经济解决方案在于设立更多的私人产权，并建立延伸的市场，那些新的权利可以在延伸市场中交易（Coase，1960）。这种针对社会成本方法的一个最近发生的例子是为了解决碳的外部性而建立的碳市场。在这个架构中，根据企业社会责任支持者的建议，耗费没有产权和市场的企业资源是对这些资源的滥用。经济学家在一个具有代表性的对企业社会责任的研究项目中已经突破了这三个主要的视角（Reinhardt et al.，2008；Crifo & Forge，2012）；然而，他们的研究仍处于这个学科包括其标准议程的范围内。

　　根据经济学的规范，必须从全面的价值入手，而价值是赋予效率以及为追求那种标准而改进的相关政策和决策（Sheehy，2006）。私人效率在社会不公平和环境破坏方面的公共成本被忽略了（Sheehy，2004；Pickett & Wilkinson，2009；Wilkinson，1996）。而且，对私人产权的默认立场和偏好会导致奇怪的结果：从全球视角来看，强调外部性的效率最优点出现在原点，也就是私人企业。但是，就像Milton Friedman 的主要观点解释的那样，经济学观点认为商业的社会责任是私人股东资本的增加，他们反对企业参与控制社会成本。这个观点说明，企业的经济目的不是生产和分配产品与服务以迎合社会的需要，而是私人财富的创造。相应地，对社会成本比如企业社会责任的关注要求不要过多吸引主流经济学家的注意。企业社会责任违背传统的经济世界观，并因此受到了来自像 Friedman 这样的标准世界观和相关政治受到威胁的经济学家的猛烈攻击。

　　接下来，我们转向商学。商学研究者的关注点在于商业组织和消费。商学中的企业社会责任源自四种基础论证。卓越的管理学者 Michael Porter 等（2006）说："一般来说，企业社会责任的支持者利用四种论证来说明问题：道德义务、持续性、运营许可和名誉。"这些论证构成了商业学者的研究方法。

　　尽管商学不关注社会，但是在其领域中存在一个形成经济学和商学文献的重要的企业社会责任学者流派，他们探究财务绩效和社会绩效之间的关系（Margolis et al.，2009）。这项研究吸引商学学者的原因在于，如果可以建立这个关系，企业社会责任就由一种可选择的道德伦理决策变为管理所必须考虑的事情。有一种商学学者流派将企业社会责任视为商业和社会关系的一个方面。因此，举例来说，企业社会责任被看做一种商业伦理的表现（Segon & Booth，2009），一个社会许可（Howard-Grenville et al.，2008），一种为企业社会责任的市场运用及消费者研究而研究的声誉风险管理工具（Varadarajan & Menon，1988），商学的一个分支学科，社会消费的一种类型（Devinney et al.，2010）。

　　与那些将企业视为契约网络的经济学家相反，商学学者将企业看做一个组织，一个拥有包括财务功能在内的多重功能的社会实体。与经济学一样，商学学者会站在企业财务问题的角度看待企业社会责任，而与经济学不同的是，商学研究者准备将企业界定为强调社会成本的关键点。进一步讲，商学研究者在极为广阔的范围内考虑组织的影响，包括营销、名誉和人力资源议题。举例来说，商业研究是基于雇员忠诚度视角的企业社会责任含义。从商学角度，企业社会责任主要被认为是一种管理职能。

　　给出了商学学者更为广泛的关注点后，毫无意外，学者们认为界定企业社会责任是重要的，结果他们给出了各种各样的著名定义。也许最著名且存在已久的企业社会责任的定义来自商学学者 Archie Carroll。Carroll（1979）通过描述以下四项责任来界定企业社会责任：经济、法律、道德和慈善。他在经济和法律责任方面的主张是鲜有异议的；然而，道德和慈善的角度已经引发了整个标准研究，以此检验和评估机构的社会努力，并引出了"超越规则"的企业社会责任的新定义（McWilliams & Siegel，2001；Portney，2008）。

然而，因为种种原因，这个超越规则定义是存在问题的。例如，如果有这样一个企业，它有一个合法性的诉求，即作为一个超越合规的对社会负责的组织，有一天它是这样的状态，但次日可能会因为管制环境的变化而无法达到合规。否则，管制可能就不能解决社会和环境关注的议题，并且这样超越合规的小小一步可能会满足技术性定义的要求，但从更一般的角度来看，这几乎不能使企业履行社会责任（Auld et al.，2008）。进一步讲，一个企业在其活动的重要领域表现得远超社会的期望，但是无意中未能编制一份强制性报告，这就违反了一些次要行政管制的要求。认为这样一个次要的行政性错误使这个企业变得不对社会负责，这是不合理的。这样做只是守法主义。最后，超越合规的整个领域是规范性的，像很多道德争论一样，统统都缺乏清晰的理论基础。

在定义的议题以外，商学学科中普遍存在大量企业社会责任方面的学者。Lockett、Moon 和 Visser（2006）认为：

我们所研究的最著名的议题（在企业社会责任领域内）是环境和道德方面的；实证研究不可避免地带有数量的性质；理论研究大部分是非规范性的；这个领域由商业环境以及持续的技术性参与所推动；有关企业社会责任的文章单一的最大引用源是管理学文献本身。

管理学者首先得出以及依靠其他管理学研究得出的最终结论，是一个对企业社会责任研究的更大问题的一般性解释；也就是说，企业社会责任通常是在学科内部实现的。Bowen 在 60 年前首先提出："人们希望假设商人们对社会承担什么责任？"在人们回答这一问题的尝试中，商学学者沿承了这条自我指示的轨迹（Carroll，2008）。Bowen 的问题将学者们的注意力引向了那些从根本上来说属于政治和道德的议题，而不是商学学者的专业知识领域内的问题。为回答 Bowen 的问题而付出的种种努力没有明确提及政治和道德，即政治维度，这掩盖了企业社会责任作为现象本身的实质。

这个关于企业社会责任的商学学说被 Lockett 等（2006）概括为选取、分类和巩固研究，它为我们提供了重要的视角。这些视角包括如企业社会责任在制度、组织和个人层面的多层本质（Wood，1991；Aguinis & Glavas，2012）以及企业社会责任从理论、实证和经验角度的认定这样的思想。但是，商学学者并未推动一个基于现象的、认识论的定义。

企业社会责任商学学科的一个尴尬方面就是企业社会责任、可持续性和可持续发展之间的关系。可持续发展可能必须由政治学来决定，而不同学科的国际发展领域研究的可持续性是与之不同的。企业社会责任讨论范围内的可持续性是一个已经从它的基础中脱离出来的概念，它的基础在于 Bruntland 对环境可持续性的最初讨论（*World Commission on Environment and Development*，1987）。在宏观层面上，可持续性已经成为一个更广泛的视角，除环境关注以外，还包括社会和经济的方面（United Nations General Assembly，2005）。然而，在企业社会责任的微观层面上，它的范围变得更窄了。

企业社会责任可以被理解为可持续性更广泛的宏观解释的特定应用，在企业社会责任对话的环境中，可持续性讨论被限制在环境绩效的提高上。这是一个错误，因此政治决策会将二者画上等号（Basiago，1995）。作为一个错误，可持续性从环境工程和环境科学学科转到了企业社会责任。这些技术专家常常将他们的知识贡献出来，通过工艺改进提高企业的环境绩效。他们根据训练，通过对机械系统的度量和工程技术的修复完成任务。他们对提高环境绩效的突出贡献吸引了管理者和其他人的注意：他们的贡献轻易可见，通常会为投资带来直接的回报，并且相对容易测量。当企业社会责任变得与环境可持续性等同时，其范围并不比环境可持续更大，就会出现问题（van Marrewijk，2003）。把二者等同起来的过程是一个忽视柔性和测量难度，仅看重个人和社会方面的政治决策。

从政治的角度来看，将企业社会责任与环境可持续性等同起来使商业避免了对其他方面的危害，如恶劣的工作条件和社会危害（Ballinger，2011），并且转而关注那些更容易产生易于测量的财务贡献的实践。因此，正如下文将要提到的，企业社会责任不仅是环境可持续性，因而，将企业社会责任和这个可持续性的狭义角度加以区分是十分重要的。

我们现在将视角从商学学科转向政治学，早期的企业社会责任研究是由《公司法》的研究引出的，《公司法》的研究关注公司领导层的责任和"正确目标"的法律学说。以 20 世纪 30 年代《哈佛法律评论》刊登的 Berle 和 Dodd 的争论为开端，法律专家们将这个问题定位在"公司管理层对谁负有责任"的角度（Sommer，1991）。更早期的观点将管理层说成是政治家（Wells，2013），当代那些趋向于跟随经济学范式的《公司法》研究者们的普遍观点是，企业社会责任是利用公司资产来使非股东群体受益（Sheehy，2006；Sheehy & Feaver，2014）。几乎没有例外地（Pitts，2009），除了在公司治理方面，关注国家层面的法学研究已经很少把精力放在企业社会责任上了（Horrigan，2002；Wells，2013）。从国家法律分析到国际舞台，国际法研究本应拥有清楚的关注点：跨国公司和人权。这一研究路线旨在用人权和跨国企业交流代替整个企业社会责任，大范围忽略不平等、劳动力关注和环境危害这样的系统性问题。

法律忽略企业社会责任的其中一个原因是企业社会责任的"超越合规"这样的定义，因此，其超出了实证主义法律研究的范围（Zerk，2006）。如今，企业社会责任被认为是私人国际法律管理体制，拥有借鉴国际公共软法的有效标准（Webb，2004；Zerk，2006；Sheehy，2012）。结果，对法律具有更广义理解的法律学者对企业社会责任成为法学研究的一个关注点的要求越发强烈（Horrigan，2007）。的确，法律学者已经开始论证企业社会责任的法律应用了（Pitts，2009；Redmond，2012；Sheehy，2012；Sheehy & Feaver，2014），而且如本文所述，他们将企业社会责任作为私人自我管制的一种形式加以研究。

我们将视线从法律研究上移开，转向政治学研究者的研究，他们认为企业社会责任沿着两条路径进行研究。第一条是企业公民分析以及围绕私人权力合理性的交流。站在企业公民身份分析的角度，这个观点的一种更早期的主张，Davis 认为，"法律的起点即为社会责任的起点。如果一个企业仅仅遵守法律的最低要求，那么这个企业就不是对社会负责的，因为这是一个好的公民本就应该做的"（Davis，1973）。尽管这种观点与经济分析相似，但它走向了不同的方向。Eilbert 和 Parket（1973）详述了好的公民身份，他们认为好的公民需要遵守危害周边环境的禁令，并对解决污染和歧视等更广泛的社会问题做出贡献负有积极义务。Matten、Crane 和 Chapple 后来做出的研究讨论了保护公民免于遭受政府失效的企业，这可能是好的公民身份的一个根本上的例子（Matten et al.，2003），在全球层面上，这种企业在发展中国家为经济发展做出贡献。这类分析将政治科学家引向了他们关注的第二个领域，也就是私人部门的行为主体在公共范围内扮演这一角色的合理性。

合理性分析通过其三个焦点和"企业公民身份"术语为企业社会责任的定义做出贡献。第一个焦点是跨国公司建立企业社会责任对话，特别是企业社会责任定义的政治权力的合理性。第二个焦点是学者们将企业社会责任视为私人政治的一种形式（Soule，2009），产生了围绕非民主私人管制的合理性问题。第三个焦点研究与公共管制相反的企业社会责任的私人管制效力的评论和分析（Haufler，2009；Tallontire，2007），以及七种企业社会责任之间的细微区别，包括"单个企业努力；单个企业和单个非政府组织协定；公共私人协作；基于信息的方法；环境管理系统……；行业协会行为准则以及被称为非国家市场驱动的私人部门硬法……治理"（Auld et al.，2008；Vogel，2008，2010）。理解"企业公民身份"的定义及其在政治合法性角度的应用让我们对左翼（Ireland & Pillay，2009；Utting & Marques，2009；Fleming & Jones，2013）和其他企业社会责任的反对派（Detomasi，2008）有了一个更清楚的了解。

政治学和社会学的制度主义学者将企业社会责任看成一种制度反应，以及一种更高水平的甚至全球制度水平的政治较量（Amstutz，2011；Levy & Kaplan，2008；

Scherer & Palazzo，2011；Selznick，1969；Sahlin-Anderson，2006；Avetisyan & Ferrary，2013）。虽然定义议题不是这项重要研究的重点部分，他们还是通过引导制度主义学者参与企业社会责任研究的方式将企业社会责任定义为自然形成的"全球商业标准"（Djelic & Sahlin-Andersson，2006；Muhle，2011）。

在我们还未提到那些源自两个相关主题的跨学科的大量文献之前，对企业社会责任定义的讨论就还没有完成。这两个相关主题是：其一，基于其自身标准；其二，基于社会报告。这类文献首先来自会计和社会审计学科，它验证并对比了报告倡议、实质以及合规和实施机制（Chua，2006）。在这类文献中，企业社会责任的定义似乎是第一种情况中的"行为准则"本身，或者第二种情况中的"社会报告"本身。

这些不同学科的对话表达了关于企业社会责任效力的强烈关注；然而，这一关注是存在问题的，因为如果缺乏一个定义，效力的测度都是无意义的。如果对规范性的社会理想目标或者哪些目标是产业组织的责任没有达成一致意见，我们就不能控告或辩护那些反对"漂绿"指控的声明（Eabrasu，2012）。的确，对于企业社会责任是否可以（或者普遍应该）实现社会理想的非获利导向的目标，以及企业社会责任应该做到什么，所有团体持有不同的观点，并已着手于相应的研究、游说以及商业管理实践。然而，理解和评论这些研究、游说和管理实践，从根本上来说仍然存在问题，因为对企业社会责任现象缺乏一个清晰的框架和定义。

在所有这些学术活动中，理解企业社会责任现象因而具备界定它的能力，这一基本议题都在政治学科议程中迷失了，这些议程包含标准和大量规章，财务、市场营销和社会绩效的关系，商业在社会中扮演的角色。这些定义性议题分别在激烈的争论、世俗的实践和政治游说的实践议题、学术工作和商业管理中兴起。

总体来说，企业社会责任的定义既包括慈善（Butler & McChesney，2010）和通过市场营销部门发展的简单的企业形象关注——一种被称作"漂绿"的实践（Greer & Bruno，1996），其形成涉及设立守则和信息披露、各种内部管理体系和牺牲利润，也包括组织及其商业实践的根本变革（Ireland & Pillay，2009）。当然，在目前的情况下，定义的问题并未结束（Pitts，2009；Ratner，2011；Horrigan，2010；Sheehy，2012）。定义、描述和方法的困境使得理解企业社会责任现象对于公民、管理者和研究者来说同样困难。不同的方法和目的使得一些学者质疑对其下定义是否可能甚至是值得的（Huimin & Ryan，2011；Okoye，2010），接下来我们将讨论这一问题。

加以定义是否值得以及是否可能？

界定企业社会责任重要吗？或者说，企业社会责任应该被界定吗？一些学者争论说定义它不仅是不值得的，而且甚至是做不到的（Okoye，2010）。比如，他们认为人们应该允许 CEO 宣布他们的企业将履行社会责任，以此作为他们的营销策略，反对这个方法就是不必要地干涉企业在自由市场中的运营。他们争辩说没有实质的绿色市场营销，也就是应该实行"一经出售，概不负责"的另一种情况。

对于这一方法以及反对定义的其他意见，一个突出的问题就是，就企业社会责任而言，社会已经先行于理论。现在存在着与企业社会责任和伪企业社会责任相关的重要法律和经济影响（Crifo & Forge，2012；Pitts，2009）。这些法律和经济的发展需要一个定义，来指导法律和经济决策的制定、明确表达和维护。有关法律后果的例子包括虚假广告，在这些广告中传说的绿色证书是会令人误解的；财务后果的例子有借贷成本的增加而且资本更难获得，在此银行和投资者需要大量的社会报告，以及由于不遵守国际公法和国际私法规定，比如全球报告倡议组织、ISO 26000 标准、金伯利进程以及责任关怀计划等，而普遍潜在增加的义务。在每一个私人国际法律体系中，违法都会导致企业被逐出有利可图的供应链和市场。

KPMG（2013）在其 2011 年的调查中表示，"企业责任报告对商业来说已经成为实际上的法律"。企业社会责任已经被形容为全球商业标准（Muhle，2011）。这类声明指出了义务情况的一个显著变化，学者和为商业提建议的顾问有责任对这个议题进行分类。

经济学家也指出企业社会责任不仅仅是市场营销的运用。Crifo（2012）对经济和企业社会责任文献的研究明确了在其中存在一些实质性的东西。Crifo 将一些"事情"明确为企业社会责任，并明确指出它们存在显著的效应。从经济后果的角度，对"漂绿"的指控——在漂绿的过程中，用于提高环境信用的投资要多于用于实际环境绩效的投资——对企业来说可能是一种成本很高的做法。伴随着不断增长的社会责任投资行为及其全球监管实体——责任投资原则（PRI）的发展，不能将社会责任表现实体化可能会导致明显的财务后果（PRI Association）。人们发现，提出不能忍受的或无凭无据的绿色要求会对一个企业的合法性造成显著的伤害，破坏其值得注意的绿色绩效，最终对其财务绩效造成明显的负面影响。没有一个充分的定义，一个试图对社会负责的组织怎么保护自己呢？相反地，一个社会活动组织何以确定它的识别和职责是公平正确的呢？一个希望声明具有社会责任感并从其对企业社会责任项目的投资中获利的组织，需要一个定义以构成建立其企业社会责任的基础，并保护其免受无理由的不合法性的攻击。

另一些人反对界定企业社会责任，因为它仅仅是一种自愿性的管理实践，这种实践包括大量的行为，从偶然的小型慈善捐献，到围绕社会责任原则而进行的企业再造。相应地，他们认为不能对企业社会责任进行分类，因而无法确定地对它进行定义。然而，这种批评失去了制度环境中清晰的方向：企业社会责任毫无疑问是一种新兴的规范。将职业健康和安全或者会计实务分类为单一的管理实践，这是不正确的。尽管在很多情况下，前者由公共部门决定，后者由私营部门的会计专业发展并传播，而且企业是自愿参与那些实践的。虽然如此，暂且不提会计实践是以这种方式发展的，要将其界定为某种类型的"管理实践"显然是不合适的。

另一种反对界定企业社会责任的观点来自各种差异。用一种方法来计算，依据企业经营的地区，存在五种互不相关的企业社会责任的类型（Matten & Moon，2008；Brammer，2012；Gjolberg，2010）。有人认为，这个区别破坏了所有关于全球化定义的尝试，例如，英美国家青睐的"显性的"企业社会责任与亚洲国家找到的更为"隐性的"形式截然不同（Witt & Redding，2012）。毫无疑问，企业社会责任确实存在不同的类型和关注点，这反映出不同国家和地区的不同制度结构（Kang & Moon，2012），并且就运营而言，这样的区别是十分具体的（Young & Marais，2012），这很有可能从一个单一的广义定义中引出互不相关的方法。这样做可以帮助识别在为企业社会责任构建恰当和有效的管制环境中国别政府所扮演的特定角色。

国别政府所界定的角色引出了另一个争论，即为什么定义企业社会责任是必要的。全世界的政府都开始倡议企业社会责任，投入大量经济资本建立管制环境（Moon & Vogel，2008；Nelson，2008；Peter & Ros，2010；Moon，2004；Steurer，2010）。这些倡议包括英国政府2016年《公司法案》的修订和印度2013年《公司法》的修订，它批准将利润的1%用于企业社会责任，也包括加拿大四管齐下的方法，尽管其方向不明、资金不足；还包括欧盟2006年的"绿皮书"以及随后的各项指令。这些行为表明企业社会责任远不是管理所发起的一种作为内部管理体系的自愿性企业行为。如果没有企业社会责任的定义，那么政府的努力和相关的支出就算不是完全浪费，至少也是用错了方向。

最后，显而易见地，企业社会责任是一种跨国的治理形式，其在全球范围内迅速传播（Levy & Kaplan，2008）。这表现在三个层次。除了上文提到的公共和私人的国际法，它还表现在跨国企业提出其自身的企业社会责任守则，并且这些守则被实施于其经营所在的所有国家。诸如"公平贸易"或者"无血汗"这样的做法，为企业社会责任的跨国治理提供了案例。人们对跨国治理的影响加以研究，并揭示出其明显的制度效应（Nicholls & Opal，2005）。为了理解、评论和评估企业社会责任作为跨国治理的一种形式，我们需要再一次对其进行界定（Brammer et al.，2012）。制度化的过程并不明显，而且这个过程中不同的观点很容易被忽略。就像Brammer（2012）的研究：

制度理论建议在一个更宽阔的经济治理领域内寻找企业社会责任的明确定义，这个领域由不同的模式，包括市场、国家制度和其他所界定，而不是纯粹将企业社会责任看做自愿行为的领域。

换言之，KPMG 的"实际上的商业法"是一种可辨认的制度。总体来说，尽管界定这个术语存在明显的困难，关于界定这样术语的预期也可能存在各种问题，但界定企业社会责任的需要已经变得势不可当，那么就靠学术界给出这个定义了。

我们暂且将企业社会责任的商业讨论所带来的复杂性搁置一旁，这将是界定这个术语的重要部分。Brammer 等（2012）提出，一个更狭义、更准确的企业社会责任定义是可取的而且是迫在眉睫的。他们看到，"企业社会责任可能被赋予这样一个狭义的标签，即它是商业和社会之间互动的一个特定形式，而不是把它广义地界定为企业行为的特定领域"。根据前面的讨论，企业社会责任显然会成为商业和社会互动的一种特定类型、一种私营部门的管制，不单单是一些随机的自愿性商业倡议。这样，定义的可能性和有利条件就更清楚了。

文章现在转向探讨先前各种定义和界定定义的各种方法中的一些细节问题。

先前对定义的界定和概念的完善

历史上，商界之外的团体——律师和经济学家——驱动了企业社会责任的发展，并且就其旨在改变内部组织的构架和规范的意义而言，企业社会责任是变革性的（Wells，2002~2003，2013），当代企业社会责任在商业已经发展到一种相当的程度，在当今占主流的新自由主义政治经济学中占有一席之地（Ireland & Pillay，2009），并且，甚至像有些人说的那样，在新殖民主义中也占有一席之地。

同时，企业社会责任的关注点已经转移了，即从企业组织及其社会环境之间的社会互动（Wells，2013），转向了内部管理的优先次序和过程。换言之，企业社会责任的思考已经从社会组织内部之间的互动，转向将企业社会责任视为一种内部管理体系了。后者将学术界的注意力引向思考企业社会责任对商业组织的意义。

如上文所述，在其 1979 年的企业社会责任方面的基础性论文中，Carroll（1979）从四个责任类别的角度界定了企业社会责任。它们是：①生产商品并产生利润的经济责任；②遵守法律的法律责任；③超越法律要求之外，承担伦理责任，做正确、公正的事；④通过诸如慈善这样的手段为各种社会、教育、娱乐或者文化目标做贡献，这是自行裁量的责任（Carroll，1979）。随后在实践中对上述这些广泛议题达到实际的共识（Dahlsrud，2008），但对于其含义的共识却缺少得多（Eabrasu，2012）。在所涉及价值观、规则框架、资源、行为主体和行为方面也尚不清晰，因此，如何界定企业社会责任也不明确。

在一段时间内，人们已经进行了一系列的研究。一些学者有目的地定义企业社会责任。他们分析学者们提出企业社会责任的目的、批评企业社会责任的目的，或者重构它的目的（Devinney et al.，2010）。Donaldson 和 Preston（1995）将学者们使用的方法归类为描述性的、规范性的和工具性的。根据 Donaldson 和 Preston 所述，描述性的方法试图提供一个实证主义者"客观的"描述，将企业社会责任定义为一种现象，这是一种实证主义关注行为。规范性的研究旨在建议企业应该做什么，这通常出现在商业伦理领域。工具性或战略性企业社会责任研究则探寻组织行为和结果之间的关系，建立并检验假设。

Dahlsrud（2008）利用学科间的区别来解决定义问题。他在界定企业社会责任理论方法的基础上识别出三个广泛的学科：责任的哲学、政治科学以及公民身份概念的运用。许多其他的企业社会责任研究可以根据如下方法论来加以区别和分类：思想文化史（Carroll，1999）、访谈（O'Dwyer，2003）和理论探讨（Matten & Crane，2005；Gobbels，2002）。Wartick 和 Cochrane（1985）的研究将企业社会责任分类为原则、过程和政策。政策和过程对于企业是完全内部的，而原则（或与 Carroll 的关注领域合并）跨越了公共和私人部门的划分。

在当代各种完善中，Garriga 和 Mele（2004）对企业社会责任理论做了很有帮助的分类，他们将企业社会责任理论分为四组或者说是四种类型。他们的分类以社会学家提出的分类标准为基础。这些分组是：将企业社会责任看做一种获利手段的工具主义理论；关注企业权力的政治理论；将社会看成一个整体，并强调将商业行为更广泛地与其他社会关注点相结合的整合性理论；最后，强调人类共存性的伦理本质的伦理理论。

这一有意义的分类可以做如下扩展：工具理论关注最大化股东价值、竞争性优势的考虑、善因营销。企业社会责任政治理论的表述是通过有关企业立宪主义的协商、综合性社会契约和企业公民身份来实现的（Matten & Crane，2005）。整合性理论包括议题管理、公共责任、利益相关方管理和企业社会绩效。伦理理论包含利益相关方规范性理论、普遍权利、可持续发展和公共物品（Garriga & Mele，2004）。尽管这些分类为谈论企业社会责任提供了有帮助的途径——下文会再提及——但它们并没有为定义的目的提供核心内容。

从 Carroll 的原创性论文开始，人们付出大量的努力来界定和完善这一术语（Lee，2008；Carroll 的另一篇论文）。然而，几乎没有人明显改变对其基本的理解。的确，这些学术研究增加的是审视和分类企业社会责任的新方法，而不是新定义。这些研究做出了三个开创性的贡献：第一个贡献是 R. Edward Freeman（1984）对利益相关方应该考虑特定群体的观点。第二个贡献是对 Elkington（1997）提出的规范性基础的完善，这个基础是关于经济繁荣、社会公正和环境质量的三重底线。这次完善利用了会计概念的企业社会责任的创新表述，引发了商学研究和实践领域的一场革命。第三个贡献是 Wood（1991）的分析。她在 1991 年的文章中，提出了三层框架，并将其界定为制度、组织和个人层次。现在的大多数文献关注组织和个人层次，而制度层次被认为属于新自由主义政治经济学（Ireland & Pillay，2009；

Utting & Marques，2009；Fleming & Jones，2013）。然而，正如我们即将提到的，过去几十年间，制度层次已经越来越重要了（Brammer et al.，2012），由此产生了对企业社会责任的一个定义，即作为国际的私营商业部门的自我管制。

第一部分已经解释了企业社会责任复杂且多变的状况、涉及问题的本质以及迄今为止在观点上的不同方法和完善。它还表明，至今尚未有合适的方法将这些表述和行为加以巩固或解读，使之成为一种对现象的整体描述，以适于对之加以定义。本文的下一部分将为这个问题提供一个新方法。

第二部分：解决方案

科学的方法：知识哲学、科学的历史和企业社会责任

定义问题的科学方法，更准确地说是哲学的方法，已经由来已久。科学定义的传统和广为接受的方法是通过识别"属"进而识别能引向"种"的"微小区别"。换言之，它先识别大范围的、被接受和知晓的群组，然后对那些明显的特征加以识别和归类，以此最终引导我们识别出现存的具体现象。这一传统至少可以追溯到亚里士多德的思想（Aristotle，1989）。这类定义被认为是内涵定义。也就是说，它不是通过参照通常的用法而得出的定义。就像可在本文第一部分看到的，试图获得一个企业社会责任的通常用法或共识的定义是没有结果的，不同的政治动机和学科积淀使之无法实现。

然而，通过识别哲学家们所说的事物所属的"必要条件和充分条件"，内涵定义方法将其归类到所定义概念的集。进一步地，内涵定义方法并不提供属于行为的某一类别或者集的全面清单。在企业社会责任的界定中，这种方法看起来是无效的。它再一次因为政治动机而形成了各种太多而相互冲突的定义。然而，如上文所述，这种内涵的方法沿着一条不同的路径——属和差别而形成。

我们以考虑具体"属"为起点。为了识别企业社会责任属于哪个"属"，分析划分科学和知识的方法是有帮助的，应该特别关注其所提供的观点和基础。它们是：Kuhn 对于科学的规范发展中的知识主张的观点，以及 Gallie 关于某一存在争议的概念的看法。我们接下来讨论这两种方法。

在分析企业社会责任是一种新型的知识或科学时，Kuhn 的观点是有帮助的。基本问题是：特定的、科学的知识观点是否由企业社会责任领域的学者们提出？这个问题是认识论问题。它提出一个问题，即一类新知识或者新知识的创造或增加是否基于传统的科学模型的现有框架。有些人认为企业社会责任的定义问题也许可以

这样解释：企业社会责任是难以界定的，因为它是科学学科—— 一个新兴领域——的初期阶段（Crane et al.，2008；Devinney et al.，2010）。审视 Kuhn（1970）对科学革命的研究，可粗略地对比：Kuhn 认为科学知识成型于变革阶段，定义的形成是在不同流派的科学家或者学者之间试图界定和形成一个新兴领域的争论中完成的。根据这种观点，关于企业社会责任本质的争论可归属于这一变革阶段以及处于"规范科学"实践阶段之间的"范式转变"。为此，Devinney 等（2010）写道，争论是"好的，而且是科学争论相互让步的一部分"。变革阶段和范式转换具有明显的特点，如一组关于研究的相关议题、主题和目标以及一系列关于恰当方法的争论，在这种情况下，企业社会责任不能等同于一个科学学科（Lockett et al.，2006），也许更重要的是，形成重要的知识观点，这是令人怀疑的。为此，就像第一部分提到的那样，可能会有人认为对企业社会责任的争论更多类似于关于企业实践的政治争论的本质，而不是关于知识的争论（Soule，2009；Wells，2002~2003，2013）。① 因此，从"属"的角度来看，这不是科学。作为一种政治争论，企业社会责任可能更接近于政治学。

继续关于"属"的探究，另一个被充分理解的用于解决涉及定义问题的方法，包括与政治有关的争议，被 Gallie 形容为一个"本质上存在争议的概念"。Gallie（1956）提出，本质上存在争议的概念是一个无法被界定的概念，因为其核心是存在争议的。他认为，如果某一概念被描述为本质上存在争议的，那么，各方一定不仅对这一概念的恰当使用或者内容存在分歧，而且他们的观点一定存在根本上的冲突，进一步讲，各方一定会声称其观点是唯一决定概念的恰当运用的重要的、正确的观点。在 Gallie（1956）看来，这些本质上存在争议的概念是"完全真实的（争论）……不能被任何种类的观点所解决的，虽然如此，它得到非常大量的观点和证据支持"。这不仅仅是关于使用概念的疑惑。在这样的情况下，是足以抛弃一个术语而支持另一个术语的，否则，对其核心必然存在争论。

Gallie 识别了本质上存在争议的概念的七个特征。分别是：①评价性特征；②内在的复杂性；③多元的可描述性；④公开；⑤争议团体之间对其争议特征相反的认知；⑥确定概念含义的初始范本；⑦不断进步的竞争。这使得人们可以就概念的使用达成更大的一致。即使是从对 Gallie 思想的简介中，我们也可以清楚地看到，企业社会责任是一个备选项，而且这个方法已经被代替了（Okoye，2010；Gond & Moon，2010）。Gallie 的观点值得探讨。

根据评价性特征，Gallie 提到了争论的规范性要素。在企业社会责任争论中，

① 这不是说不存在新的知识。企业社会责任领域内的新知识首先包括应用进程带来的创新。然而，那不同于企业社会责任如其他科学或研究努力一样，本身就是知识创造的事业。

35

规范是最重要的、清晰而存在争议的（Eabrasu，2012）。第一，规范是货币、环境和社会的价值观；第二，要对这些价值观进行排序。我们甚至不能同意这个排序是独立或稳定的。也就是说，当一种顺序适合于一种环境的情况下，转向不同的环境可能会引发一种不同的顺序。这种优先顺序的变化被称为角色差异的伦理学（Carr，1968；Carson，1993），它是商业伦理学科的一个主要关注点。站在管理者的立场，一个人可能有理由偏向经济规范，而在家庭范围内，出卖一个孩子或其他资源，即使不是完全令人反感的，也会被认为是一种不适当的规范性决策。

至于第二个特征，即内在的复杂性，从不同说法和视角的范围内就很容易看出这点。第三个特征，即多元的可描述性，企业社会责任必然会符合这点，因为人们将企业社会责任界定为所有事物：从偶然的慈善到法律强制的组织变革，再到各行业创造出更好的方法为社会做贡献并减少社会成本。第四个特征，即公开，这在持续的争论中已表现出来。存在问题的是，第五个和第六个特征，即相反的认知和初始的范本都不存在。几乎每个阵营都否认其他观点的合法性（Shamir，2005），而且也不会同意其他人提议的范本。第七个特征，虽然每个阵营都为完善它做出了努力，但是不断的竞争并没有引向进一步的共识。各个团体更愿意停留在其自己的轨道里去尝试推进其特定的政治哲学、商业动机和学科观点。这一分析支持了从Kuhn的思想中得出的结论：企业社会责任似乎属于包含政治学的那一个"属"。

整体来看，从 Kuhn 和 Gallie 的分析中发现的问题是，没有得出认知性的看法，此外，企业社会责任并非确实是一个本质上存在争议的概念。相反，如果人们希望从哲学的视角研究这个争论，这个议题就不是认识论的；相反，它因为规范上存在严重的不一致而被贴上了存在论的标签。也就是说，这个定义是一个存在论议题：企业社会责任是哪一类型的事情或者现象？它也许仅仅是管理者工具箱中一个简单的工具，或者一种管制行业组织的危害——包括社会成本——的一种努力。另外，它也可能是一些其他类型的东西。回答这一系列的分析将这个定义推向政治学的"属"中——一种与将企业社会责任视为私人政治的概念相一致的观点（Soule，2009）。

上文已经论证过，企业社会责任是一个学术领域，一种对话的特定类型。我们不清楚它是一种局限于学术的对话，还是一种包括商业人士的广义对话，甚至广义到包括类似 Habermas 和 Luhmann 的传统中的社会对话（Amstutz，2011）。将企业社会责任看做一种更广泛的社会对话支持了政治学的"属"。在这一脉络中，Amstusz（2011）沿袭了 Luhmann 的观点，认为企业社会责任等同于一个对话或交流系统，这一系统组成了一种新兴的基于认知基础上的跨国法律或管制。如果人们接受了认识论视角，认为企业社会责任是一种交流或者对话，并且很显然是一种政治对话，那么它就支持了这样的观点，即企业社会责任是归"属"初始法律或者管制的一种形式，这将在下文中讨论。

政治的目的是通过各种规则塑造社会，不管我们将其理解为普遍的非正式的规范和制度，还是将其理解为一般的和非正式的规范和规则，或者是法律制度中发现的具体正式规则。在法律学科和法学的社会学中，法律和政治学之间的关系被描述为交界面更为合适。的确，一个法律流派——批判法学研究，主张"法律即政治"的观点——这个观点与将企业社会责任归"属"为政治的方法相一致。简单来说，法律可以被定义为政治和伦理决策的制度化——同样，这个观点与将企业社会责任归"属"为管制或法律并无分歧。

法律的社会学要求暂时放下争论的细节，从社会科学的角度来探讨这一现象。这一方法始于社会制度，识别其特征性要素并探寻其发生的动态。它在全社会范围内寻找机构之间的社会对话和实践的趋势或转变。Selnick 对法律发展的深刻理解和他对原始（Incipient）法律和早期（Inchoate）法律的区分是这一企业社会责任分析的一个良好的开端。原始法律被 Selznick（1969）界定为"由稳定的公共情绪或组织模式建立；它涉及引人注目的权利主张，以及对功能性机构来说十分可行且重要的实践，使得法律识别及时且高度可信"。

原始法律要求两个评估：第一个评估为评估社会可行性，它关注"其群组生命的功能性意义，尤其是对于新的制度形式来说"；第二个评估为"观察新规范是否可以被那些已被认可但正在变化的法律传统所接受"（Selznick，1969）。Selznick（1969）进一步说明它"并非基于抽象的假定，也没有反映观察者的道德偏好。原始法律是自然产生的制定法，适用于特定社会环境，同时也是特定的社会环境使它的出现成为可能"。

他用来举例的改变了的社会环境是：制造技术和分配的改变，大企业的规模进一步扩大且其节约成本的能力增强。也许他认为最重要的是："大规模组织的重要性不断增强，以及随之而来的新的权利主张可能出现。"（Selznick，1969）

一组声明公布后，原始法律就成为了早期法律，即使这些声明是临时的、无顺序且不系统的。认识到不同的机构发布的各种声明，这使得各种新的主张被人们所发现，并且出现了新的权利和义务（Selznick，1969）。根据 Selznick 的说法，早期法律是真实的法律。可以想象，这些变化并不易于受到欢迎。如 Selznick 对他那个时代正在改变的劳动规范做出的观察：

大量管理上的努力都致力于阻止和克服制度化的趋势，以及伴随而来的责任的拓宽和权力的稀释。但是组织存在的时间越久，其活动的规模和范围就越大，公共义务的张力显现出来的可能性就越大。

换言之，尽管行业领导者努力避免使规范转变为法律，但在规范被确立时，它们就成为了法律，这也许反映了 KPMG（2013）对商业的不成文规定的描述。可能，这种转变不仅为法律的趋势解释了一些政治争议，而且对我们的目的来说更重要的是，它为继续讨论企业社会责任的正式定义提供了充分的"属"。

Selznick 的"稳定的公众情绪"和"对功能性机构来说非常可行且重要的实践"在各种国际公共法律规定中都是很明显的，如前者——联合国跨国企业中心（1975~1992）和之后的"跨国企业和其他企业关于人权的责任规范"（联合国委员会促进及保护人权分会，2003），最近的联合国倡议、全球契约以及各种国际私法倡议，以及 ISO 26000 和 SA8000。如前所述，这被称为新的全球商业规范（Mulhe，2011）以及刚刚提到的"不成文的商业规定"（KPMG，2013）。这一"属"的建立与规范的制度分析以及兼具规范性和制度性应用的先前定义相一致。诸如"超越合规"、"牺牲利润"和"企业公民身份"这样的定义都依赖于先前"应该/不应该"的规范性假设，以及关于私人、公共产品、利润和社会整体的制度性假设。

因此，这一论证将我们带到了这样的立场：说明企业社会责任明确归属于政治，其更为具体的结果或者表现是法律和规章。相应地，我们现在转而讨论论证这个"属"的一些细节，以便在最后转向建立和确定这个"属"之前，理解并识别具体的区别可能是什么。从区别的角度来看，结合现已建立的"属"，成为了一个法律分析问题：企业社会责任是哪一种政策、法律或规章？

为了开始回答这一问题，我们先从官方机构和结构的角度审视基本的管制选择。选项是双重的。其一，从大众官方机构的角度，选项有：国际法律、国家法律或非国家法律。其二，从结构的角度，选项有：集中管制、协同管制或自我管制。利用这一框架，我们可以将企业社会责任界定为一种国际私人自我管制的类型。这一描述意味着作为一种管制，企业社会责任不是主要依靠公共资源来制订规则、执行（包括强制）和裁定的。相反，它是一个主要依赖于私人资源的体制。也就是说，私人行为主体是标准创造、采用、执行和裁定的驱动力。

进一步分析，企业社会责任被归类为自我管制，因为它不依赖于管制本身以外的团体（Sheehy，2012），执行和裁定均依靠受管制的团体。例如，行业成员会选择组建制订和发布企业社会责任标准的行业协会。这个协会对行业成员的行为是一种自我管制的执行。从其基于私人行业的自我管制内核中不断扩展，我们看到了越来越多的非行业成员参与到规则的制订、执行和裁定功能中来，比如非政府组织、公民社会团体甚至政府。尽管如此，在第一种情况下，这种管制是依赖于私人资源的私人倡议（后者的论述是正面而不规范的）。现在，分析从"区别"转向"类"。

"类"可以源自两个互不相关的分析。第一，为管制的实质内容的分析提供了视角。之前大篇幅的学术分析对内容的识别起到了极大的促进作用。实质性内容使得管制的目的变得十分明显，就这一点而言，Carroll 和 Porter 识别的著名的描述语言和分类都是很有助益的。他们的描述和分类使我们清楚企业社会责任是有关行业组织的行为、解决内部过程、明确地指向组织的危害，包括社会成本。这一定位与 Kuhn 和 Gallie 的研究发展而来的一系列论证一脉相承，在他们的研究中，提出了企业社会责任似乎关注大型行业组织和它们的活动，而不是将企业社会责任理解为知识或科学。Wartick 和 Cocharane 进一步将企业社会责任定义为原则、过程和政策，并对"类"加入了一些深刻的见解。它识别并更进一步地将各团体之间的争论解释为管理和管理自主权在企业社会责任中的位置以及允许 CEO"漂绿"带来的问题。从本质上看，我们可以将"类"的一个方面界定为包括对行业组织的内部管理的影响。第二，对"类"的分析可以更细致地限制为分析行为主体。尽管"企业"这一术语组成了首字母缩略词"CSR"的一部分，在技术上，企业并不是企业社会责任真实的或必要的关注点（Sheehy，2012）。然而，它们是最常用的法律系统的一部分，因而它们与行业组织和社会危害有关（Sheehy，2004）。相应的，我们将满足企业社会责任的行为主体视为行业组织。

总体来说，企业社会责任是一种国际私人法律，可以被界定为一种产生私人自我管制自觉性的社会—政治行为，包含公共和私人的国际法律规范，意在改善和减轻行业组织产生的社会危害，增加其公共产品的产出。其精简的定义是国际商业私人自我管制。这一定义是一个制度化的定义，其中界定了制度本质（规则、规范和信仰），行为主体包括在这些制度中。这个企业社会责任定义与 Wood 的三个层次（Wood，1991）相一致。区别在于大多数对企业社会责任定义的研究关注个人和组织层次，而并不怎么注意制度层次。将企业社会责任界定为国际私人企业自我管制增加了特殊性，允许更多的集中争论，对结构的研究更为清晰，是识别研究项目进一步发展的一种手段，并对制度性发展进行了一些预测。

得出这一定义后，我们理所当然地应该质疑它的正确性。我们将在下一个部分强调这一质疑。

检验企业社会责任作为管制的定义

我们要运用的一个恰当的哲学检验是，这一定义是否符合内涵定义的五条标准。这些标准分别是：①必须陈述潜在的属性；②避免循环；③既不过于广泛，也不过于狭隘；④不晦涩；⑤能用正面叙述的情况就不给出反面的界定（Copi，1982）。本部分研究前文得到的定义以及定义是否符合这些标准。进一步地，我们还将通过论证三种假设性异议来检验这一定义。

（1）对于第一个标准，企业社会责任的潜在属性是其社会现象的特征，更具体地说就是管制。所有的管制都是由一个标准的核心和一个正面结构建立的。关于企业社会责任，它具有清晰的、与众不同的规范基础（关注内部化或者改善有关行业生产的伤害并生产正面的社会产品）和国际私人企业自我管制的清晰的管制结构。就像其应用于内部管理系统的所有管制一样，包括有关行业生产产品和服务的社会、环境影响的战略和实践。

如前文所述，所有的管制都有规范的内核。规范的内核常常用这样的术语来表示："应该做一些关于'X'的事情"（Sheehy & Feaver，2011）。企业社会责任的内核表现在所有关于企业社会责任的理论、研究和实践中。在工具和商业理论中，规范的必要的"应该"被放在了股东财富最大化上，或者假设企业社会责任应该提供一种竞争性优势的战略理论，到道德理论，诸如利益相关方规范性理论和可持续发展。企业社会责任是一种为管制行业组织的决策而做出的努力，其目标是规范的"应该"，目的是减轻行业危害和增加公共福利。如上文所述，进一步来说，对于实质性规则和结构，所有的管制都有正面的表达（Feaver & Sheehy，2011）。正面的规定表现在过剩的行业协会规则，以及国际公法和国际私法标准中（见附录）。

管制结构涉及有必要创建、公布、改进、执行和评判这些规则的制度性建设。这样的企业社会责任制度建设包括如全球报告倡议组织这样的主体和机构以及组织和执行不同的行业倡议的主体，如金伯利进程和责任关怀项目。这一公共建设，在其他事情之中，旨在通过在行业参与者之间进行传播来制度化这些标准，而这些行业参与者期望标准化他们的行为来适应这些标准。

（2）第二个标准为：定义必须避免循环。这一标准是一个技术的要求，它需要主语项中不对谓语项做出假设。"企业社会责任"这一术语不假定管制。也许企业社会责任同时抓住了标准性思想和对一些行为的正面描述。然而，这与管制不同。也就是说，它符合这一标准。

（3）第三个标准关注定义的范围。范围太广的定义囊括了过多的东西，因而存在无意义的风险。在同一论断的另一个极端，太过狭隘的定义无法创造足够大的适用范围，致使当所讨论的问题超出单一现象以外就无法适应。本文所提出的定义既不会过于宽泛，也不会过于狭隘，因为它包括涉及企业社会责任的所有东西，而且没有排除被广泛接受为企业社会责任的任何东西。它不必排除企业社会责任实践向非获利或公共部门组织以及小型或中型规模组织的延伸。第四个和第五个条标准很容易强调：这个定义既不晦涩，也不是反面的。国际私人企业管制是对这个现象的正面描述。

我们接下来验证对这一定义的三个假设性异议。在企业社会责任作为管制定义中的其中一个议题，是在很多情况下，它被认为包括"自愿性"。这一评论以一个误解为前提，这个误解由一个关于管制的过时概念引发。管制不再单纯地被理解为那些由公共官方机构发展和执行的强制规则（Baldwin & Cave，1999；Sheehy & Feaver，2011）。相反，它被理解为影响个人和组织行为的一系列广泛的方法和制度

（Black，2005；Sheehy & Feaver，2011）。抛开这个前提的基本错误不谈，这一批评并不是提出这一定义的障碍，因为企业会自愿采取被广泛接受的会计准则，但是选择这样做并不改变这些实践私人管制的本质。这一定义的自愿性方面部分是源自这一论断的：单个企业更能够找到实施企业社会责任，更有效地减少其社会成本的途径，因为其管理体制是为其所应用的特定行业或企业定制的。这是对特定行为领域或实践地点的管理专门知识的简单认识。

对这个定义的第二个异议是，它没有考虑单独的企业倡议。再一次回到更稳健的对管制的理解，它的本质是制度的，我们可以说单个组织采纳企业社会责任政策的决策不会发生在真空中。而是从其制度环境中发展而来的，这是制度主义的学者有效论证的情况（Sahlin-Anderson，2006）。

最后，我们可以说企业社会责任是一种内部管理系统。然而，这一立场与我们所提出的定义没有冲突。但是它没有关注 Wood 的第二个层次——组织的内部运行，并且忽略了规范性基础、政治维度和制度框架。换言之，它没有考虑出现于企业制度环境中的制度规范性框架，而内部管理系统必须强调这一点。

将企业社会责任理解为管制及其启示

将企业社会责任定义为国际私人企业自我管制是没有得到广泛研究的。它有大量明显的、有用的启示。这些启示来自对管制的功能和结构方面的理解。然而，在对功能性和结构性及其应用进行讨论之前，我们需要进一步讨论作为私人管制的企业社会责任。

对企业社会责任作为管制或私法的讨论，尽管对一些人来说是很熟悉的（Sethi，2011），但是对许多人来说它毫无疑问是一个陌生的概念。一个考虑私人自我约束的简单方法就是将它与其他更熟悉的公共匹配物即公共管制相比较。公共管制，即由类似于政府这样的公共官方机构创设并公布的管制，通常被理解为管理任务或行为。管理行为的三个范围是规则制定，包括遵从、强制执行以及裁定。就这一点而言，私人自我管制是无差异的：所有的三个任务都是被要求的。

然而私人管制在两个明显的方面存在差异。第一个区别是规则制定、执行和裁定的资源并不是从公共范围内征用的。相反，这些资源必然是由各种私人实体提供的，包括专业的自我管制实体，如医生、律师和其他相似的专业，非政府组织、私人国际标准协会，如 ISO 或行业协会。第二个区别特征是受到管制的团体可以选择是否参与管制。在公共管制系统中，参与是由公法的权力强制执行的，而不是受管制团体的选择。因此，将企业社会责任理解为私人管制，使得我们更清楚，关于企业社会责任的争论关注所有这三个管理任务或正面管制功能——规则制定、执行和裁定。这样的理解有助于分析。

　　我们转向第一个管理任务，对规则制定的质疑，引出三个问题：规则应当由谁制定？规则的内容应该是什么？规则制定的程序是什么？为了回答规则应当由谁制定的问题，我们可能会提出行业、政府或公民社会或者三者的结合体。对企业社会责任这一议题的争论存在于股东—利益相关方的争论（Sheehy，2005）和商业在社会中的角色中（Sheehy，2007）。没有确定谁拥有这样的权威，就很难决定谁的声音应该被纳入考虑范围以及应该被考虑到什么程度。正如在管制系统的规范性基础讨论中所说，从实质性内容的角度，规范在很大程度上是基于由各种公共和私人国际主体制订的规则建立的。对企业社会责任研究者的挑战就是决定其应用和建立框架，进而决定可接受的社会和环境影响水平的参数、相关的测度和标准，以及提高企业绩效来达到这些可接受水平的手段。再一次地，在这个领域中存在值得思考的问题；然而，它既缺乏作为规范管制的框架，又被政治议程所扰乱。企业社会责任学者在这些领域中的角色被作为一种管制框架加以分类，因为它提供了一个解释的框架和结构，且为争论提供了参数。

　　从程序性规则的角度，主要的规则制订权应存在于私人部门，对于这一点是几乎没有异议的。也就是说，私人部门应该继续制订适当的规则，因为在政治团体和政府之间的政治往来中，公民社会丧失了更大的利益和行业的知识。

　　对规则执行议题的分析，使我们思考企业社会责任学术领域内的另一场争论。规则的执行是一项常常分配给特别设立的机构的任务。在公共部门，政府常常将这样的任务分配给特殊目的的机构。然而，对于企业社会责任，关于谁将负责与管制系统相联系的执行职能的分工甚少。的确，企业社会责任学者 Prakash Sethi 和 Emelianova（2006）指出，成功的条件是正确的治理结构，根据推理，缺乏正确的执行结构是企业社会责任不能发挥其潜力的一个关键原因（Sethi，2011）。公众贡献是否可以（或者说应该）与行业资源相结合来建立并维持这样一个机构，这是一个重要但很少被思考的问题。当然，它看起来超出了特定行业实体独立完成这一工作的范围，而且它很可能是一个适合政府的集体性行动问题的公共产品，因此理应受到政府的关注和投资。再一次地，一个关于在企业社会责任中政府角色的新兴研究领域强调这一议题（Gond et al.，2011；Sheehy，2013；Steurer，2010），将企业社会责任界定为将管制注意力转向这一关键领域的成功因素。非管制制度的成功可以不需要合适的结构性和有资源的实施。在管制制度的实施任务中具有特殊重要性的议题是遵从和强制执行。对于企业社会责任的一种普遍的批评就是它缺乏强制性。事实上，人们恰恰已经从那些角度对企业社会责任加以描述了（King & Lennox，2000；Sheehy，2012）。

　　将企业社会责任理解为管制，这带来了完整的用以分析包括衡量行为的动机和驱动因素的管制理论和工具，以及一整套支持或改变行为的合适手段。通过管制分析来看，企业社会责任失效的议题与企业社会责任的自我管制关系不大，而与无效的管制设计关系较大（Sheehy & Feaver，2011；Feaver & Sheehy，2011）。无论是自我管制、私人管制或者某种公众创立的管制，设计良好的管制都可以运行。如前所述，公共管制可能依靠如政府法定权威或税收之类的公共资源，而私人管制需要不同驱动因素和动机（Sheehy，2012）。人们批评企业社会责任缺乏强制性，这仅在将企业社会责任理解为管制的争论中有意义。然而，强制性本身就是次要的，因为只有在不自觉遵守规则的情况下，它才是必要的。

将企业社会责任理解为管制的最后一个方面是裁定。裁定与自觉遵从和强制相联系，从根本上说，它是解释各种规则的一个任务，目的在于明确大家是否自觉遵守以及决定那些适当的强制实行措施的相关议题。企业社会责任裁定通过抵制、暴力、社会报道方式的公开披露以及最近的公共法律系统来完成。如果不把企业社会责任理解为管制，就会掩盖这一裁定性任务，破坏已经达到某种水平的成功的企业社会责任项目（Haufler，2009；King & Lennox，2000）。传统的经济学家坚持说裁定应该由市场机制根据消费者的支付溢价的意愿来决定，而不是关注于对合规和恰当实施措施的解读和确定的立法裁定。在这里，经济学家的方法显然是不正确的（Devinney et al.，2010；Doane，2005），而且有政府参与的领域存在市场失灵。经过很好的思考并实施的裁定提供了一个有意义的方法，来决定一个特定的企业社会责任项目究竟是有变革性的，还仅仅是"漂绿"。

现在转向探讨某一管制制度的规范性功能和正向结构，所有的管制制度都开始于带有目的的决策或管制的目标（Sheehy & Feaver，2011）。管制的规范性目的从根本上说，是因为其识别了管制活动的目标。至于企业社会责任，尽管一些人似乎认为规范性基础是模糊且不确定的，事实上，在很大程度上它已经稳定了。稳定的基础减少包括社会成本的危害以及公共产品的私人生产，正如我们在许多国际公法和私法手段中看到的那样。这些手段包括联合国人权大会和联合国全球契约，以及一系列的私法标准，如全球报告倡议组织、SA8000、ISO 26000，以及行业标准，比如森林管理委员会（见附录的部分列举）（Zerk，2006）。广大范围的议题都存在固定的规范，从人权和反腐到文化保留和生态系统保护。理解管制制度已有的规范基础解决了许多有关"超越合规"的企业社会责任定义的问题。因此，从一个规范视角来看，企业社会责任的任何提法都必然包括如下议题，即环境可持续、人权、雇佣条件、与伙伴和供给者与消费者的商业实践以及包括从基本的遵守公共法律和政策到考虑利益相关方影响的社会影响问题。因此，尽管这似乎与规范不一致，但是不一致大多发生在学科和政治层面上。私人和公共的国际法律已经确定了主要的规范议题。

如我们所见，学术界的规范性争论包括公司理论、私人产权的政治哲学，政府扮演的角色和公私划分的本质和位置。后者是制度关注的议题。在企业社会责任对话中，它们被描述为"隐性的"和"显性的"（Matten & Moon，2008），而且在企业公民和社会许可的观点中，它们被限制在一定程度上。在更广泛的社会和政治争论中，这些制度性议题并没有得到解决。也就是说，它们不见得会像在企业社会责任争论中那样得到解决。这个情况具有显著的研究意义。特别地，有人认为企业社会责任研究领域应该认识到这一争论的政治制度方面，而且除了商业和社会学的研究者外，其他领域的学术界也应该关注这一议题。

沿着第一个一般性启示，这一定义至少有五个额外的重要启示。第一个启示，它为进一步分析和争论企业社会责任提供了一个框架，并且为增加企业社会责任有效性提供了一个平台。将企业社会责任理解为管制，这表明企业社会责任存在不同的方面，这些方面可以分别被区分开并且能进行独立的分析和审视。规范性内容和正向结构是管制的两个分离的方面，就像规则制订、执行和裁定的任务一样，人们可以对它们加以识别、分析、评估和改变。因此，这一定义引起人们关注管制制度设计的基础。设计管制制度是清楚地理解任务的本质和可用的工具，这能够提供一个独特的、充分了解的框架，使人们能够分析、评估和改造管制倡议。在将企业社会责任理解为国际私人企业自我管制的情况下，这引起人们对有关限制和私人管制特殊议题的关注。这就其本身而言是明显的进步，对问题及其解决方案都提供了清晰的理解。由第一个启示得出这样的看法，那些高度关注组织和管制层面的研究应该成为企业社会责任研究领域的前沿。

将企业社会责任界定为关注危害和公共产品的国际私人企业自我管制，其第二个启示在于它有助于减少各方观点的不一致性并对其加以完善，也允许各方关注其自身感兴趣和关注的特定领域。它消除了总体不一致的外表，允许更多的研究关注危害管理和产业对公共产品的贡献这些议题，使人们明白企业社会责任并不仅仅是市场营销。

第三个启示是制度性的。私人自我管制的定义对于企业社会责任争论来说并不是完全陌生的。的确，它是 Wood 的第三个层次——制度层次的具体阐述；这一定义在组成社会的不同制度中更精确地定位了企业社会责任并使其更加完整。更具体地说，它将企业社会责任置于国家、国际机构和行业的制度环境中。通过制度视角理解企业社会责任为公共和私人的政策制定者提供了一条前进的道路，使之关注于自己的努力。通过将企业社会责任放置于这个位置上，各方也更能够理解并明确表达其所关心的事情，更进一步地，它引导研究者探讨由制度的多层次而带来的挑战（Sheehy，2012）。

第四个启示来自对政府角色的考虑。政府肩负着社会治理的任务，然而，其定义范围或宽或窄。根据定义，像社会成本这样的危害是社会的关注点，因此，显然在其管制中需要政府的参与。当考虑企业社会责任对管制的贡献时，值得研究者关注于认真分析企业社会责任对公共的贡献。一个新兴的研究趋势就是检验这个角色（Steurer，2010；Gond et al.，2011；Moon，2004；Moon & Vogel，2008）。如果其自我管制的程度足够，企业社会责任可能会从一些公共监督或公共贡献中获益匪浅。将企业社会责任理解为管制，这是从另一个角度看待它，并且将政府定位，因而它可以更有用。

第五个启示，我们需要考虑这个定义对企业社会责任的其他定义的意义。我们所提出的定义并不否定其他的定义或方法。如上所述，其他的定义描述范围广泛，关注个人和组织的层次。这个国际私人行业自我管制的定义通过将其他定义与更大的制度争论相联系来发挥作用。这个定义所做的就是将它们定位在 Wood 的第三个层次，也就是管制和其他制度中。那个制度框架支持并组织了前面的定义。

总体来说，将企业社会责任理解为对危害和公共产品的国际私人企业的自我管制，这是向前迈进的明显一步。它竭力使企业社会责任有别于偏左或偏右的政治游说，有别于市场营销的做法或仅仅是国际管理实践。它为争论提供了框架，定位了议题，识别了规范并提供了向前的道路。它允许学者们关注其专业知识，允许企业社会责任研究有更具实效的考虑，比如企业社会责任可以怎样更有效地帮助控制行业的危害，否则需要什么样的变化以区分并获得那些与社会责任产品和服务有关的溢价。进一步地，它促进商界有能力更有意义和更有效地加入企业社会责任，防止其受到无理由的攻击。最后，它为政府提供了一个有关其自身角色的触点，以及企业社会责任如何帮助对在其权限范围内不同行业运行的数以百万计的企业进行有效的管制。

结　论

本文论证了界定企业社会责任是一项重要且紧迫的任务。法律的、财务的和政治的投资使其定义势在必行。将企业社会责任界定为国际私人企业管制回应了这一紧迫性并提供了一个统一的框架。所有的管制在本质上都是政治的，企业社会责任的政策也不例外。企业社会责任中的政治议程有助于为形成一个清晰的企业社会责任定义的义务和障碍提供了一个富有活力的基础。将企业社会责任界定为管制，这识别出了其阻碍了之前反复努力的复杂性特征，这也有助于组织思考定义企业所存在的复杂性。

此外，将企业社会责任理解为国际私人企业管制，这证实了企业社会责任关键的行为焦点。进一步讲，它提供了关于企业社会责任规范性目标的分类。它提供了一种"类"或基础，以及"区别"和"种类"，在此基础上发展、实施、评估和重塑企业社会责任研究、知识和实践。它为学者、经理人、非政府组织和政府提供了一个框架，以解释并判断应该投入什么资源、期望什么行为以及谁应该被包括在这个过程中。

明确的定义使得一个组织可以公平地处理关于"漂绿"的投诉以及挑战行业行为的团体，并为其这样做提供了清晰的框架。一个遵从并可以表明标准的组织拥有一条更为清楚的遵循路径，并对不公平的指责拥有更强大的防卫，而一个反对行业实践的组织可以更明确地识别标准和危害。

尽管如今的企业社会责任大部分是私人的自我管制，但是人们也呼吁并努力将企业社会责任的各方面变为其他类型管制，如公共管制。确实，印度在其2013年的《公司法》改革中引入了强制性的企业社会责任。这些改变既要求不妨碍那些作为行业对危害的规范性反应的基础性定义，也需要不给参与企业社会责任研究的学者造成麻烦。正如Selznick在大约60年前所预测的那样，企业社会责任可能是一个会成为公共法律的项目，从而会投入公共资源。那些旨在理解公共资源和公共关注怎样被最好地引导以及检验企业社会责任实践含义的相关知识将会在发展中找到值得思考的研究议程。

最后，将企业社会责任理解为社会现象的特定的"类"、"区别"和"种类"，并将其定义为一种国际私人自我管制的形式，它关注行业危害的减少和缓和以及公共产品的规定，这超出了先前那些关注收集、分类和描述的各种定义方面所做的努力范围。这一定义使得人们可以对那些适合管制的各种议题进行更有组织的、更聚焦的讨论，包括：什么应该受到管制、为了什么目的或者目标、谁来执行管制、利用什么资源、成本和收益应当怎样分配。

附录 部分国际和跨国法律规范

联合国公约和协定

[1] United Nations Human Rights Council, A/HRC/17/31, 21 March 2011, Guiding Principles on Business and Human Rights: Implementing the United Nations Protect, Respect and Remedy Framework, http://www.ohchr.org/documents/issues/business/A.HRC.17.31.pdf.

[2] United Nations, General Assembly Resolution 217 A (III), 10 December 1948, Universal Declaration of Human Rights, http://www.un.org/en/documents/udhr/.

[3] United Nations, General Assembly Resolution 2200A (XXI), 16 December 1966, International Covenant on Civil and Political Rights; United Nations, General Assembly Resolution 2200A (XXI), 16 December 1966, International Covenant on Economic, Social and Cultural Rights.

〔4〕 United Nations，General Assembly Resolution A/61/L.67 and Add.1，March 2008，United Nations Declaration on the Rights of Indigenous People，Art.8，10，25 and 26，http：//www.un.org/esa/socdev/unpfii/documents/DRIPS_en.pdf.

〔5〕 United Nations Human Rights Council，Resolution 7/14，27 March 2008，The Right to Food，http：//ap.ohchr.org/documents/E/HRC/resolutions/A_HRC_RES_7_14.pdf.

〔6〕 United Nations，A/HRC/4/18，December 2007，Basic Principles and Guidelines on Development-based Evictions and Displacement，http：//www2.ohchr.org/english/issues/housing/docs/guidelines_en.pdf.

〔7〕 United Nations，Department of Economic and Social Affairs，1999，Guidelines for Consumer Protection，http：//www.un.org/esa/sustdev/publications/consumption_en.pdf.

〔8〕 United Nations，A/CONF.151/26（Vol. I），June 1992，Rio Declaration on Environment and Development，http：//www.un.org/documents/ga/conf151/aconf15126-1annex1.htm.

〔9〕 United Nations，1992，Convention on Biological Diversity，1760 UNTS 79；31 ILM 818（1992），http：//www.cbd.int/doc/legal/cbd-en.pdf.

〔10〕 United Nations，11 December 1997，Kyoto Protocol to the United Nations Framework Convention on Climate Change，UN Doc FCCC/CP/1997/7/Add.1，Dec. 10，1997；37 ILM 22（1998），http：//unfccc.int/resource/docs/convkp/kpeng.pdf.

〔11〕 Convention on International Trade in Endangered Species of Wild Flora and Fauna，27 UST 1087；TIAS8249；993 UNTS 243（1973），http：//www.cites.org/eng/disc/text.php.

〔12〕 Cartagena Protocol on Biosafety，2226 U.N.T.S. 208；39 ILM 1027（2000）；UN Doc. UNEP/CBD/ExCOP/1/3，at 42（2000），http：//bch.cbd.int/protocol/text/.

〔13〕 Stockholm Convention on Persistent Organic Pollutants，2256 UNTS 119；40 ILM 532（2001），http：//chm.pops.int/Convention/ConventionText/tabid/2232/Default.aspx>.

〔14〕 Rotterdam Convention on Prior Informed Consent Procedure for Certain Hazardous Chemicals and Pesticides in International Trade，2244 UNTS 337；38 ILM 1（1999）（revised in 2011），http：//www.pic.int/The-Convention/Overview/TextoftheConvention/tabid/1048/language/en-US/Default.aspx>.

〔15〕 United Nations Economic Commission for Europe，Aarhus，25 June 1998，Convention on Access to Information，Public Participation in Decision-making and Access to Justice in Environmental Matters，2161 UNTS 447；38 ILM 517（1999），http：//www.unece.org/fileadmin/DAM/env/pp/documents/cep43e.pdf in Principle 10 from the Rio-clarification.

〔16〕 United Nations，General Assembly Resolution 58/4，31October 2003，United Nations Convention against Corruption，http：//www.unodc.org/documents/treaties/UNCAC/Publications/Convention/08-50026_E.pdf.

〔17〕 United Nations Principles for Responsible Investment，Principles for Responsible Investment，2006，http：//www.unpri.org/principles/United Nations，website United Nations Millennium Development Goals，http：//www.un.org/millenniumgoals/.

特殊的国际组织

［18］ International Labour Organization （ILO），November 1977，Tripartite Declaration of Principles concerning Multinational Enterprises and Social Policy，http：//www.ilo.org/public/english/employment/multi/download/english.pdf.

［19］ International Organization for Standardization，ISO 26000：2010，Guidance on Social Responsibility.

［20］ International Labour Organization （ILO），ILOLEX Database of International Labour Standards，http：//www.ilo.org/ilolex/english/.

经济合作与发展组织和欧盟

［21］ OECD Principles of Corporate Governance，2004.

［22］ OECD Guidelines for Multi-national Enterprises，1976.

［23］ Organisation for Economic Co-operation and Development （OECD），25 May 2011，OECD Guidelines for Multinational Enterprises—Recommendations for Responsible Business Conduct in a Global Context. http：//www.oecd.org/dataoecd/43/29/48004323.pdf.

［24］ Corporate Social Responsibility Green Paper，Promoting a European Framework for Corporate Social Responsibility （July 2001） （COM （2001） 366 final of 18.7.2001，http：//ec.europa.eu/enterprise/policies/sustainable-business/documents/corporate-social-responsibility/.

［25］ European Commission 2013，Enterprise and Industry，Corporate Social Responsibility，European Commission，<http：//ec.europa.eu/enterprise/policies/sustainable-business/corporate-social-responsibility/index_en.htm>.

国际金融及其他

［26］ Equator Principles，The Equator Principles，June 2006，<http：//www.equator-principles.com/resources/equator_principles.pdf>.

［27］ International Finance Corporation，International Finance Corporation's Policy on Environmental and Social Sustainability，1 January 2012，http：//www.ifc.org/ifcext/policyreview.nsf/AttachmentsBy-Title/Updated_IFC_SFCompounded_August1-2011/$FILE/Updated_IFC_SustainabilityFramework Compounded_August1-2011.pdf.

［28］ World Organisation for Animal Health，Terrestrial Animal Health Code 2010，http：//web.oie.int/eng/normes/mcode/a_summry.htm.

［29］ ISO 26000，http：//www.iso.org/iso/home/standards/iso26000.htm.

［30］ Marine Stewardship Council，http：//www.msc.org/.

［31］ Forestry Stewardship Council，http：//www.fsc.org.

［32］ Kimberley Process，http：//www.kimberleyprocess.com.

［33］ ICCA Responsible Care Initiative，http：//www.icca-chem.org/en/Home/Responsible-care/.

［34］ World Business Council of Sustainable Development （WBCSD） （2000）：Corporate Social Responsibility. Making good business sense. Switzerland：http：//research.dnv.com/csr/PW_Tools/PWD/1/00/L/1-00-L-2001-01-0/lib2001/WBCSD_Making_Good_Business_Sense.pdf.

参考文献

［1］Aguinis，H.，& Glavas，A. (2012). What we know and don't know about corporate social responsibility. Journal of Management，38 (4)：932–968.

［2］Amstutz，M. (2011). The double movement in global law：The case of European corporate social responsibility. In C. Joerges & J. Falke (Eds.)，Karl Polanyi，globalisation and the potential of law in transnational markets. Oxford：Hart Publishing.

［3］Aristotle. (1989). Topica (E. S. Forster，Trans.) (Loeb Classical Library. Ed.). Cambridge：Harvard University Press.

［4］Auld，G.，Bernstein，S.，& Cashore，B. (2008). The new corporate social responsibility. Annual Review of Environment and Resources，33：413–435.

［5］Avetisyan，E.，& Ferrary，M. (2013). Dynamics of stakeholders' implications in the institutionalization of CSR field in France and in the United States. Journal of Business Ethics，115：115–133.

［6］Baldwin，R.，& Cave，M. (1999). Understanding regulation：Theory，strategy，and practice. Oxford：Oxford University Press.

［7］Ballinger，J. (2011). How civil society can help：Sweatship workers as globalization's consequence. Harvard International Review，Summer，33 (2)：54–59.

［8］Basiago，A. D. (1995). Methods of defining 'sustainability'. Sustainable Development，3 (3)：109–119. doi：10.1002/sd.3460030302.

［9］Bessire，D.，& Mazuyer，E. (2012). Norms of corporate social responsibility：Densication or degeneration? In A. Guler & D. Crowther (Eds.)，Business strategy and sustainability developments in corporate governance and responsibility (Vol.3，pp.67–95). Bingley：Emerald Group Publishing Limited.

［10］Bismuth，R. (2010). Mapping a responsibility of corporations for violations of international humanitarian law sailing between international and domestic legal orders. Denver Journal of International Law and Policy，38 (2)：203–226.

［11］Black，J. (2005). Regulatory innovation：A comparative analysis. Cheltenham：Edward Elgar Publishing.

［12］Bloweld，M. (2009). Business，corporate responsibility and poverty reduction. In J. C. Marques & P. Utting (Eds.)，Corporate social responsibility and regulatory governance：Towards inclusive development?. Palgrave：Basingstoke.

［13］Brammer，S.，Jackson，G.，& Matten，D. (2012). Corporate social responsibility and institutional theory：New perspectives on private governance. Socio–Economic Review，10 (1)：3–28.

［14］Butler，H.，& McChesney，F. (2010). Why they give at the office：Shareholder welfare and corporate philanthropy in the contractual theory of the corporation. In T. W. Joo & U.–I. Chu (Eds.)，Corporate governance：Law，theory and policy (pp.4–9). Durham，NC：Carolina Academic

Press.

[15] Carr, A. (1968). Is business bluffing ethical? Harvard Business Review, 46: 145-153.

[16] Carroll, A. B. (1979). A three-dimensional model of corporate social performance. Academy of Management Review, 4: 497-505.

[17] Carroll, AB. (1999). Corporate social responsibility: Evolution of a denitional construct. Business & Society, 38 doi: 10.1177/000765039903800303.

[18] Carroll, A. B. (2008). A history of corporate social responsibility: Concepts and practices. In A. Crane, A. McWilliams, D. Matten, J. Moon, & D. Siegel (Eds.), The Oxford handbook of corporate social responsibility (pp.19-46). Oxford and New York: Oxford University Press.

[19] Carson, T. (1993). Second thoughts about bluffing. Business Ethics Quarterly, 3 (4): 317-341.

[20] Chua, W. (2006a). Extended performance reporting: A review of empirical studies. Sydney: Institute of Chartered Accountants in Australia.

[21] Chua, W. (2006b). Extended performance reporting: An overview of techniques. Sydney: Institute of Chartered Accountants in Australia.

[22] Coase, R. (1960). The problem of social cost. Journal of Law and Economics, 3 (1): 1-44.

[23] Copi, I. (1982). Introduction to logic. New York: Macmillan.

[24] Crane, A., McWilliams, A., Matten, D., Moon, J., & Siegel, D. S. (2008a). The corporate social responsibility agenda. In A. Crane, A. McWilliams, D. Matten, J. Moon, & D. S. Siegel (Eds.), Oxford handbook of corporate social responsibility (pp.3-18). Oxford and NY: Oxford University Press.

[25] Crane, A., McWilliams, A., Matten, D., Moon, J., & Siegel, D. S. (Eds.). (2008b). Oxford handbook of corporate social responsibility. Oxford and NY: Oxford University Press.

[26] Crane, A., Palazzo, G., Spence, L. J., & Matten, D. (2014). Contesting the value of the shared value concept. California Management Review, 56 (2): 130-153.

[27] Crifo, P., & Forge, V. D. (2012). The economics of corporate social responsibility: A survey. Ecole Polytechnique: Centre national de la Recherched Scientique, Paris. Retrieved from http: //hal.inria.fr/docs/00/72/06/40/PDF/cahier_de_recherche_2012-21.pdf.Accessed 5 May 2013.

[28] Dahlsrud, A. (2008). How corporate social responsibility is dened: An analysis of 37 definitions. Corporate Social Responsibility and Environmental Management, 15 (1): 1-13. doi: 10.1002/csr.132.

[29] Daly, H., & Cobb, J., Jr. (1989). For the common good: Redirecting the economy toward community, the environment, and a sustainable future. Boston: Beacon Press.

[30] Davis, K. (1960). Can business afford to ignore social responsibilities? California Management Review, 2: 70-76. Spring.

[31] Davis, K. (1973). The case for and against business assumption of social responsibilities.

Academy of Management Journal, 16：312–322.

[32] Delmas, M. A., & Montiel, I. (2007). The diffusion of voluntary international management standards: Responsible care, ISO 9000 and ISO 14001 in the chemical industry. Santa Barbara, CA: ISBER Publications, Institute for Social, Behavioral, and Economic Research, UC Santa Barbara.

[33] Dentchev, N. A. (2009). To what extent is business and society literature idealistic? Business and Society, 48：10–38.

[34] Detomasi, D. A. (2008). The political roots of corporate social responsibility. Journal of Business Ethics, 82 (4), 807–819.doi: 10.1007/s10551-007-9594-y.

[35] Devinney, T. M., Auger, P., & Eckhardt, G. (2010). The myth of the ethical consumer. Cambridge, UK: Cambridge University Press.

[36] Djelic, M., & Sahlin-Andersson, K. (Eds.). (2006). Transnational governance: Institutional dynamics of regulation. Cambridge, UK: Cambridge University Press.

[37] Doane, D. (2005). The myth of CSR: The problem with assuming that companies can do well while also doing good is that markets don't really work that way. Stanford Social Innovation Review, Fall, 23–29.

[38] Donaldson, T., & Preston, L. E. (1995). The stakeholder theory of the corporation: Concepts, evidence, and implication. Academy of Management Review, 20：65–91.

[39] Eabrasu, M. (2012). A moral pluralist perspective on corporate social responsibility: From good to controversial practices. Journal of Business Ethics, 110 (4)：429–439. doi: 10.1007/s10551-012-1491-3.

[40] Eilbirt, H., & Parket, R. I. (1973). The practice of business: The current status of corporate social responsibility. Business Horizons, 16：5–14.

[41] Elkington, J. (1997). Cannibals with forks: The triple bottom line of 21st century business. Oxford: Capstone.

[42] Esty, D. C. (2005). On Portney's complaint: Reconceptualizing corporate social responsibility. In B. L. Hay, R. N. Stavins, & R. Veitor (Eds.), Environmental protection and the social responsibility of firms (pp.137–144). Washington, DC: Resources for the Future.

[43] Feaver, D., & Sheehy, B. (2011). Designing effective regulation: A normative theory. Available at SSRN: http: //ssrn.com/abstract=1954256.

[44] Fleming, P., & Jones, M. T. (2013). The end of corporate social responsibility: Crisis and critique. London, UK: SAGE Publications.

[45] Freeman, R. E. (1984). Strategic management: A stakeholder approach. Boston: Pitman.

[46] Friedman, M. (1970). The social responsibility of business is to increase its prots. New York Times Magazine, 32–33：122–126.

[47] Gallie, W. B. (1956). Essentially contested concepts. Proceedings of the Aristotelian Society, 56：167–198.

［48］Garriga, E., & Melé, D. (2004). Corporate social responsibility theories：Mapping the territory. Journal of Business Ethics, 53（1/2）：51–71.

［49］Gjolberg, M. (2010). Varieties of corporate social responsibility（CSR）：CSR meets the "Nordic Model". Regulation & Governance, 4（2）：203–229. doi：10.1111/j.1748–5991.2010.01080.x.

［50］Göbbels, M. (2002). Reframing corporate social responsibility：The contemporary conception of a fuzzy notion. Journal of Business Ethics, 44：95–105.

［51］Gond, J.-P., Kang, N., & Moon, J. (2011). The government of selfregulation：On the comparative dynamics of corporate social responsibility. Economy and Society, 40（4）：640–671. doi：10.1080/03085147.2011.607364.

［52］Gond, J.-P., & Moon, J. (2010). Corporate social responsibility in retrospect and prospect：Exploring the life–cycle of an essentially contested concept. Nottingham, UK：University of Nottingham, International Centre for Corporate Social Responsibility.

［53］Greer, J., & Bruno, K. (1996). Greenwash：Reality behind corporate environmentalism. New York：Apex Press.

［54］Gunningham, N. (1995). Environment, self–regulation, and the chemical industry：Assessing reponsible care. Law & Policy, 17（1）：57–109.

［55］Hauer, V. (2009). The Kimberley process certification scheme：An innovation in global governance and conflict prevention. Journal of Business Ethics, 89：403–416. doi：10.1007/s10551–010–0401–9.

［56］Hausmann, D. (1992). The inexact and separate science of economics. Cambridge：Cambridge University Press.

［57］Hay, B. L., Stavins, R. N., & Vietor, R. H. K. (Eds.). (2005). Environmental protection and the social responsibility of firms. Washington, DC：Resources for the Future.

［58］Heal, G. (2005). Corporate social responsibility：An economic and financial framework. Geneva Papers Risk Insurance, 30：387–409.

［59］Horrigan, B. (2002). Fault lines in the intersection between corporate governance and social responsibility. University of New South Wales Law Journal, 25：515–555.

［60］Horrigan, B. (2007). 21st century corporate social responsibility trends：An emerging comparative body of law and regulation on corporate responsibility, governance, and sustainability. Macquarie Journal of Business Law, 4：85.

［61］Horrigan, B. (2010). Corporate social responsibility in the 21st century：Debates, models and practices across government, law and business. Cheltenham. UK；North Hampton, USA：Edward Elgar.

［62］Howard–Grenville, J., Nash, J., & Coglianese, C. (2008). Constructing the license to operate：Internal factors and their influence on corporate environmental decisions. Law & Policy, 30（1）：73–107.doi：10.1111/j.1467–9930.2008.00270.x.

［63］Huimin, G., & Ryan, C. (2011). Ethics and corporate social responsibility：An analysis of the views of Chinese hotel managers. International Journal of Hospitality Management, 30 (4): 875-885. doi: 10.1016/j.ijhm.2011.01.008.

[64] Ireland, P., & Pillay, R. (2009). Corporate social responsibility in a Neoliberal age. In P. Utting & J. C. Marques (Eds.), Corporate social responsibility and regulatory governance: Towards inclusive development? (pp.77-104). New York: Palgrave-Macmillan.

[65] Kang, N., & Moon, J. (2012). Institutional complementarity between corporate governance and corporate social responsibility: A comparative institutional analysis of three capitalisms. Socio-Economic Review, 10 (1): 85-108.

[66] King, A., & Lennox, M. (2000). Industry self-regulation without sanctions: The chemical industry's responsible care program. Academy of Management Journal, 43 (4): 698.

[67] Kirkton, J. J., & Trebilcock, M. (Eds.). (2004). Hard choices, soft law: Voluntary standards in global trade, environment and social governance. Burlington, VT: Ashgate.

[68] KPMG. (2013). Corporate responsibility reporting has become de facto law for business KPMG International Corporate Responsibility Reporting Survey 2011: KPMG International Cooperative.

[69] KPMG, & UNEP. (2006). Carrrots and sticks for starters: Current trends and approaches in voluntary and mandatory standards for sustainability reporting. South Africa: UNEP.

[70] Krugman, P. (2007). Who was Milton Friedman? New York Review of Books, 54 (2): 340-342.

[71] Kuhn, T. S. (1970). The structure of scientific revolutions (2nd ed.). Chicago: University of Chicago Press.

[72] Lee, M.-D.P. (2008). A review of the theories of corporate social responsibility: Its evolutionary path and the road ahead. International Journal of Management Reviews, 10 (1): 53-73. doi: 10.1111/j.1468-2370.2007.00226.x.

[73] Levy, D., & Kaplan, R. (2008). Corporate social responsibility and theories of global governance: Strategic contestation in global issue arenas. In A. Crane, A. McWilliams, D. Matten, J. Moon, & D. S. Siegel (Eds.), Oxford handbook of corporate social responsibility (pp.432-451). Oxford and NY: Oxford University Press.

[74] Lockett, A., Moon, J., & Visser, W. (2006). Corporate social responsibility in management research: Focus, nature, salience and sources of influence. Journal of Management Studies, 43 (1): 115-136.

[75] Margolis, J. D., Elfenbein, H. A., & Walsh, J. P. (2009). Does it pay to be good-and does it matter? A meta-analysis of the relationship between corporate social and nancial performance. Available at SSRN: http: //ssrn.com/abstract=1866371.

[76] Mark-Ungericht, B., & Weiskopf, R. (2007). Filling the empty shell. The public debate on CSR in Austria as a paradigmatic example of a political discourse. Journal of Business Ethics, 70 (3): 285-297. doi: 10.1007/s10551-006-9111-8.

[77] Matten, D., & Crane, A. (2005). Corporate citizenship: Toward an extended theoretical

conceptualization. The Academy of Management Review, 30（1）: 166–179.

　　[78] Matten, D., Crane, A., & Chapple, W. (2003). Behind the mask: Revealing the true face of corporate citizenship. Journal of Business Ethics, 45（1）: 109–120. doi: 10.1023/a: 1024128730308.

　　[79] Matten, D., & Moon, J. (2008). "Implicit" and "Explicit" CSR: A conceptual framework for a comparative understanding of corporate social responsibility. Academy of Management Review, 33（2）: 424.

　　[80] McWilliams, A., & Siegel, D. (2001). Corporate social responsibility: A theory of the firm perspective. The Academy of Management Review, 26（1）: 117–127. doi: 10.2307/259398.

　　[81] Mil-Homens, J. L. (2011). Labeling Schemes or Labeling Scams? Auditors' Perspectives on ISO 14001 Certication. (Doctor of Philosophy), Virginia Polytechnic Institute and State University, Blacksburg, VA.

　　[82] Moon, J. (2004). Government as a driver of corporate social responsibility. Nottingham, UK: International Centre for Corporate Social Responsibility, University of Nottingham.

　　[83] Moon, J., & Vogel, D. (2008). Corporate social responsibility, government and civil society. In A. Crane, A. McWilliams, D. Matten, J. Moon, & D. S. Siegel (Eds.), Oxford handbook of corporate social responsibility (pp.303–326). Oxford and NY: Oxford University Press.

　　[84] Muhle, U. (2011). The politics of corporate social responsibility: The rise of a global business norm. Frankfurt New York: Campus Verlag.

　　[85] Nelson, J. (2008). CSR and public policy: New forms of engagement between business and government. Cambridge, MA: John F Kennedy School of Government, Havard University.

　　[86] Nicholls, A., & Opal, C. (2005). Fair trade: Market-driven ethical consumption. SAGE Publications Ltd.

　　[87] O'Dwyer, B. (2003). Conceptions of corporate social responsibility: The nature of managerial capture. Accounting, Auditing & Accountability Journal, 16: 523–557.

　　[88] Obe, R. M. (2004). Still vague and imprecise notion of corporate social responsibility. International Business Lawyer, 32: 236–237.

　　[89] OECD. (1999). Voluntary approaches for environmental policy: An assessment. Paris: OECD.

　　[90] OECD. (2003). Voluntary approaches for environmental policy: Effectiveness, efcicency and usage in policy mixes. Paris: OECD.

　　[91] Okoye, A. (2010). Theorising corporate social responsibility as an essentially contested concept: Is a denition necessary? Journal of Business Ethics, 89（4）: 613–627. doi: 10.1007/s10551-008-0021-9.

　　[92] Osuji, O. (2011). Fluidity of regulation-CSR nexus: The multinational corporate corruption example. Journal of Business Ethics, 103（1）: 31–57. doi: 10.1007/s10551-011-0840-y.

　　[93] Palazzo, G., & Richter, U. (2005). CSR business as usual? the case of the tobacco

industry. Journal of Business Ethics, 61（4）：387–401.

［94］ Parsons, T. (1961). An outline of the social system. In T. Parsons, E. Shils, K. Naegle, & J. Pitts (Eds.), Theories of society. New York：Free Press.

［95］ Peters, A., & Ros, D. (2010). The role of governments in promoting corporate responsibility and private sector engagement in development. http：//www.unglobalcompact.org/docs/news_events/8.1/UNGC_Bertelsmannn.pdf. Retrieved 10 Oct 2012.

［96］ Pickett, K. E., & Wilkinson, R. G. (Eds.). (2009). Health and inequality major themes in health and social welfare. London：Routledge.

［97］ Pitts, J. (2009a). Corporate social responsibility：Current status and future evolution. Rutgers Journal of Law and Public Policy, 6（2）：334–433.

［98］ Pitts, J. (Ed.). (2009b). Corporate social responsibility：A legal analysis. Toronto：LexisNexis.

［99］ Porter, M., & Kramer, M. (2006). Strategy and society：The link between competitive advantage and corporate social responsibility. Harvard Business Review, 84：78–92.

［100］ Porter, M. E., & Kramer, M. R. (2011). Creating shared value. Harvard Business Review, 89：62–77.

［101］ Portney, P. R. (2005). Corporate social responsibility：An economic and public policy perspective. In B. L. Hay, R. N. Stavins, & R.Veitor (Eds.), Environmental protection and the social responsibility of firms (pp.107–132). Washington, DC：Resources for the Future.

［102］ Portney, P. R. (2008). The (Not So) new corporate social responsibility：An empirical perspective. Review of Environmental Economics and Policy, 2（2）：261–275.

［103］ Pratap, S. (2011). Corporate social responsibility and the political agenda of the corporate CSR Research Paper Series No 3. Hong Kong：Asia Monitor Resource Centre.

［104］ PRI Association. Principles for Responsible Investment. Retrieved 20 May 2013, from www.unpri.org.

［105］ Ratner, S. (2001). Corporations and human rights：A theory of legal responsibility? Yale Law Journal, 111（2）：443.

［106］ Redmond, P. (2012). Directors' duties and corporate social responsiveness. UNSW Law Journal, 35（1）：170.

［107］ Reinhardt, F. L., Stavins, R. N., & Vietor, R. H. K. (2008). Corporate social responsibility through an economic lens. Review of Environmental Economics and Policy, 2（2）：219–239. doi：10.1093/reep/ren008.

［108］ Sahlin-Andersson, K. (2006). Corporate social responsibility：A trend and a movement, but of what and for what? Corporate Governance, 6（5）：595–608.

［109］ Scherer, A. G., & Palazzo, G. (2011). The new political role of business in a globalized World：A review of a new perspective on CSR and its implications for the firm, governance, and democracy. Journal of Management Studies, 48（4）：899–931. doi：10.1111/j.1467-6486.2010.00950.x.

［110］Segon，M. J.，& Booth，C.（2009）. Business ethics and CSR as part of MBA curricula：An analysis of student preference. Journal of Business and Policy Research，5（3）：72–81.

［111］Selznick，P.（1969）. Law，society and industrial justice. New York：Russell Sage Foundation.

［112］Sethi，S. P.（2011）. Self–regluation through voluntary codes. In S.P. Sethi（Ed.），Globalization and self–regulation：The crucial role that corporate codes of conduct play in global business（pp.3–16）. New York：Palgrave Macmillan.

［113］Sethi，S. P.，& Emelianova，O.（2006）. A failed strategy of using voluntary codes of conduct by the global mining industry. Corporate Governance，6（3）：226–238.

［114］Shamir，R.（2005）. Corporate social responsibility：A case of hegemony and counter-hegemony. In B. De Sousa Santos & C. A. Rodríguez–Garavito（Eds.），Law and globalization from below：Towards a cosmopolitan legality. Cambridge：Cambridge University Press.

［115］Shamir，R.（2011）. Socially responsible private regulation：World–culture or World-capitalism? Law & Society Review，45（2）：313–336. doi：10.1111/j.1540–5893.2011.00439.x.

［116］Sheehy，B.（2004）. Corporations and social costs：The Wal–Mart cases tudy. Journal of Law & Commerce，24：1–55.

［117］Sheehy，B.（2005）. Scrooge：The reluctant stakeholder：Theoretical problems in the shareholder–stakeholder debate. University of Miami Business Law Review，14（1）：193–241.

［118］Sheehy，B.（2006）. The frightening inadequacy of economics as a worldview. Journal of Interdisciplinary Economics，17（4）：445–464.

［119］Sheehy，B.（2007）. Reconsidering the corporation and the lateral obligations of the social contract. The ICFAI Journal of Corporate and Securities Law，4（2）：7–31.

［120］Sheehy，B.（2010）. Regulating the university：Examining the regulatory framework of Australian University Corporations.（PhD），Australian National University.

［121］Sheehy，B.（2012a）. CSR and law：Alternative regulatory systems：SSRN Working Papers.

［122］Sheehy，B.（2012b）. Interfaces between CSR，corporate law and the problem of social costs：SSRN Working Paper.

［123］Sheehy，B.（2012c）. Understanding CSR：An empirical study of private self–regulation. Monash University Law Review，38（2）：103–127.

［124］Sheehy，B.（2013）. The role of government in making CSR effective：A model regulatory governance agency. http：//ssrn.com/abstract=2315929. Accessed 25 Jan 2013.

［125］Sheehy，B.，& Feaver，D.（2011）. Designing effective regulation：A normative theory. Available at SSRN：http：//ssrn.com/abstract=1954254.

［126］Sheehy，B.，& Feaver，D. P.（2014）. Directors' legal duties and CSR：Prohibited，permitted or prescribed? Dalhousie Law Journal，37（1）：148.

［127］Sommer，A. A.，Jr.（1991）. Whom should the corporation serve?：The Berle–Dodd debate revisited sixty years later. Delaware Journal of Corporate Law, 16：33–56.

[128] Soule, S. (2009). Contention and corporate social responsibility. Cambridge, UK：Cambridge University Press.

[129] Steurer, R. (2010). The role of governments in corporate social responsibility：Characterising public policies on CSR in Europe. Policy Sciences, 43 (1)：49–72.

[130] Tallontire, A. (2007). CSR and regulation：Towards a framework for understanding private standards initiatives in the agri–food chain. Third World Quarterly, 28 (4)：775–791.

[131] UNEP. (2000). Voluntary initiatives：Current status, lessons learnt and next steps. Paris：UNEP.

[132] United Nations Sub–Commission on the Promotion and Protection of Human Rights. (2003). Norms on the responsibilities of transnational corporations and other business enterprises with regard to human rights. 2003/16, UN Doc. E/CN.4/Sub.2/2003/L.l 1, at52 (2003).

[133] Utting, P., & Marques, J. C. (2009). Introduction：The intellectual crisis of CSR. In P. Utting & J. C. Marques (Eds.), Corporate social responsibility and regulatory governance：Towards inclusive development? . UK：Palgrave Macmillan Ltd.

[134] van Marrewijk, M. (2003). Concepts and denitions of CSR and corporate sustainability：Between agency and communion. Journal of Business Ethics, 44 (2)：95–105. doi：10.1023/a：1023331212247.

[135] Varadarajan, P. R., & Menon, A. (1988). Cause–related marketing：A coalignment of marketing strategy and corporate philanthropy. Journal of Marketing, 52 (3)：58–74.

[136] Vogel, D. (2008). Private global business regulation. Annual Review of Political Science, 11：261–282. doi：10.1146/annurev.polisci.11.053106.141706.

[137] Vogel, D. (2010). The private regulation of global corporate conduct：Achievements and limitations. Business Society, 49 (1)：68–87.

[138] Wartick, S. L., & Cochran, P. L. (1985). The evolution of the corporate social performance model. The Academy of Management Review, 10 (4)：758–769.

[139] Webb, K. (Ed.). (2004). Voluntary codes：Private governance, the public interest and innovation. Ottawa：Carleton Research Unit for Innovation, Science and Environment, Carleton University.

[140] Wells, C. A. H. (2002–2003). The cycles of corporate social responsibility：An historical retrospective for the twenty–first century. University of Kansas Law Review, 51：77–140.

[141] Wells, C. A. H. (2013). "Corporations Law is Dead"：Heroic managerialism, the cold war, and the puzzle of corporation law at the height of the American Century. University of Pennsylvania Journal Business Law Review, 15：2.

[142] Whitehouse, L. (2005). Corporate social responsibility as regulation：The argument from democracy. In J. O'Brien (Ed.), Governing the corporation (pp.141–162). London：Wiley.

[143] Wilkinson, R. G. (1996). Unhealthy societies：The affliction of inequality. London：

Routledge.

[144] Witt, M. A., & Redding, Gordon. (2012). The spirits of corporate social responsibility: Senior executive perceptions of the role of the firm in society in Germany, Hong Kong, Japan, South Korea and the USA. Socio-Economic Review, 10 (1): 109–134. doi: 10.1093/ser/mwr026.

[145] Wood, D. J. (1991). Corporate social performance revisited. Academy of Management Review, 16: 691–718.

[146] World Commission on Environment and Development. (1987). Our common future. Oxford: Oxford University Press.

[147] Yang, J. S., & Malone, R. E. (2008). "Working to shape what society's expectations of us should be": Philip Morris' societal alignment strategy. Tobacco Control, 17 (6): 391–398. doi: 10.1136/tc.2008.026476.

[148] Young, S., & Marais, M. (2012). A multi-level perspective of CSR reporting: The implications of national institutions and industry risk characteristics. Corporate Governance: An International Review, 20 (5): 432–450. doi: 10.1111/j.1467-8683.2012.00926.x.

[149] Zerk, J. (2006). Multinationals and corporate responsibility: Limitations and opportunities in international law. Cambridge UK: Cambridge University Press.

企业目的和责任的社会契约模型 *

Nien-hê Hsieh

【摘　要】 在 Thomas Donaldson 帮助先驱者建立的许多商业伦理之中，其中一个就是用社会契约理论来解决关于商业参与者责任的问题。在《企业与道德》一文中，Donaldson 提出了一个最具有持续性和全面的看法，其目的是证明营利性公司存在的理由，并说明其责任的依据。为了进一步扩展我们对生产组织目的和责任的了解，并作为对 Donaldson 思想的贡献，本文总结了对 Donaldson 看法的主要回应，以及 Donaldson 对其评论的回答。本文认为，我们应当延续 Donaldson 的看法，因为他对生产组织的目的及责任提出了与众不同且具有挑战性的概念，但是，很多需要了解的观点都来自对社会契约理论所起作用的重新构造。

【关键词】 契约主义；契约论；企业目的；企业责任；公司理论；Thomas Donaldson

在 Thomas Donaldson 帮助先驱者建立的许多商业伦理之中，其中一个就是用社会契约理论来解决关于商业参与者责任的问题（Donaldson，1982；Donaldsonand Dunfee，1995，1999）。这一方法吸引了专家学者的大量注意力（Wempe，2009）。[1] 虽然大部分研究关注的都是 Donaldson 与 Thomas Dunfee 对综合社会契约理论（ISCT）作为全球商业伦理一部分的研究，但是该方法来源于 Donaldson 在《企业与道德》一文中提出的营利性企业的目的及责任的观点。[2] 在《企业与道德》（1982）一文中，Donaldson 提出了一个关于营利性企业的目的和责任的最具持续性和全面的看法。在本文中，笔者认为，我们应当继续拓展 Donaldson 的看法，但是有很多观点来自对社会契约理论作用的重新塑造。

Donaldson 观点的核心是两个目标：①证明营利性企业存在的合理性；②说明其责任及其责任的基础。为了证明营利性企业存在的合理性，Donaldson（1982）认

---

* Nien-hê Hsieh. 2015. The Social Contract Model of Corporate Purpose and Responsibility. Business Ethics Quarterly，25（4）：433-460.

初译由李伟阳完成。

为，仅说明个人有权成立公司是不够的。"即便有权成立公司，"他写道，"从企业为何应当存在的角度来看，可能无法证明企业存在的合理性"。仅说明企业生产力的合理性也不足够。如 Donaldson 所述，"我们不仅要考虑其制造财富的能力，而且要考虑其对社会影响的整个范围"。相反，Donaldson 的目的是全面了解企业实现的价值，以及企业的存在和运营可能会产生的负面影响。在尝试说明并确定与企业有关的责任时，Donaldson（1982）的重点在于"间接职责"。这些是并非通过现有协议和机构规定的职责。也就是说，即便机构没有要求，企业也应当遵守这些职责。[3]

为了说明营利性企业存在的合理性，并说明和解释其责任，Donaldson 将营利性企业看做是更普遍的一类生产性组织的一种，并从政治理论中总结了社会契约传统，从而在社会成员和生产性组织之间建立一种假设的社会契约。这种思想就像是用社会契约来证明政府存在的合理性，并说明其权利限制的想法一样，社会契约的概念也可以用来证明营利性组织存在的合理性，并说明其责任。如 Donaldson 所述，他所遵循的社会契约传统并不是社会成员之间用来说明其遵守 Thomas Hobbes 及 Jean-Jacques Rousseau 所述的状态。然而，他脑子里的社会契约是公民与国家之间的社会契约。尤其值得注意的是，Donaldson（1982）想法中的契约是独立的社会成员（并非超个体实体）与生产组织之间的契约。[4]

到今天为止，大部分关键讨论的重点都在 Donaldson 的看法是否成功地说明了营利性商业公司存在的合理性以及与其相关的责任。例如，Paul Hodapp（1990）、John Kultgen（1986）和 Gordon Sollars（2002）认为，Donaldson 所用的社会契约理论大部分都没有达到其目标。其他人则认为，整体的方法是有前途的（Conry，1995；Levitt，1986），且如果能够进行适当的修改，如明确认可国家和背景机构的作用（Brock，1998），那么这种方法就能够证明企业的道德可防御性。

为了进一步了解生产组织的目的和责任，以及支持对 Donaldson 想法的研究，本文总结了对 Donaldson 观点的批评回应，以及 Donaldson（1986，1990）对这些批评的回答。本文第一部分简要总结了在社会和生产组织之间构建假设的社会契约的步骤，以及该契约规定的所有产生的权利及责任。在第二部分，研究了一些异议，这些异议认为假设的契约本身就没有向社会成员提供任何理由来允许生产组织的存在，且契约未能在责任方面证明任何责任。在第三部分，研究了对 Donaldson 观点的修改对解决这些异议的帮助能达到什么程度。在本文的第四部分，通过研究 T. M. Scanlon 的道德契约观点探讨了是否能够让假设契约成为 Donaldson 观点的核心。在第五部分，通过描述社会契约理论在实现两个目标过程中的作用进行了总结，这两个目标是：①证明生产组织存在的合理性；②说明并证明其责任。

本次讨论出现了三个广泛的诉求：第一，有理由怀疑社会契约用来证明生产组织存在合理性或在说明和证明其责任时起到作用的工具。第二，如果社会契约的理念在 Donaldson 的观点中的确起到了作用，那么其起到的貌似合理的作用就是作为该诉求的启发式测试，来说明生产组织存在的合理性是社会福利的考虑因素。第三，尽管这一作用有限，但是在 Donaldson 观点中的社会契约却体现出一种与众不同的企业目的和责任观念，以及一种对其进行理论化的方法，这种方法目前还未得到探索，且值得提出。

构建社会契约

在 Donaldson（1982）的观点中，构建生产组织和社会之间的假设社会契约分为三步。第一步就是想象一个没有生产组织的社会，也就是说"一个个体生产的国度"，在这个国度里，个人"独立生产和工作"。第二步就是说明生产组织能够解决的问题，而因此社会允许其存在。对于社会，Donaldson 想象的是社会的个体成员，而不是将社会视为一个整体。他关注的是两个群体的利益：消费者和员工。从消费者的观点来看，生产组织能够"提高经济利益的满意度"，如通过提高生产效率以及稳定生产和分销。生产组织也会给员工带来利益，如增加其收入并提高为社会做贡献的能力。第三步就是使用"第二步产生的理由来说明社会及其生产组织之间的社会契约"。

所产生的契约规定了生产组织的权力和责任。除了存在权之外，生产组织被认定为"一个独立的代理人，尤其是从法律角度看"，并获得了授权来"使用土地和自然资源"并"聘用员工"。生产组织需要这些权力来给社会成员带来利益。与此同时，Donaldson（1982）认为，社会成员会向生产组织分配责任，来尽量减少与其引入有关的缺点。从消费者的观点来看，生产组织应当尽量减少：①"对自然资源的污染和消耗"；②员工对消费者责任性的缺失；③以伤害一般群众的方式进行"对政治权力的滥用"。从员工的观点来看，生产组织应尽量减少：①因工人及其最终产品之间的更严重的分离而产生的异化；②"工人对工作条件控制权的缺失"；③经常与高度专业化和自动化工作有关的"单调性和去人工化"。契约中还规定了在需要均衡时，在各种消费者和员工利益之间需要达到的平衡，例如，高收入和低消费价格之间的均衡。另外，Donaldson（1982）认为，社会成员执行契约的条件应当是"契约不会违反特定的最低公正标准"。在发现了围绕公正标准的争论之后，Donaldson（1982）认为，至少他们能够说明"生产组织避免的欺诈或欺骗、生产组织体现出了对其员工作为人类的尊重，以及生产组织避免了会系统地破坏社会中某特定团体情况的行为"。

Donaldson 将这一观点看做是与 Milton Friedman 有关的股东第一观点的替代性观点，也就是说，该观点指企业管理者的责任是按照市场机制和法律的限制最大化股票价格或股东的财富。[5] 根据 Donaldson（1982）的说法，他的观点对个别经济参与者可能签订的契约的种类进行了限制。例如，他写道，"社会契约提出的生产组织要服务消费者利益的要求可能会超越股东和管理者同意出售某种具有内在危险性产品的权利"。[6] 更普遍的是，社会契约观点依据的是允许生产组织的出现是为了造福所有社会成员而并不只是组织的股东这一想法。[7]

在继续进行之前，对于"社会契约"一词的使用，需要说明一点：在 Donaldson 的观点中，社会契约的双方是生产组织和社会成员。其形式是，"我们（社会成员）同意做 X，而你们（生产组织）同意做 Y"。但是，在对社会契约理论的很多应用中，契约的双方为独立的社会成员，且其协议的主题是其生存所依赖的体系安排。双方的选择经常是在没有这些体系的情况下生活（如"自然状态"）以及在这些体系下生活。在使用"个人生产状态"这一概念以及询问社会成员是否认为允许生产组织的存在合理时，Donaldson 依据的是对社会契约的其他理解，也就是说，社会成员之间对特定的体系安排制定的假设协议。很多对 Donaldson 观点的批评讨论涉及的都是他对社会契约理论这一方面的使用。因此，在下文使用的"社会契约"一词，经常是指社会契约理论更普遍的方法，不仅仅是生产组织与社会成员之间协议的条款。

作为探索工具的社会契约

在本节，笔者研究了一些异议，那就是 Donaldson 使用的社会契约方法未能：①证明生产组织存在的合理性；②说明和支持生产组织的责任。这些异议的核心诉求就是社会契约方法，包括同意控制生产组织构成和行为的条款的各方假设行为——未能协助说明或证明这些条款。[8] 笔者还研究了 Donaldson 对这些异议的回应。Donaldson 的回应中出现的是一种观点，就是社会契约并不是为了以探索的作用来起证明作用的，这是政治理论经常赋予社会契约的一种作用。作为本次分析的一部分，笔者区分了社会契约可以用作一种探索工具的各种方法，并且总结道，社会契约能够起到的最貌似可信的作用就是探索 Donaldson 提出的能够证明生产组织存在合理性的内容是社会福利考虑因素的说法。[9]

证明生产组织存在的合理性

在讨论 Donaldson 的观点时，Paul Hodapp（1990）反对道："Donaldson 的社会契约理论作为一种方法是循环的，假设了本应产生的信息。"按照 Hodapp（1990）的说法，问题是"我们不知道如何想象一个没有生产组织（没有此类组织的已知目的）的自然国度"。想象一下，某人会将生产组织看做具有 Donaldson 所述的目的以外的其他目的，或根本没有目的。按照 Hodapp 的说法，在假设社会契约概念中，没有任何内容会让该人员有理由得出 Donaldson 提出的结论。理解 Donaldson 观点的方法是一种功能主义理论，而不是社会契约理论。也就是说，这种观点是，社会成员可通过引入生产组织来合理地获得利益，且在规定这些利益时，不需要引入社会契约的概念。

在回应 Hodapp 时，Donaldson（1990）区分了特定生产组织的目的——"生产拖拉机、香烟、建议、原子弹、太空梭、会计服务、知识、儿童玩具和超级计算机"——和社会成员可能具有的允许生产组织存在的根本原因。Donaldson（1990）认为，不需要了解特定组织的目的来实现社会契约的成果。但是，他的确承认了有一种观念，在这种观念里，基本原因或"为什么"必须"在我们通过社会契约开始进行道德分析之前就要知道"。Donaldson（1990）写道，"社会契约的概念并不是一系列标准处方；而是一种用来说明标准概念的架构或方法，展现出了令人惊讶的目的可塑性"。社会契约的概念可以帮助我们说明生产组织的目的，因为"只有当此类组织推动社会的整体利益时，理性的社会成员才会承认其合法，因此从社会的角度来看，社会福利的进步是生产组织的'目的'"。

通过用这种方法来说明生产组织的目的，社会契约架构在 Donaldson 的观点中起到了一种探索作用，这一作用类似于在其他当代（与历史的相对应）社会契约理论应用中赋予其的作用。对于传统的社会契约理论家来说，如 Thomas Hobbes、John Locke 及 Jean Jacques Rousseau 等，其核心问题一般都是政治责任问题，也就是说，对遵守国家法律的职责的证明。社会契约的签订是一种可以从社会成员对契约条款的同意中产生责任的方法。对于当代的社会契约理论，问题不再是政治责任，而是政治和社会体系的证明。在这一方法上，同意并不是各方对社会企业的协议之间的特征，且协议不一定必须得到遵守。然而，各方对一系列政治和社会体系的支持是对拥有这一系列体系原因的"测试"或"探索"（D'Agostino et al., 2014）。想法就是通过询问各方是否同意一系列的政治和社会体系，我们可以测试这些体系对于可分配到各方的各种原因是否能够得到证明。

在用这种方法进行了解之后，Donaldson（1990）对社会契约方法的使用不再像 Hodapp 反对的那样具有"循环性"了。在其探索作用中，社会契约的概念为社会成员可能用来支持一系列体系的原因提供了一项测试——在此情况下，指用来控制生产组织成立的规定。在读到 Donaldson 观点的这一方面时，需要考虑的一个原因就是生产组织要服务于"促进社会的整体利益"。到目前为止，我们可以想象，在 Donaldson 观点中的各方因为这个原因同意了允许生产组织成立的规定，然后在 Donaldson 观点中的社会契约的目的是探索或测试推进社会福利对于生产组织的存在是合理的这一诉求。在对社会契约理论的这一解释中，提前规定生产组织的目的并不是 Donaldson 观点的一个问题。社会契约工具是为了检验规定的目的是否能够被合理地分配到生产组织。

说明并证明生产组织的责任

现在，我们转而考虑社会契约在 Donaldson 观点的第二个目标中的作用，这一个目标就是说明并证明生产组织的责任。为了做到这一点，笔者研究了 John Kultgen（1986）对 Donaldson 观点提出的两条反对意见，以及 Donaldson 做出的回应。

Kultgen 提出的第一条反对意见就是"一种想象的协议并不是真正的协议，这样的协议对任何人没有约束力，但是，这样的协议可以根据其他理由说明职责"（Kultgen，1986）。Donaldson（1986）对 Kultgen 的反对意见解释为，"社会契约可以作为一种线索来发现这些权利和责任，但是，可以说其本身没有真实的存在状态"，因此，无法说明分配给它的责任的原因。在回应中，Donaldson 询问了权利和责任总体的存在状态。他问道，假设没有任何法律来保护自由和容忍权利，"那么是否就能说因为法律不存在，那么它就什么也不是，而仅仅是一种用来探索实际的权利或实际的责任到底是什么的'探索工具'"？对于 Donaldson（1986）来说，这是"没有意义的"，因为"基本的权利、责任、职责以及其他基本的规范概念的主体根本没有实际存在的状态"。Donaldson 对 Kultgen 的回应就是，社会契约像其他标准概念一样真实，因此，在确定真实的权利或责任时，不仅仅是一种探索工具。

如果社会契约不仅仅是一种探索工具，那么能起到什么作用呢？根据 Donaldson 观点的目标，一种作用就是帮助产生生产组织对员工和消费者的责任。但是，Kultgen 提出的批评意见似乎与社会契约的存在状态不相关。也就是说，即便社会契约与其他标准概念一样真实，如权利和责任，其重点是因为对契约的同意是假设的，所以无法产生这些责任。在政治理论中，经常会出现关于社会契约传统的这种观点。假设的同意，如前所述，需要与真正的同意区分开来。对于后者，在正确的条件下，是某责任的根源，而前者不是（Holton，1992）。目前，在利用社会契约理论证明机构安排时的重点符合这一观点，而不是用于解决政治责任问题的时候。因此，没有理由怀疑社会契约在产生与 Donaldson 观点中所述生产组织的责任时会起到一定的作用。

Kultgen 提出的第二条反对意见就是否认了社会契约在发现这些责任时会起到探索作用。为了说明这一点，社会契约在这一情况下用作探索工具的方法在一定程度上不同于在证明生产组织存在合理性时起到的作用。在前文中，社会契约被描述为一种探索或测试工具，可以评估生产组织存在的合理性。社会契约工具——也就是从个人生产转变到涉及生产组织的协议——是一种代表各方理论的方法。在这一情况中，社会契约作为一种探索工具的观念似乎更为普通。如 Donaldson（1986）在其对 Kultgen 的回应中所述，"这一方法的重点是让人们参与一种思想实验，这种实验会使用其理由和道德机构的权力来实现道德真实性"。如果社会契约需要被视为一种探索工具，那么其作用就是协助发现生产组织的责任。

Kultgen 提出第二条反对意见时写道，"企业是人造的，所以企业仅具有其设计者赋予的性质。问题准确地说应该是，当这些自然人承担其在企业中的责任时，这些人的责任变成了什么？其角色的责任是设计了企业并支持企业的人所赋予的，包括公众，因为到目前为止，其代表成立了企业，而其成员负责运营企业"（Kultgen, 1986）。Kultgen 总结道，除了设计企业的人一开始规定的责任之外，企业或其管理者没有任何其他责任。[10]

在对 Kultgen 的第二条反对意见进行回应时，Donaldson（1986）写道，"枪支、水电大坝、监狱、君主制、核武器、邻里关系——至少那些是人类组织的东西——除了其设计之外，还有特定的角色责任。但是，如果说这些组织除了组织的责任之外没有任何一般责任的话，就太荒唐了。换句话说，那就是除了设计者一开始建立的角色责任之外，没有任何责任了。纳粹政府的领导人具有作为政府领导人的责任，无论涉及纳粹体系中的角色责任是什么"。Donaldson 的观点似乎是分配给生产组织的角色责任实际上并不属于组织或其管理者的全部道德责任。

所有这一切似乎都是正确的。出现的问题是，社会契约的概念是否有助于确定这些额外的道德责任。可以考虑纳粹政府领导人的例子。其观点似乎是，无论其角色责任是什么，总会有我们对其他人承担的一般职责，这些职责适用于他人，且会让其行动变得错误。如果是这样，那么这些职责并非社会契约作为一种探索工具来帮助确定它们所需的那种职责。相反，它们是属于自然人的职责，而且具有足够的普遍性来独立于任何社会契约。另外，我们难以想象能够在不依赖特定角色责任的情况下对其进行识别。然后，问题是哪些道德责任与角色责任不相干，但是却不够普遍，因此在没有社会契约工具的协助下无法确认。[11]

一种回应就是，与 Donaldson（1982）观点中的工人有关的责任就是这一类责任。对于工人而言，我们可以想见，生产组织的责任是尽量减少：①因工人及其最终产品之间的更严重的分离而产生的异化；②"工人对工作条件控制权的缺失"；

③经常与高度专业化和自动化工作有关的"单调性和去人工化"。我们可以说，这些责任不同于 Donaldson 赋予生产组织的其他责任，如尽量减少污染或不得滥用政治权力。例如，如果是尽量减少污染或不得滥用政治权力，那么就没有理由对个人生产状态下的经济参与者施加相对应的责任。因此，社会契约不需要作为一种探索工具来确定这些责任。但是，我们可以说，与工人有关的责任是不同的，因为让其变得相关的条件是因为工人离开了独立生产的状态而出现的。也就是说，这些责任不同于具有生产组织的社会。对于这些责任，按照这一回应，社会契约起到了一种探索作用。

但是，Donaldson 观点的其他部分询问了在确定生产组织对工人承担的责任时，此类回应为社会契约确定探索作用的程度。在描述社会契约中列举的责任时，Donaldson（1982）提出了一种可能性，那就是"居民可能认为，根据平衡性，作为工人的人可能会因为生产组织的引入而失去地位，而且政治异化、控制权的丧失及其他缺点会让工人的整体状况变得比以前更加糟糕"。他继续说道，"但是如果作为消费者的人们的利益完全掩盖了这些缺点，那么我们应仍然盼望能够执行契约"。后来在《企业与道德》中，Donaldson（1982）详细描述了大量的员工权利。但是，在为这些权利辩护时，他写道，"不幸的是，社会契约的语言太不精确（至少在论证方面），无法解释员工权利的问题"。然而，他转向了其他依据来证明这些权利，包括完美职责、基本需要和利益、平等自由权利以及负责任的行为的权利。所有这些都让我们有理由怀疑社会契约作为一种探索工具确定生产组织责任的程度。

在这一方面，笔者转而开始考虑社会契约在前文所述的情况中用作探索工具的可能性，也就是说，对证明某特定机构安排的原因的测试或探索。在对社会契约工具的这一作用的说明中，其理念应当是将分配给生产组织的责任看做管理生产组织成立和运营规则的一部分，并且要询问各方是否会依据其理由来同意这些规则。在测试生产组织存在的理由方面，这里的理念应当是测试分配给生产组织的特定责任的原因。

在确定生产组织在客户和工人方面的责任时，Donaldson（1982）问道："如果在独立生产状态下的人必须同意社会契约的条款，且如果这些条款直接与提高社会福利的任务有关，那么为什么要停止初步利益的最大化？为什么不对初步缺点进行最小化？"如同在证明生产组织存在的合理性时一样，为生产组织向消费者和工人承担的责任规定的原因就是对社会福利的考虑。例如，考虑到不能滥用政治权力的责任。"此类权力，"Donaldson 写道，"有时会被用来保证来自政府的好处，而这些好处则会损害消费者和普通大众的利益。"另外一个例子就是尽量减少工人异化的责任，其理由是，在生产组织中，工人"通常会通过妨碍其自我表现的能力的方法与产品分开"。根据这些缺点，Donaldson 认为，"为了尽量提高福利，生产组织应当同时追求积极的目标并尽量减少消极的目标"。社会契约作为探索工具的作用就是测试社会福利的最大化是否能够作为将此类责任分配给生产组织的理由。

出现的问题是,各方之间的协议是否能够支持将社会福利最大化作为将这些责任加入控制生产组织成立和行为的规则之中的理由。在一定的层面上,根据Donaldson用来对各方推理进行建模的方法,其协议支持将社会福利作为一个理由来将这些责任分配给生产组织。在 Donaldson 的观点中,各方被想象成具有"经济利益,如愿意为其通过人工生产一些产品或服务的人",且从允许生产组织存在中获得的利益基本上都具有经济性质:如物美价廉的产品、更稳定的输出或更高的收入潜力(Donaldson,1982)。反过来,与引入生产组织有关的缺点的特征就是会降低福利。

与此同时,人们有理由怀疑,各方的协议为了有利于社会福利,会被视为将责任分配给生产组织的理由,至少如同社会福利是生产组织存在的理由。虽然从对社会成员经济利益的负面影响方面,我们可以确定引入生产组织所带来的缺点,但是我们也要记住,Donaldson 对各方的建模也包括为公平理由进行的决定。他写道,"对生产组织使用的公平概念貌似是说生产组织会避免欺诈或欺骗、生产组织会对作为人类的工人表示尊重且生产组织会避免那些能系统地破坏社会中特定群体情况的行为"。[12] 鉴于各方会因为公平原因引入生产组织的责任,那么问题就是为什么以社会福利为理由确定的责任不如以其他理由确定的责任好理解呢?比如说公平?再次考虑到不得滥用政治权力的责任。虽然政治权力的滥用会降低福利和损害消费者利益,但是有人会问,为什么对福利的考虑会针对政治权力的滥用而不是公平考虑因素,或是更间接的,滥用政治权力时的错误?同样,要考虑尽量减少工人异化的责任。如果契约要求生产组织按照公正的原则尊重作为人的工人,且防止工人异化的责任是为了避免妨碍"工人自我表达的能力",那么就可以合理地问道,为什么各方对该责任的协议不能以公正考虑因素为理由,而是要以福利为理由呢?

在这一方面,可能会有人反对说,社会福利考虑因素也不能作为生产组织存在的理由。例如,可能有人会反对说,与生产组织存在有关的更高的收入不能被理解为社会福利考虑因素,而是应该被理解为对个人自治权或实现人生目标的能力的考虑因素。在一定程度上,这是对的。可以从自治权以及满足人生目标的方面来理解更高收入的理由。与此同时,有理由认为生产组织的存在可以从社会福利考虑因素方面进行证明,且这些考虑因素不用作为分配给生产组织的责任的理由。在Donaldson 的观点中,各方被视为在个体生产状态下为获得经济利益而活动。与生产组织有关的利益可因为相同的原因被视为参与个体生产所获得的利益。相反,虽然分配给生产组织的责任是为了抵消因其存在而带来的弊端,但是让弊端出现的原因不一定需要与引入生产组织的考虑因素相同。换句话说，只是因为弊端是由生产组织的引入造成的，所以从引入生产组织的理由来看，不需要将其视为弊端。

这并不是否认会有良好的理由从社会福利方面拒绝从生产组织获得利益。[13] 相反，这里的观点是，我们可以接受 Donaldson 从社会福利方面对生产组织存在合理性的证明，但是不接受社会福利是将责任分配给生产组织的理由。反过来，我们可以拒绝社会契约会产生生产组织责任或作为一种探索工具来规定这些责任或其理由，但是不一定拒绝更具限制性的要求，那就是社会契约可以作为一种探索工具来了解生产组织的基本原理。

修改观点

在本节中，探讨了那些关于 Donaldson 观点的修改建议能在多大程度上给我们提供理由，来重新考虑上一节提出的观点。本次研究的起点是 Edward Conry (1995) 针对 Donaldson 的观点提出的异议。Conry（1995）写道，"当 Donaldson 将社会契约应用于企业时，他就从某种非决定性的人性转向了一种更加投机性和暂时性的互动，这种互动发生在'组织前的性质'与有组织的生活的损益之间。因为这是更加不确定的信息投入，所以其产出的不确定性更大。"他认为，社会契约法对于 Donaldson 的企业目的和责任观点来说，就像是对股东至上的解释一样简单。[14] 按照 Conry（1995）的说法，问题是"'有组织前的世界'缺少启蒙能力，这种能力的特点就是霍布斯人性。至少可以争论的是，Donaldson 的结论没有遵循对有生产组织前的状态进行的分析；而遵循的是他正确的直觉"。[15] 让我们来研究一下 Conry 的反对意见——"不确定性问题"。

Conry 的反对意见提出了一种对上节所述观点的回应。Conry 的反对意见是，Donaldson 对个体生产状态的描述是普遍的，普遍得足以支持许多关于生产组织目的和责任的观念。在根据上节提出的观点进行讨论时，Conry 的反对意见认为，对于 Donaldson 观点的核心挑战并不在于援引了社会契约，而是其对个体生产状态的描述。也就是说，如果能够对个体生产状态的描述进行适当的修改，那么社会契约可以用来产生生产组织的责任或用作一种探索工具来说明这些责任及其理由。因此，本节研究了一些观点的合理性，这些观点的目标是修改 Donaldson 对个体生产状态的说明。这些观点依据的是 John Rawls（1971，1999，2001）的论著。

引用 Rawls

Gillian Brock （1998）做出了与 Conry 类似的观察，并且提供了一次修改，来解决不确定性问题。按照 Brock 的说法，社会成员是否会发现让生产组织对所产生的事物状态以及背景机构恰当地做进一步说明是合理的。例如，如果是最小限度的"守夜人"状态，Brock（1998）写道，"我们可能都想要强大的生产组织来作为某种类型的福利供应商"。Brock 提出的进一步挑战就是 Donaldson 提出了一种共享的公平观，来了解如何解决相互竞争的利益之间的平衡性。作为一种解决这些挑战的方法，Brock 认为，应当采用符合 John Rawls 论著中的方法。在采用了 Rawls 的"无知的面纱"观点之后，Brock 问道，在新的经济安排之下，理性且自利的各方会同意来自与其地位有关的"无知面纱"的什么样的理由？按照 Brock 的说法，Rawlsian 方法的优势就是能够让我们更好地想象什么样的个人会在有限的信息下同意，并且能够明确说明背景制度的选择。Brock（1998）提出了一种三方条件契约，根据该契约，社会成员同意允许生产组织的存在，但假设条件是国家提供各种保护和担保，包括保护公民权、提供失业福利以及教育资源的使用权。

John Bishop（2008）提出了 Donaldson 观点的第二个契约论替代观点。与 Brock 一样，Bishop 的目标是让其观点与 John Rawls 的方法相一致。Bishop（2008）实现这一点的方法就是说明需要想象的社会契约并不是在社会和生产组织之间产生的，而是在管理企业建立和行为的规定时在社会成员之间产生的。按照 Bishop 的观点，这些规定需要用符合公正准则的方式，从"无知面纱"背后确定。例如，第一条公正准则就是："每个人都有公平的权利使用能够与类似的共同自由体系相比的最广泛的公平基本自由总体系"（Bishop，2008；Rawls，1971）。[16] Bishop（2008）认为，对企业创立的允许表示自由的扩展，所以，只要企业活动不会干预他人的自由，那么对此类自由的认可就符合第一条准则。在将该方法用于其他公正维度时，Bishop（2008）总结道，"营利组织可以且应当存在于公平的社会中"。

通过对 Rawls 公正观点的引用，Brock 和 Bishop 的观点中出现了一个困难。问题大体就是如此。在 Rawls 的观点中，公正准则需要从"无知面纱"背后进行说明，因此仅适用于基本的结构。Rawls（2001）将基本结构定义为"一个社会的主要政治和社会机构共同组合到一个社会合作体系中的方法，及其授予基本权利和职责并管理来自社会合作的优势划分的方法"。他继续说道，"在一个独立司法制度中的政治构造、得到合法承认的财产形式、经济结构（如在生产资料方面，具有私人资产的竞争市场的体系）和某种形式的家庭全都属于基本结构"。生产组织及其他联合体，如宗教信仰组织，都不是基本结构的组成部分。相反，管理生产组织的规定需要在立法阶段确定，这是在说明来自"无知面纱"背后的公正准则之后进行的。[17] 在立法阶段，公正准则应当"直接由立法机构和管理机构执行，从而做出关于用来管理很多复杂机构的规则的决定，在这些机构中，将会出现经济生产、贸易和消费"（Freeman，2007）。虽然公正要求将会说明管理生产组织的建立和行为准则的制定，但重点是这些规定本身并不是社会契约的主题。

在这一方面，人们可能会反对说，即便 Rawls 没有将管理生产组织的规定加入基本结构中，也无法阻止 Donaldson 使用 Rawls 的理论来达到其自身的目的，从而回应 Conry 提出的不确定性反对意见。[18] Conry 则反对道，因为 Donaldson 说明的个体生产状态的特点缺少特异性，所以各方发现，可以同意任何一种替代性的经济安排。在 Brock 和 Bishop 之后，Donaldson 可能会尝试采用 Rawls 的原始位置观点来避免这一问题，从而在从"无知面纱"背后选择的准则之中加入用于管理生产组织成立和行为的规定。在其观点中，Rawls 深入地说明了在原点的各方用来选择管理基本社会结构的条件，且某些学者认为，即便是从 Rawls 本身的观点来看，管理生产组织成立和行为的规定也应当被加入基本结构中。[19] 在下文，笔者研究了如果以这种方式采用 Rawls 的观点，能在多大程度上给 Donaldson 提供一种方法去回应那些对不确定性的反对意见。

其中一个问题涉及经济安排的特异性程度，可以通过选择原点的各方来实现。虽然 Rawls 定义的基本结构不包括管理生产组织成立和行为的规定，但是却包括"经济结构"（例如，在生产资料方面作为一种有私人资产的竞争市场体系）（Rawls，2001）。在其文章中，Rawls 明确写道，在生产资料方面，并不是所有包含私人资产的经济体系都能满足公正要求。为了说明这一点，Rawls（2001）区分了"福利国家资本主义"（允许小部分人近乎垄断生产资料）和"资产拥有民主主义"，其目标是"保证在每个时期的开始，能够广泛地拥有生产资料和人力资本（也就是教育和经过培训的技能），所有这些都是在机会公平背景下实现的"。在这两个体系中，只有后者才能满足公正要求。[20] 在这二者之间进行选择时，社会契约工具允许有特异性。与此同时，Rawls（2001）认为，所有由公众掌握生产资料的经济体系（如"自由社会主义"）也能够满足公正要求。在选择生产资料是公有还是私有时，Rawls 的观点是不确定的。

如果这种与经济安排有关的基本选择未能在一开始得到规定，那么就有理由怀疑关于管理生产组织规定的问题会产生更多的特异性。为了确定这一点，如上所述，有理由认为允许建立生产组织的经济体系能够符合公正要求。在这一方面，企业不需要与公正要求势不两立。但是，让我们没有初步理由来排除企业的观点不同于说明了各方为何选择允许成立企业的经济体系的观点。

第二个问题是让从"无知面纱"背后选择的管理生产组织的规定是否具有让 Rawls 的观点在一开始变得如此有吸引力的特征的风险。Rawls 观点的一个确定性特征就是这是一个自由观点，"在这一观点中，保护并看重特定的平等基本自由，可以让个人自由地执行其意识、决定其价值观并按照其选择的方式生活"
(Freeman, 2007)。[21] 在 Rawls 的观点中，从符合社会经济福利考虑因素的基本自
由的重要性就能看到这一点。例如，Rawls（2001）明确说道，基本自由包括公民
自由和政治自由，但是不包括与拥有或控制生产资料有关的权利，且对自由的要
求，要先于其他社会需求得到满足（Freeman, 2007）。[22] 如果对于企业的允许能
够改善基本自由，那么如 Bishop（2008）所述，这种观点就有可能破坏 Rawls 观点
的规定特征。Rawls 观点的另外一个关键特征就是各方"抛开了对所有关于其自身
及其社会历史情况的特定事实的依赖，包括其特定的概念，甚至包括其整体的宗
教、哲学和道德信仰"（Freeman, 2007）。他们没有关于经济利益和意外事件的信
息。各方掌握的信息就是对"初级社会产品"的担心，这些对于个人的自由和自尊
是至关重要的：权利和自由、权力和机会、收入和财富以及自尊基础（Freeman,
2007）。所有这些限制都是为了保持与原点有关的公正。如果对于允许成立企业的
经济体系来说，这样的体系会进一步增加消费者和工人的经济利益，那么从"无知
面纱"背后做出这样决定就需要改变各方能够获得的信息的性质，以及公平的相关
标准。

所有这些都不是为了否认"无知面纱"背后的各方将承认需要引入经济活动的
要求来对生产组织进行使用，如果其存在的话。例如，为了保证能够享有基本的政
治自由，"无知面纱"背后的各方将承认，如果允许企业存在和运营的话，那么就
需要限制企业的政治活动。在这一方面，一些用来管理生产组织成立和行为的规定
可能需要成为在原点选择的规定和机构安排的一部分。但是，情况并非如此，因为
关于生产组织成立和活动的问题在一开始就应当得到解决。相反，其原因是对于政
治自由问题的答案，这些都是从"无知面纱"背后需要考虑的合适的主题，它们对
于生产组织的成立和行为具有影响。[23]

Rawlsian 修订

上文讨论的观点旨在通过将关于生产组织的契约加入这样的契约中来解决不
确定性问题，该契约是 Rawls 的公正观点中"无知面纱"背后的相关各方所制定
的。如前所述，鉴于在 Rawls 观点中用来解决生产组织目的和责任问题的方法，
这种做法会带来极大的挑战。但是，这些挑战不需要全部排除对 Rawls 框架的引
用。在 Rawls 框架中，社会成员会解决生产组织的目的和责任问题，但是只是在
后来的阶段——也就是在立法阶段。一种用 Rawls 框架的方法就是解决 Donaldson
提出的关于营利企业存在及其责任的问题，如同在 Rawls 的观点中解决立法者的
问题。[24]

在这些方面对于 Donaldson 观点的修订，需要说明一些情况。Rawls 观点中的

立法者占据了与 Donaldson 观点中所述的经济代理人类似的情况。这两个群体都在考虑需要制定什么样的规则来管理生产组织的成立和行为，包括允许企业成立的可能性。这两个群体还在背景中有一种公正的理念，这种理念限制了可以允许什么类型的组织形式和行为。但是，尽管有这些相似性，我们仍有原因怀疑根据这些看法对 Donaldson 观点的修改是否足以解决不确定性问题。

在一开始，每一个群体采用的方法都有几个关键的差异。在 Donaldson（1982）的观点中，各方似乎都受到了经济利益的激励。在 Rawls 的观点中，立法者需要根据公正的要求和许可来做出决定（Rawls，2001）。这并不意味着立法者需要忽略立法对公民实现其经济利益的能力的影响。相反，立法对经济利益的影响需要用与公平考虑因素有关的方法进行研究，也就是说，"在机会公平性条件之下，最大化最弱势群体的长期期望"（Rawls，1999）。此类考虑因素可能会很好地让法律允许企业的成立和运营。但是，在 Donaldson 的观点中，此类法律的情况并不能使经济利益得到更好的满足。相反，立法人员会研究最弱势群体在各种经济体制中的情况，其中一些体制可能会允许企业的成立和运行。虽然对经济利益的满足有可能相关（如员工的长期期望可能取决于其工资），但是这并不是企业存在的首要理由。这是一种间接的考虑因素，且从更广泛的意义上看，这可能根本没用。也就是说，个人能从·大堆理由中找出一个来成立企业。重要的是，他们在某种经济体制中，如何允许企业的存在。[25]

另外，即便是有人要将 Donaldson 观点中的各方看成是与 Rawls 观点中的立法者得到了类似的鼓励，也有理由怀疑他们是否能够得到 Donaldson 所述的相同的责任。让我们来回顾一下 Donaldson（1982）的观点，生产组织应当尽量减少：①因工人及其最终产品之间的更严重的分离而产生的异化；②"工人对工作条件控制权的缺失"；③经常与高度专业化和自动化工作有关的"单调性和去人工化"。为满足这些责任而制定的工作经常被称为"有意义的工作"，即"有意思的工作、需要智力和主动权的工作以及与某岗位有关的，能够让工人获得足够的自由来决定如何完成的工作，且能够民主地说明工作过程的特点以及用人企业追求的政策"（Arneson，1987）。但是，对于 Rawls 的公正观点——或更普遍的自由平等主义的公正观点——是否需要为有意义的工作获得机构担保还存在着很大的争议。对需要此类担保的一个核心的反对意见就是，有意义工作的价值是人类善良的特定概念，且自由平等主义的公正观点，包括 Rawls 的理论，在确定政策和机构安排时，不能依赖美好生活的特定概念。[26]

这并不是否认可能会有其他方法来修改 Donaldson 的观点，从而让社会契约工具不仅仅作为一种探索工具来测试生产组织的合理性。来回顾前文研究的社会契约工具的两个额外作用。第一个就是作为一种探索工具来协助确定在没有社会契约工具的情况下无法发现的责任。第二个就是用来探索和测试这些责任的理由，在Donaldson 的观点中，这一理由就是社会福利。上述关于工人责任的讨论支持用一种方法来修改 Donaldson 的观点，从而让社会契约工具发挥这些作用。这种方法可能是引入更特定的福利概念，这一概念加入了有意义工作的理念，并且确定了这些责任的理由——以及在《企业与道德》（1982）中提到的并在前文讨论的向工人承担的额外责任——不必参考公正或公平自由等考虑因素。

与此同时，上述讨论指出，在采用这样的方法时会遇到困难，也就是这种方法涉及可能存在争议的福利概念。到目前为止，虽然 Donaldson 认为其观点具有广泛的吸引力和适用性，但是这种方法是否能够与其观点相匹配仍然是一个问题。另外，如前文所述，Donaldson 自身就提到了福利以外的其他考虑因素，在生产组织内规定和捍卫工人的权利。最后，我们有理由怀疑，修改 Donaldson 的观点是否能够解决不确定性问题以及是否能够保证社会契约在确定生产组织责任并说明其理由时起到的探索作用。

契约主义解释

根据之前的讨论，现在笔者将转向探索另外一种方法来解释 Donaldson 的观点，进而回应社会契约在说明和证明生产组织责任时不会起到任何作用的反对意见。这一解释的灵感来自于 T. M. Scanlon（1998）的契约主义道德观点，以及该观点用来让协议成为说明和证明责任的核心的方法。如果 Donaldson 的观点本身适用于此类解释，那么我们就有理由接受 Donaldson 所说的社会契约工具有助于说明和证明生产组织的责任。

与 Donaldson 和其他社会契约理论家一样，Scanlon 在其道德观点中使用了一种假设的协议。大体的概念就是我们应当遵守的准则是那些理性的人会接受的准则。更精确地说，"在行为的整体管理准则不允许的情况下，且任何人都无法拒绝此类准则作为明智且非强迫的一般协议的依据，则发生的活动就是错误的"（Scanlon，1998）。在回应中，一条反对 Scanlon 观点的意见就是由 Simon Blackburn（1999）提出的。Blackburn 问道："假设可以拒绝我的准则，因为，这些准则导致了财富的不平等。那么为什么这不是让我的准则变得错误的最初的特征？为什么还要绕远路用于他人假设的协议来进行反对？"按照 Blackburn 的说法，对假设契约的需要变得多余了。

Michael Ridge（2001）认为，Blackburn 及其他评论家，如 Colin McGinn（1999）及 Philip Pettit（1999）忽略了一些倾向于拒绝某准则原因的关键特征。这里来看另外一个例子，这个例子来自 McGinn（1999）。McGinn（1999）写道，"如

果从道德的观点来看，将核辐射碎片扔到下面的人头上是错误的做法——也就是说，这样做会没有必要地造成数千名无辜人员的伤亡——那么这就是这种行动是错误的原因。对人际间的合理性的引用对于该行动因为其造成的痛苦和死亡是错误的简单说法没有任何意义"。不公平性、痛苦和死亡是反对用于所有人的某行动或准则的所有道德的考虑因素。这些理由是主体无涉的。[27] 但是，如 Ridge（2001）所述，对于 Scanlon 而言，"非人的理由其本身不能为合理地拒绝某准则说明原因"。然而，原因必须与人有关才能作为合理拒绝某准则的理由，而且一旦我们意识到了这一点，那么合理拒绝的情况就不再是"绕远道"，或是"毫无帮助的循环"，如同只是在考虑主体无涉的原因。

这一概念大体如下所示：[28] 假设你的目标是成为世界级的象棋选手，且我不关心象棋或你的象棋生涯。如果我在考虑进行一项可能会阻止你完成你的项目的活动，且这一活动对我的项目没有任何负面影响，那么你就有主体相涉的理由来拒绝任何允许此类活动的准则。这个主体相涉理由并不是我共享的理由。这是不是合理拒绝的理由仍然需要确定。但重点是，到目前为止，因为你的主体相涉会向对允许我活动的任何准则的合理拒绝提供依据，这一情况向我提供了不进行活动的道德理由（Ridge，2001）。让我不进行活动的道德理由不仅仅是对你项目的阻止。作为你的主体相涉理由，那不是我的理由。然而，这一道德理由实际上是你的主体相涉理由能够合理解释对允许我活动的准则的拒绝。用这种方法，对于合理拒绝可能性的考虑因素就成了重点。

Ridge（2001）列出了一些关于 Scanlon 的方法试图捕获的道德的概念。在尝试了解他人的个人项目时，Scanlon（2001）的方法捕获的一个概念就是将我们自己置于他人的立场上。例如，这不同于"主体无涉的痛苦轻视"。Scanlon 的方法捕获的另外一个概念就是一大群人的非常小的利益不能成为对特定个体进行巨大伤害的理由。这里的想法就是，特定个体的主体相涉理由可以用其无法在主体无涉理论中使用的方法进行考虑，如功利主义。Scanlon（2001）的方法还捕获了一个概念，那就是行动可以错误地对待特定的人，而不是"从普遍性的观点来看"。

Scanlon 的契约主义观点的核心就是某个人的抱怨本身就是某行动错误的特征。从契约主义观点来看，"某行动的错误不能等同于让其变得不合理的性质"（Ashford & Mulgan，2012）。然而，某行动的错误"需要等同于该行动是不合理的"（Ashford & Mulgan，2012）。某准则是否能够被合理地拒绝并不仅仅是一种探索或测试；其本身就能说明是什么让某活动或规定变对或变错。某准则无法被合理拒绝的要求不同于所有各方都同意某准则的要求。但是，这两种要求的依据中都有非强迫式协议的概念。反过来，人们可能会问，能不能给 Donaldson 的观点一种貌似合理的契约主义解释来让假设协议成为说明和证明生产组织责任的核心。[29]

对于这种解释，其概念可能会把生产组织的责任与任何人无法根据主体相涉理由进行合理拒绝的准则联系起来。作为例子，应当从生产组织的角度考虑尽量减少工人异化的责任（Donaldson，1982）。在 Ridge（2001）的讨论之后，如果某人的主体相涉理由能够证明可以合理地拒绝不要求生产组织尽量减少工人异化的任何准则，那么就会有这样的责任。主体相涉理由并不是所有主体都需要认可的拒绝任何准则的理由。这样的理由应当是什么？在这种情况下，主体相涉理由的一个例子可能就是缺少自我表达，当一个女工不再制作单独的家具时，无法展示高技能木工所拥有的技术，如同在个体生产状态中那样，但是，可以在家具厂中将机器生产的椅子腿安装到量产的椅子上。如果她的身份深植于她作为木工使用其技能的能力，那么她在工厂中遇到的异化就是让她拒绝任何不会尽量减少工人异化准则的理由。到目前为止，因为其他工厂工人不需要共享她的经验，以及她拒绝任何此类准则的理由，所以她的理由是主体相涉理由。[30]

在这一点上，如果想完成这一观点，那么就会出现大量的问题。一个问题就是，受挫木工的主体相涉理由是否能够成为合理拒绝不要求生产组织尽量减少工人异化的准则的理由？其答案部分取决于各种考虑因素，包括在尽量减少对他人的影响以及工人异化过程中涉及的平衡。如前所述，生产组织一方的责任是尽量减少工人异化。在这一方面，在一开始就确定合理拒绝理由的情况可能比任何要求生产组织消除工人异化或最大化工人满足感的情况更貌似合理。另外一个问题就是什么能被视为主体相涉理由。如 Ridge（2011）所述，在关于如何区分主体相涉和主体无涉理由的文献中，存在争议。但是，对于我们的目的而言，更重要的问题就是，从主体无涉理由来看，生产组织责任的确定是否符合 Donaldson 为其商业组织责任观点考虑的内容。[31]

从某些方面来看，契约论能容纳 Donaldson 的观点。例如，契约论中没有 Rawls 的公正理论中的那样的"无知面纱"。同样在 Donaldson 的观点中，主体在契约论中并不是完全自利的，这是一个将其与很多社会契约理论区分开来的特征（Ashford & Mulgan，2012）。但是，如果研究 Donaldson 为社会成员设想的推理过程，似乎又会涉及主体无涉理由。如前所述，虽然在如何区分主体相涉和主体无涉理由方面存在分歧，但是从最广泛的异议来看，主体无涉理由是适用于任何人的理由，不仅仅适用于特定的个人。主体无涉理由的标准例子就像是推广整体福利。重要的一点并不是推广任何特定个体的福利，而是在非人方面的福利。按照 Donaldson（1982）的观点，各方推理涉及的考虑因素包括增加社会福利并尽量减少生产过程一般特征产生的缺点。我们有理由怀疑，契约论能够提供一种方法来说明并证明 Donaldson 分配给生产组织的责任，至少是在当我们支持他提出的证明这些责任的理由时。

社会契约的作用

在《企业与道德》中，Donaldson 使用了社会契约传统来：①证明生产组织存在的合理性；②说明并证明其责任。在本文中，笔者认为，我们有理由怀疑社会契约工具是否能够证明生产组织存在的合理性，或是在说明和证明其责任时是否会起到作用。笔者认为，如果社会契约的概念在 Donaldson 的观点中的确起到作用，那么其起到的最貌似合理的作用就是探索或测试证明生产组织存在合理性的是社会福利考虑因素这一说法。

为了说明情况，在讲述社会契约在 Donaldson 观点中具有有限作用时，笔者并不是在支持将本文中的批评意见扩展到所有社会合同理论上。[32] 对于一件事，笔者并不认为社会契约理论没有任何作用。如果要证明生产组织存在的合理性，笔者认为，社会契约工具起到了探索作用，这一作用类似于其在其他当代社会契约理论应用中的作用。在 Donaldson 的观点中，各方对离开个体生产状态的协议提供了对引入生产组织的理由的测试、与生产组织协助满足经济利益和提高社会福利所用的方法有关的理由。在此，笔者的确认为社会契约理论的应用在说明并证明生产组织责任方面不是很成功。在这一方面，Donaldson 的观点与其他社会契约理论的应用不同，且对其观点的意见不需要扩展到这些其他应用上。

差别大体是这样的。在大部分的社会契约理论应用中，无论是传统的还是现代的，需要考虑的机构安排在其社会上起到的作用方面和在组织其成员的生活方面都是非常基础的。例如，对于 Hobbes，需要考虑的机构安排就是国家拥有绝对权威，但是公民却只有有限的拒绝权。对于 Rawls 而言，协议的主题就是基本的社会结构。社会契约理论发现，这些安排应通过最不依赖外部标准或权威的方式要求同意或证明，并且要尽量将此类安排的同意或合理性提供给受到直接影响的各方。似乎这种感觉是最强烈的，也就是当需要考虑的机构安排具有基本和广泛的影响时。这些机构安排更需要进行证明，且与此同时，只有少量的独立标准或权威可以使用。

与之相反的是，在 Donaldson 的观点中，需要考虑的机构安排在范围方面不够基础或广泛。在个体生产状态下，社会成员似乎已经拥有了公正的概念、一套财产权的体系和各种贸易机制。需要考虑的选择就是是否要引入一系列的规定来允许生产组织的建立，且如果这样做了，在其运行过程中应当向其分配什么责任？虽然这样的选择可能会对社会成员产生广泛和普遍的影响，但是当社会成员在做出这一选择时，似乎并不缺少独立的标准或外部权威。在这一方面，有助于让社会契约理论的应用变得貌似可行的条件——作为一种证明工具或是一种探索工具——如果是证明生产组织存在和责任的合理性，那么就无法获得。

在对 Kultgen 进行回应时，Donaldson（1986）提出了另外一种了解社会契约作用的方法，这种方法有别于证明工具或探索工具。这种额外的作用被称为一种"类比"概念，也就是"一种'如果'道德结构，其逻辑形式就是'一个人应当在如果是这样或如果是这种情况时的活动'"。他认为，"在当前的背景下，这意味着社会契约会建议个人和企业在活动时如同社会成员已经同意以特定的方式来定义生产组织的权利和责任"。另外，根据 Donaldson（1986）的说法，我们不需要偏离类比概念来揭开生产组织的权利和责任。相反，"我们应当首先询问特定人员的权利或责任是什么，然后使用我们发现的情况列出类比概念，如社会契约的类比概念"。在这一方面，社会契约在证明生产组织存在的合理性或在说明及证明生产组织的权利和责任时不需要发挥任何作用。然而，各方在活动时，应如同存在这样的契约。作为一种类比概念，社会契约应当被理解为体现了生产组织目的和责任的概念。

在对本文进行总结时，笔者列出了将 Donaldson 观点中的社会契约看做一种类比概念来进行解释的情况，及其展示的两个关键主题，这两个主题可以用来区分 Donaldson 的生产组织目的和责任的概念。在这一过程中，如果在说明并证明生产组织的责任时，其作为探索工具的作用能够得到限制，那么就能解决如何将其作为一种类比工具来进行使用的问题。[33]

如第一部分结尾处所示，可以通过两种方法让社会契约的理念进入 Donaldson 的观点。第一种就是作为生产组织和社会成员之间的一种协议，这种协议能够列出生产组织存在及其权利和责任的基本原理。第二种引入该理念的方法更加普通，且指的是社会契约理论用来回答关于什么能证明生产组织存在合理性及其责任和理由是什么的问题的方法。[34] 在将社会契约作为一种类比工具进行构建时，Donaldson 说道，社会契约在第一种情况下的理解可以独立于其在第二种情况下起到的任何作用。这一概念似乎是说社会契约的条款可以在不参考社会契约工具的情况下得到规定和证明。这一概念符合本文提出的观点。如笔者所述，在将社会契约视为识别生产组织目的的探索工具时，其很多责任（如不滥用政治权力或尽量减少去人员化）在独立于假设协议的考虑因素方面，能够得到更加合理的说明和证明，如公正的背景概念。没有任何东西可以妨碍将效力来自于不依赖同意契约的事实考虑因素的条款加入到该契约中。

如果生产组织的目的和责任大部分都能在不依赖社会契约工具的情况下得到确定和证明，如果社会和生产组织之间存在社会契约，那么就需要确定其目的和责任能够得到什么好处。在回答这一问题的过程中，Donaldson 的观点出现了两个特征，这两个特征一起体现了关于生产企业目的和责任的一种与众不同的概念，以及一种未得到充分评价的对其进行理论化的方法。

第一个特征就是生产组织的运营能力取决于其能够从整个社会的成员获益的运营。按照如同在生产组织和社会之间存在社会契约一样进行的活动能够捕获这一观念。在这一观点上，生产组织并不仅仅是自愿组织起来的协会，其存在可以通过其独立成员的联合权来进行证明。[35] 也不是生产组织是对公共机构一定扩展的概念。[36] 这一概念类似于生产组织需要法律批准和社会合法性来运营的观点，因此，如果企业需要获得来自社会的批准或"许可"来进行运营，则必须满足特定的条件，其中一条就是造福社会。[37] 我们可以回顾一下 Donaldson（1982）对社会契约形式的特点确定，"我们（社会成员）同意做 X，且你们（生产组织）同意做 Y"。与此同时，生产组织运营的观念取决于造福社会要比让步条件的观念强烈。这就是契约不是平等个体之间的契约的观念。然而，管理生产组织成立和行为的规定是人类设计的产物，这反过来又说明，生产组织通过其运营，必须服务于整个社会的利益。

第二个特征就是把经济生产放到企业目的和责任观点的核心。生产，在这一观念中，被理解为不仅仅是交换。生产包括对各种投入的转变，如原材料或知识等，其目的是将这些投入转变成产品和服务，从而让人以无法用原始投入提供的方式进行使用或享受。[38] 首先，将注意力集中到经济生产上似乎并非是企业目的和责任观点的一个不同的特征。毕竟我们可以说，如果重点不是在经济生产商，那么还能评估什么？

在回应中，笔者提出两种方法，让当代的企业目的和责任观点倾向于忽略经济生产的相关性，或视其为理所当然。第一种方法就是很多观点中关注从近似生产组织成员的控制中剔除的成果实现的趋势（如社会福利）。[39] 虽然 Donaldson（1982）也关注社会福利，但是他从生产组织中间输出的方面确定了福利的特征，即为各种产品满足消费者的利益，如"住房、食物、娱乐、交通运输、医疗和服装"或"增加收入潜力"。从向生产组织提供指南的观点来看，对于中间输出的关注，更长远的目标可能更有帮助。我们的想法似乎是个人能够更好地满足其经济需求的事实具有社会价值，不用参考首要的社会产品概念。当代企业目的和责任观点中的第二个方法就是从生产组织对公司以外的支持者，比如本地社区的影响方面确定"社会价值"或"社会影响"的特征。[40] 通过从生产组织向其员工和消费者提供的福利方面对其存在的合理性进行的证明，社会契约是在提醒，用正确的方式参与经济生产对社会来说具有重要价值，很多对企业责任进行理论化的当代方法中都会忽略这些趋势。

总之，Donaldson 观点的这两个特征体现了关于生产组织目的和责任的不同观念，以及一种还未经过评判的理论化方法。在这一概念中，生产组织既不是私营的协会也不是公共机构的扩展，而且也不是为了服务整个社会。在对其目的和责任进行理论化时，方法就是关注其在经济生产中的作用，以及参与这一活动和从中受益的各方。作为一种类比工具，Donaldson 观点中的社会契约向我们提醒了这些特征。Donaldson 的观点为进一步对生产组织的目的和责任进行理论化指明了道路，即便社会契约仅起到有限的作用。

注释

［1］"社会契约"的概念还经常会在商业实践中出现。在《企业与道德》中，Donaldson 提到了 Henry Ford II 于 1969 年在哈佛商学院的一次演讲，在演讲中，Ford（1982）说，"工业和社会之间契约的条款是在不断变化的"。如要了解当代关于商业与社会之间契约条款的讨论的例子，请参见 Davis（2005）。

［2］Ben Wempe（2009）以及 Dunfee 和 Donaldson（1995）都提到了这一点。如要了解关于 ISCT 的文献，请参见 Dunfee（2008）。如要了解社会契约理论在商业道德中的使用情况，请参见 Wempe（2009）。

［3］Donaldson 理解，企业应当有道德机构，因此还会赋予其责任。对于本文来说，我们需要更广泛地将道德机构归属于企业或生产组织。然而，生产组织的责任或职责可以被理解为管理者在其作为生产组织代表时的责任或职责。

［4］感谢 Ben Wempe 敦促笔者对这一点进行说明。

［5］在经常引用的《纽约时代》杂志文章中，Friedman 提供了下列构想：在一个自由的企业中，一个私有资产体系中，企业的执行人员是公司所有者的员工。他对于其雇主负有直接责任。该责任就是根据其意愿开展业务，一般情况下，该责任将会是尽量多赚钱，并且遵守社会的基本规定，包括法律和道德习惯中的规定。

大量的学者参与了关于本观点的争论。如要了解最近的回应，参见 Stout（2012）。

［6］强调他的。

［7］我感谢一名匿名的研究人员，他说明了 Friedman 的观点，管理者的责任应当是最大化股东的财富，即便企业的目的不在于此。如要了解管理责任和企业目的之间的区别，请参见 Smith（2014）。

［8］根据第一部分末尾提出的观点，这里的社会契约概念指的是社会成员之间的离开个体生产状态的假设协议，且不是生产组织和社会成员之间的社会契约。

［9］感谢一名匿名研究人员敦促笔者说明社会契约用作和不用作探索工具的方法。

［10］Kultgen（1986）写道："但是如果企业是人工产物，如果其设计者和公众没有实际同意通过要求特定的关键职位人员履行职责来执行这些职责，则企业没有任何职责，他们在存在（商业社会契约）之前肯定缺少间接职责。"

［11］强调他的。

［12］强调他的。

[13] 在其他地方，笔者反对从最大化社会福利方面对生产组织的目的进行定义，并认为其存在的依据是其他价值观（Hsieh，2015）。

[14] Conry 写道，"Donaldson 认为社会契约理论驳斥了 Milton Friedman 的股东财富最大化观点。但是，可辩论的是，Friedman（1995）会坚持下列社会契约，如同 Donaldson 坚持他的社会契约一样：在自然状态下的假设缔约方将要求生产组织的职责首先扩展到股东，然后扩展到消费者和员工及其他受组织活动影响的人。需要利用这一顺序安排来实现生产组织的利益，因为资本是创建生产组织的更至关重要的资源。缔约方还会要求企业活动遵守法律。但是，在一个被饥饿困扰的世界中，没有得到法律保护的人权会被牺牲用来实现生产组织的重大利益"。

[15] Conry 写道，"不确定性的第二个来源，是一种虚弱的逻辑连接，也会破坏 Donaldson 最初的研究。有生产组织之前的世界以及有生产组织之后的世界之间的联系比较弱。没有逻辑关系、没有连接，且使用了 Hobbes 的权力。然而，Donaldson 使用了以消费者和员工为目标的成本利益分析，将有商业之前的世界与商业的社会契约联系了起来"（Conry，1995）。

[16] 感谢一名匿名研究人员，该研究人员提示到，Bishop 依赖的是 Rawls 后来修改的第一条准则的构成，其内容是：每个人都有相同的不可剥夺的权力来获得充分的公平基本自由体制，该计划与所有人的自由体制是兼容的（Rawls，2001）。如要了解让 Rawls 重新定义的争论的简要讨论，请参见 Freeman（2007）。

[17] 为免生歧义，立法状态不包括实际的立法机构在真实世界中对法律和政策的制定。然而，这是一个"四阶段后果"的一部分，该后果"将假设想法实验从初始位置（第一阶段）扩展到了使用了公正准则的假设考虑和决定的三个进一步的阶段"（Freeman，2007）。立法阶段是这四阶段后果中的第三个阶段，在该阶段中，假设的民主立法机构会考虑"经济和社会情况的全部范围"（Rawls，1999），并尝试制定法律和社会经济政策，从而最好地执行公证的第二条准则（Freeman，2007）。感谢某匿名研究人员，指出应当将这一方面说清楚，以避免可能存在的混淆。

[18] 感谢某匿名研究人员提出了反对意见，并敦促笔者更全面地解释了将 Rawls 的观点用作解决 Conry 的不确定性反对意见的方法时遇到的困难。

[19] 如要了解 Rawlsian 公正需要某种形式的工作地点民主的观点，请参见 Young（1979）、Perffer（1994）、Perffer（1990）以及 Clark 和 Gintis（1978）。Singer（2015）最近反对将这些规定加入文章的基本结构中。

[20] 在福利资本主义中，可通过收入的再分配达到最弱势群体的体面生活标准。相反，资产拥有民主寻求的是保持生产资产的广泛拥有权。Rawls 写道，"其目的并不仅仅是协助那些在意外中遭遇不幸的人（虽然必须这么做），而是要让所有的公民都能够在具备适当的社会和经济公平性的基础上来管理其自身的事务"。如要了解更详细的讨论，参见 Rawls（1999），Krouse 和 McPherson（1988），O'Neill 和 Williamson（2012）。

[21] 强调他的。

[22] Rawls 写道，"有两个财产权的更广泛的概念没有被视为基本概念，即：①自然资源

中的私有财产权以及整体的生产方法，包括购买权和遗产权；②包括参与生产方法及自然资源控制的平等权利在内的财产权，这两种都是社会拥有的权力，不是私人拥有的权力"。

［23］如要了解对于经济领域公正需要什么的研究，参见 Cohen（1989）及 Hsieh（2008）。

［24］感谢某匿名研究员，要求笔者解释让 Donaldson 的观点适应 Rawls 的公正观点时遇到的困难。

［25］如要了解对 Rawlsian 商业道德方法的讨论，参见 Hsieh（2009）。

［26］对于解决工作和生产过程标准问题的自由平等主义的挑战的总结，请参见 Hsieh（2008，2013）。例如，Rawls（1999）自己就承认了有意义工作的价值，但是在其观点中没有指出如何构建经济机构。

［27］在该文献中，主体无涉/主体相涉以及私人/非私人可以通过多种方法获得。如要了解有帮助的讨论，参见 Ridge（2011）。Ridge（2001）提出的一个进一步的观点就是评论家们强调的原因通常是道德的原因。Scanlon 与 Ridge 一样指出，允许用非道德原因来为合理的拒绝进行辩解。

［28］这符合 Ridge（2001）的研究。

［29］感谢某匿名研究人员要求笔者对 Donaldson 的观点进行契约主义解释。

［30］如要了解当代关于手工工作和个人技艺价值的观点，请参见 Crawford（2009）。

［31］感谢 Ben Wempe 要求笔者说明这一点。

［32］感谢某匿名研究人员要求笔者说明是否有对 Donaldson 对社会契约理论的使用存在不同的挑战，以及这些挑战是否适用于所有对社会契约理论的使用。

［33］感谢某匿名研究人员提出了如果社会契约无法用作探索工具，那么如何才能用作类比工具的问题。

［34］感谢某匿名研究人员要求笔者建立这些观点。

［35］该观念能够在公司的特性描述中找到，可作为契约的关系。如要了解经典的契约关系观点，请参见 Easterbrook 和 Fischel（1991）。

［36］如要了解两个将生产组织看做政治机构延伸的观点，请参见 McMahon（2013）及 Ciepley（2013）。如要了解商业道德和政治哲理之间的关系观点，参见 Heath et al.（2010）。

［37］"社会许可"的概念经常在普通媒体中见到，也可参见 Black（2013）和 Klein（2012）。

［38］生产组织的利益可以从个体市场体制、公平交易以及与 Ronald Coase（1937）类似的观点中进行最好的了解，也就是公司能够实现与市场有关的利益，但是要通过不同的方法来组织生产。

［39］也可参见 Jensen（2002）。

［40］如 Porter 和 Kramer（2011）所述，"共享价值观概念可以被定义为政策和运营实践，这些能够提高公司的竞争力，并且同时可以改善公司所在社区中的经济社会条件"。

参考文献

［1］Arneson，Richard. 1987. Meaningful Work and Market Socialism. Ethics，97（3）：517–545.

［2］Ashford，Elizabeth，and Mulgan，Tim. 2012. Contractualism. The Stanford Encyclopedia of

Philosophy（Fall 2012 Edition），edited by Zalta，Edward N. http：//plato.stanford. edu/archives/fall2012/entries/contractualism/.

［3］Bishop，John Douglas. 2008. For Profit Corporations in a Just Society：A Social Contract Argument Concerning the Rights and Responsibilities of Corporations. Business Ethics Quarterly，18（2）：191-212.

［4］Black，Leeora. 2013. The Social License to Operate：Your Management Framework for Complex Times. Oxford：Sedition Publishing.

［5］Blackburn，Simon. 1999. Am I Right? The New York Times February 21. http：//www. nytimes.com/books/99/02/21/reviews/990221.21blact.html.

［6］Brock，Gillian. 1998. Are Corporations Morally Defensible? Business Ethics Quarterly，8（4）：703-721.

［7］Clark，Barry，and Gintis，Herb. 1978. Rawlsian Justice and Economic Systems. Philosophy and Public Affairs，7（4）：302-325.

［8］Ciepley，David. 2013. Beyond Public and Private：Toward a Political Theory of the Corporation. American Political Science Review，107（1）：139-158.

［9］Coase，Ronald. 1937. The Nature of the Firm. Economica，New Series，4（16）：386-405.

［10］Cohen，Joshua. 1989. The Economic Basis of Deliberative Democracy. Social Philosophy and Policy，6（2）：25-50.

［11］Conry，Edward. 1995. A Critique of Social Contracts for Business. Business Ethics Quarterly，5（2）：187-212.

［12］Crawford，Matthew. 2009. Shop Class as Soulcraft：An Inquiry into the Value of Work. New York：Penguin Press.

［13］D'Agostino，Fred，Gaus，Gerald，and Thrasher，John. 2014. Contemporary Approaches to the Social Contract. The Stanford Encyclopedia of Philosophy（Spring 2014 Edition），edited by Zalta，Edward N. http：//plato.stanford.edu/archives/spr2014/entries/contractarianism-contemporary/.

［14］Davis，Ian. 2005. The Biggest Contract. The Economist May 28. http：//www.economist. com/node/4008642.

［15］Donaldson，Thomas. 1982. Corporations & Morality. Englewood Cliffs，NJ：Prentice-Hall.

［16］———. 1986. Fact，Fiction，and the Social Contract：A Reply to Kultgen. Business & Professional Ethics Journal，5（1）：40-46.

［17］———. 1990. Social Contracts and Corporations：A Reply to Hodapp. Journal of Business Ethics，9（2）：133-137.

［18］Donaldson，Thomas，and Dunfee，Thomas. 1995. Contractarian Business Ethics：Current Status and Next Steps. Business Ethics Quarterly，5（2）：173-186.

［19］———. 1999. Ties That Bind：A Social Contracts Approach to Business Ethics. Boston：Harvard Business School Press.

［20］ Dunfee, Thomas. 2006. A Critical Perspective of Integrative Social Contracts Theory: Recurring Criticisms and Next Generation Research Topics. Journal of Business Ethics, 68（3）: 303–328.

［21］ Easterbrook, Frank, and Fischel, Daniel R. 1991. The Economic Structure of Corporate Law. Cambridge : Harvard University Press.

［22］ Freeman, R. Edward, Harrison, Jeffrey, Wicks, Andrew, Parmar, Bidhan, and de Colle, Simone. 2010. Stakeholder Theory: The State of the Art. Cambridge : Cambridge University Press.

［23］ Freeman, Samuel. 2007. Rawls. London : Routlegde.

［24］ Friedman, Milton. 1962. Capitalism and Freedom. Chicago : University of Chicago Press.

［25］ ——. 1970. The Social Responsibility of Business Is To Increase Its Profi ts. The New York Times Magazine 13 September.

［26］ Hampton, Jean. 1997. Political Philosophy. Boulder: Westview Press.

［27］ Heath, Joseph, Moriarty, Jeffrey, and Norman, Wayne. 2010. Business Ethics and (or as) Political Philosophy. Business Ethics Quarterly, 20（3）: 427–452.

［28］ Hodapp, Paul. 1990. Can There Be a Social Contract with Business? Journal of Business Ethics, 9（2）: 127–131.

［29］ Holton, John. 1992. Political Obligation. London : Macmillan.

［30］ Hsieh, Nien-hê. 2008. Justice in Production. Journal of Political Philosophy, 16（1）: 72–100.

［31］ ——. 2009. The Normative Study of Business Organizations: A Rawlsian Approach. In Normative Theory and Business Ethics, edited by Smith, Jeffery, 93–117. Lanham: Rowman & Littlefield.

［32］ ——. 2013. Work. In The Routledge Companion to Social and Political Philosophy, edited by Gaus, Gerald and D'Agostino, Fred, 755–764. New York: Routledge.

［33］ ——. 2015. Managerial Responsibility and the Purpose of Business: Doing One's Job Well. In Ethical Innovation in Business and the Economy: Studies in Transatlantic Business Ethics, edited by Enderle, Georges and Murphy, Patrick E., 95–118. Cheltenham: Edward Elgar.

［34］ Jensen, Michael. 2002. Value Maximization, Stakeholder Theory, and the Corporate Objective Function. Business Ethics Quarterly, 12（2）: 235–256.

［35］ Klein, Paul. 2012. Three Ways to Secure Your Social License to Operate in 2013. Forbes. http://www.forbes.com/sites/csr/2012/12/28/three-ways-to-secure-your-social-license-to-operate-in-2013/.

［36］ Krouse, Richard, and McPherson, Michael. 1988. Capitalism, "Property-Owning Democracy", and the Welfare State. In Democracy and the Welfare State, edited by Gutmann, Amy, 79–105. Princeton : Princeton University Press.

［37］ Kultgen, John. 1986. Donaldson's Social Contract for Business. Business & Professional

Ethics Journal, 5（1）：28–39.

［38］Levitt, Leo. 1986. Commentary on Donaldson's Social Contract for Business. Business & Professional Ethics Journal, 5（1）：47–50.

［39］McGinn, Colin. 1999. Reasons and Unreasons. The New Republic May 24.

［40］McMahon, Christopher. 2013. Public Capitalism. Philadelphia：University of Pennsylvania Press.

［41］O'Neill, Martin, and Williamson, Thad, eds. 2012. Property–Owning Democracy：Rawls and Beyond. Chichester：Wiley–Blackwell.

［42］Peffer, Rodney. 1990. Marxism, Morality, and Social Justice. Princeton：Princeton University Press.

［43］——. 1994. Towards a More Adequate Rawlsian Theory of Social Justice. Pacific Philosophical Quarterly, 75（3–4）：251–271.

［44］Pettit, Philip. 1999. Doing unto others. Times Literary Supplement June 25.

［45］Porter, Michael, and Kramer, Mark. 2011. Creating Shared Value：The Link Between Competitive Advantage and Corporate Social Responsibility. Harvard Business Review, 89（1/2）：62–77.

［46］Rawls, John. 1971. A Theory of Justice. Cambridge：Harvard University Press, Belknap Press.

［47］——. 1999. A Theory of Justice, revised edition. Cambridge：Harvard University Press, Belknap Press.

［48］——. 2001. Justice as Fairness：A Restatement, edited by Kelly, Erin. Cambridge：Harvard University Press, Belknap Press.

［49］Ridge, Michael. 2001. Debate：Saving Scanlon：Contractualism and Agent–Relativity. The Journal of Political Philosophy, 9（4）：472–481.

［50］——. 2011. Reasons for Action：Agent–Neutral vs. Agent–Relative. The Stanford Encyclopedia of Philosophy（Winter 2011 Edition）, edited by Zalta, Edward N. http：//plato.stanford.edu/archives/win2011/entries/reasons–agent/.

［51］Scanlon, T. M. 1998. What We Owe to Each Other. Cambridge：Harvard University Press, Belknap Press.

［52］Singer, Abraham. 2015. There Is No Rawlsian Theory of Corporate Governance. Business Ethics Quarterly, 25（1）：65–92.

［53］Smith, Jeffery. 2014. Corporate Social Purpose and the Task of Management. In Corporations and Citizenship, edited by Urban, Greg, 57–73. Philadelphia：University of Pennsylvania Press.

［54］Sollars, Gordon. 2002. The Corporation as Actual Agreement. Business Ethics Quarterly, 12（3）：351–369.

［55］Stout, Lynn. 2012. The Shareholder Value Myth：How Putting Shareholders First Harms

Investors, Corporations, and the Public. San Francisco : Berrett-Koehler Publishers.

［56］ Wempe, Ben. 2004. On the Use of the Social Contract Model in Business Ethics. Business Ethics: A European Review, 13 (4): 332-341.

［57］ ——. 2008. Four Design Criteria for any Future Contractarian Theory of Business Ethics. Journal of Business Ethics, 81 (3): 697-714.

［58］ ——. 2009a. Contractarian Business Ethics Today. In Normative Theory and Business Ethics, edited by Smith, Jeffery, 73-92. UK: Rowman & Littlefield.

［59］ ——. 2009b. Extant Social Contracts and the Question of Business Ethics. Journal of Business Ethics, 88 (Supplement 4): 741-750.

［60］ Young, Iris Marion. 1979. Self-Determination as Principle of Justice. The Philosophical Forum, 11 (1): 30-46.

企业可持续性的认知框架：矛盾框架与商业理由框架下的管理意义建构 *

Tobias Hahn，Lutz Preuss，Onatan Pinkse，Frank Figge

【摘　要】企业的可持续性要求管理者不得不面对来自复杂的经济、环境与社会议题的冲突。本文参考管理认知、企业可持续性与战略矛盾方面的文献，提出了对于企业可持续性的两个认知框架：商业理由框架和矛盾框架，并探索了两者在认知内容与结构上的差异是如何影响管理意义建构的三个阶段的，即针对可持续性议题的管理扫描、解释以及响应。我们对于两个框架导致管理者所考虑的对可持续性议题进行扫描的深度与广度、在议题解释方面的控制力与议题价效（Valence）以及响应种类方面的差异进行解释。通过考虑可替代的认知框架，我们的论证有助于更好地理解关于模糊的可持续性议题的管理决策，并提出管理者对于可持续性议题所采取立场的潜在认知的决定因素。关于管理者面临复杂而又模糊的议题时，如像可持续性这样矛盾但又相互关联的议题，为何很少推行激进变革的行动，本文的讨论提供了一个认知的解释。

企业可持续性要求管理者同时处理非常分散但却有内在联系的自然环境、社会福利和经济繁荣议题（Bansal，2002；Gladwin，Kennelly & Krause，1995；Maon，Lindgreen & Swaen，2008）。因此，企业的决策者在"对议题的理解、议题对组织的意义以及对议题的响应方式上面临大量的模糊性"（Sharma，2000）。关于管理者如何从组织的环境中弄清这些模糊的线索，这个议题已经越来越多地从认知的角度来研究（Hodgkinson & Healey，2008；Porac & Thomas，2002；Walsh，1995）。认知框架发挥了"允许某些少量的信息进入战略制定流程同时排除其他信息"（Porac Thomas，2002）的作用，通过这样的框架，管理者将一定的意义渗透进模糊

* Tobias Hahn，Lutz Preuss，Onatan Pinkse，Frank Figge. 2014. Cognitive Frames in Corporate Sustainability：Managerial Sensemaking with Paradoxical and Business Case Frames. Academy of Management Review，39（4）：463-487.

初译由杨东宁完成。

的线索中，从而考虑特定的战略响应（Weick，1995）。

许多学者已经开始从认知的角度来分析企业的可持续性以及相关概念，如企业社会责任或企业公民意识（Andersson & Bateman，2000；Maon et al.，2008；Sharma，2000；Sharma，Pablo & Vredenburg，1999）。然而，关于不同内容与结构的认知框架对管理者关于可持续性模糊性意义构建的影响，详细的分析仍然匮乏（Angus-Leppan，Benn & Young，2010；Byrch，Kearins，Milne & Morgan，2007；Zietsma & Vertinsky，1999）。特别是，在企业可持续研究中（Bansal，2005；Gao & Bansal，2013；Hahn，Figge，Pinkse & Preuss，2010）弥漫着对于商业理由思维的强烈关注（Carroll & Shabana，2010），这已经导致了对可持续性议题的管理响应的概念化，是沿着一个由公司目标所支配的机会/威胁二分法的方向发展的（Andersson & Bateman，2000；Sharma，2000）。与此相反，本文的目的在于更好地理解管理者对可持续性议题进行不同响应所考虑的基本认知决定因素。

在吸收了管理认知、企业可持续性与战略矛盾方面文献的观点后（Smith & Lewis，2011；Smith & Tushman，2005），我们提出了关于公司可持续性的认知框架视角。我们提出两个认知框架——商业理由框架和矛盾框架，以此探索认知内容与结构的差异如何影响意义构建的三个阶段，即管理扫描、解释和响应（Daft & Weick，1984；Thomas，Clark & Gioia 1993）。两个框架基于对可持续性的经济、环境与社会维度之间关系截然不同的观点，得到对于可持续性议题上不同的决策制定立场。本文认为，具有商业理由框架的管理者聚焦于那些与经济目标相一致的环境与社会方面的议题，因此将可持续性议题单一地解释为对于其业务或正面或负面的影响；因此，他们对可持续性议题采取务实的立场，倾向于依照现存的惯例和解决方案寻求局限但可行的响应。相反，具有矛盾框架的管理者们对可持续性议题的经济、环境与社会方面有多元和相互矛盾的认识，他们将对可持续性议题有更模糊的解释；他们会采取一个谨慎的立场，考虑更为全面的响应，因为他们有更高的风险和冲突意识，往往会缓慢而谨慎地向前推进。

本文的主要贡献在于，考虑可替代的认知框架对于可持续性议题意义建构的影响，推进了管理决策的理论。我们对于管理者在不同内容与结构中认知框架的讨论，提供了管理者对于可持续性议题所采取响应的更细致的理解。我们还对两种框架关于可持续性议题在管理扫描、解释和响应的影响方面提出了可检验的命题。由于两种框架内在的倾向与限制，关于管理者面对可持续性所出现的巨大挑战时，为何很少推行激进的改变，我们的论证对此做出了认知的解释。我们所考虑的更广泛认知多样性对我们更好地理解管理者如何弄清相互矛盾又相互联系的模糊议题方式有所贡献。

本文的结构如下：首先我们提出了商业理由框架和矛盾框架的内容与结构，其次就两个框架如何影响管理者对于可持续性议题的意义建构提出了命题，同时对调节这些影响的最重要因素做出了讨论。在结论中，我们讨论了本文的重要意义并提出未来的研究方向。

认知模型与管理决策

决策者往往在混乱的组织环境中工作，环境中满是复杂和模糊的信号。根据认知范围理论，个人通过认知启发（Cognitive Heuristic）而理解复杂的情形（Mervis& Rosch，1981；Rosch，1975）。随着议题的复杂化，意义建构从以感知为基础转变为以类别为基础，人们的"认知过程变为计划导向的……并且他们……把少量的直接感知分配为不同的类型、范畴、板型和模式"（Weick，2010）。相应地，对于管理认知的研究显示，管理者通过认知框架解释和理解模糊且复杂的信号（Hodgkinson & Healey，2008；Porac & Thomas，2002；Walsh，1995）。认知框架是一种心理模板，人们将其施加于信息环境上并赋予其形式和意义（Walsh，1995）。人们依照所观察的属性，为事物和情形贴上标签，以此生产和复制出这些框架。

因为人类的理性是有限的，管理者无法对战略情形有完全的理解；他们更愿意通过认知框架来"主观地呈现环境，并以此推动其战略决策和随后的公司行为"（Nadkarni & Barr，2008）。通过认知框架，管理者从组织环境中有选择地整理（Organizing）和解释信号，从而减少其复杂性与模糊性（Dutton & Jackson，1987）。同时，认知框架是"由过去所习得的东西及其分类所决定的"（Mervis & Rosch，1981），因此认知框架是自指的和可追溯的（Self-referringand Retrospective），这就导致了确认性偏差，即将注意力引向符合现有框架的信号而回避那些与框架不一致的信号（Palich & Bagby，1995）。因此，认知框架也因为其"可能更鼓励思维定势；颠覆已控制的信息过程；将典型但并不准确的信息填补数据空白；促使他人忽略不一致但可能重要的信息；不鼓励对已有知识结构的失验（Disconfirmation），抑制创造性的议题解决方法"（Walsh，1995），从而限制了决策者对于形势的理解。

依照 Walsh（1995）的研究，我们将认知框架的内容与结构区别开。认知的内容"由他们所知道的、所想象的和所相信的组成"，而认知结构则表示"内容在执行者的思想中是如何安排、联系或研究的"（Finkelstein & Hambrick，1996）。认知框架的内容与特定的领域有关，比如公司的战略制定（Hodgkinson & Johnson，1994）或企业家能力（Shepherd，1999）。在同一领域内，框架的内容能捕捉到个人对于事物或事件属性的理解，而所谓属性就是"人们将事物和事件进行区分或分组的基础"（Scott，Osgood & Peterson，1979）。用于将事物和事件进行分类的属性也称为具有高的线索有效性（Cue Validity）（Dutton & Jackson，1987）。关于认知框架的结构，Bartunek、Gordon 和 Weathersby（1983）提出两个主要维度："差异化，即在一系列激励中感知若干维度的能力；一体化，即在有差异的特点之间建立复杂联系的能力。"差异化抓住了框架之中元素的数量，一体化描述了这些元素之间的关联性（Walsh，1995）。特定认知框架的结构与内容共同作用，导致对一个情形的特定解释，进而得到一个特定的管理响应。

针对可持续性的管理决策认知框架

企业可持续性"指的是公司的活动……显示公司在业务运作以及与利益相关方相互作用中纳入了社会与环境的考虑"（van Marrewijk & Werre，2003）。企业可持续性涉及组织和社会层面大量的需求和目标，孤立地看它们似乎是合意的，但实际上是"紧密联系且内部相互依存的"（Bansal，2002）。由此产生具有高度模糊的信号的决策环境使决策制定高度依赖管理者所用的框架（Bogner & Barr，2000；Hodgkinson & Johnson，1994；Kaplan，2008）。首先，从可持续性的角度，公司需要处理经济、环境和社会的结果，这些结果要同时达成（Elkington，1997；Gao & Bansal，2013）。这种需要同时处理各种合意但是相互依赖的结果的做法会导致意外的结果，因为一个议题的解决方案可能不利于另一个议题的解决（Newton，2002）。其次，可持续性要求"企业也被期望去改善社会总体福利"（Schwartz & Carroll，2008）。这涉及社会层面多个维度的结果，使公司的目标函数变得复杂（Jensen，2001），因为它还涉及组织层面的财务绩效目标。随着代际公平变得越来越受到重视，可持续性也"强调企业被期望为社会提供利益的长期性"（Schwartz & Carroll，2008），而不仅仅是管理决策通常关注的短期利益（Held，2001；Slawinski & Bansal，2012）。最后，可持续性还要求企业同时识别来自更广泛的利益相关方多种多样但又相互矛盾的需求（Clarkson，1995；Maon et al.，2008），这些人往往具有与管理者以及股东不同的决策逻辑（Hahn，in press）。

总体来说，可持续性将管理者置于一种境地，他们要同时处理企业与社会层面上的多种合意但相互矛盾的经济、环境和社会的结果，这些结果遵循不同的时间框架和逻辑。与此同时，企业与管理者因为不愿意采取激进的响应来处理可持续性议题而饱受批评（Whiteman，Walker & Perego，2013）。因此，理解管理者处理模糊性而使用的认知框架，从而得到对企业可持续性决策的更深入见解是十分重要的。

商业理由框架和矛盾框架

许多可持续性模糊性来源于经济、环境和社会产出相互联系又相互矛盾的本质（Margolis & Walsh，2003）。基于 Smith 与他同事的研究（Smith & Lewis，2011；

Smith & Tushman，2005），我们提出了两个认知框架来反映决策者对于可持续性在这几个方面关系的假设。Smith 与他同事们的研究提出管理者处理模糊性的两种方式。第一种方式基于一种一致的逻辑，反映了"统一的真理的信念，即分歧是根本不能共存的"（Smith & Tushman，2005）。这就要求管理者通过消除冲突来解决分歧，即努力寻找一种符合各种因素的情形，或是能调节不一致的可能的情况（Smith & Lewis，2011；Smith & Tushman，2005）。这种减少分歧的需要与公司可持续性的商业理由不谋而合，即企业的财务绩效能与社会和环境产出达成一致（Carroll & Shabana，2010；Salzmann，Ionescu-Somers & Steger，2005）。因此我们将第一种认知框架称为商业理由框架。在第二种方式中，Smith 与其同事提出，在某些复杂的组织环境中，冲突与不一致是高度凸显并不能被消除的（Smith & Lewis，2011；Smith & Tushman，2005）。这就强调管理者要借助矛盾思维来接受冲突和适应相互冲突而又内在联系的经济、环境与社会议题，而非消除它们（Gao & Bansal，2013；Smith & Lewis，2011；Smith & Tushman，2005）。因此，我们将第二种认知框架命名为矛盾框架（Miron-Spektor，Gino & Argote，2011；Smith & Tushman，2005）。表 1 总结了两种框架的主要特征。

表 1　商业理由框架与矛盾框架的特征

框架特征	商业理由框架	矛盾框架
内容	只关注于商业属性	不同原理的多个属性的结合
结构	简单	复杂
差异化	少量的框架元素	大量的框架元素
一体化	联系程度低，单一聚焦经济方面的手段—目的关系	联系程度高，有大量加强性、中立性和矛盾性的关系
隐含的目标	在组织层面上改善经济状况	在组织与社会层面上关注经济、环境与社会议题
潜在的逻辑	商业理由思维：将环境和社会议题与经济目标相统一	矛盾思维：即使相互矛盾，也要将经济、社会和环境议题并行考虑
处理冲突的方式	消除	接受

这两种框架代表了两种理想类型的框架（Doty & Glick，1994），它们是从管理者如何考虑可持续性的经济、环境与社会方面关系中抽象出来的。这两个理想形式的框架代表了一个连续统一体的两个端点，它们或是通过将环境和社会方面的议题与经济状况相统一（商业理由框架），或是通过接受并调整这三个方面中相互联系但又冲突的本质（矛盾框架），以此概念化了三方面的关系。由于理想的认知框架

很少以纯粹的形式存在，决策者实际的框架也应该位于这两个端点之间，并在不同程度上接近于某个理想类型（Doty & Glick，1994）。因此，实际的认知框架由两类理想框架的内容和结构不同的概念组合所组成。

（1）内容：框架内容由决策者在理解模糊线索所使用的属性决定，并根据这些属性的优势与多样性而变化。如上文所说的，商业理由框架遵循一致的逻辑，并把经济属性放在第一位。[①] 社会与环境方面的属性只有与财务状况一致时才会被考虑。与可持续性的商业理由相一致（Carroll & Shabana，2010），商业理由框架的基础是相信处理环境与社会议题有助于实现利润的最大化（Andersson & Bateman，2000；Byrch et al.，2007）。这时决策者会单一地聚焦于组织层面的财务情况，并将财务结果的重要层次置于环境与社会议题之上，以此来理解模糊的可持续性信号（Hahn & Figge，2011）。与此同时，在决策者明确聚焦经济属性时，商业理由框架能清晰地为其提供处理可持续性的模糊性的指引。

矛盾框架的内容特征是多种相互矛盾的经济、环境与社会属性并重，以此理解模糊的可持续性议题。矛盾框架已经被描述为"管理者识别和接受多种矛盾同时存在的精神模板"（Smith & Tushman，2005）。这其中的决策者将采取矛盾的思维（Lewis，2000；Lüscher & Lewis，2008），即"能有效的兼容而不是避开矛盾"（Smith & Tushman，2005）的能力，以此调节存在于不同层次，以不同的逻辑和时间框架运行的相互矛盾但又相互联系的经济、环境和社会议题（Byrch et al.，2007；Gao & Bansal，2013）。然而，因为矛盾框架并不系统性地强调可持续性的某个方面，对于在可持续性议题中哪个方面应当优先考虑，它不能提供明确的指引。

（2）结构：两个框架的内容和基础逻辑的差异也会影响框架的结构，既影响主导的框架元素的数量（即差异化程度），也影响这些元素之间联系的复杂性和量级（即一体化程度）。由于商业理由框架强力聚焦经济属性，导致它具有较低的差异化和一体化程度。差异化程度较低是因为其聚焦经济属性而限制了其他属性呈现的数量。一体化程度也较低是由于其注重于环境和社会议题与财务绩效的一致性，只考虑那些基于层级性的手段—目的关系的框架元素间的联系。而对那些与财务绩效不一致的社会和环境方面更复杂的联系则不予考虑。然而，只考虑有限部分的联系，并不能使具有商业理由框架的管理者有效地消除不一致性和冲突（Smith & Lewis，2011；Weick，1995），并降低议题的复杂性和模糊性（Levinthal & Rerup，2006；

---

① 一致可以基于很多不同的原理，根据哪一种属性在认知框架中起支配作用而决定。概念上来说，一个环境属性占优的生态案例框架，或者社会属性占优的社会案例框架，都会符合一致性的逻辑。因此也很有可能与非营利性组织的决策结果有相当大的相关性。因为本文研究的是营利性企业，所以生态案例框架与社会案例框架在本文中都不予讨论。

Porac & Rosa，1996）。矛盾框架则有更复杂的结构。因为其容纳了可持续性三个方面的框架元素，导致框架具有高度的差异化。而高度差异化涉及纳入多种多样的属性，因此该框架也具有更高的一体化程度，因为其要考虑可持续性维度之间加强性、中立性和相互冲突的联系。

两个框架之间的关系

如上文所述，商业理由框架和矛盾框架是管理者如何将经济、环境和社会议题相联系的理想概念化模型。它们代表了一个连续统一体的两个观点，一端与经济属性完全一致，而另一端则是相互联系又相互冲突的经济、环境与社会议题的组合。虽然商业理由框架与矛盾框架这样理想的框架是区别明显的，但真实的框架往往是两种理想框架在内容和结构上的不同组合（见图1）。从商业理由框架一端开始，一旦框架开始加入除经济属性外的显著的环境、社会属性，它的内容将变得越来越多样化，结构也变得有差异（在图1中向上移动）。随着框架元素的增加，元素之间可能的联系数量也随之不成比例地增加。框架元素的数量越多，多样性越强，其间的相互联系就越复杂和多样。因此，认知模型开始具有高度的一体化，并最终变为另一端的矛盾框架（在图1中向右移动）。一个结构越根植于一致的逻辑（商业理由框架），它就越聚焦，复杂性就越低。与此相反，一个框架越使用矛盾的思维（矛盾框架），它就会越复杂且聚焦程度越低。

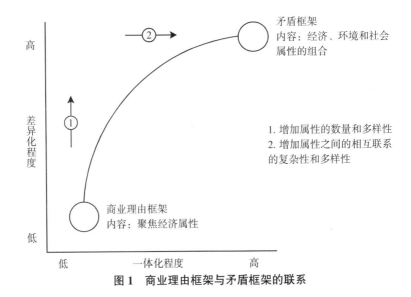

图1 商业理由框架与矛盾框架的联系

我们认为这两种理想化的框架对理解可持续性环境中管理决策是有帮助并有启发性的。接下来我们对可持续性议题的管理意义建构中，每个框架的影响进行研究。探索两个认知框架的影响对管理者关于可持续性的模糊性管理认知提供了更全面的理解（Walsh，1995）。

商业理由框架和矛盾框架的企业可持续性意义建构

意义建构伴随着三个依次的核心过程而出现：扫描、解释和响应（Daft & Weick，1984；Thomas et al.，1993）。下文中，我们将对于具有商业理由框架或矛盾框架的决策者，在关于可持续性议题的管理扫描、解释和响应过程中的差异展开研究。在扫描阶段，决策者会降低信息的数量和复杂性，根据他们所持有的认知框架，关注当下情形的不同方面，导致他们在信息处理和情形解释上的不同。在解释阶段，对于任何给定的情形，有一些人认为有关系，有些人感觉没关系，另外一些人甚至会完全忽视（Barr & Huff，1997）。向信息分配的重要性和具体意义的多还是少会对管理者后续的策略响应产生影响。

扫描

"扫描涉及信息的收集；并常出现在解释与行动之前"（Thomas et al.，1993）。由于认知的局限，决策者往往会面对超过他们处理能力的信息量（Mintzberg，1973）。因此，"管理者只能察觉到选定部分的环境信息"（Das & Teng，1999）。决策者基于其认知框架为信息分配相关性（Relevance），并以此来扫描信息（Hambrick，1982；Pfeffer & Salancik，1978）。由于认知框架之间的确认偏误，管理者选择性地关注那些符合自己认知框架的信息，而忽略那些与认知框架相矛盾的信息（Nickerson，1998；Palich & Bagby，1995）。他们也会使用那些与框架一致的信息来填补之前的信息空白，同时倾向于忽略那些超越自己认知分类的超乎寻常的信息（Kiesler & Sproull，1982）。

扫描的重要性在于其涉及管理者对可持续性议题（Mazutis，2013）所收集信息的深度与广度（Beyer et al.，1997；Vandenbosch & Huff，1997；Walsh，1988）。信息收集的过程也是一个连续统一体，在一端，管理者有明确的目的并搜寻确定的信息，在另一端，管理者则只是大体地浏览信息，"因为缺乏一个特定的议题要解决或回答"（Vandenbosch & Huff，1997）。关于感知广度议题，Beyer 和他的同事（1997）发现"当管理者观察的目标越受限时，他们的感知将越具有选择性"。类似地，当管理者越注重于选定的目标，以及之前形成的不同方面之间关系的假设时，他们越可能"忽略掉那些能证明其与之相反的证据和信息"（Das & Teng，1999）。也就是说，先验的目标与假设会从组织环境中有选择性地突出特定的线索

（Bourgeois & Eisenhardt，1988）。

商业理由框架有基于经济属性的内容和基于一致逻辑的结构，可以为管理者提供明确的方向，但同时限制了观测的目标。因此我们推测，具有商业理由框架的管理者，在可持续性议题上只会感知到较少的部分信息。他们会更容易被那些他们所察觉到的有着商业相关性，或是在结构上与其他商业信息相似的定量信息所吸引（Daft & Weick，1984）。举例而言，《斯特恩报告》往往能吸引管理者的注意，因为它探讨了由气候变化所带来的经济损失的估计。更加重要的是，报告将气候变化陈述为一种商业机会，强调早期行动可以预防剩余的消极成本（the Costs of Remaining Inactive），带来利益（Stern，2006）。

具有低复杂性认知框架的决策者也更倾向于在更少的所选来源中收集信息（Karlins，1967；Stabell，1978）。因此，具有商业理由框架的管理者会将其注意力局限于与市场环境紧密联系的与可持续性有关的利益相关方诉求，因为这些会被认为是与商业有更强和更重要的关联（Mitchell，Agle & Wood，1997）。人们往往刻板地根据信息来源而确定其内容（Kiesler & Sproull，1982），因此具有商业理由框架的决策者，则会对那些与自己业务没有直接影响的利益相关方所提出的环境和社会议题缺乏关注。例如，20世纪70年代，通用汽车的高层管理者对于那些减少排污汽车的建议置之不理，因为这些建议来源于高层管理者关注之外的人群（Wright，1979）。因此，具有商业理由框架的管理者不会充分注意到组织环境出现的大量可持续性的议题与诉求。当决策者的认知框架越多地关注于经济属性和一致逻辑时，决策者往往越倾向于察觉已经进入议题生命周期下一阶段的议题，即诸如监管者或者竞争者这些与企业业务有直接关系的行动者已经采纳了的议题（Mahon & Waddock，1992；Wartick & Mahon，1994）。

尽管商业理由框架限制了管理扫描的广度，但它让管理者有明确的目标来处理决策情形（Das & Teng，1999）。按照一致性的逻辑，管理者会为了潜在的经济利益来探索他们所注意到的环境与社会信息。这种有限地聚焦商业理由的框架为管理者应该探索哪些方面提供了方向并减少了不确定性（Vandenbosch & Huff，1997）。明确聚焦与业务相关的可持续性议题让管理者可以使用高度程式化和清晰结构化的搜索程序来收集详细信息（Das & Teng，1999）。因此，我们预期具有商业理由框架的管理者，更有可能去收集那些关于如何选择对财务绩效有贡献的可持续性议题的详细信息。总体来说，我们认为，商业理由框架会使得管理者注意到较少的可持续性议题，但会在议题的生命周期后续阶段已有的、数量性信息的基础上，去寻找这些议题中已经选择的方面如何与财务绩效相关的详细信息（见图2）。

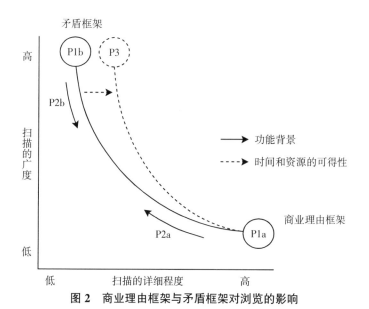

图 2　商业理由框架与矛盾框架对浏览的影响

命题 1a： 当决策者的认知框架越趋近于商业理由框架时，他们就越可能基于聚焦于小范围的搜索而关注相对有限的可持续性议题，但是会寻求这些议题如何与经济目标相联系的详细信息。

矛盾框架并不能直接将决策者指向清晰定义的目标和之前形成的关于可持续性不同方面之间某种确定类型的关系假设。因此，我们预期具有这种框架的管理者对于可持续性议题有较少的选择性感知（Beyer et al.，1997）。矛盾框架具有更复杂的框架结构与框架内容，包含多样化的经济、环境与社会属性，因此决策者会更广泛地扫描、关注可持续性的议题多方面，即使他们是相互矛盾的。此外，就如 Stabell 所表明的，具有复杂框架的决策者更倾向于"从多样的信息来源中组合信息，因为个人会产生可以融合信息多样性的看法"（1997）。因此具有矛盾框架的决策者，无论有无直接的经济意义，都会收集关于可持续性议题的多方面的信息，即有关经济、环境与社会方面的信息（Byrch et al.，2007）。因为对自己的业务已经形成了更复杂的概念模型（Crilly & Sloan，2012），所以他会收集定性的或者定量的、财务的与非财务的信息。同时他们也会注意广泛的利益相关方的看法（Daft & Lengel，1986；Wong，Ormiston & Tetlock，2011），注意来源于与业务少有联系甚至毫不相关的分散源的信号，以及来自议题生命周期早期阶段的信号（Halme，2002；Wartick & Mahon，1994）。因为矛盾框架的结构包含了来自可持续性多个方面相互冲突的关系，决策者也更有可能去注意那些多余的和不一致的信息。信息收集的过程将会是缺乏结构化、缺乏形式化的，因为增加的形式"会局限决策者纳入考虑的信息"（Heidmann, Schäffer & Strahringer, 2008）。举例来说，当生物多样性代表一个处于生命周期的初期议题，管理者挣扎于如何理解它（Financial Times, 2012）。因为生物多样性与许多不同的生态过程有关，为了理解这个议题的复杂性，管理者就需要扫描超越传统商业来源的信息。因此，全球水泥公司 Holcim 的 CEO 在 2007 年与世界自然保护联盟（IUCN）（一个致力于生物多样性的非政府组织）建立了合作关系，收集生物多样性与 Holcim 之间联系的专业意见（Imboden, Gross, Meynell, Richards & Stalmans, 2010）。

然而，矛盾框架并不强调某个可持续性维度更重要，因而也不为信息收集提供明确的指向。扫描的信息很广泛，但却相当模糊，因为广度是以牺牲信息详细程度为代价的（Das & Teng, 1999）。由于有着复杂且宽泛的框架，管理者可能感知过多的潜在相关的议题和不同方面（Kiesler & Sproull, 1982）。囿于有限的认知能力（Kiesler & Sproull, 1982），决策者无法收集、处理和保存大范围的可持续性不同方面的信息，以及信息之间复杂联系的信息；因此，不确定性仍然存在。当决策者通过矛盾思维来处理冲突和不确定性时，他们的扫描也会是没有结果的。总体来说，我们预期，当管理者的认知框架越不聚焦于一致性时，他们越会注意到大量可持续性议题的广泛方面，同时也越无法从这些方面及其相互联系中收集详细的信息（见图 2）。

命题 1b： 当决策者的认知框架越趋向于矛盾时，他们越有可能通过广泛的浏览去关注可持续性议题多个方面的信息，但详细程度低。

因为认知框架是管理者在其职业经历中得到、学习和形成的（Hodgkinson & Johnson, 1994; Porac & Thomas, 2002），我们认为决策者的职能背景可能会影响他们对于战略议题的扫描（Beyer et al., 1997; Sutcliffe & Huber, 1998; Vandenbosch & Huff, 1997; Walsh, 1988）。根据之前的研究，职能背景会影响扫描的深度与广度，因为不同职能背景的管理者会偏向于不同的搜索模式（Beyer et al., 1997）。具有内部导向职能背景的管理者，如工程师、会计和财务，会更倾向于任务导向，并更聚焦于内部效率（Hambrick & Mason, 1984）、单一维度以及结构明确的结果（Thomas & Simerly, 1994）。因此，他们更可能用结构化或者形式化的方式实施聚焦的搜索（Vandenbosch & Huff, 1997）。而具有外部导向职能的管理者，如市场营销用户调查和产品研发（Hambrick & Mason, 1984），会更有可能面对利益相关方的需求相互冲突的情形（Maon et al., 2008）。因而他们易于"更擅长识别利益相关方的多种需求，以及成分之间的利益冲突"（Thomas & Simerly, 1994）。这些管理者也更适应于通过广泛并缺乏结构化的浏览方式来收集信息（Vandenbosch & Huff, 1997）。因此我们认为具有外部导向职能背景的管理者会更倾向于广泛的扫描不详细的信息，而那些具有内部导向职能背景的管理者更聚焦于小范围但详细的信息

（如图 2 中的箭头所示）。

命题 2a：具有外部导向职能背景的决策者会广泛地扫描不详细的信息，从而弱化了商业理由框架在扫描方面的作用。

命题 2b：具有内部导向职能背景的决策者更倾向于扫描小范围但详细的信息，从而弱化了矛盾框架在扫描方面的作用。

管理者从组织环境中感知模糊的线索不仅受到他们自身认知能力与人格特质的约束，同时也会受到情境因素的限制。当管理者处理相互冲突甚至完全不同的利益相关方的利益时，他们也经常受到时间和资源的限制（Mann & Tan，1993）。因此，学者们的研究也时常表明，高可用性的资源能增强管理者收集对于可持续性议题更详细和更广泛信息的能力，因为对于广泛的可持续性议题，信息收集和处理耗时巨大，成本高昂（Bansal，2005；Bowen，2002；Sharma，2000）。额外的时间和资源"有利于那些与议题未必相关的搜寻活动"（Bowen，2002），同时也能为搜寻那些并不带来直接回报的议题和方面的信息留有余地（Levinthal & March，1981）。然而，我们认为资源可用性对于可持续性议题的管理扫描的影响未必是绝对的。对于具有商业理由框架的管理者来说，浏览的宽度受限的主因不是缺乏时间或资源，而是受限于聚焦经济属性的框架内容和一致性的框架结构。即使拥有大量的资源，管理者也并不会增大搜索的范围，同样也不会注意到可持续性议题中那些以非财务或定性形式表现的，并与财务产出有模糊联系的信息。相反，对于具有矛盾框架的管理者来说，信息的搜索会受到其收集和处理广泛可持续性议题详细信息的能力所限。一部分的限制来源于管理者本身处理大量信息有限的认知能力（Kiesler & Sproull，1982）。然而，额外的时间和资源的可用性将会允许管理者能广泛收集他们已经注意到的可持续性议题的详细信息。因此，我们对资源可用性与扫描之间提出了以下的关系（见图 2 中的虚线）。

命题 3：额外时间与资源的可用性将会使得具有矛盾框架的决策者扫描更详细的信息，但并不会增加具有商业理由框架的决策者扫描的广度。

解释

解释即是从含糊的线索中挖掘意义的行为，同时也是意义建构过程中非常核心的一部分（Porac & Thomas，2002）。正如对于战略议题诊断的研究所提出的（Dutton & Duncan，1987；Dutton & Jackson，1987；Thomas et al.，1993），管理者根据其认知框架的类别评估这些议题的不同方面，以此来解释战略议题。具有不同认知框架的个人会为信息加上不同的标签来理解信息，并做出不同的解释（Dutton & Jackson，1987；Weick, Sutcliffe & Obstfeld，2005）。因此，我们预期，具有商业理由框架的决策者与矛盾框架的决策者在对于可持续性议题的模糊性进行解释时会有所不同。

管理者往往会从两个维度来解释战略议题：对议题的控制感和价态（Valence），即他们对于议题评价是正面或者负面的（Dutton & Jackson，1987；Plambeck & Weber，2010）。控制感反映了管理者相信"他或她的能力能对结果产生理想的改变"的程度（Greenberger & Strasser，1986）。控制感既不是一个稳定的人格特质，因为它可能随时间和议题或情形的变化而变化，也不是客观的事物（Greenberger & Strasser，1986）。相反，它代表了一种主观的感受，有时甚至是一种错觉（Langer，1975）。至于议题的价态，在之前对于战略议题诊断的研究中，研究人员常假定决策者会将一个议题分成正面或是负面的类别（Chattopadhyay，Glick & Huber，2001；Dutton & Jackson，1987；George，Chattopadhyay，Sitkin & Barden，2006；Jackson & Dutton，1988；Sharma，2000；Thomas et al.，1993）。然而，近年来组织学的研究人员开始致力于战略议题的模糊解释（Fong，2006；Gilbert，2006；Plambeck & Weber，2009，2010）。单一性的解释将一个议题清晰地划分为正面或负面两类，而模糊的解释则在一个议题的不同方面给予相互矛盾的正面与负面评价（Plambeck & Weber，2009，2010）。

我们认为管理者的认知框架对他们感知控制感和可持续性议题的价态都起到了重要的作用。对于控制感的感知依赖于可获得的信息（Thomas et al.，1993）以及信息被收集的方式（Das & Teng，1999），"高层管理者使用的高层面信息与他们将战略议题解释为可控的有正相关关系"（Thomas et al.，1993）。此外，管理者越相信他们对战略议题不同方面的因果关系的理解，他们的控制感越高（Sharma et al.，1999；Thomas et al.，1993）。对于具有商业理由框架的管理者，他们的框架内容集中于经济属性，框架结构也基于一致的逻辑，因而他们有一个清晰的目标，即识别和获取那些有利于经济目标的可持续性议题的详细信息。因此，我们预期，具有商业理由框架的管理者会在他们关注少量可持续性议题上拥有高度的控制感。他们高度结构化和形式化的搜索和评估做法会强化这种控制感（Das & Teng，1999）。因为他们将系统地探索可持续性议题与财务绩效关联的方式，所以他们往往对自己理解其中因果关系的本质充满信心。基于"一种穷尽了所有细节的感觉"（Thomas et al.，1993），他们在可持续性议题上会有高度的掌握感和控制感。

决策者根据认知框架的类型评估他们注意到的议题的那些方面，以此来评估议题的价态（Petty，Briñol & DeMarree，2007）。Rudolph 和 Popp（2007）发现，有高度指向目标的个体倾向于单向地解释议题，即不是明确的正面就是明确的负面。因为商业理由框架强力指向经济目标的一致性，所以具有这种框架的管理者往往根据少量但相似的方面来解释议题（Plambeck & Weber，2010）。他们对持续性议题的解释，依赖于那些对财务绩效有明确积极或消极贡献的方面，并以此决定议题的解释是明确的正面还是负面（见图 3）。管理者拥有的强烈控制感会加强对于议题单向解释的倾向，因为他们对自己掌握议题的能力充满信心（Plambeck & Weber，2010）。在议题解释中，这种情形会加大他们对于例程评估（Routine Assessments）的依赖，并减少他们整合议题更广泛方面的意愿（Miller，1993；Plambeck & Weber，2010）。这种基于结构化和形式化的例程对可持续性议题进行解释的倾向，会进一步促使具有商业理由框架的管理者正面或负面地单向评价可持续性议题。举例来说，面对来自环保非政府组织和竞争对手关于其在北极探油计划的批评，荷兰皇家/壳牌公司通过强调其在商业机会方面的正面评价和对潜在泄漏的控制能力来进行辩驳。通过其发言人，壳牌公司的高管宣称，"对壳牌公司来说，我们相信北极地区有大量未开采的潜能，这将在应对能源危机中发挥越来越重要的作用"，并申明"我们在北极地区严酷和富有挑战的条件下的开采经验意味着我们能胜任在阿拉斯加以安全和谨慎的方式开发近海油气的工作"（The Guardian，2012），以此强调其控制感。

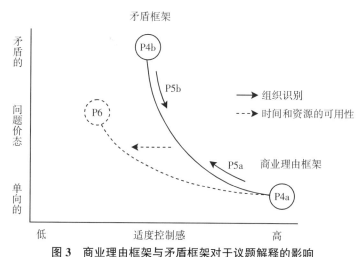

图 3　商业理由框架与矛盾框架对于议题解释的影响

命题 4a：决策者的认知框架越趋近商业理由框架，他们越可能在所选定的可持续性议题上感觉到高度的控制感，并单向地解释这些议题。

矛盾框架中多样的内容与复杂的结构会对管理者在可持续性议题的控制感上产生两个相反的影响。一方面，具有矛盾框架的决策者会关注可持续性议题的多个方面。这种广泛且包容的方法将会增加其对于可持续性议题的控制感，因为他们认为自己没有错过该议题的任何重要维度（Das & Teng，1999）。另一方面，因为矛盾框架的复杂结构，决策者会接受来自于不同经济、环境和社会层面中，永远无法完全解决的冲突与矛盾的事实（Hahn, Pinkse, Preuss & Figge, 出版中；Smith & Lewis, 2011），对冲突感知的提高则又会降低其对于可持续性议题的控制感。总体而言，我们认为具有矛盾框架的决策者在可持续性议题上有相对适中的控制感。

矛盾框架的多样性同样影响了可持续性议题的价态。"当管理者考察议题的多个方面时，可能产生模糊的评估结果，因为它部分地受解释过程中使用的认知框架的驱动"（Plambeck & Weber, 2010）。环境心理学方面的研究（Castro, Garrido, Reis & Menezes, 2009；Costarelli & Colloca, 2004）也表明，可持续性议题多维度性会促进对议题的矛盾解释。例如，生活垃圾的回收被证明同时招致正面和负面的评价，正面的评价比如生态行为所带来的满意度，负面的评价如质疑当其他人不回收垃圾时，个人努力对于整体效果的意义（Castro et al., 2009）。具有矛盾框架的决策者对可持续性议题的广泛方面做出正面或负面的评价不仅取决于议题与商业的相关性，还取决于社会层面的环境与社会产出。因此他们更有可能在对可持续性议题进行综合评价时，同时融合正面和负面的因素。矛盾框架倾向于放大这种矛盾性，因为其内在的结构并不遵从一致的逻辑；因此，它并不能为管理者提供明确的目标导向（Rudolph & Popp, 2007）。此外，Plambeck 和 Weber（2010）发现适中的控制感与战略议题的模糊评价有关，而很高或者很低的控制感则会促使决策者制定单向的评价。当控制感非常低时，决策者会感觉议题已经超过了自身的影响，导致他们从议题中脱离出来转而依靠单向评估。当控制感非常高时，决策者则会过分自信于他们能够依靠现行的惯例来掌握议题的全部而不考虑其他可替代的方法，从而单向地评价议题（Miller, 1993）。总体来说，我们认为，具有矛盾结构且控制感适度的管理者会感到对处理议题的多样而又相互矛盾的方面有足够的控制，但是会感到对过分依赖常规的评价的控制不足。因此，这类管理者更可能同时采取有区别又相互矛盾的正面与负面评价（见图3）。

命题 4b： 决策者的认知框架越趋近于矛盾框架，他们越可能对于可持续性议题的多个方面感到适中的控制感，并做出矛盾的解释。

因为战略议题中的管理意义建构已经被嵌入到组织环境中，组织认同也被认为是影响解释的关键因素（Bundy, Shropshire & Buchholtz, 2013）。组织认同代表了关于组织的核心、独特和持久的组织特征的共享信念（Albert & Whetten, 1985）。它引导并过滤个人对于战略议题的解释，同时赋予议题的意义（Dutton & Dukerich, 1991；Walsh, 1995）。组织认同明确了决策者所关注的某一方面是正面还是负面的，以及什么是合理的解释（Dutton & Dukerich, 1991）。因此我们认为商业理由框架以及矛盾框架对决策者价态的影响受组织认同所调节。

同质的认同形成关于对组织的核心、独特和持久特征的单一且无争议的概念。同时，同质的认同也具有自我强化的动力（Fiol, 2002），使得组织的成员都能聚焦组织目标（Pratt & Foreman，2000）。以单一的"商业"认同为例（Albert & Whetten，1985），"有竞争力的商业模式中，由高于市场的回报率以及持续提升的增长率来定义成功的观念在信念和实践方面根深蒂固"（Hamilton & Gioia，2009）。决策者非常适应于现有惯例，因此在解释战略议题中，不太可能去整合不同方面（Plambeck & Weber，2010）。可持续性议题的矛盾解释纳入了非商业的方面是趋于不合理的。与此相反，异质的认同（Gioia，Schultz & Corley，2000；Pratt & Foreman，2000）则允许更多元的方面，因此更可能得到矛盾的评价（Plambeck & Weber，2010）。关于核心、独特和持久组织特征有异质概念的组织可以容纳多元的解释（Gioia et al.，2000），并更倾向于与宽光谱（Wide Spectrum）的外部利益相关方建立更复杂的关系（Brickson，2005）。在这样的组织中，决策者更有可能在议题评估中整合冲突的可持续性方面，因为他们的组织认同允许其关注于各种相互冲突的利益相关方的需求。

命题 5a： 具有同质商业认同的组织决策者不太可能模糊地解释可持续性议题，同时也弱化了矛盾框架对解释的影响。

命题 5b： 具有异质认同的组织决策者更可能模糊地解释可持续性议题，同时也弱化了商业理由框架对解释的影响。

考虑到资源的可用性是战略议题诊断中的重要环境因素（Dutton & Duncan，1987），我们预期资源的约束同样也会调节认知框架对于可持续性议题解释的影响。资源约束影响管理的控制感与价态，如"相比于资源受限的组织，具有丰富组织资源的决策者更可能对于议题有强烈的控制感"（Denison，Dutton，Kahn & Hart，1996），因为他们有相当多的方法来充分地解决议题（Jackson & Dutton，1988）。与此相反，当资源受限时，决策者在做选择时则会受到环境的约束，从而丧失控制感（George et al.，2006；Jackson & Dutton，1988）。同时由于管理者往往缺乏时间与资源去探查议题的多个方面，因此资源的匮乏导致对战略议题的矛盾解释不太可能（Plambeck & Weber，2010）。

我们认为资源的约束对于具有矛盾框架的管理者在解释可持续性议题上会有特殊的影响。初始具有适中控制感的决策者会因为缺乏时间和资源来处理自己所察觉到的广泛方面，导致控制感进一步降低。此外，在经济困境时期，财务议题会由于股东压力的增加而凸显出来。这会减少管理者广泛地考虑那些与财务绩效潜在冲突的环境与社会议题的回旋余地。管理者也会因此被迫偏向某一方，解释可持续性议题也会不那么矛盾。然而，他们会感到，这种趋于单向的解释是被迫的，不是遵从自身理性的结果，这会进一步降低他们的控制感。相比而言，具有商业理由框架的管理者在受到资源约束的情况下仍会寻求单向的解释。资源的约束往往会加强他们对应用惯例程序处理与商业有关的可持续性议题的依赖，从而维持控制感

（George et al.，2006）。因此，资源的约束对于具有商业理由框架的管理者只有低程度的影响，他们会继续给出或正面或负面的单向评价，即使在低控制感情况下也是如此（Plambeck & Weber，2009，2010）。因此，我们将资源可用性与管理对于可持续性议题的解释之间的关系表达如图3中的虚线所示。

命题6： 时间与资源的缺乏会导致具有矛盾框架的决策者对可持续性议题感到更低的失控感以及更单向地解释可持续性议题，但不会影响具有商业理由框架的决策者的解释。

响应

一旦管理者基于他们的认知框架对模糊的可持续性议题做出解释，他们将会在此基础上采取行动。然而仅有决策者的认知并不能决定组织对于可持续性议题的响应，我们预期，不同的认知框架会使得管理者采取不同的决策立场。我们将立场定义为，决策者对于议题的理性化的心态，使决策者倾向于以某些方式开展行动。我们认为，两种框架在对扫描的广度与深度（Mazutis，2013）以及对议题解释在控制力与价态上的不同影响（Chattopadhyay et al.，2001；Plambeck & Weber，2009）会导致决策者对于可持续性议题的不同立场，即或者是务实立场，或者是谨慎立场。下面我们通过讨论这些不同类型的反应的范围、新颖性、灵敏性和风险性，来描绘两种立场的特征。

如前文所描述，具有商业理由框架的管理者详细考查可持续性议题的一些精选方面，以理解它们与经济目标的关联性。他们基于聚焦的搜索惯例，对感知到的少量可持续性议题形成高度控制感，而且他们倾向于用与其业务有明确的正向或负向的关联来单向评价这些议题。因此，我们预期这样的管理者在响应议题时，会积极推进正向评价的议题，或者积极避免负面评价的议题（Cacioppo，Gardner & Berntson，1999）。为了做出响应，他们参考那些已经被成功适用于相似解释的议题（Ocasio，1997）：他们"使用通常的解决方法应对有明确正面或负面评价的常规情形"（Plambeck & Weber，2009）。随着应用常规的响应模式应对正面或负面的商业议题的不断增加，管理者所考虑的响应方式可能被局限在一定范围中。这样狭窄聚焦于商业惯例会使决策者简化复杂的可持续性议题（Porac & Rosa，1996），而且一旦对议题做出与经济目标相关联的评价后，他们会迅速响应。

在已有解决办法中搜索近似的关于可持续性议题的响应也会降低感知到的风险性和响应的新颖性（Plambeck & Weber，2009）。由于具有商业理由框架的决策者拥有基于形式化的搜索与评估例程的高度控制感和已有的解决办法，他们往往会低估对所关注的可持续性议题进行响应的风险。通过依赖既定的例程，如正式的投资评估程序（Epstein & Roy，2003），来确定环境与社会投资的收益性，以及通过参考已有的解决办法，如逐步改善现有的技术（Hart，1995），他们强烈地相信自己有处理和控制风险的能力（Das & Teng，1999）。管理者的控制感越高，他们感知的风险越低，风险被低估的可能性越大，他们对于议题响应的结果的预期越乐观（Durand，2003；Kahneman & Lovallo，1993）。因此，只要不会根本地背离既定的历程，管理者会愿意考虑大量投入，并依赖他们认为自己所掌握的技术和解决办法。

在 21 世纪初，当企业需要响应来自欧盟要求降低碳排放监管的压力时，汽车制造商大众的高层管理者遵循于务实的立场，依靠其值得信赖的柴油设备技术的逐步改进，而开发出高效节能汽车的蓝驱（Blue Motion Line）技术（*Financial Times*，2007）。然而，这个立场是以开发替代的动力系统作为代价的，如开发电动汽车需要从现有的技术中脱离出来。与此同时，蓝驱技术也在整个车型系列中被迅速应用，并引起了大规模的响应。即使目前依赖于传统技术的改进可能不足以满足未来更加严格的排放法规，大众的管理者仍然对于他们在有限范围但高可控性的响应充满信心（*Financial Times*，2011）。

总体来说，我们认为商业理由框架会促使决策者在可持续性议题上采取务实的立场。具有这样立场的决策者更偏向于基于现有技术逻辑系统，尽量少变化的战略，对可持续性议题采取"可行的"解决办法（Prasad & Elmes，2005）。一方面，这样的立场范围非常局限，因为管理者只会考虑响应那些与业务直接相关的可持续性议题方面，他们会忽略其他方面而且不会从一个综合的角度来看议题；另一方面，他们对可行的解决办法的聚焦会导致他们采取已经实施的具体的措施或响应，因此会"提议用可行的解决办法应对看似难以对付的议题"（Prasad & Elmes，2005）。

命题 7a：决策者的认知框架越趋近于商业理由框架，他们越可能在可持续性议题上采取务实的立场。

基于对可持续性议题多个方面进行广泛但粗略的扫描，具有矛盾框架的管理者会带有适中的控制感，在融合了经济、环境和社会产出的正面或负面的评价后，对可持续性议题做出矛盾的解释。这种矛盾性同时激发了两种响应模式：推进正面的方面，避免负面的方面（Cacioppo et al.，1999；Plambeck & Weber，2009）。管理者不仅仅会考虑那些能带来经济利益的环境与社会方面，还会考虑带来那些不确定甚至不能带来经济利益的方面。拥有能容纳多方面冲突的认知能力也使得他们有能力考虑那些具有内部一致性的广泛范围的响应，但"也可能是不一致甚至相互冲突的响应"（Smith，Binns & Tushman，2010）。然而，高度认知复杂性加上矛盾性会对响应迅速性造成阻碍（Levinthal & Rerup，2006；Porac & Rosa，1996），因为决策者需要更多时间去评估和融合可持续性议题多元而又潜在相互矛盾的方面（Slawinski & Bansal，2012）。

由于矛盾性同时激活了对可持续性议题正面和负面的评价，矛盾框架的管理者倾向于将议题视为独一无二的。因此，他们觉得这些议题并不足以通过现有的解决方案和例程来处理，因此要寻找可替代的响应（March & Simon，1958）。在搜寻可替代的响应的过程中，激发不同的响应模式会增加"找到匹配议题的多个（但相互冲突）的响应的机会"（Plambeck & Weber，2009）。这将原本经常分散应用的响应方式集合起来，例如，与诸如社会活动家的次要利益相关方（Hart & Sharma，2004）共事，同时为已确立的商业惯例辩护。当矛盾框架决策者察觉到了所考虑的响应的新颖性，那么他们将可持续性议题视为独一无二的议题的倾向就会提高他们响应的风险性（Kahneman & Lovallo，1993）。由于矛盾框架的管理者缺少现有的惯例而且只有适中的控制感，因此他们不会低估潜在响应的风险。相反，他们更愿意接受存在不可控风险的事实。他们避免过早确定议题的立场并保持选择的开放以控制风险（Das & Teng，1999）。因此，当矛盾框架的决策者发现有必要超越现有的惯例去考虑新奇和不平常的响应时，他们已经意识到与响应有关的风险。特别是，他们明白，综合性地处理可持续性议题可能带来冲突与不理想的副作用。正如环境心理学的研究所显示的，意识到对于可持续性议题更综合性响应的矛盾效果会降低决策者采取具体行动的倾向（Castro et al.，2009；Costarelli & Colloca，2004）。

近期，对于农业企业关于食品安全、生物多样性丧失、转基因种子等可持续性议题的争论说明了矛盾性对决策者所考虑实施的响应的影响。举例来说，联合利华某经理近期传达了关于有机农业的矛盾立场，他强调完全的有机农业会危害常规规模的食品生产（NRC，2013）。与此同时，联合利华的高管倡导创新的可持续农业实践（Whiteman et al.，2013）。这引发了可持续农业的创新实践，但商业影响有限，原因是"（那时）将大量减少肥料和杀虫剂的措施进行市场化是非常困难的"（Pretty et al.，2008）。联合利华管理层对于有机农业的矛盾性带来了超过原有惯例的创新方法，但这些创新仅有小范围的应用。

总体来说，我们认为，矛盾框架往往带来关于可持续性议题谨慎的立场。一方面，这些管理者拥有可持续性议题的综合性的观点，他们会发现，需要考虑那些能够打破传统惯例和商业实践，在社会层面实现环境和社会的收益的响应；另一方面，他们会意识到存在"大量的不确定性与不可预测性、系统元素之间非线性的交互，未知的临界点，以及生态系统与社会系统之中复杂的动态关系"（Gladwin et al.，1995），因此，他们会倾向于缓慢和谨慎地处理可持续性议题（Das & Teng，1999）。矛盾框架的决策者甚至会认为可持续性议题过于不确定，以至于阻碍他们对可行的解决办法及其实施过程中应负责任的设想。

命题 7b： 决策者的认知框架越趋近于矛盾框架，他们对于可持续性议题越可能采取谨慎的立场。

讨论与结论

本文的主要目标是对于企业可持续性提出了认知框架的观点。本文提出了两种理想的认知框架，它们具有不同的内容和结构，对模糊议题的意义建构不同阶段的影响也不同，通过对两种框架的讨论，本文在理论上推进了对管理者关于可持续性议题所采取的立场的理解。之前的研究学者们已经强调了管理认知与意义建构对于可持续性议题的重要性（Andersson & Bateman，2000；Byrch et al.，2007；Sharma，2000；Sharma et al.，1999），本文在此基础上，对于个人认知在企业可持续性的管理决策中所起到的作用提供了更细致的解释。迄今为止，大部分关于企业可持续性的研究都基于商业理由思维，而本文关注于更多样的可替代的认知框架，从而推进了该领域研究的进程。

本文的主要贡献是我们推进了对于可持续性议题的管理决策理论。基于前人在解释战略选择的研究中关于解释在可持续性议题所起的作用进行的讨论（Sharma，2000），我们揭示了不同认知框架在潜在意义建构过程中的影响，该过程将认知与管理者的决策立场相联结。这种关于企业可持续性的认知框架的观点与许多关于可持续性议题的管理解释和响应的讨论的关键方面有关，如近期战略管理的文献已经开始关注于矛盾议题的解释作用（Plambeck & Weber，2009，2010），而相对应的是，可持续性文献仍然在机会/威胁二分法框架内讨论（Andersson & Bateman，2000；Sharma，2000）。我们不仅引入了对可持续性议题的矛盾管理的解释，还阐述了单向和矛盾解释的认知上的决定因素，推动了研究领域的发展。在之前关于管理者对战略议题的矛盾解释的前因研究中，学者们聚焦于组织因素（Plambeck & Weber，2010）。本文在此基础上加入了个体层面的影响。Barr、Stimpert和Huff（1992）发现，决策者的认知框架将来自组织环境的线索与管理决策联系起来，我们解释了认知框架的内容和结构上的差异在管理者意义建构的不同阶段如何发挥作用。

本文的另一个重要意义是我们在研究中加入了管理者对于可持续性议题所考虑的不同种类的响应方式。在此背景下，本文讨论了管理者的控制感与所感到的风险性被作为选择不同响应方式的决定因素（George et al.，2006；Thomas et al.，1993）以及相关的决策偏差（Das & Teng，1999；Kiesler & Sproull，1982）。我们对于框架内容和结构的不同影响的分析清晰地显示出了有时很矛盾的含义，这些含义来源于管理风险与控制感知在不同理论中的应用（Chattopadhyay et al.，2001；George et al.，2006）。我们提议，不同认知框架的管理者对于议题的控制感来源于完全不同的源头。同样地，我们认为，管理者感知和处理潜在响应风险的方式也取决于认知框架的不同。而这些由认知决定的差异对管理者关于模糊的可持续性议题的决策有重要的影响。我们所预期的分别与商业理由框架和矛盾框架相联系的务实和谨慎的立场也说明，按照一般分类法对议题响应的常用分类，如反应性、防卫性、适应性和前瞻性（RDAP）（Clarkson，1995；Wartick & Cochran，1985）分类会过于简单化。具有务实立场的管理者偏向基于现有的惯例与实践进行有限范围的响应，这大大限制了他们的前瞻性，但他们制定可行解决办法的倾向有导致大规模变革的可能性。具有谨慎立场的管理者可能采取不寻常和更激进的背离现有惯例的方式进行响应，但由于具有矛盾性和对于风险及冲突的更高认知，他们会受到实施可行的解决方案的能力的阻碍。企业及其管理者常常哀叹，他们不愿意以激进的方式处理可持续性带来的巨大挑战（Whiteman et al.，2013），这种不情愿可能根植于两个框架内在的认知倾向与局限之中。商业理由框架的管理者采取务实的立场，他们很少从现有的惯例中脱离开来，相反地，更依赖于渐进性的改善。矛盾思维的管理者可能会看到大胆响应可持续性议题的必要，但其本身的矛盾性和谨慎促使他们避开这样的尝试。

此论点强调，需要对两个认知框架之间的相互作用进行研究，因为商业理由框架与矛盾框架在带来转变的过程中都发挥了自己的影响，但在不同的阶段起作用。对于相对少的一部分更倾向于矛盾框架的管理者，他们不仅聚焦于经济属性，可能率先背离现存的惯例，提出更加综合的响应。然而，将这些响应付诸实践则需要更多具有商业理由框架导向的管理者，他们在认知上更倾向于将可持续性议题的复杂性降低到能将这些新颖的实践大规模地付诸实施的程度。单靠两个框架中的任何一种，都不足以产生符合可持续性所带来巨大挑战的管理响应。

两种不同认知框架之间的相互作用具有多方面的理论与现实意义。就管理实践而言，在可持续的人力资源管理领域的初期研究（Ehnert，2009）认为，具有不同认知方式合作的团队在可持续性议题的管理中可能发挥着重要作用。通过对成功创新的团队中不同认知方式组合的对比检验发现（Miron-Spektor, Erez & Naveh，2011），由商业理由思维或矛盾思维单独领导的团队较两者混合的团队来说，在应对可持续性挑战所实施的创新的响应中，成功率更低。为了避免团队中出现某种认知的显著偏差，企业应当确保它们既保有对于可持续性议题复杂性的了解（由于存在矛盾认知），又不失去实施可行的解决办法的见解（由于存在商业理由认知）。我们的讨论对于日渐增多混合型组织的研究也有理论上的帮助。虽然这篇文章根据相互矛盾的制度逻辑概念化了经济与社会相冲突的目标（Battilana & Dorado，2010；Pache & Santos，2013），但我们研究聚焦于不同认知框架的相互作用，强调组织面对相互矛盾的需求时个体层面因素的重要性。我们的研究表明，仅存在具有矛盾思维且同时接受相互冲突的经济、环境和社会目标的决策者（Smith, Gonin & Besharov，2013）是不够的。不同认知类型共存并相互作用（即一部分人能意识到冲突而另一部分人意识不到）不仅对于营利公司的可持续性管理，而且对成功实施混合商业模式，似乎都很关键。

最后，我们相信通过对管理者的认知多样性的研究，可以进一步加深我们对可持续性以外的议题响应的偶然性和本质的见解，即那些同样具有相互矛盾和相互联系方面，以商业理由为主导观点的议题。例如，组织的多样性代表了一个复杂的议题，而学者与管理者往往都以相似的商业价值框架去考虑（Herring, 2009; Robinson & Dechant, 1997）。此时，商业的收益是不明确的（Cox & Blake, 1991），批评的声音呼吁超越传统的商业理由思维（O'Leary & Weathington, 2006）。我们希望通过在此类议题上引入可替代的框架，从而进一步地解释如何以及为什么决策者以不同的方式处理多样的议题。

本文基于企业可持续性议题中的核心争论（Margolis & Walsh, 2003），即经济、环境和社会层面如何相互联系的不同观点，提出了个人理解可持续性议题所具有两种理想的认知框架。当然，我们承认这些框架会是以各种推理为基础的（Zietsma & Vertinsky, 1999）。在企业可持续性的文献中，对应于其他争论的认知观点将会带来其他理想化框架，框架的内容和结构可对可持续性议题的管理响应的不同影响提出更深入的见解。表2提供了这些可替代的认知框架的研究出发点（虽然并不详尽），一部分框架围绕于治理议题，探索对于可持续性议题该由谁负责采取措施，例如，是私营部门还是国家（Matten & Crane, 2005; Reinhardt, Stavins & Vietor, 2008）。还有一部分的框架涉及对可持续性采取措施的不同动机的讨论，例如，是利他主义还是（开明的）利己主义（Bansal & Roth, 2000; Jensen, 2001），或是涉及可持续性不同时间维度，例如，当代人还是后代人（Held, 2001; Slawinski & Bansal, 2012）。

表 2　对于企业可持续性可替代的框架

基本原理	潜在的框架	核心的参考文献
可持续性议题中经济、环境和社会的关系	商业理由框架/矛盾框架	Carroll & Shabana（2010），Smith & Lewis（2011）
可持续性议题中采取行动的责任	企业公民/国家监管	Matten & Crane（2005），Reinhardt、Stavins & Vietor（2008）
承诺处理可持续性议题背后的动机	利他主义（开明的）/利己主义	Bansal & Roth（2000），Jensen（2001）
可持续性的时间范围	当代/后代	Held（2001），Slawinski & Bansal（2012）

本文以超越描述性类型学（Zietsma & Vertinsky, 1999）的方式来处理不同框架的内容和结构差异的影响，对可替代的认知框架进行详细的讨论。但我们并不认为任

何特定的框架都能自主地决定决策者的意义建构，而是预期管理者认知框架对于其决策的影响还会受到一系列个人的、情境的以及环境因素的调节。同时我们也提议两种框架对于管理扫描和解释会分别受管理者的职能背景和组织认同的影响而弱化。此外，我们对资源可用性的讨论也说明并非所有的框架都会受到环境因素的影响。一些认知的约束并不会由于资源的增加而有所改变，例如，商业理由框架的决策者扫描范围较窄。相反，对于具有矛盾思维管理者的控制感，资源约束的影响超过认知倾向。我们提出的调节因素只是理解各种影响认知框架作用因素的第一步。我们知道，还有许多个人与组织层面外的相关调节因素值得考虑，这也为未来关于模糊议题的管理意义建构中，认知框架观点的研究提供了大量的机会。由于制度因素填充和触发了认知框架，关注制度层面调节因素的研究将会富有成效（Weber & Glynn，2006）。因此今后的研究也可以探究多样和相互冲突的制度逻辑对于调节认知框架在可持续性议题的决策上所起的作用。

另一个需要在未来的研究中探讨的议题涉及认知框架的来源。因为管理者的"框架并不是凭空出现的，更像是其之前经验编码的结果"（Kaplan & Tripsas，2008）。我们可能期望会有一系列个人、组织，或者制度层面的因素影响着其认知内容和结构的形成。就个人背景而言，学者们在研究中已经表明个性品质，如闭合需要（Need for Closure）（Webster & Kruglanski，1994）对模糊的容忍度（Furnham & Ribchester，1995）都在不确定和模糊情形下的决策发挥着重要的作用。作为管理者决策的环境（Gioia & Thomas，1996；Weick，1979），组织结构对于管理者认知的影响（Hannaway，1985）可能随集权组织与分权组织有所不同（Pugh et al.，1963）。此外，由于管理者的认知框架可能由他们过去所接触的特定制度领域所塑造，主导的和有争议的制度逻辑（Purdy & Gray，2009；Reay & Hinings，2009）可能会充实不同的线索，使某些框架优先于其他框架。未来对于商业理由框架以及矛盾框架来源的研究，也有助于我们理解管理者在可持续性议题中，哪一种管理者更愿意采取务实或是谨慎的立场。

我们的研究聚焦个体层面的认知，这就引出了关于组织行为如何与不同认知框架以及其导致的决策立场相联系的议题（Dutton & Jackson，1987；Thomas et al.，1993）。我们认为在个体认知和组织行为之间至少有两个界面值得深入研究：框架的活跃度与主导性。更好地理解引发两种框架或强或弱的因素能提供有意义的见解。这些因素可能在组织内部，如组织参与的气氛（Tesluk, Vance & Mathieu，1999）、创造性（Ekvall，1996），或是组织外部的因素，如主要的规定的、技术的或经济的不连续性（Griffith，1999；Tushman, Newman & Romanelli，1986）。此外，因为管理认知是组织环境内部的一种社会过程（Daft & Weick，1984），只有当个体框架转换为"组织中起支配作用的集体框架"（Kaplan，2008）时，个体框架才能转变为组织行为。集体的认知框架是政治过程的结果，在这个过程中，组织成员对议题的主流解释进行争论。因此，未来的研究也可以关注于那些使得决策者的个人认知框架转变为起支配作用的集体框架的因素。总而言之，认知框架视角的进一步发展未来可能得到更加全面的理论，确立个体背景、认知与代理之间的联系。

我们相信本文认知框架的观点与我们提出的命题将会为未来的经验研究提供更多的机会。考虑到当前对可持续性议题的冲突与认知多样性的研究还处于初始阶段，学者们通过定性与定量的方法可能得到更有成效的结果（Edmondson & Mc-Manus，2007）。然而，通过定量研究来检验本文命题的前提条件是商业理由框架和矛盾框架的测量方法的发展。为了对于具有商业理由框架或矛盾框架的决策者的认知过程有更深入的研究，诸如采访、内容分析、探索性的案例研究等（半）定性的方法将会更加适用（Grégoire，Barr & Shepherd，2010；Lüscher & Lewis，2008）。

最后，通过认清管理者的内容与结构不同的多种认知框架的重要性，关于管理者在可持续性议题的决策过程，认知框架观点能提供更好的理解。因此，本文的目的并不打算提倡某个确定的认知框架，但希望能为对于企业可持续性这种复杂而模糊的议题考虑不同的认知观点的研究铺平道路。

参考文献

［1］Albert, S., & Whetten, D. A. 1985. Organizational identity. Research in Organizational Behavior, 7: 263–295.

［2］Andersson, L. M., & Bateman, T. S. 2000. Individual environmental initiative: Championing natural environmental issues in U.S. business organizations. Academy of Management Journal, 43: 548–570.

［3］Angus-Leppan, T., Benn, S., & Young, L. 2010. A sensemaking approach to trade-offs and synergies between human and ecological elements of corporate sustainability. Business Strategy and the Environment, 19: 230–244.

［4］Bansal, P. 2002. The corporate challenges of sustainable development. Academy of Management Executive, 16 (2): 122–131.

［5］Bansal, P. 2005. Evolving sustainably: A longitudinal study of corporate sustainable development. Strategic Management Journal, 26: 197–218.

［6］Bansal, P., & Roth, K. 2000. Why companies go green: A model of ecological responsiveness. Academy of Management Journal, 13: 717–736.

［7］Barr, P. S., & Huff, A. S. 1997. Seeing isn't believing: Understanding diversity in the timing of strategic response. Journal of Management Studies, 34: 337–370.

［8］Barr, P. S., Stimpert, J. L., & Huff, A. S. 1992. Cognitive change, strategic action, and organizational renewal. Strategic Management Journal, 13 (Supplement 1): 15–36.

［9］Bartunek, J. M., Gordon, J. R., & Weathersby, R. P. 1983. Developing "complicated" understanding in administrators. Academy of Management Review, 8: 273–284.

［10］Battilana, J., & Dorado, S. 2010. Building sustainable hybrid organizations: The case of commercial microfinance organizations. Academy of Management Journal, 53: 1419–1440.

［11］Besharov, M., & Smith, W. 2014. Multiple logics in organizations: Explaining their varied nature and implications. Academy of Management Review, 39: 364–381.

［12］Beyer, J. M., Chattopadhyay, P., George, E., Glick, W. H., Ogilvie, D., & Pugliese, D. 1997. The selective perception of managers revisited. Academy of Management Journal, 40: 716–737.

［13］Bogner, W. C., & Barr, P. S. 2000. Making sense in hypercompetitive environments: A cognitive explanation for the persistence of high velocity competition. Organization Science, 11: 212–226.

［14］Bourgeois, L. J., & Eisenhardt, K. M. 1988. Strategic decision processes in high velocity environments: Four cases in the microcomputer industry. Management Science, 34: 816–835.

［15］Bowen, F. E. 2002. Organizational slack and corporate greening: Broadening the debate. British Journal of Management, 13: 305–316.

［16］Brickson, S. L. 2005. Organizational identity orientation: Forging a link between organizational identity and organizations' relations with stakeholders. Administrative Science Quarterly, 50: 576–609.

［17］Bundy, J., Shropshire, C., & Buchholtz, A. K. 2013. Strategic cognition and issue salience: Toward an explanation of firm responsiveness to stakeholder concerns. Academy of Management Review, 38: 352–376.

［18］Byrch, C., Kearins, K., Milne, M. J., & Morgan, R. 2007. Sustainable "what"? A cognitive approach to understanding sustainable development. Qualitative Research in Accounting and Management, 4: 26–52.

［19］Cacioppo, J. T., Gardner, W. L., & Berntson, G. G. 1999. The affect system has parallel and integrative processing components: Form follows function. Journal of Personality and Social Psychology, 76: 839–855.

［20］Carroll, A. B., & Shabana, K. M. 2010. The business case for corporate social responsibility: A review of concepts, research and practice. International Journal of Management Reviews, 12: 85–105.

［21］Castro, P., Garrido, M., Reis, E., & Menezes, J. 2009. Ambivalence and conservation behaviour: An exploratory study on the recycling of metal cans. Journal of Environmental Psychology, 29: 24–33.

［22］Chattopadhyay, P., Glick, W. H., & Huber, G. P. 2001. Organizational actions in response to threats and opportunities. Academy of Management Journal, 44: 937–955.

［23］ Clarkson，M. B. E. 1995. A stakeholder framework for analyzing and evaluating corporate social performance. Academy of Management Review，20：92–117.

［24］ Costarelli，S.，& Colloca，P. 2004. The effects of attitudinal ambivalence on pro–environmental behavioural intentions. Journal of Environmental Psychology，24：279–288.

［25］ Cox，T. H.，& Blake，S. 1991. Managing cultural diversity：Implications for organizational competitiveness. Academy of Management Executive，5（3）：45–56.

［26］ Crilly，D.，& Sloan，P. 2012. Enterprise logic：Explaining corporate attention to stakeholders from the "inside–out". Strategic Management Journal，33：1174–1193.

［27］ Daft，R. L.，& Lengel，R. H. 1986. Organizational information requirements，media richness and structural design. Management Science，32：554–571.

［28］ Daft，R. L.，& Weick，K. E. 1984. Toward a model of organizations as interpretation systems. Academy of Management Review，9：284–295.

［29］ Das，T. K.，& Teng，B.–S. 1999. Cognitive biases and strategic decision processes：An integrative perspective. Journal of Management Studies，36：757–778.

［30］ Denison，D. R.，Dutton，J. E.，Kahn，J. A.，& Hart，S. L. 1996. Organizational context and the interpretation of strategic issues：A note on CEOs' interpretations of foreign investment. Journal of Management Studies，33：453–474.

［31］ Doty，D. H.，& Glick，W. H. 1994. Typologies as a unique form of theory building：Toward improved understanding and modeling. Academy of Management Review，19：230–251.

［32］ Durand，R. 2003. Predicting a firm's forecasting ability：The roles of organizational illusion of control and organizational attention. Strategic Management Journal，24：821–838.

［33］ Dutton，J. E.，& Dukerich，J. M. 1991. Keeping an eye on the mirror：Image and identity in organizational adaptation. Academy of Management Journal，34：517–554.

［34］ Dutton，J. E.，& Duncan，R. B. 1987. The creation of momentum for change through the process of strategic issue diagnosis. Strategic Management Journal，8：279–295.

［35］ Dutton，J. E.，& Jackson，S. E. 1987. Categorizing strategic issues：Links to organizational action. Academy of Management Review，12：76–90.

［36］ Edmondson，A. C.，& McManus，S. E. 2007. Methodological fit in management field research. Academy of Management Review，32：1155–1179.

［37］ Ehnert，I. 2009. Sustainable human resource management：A conceptual and exploratory analysis from a paradox perspective. Berlin & Heidelberg：Springer.

［38］ Ekvall，G. 1996. Organizational climate for creativity and innovation. European Journal of Work and Organizational Psychology，5：105–123.

［39］ Elkington，J. 1997. Cannibals with forks：The triple bottom line of the 21st century business. Oxford：Capstone.

［40］ Epstein，M. J.，& Roy，M. J. 2003. Making the business case for sustainability. Linking social and environmental actionsto financial performance. Journal of Corporate Citizenship，9：79–96.

［41］ Financial Times. 2007. Another road to eco-heaven. October 27: 4.

［42］ Financial Times. 2011. Hybrid and electric vehicles: Technical advances failing to win over consumers. September 12: http://www.ft.com/cms/s/0/996b4bfe-d7c4-11e0-a06b-00144feabdc0.html.

［43］ Financial Times. 2012. Biodiversity: Valuation is vital to life support services, April 24 (FT Report-Sustainable Business): 2.

［44］ Finkelstein, S., & Hambrick, D. C. 1996. Strategic leadership: Top executives and their effects on organizations. St. Paul, MN: West.

［45］ Fiol, C. M. 2002. Capitalizing on paradox: The role of language in transforming organizational identities. Organization Science, 13: 653-666.

［46］ Fong, C. T. 2006. The effects of emotional ambivalence on creativity. Academy of Management Journal, 49: 1016-1030.

［47］ Furnham, A., & Ribchester, T. 1995. Tolerance of ambiguity: A review of the concept, its measurement and applications. Current Psychology, 14: 179-199.

［48］ Gao, J., & Bansal, P. 2013. Instrumental and integrative logics in business sustainability. Journal of Business Ethics, 112: 241-255.

［49］ George, E., Chattopadhyay, P., Sitkin, S. B., & Barden, J. 2006. Cognitive underpinnings of institutional persistence and change: A framing perspective. Academy of Management Review, 31: 347-365.

［50］ Gilbert, C. G. 2006. Change in the presence of residual fit: Can competing frames coexist? Organization Science, 17: 150-167.

［51］ Gioia, D. A., & Chittipeddi, K. 1991. Sensemaking and sensegiving in strategic change initiation. Strategic Management Journal, 12: 433-448.

［52］ Gioia, D. A., Schultz, M., & Corley, K. G. 2000. Organizational identity, image, and adaptive instability. Academy of Management Review, 25: 63-81.

［53］ Gioia, D. A., & Thomas, J. B. 1996. Identity, image, and issue interpretation: Sensemaking during strategic change in academia. Administrative Science Quarterly, 41: 370-403.

［54］ Gladwin, T. N., Kennelly, J. J., & Krause, T.-S. 1995. Shifting paradigms for sustainable development: Implications for management theory and research. Academy of Management Review, 20: 874-907.

［55］ Greenberger, D. B., & Strasser, S. 1986. Development and application of a model of personal control in organizations. Academy of Management Review, 11: 164-177.

［56］ Grégoire, D. A., Barr, P. S., & Shepherd, D. A. 2010. Cognitive processes of opportunity recognition: The role of structural alignment. Organization Science, 21: 413-431.

［57］ Griffith, T. L. 1999. Technology features as triggers for sensemaking. Academy of Management Review, 24: 472-488.

［58］ The Guardian. 2012. Shell rejects total warning over Arctic oil search. September 29: 35.

［59］ Hahn, T. In press. Reciprocal stakeholder behavior: A motive-based approach to the implementation of normative stakeholder demands. Business & Society.

[60] Hahn, T., & Figge, F. 2011. Beyond the bounded instrumentality in current corporate sustainability research: Toward an inclusive notion of profitability. Journal of Business Ethics, 104: 325-345.

[61] Hahn, T., Figge, F., Pinkse, J., & Preuss, L. 2010. Trade-offs in corporate sustainability: You can't have your cake and eat it. Business Strategy and the Environment, 19: 217-229.

[62] Hahn, T., Pinkse, J., Preuss, L., & Figge, F. In press. Tensions in corporate sustainability: Towards an integrative framework. Journal of Business Ethics.

[63] Halme, M. 2002. Corporate environmental paradigms in shift: Learning during the course of action at UPM-Kymmene. Journal of Management Studies, 39: 1087-1109.

[64] Hambrick, D. C. 1982. Environmental scanning and organizational strategy. Strategic Management Journal, 3: 159-174.

[65] Hambrick, D. C., & Mason, P. A. 1984. Upper echelons: The organization as a reflection of its top managers. Academy of Management Review, 9: 193-206.

[66] Hamilton, A., & Gioia, D. A. 2009. Fostering sustainabilityfocused organizational identities. In L. M. Roberts & J. E. Dutton (Eds.), Exploring positive identities and organizations: Building a theoretical and research foundation: 435-460. New York: Psychology Press.

[67] Hannaway, J. 1985. Managerial behavior, uncertainty and hierarchy: A prelude to a synthesis. Human Relations, 38: 1085-1100.

[68] Hart, S. L. 1995. A natural-resource-based view of the firm. Academy of Management Review, 20: 986-1014.

[69] Hart, S. L., & Sharma, S. 2004. Engaging fringe stakeholders for competitive imagination. Academy of Management Executive, 18 (1): 7-18.

[70] Heidmann, M., Schäffer, U., & Strahringer, S. 2008. Exploring the role of management accounting systems in strategic sensemaking. Information Systems Management, 25: 244-257.

[71] Held, M. 2001. Sustainable development from a temporal perspective. Time & Society, 10: 351-366.

[72] Herring, C. 2009. Does diversity pay? Race, gender, and the business case for diversity. American Sociological Review, 74: 208-224.

[73] Hodgkinson, G. P., & Healey, M. P. 2008. Cognition in organizations. Annual Review of Psychology, 59: 387-417.

[74] Hodgkinson, G. P., & Johnson, G. 1994. Exploring the mental models of competitive strategists: The case for a processual approach. Journal of Management Studies, 31: 525-552.

[75] Imboden, C., Gross, D., Meynell, P. J., Richards, D., & Stalmans, M. 2010. Biodiversity management system—Proposal for the integrated management of biodiversity at Holcim sites. Geneva: IUCN.

［76］ Jackson, S. E., & Dutton, J. E. 1988. Discerning threats and opportunities. Administrative Science Quarterly, 33: 370–387.

［77］ Jay, J. 2013. Navigating paradox as a mechanism of change and innovation in hybrid organizations. Academy of Management Journal, 56: 137–159.

［78］ Jensen, M. C. 2001. Value maximisation, stakeholder theory, and the corporate objective function. European Financial Management Review, 7: 297–317.

［79］ Kahneman, D., & Lovallo, D. 1993. Timid choices and bold forecasts: A cognitive perspective on risk taking. Management Science, 39: 17–31.

［80］ Kaplan, S. 2008. Framing contests: Strategy making under uncertainty. Organization Science, 19: 729–752.

［81］ Kaplan, S., & Tripsas, M. 2008. Thinking about technology: Applying a cognitive lens to technical change. Research Policy, 37: 790–805.

［82］ Karlins, M. 1967. Conceptual complexity and remoteassociative proficiency as creativity variables in a complex problem–solving task. Journal of Personality and Social Psychology, 6: 264–278.

［83］ Kiesler, S., & Sproull, L. 1982. Managerial response to changing environments: Perspectives on problem sensing from social cognition. Administrative Science Quarterly, 27: 548–570.

［84］ Langer, E. J. 1975. The illusion of control. Journal of Personality and Social Psychology, 32: 311–328.

［85］ Levinthal, D., & March, J. G. 1981. A model of adaptive organizational search. Journal of Economic Behavior and Organization, 2: 307–333.

［86］ Levinthal, D., & Rerup, C. 2006. Crossing an apparent chasm: Bridging mindful and less–mindful perspectives on organizational learning. Organization Science, 17: 502–513.

［87］ Lewis, M. W. 2000. Exploring paradox: Toward a more comprehensive guide. Academy of Management Review, 25: 760–776.

［88］ Lüscher, L. S., & Lewis, M. W. 2008. Organizational change and managerial sensemaking: Working through paradox. Academy of Management Journal, 51: 221–240.

［89］ Mahon, J. F., & Waddock, S. A. 1992. Strategic issues management: An integration of issue life cycle perspectives. Business & Society, 31: 19–32.

［90］ Mann, L., & Tan, C. 1993. The hassled decision maker: The effects of perceived time pressure on information processing in decision making. Australian Journal of Management, 18: 197–209.

［91］ Maon, F., Lindgreen, A., & Swaen, V. 2008. Thinking of the organization as a system: The role of managerial perceptions in developing a corporate social responsibility strategic agenda. Systems Research and Behavioral Science, 25: 413–426.

［92］ March, J., & Simon, H. 1958. Organizations. New York: Wiley.

［93］ Margolis, J. D., & Walsh, J. 2003. Misery loves companies: Rethinking social initiatives by business. Administrative Science Quarterly, 48: 268-305.

［94］ Matten, D., & Crane, A. 2005. Corporate citizenship: Toward an extended theoretical conceptualization. Academy of Management Review, 30: 166-179.

［95］ Mazutis, D. D. 2013. The CEO effect: A longitudinal, multilevel analysis of the relationship between executive orientation and corporate social strategy. Business & Society, 52: 631-648.

［96］ McKenzie, J., Woolf, N., van Winkelen, C., & Morgan, C. 2009. Cognition in strategic decision making: A model of nonconventional thinking capacities for complex situations. Management Decision, 47: 209-232.

［97］ Mervis, C. B., & Rosch, E. 1981. Categorization of natural objects. Annual Review of Psychology, 32: 89-115.

［98］ Miller, D. 1993. The architecture of simplicity. Academy of Management Review, 18: 116-138.

［99］ Mintzberg, H. 1973. Strategy-making in three modes. California Management Review, 16 (2): 44-53.

［100］ Miron-Spektor, E., Erez, M., & Naveh, E. 2011. The effect of conformist and attentive-to-detail members on team innovation: Reconciling the innovation paradox. Academyof Management Journal, 54: 740-760.

［101］ Miron-Spektor, E., Gino, F., & Argote, L. 2011. Paradoxical frames and creative sparks: Enhancing individual creativity through conflict and integration. Organizational Behavior and Human Decision Processes, 116: 229-240.

［102］ Mitchell, R., Agle, B., & Wood, D. J. 1997. Toward a theory of stakeholder identification and salience: Defining the principle of who and what really counts. Academy of Management Review, 22: 853-886.

［103］ Nadkarni, S., & Barr, P. S. 2008. Environmental context, managerial cognition, and strategic action: An integrated view. Strategic Management Journal, 29: 1395-1427.

［104］ Newton, T. J. 2002. Creating the new ecological order? Elias and actor-network theory. Academy of Management Review, 27: 523-540.

［105］ Nickerson, R. S. 1998. Confirmation bias: A ubiquitous phenomenon in many guises. Review of General Psychology, 2: 175-220.

［106］ NRC. 2013. Douchen is een fijne verslaving [Showering is a fine addiction]. September 28/29: E2-3.

［107］ Ocasio, W. 1997. Towards an attention-based view of the firm. Strategic Management Journal, 18: 187-206.

［108］ O'Leary, B., & Weathington, B. 2006. Beyond the business case for diversity in organizations. Employee Responsibilities and Rights Journal, 18: 283-292.

[109] Pache, A.-C., & Santos, F. 2013. Inside the hybrid organization: Selective coupling as a response to competing institutional logics. Academy of Management Journal, 56: 972–1001.

[110] Palich, L. E., & Bagby, D. R. 1995. Using cognitive theory to explain entrepreneurial risk-taking: Challenging conventional wisdom. Journal of Business Venturing, 10: 425–438.

[111] Petty, R. E., Briñol, P., & DeMarree, K. G. 2007. The metacognitive model (MCM) of attitudes: Implications for attitude measurement, change, and strength. Social Cognition, 25: 657–686.

[112] Pfeffer, J., & Salancik, G. R. 1978. The external control of organizations: A resource dependence perspective. New York: Harper and Row.

[113] Plambeck, N., & Weber, K. 2009. CEO ambivalence and responses to strategic issues. Organization Science, 20: 993–1010.

[114] Plambeck, N., & Weber, K. 2010. When the glass is half full and half empty: CEOs' ambivalent interpretations of strategic issues. Strategic Management Journal, 31: 689–710.

[115] Porac, J. F., & Rosa, J. A. 1996. In praise of managerial narrowmindedness. Journal of Management Inquiry, 5: 35–42.

[116] Porac, J. F., & Thomas, H. 2002. Managing cognition and strategy: Issues, trends and future directions. In A. M. Pettigrew, H. Thomas, & R. Whittington (Eds.), Handbook of strategy and management: 165–181. London & Thousand Oaks, CA: Sage.

[117] Prasad, P., & Elmes, M. 2005. In the name of the practical: Unearthing the hegemony of pragmatics in the discourse of environmental management. Journal of Management Studies, 42: 845–867.

[118] Pratt, M. G., & Foreman, P. O. 2000. Classifying managerial responses to multiple organizational identities. Academy of Management Review, 25: 18–42.

[119] Pretty, J., Smith, G., Goulding, K. W. T., Groves, S. J., Henderson, I., Hine, R. E., King, V., van Oostrum, J., Pendlington, D. J., Vis, J. K., & Walter, C. 2008. Multi-year assessment of Unilever's progress towards agricultural sustainability. I: Indicators, methodology and pilot farm results. International Journal of Agricultural Sustainability, 6: 37–62.

[120] Pugh, D. S., Hickson, D. J., Hinings, C. R., Macdonald, K. M., Turner, C., & Lupton, T. 1963. A conceptual scheme for organizational analysis. Administrative Science Quarterly, 8: 289–315.

[121] Purdy, J. M., & Gray, B. 2009. Conflicting logics, mechanisms of diffusion, and multilevel dynamics in emerging institutional fields. Academy of Management Journal, 52: 355–380.

[122] Reay, T., & Hinings, C. R. 2009. Managing the rivalry of competing institutional logics. Organization Studies, 30: 629–652.

[123] Reinhardt, F. L., Stavins, R. N., & Vietor, R. H. K. 2008. Corporate social responsibility through an economic lens. Review of Environmental Economics and Policy, 2: 219–239.

[124] Robinson, G., & Dechant, K. 1997. Building a business case for diversity. Academy of Management Executive, 11 (3): 21–31.

[125] Rosch, E. 1975. Cognitive reference points. Cognitive Psychology, 7: 532–547.

[126] Rudolph, T. J., & Popp, E. 2007. An information processing theory of ambivalence. Political Psychology, 28: 563–585.

[127] Salzmann, O., Ionescu-Somers, A., & Steger, U. 2005. The business case for corporate sustainability: Literature review and research options. European Management Journal, 23: 27–36.

[128] Schwartz, M. S., & Carroll, A. B. 2008. Integrating and unifying competing and complementary frameworks. The search for a common core in the business and society field. Business & Society, 47: 148–186.

[129] Scott, W. A., Osgood, D. W., & Peterson, C. 1979. Cognitive structure: Theory and measurement of individual differences. New York: Wiley.

[130] Sharma, S. 2000. Managerial interpretations and organizational context as predictors of corporate choice of environmental strategy. Academy of Management Journal, 43: 681–697.

[131] Sharma, S., Pablo, A. L., & Vredenburg, H. 1999. Corporate environmental responsiveness strategies: The importance of issue interpretation and organizational context. Journal of Applied Behavioral Science, 35: 87–108.

[132] Shepherd, D. A. 1999. Venture capitalists' assessment of new venture survival. Management Science, 45: 621–632.

[133] Slawinski, N., & Bansal, P. 2012. A matter of time: The temporal perspectives of organizational responses to climate change. Organization Studies, 33: 1537–1563.

[134] Smith, W. K., Binns, A., & Tushman, M. L. 2010. Complex business models: Managing strategic paradoxes simultaneously. Long Range Planning, 43: 448–461.

[135] Smith, W. K., Gonin, M., & Besharov, M. L. 2013. Managing social-business tensions: A review and research agenda for social enterprise. Business Ethics Quarterly, 23: 407–442.

[136] Smith, W. K., & Lewis, M. W. 2011. Toward a theory of paradox: A dynamic equilibrium model of organizing. Academy of Management Review, 36: 381–403.

[137] Smith, W. K., & Tushman, M. L. 2005. Managing strategic contradictions: A top management model for managing innovation streams. Organization Science, 16: 522–536.

[138] Stabell, C. B. 1978. Integrative complexity of information environment perception and information use. An empirical investigation. Organizational Behavior and Human Performance, 22: 116–142.

[139] Stern, N. 2006. Stern review on the economics of climate change. London: Her Majesty's Treasury.

[140] Sutcliffe, K. M., & Huber, G. P. 1998. Firm and industry as determinants of executive

perceptions of the environment. Strategic Management Journal, 19: 793–807.

[141] Tesluk, P. E., Vance, R. J., & Mathieu, J. E. 1999. Examining employee involvement in the context of participative work environments. Group and Organization Management, 24: 271–299.

[142] Thomas, A. S., & Simerly, R. L. 1994. The chief executive officer and corporate social performance: An interdisciplinary examination. Journal of Business Ethics, 13: 959–968.

[143] Thomas, J. B., Clark, S. M., & Gioia, D. A. 1993. Strategic sensemaking and organizational performance: Linkages among scanning, interpretation, action, and outcomes. Academy of Management Journal, 36: 239–270.

[144] Tikkanen, H., Lamberg, J.-A., Parvinen, P., & Kallunki, J.-P. 2005. Managerial cognition, action and the business model of the firm. Management Decision, 43: 789–809.

[145] Tushman, M. L., Newman, W. H., & Romanelli, E. 1986. Convergence and upheaval: Managing the unsteady pace of organizational evolution. California Management Review, 29 (1): 29–44.

[146] Vandenbosch, B., & Huff, S. L. 1997. Searching and scanning: How executives obtain information from executive information systems. MIS Quarterly, 21: 81–107.

[147] van Marrewijk, M., & Werre, M. 2003. Multiple levels of corporate sustainability. Journal of Business Ethics, 44: 107–119.

[148] Walsh, J. P. 1988. Selectivity and selective perception: An investigation of managers' belief structures and information processing. Academy of Management Journal, 31: 873–896.

[149] Walsh, J. P. 1995. Managerial and organizational cognition: Notes from a trip down memory lane. Organization Science, 6: 280–321.

[150] Wartick, S. L., & Cochran, P. 1985. The evolution of the corporate social performance model. Academy of Management Review, 10: 758–769.

[151] Wartick, S. L., & Mahon, J. F. 1994. Toward a substantive definition of the corporate issue construct: A review and synthesis of the literature. Business & Society, 33: 293–311.

[152] WCED. 1987. Our common future. Oxford: World Commission on Environment and Development & Oxford University Press.

[153] Weber, K., & Glynn, M. A. 2006. Making sense with institutions: Context, thought and action in Karl Weick's theory. Organization Studies, 27: 1639–1660.

[154] Webster, D. M., & Kruglanski, A. W. 1994. Individual differences in need for cognitive closure. Journal of Personality and Social Psychology, 67: 1049–1062.

[155] Weick, K. E. 1979. Cognitive processes in organizations. Research in Organizational Behavior, 1: 41–74.

[156] Weick, K. E. 1995. Sensemaking in organizations. Thousand Oaks, CA: Sage.

[157] Weick, K. E. 2010. Reflections on enacted sensemaking in the Bhopal disaster. Journal of Management Studies, 47: 537–550.

［158］Weick, K. E., Sutcliffe, K. M., & Obstfeld, D. 2005. Organizing and the process of sensemaking. Organization Science, 16: 409-421.

［159］Whiteman, G., Walker, B., & Perego, P. 2013. Planetary boundaries: Ecological foundations for corporate sustainability. Journal of Management Studies, 50: 307-336.

［160］Wong, E. M., Ormiston, M. E., & Tetlock, P. E. 2011. The effects of top management team integrative complexity and decentralized decision making on corporate social performance. Academy of Management Journal, 54: 1207-1228.

［161］Wright, J. P. 1979. On a clear day you can see General Motors: John Z. DeLorean's look inside the automotive giant. New York: Avon.

［162］Zietsma, C., & Vertinsky, I. B. 1999. Shades of green: Cognitive framing and the dynamics of corporate environmental response. Journal of Business Administration and Policy Analysis, 27-29: 261-292.

比较社会价值创造的概念构架 *

Arne Kroeger，Christiana Weber

【摘　要】随着商业实践在社会领域的普及，学者及业界人士更重视采用适当的方法以量化和比较社会价值创造。学者们认为，比较不同的不相关的异质干预措施的社会价值创造是一个伟大的甚至不可能的挑战。本文构建的概念模型填补了先前研究的不足，使服务于不同社会经济和制度背景下各目标群体差异性需求的社会干预效能可以进行对比。本文将从主观幸福感、组织有效性理论的视角对非营利、公益创业及项目评估展开讨论。

社会价值创造的测量和比较是社会、政治、科学、商业和经济学领域的热门话题。其对旨在缓和社会问题的非营利性组织（如饥饿和贫穷）具有重要意义。为确认其是否最大限度地有效服务于其受益人，这些非营利性组织不仅希望了解"其是否真正取得了进展，并且最大限度地发挥其潜在的积极社会影响"，还希望了解"其自身相较于业内同行的绩效表现"（Lingane & Olsen，2004）。非营利性组织往往依赖于第三方（如基金会、政府机构、企业和投资者等）的物质和非物质支持，同时面临来自第三方对运营管理透明度与问责制更高的期望和要求（Campbell，2002；Early，2005；Grimes，2010；Miller & Wesley，2010；Nicholls，2009；Polonsky & Grau，2011）。这些赞助者寻求评估和比较各种社会干预的方法，以便为最有效者提供资金（Buckmaster，1999；Miller，Grimes，McMullen & Vogus，2012）。

相关非营利组织管理、公益创业（Social Entrepreneurship）和项目评估的文献已对社会价值创造的测量与比较展开讨论（Bagnoli & Megali，2009；Epstein & Klerman，2012；Grimes，2010；Holma & Kontinen，2011；Polonsky & Grau，2011；Sawhill & Williamson，2001；White，2013）。已有研究认为，比较不同且不相关的异质干预下的社会价值创造是一个伟大甚至不可能的挑战（Austin，Stevenson &

---

* Arne Kroeger，Christiana Weber. 2014. Developing a Conceptual Framework for Comparing Social Value Creation. Academy of Management Review，39（4）：513-540.

初译由黄瑛和杨东宁完成。

Wei-Skillern，2006；Dacin & Matear，2010；Emerson，2003；Mair & Marti，2006；Nicholls，2009；Polonsky & Grau，2011；Ryan & Lyne，2008；Zahra，Gedajlovic，Neubaum & Schulman，2009）。确实，现有文献表明，当前的方法既不能清晰地反映社会价值创造，也不能对社会价值创造进行特定的比较。

为弥补以往研究的不足，我们构建了一个可以为在不同社会经济和制度背景下各目标群体差异性需求服务的异质、不相关的社会干预进行比较的概念模型。为此，我们突破主流原理，将主观幸福感、组织有效性理论文献、非营利管理与公益创业、项目评估的文献相结合。

更确切地说，我们采用主观满意度作为统一的测量单位，对不同领域社会干预的绩效表现进行测量、衡量，并与业内同行进行比较。随后，我们引入所在地域和国家平均生活满意度（LS 通常表明区域或国家的经济生活水平）的概念，并将其与非营利文献中的观点结合起来。我们认为，社会干预主要聚焦于生活满意度低于某地区或国家平均水平的人群。因此，很容易计量不同地域或国家不同群体的社会需要。此外，我们利用组织有效性理论即功能模型（Cunningham，1977；Matthews，2011），并对价值创造进行基本的了解，使社会干预有效性成为一个相对的概念构架。因此，我们将社会干预有效性定义为：组织减少目标群体社会需求的程度，并可以有效地与其他异质性社会干预的成效进行比较，这也减少了目标群体的社会需求。

在我们框架的各个组成部分中，来自不同流派相关文献的这些综合因素给我们带来了新概念：关于在非营利情况下"社会"意味着什么，关于一个地区或国家的社会需求，关于社会干预的有效性。这有利于对不相关的异质性社会干预进行比较。因此，本文框架部分舍弃了"非营利性"（Not-for-profit）文献中关于"比较是不可能的"的主流观点。通过引入生活满意度（通常显示地域或国家的经济生活水平）作为评估任何领域干预效果的统一测量标准，为"非营利性"和"公益创业"研究做出贡献。此外，本文框架还通过将项目评估置于社会干预运作的地区或国家社会经济和制度背景下的新方法，拓展了"项目评估"的相关研究。最后，通过重新在非营利背景下提出被忽视的功能模型，对"组织有效性"研究也有一定助益。

本文首先阐述了社会干预及不同社会背景下价值创造的内涵。随后，通过相关文献回顾总结出三点主要不足。并针对不同社会经济、制度背景下目标群体差异化需求的社会干预框架提出三方面诉求。我们采用"主观幸福感"和组织有效性理论并且设计框架。最后，我们对拟建模型的贡献进行了讨论以及概述了其理论和实证意义。

社会干预与社会价值创造

非营利性组织与社会干预

非营利性组织通常会实施一个或多个社会干预。社会干预的最终目的在于通过提高弱势群体的幸福感来创造社会价值（Martin & Osberg，2007）。公益企业是非营利组织的一个相对较新的类型。其创新解决方案，以缓解慈善机构、政府或商业市场没有完全解决的复杂社会问题（Santos，2012）。这种创新性往往存在于社会和商业实践的新型结合。公益企业的一个著名的例子是采用小额信贷干预帮助在金字塔底层的妇女打破贫困恶性循环的小额信贷机构。这些妇女可获得小额贷款和投资经验，从而增进其福利，特别是改善其经济状况和提升其投资能力。将妇女福祉的任何改善与干预的纯粹产出区分开来很有必要。产出这一术语主要指：妇女获得的小额贷款和投资经验，以改善自身的财务状况和投资能力。反过来，这种改善是妇女福祉的增加。我们主要关注幸福感的最终变化结果。而有效的和最有效增进该变化结果的途径、方式则不属于本文的研究范围。

比较社会价值创造的框架构建先于理论上对社会背景下社会价值创造的理解。Zahra 等（2009）建议通过整合"组织有效性研究的观点"，明确社会价值创造的内涵。由于组织有效性提供了一个分析框架，"代表了一个批判性评估组织工作的有效工具"（Forbes，1998），因此我们将遵循其建议。该建议还明确包括对非营利性组织的有效性评估（Herman，1990）。

组织有效性理论与社会价值创造

"组织有效性"的相关研究在 1975~1985 年达到高峰，[①] 形成了"大量潜在的有效性模型"（Zammuto，1984）。我们强调，"综合性或多变量模型相比单变量有效性模型通常更全面，并试图解释更大比例的有效性方差"（Steers，1975）单变量有效性模型使用"只有一种组织成功的测量方式"（Steers，1975）。现有相关文献已尝试对不同的组织有效性的多变量模型进行集群和/或分类（Lewin & Minton，1986；Quinn & Rohrbaugh，1983）。本文采用最先探讨多变量模型的 Yuchtman 和

[①] 在《领导组织科技期刊》1975~1985 年（在此前还有几百篇）的文献中共有 20 多篇文献探讨了组织有效性的话题（Cameron & Whetten，1983），而随后五年中只有一篇文章（Tsui，1990）和一部专著（Denison，1990；Whetten & Cameron，1994）。

Seashore（1967）构建的分类体系。他们开创性的文章具有极高的学术价值（Cameron，1986；Connolly，Colon & Deutsch，1980；Cunningham，1977；Lecy，Schmitz & Swedlund，2012；Lewin & Minton，1986；Rojas，2000；Sowa，Selden & Sandfort，2004；Zammuto，1982），确定了三种模型类型：目标模型、系统资源模型和功能模型。

根据目标模型，有效性是"组织实现目标的程度"（Etzioni，1960；另请参阅 Forbes，1998）。换言之，组织目标是尽量缩小预期和实际结果之间的差异（Hannan & Freeman，1977；Henri，2004）。相反，系统资源模型将组织嵌入其所在的社会经济和制度背景中。组织在一定程度上能够获得"议价能力"以确保自身的活力（Forbes，1998），"这反映在组织利用其环境获取稀缺和有价值的资源的能力"（Yuchtman & Seashore，1967）。在比较社会价值创造的构架中，我们采用第三个模型，即功能模型（Cunningham，1977；Matthews，2011）。该模型包含了其他两个模型的基本要素，因此相当于一个混合模型（见表1）。

表1　选择有效性模型和社会价值创造的相似性

（社会）价值创造的模型和特征	社会价值创造特征	目标模型	系统资源模型	功能模型
假定结果	社会干预造福社会的程度	组织缩小预期和实际结果差距的程度	组织获得采集稀缺和有价值资源谈判优势的能力	组织能够为他们所在社会做出的贡献（Yuchtman & Seashore，1967；Cunningham，1977；Price，1972）
目标方向	造福社会	实现组织目标	确保组织生存能力	造福社会
社会经济和制度背景的存在	是 社会干预根植于社会经济和制度环境并受其影响	否 社会经济和制度环境给定	是 组织是高级系统的一部分，其子系统有利于社会平稳运行	是 组织是高级系统的一部分，其子系统履行社会功能

功能模型将目标定位于社会经济和体制的背景下，并将有效性定义为组织的产出"造福其所属社会"的程度（Yuchtman & Seashore，1967；另请参阅 Connolly et al.，1980；Cunningham，1977；Price，1972）。功能模型因此非常适宜于判断总体上有利于社区和全社会的社会干预的有效性（Austin et al.，2006；Di Domenico，Haugh & Tracey，2010）。因此，我们将以功能模型作为比较社会价值创造的框架基础。然而，由于功能模型与目标模型、系统资源模型存在重叠，"组织有效性"相关文献中很少明确提及功能模型。功能模型往往被纳入目标模型或系统资源模型之中（Connolly et al.，1980；Price，1972；Webb，1974；Yuchtman & Seashore，1967；

Zammuto，1982）。基于功能模型是理解社会背景下价值创造的理论基础的认知，下文对现有比较、测量社会价值创造的方法进行了回顾。

比较社会价值创造的复杂性

现有研究方法回顾

社会分析师、基金会管理者和公益企业等实践者已多次尝试构建一个适用于测量和比较社会价值创造的框架（McLoughlin et al.，2009）。由基金中心创建的 Trais 数据库相当全面地集成了用于测量和比较的工具及资源（Foundation Center，2012）。但在学术界，对社会价值创造进行比较的理论概念是极匮乏的。

研究者（Bagnoli & Megali，2011；Nicholls，2008；Swanson & Di Zhang，2010）认为，创新性、前瞻性、风险管理和其他关键要素决定社会价值创造（Weerawardena & Mort，2006）。也许最复杂的方法在于项目评估的实验和准实验研究设计，如随机对照试验（RCT）和差异技术（the Difference-in-differences Technique）（Duflo & Kremer，2008；Epstein & Klerman，2012；Meyer，1995；White，2013）。虽然这些方法有益于测量社会干预的社会价值创造，但它们"不能生搬硬套于其他地方……因为项目所在地的机构和社区有其特定的历史和传统背景"（Weiss，1997；Reinhardt，2011）。Woolcook（2013）认为，"专业人士仍旧缺乏便于使用的框架，通过这个框架来讨论关于是否以及何时至少可以推断给定的影响结果（正面或负面）"。

此外，1969 年，美国国会通过的《国家环境政策法案》（NEPA）中出现了大量关于社会影响评估（SIA）的内容（Burdge & Vanclay，1996；Esteves，Franks & Vanclay，2012；Finsterbusch，1995；Lockie，2001）。该流派的研究者将社会影响评估（SIA）定义为"一个涵盖对人类所有影响以及人与社会与其社会文化、经济和生物物理环境相互作用的所有方式的评估的伞状或拱形的框架"（Vanclay，2003；Finsterbusch，1985）。在其他因素中，"需要考虑社会影响评估，因为其强调了弱势群体生活环境的改善"（Esteves et al.，2012；Vanclay，2003）。Esteves 等指出"学术界对何谓好的社会影响评估已达成了强烈共识"。这种共识体现在"社会影响评价的指导思想和原则"（ICGP，1994，2003）以及 2003 年"国际社会影响评价原则"（Esteves et al.，2012；Finsterbusch，1995；Vanclay，2003）中。然而，这些指导思想和相关文献的预测性（Finsterbusch，1995）和描述性的固有属性，导致其在测量和比较社会干预的价值创造中具有一定的局限性（Estevest et al.，2012；Nicholls，2009）。根据 Lockie（2001）对社会影响评估的研究与实践的回顾，"对比分析对精度的关注更少，特别是在数学上将所有影响变量归纳公分母"。Lingane 和 Olsen（2004）认为，"目前尚未出现能够量化公司对人与环境的影响的框架体系"。作为回应，本文阐述了将社会影响评估实践与成本效益分析相结合的社会投资回报（SROI）（Emerson，2003）。

社会投资回报（SROI）评估了干预的有效性。为了计算 SROI，分析师对社会价值创造的货币等价物进行了估量，并将其与投入进行比较（Davis & Pett，2002；Polonsky & Grau，2011；Yates，2009）。社会价值创造是根据干预定制变迁理论（the Intervention's Customized Theory of Change）来定义的。因此，SROI 的逻辑为干预的内部流程和社会价值驱动提供了宝贵见解。社会投资回报的不足在于评估不同的社会经济、制度环境下和针对不同的目标群体干预的理论是不同的。基于 SROI 比较两种干预要求干预具有相似性，并且在目标群体的社会经济和制度背景异质性提高时会存在问题（Lingane & Olsen，2004；Scholten，2005）。随后，研究者提出了两种替代方法：McLoughlin 等（2009）提出了对社会影响测量的方法；Diochon 和 Anderson（2009）构建了社会企业有效性的流程分类。两种方法都不允许对异质干预进行比较。出乎意料的是 Diochon 和 Anderson 的流程分类并非基于组织有效性理论。

总而言之，虽然目前正式的测量方法可以提高实践者和研究者所构建的框架的可信度，但量化和比较社会价值创造的恰当方法仍有待探寻（Austin et al.，2006；Dacin et al.，2010；Emerson，2003；Mair & Marti，2006；Nicholls，2009；Polonsky & Grau，2011；Ryan & Lyne，2008；Zahra et al.，2009）。这表明当前的方法既不能清晰地反映社会价值创造，也不能对社会价值创造进行明确的比较。

比较社会价值创造的三大问题

通过文献回顾，我们的中心结论为社会价值创造的三个特征使其不具备可比性：①社会干预的异质性；②社会因素；③社会经济和制度环境的差异性。第一，在不同的生活领域存在大量的异质性社会干预，以提高不同目标群体的福祉（Austin et al.，2006；Colby，Stone & Carttar，2004；Dacin et al.，2010；Emerson，2003；Nicholls，2009；Paton，2003；Polonsky & Grau，2011；Reinhardt，2011；Trelstad，2008；Zahra，Rawhouser，Bhawe，Neubaum & Hayton，2008）。部分研究者认为，为欧洲有听力障碍的学生配备实时语音文本转录的社会干预与为提高孟加拉国贫困女性的收入提供小额贷款的干预，两者无法进行比较（Emerson，2003；Polonsky & Grau，2011）。相似地，将为肯尼亚孩子补给营养的干预与新发布的为英国囚犯提供降低重新犯罪率指导的干预进行比较也相当困难。社会干预的异质性需要一个能够统一测量不同社会干预的社会价值架构（Polonsky & Grau，2011）及一个统一的基本测量单位（Mair & Marti，2006）。为此，我们提出了第一个要求：

比较两个独立干预的社会价值创造框架必须基于能测量各类社会干预的统一的社会价值架构和测量单位。

第二，"社会"这一构念还没有清晰的定义，现有研究对"何谓社会价值创造"更未达成一致的理解。因此，社会价值创造的难以把握性成为对其各种形式进行比较的一大难题（Austin et al.，2006；Choi & Majumdar，2014；Dacin et al.，2010；Herman & Renz，2008；Hervieux，Gedajlovic & Turcotte，2010；Mair & Marti，2006；Nicholls，2008；Nicholls & Cho，2008；Phills，Deiglmeier & Miller，2008；Polonsky & Grau，2011；Tan，Williams & Tan，2005）。在公益创业、社会价值创造和商业价值创造的相关文献中，往往存在两种极端的见解（Chell，2007；Dees，1998）。研究者认为，如果福利得到改善，社会价值就得到了创造；而如果获得了利润，商业价值就得到了创造（Austin et al.，2006；Chell，2007）。然而，商业价值的创造也可能通过创造就业机会来提高福利（Austin et al.，2006；Hervieux et al.，2010），社会价值创造也可能通过带来收入来改善经济状况（Boschee，2008；Chell，2007）。因此，只有当一种价值创造明显高于另一种价值创造时，社会价值创造和商业价值创造才存在差异。与此相反，只有社会价值创造和商业价值创造相当时，才会引起对社会价值和商业价值的概念意义的讨论。例如，客观判断儿童日托服务或为阅读障碍学生提供网络教学平台创造的主要是社会价值还是商业价值是困难的，因为这种判断依赖于个体评估者对社会价值创造的时间点及创造方式的感知（Austin et al.，2006）。

总而言之，目前尚未存在足以区分社会价值创造和商业价值创造的标准（Nicholls，2008）。除了这两种价值创造的区分之外，研究者（Dacin et al.，2010）还提出了其他的价值创造类型，如文化价值创造。这些额外的价值创造类型也需要与社会和商业价值创造进行区别。然而，本文的研究范围仅限于社会价值创造的比较，对这一举措，评估者需要对社会价值创造进行统一的定义，而不是将其与其他类型的价值创造进行区分。因此我们将商业价值创造、文化价值创造以及其他潜在类型的价值创造归入集体名词——非社会化中，并将区别限于社会化的和非社会化的价值创造。为此，我们提出了第二个要求：

比较两个独立干预的社会价值创造的框架必须区分社会和非社会价值创造。

第三，在不同的社会经济和制度背景下进行干预措施，比较社会干预下的社会价值创造也较为困难（Burdge & Vanclay，1996；Kerlin，2006；Mair & Marti，2006；Reinhardt，2011；Veenhoven，2000；Zahra et al.，2009）。不同社会经济和制度环境下，人的生活水平不同（Donaldson，2001；United Nations，2013）。因此，

两项干预可能创造了等额的社会价值，但在增长率方面会存在区别，根据定义，富裕国家可能低于贫穷国家。在基数低的情况下改善率往往相对较高，这可能会夸大社会干预的有效性。例如，一个小额信贷干预将孟加拉国农村妇女的月平均收入从40 美元提升到 45 美元（购买力平价调整汇率后），收入实现 12.5% 的增长。而相同的干预发生在智利，农村妇女的月收入从 100 美元增长到 105 美元（购买力平价调整汇率后），仅实现了 5% 的增长。比较社会价值创造对不同国家的改善程度非常困难。因此社会价值创造的研究必须考虑其所发生的背景，以下是我们提出的第三个要求：

两个独立干预的社会价值创造框架必须考虑不同的社会经济和制度条件的可能性。

我们通过满足这三个要求来继续进行框架构建。

比较社会价值创造框架

要求 1：统一的社会价值架构与测量单位

（1）社会价值创造。社会干预服务于特定目标群体的不同需要，如通过发放小额贷款和培养投资技能以提高金字塔底层妇女的收入，或者通过改善卫生条件以改善贫民窟居民的健康等。与现有的文献一致，我们将社会价值创造理解为由社会干预引起的弱势群体的主观幸福感的积极变化（Clark，Rosenzweig，Long & Olsen，2004；Nicholls，2009）。

（2）主观幸福感（SWB）。主观幸福感"主要关注受访者内心对幸福的感知，而非政策制定者、学者或其他人认为重要的判断"（Diener & Suh，1997）。基于本文的研究目的，我们将范围限制于主观幸福感的构建，因为其"在有效性方面是一个经过深入研究和评估的概念"（Kroll & Delhey，2013）。主观幸福感具有"高可信度"（Diener，Inglehart & Tay，2013），在经济理论和心理学中都是众所周知的（Layard，2010；Veenhoven，2000）。此外，主观幸福感的评估允许"受访者自由地衡量不同方面"。因此，量表可以将人们的价值观、偏好以及他们的选择结果纳入考量（Diener et al.，2013）。此外，主观测量方法具有"非常高的灵敏度"（Kroll & Delhey，2013）。世界价值观调查（http://www.worldvaluessurvey.org/WVSOnline.jsp）证实了这种灵敏度。根据 Diener 等（2013）的研究，世界价值观调查也评估了 SWB 在过去的 30 年中达到 98% 的平均回应率。

主观幸福感的概念与诺贝尔奖得主 Amartya Sen 提出的自由生成能力（Freedom Generative Capabilities）的方法存在重叠。因此，我们对这两种方法做出区分。Sen

（1985，1999）提出的方法中，机会被视为"幸福自由"架构的关键之一，这里我们应用"幸福"的传统理解。我们将机会视为提高幸福感的手段之一（Anand et al.，2009；Veenhoven，2009）。通过相关文献，我们构建了如下阐明我们观点和 SWB 不同构造相互关系的主观幸福感架构（见图 1）。

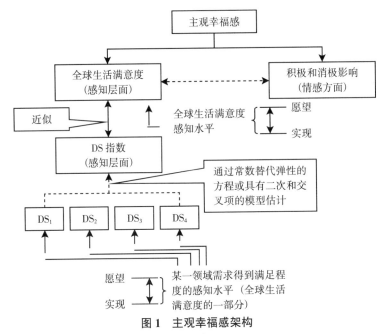

图 1　主观幸福感架构

注：DS 为领域满意度，$DS = f(DS_1, DS_2, \cdots, DS_n)$。

研究者通常强调主观幸福感的情感和认知成分（Campbell，Converse & Rodgers，1976；Diener，1984；Erdogan，Bauer，Truxillo & Mansfield，2012；Schimmack，2008）。主观幸福感包含积极影响和消极影响两种情感成分。这些影响体现个体将经历与愉快或不愉快感觉联系起来的程度（Bradburn，1969）。主观幸福感的认知成分则涉及个体的生活满意度（LS；Andrews & Withey，1974；Diener，1984；Erdogan et al.，2012）。Busseri 和 Sadava（2011）对生活满意度与积极、消极影响之间的替代性相互依存关系进行了探讨。作者"激起了研究者将主观幸福感作为独立成分（对生活满意度及积极影响、消极影响进行检测）或将 LS 作为最终目标来进行探索的兴趣"。针对这一建议，我们的比较社会价值创造框架突出主观幸福感（SWB）中生活满意度（LS）的部分。因为从统计上看，个体对生活满意度的反馈相比他们的积极、消极感受更可靠（Diener et al.，2013）。此外，主观幸福感的最广泛使用的成分是"生命整体质量的提升"（Appreciation of Life As-a-whole）（Kroll &

Delhey，2013）。

（3）全球生活满意度。与其他文献一致（Campbell et al.，1976；Carp & Carp，1982；Layard，2010），我们将生活满意度定义为个体认为他/她渴望的和实现的需求水平之间差距的结果。这一定义强调了 LS 的三个方面：

第一，将生活满意度在个体层面进行评估（Layard，2010）。通常，评估者通过李克特量表让个体对他们的生活满意度进行评估（Anand et al.，2009；Beja & Yap，2013；Finsterbusch，1985；Georgopoulos & Mann，1962；Lawless & Lucas，2011；Layard，2010；Price，1972；Veenhoven，2000）。例如，盖洛普世界民意调查将生活水平划分为 11 个级别：从 0（最糟糕的生活）到 10（最好的生活），并询问人们认为"自己现阶段处于哪一水平"（OECD，2014）。类似地，世界价值观调查要求人们将他们生活满意度（"包括一切东西"）的情况填写在从 1（不满意）到 10（满意）的量表上（http：//www.worldvaluessurvey.org/WVSOnline.jsp）。个人的生活满意度可以被聚合到群体或社会层面（Campbell et al.，1976）。例如，世界价值观调查的数据使得有可能计算来自 84 个国家的代表性样本的平均生活满意度。但区分群体平均生活满意度和报告中群体内报告某一特定 LS 水平个体的比例仍旧非常重要。例如，世界价值观调查数据中，孟加拉国平均生活满意度水平是 5.8，而仅有 9.3%的孟加拉公民报告的生活满意度为 6（http：//www.worldvalues survey.org/WVSOnline. jsp，wave 4：v81）。本文关注群体、地区及国家的平均生活满意度。

第二，生活满意度具有"极强的个人主观性"（Campbell et al.，1976）。它不是社会建构的，因为个体渴望的和达到的需求水平之间的差异是个人观念的结果（Diener，1984；Keyes，1998）。然而，生活满意度取决于个体期望的需求水平，作为社会协商的结果，它被认为是社会建构的（Berger & Luckmann，1967；Herman & Renz，2008；Schuetz，1967）。

第三，生活满意度反映了人的需求。但这种需求不应包括对环境的破坏。虽然环境价值创造和社会创造价值往往被视为同一建构（Burdge & Vanclay，1996），有着强烈的相互依赖性，但是却遵循不同的价值创造逻辑。我们把环境因素视为个人满意度的决定因素（例如，空气或水污染会引发改善健康的需求）。

鉴于生活满意度的这三个特点和前文所述的条件，即社会干预的最终目的在于提高目标群体的生活满意度，个体全球生活满意度为我们的社会价值创造比较框架奠定了基础。虽然社会干预存在较强的异质性，但是全球生活满意度构建可以包含社会干预下不同目标群体的不同需求。小额信贷干预提高了底层妇女的生活满意度，公平贸易干预提高了贫困农民的生活满意度等。通过询问目标群体其 LS 可以充分衡量社会干预的有效性的基本假设在"数百次例行人口调查"中被证明（Layard，2010）。然而，目标群体的需求与生活满意度之间更直接的关联使得社会干预的产出能够更精确地归因于目标群体的生活满意度（Cummins，1996）。这一关联也能加深社会领域的政治家、研究人员和管理人员对个体如何以及从哪些方面来判断他们的生活情况的了解（Tay，Chan & Diener，2013），并提供"多方面的描述"（Diener，1984）。

（4）领域满意度。为了使干预与目标群体生活满意度改善之间产生更直接的关系，全球生活满意度可以被划分为几个领域（Rojas，2006），称为领域满意度（DS）。我们对领域的理解是指人类的需求，如流动性、安全性、健康、平等、社区整合和教育的需要（Carp & Carp，1982；Diener，1984；Hsieh，2003；Stiglitz，Sen & Fitoussi，2009）。因此，DS 是个人所感知的涉及某一特定的需要情况的满意度，其中包括对流动性和安全性的满意度。例如，澳大利亚个人健康指数中包含的问题："在 0~10 的量表中，您对您所感知的安全感满意度如何？"（http：//www.australianunity.com.au/about-us/wellbeing/auwbi；emphasis added）

现有文献仍在对生活满意度与领域满意度的关系进行探讨。支持自下而上方法的研究者（Campbell et al.，1976；Carp & Carp，1982；Rojas，2006）认为，"生活满意度的判断基于在一个相对较少数量生活领域的满意度的评估"（Schimmack，2008）。自上而下方法的支持者假设：领域满意度的变化完全取决于生活满意度的变化（Diener，1984；Erdogan et al.，2012；Schimmack，2008）。双向方法则综合了自下而上和自上而下的方法，该方法的支持者假设领域满意度和生活满意度之间存在相互关系（Gonzalez，Coenders，Saez & Casas，2010；Mallard，Lance & Michalos，1997）。Cummins、Eckersley、Pallant、Van Vugt 和 Misajon（2003）基于双向方法的研究结果表明，领域满意度和生活满意度的评价指标不同，但意义上近似。

因此，可以通过聚合多个领域满意度来编制领域满意度指数。领域满意度指数及其所包括的领域满意度之间的关系可以通过以下公式表达：DS 指数 = f(DS_1，DS_2，…，DS_n）。即领域满意度指数是一个关于不同领域满意度的函数，并与全球满意度相关。据 Rojas（2006）所述，"领域的列举和划分是任意的，但分区必须简化，即领域的数量必须可控且有明确的划分标准和意义"。Cummins（1996）认为，至少应当有七个领域来适当地估计 LS。Beja 和 Yap（2013）认为，这样的指数是"由公共政策定义，或由人们通过调查定义的"。不同的干预措施可能对应不同的领域满意度。如果这些不同的领域满意度聚合成一个领域满意度指数，那么所有的社会干预措施都对应这一领域满意度指数。

基于 Cummins（1996）对 32 篇有关领域满意度的文献进行的元分析，可以设计一个由七个领域满意度组成的虚构指数，包括教育满意度、财务状况满意度、健康满意度、住房满意度、社会整合满意度、平等满意度、安全满意度。小额信贷干预可能会通过处理与教育、财务状况和社区整合相关的领域满意度以提高 DS 指数。为听障学生提供实时、语音文本转录的社会干预会通过处理与教育和社区整合相关的听障学生的领域满意度以提高 DS 指数。Diener 等（2013）发现 DS 指数的一个优点是："多指标生活满意度量表"比单一指标量表更具稳定性。然而，有关领域满意度的指标构成仍旧引发了些许讨论，领域满意度的聚合问题和任何特定 DS 的权重确定更是成为研究者关注的焦点。

关于 DS 的聚合，Rojas（2006）得出的结论是："大多数研究均假设生活满意度和地域生活满意度之间存在加总关系。"然而，他发现理论和实践证据表明，加总计算考虑了不同领域满意度之间的协同效应和替代效应的"常数替代弹性"函数。另外，Rojas 的函数中显示当生活满意度处于较高水平时，领域满意度存在边际报酬递减效应。这种效应也存在于使用二次和交叉项的模型中（Gonzalez et al.，2010）。我们认为协同效应、替代效应以及边际报酬递减是 DS 指数的必要条件。因此，我们认为应当选择常数替代弹性函数或具有二次和交叉项的函数。

关于 DS 的指标权重，Locke（1969）指出，在 DS 指数中没有必要考虑 DSs 聚合的权重。实证结果表明，相较于重要性低的领域，重要性高的领域 DS 感知水平（即对生活某个方面需求渴望的和实现的需求水平之间感知差异的结果）往往更高。Locke（1969）的研究表明："对某些事物或状况的满意度不仅是衡量感知和价值之间差异量的函数，也是该价值对个体重要性的函数。"Wu（2008）的实证结果表明，权重是可有可无的。然而，部分研究幸福指数的学者（Hsieh，2003）将 DS 聚合的权重包括在他们的公式中。本文采取 Locke（1969）的观点，将权重免除。

总而言之，生活满意度，更确切地说，DS 指数可以作为适用于所有提高目标群体满意度的社会干预的社会价值架构。因此，这些架构的测量基于李克特量表，并适用于服务特定目标群体的不同需求的社会干预。理论上，DS 指数是一个比全球生活满意度更精确和稳健的架构。实用性方面，LS 的结构相对简单，并且已经具备更全面的数据集（如世界民意调查和世界价值调查）。基于此，我们在 DS 指数的基础上构建我们的框架，但用实际 LS 的样本填补 DS 指数数据的空缺。

要求 2：社会因素

对比两项独立干预的社会价值创造的第二个要求在于社会价值创造的意义。构建比较社会价值创造的框架，需要指导将主要社会价值创造从主要非社会价值创造中区分出来。正如组织有效性理论所述，功能模型表明：如果社会干预有益于社会，那么社会干预就创造了价值，因为"从组织自身的角度来看，这与其他实体（如成员、所有者、社区或者整个社会）有效性的优势相同或相当。"（Yuchtman & Seashore，1967）。然而，社会干预通常不会针对单独的个体。通过将收益群体的代表性样本和没有接受干预的代表性样本的 DS 指数的总和除以样本中个体的数量，可以计算社会的平均指数（以下简称指数的阈值）。

本文遵循一个务实的方法，理解"社会"这一术语是指社会干预实施地区或国家。由于已存在许多国家或地区的平均生活满意度的数据，所以应用一个国家或地区的阈值不需要额外评估新产生的数据。国家平均生活满意度的数据可以取自欧洲价值观研究（http：//www.europeanvaluesstudy.eu）、世界价值观调查（http：//www.worldvaluessurvey.org/WVSOnline.jsp）、经合组织幸福指数（http：//www.oecd betterlifeindex.org/）、英国国家福利措施（http：//www.ons.gov.uk/ons/dataset-and-tables/index.html）和不丹国民幸福指数（Ura，Alkire，Zangmo & Wangdi，2012）；地区平均生活满意度指数可以取自如新西兰社会调查（http：//www.stats.govt.nz/browse_for_stats/people_and_communities/Wellbeing.aspx）和盖洛普健康幸福指数（http：//www.well-beingindex.com）。区域或国家之间的满意度阈值的选择主要取决于数据的可用性，即国家或地区的满意度阈值是否已经进行了评估。因而 DS 指数的阈值代表了所研究区域或国家的绝对（而不是相对）（As Opposed to Relative）满意度水平。相对于 DS 指数高于阈值的个体，DS 指数低于阈值的个体往往处于劣势。导致此差距的一个可能的原因是：比起优势群体，弱势群体更难获取资源（Reed，Jones & Irvine，2005）。或者，优势群体与弱势群体的 DS 之间可能存在差距是因为弱势人群往往存在身体缺陷。例如，盲人感知到的社区整合满意度可能会很低，从而使他们的 DS 指数低于该地区或国家的平均 DS 指数。处于弱势地位个体的 DS 指数高于阈值时，则不再属于弱势群体。关于社会干预的价值创造，公益创业的相关文献为证明社会干预主要提高了弱势受益群体的 DS 指数提供了证据（Austin et al.，2006；Colby et al.，2004；Martin & Osberg，2007；Nicholls，2008；Phills et al.，2008；Reed et al.，2005；另请参见本文"非营利性组织与社会干预"部分）。

总之，一个社会干预的有效性等于目标群体的平均 DS 指数的变化，这一平均指数可能低于 DS 指数的阈值。因此，一个干预的社会特征取决于它对 DS 指数低于 DS 指数阈值的个体的处理。例如，2002 年孟加拉生活满意度阈值为 5.8（http：//www.worldvaluessurvey.org/WVSOnline.jsp，wave 4：v81）。只有当受益个体的生活满意度指数低于 5.8 时，在孟加拉实施的干预才会被认为是有社会性的。因为社会元素仅适用低于 DS 指数阈值的情况。从数学上说，目标群体的社会需求等于目标群体 DS 指标阈值和目标群体指数之间的差异（见图 2）。

要求 3：对不同社会经济和制度环境的控制

比较两个独立干预措施的社会价值创造的第三个要求是：对社会经济和制度方

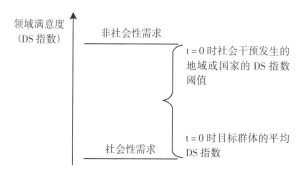

图 2　社会干预发生前 DS 指数的两个标准 （t = 0）

注：社会需求等于 DS 指数阈值与目标群体平均 DS 指数之间的差异。

面进行整合。不同地区或国家的生活水平不同，这使得目标群体 DS 指数相同的绝
对改善程度导致在贫穷国家的增长率高于富裕国家的增长率。在功能模型中，有效
性是组织产出为社会所做的贡献。在程度方面，有效性是相对的概念，而非绝对的
（Lewin & Minton，1986）。这种理解表明也有必要相对地表达社会价值创造。将有
效性理解为相对的概念，社会价值创造体现在社会干预对目标群体相对的社会需要
的减少程度上。因此，这个程度等同于干预对弱势群体绝对平均 DS 指数的改善除
以该群体的社会需求（见图 3）。总之，根据社会需求来评估一个干预的社会价值
创造应该是有可能的。

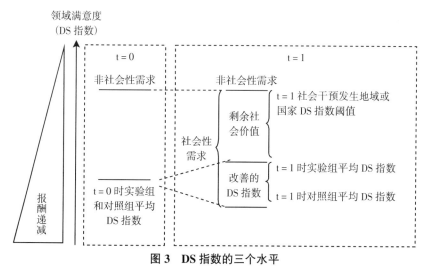

图 3　DS 指数的三个水平

注：某一时期的社会价值创造程度等于改善后的 DS 指数除以社会需求。

比较社会价值创造架构的设计

根据以上的讨论，我们从功能模型得出以下六个变量：①t = 0 时，目标群体的平均 DS 指数；②地区或国家的 DS 指数阈值；③t = 0 时，某一地区或国家的社会需要；④t = 1 时，目标群体的平均 DS 指数改善；⑤社会价值创造的程度；⑥社会价值创造的加权程度。我们通过计算 Suldo、Savage 和 Mercer（2014）所描述的美国真实的心理健康干预例子中的相对数值以阐明每个变量。[①]

t = 0 时，目标群体的平均 DS 指数。t = 0 标志着社会干预的起点。目标群体由直接接受社会干预的个体组成。如前文"要求 1：统一的社会价值架构与测量单位"所述，计算一个目标群体的平均 DS 指数，可以通过加总目标群体代表性样本的 DS 指数，并除以在 t = 0 时样本中的目标群体的数目。只有当作为比较干预措施对象的特定目标群体的 DS 指数标准化时，社会价值创造的比较才具有可能性。在我们的例子中，Suldo 等（2014）让 28 名弱势学生在量表中对他们的 LS 从 1 到 6（代表强烈不同意—强烈同意）进行选择。为了评估对比学生的平均生活满意度与美国国民生活满意度，我们将 6 点式李克特量表转换为 10 点式量表。平均来说，学生在干预开始时的生活满意度为 6.7。

地区或国家的 DS 指数阈值。某一地区或国家的 DS 指数阈值为代表性的样本所在地区或国家的个体 DS 指数的和除以样本中个体的数量。根据社会干预发生的国家，地区或国家的数据可以从国家和国际组织获取，如经济合作与发展组织（国家生活满意度感知的数据）或盖洛普健康幸福感指数（美国各州生活评估的相关数据）。鉴于研究目的，我们注意到世界价值观调查（http: //www.worldvaluessurvey. org/WVSOnline.jsp，wave 5：V22），Abdallah、Thompson 和 Marks（2007），以及 Veenhoven（2009）报告美国平均生活满意度平均为 7.4。

如上述定义，DS 是个体感知的他/她对生活某一方面需求渴望的程度与达到水平之间差异的结果。明确区分个体的需求渴望水平与一个地区或国家的 DS 指数阈值可能是有帮助的。首先，阈值是 DS 指数的聚合，而需求渴望水平是 DS 指数的一个决定因素。其次，个体的需求渴望水平可能高于一个地区或国家的 DS 指数阈值。因此，一个地区或国家的 DS 指数阈值可能影响渴望水平，但阈值并不等同于渴望水平。

[①] 我们采用 Suldo 等（2014）的研究来阐明我们的框架。然而为了简单起见，我们假设对照组与实验组初始的生活满意度相同。我们注意到 Suldo 等（2014）研究中小规模样本不具有代表性。然而，这一统计局限可以被忽视，因为样本的目的在于帮助我们通过社会干预阐明框架的适用性。已在组织设定中应用生活满意度评级的研究是非常罕见的。

由于一个社会干预的有效性评估基于目标群体的角度进行，DS 指数阈值涉及社会干预发生的地区或国家，而不是发起社会干预的地区或国家。如果一个公益企业活跃于几个地区或国家，分析人员必须分别计算每个地区或国家的 DS 指数阈值，并进行区域或国家的影响分析。根据在前面一节的结论，区域或国家的 DS 指数阈值反映了有优势和弱势个体间的过渡。可靠的证据表明，社会干预的目标往往为弱势个体，DS 指数阈值也决定社会和非社会干预之间的阈值。

t = 0 时，某一地区或国家的社会需要。框架分析主要关注低于区域或国家 DS 指数阈值的目标群体。当 t = 0 时，目标群体的社会需求可以被描述为区域或国家的 DS 指数阈值和目标群体的平均 DS 指数两个变量之间的差异。这三个变量如图 2 所示。在我们的例子中，接受心理健康干预治疗的学生的社会需求为 7.4 - 6.7 = 0.7。

t = 1 时，目标群体的平均 DS 指数改善。对改变量的评估发生在 t = 1 时。t = 1 是测量社会干预创造的社会价值的一个时间点，但它并不一定代表干预的结束。目标群体提升的平均 DS 指数可能是由所发生的某一焦点社会干预或其范围以外的影响因素（如其他社会干预、政府行动和社会经济趋势造成的改善）引起的（Mayne，2001；White，2010）。为控制这些外部影响，方案评估者采用实验和准实验研究设计，如随机对照试验或双重差分技术（Campbell，1969；Duflo & Kremer，2008；Epstein & Klerman，2012；Meyer，1995；White，2013）。这些研究设计以下列反事实的原则为指导："考虑造成差异的原因，它所产生的差异就是没有它时发生的情况。"（Lewis，1972）为计算这种差异，项目评估者首先需要创建对照组，对照组的个体具有与目标群体类似的特征却没有受到社会干预（Sorensen & Grove，1977），然后在 t = 1 时将对照组与目标群体的生活条件进行比较（White，2013）。与目标群体的平均 DS 指数一样，对照组的平均 DS 指数也通过加总未受干预的个体代表性样本的 DS 指数，然后除以未受干预样本中的个体数量来计算。目标群体和对照组的平均 DS 指数的差异表明：t = 1 时，社会干预可能会对目标群体造成一定的影响。下文我们把这个差异称为目标群体改善的 DS 指数。Suldo 等（2014）在研究中，将 55 名弱势学生群体随机分成 28 人的实验组和 27 人的对照组。实验组进行"为期 10 周的心理健康改善"（Suldo et al.，2014）而对照组没有接受心理援助服务。t = 1 时，实验组的生活满意度平均值为 7.3，而对照组的平均生活满意度为 6.7。据此，实验组的改善的生活满意度为 7.3 - 6.7 = 0.6。

社会价值创造的程度。在"要求 3：对不同社会经济和制度环境的控制"章节中，我们认为有效性是一个相对的概念。社会价值创造由一个组织缓解目标群体的相对劣势的程度反映出来。目标群体的社会需求等于其平均 DS 指数的社会性改善的最大可能程度。当 t = 1 时，目标群体的社会需求等于区域或国家的 DS 指数的阈值和对照组的平均 DS 指数之间的差异。当 t = 1 时，社会价值创造的程度表明了社会干预有助于满足目标群体需求的程度。如果社会干预在 t=1 时使目标群体的平均 DS 指数相对于对照组的平均 DS 指数有所提高，而且如果该组的平均 DS 指数还没有超过所属区域或国家的阈值，那么可以说社会干预创造了社会价值。实验组整体社会需求内改善的 DS 指数的嵌入性如图 3 所示。

由于社会价值创造被认为是相对的，在 t = 0 到 t = 1 阶段，社会价值创造的程度等于目标群体改善的 DS 指数除以 t = 1 时的绝对社会需要。社会价值创造程度的计算公式[①] 为：

$$\text{degree of SVC}_{i,t} = \frac{\text{DS index improved}_{i,j,t}}{\text{social need}_{i,j,t}} \tag{1}$$

其中，i = 干预，$\varepsilon = \{i = 1, 2, \cdots, I\}$；t = 时间点，$\varepsilon = \{t = 1\}$；j = 实验组，$\varepsilon = \{j = 1, 2, \cdots, J\}$。

在本文前半部分，我们讨论了 DS 指数可能的结构。如果用常数替代弹性函数（Rojas，2006）或包含二次和交叉项的模型进行 DS 聚合（Gonzalez et al.，2010），DS 指数的边际收益会随着 DS 指数的增加而减少。因此，高社会需求（低水平的个体 DS 指数）比低社会需求（高水平的个体 DS 指数）的 DS 指数往往更容易改善，且当目标群体的相对劣势相较于区域或国家 DS 指数阈值下降时，DS 指数的改善越小。这种边际收益递减如图 3 直角三角形所示。

社会价值创造程度的分析可能不只与一个时间段相关（见图 4）。

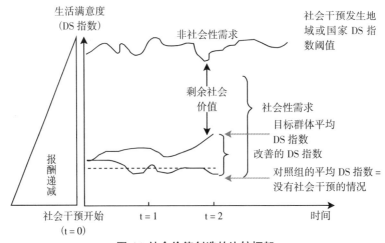

图 4　社会价值创造的比较框架

注：一个时间段以上的社会价值创造度等于社会价值创造在 t + 1 和 t 时间的差距。

① 为便于阅读，我们在方程中使用 "SVC" 来代替 "社会价值创造"。

如果时间超过了一个期间，社会价值创造的程度通过结束和开始时实验组的改善的 DS 指数的差值除以相应的社会需求计算：

$$\text{degree of SVC}_{i,(t+1-t)} = \text{degree of SVC}_i(t+1) - \text{degree of SVC}_i(t) \qquad (2)$$

$$\text{degree of SVC}_{i,(t+1-t)} = \left(\frac{\text{DS index improved}_{i,j,t+1}}{\text{social need}_{i,j,t+1}} \right) - \left(\frac{\text{DS index improved}_{i,j,t}}{\text{social need}_{i,j,t}} \right) \qquad (3)$$

其中，i = 干预，$\varepsilon = \{i = 1, 2, \cdots, I\}$；$t$ = 时间点，$\varepsilon = \{t = 1\}$；j = 目标群体，$\varepsilon = \{j = 1, 2, \cdots, J\}$。

案例中，美国的满意度阈值仍然是 7.4。因此，心理健康干预所创造的社会价值的计算公式为：

$$\text{degree of SVC}_{i,(t+1-t)} = \left(\frac{7.3 - 6.7}{7.4 - 6.7} \right) - \left(\frac{6.7 - 6.7}{7.4 - 6.7} \right) = 86 \text{ percent} \qquad (4)$$

图 4 还说明了目标群体和对照组平均 DS 指数之间的相互作用。对照组平均 DS 指数的增加表明，目标群体也受益于外部影响（例如，其他社会干预或社会经济效应）。对照组的平均 DS 指数的增加因此降低了目标群体改善的 DS 指数。甚至，对照组平均 DS 指数的增加幅度可能会超过目标群体的平均 DS 指数的增加幅度。如果目标群体的平均 DS 指数下降速度快于对照组的下降速度，或者如果目标群体的平均 DS 指数降低同时对照组的平均 DS 指数提高，这种可能性将增加。在这两种情况下，社会干预都会对目标群体的平均 DS 指数产生不利的影响（Bjurulf, Vedung & Larsson, 2013；Lingane & Olsen, 2004）。

发放小额贷款而不指导目标群体如何用于投资，是负面社会价值创造的一个实例。目标群体的成员可能只会消耗所收到的钱，无法偿还贷款而带来负债。在这种情况下，在 t=1 时，实验组的社会需求将不再由区域或国家的 DS 指数阈值和对照组的平均 DS 指数之间的差异表示；而是由区域或国家的 DS 指数阈值和实验组的平均 DS 指数之间的差异表示。此时，创造的社会价值程度的计算公式为：

$$\text{degree of SVC}_{i,(t+1-t)} = \left(\frac{\text{DS index improved}_{i,j,t+1}}{\text{remaining social impact}_{i,j,t+1}} \right)$$
$$- \left(\frac{\text{DS index improved}_{i,j,t}}{\text{remaining social impact}_{i,j,t}} \right) \qquad (5)$$

其中，i = 干预，$\varepsilon = \{i = 1, 2, \cdots, I\}$；$t$ = 时间点，$\varepsilon = \{t = 1\}$；j = 目标群体，$\varepsilon = \{j = 1, 2, \cdots, J\}$。

以上是社会干预的社会价值创造程度的计算方式，下文我们将继续将这一程度与另一社会干预的价值创造的程度进行对比。

社会价值创造的加权程度。目标群体受益于不同干预的大小往往不同，因此计算社会价值创造的程度时应根据受益于特定干预的个体数量进行加权：

$$\text{weighted degree of SVC}_{i,(t+1-t)} = w_{i,j,t+1} \times \left(\frac{\text{DS index improved}_{i,j,t+1}}{\text{social need}_{i,j,t+1}} \right)$$

$$- w_{i,j,t+1} \times \left(\frac{\text{DS index improved}_{i,j,t}}{\text{social need}_{i,j,t}} \right) \tag{6}$$

其中，i = 干预，$\varepsilon = \{i = 1, 2, \cdots, I\}$；t = 时间点，$\varepsilon = \{t = 1\}$；j = 目标群体，$\varepsilon = \{j = 1, 2, \cdots, J\}$；w = 权重 = 受益者数量，$\varepsilon = \{w = 1, 2, \cdots, W\}$。

以心理健康干预为例，社会价值创造的加权程度计算公式如下：不同社会干预的社会价值创造的权重要求在规定的时间跨度内进行比较。针对每一个时间跨度，又必须对每个社会干预的社会价值创造权重进行单独计算。单独计算是必要的，因为这两种干预可能涉及不同的社会经济背景和目标群体。由于社会价值创造的评估将被引用到地区或国家的 DS 指数阈值和对照组的平均 DS 指数，框架没有明确规定目标群体在定义的时间跨度内平均 DS 指数改善的绝对量。本文框架认为目标群体 DS 指数的改善应当考虑特定地区特定弱势目标群体的社会需要（见图 4）。本文案例中，我们对心理健康干预可能与尼加拉瓜假定的小额信贷干预进行比较，并参考了 Cox（2012）的研究，他评估了在 t = 1 时，尼加拉瓜垃圾倾倒区居民的平均生活幸福感为 5.1。[①] 此时，我们增加了虚拟的生活幸福感为 3.3 的对照组。根据 Abdallah 等（2007）的研究，在 t = 1 时尼加拉瓜满意度阈值为 6.5。接受 Cox（2012）访问的居民人数为 30 人。因此，尼加拉瓜的干预加权社会价值创造为：

$$\text{weighted degree of SVC}_{i,(t+1-t)} = 28 \times \left(\frac{7.3 - 6.7}{7.4 - 6.7} \right) - 28 \times \left(\frac{6.7 - 6.7}{7.4 - 6.7} \right)$$

$$= 28 \times 0.86 = 24.1 \tag{7}$$

$$\text{weighted degree of SVC}_{i,(t+1-t)} = 30 \times \left(\frac{5.1 - 3.3}{6.5 - 3.3} \right) = 16.9 \tag{8}$$

将美国的心理健康干预与尼加拉瓜小额信贷干预相比，尽管心理健康干预比小额信贷干预对生活满意度的提升幅度更低（单位边际效应），但其影响力却更强。

---

① Cox（2012）采用 7 点式李克特量表计算得出平均 LS 为 3.6，我们用 10 点式李克特量表将其转换为 5.1。然而，样本规模小限制了本案例和心理健康案例之间的比较。此外，Suldo 等（2014）通过 6 个测量项，并采用 6 点式量表，范围从 1（非常不同意）到 6（完全同意）来测量 LS。而 Cox（2012）用过 5 个测量项，采用 7 点式量表，用 1（非常不满意）到 7（非常满意）表示。考虑到之前的脚注，鉴于本文的研究目的，该类统计限制也可以被忽略。

讨　论

本文构建了一个社会价值比较的概念框架。该框架的建立主要基于以下几个流派的观点：①主观幸福感和生活满意度；②非营利性管理和公益创业；③项目评估；④组织的有效性。本文框架各个部分将上述不同流派的观点用新的方式结合起来，创造了一种可以比较不同社会经济和制度环境下的不同实验组不同需求的社会干预方法，从而回应了对响应这种框架要求的呼唤，以及明确填补了非营利管理和公益创业在评估框架研究方面的空白。基于合适的方法来量化和比较社会价值创造，我们的框架不仅克服了已有研究模型存在的缺点，还以不同方式为不同流派的文献做出了贡献。

统一的社会价值结构（比较不同的目标群体和需求）

本文所构建的模型通过展示将 LS 评级作为统计学证明的绩效指标应用于组织环境中的效用，有助于非营利管理和公益企业方面的研究。经济视角下，生活满意度主要用于评价不同国家的生活水平，以"推进政策的制定"等（Kroll & Delhe，2013；Diener et al.，2013；Petrucci & D'Andrea，2002；Rossouw & Pacheco，2012）。然而，用生活满意度评估组织绩效及比较其与其他组织绩效的应用极少（Becchetti，Castriota & Solferino，2011）。我们展示了这一方法是有前途的，通过我们的框架将 LS 作为统一的社会价值结构引入以辅助社会干预，其调准社会干预措施并包含不同目标群体的所有不同需求。我们建议将生活满意度评级视为统计学证明的绩效指标（Diener et al.，2013；Kroll & Delhey，2013），组织可以将其应用于不同目标群体和不同部门。我们还建议采用 DS 指数作为近似的 LS，因为 DS 指数加强了目标群体的特定需求和其 LS 水平之间的联系。当将社会干预的产出归因于预期目标群体提高的 LS 时，这种方法提高了精确度（Cummins，1996）。

前文所提的主观结构的高效性和可靠性可能伴随着缺点。其中，研究人员对满意度数据收集的统计量表和方法的差异就是其一。如 Cantril 的"生活阶梯量表"（Kroll & Delhey，2013）、"D-T 量表"（Diener，1984；Andrews & Withey，1974）都存在着统计分析结果不准确的可能。理想情况下，社会干预的比较应该采取相同的数据收集方法。还存在着"个体能适应不幸和恶劣条件"时评价失真的风险（Binder，出版中；Diener & Lucas，2000；Diener & Suh，1997），即当个体需求很低时，容易满足于当前已得到的服务。弱势群体在长期处于痛苦的情形下，其感知的生活满意度往往好于实际。例如，截瘫患者残疾的时间越长，他们接受干预的满意度可能越高。

然而，这种对不幸的适应性可能不适用于生活中的所有情况。以 Diener 和 Lucas (2000) 提供的个人无法适应恶劣生活的案例为例。Schyns (1998) 认为，可能存在的适应过程不影响国家间 DS 指数的比较，"因为适应过程或多或少是相同的"。此外，受访者的 DS 指数分别反映在每个领域。观察到的适应性并不会在所有领域都同样发生。因为当部分弱势群体多少适应低质生活时，并非所有领域的 DSs 都受到影响。在这种情况下，潜在的适应性不会在 DS 指数总体水平上反映在其全面强度上。主观调适问题对于没有长期面临不幸和恶劣生活条件的人来说，可能并不重要。根据 Layard (2010)、Oswald 和 Wu (2010)，以及 Lawless 和 Lucas (2011) 的观点，感知水平已被证明与"非自我报告测量"高度相关 (Sandvik、Diener & Seidlitz，1993)。然而，采用非自我报告指标互补评估是调节个体主观感受的一种方法 (Diener & Suh，1997；Rossouw & Pacheco，2012)，这会增加社会干预评估的成本 (Diener et al.，2013；Petrucci & D'Andrea，2002)。选择的非自我报告指标也可以控制 DS 指数评级的处理，因为政策制定者或社会干预者自身可能被引诱而影响受访者报告高于其实际感知的满意度 (Binder，出版中)。

社会因素（确定社会价值创造的"社会性"特征）

本文为非营利管理和公益企业方面的研究做出的一个重要贡献在于提供了社会要素（在社会价值创造讨论中的核心要素）的新概念。给定这一关键要素，本文补充了各方面的讨论，如明确社会干预在社会中的作用等。我们认为，社会干预主要是为生活满意度低于当地或国家阈值的个体服务。对生活满意度低于阈值的群体进行的干预构成了社会干预的"社会性"特征。原有的非营利管理文献缺乏对社会干预元素的通用解释和定义 (Nicholls，2008；Nicholls & Cho，2008；Polonsky & Grau，2011)。本文提出的研究框架有助于填补这一空白。

通过对社会干预的社会性特征进行界定，我们的框架还有助于对"本质上具有争议"(Choi & Majumdar，2014) 的公益创业概念适当定义的有关讨论的明晰 (Dacin et al.，2010；Weerawardena & Mort，2006；Zahra et al.，2009)。我们认为，公益创业关注的焦点主要是那些使低于地区或国家阈值的个体受益的行为。根据目标群体规模的大小，目标群体的平均 DS 指数的变化可能会导致 DS 指数阈值的变化。反对者可能认为，理论上可能通过简单地降低优势个体的 DS 指数来假装创造社会价值。然而，我们对社会价值创造的定义排除了这种情况，因为本文中只有当弱势群体的 DS 指数根本上提高时（即弱势群体的绝对价值创造超过了优势群体的绝对价值创造或降低水平），社会价值才会被创造。

基于不同社会经济和制度背景下的社会干预比较

本文在非营利管理和公益创业研究方面的另一大贡献是注意到对于社会干预考虑一个国家或地区的社会经济和制度环境的重要性（Austin et al.，2006；Dorado & Ventresca，2013；Kerlin，2006；Mair & Marti，2009；Mair，Marti & Ventresca，2012；Miller et al.，2012）。这些研究虽然为影响社会干预运作和发生的机构提供了有价值的见解，但其主要侧重于不同的情境效应本身。且仍旧遗留下还没有解决的问题，如对不同地区或国家的社会干预进行比较时如何对社会经济和制度环境进行控制。部分学者在对社会价值创造进行概念化的过程中完全不考虑情境的影响（Nicholls & Cho，2008；Swanson & Di Zhang，2010；Weerawardena & Mort，2006）。我们的框架正好能填补这一研究巨大的空白。我们建议根据特定地区或国家的社会经济和体制条件决定的社会需求背景来评估改善的 DS 指数。反过来，社会需求被定义为一个地区或国家目标群体的相对劣势的程度，表示该地区或国家的 DS 指数阈值和目标群体的平均 DS 指数之间的绝对差异。本文框架为比较不同社会经济和体制环境下的不同的社会干预提供了一个有理论基础的、简单的、有意义的方法。

通过将社会需求中的改善的 DS 指数融入相关背景，本文还对项目评估的文献进行了补充。大多数研究人员只将价值创造视为目标群体的绝对生活条件改善（Duflo & Kremer，2008；Meyer，1995）或认为价值创造表示目标群体的生活状况的改进率（Banerjee，Duflo，Glennerster & Kinnan，2010；Crepo，Devoto，Duflo & Pariente，2011）。然而，比较改进率可能会在小范围内夸大社会干预的有效性，从而误导结论（见要求3）。本文研究框架克服了这一研究局限。我们建议分析社会干预的价值创造不仅仅分析绝对项（即评估目标群体在 t = 1 时平均 DS 指数的改进），还需对实施社会干预的相关地区或国家目标群体的需求加以关注。因此，在我们的框架中，不要求学生的福祉得到多大比率的改善，而更注重社会干预满足他们社会需要的程度。在心理健康干预的例子中（Suldo et al.，2014），当社会需求为0.7 时，LS 改善为0.6，表明干预能解决86%的需求；而在第二个例子中，社会需求为3.2，目标群体 LS 改善为1.8，仅满足了56%的需求。

然而，通过框架中的实验和准实验分析来计算实验组在 t = 1 时平均 DS 指数的改进，可以发现我们的框架存在着如下的研究设计缺点：随机对照试验需要的实验组一般比社会干预的目标群体大得多。Epstein 和 Klerman（2012）建议目标样本的数量至少要是研究受益群体人数的两倍。为提高统计的准确性，实验组的样本量也必须足够大。这个要求限制了本文方法对小型和中型干预的适用性，这些干预的目标人数可能不足以满足必要的样本大小。一些反对者指出，社会干预往往缺乏时间和其他资源来进行随机对照试验（Figueredo & Sechrest，2001；Holma & Kontinen，

2011）。Holma 和 Kontinen（2011）查明，对于许多社会干预来说，"由于缺乏资源和能力，实验评价通常超出他们的能力范围"。这一说法得到了 Duflo 和 Kremer（2008）的证实。基于大量的随机对照试验，研究者认为这样的研究"需要投入大量的劳动和花费，但不如其他的数据收集方法"。而本文框架主要以自我报告的感知方法收集数据，"既相对经济又易于管理"（Diener et al., 2013）。Tay 等（2013）认为，即使考虑到采取多种措施，如 DS 指数，调查的复杂程度和时间跨度都显著低于其他评价方法。Bamberger、Rugh、Church 和 Fort（2004）已经断言，"成本和时间的节省往往可以通过减少调查方法的时间跨度和复杂性来实现"。

减少社会干预样本规模和评估成本的另一种方式是降低统计功效（Lipsey，1990）。这种替代方法是针对干预者不能或不愿意满足随机对照试验研究要求的最实际也是最有效的方法（Bamberger et al., 2004）。例如，如果随机对照试验研究不适用于评估实验组 DS 指标的改善，那么诸如倾向得分匹配或者双重差分方法的准实验设计可以提供替代解决方案（Duflo & Kremer, 2008；Meyer，1995；White，2013）。准实验设计利用统计方法构建一个类似于随机对照实验中的对照组并具备相同特性的比较组（White, 2013）。正如 Duflo 和 Kremer（2008）所指出的，围绕准实验设计的关注包括变量的遗漏和结果的美化。他们认为，"不能随意采用非随机的评价方法"。当"有强有力的证据表明在没有处理的情况下两个组可以跨期比较"时，使得一个对照组非必要的前后对照研究设计也可能成为一个选择（Meyer，1995）。White（2010）指出，因果关系在许多科学领域都是无法用事实证明的，如"月亮引起潮汐的分析"。对于运营模型简单的社会干预来说，前后对照研究设计可能近似于实验组 DS 指数的改进。

总之，测量实验组改善的 DS 指数具有挑战性且需要谨慎评估，本文框架亦是如此。然而，有几个经过验证的研究设计，能够在我们描述的条件下充分测量实验组 DS 指数的改善。因此，我们相信即使在此时，本文提出的框架也能够反映实验组 DS 指数的变化。Duflo 和 Kremer（2008）认为，有可能自由地扩大随机评价的使用范围。因此，未来进一步开发适当的研究设计是可能的且可取的。《评估 2012 年贡献分析特别报告》显示，机构投资者和政客们因评价方法的发展而承受着日益增大的压力。16 个欧洲硕士学位课程专门致力于评估课程；"被越来越多地使用，尤其是在经济学和政治学界中一系列评价方法中运用"（White，2013）；以及发展银行资助的评估研究越来越多（White，2010）。

功能模型的自主性（框架基础）

我们通过论证针对特定的社会环境的功能模型的适当性、独立性和合法性，对组织有效性文献做出贡献。我们通过比较社会价值创造的框架，得出了如下结论：

社会干预的有效性是由它能够满足目标群体需求的程度决定的。不同于其他有效性模型，如目标或资源模型，功能模型的实用性在于它能够捕捉社会干预的有效性：功能模型决定了社会干预造福社会的目标，同时指出社会经济和制度条件对于社会干预的重要性（Parsons，1956；Webb，1974；Connolly et al.，1980）。功能模型将有效性定义为相对而不是绝对的结构（Lewin & Minton，1986），允许我们将社会价值创造以相对量的形式加以展示。通过展示功能模型对我们框架的效用，我们拓展了对组织有效性理论的现有认知，以及在特定的非营利背景下的适用性。

理论和研究启示

本文框架具有如下几个关键的理论意义。第一点也是最重要的一点，本文提出了一种能够比较在不同国家和地区，服务于不同目标群体的异质性社会干预的社会价值创造的方法，推进了非营利性管理和公益创业研究的发展。由于目前的主导模式不可能比较异质性干预措施创造的社会价值，这对于目前主导模式是一次挑战。与商业价值创造的逻辑相分离，本文的方法明显区别于现有社会领域的研究（Bagnoli & Megali，2011；Diochon & Anderson，2009；McLoughlin et al.，2009；Swanson & Di Zhang，2010），为主流原理提供了一个全新的视角。我们的研究表明，将社会价值创造从商业价值创造逻辑中分离出来并应用于我们的框架，或任何其他的新视角，都是今后在非营利部门测量和比较研究中颇具前景的方法。

此外，我们的研究对备受争议的"社会"的含义具有意义，推进了对社会领域中"社会"的理解。这种理解有助于将公益企业与一般企业类型进行区分（Dacin et al.，2010；Harris，Sapienza & Bowie，2009；McMullen，2010；Short，Moss & Lumpkin，2009；Swanson & Di Zhang，2010）。对公益创业更精确地理解"将扩大我们对这一价值现象的理解，促进管理战略的发展，帮助那些实行公益创业的企业"（Dacin et al.，2010）。

我们对"社会"的新诠释可能也适用于界定尚存争议的（Gjoeldberg，2009）企业社会责任概念。Clarkson断言，"失败，连同对企业社会责任的定义和含义的混淆和误解，是对社会的模糊性理解的直接结果"。根据本文对"社会"的定义和研究表明，履行社会责任的企业主要有益于弱势利益相关方或弱势社会群体。这一发现可能会迅速改变相关文献中对企业社会责任的论述。未来的研究可以探讨我们对社会的理解适用于企业社会责任概念的程度。

我们的框架也对不同国家背景下对企业社会责任进行测量时"缺乏可行测量方法"的问题具有意义（Costa & Menichini，2013）。研究者认为，这些国家的企业社会责任活动存在差异是由于"长期的、历史性根深蒂固的制度"引起的（Matten & Moon，2008；Gjoeldberg，2009；Kim，Amaeshi，Harris & Suh，2013）。因此，测量方法"必须能够在不同的政治经济体系下测量企业社会责任"（Gjoeldberg，2009）。我的框架表明，国家满意度阈值是一个地区或国家的社会经济和制度条件的产物。国家满意度阈值可能会将企业社会责任活动嵌入特定的背景中。国家或其他满意度评级的感知特征也符合 Gallardo-vázquez 和 Sanchez Hernandez（2014）的研究；这些研究者将感知评级称为"原始的、有效的以及可靠的企业社会责任测量"。鉴于这一声明，我们的框架有助于寻找适当的指标来衡量企业社会责任活动。Turker（2008）、Costa 和 Menichini（2013）论证了利益相关方对公司承诺的认知评级的适用性。我们的框架往前跨越了一步，因为利益相关方（社会干预的目标群体）不仅对组织的社会承诺进行了评级，也对组织的社会活动对其福祉的影响进行了评估。未来的研究应探讨将生活满意度评级作为企业社会绩效衡量指标的适应性。

本文提出的社会价值创造框架也对主观幸福感研究产生了影响。很少有定量研究使用生活满意度评级来评估社会干预的影响（Becchetti et al.，2011；Suldo et al.，2014）。我们的框架表明这些研究指明了一个有前途的方向，并呼吁展开更多此类实证研究。

未来研究的一个重要方向在于通过实证研究检验这个框架。我们希望未来学者们可以详细说明我们对框架实施的建议和指导，并在此基础上展开初步的实证研究。在此背景下，我们与 Duflo 和 Kremer（2008）同样呼吁展开更多评估设计的研究。除了比较研究实验和准实验设计，解决贡献与归属问题的评估技术发展将扩大本研究框架的适用性。我们认为，项目评估应评估有关特定地区或国家特定目标群体社会需求的社会干预的价值创造。这种相关评估对于评估在其他背景下复制程序的外部有效性十分重要（Stame，2010；Tilley，1996）。目前的项目评估研究者们假设，当评估在不同的设定中体现了相似的绝对结果时，社会干预的影响可以被推广（Bold，Kimenyi，Mwabu & Sandefur，2013；Duflo，Glennerster & Kremer，2007；Woolcook，2013）。然而，将各个国家社会需求的研究结果联系起来测试该假设下的通用性是有价值的。将社会干预的绝对影响情境化于社会需求中，允许人们对特定情境下关于道路、灌溉、现金转移、免疫、法制改革相对优点进行有一定程度信心的讨论，即基于适当的度量标准、理论、实践……变化轨迹（Woolcook，2013）。

我们的研究对组织有效性理论有一定影响。我们为组织有效性理论研究做出的贡献在于，阐述了功能模型在非营利组织背景下的自主性和组织有效性研究领域中的明确合法性。由于公益企业具有特殊的特征和特定的背景，主要追求功能模型中假定的组织目的：利于社会。不同于在商业背景下的案例，在非营利背景下确保自己的生存能力最终被视为达到目的的手段。在特定的非营利背景下，功能模型较其他完整的多元组织有效性模型更具适用性。因此，我们建议将功能模型重新引入作为组织有效性文献中的一个独立自主的选项。并特别强调在组织有效性方面和一般非营利组织方面的相关文献中加强功能模型的相关性。Cameron 和 Whetten（1983）也支持这一观点，他们认为"多元观点均合理，但它们的背景不同且存在于不同类型的组织"。通过证明，功能模型（已建立的组织有效性混合的模型）可被视为社会背景下自主性的方法，我们假设存在特别适合于特定形式的更独立的混合形式的空间。Cameron 和 Whetten（1983）早期的建议支持了这个观点，他们建议识别组织有效性结构的复合性质，并系统整合现有模型与其他模型。扩展他们的讨论，我们认为未来研究可以探讨更多的混合类型的有效性模型，该有效性模型可以整合一些原有的模型现阶段无关的特征，且比传统的原有模型更适用于特定的领域和情境。

实践意义

本文提出的社会价值创造框架可能会影响社会干预的各类利益相关方，尤其是非营利组织和公益企业的管理者、影响力投资者、企业和政府。对于非营利组织和公益企业管理者，跨部门和跨国家的可比性可能会增加社会干预者之间的竞争（McLoughlin et al.，2009）。社会企业和其他社会组织"在展现他们的工作成果上面临着来自捐赠者和公众愈来愈大的压力"（Holma & Kontinen，2011）。如果我们的框架是可操作、可应用的，捐赠者和公众的期望可能会增加。尽管部分公益企业和慈善机构会将它们视为不可接受的，但其余的公益企业和慈善机构可能会接受这样的要求，因为非营利性干预的管理者通常希望通过其他成熟的社会干预措施来衡量自己干预的社会价值创造的权重程度（Lingane & Olsen，2004）。将区域或国家的 DS 指数阈值作为标杆有助于区分社会和非社会性的活动，从而使组织将自身认为是社会组织声称的部分合理化（Bitektine，2011）。

我们的框架对影响力投资者（新类型的投资者）也具有价值（Nicholls，2009）。与传统的投资者不同，影响力投资者积极寻求潜在的投资选择机会的社会绩效并为公益企业提供金融和非金融支持（Lingane & Olsen，2004；Mair & Hehenberger，出版中）。由于社会标准在影响力投资者筛选和尽职调查过程中是至关重要的，他们对比较潜在影响投资选择的社会效能特别感兴趣（Buckmaster，1999；Miller et al.，2012）。由于可进行异质性干预之间的比较，我们的框架有助于影响力投资者的投资决策。从而为应对社会证券交易（Social Stock Exchange）所面临的最大挑战之一——（难以选择的问题）奠定良好的基础（*The Daily Beast*，2008）。跨部门和跨国家的比较将使得社会证券交易所能够为股东投资提供一个简单而有用的决策标准。

本文框架对企业社会报告也存在影响。商业企业常常被指责美化他们的社会行为（Bouten, Everaert, Liedekerke & De Moor, 2011; Font, Walmsley, Cogotti, McCombes & Hdusler, 2012）。根据 Bouten 等（2011）的观点，如果企业"详尽阐述他们的 CSR 承诺的履行和实现的结果"，将会提高其社会报告的可信度。我们的框架使企业能够评估有利于弱势利益相关者群体境况的结果，可能有助于提高其社会报告的可信度。此外，目前的企业社会责任报告更多关注的是环境绩效而非社会绩效，这可能是由社会绩效评估的困难性造成的（Hahn & Kiihnen, 2013; Font et al., 2012）。我们的框架有助于解决这些困难。如果公司采用我们的方法，将会增加对社会业绩的关注。因为我们的框架考虑了区域或国家的社会经济和制度条件，因而对跨国公司具有特别的价值。毕竟，"由于文化差异、社会道德标准及政府法规的不同，在不同国家和地区，企业实行的报告也会有所不同"（Hahn & Kiihnen, 2013; Golob & Bartlett, 2007）。

最后，政府可以通过优先资助最有效的社会干预进而完善自己处理社会问题的方式，实现一个地区或国家的个体满意度的补充或替代（Ura et al., 2012; Sen, 1985）。

结　论

正如在文献综述中所指出的，比较不相关的社会干预一度被认为不可能。然而，本文所提出的框架表明，进行跨部门和跨国家的社会干预比较是切实可行的。因此，本文有助于解决一个久远的问题：在不同社会经济和制度环境下，如何对服务于特定目标群体需求的不相关的社会干预进行比较。希望本文能启发其他学者完善本文所构建的框架，或者使用新的替代方法对跨部门和跨国家的社会价值创造进行比较。

参考文献

［1］Abdallah, S., Thompson, S., & Marks, N. 2007. Estimating worldwide life satisfaction. Ecological Economics, 65（1）: 35–47.

［2］Anand, P., Hunter, G., Carter, I., Dowding, K., Guala, F., & Van Hees, M. 2009. The development of capability indicators. Journal of Human Development and Capabilities, 10: 125–152.

［3］Andrews, F. M., & Withey, S. B. 1974. Developing measures of perceived life quality: Results from several national surveys. Social Indicator Research, 1: 1–26.

［4］Austin, J., Stevenson, H., & Wei–Skillern, J. 2006. Social and commercial entrepreneurship: Same, different, or both? Entrepreneurship Theory and Practice, 30: 1–23.

［5］Bagnoli, L., & Megali, C. 2011. Measuring performance in social enterprises. Nonprofit and Voluntary Sector Quarterly, 40: 149–165.

［6］Bamberger, M., Rugh, J., Church, M., & Fort, L. 2004. Shoestring evaluation: Designing impact evaluations under budget, time and data constraints. The American Journal of Evaluation, 25: 5–37.

［7］Banerjee, A., Duflo, E., Glennerster, R., & Kinnan, C. 2010. The miracle of microfinance? Evidence from a randomized evaluation. Working Paper No. 18950, National Bureau of Economic Research, Cambridge, MA.

［8］Becchetti, L., Castriota, S., & Solferino, N. 2011. Development projects and life satisfaction: An impact study on fair trade handicraft producers. Journal of Happiness Studies, 12: 115–138.

［9］Beja, E. L., & Yap, D. B. 2013. Counting happiness from the individual level to the group level. Social Indicator Research, 114: 621–637.

［10］Berger, P. L., & Luckmann, T. 1967. The social construction of reality. New York: Anchor Books.

［11］Binder, M. In press. Subjective well–being capabilities: Bridging the gap between the capability approach and subjective well–being research. Journal of Happiness Studies.

［12］Bitektine, A. 2011. Toward a theory of social judgments of organizations: The case of legitimacy, reputation, and status. Academy of Management Review, 36: 151–179.

［13］Bjurulf, S., Vedung, E., & Larsson, C. G. 2013. A triangulation approach to impact evaluation. Evaluation, 19: 56–73.

［14］Bold, T., Kimenyi, M., Mwabu, A. N., & Sandefur, J. 2013. Scaling up what works: Experimental evidence on external validity in Kenyan education. Working Paper No. 321, Center for Global Development, Washington, DC.

［15］Boschee, J. 2008. Social entrepreneurship: The promise and the perils. In A. Nicholls (Ed.), Social entrepreneurship: New models of sustainable social change: 356–391. Oxford: Oxford University Press.

［16］Bouten, L., Everaert, P., Liedekerke, L. V., & De Moor, L. 2011. Corporate social responsibility reporting: A comprehensive picture? Accounting Forum, 35: 187–204.

［17］Bradburn, N. M. 1969. The structure of psychological well–being. Chicago: Aldine.

［18］Buckmaster, N. 1999. Associations between outcome measurement, accountability and learning for non–profit organizations. International Journal of Public Sector Management, 12: 186–197.

［19］Burdge, R. J., & Vanclay, F. 1996. Social impact assessment: A contribution to the state of the art series. Impact Assessment, 14: 59–86.

[20] Busseri, M. A., & Sadava, S. W. 2011. A review of the tripartite structure of subjective well-being: Implications for conceptualization, operationalization, analysis, and synthesis. Personality and Social Psychology Review, 15: 290-314.

[21] Cameron, K. S. 1986. Effectiveness as paradox: Consensus and conflict in conceptions of organizational effectiveness. Management Science, 32: 539-553.

[22] Cameron, K. S., & Whetten, D. A. 1983. Some conclusions about organizational effectiveness. In K. Cameron & D. A. Whetten (Eds.), Organizational effectiveness. A comparison of multiple models: 261-277. New York: Academic Press.

[23] Campbell, A., Converse, P. E., & Rodgers, W. L. 1976. The quality of American life: Perceptions, evaluations, and satisfactions. New York: Russell Sage Foundation.

[24] Campbell, D. T. 1969. Reforms as experiments. The American Psychologist, 24: 409-429.

[25] Campbell, D. T. 2002. Outcomes assessment and the paradox of nonprofit accountability. Nonprofit Management & Leadership, 12: 243-259.

[26] Carp, F. M., & Carp, A. 1982. Test of a model of domain satisfactions and well-being: Equity considerations. Research on Aging, 4: 503-522.

[27] Chell, E. 2007. Social enterprise and entrepreneurship: Towards a convergent theory of the entrepreneurial process. International Small Business Journal, 25: 5-26.

[28] Choi, N., & Majumdar, S. 2014. Social entrepreneurship as an essentially contested concept: Opening a new avenue for systematic future research. Journal of Business Venturing, 29: 363-376.

[29] Clark, C., Rosenzweig, W., Long, D., & Olsen, S. 2004. Double bottom line project report: Assessing social impact in double bottom line ventures. Working Paper No. 13, University of California, Berkeley.

[30] Clarkson, M. B. E. 1995. A stakeholder framework for analyzing and evaluating corporate social performance. Academy of Management Review, 20: 92-117.

[31] Colby, S., Stone, N., & Carttar, P. 2004. Zeroing in on impact: In an era of declining resources, nonprofits need to clarify their intended impact. Stanford Social Innovation Review, 2: 24-33.

[32] Connolly, T., Colon, E. J., & Deutsch, S. J. 1980. Organizational effectiveness: A multiple-constituency approach. Academy of Management Review, 5: 211-217.

[33] Costa, R., & Menichini, T. 2013. A multidimensional approach for CSR assessment: The importance of the stakeholder perception. Expert Systems with Applications, 40: 150-161.

[34] Cox, K. 2012. Happiness and unhappiness in the developing world: Life satisfaction among sex workers, dumpdwellers, urban poor, and rural peasants in Nicaragua. Journal of Happiness Studies, 13: 103-128.

[35] Crepon, B., Devoto, F., Duflo, E., & Parienté, W. 2011. Impact of microcredit in

rural areas of Morocco: Evidence from a randomized evaluation. Working Paper, J-PAL Europe, MIT.

[36] Cummins, R. A. 1996. The domains of life satisfaction: An attempt to order chaos. Social Indicator Research, 38: 303-328.

[37] Cummins, R. A., Eckersley, R., Pallant, J., Van Vugt, J., & Misajon, R. 2003. Developing a national index of subjective wellbeing: The Australian unity wellbeing index. Social Indicator Research, 64: 159-190.

[38] Cunningham, J. B. 1977. Approaches to evaluation of organizational effectiveness. Academy of Management Review, 2: 463-474.

[39] Dacin, P. A., Dacin, M. T., & Matear, M. 2010. Social entrepreneurship: Why we don't need a new theory and how we move forward from here. The Academy of Management Perspectives, 24: 37-57.

[40] The Daily Beast. 2008. A stock exchange for do-gooders, May 31: http://www.thedailybeast.com/newsweek/2008/05/31/a-stock-exchange-for-do-gooders.html.

[41] Davis, P. S., & Pett, T. L. 2002. Measuring organizational efficiency and effectiveness. Journal of Management Research, 2: 87-97.

[42] Dees, J. G. 1998. Enterprising nonprofits: What do you do when traditional sources of funding fall short? Harvard Business Review, 55-67.

[43] Denison, D. 1990. Corporate culture and organizational effectiveness. New York: Wiley.

[44] Di Domenico, M. L., Haugh, H., & Tracey, P. 2010. Social bricolage: Theorizing social value creation in social enterprises. Entrepreneurship Theory and Practice, 34: 681-703.

[45] Diener, E. 1984. Subjective well-being. Psychological Bulletin, 95: 542-575.

[46] Diener, E., Inglehart, R., & Tay, L. 2013. Theory and validity of life satisfaction scales. Social Indicator Research, 112: 497-527.

[47] Diener, E., & Lucas, R. E. 2000. Explaining differences in societal levels of happiness: Relative standards, need fulfillment, culture, and evaluation theory. Journal of Happiness Studies, 1: 41-78.

[48] Diener, E., & Suh, E. 1997. Measuring quality of life: Economic, social, and subjective indicators. Social Indicator Research, 40: 189-216.

[49] Diochon, M., & Anderson, A. R. 2009. Social enterprise and effectiveness: A process typology. Social Enterprise Journal, 5: 7-29.

[50] Donaldson, T. 2001. The ethical wealth of nations. Journal of Business Ethics, 31: 25-36.

[51] Dorado, S., & Ventresca, M. J. 2013. Crescive entrepreneurship in complex social problems: Institutional conditions for entrepreneurial engagement. Journal of Business Venturing, 28: 69-82.

[52] Duflo, E., Glennerster, E., & Kremer, M. 2007. Using randomization in development economics research: A toolkit. Working Paper No. 6059, Centre for Economic Policy Research, London.

[53] Duflo, E., & Kremer, M. 2008. Use of randomization in the evaluation of development effectiveness. Boston: MIT Economics. Available at http: //economics.mit.edu/files/ 2785.

[54] Early, L. T. 2005. Editorial. The philanthropic enterprise: Reassessing the means and ends of philanthropy. Journal of Economic Affairs, 25: 2-4.

[55] Emerson, J. 2003. The blended value proposition: Integrating social and financial returns. California Management Review, 45: 35-51.

[56] Epstein, D., & Klerman, J. A. 2012. When is a program ready for rigorous impact evaluation? The role of falsifiable logic model. Evaluation Review, 36: 375-401.

[57] Erdogan, B., Bauer, T. N., Truxillo, D. M., & Mansfield, L. R. 2012. Whistle while you work: A review of the life satisfaction literature. Journal of Management, 38: 1038-1083.

[58] Esteves, A. M., Franks, D., & Vanclay, F. 2012. Social impact assessment: The state of the art. Impact Assessment and Project Appraisal, 30: 34-42.

[59] Etzioni, A. 1960. Two approaches to organizational analysis: A critique and a suggestion. Administrative Science Quarterly, 5: 257-278.

[60] Figueredo, A. J., & Sechrest, L. 2001. Approaches used in conducting health outcomes and effectiveness research. Evaluation and Program Planning, 24: 41-59.

[61] Finsterbusch, K. 1985. State of the art in social impact assessment. Environment and Behavior, 17: 193-221.

[62] Finsterbusch, K. 1995. In praise of SIA—A personal review of the field of social impact assessment: Feasibility, justification, history, methods, issues. Impact Assessment, 13: 229-252.

[63] Font, X., Walmsley, A., Cogotti, S., McCombes, L., & Hausler, N. 2012. Corporate social responsibility: The disclosure performance gap. Tourism Management, 33: 1544-1553.

[64] Forbes, D. 1998. Measuring the unmeasurable: Empirical studies of nonprofit organization effectiveness. Nonprofit and Voluntary Sector Quarterly, 27: 183-202.

[65] Foundation Center. 2012. Tools and resources for assessing social impact. TRASI database: http: //trasi.foundation center.org/browse.php.

[66] Gallardo-Vázquez, D., & Sanchez-Hernandez, M. I. 2014. Measuring corporate social responsibility for competitive success at a regional level. Journal of Cleaner Production, 72: 14-22.

[67] Georgopoulos, B. S., & Mann, F. C. 1962. The community general hospital. New York: Macmillan.

[68] Gjoeldberg, M. 2009. Measuring the immeasurable? Constructing an index of CSR practices and CSR performance in 20 countries. Scandinavian Journal of Management, 25: 10-22.

[69] Golob, U., & Bartlett, J. L. 2007. Communicating about corporate social responsibility: A comparative study of CSR reporting in Australia and Slovenia. Public Relations Review, 33: 1-9.

[70] Gonzalez, M., Coenders, G., Saez, M., & Casas, F. 2010. Nonlinearity, complexity and limited measurement in the relationship between satisfaction with specific life domains and

satisfaction with life as a whole. Journal of Happiness Studies, 11: 335-352.

[71] Grimes, M. 2010. Strategic sensemaking within funding relationships: The effects of performance measurement on organizational identity in the social sector. Entrepreneurship Theory and Practice, 34: 763-783.

[72] Hahn, R., & Kühnen, M. 2013. Determinants of sustainability reporting: A review of results, trends, theory, and opportunities in an expanding field of research. Journal of Cleaner Production, 59: 5-21.

[73] Hannan, M. T., & Freeman, J. 1977. Obstacles to comparative studies. In P. S. Goodman & J. M. Pennings (Eds.), New perspectives on organizational effectiveness: 106-131. San Francisco: Jossey-Bass.

[74] Harris, J. D., Sapienza, H. J., & Bowie, N. E. 2009. Ethics and entrepreneurship. Journal of Business Venturing, 24: 407-418.

[75] Henri, J.-F. 2004. Performance measurement and organizational effectiveness: Bridging the gap. Managerial Finance, 30: 93-123.

[76] Herman, R. D. 1990. Methodological issues in studying the effectiveness of nongovernmental and nonprofit organizations. Nonprofit and Voluntary Sector Quarterly, 19: 293-306.

[77] Herman, R. D., & Renz, D. O. 2008. Advancing nonprofit organizational effectiveness research and theory: Nine theses. Nonprofit Management & Leadership, 18: 399-415.

[78] Hervieux, C., Gedajlovic, E., & Turcotte, M. F. B. 2010. The legitimization of social entrepreneurship. Journal of Enterprising Communities: People and Places in the Global Economy, 4: 37-67.

[79] Holma, K., & Kontinen, T. 2011. Realistic evaluation as an avenue to learning for development NGOs. Evaluation, 17: 181-192.

[80] Hsieh, C.-M. 2003. Counting importance: The case of life satisfaction and relative domain importance. Social Indicator Research, 61: 227-240.

[81] ICGP (Interorganizational Committee on Guidelines and Principles for Social Impact Assessment). 1994. Guidelines and principles for social impact assessment. http://www.nmfs.noaa.gov/sfa/social_impact_guide.htm.

[82] ICGP (Interorganizational Committee on Guidelines and Principles for Social Impact Assessment). 2003. Principles and guidelines for social impact assessment in the United States. Impact Assessment and Project Appraisal, 21: 231-250.

[83] Kerlin, J. A. 2006. Social enterprise in the United States and Europe: Understanding and learning from the differences. Voluntas: Voluntas, 17: 247-263.

[84] Keyes, C. L. M. 1998. Social well-being. Social Psychology Quarterly, 61: 121-140.

[85] Kim, C. H., Amaeshi, K., Harris, S., & Suh, C.-J. 2013. CSR and the national institutional context: The case of South Korea. Journal of Business Research, 66: 2581-2591.

[86] Kroll, C., & Delhey, J. 2013. A happy nation? Opportunities and challenges of using

subjective indicators in policy-making. Social Indicator Research, 114: 13-28.

[87] Lawless, N. M., & Lucas, R. E. 2011. Predictors of regional well-being: A country level analysis. Social Indicator Research, 101: 341-357.

[88] Layard, R. 2010. Measuring subjective well-being. Science, 327: 534-535.

[89] Lecy, J. D., Schmitz, H. P., & Swedlund, H. 2012. Nongovernmental and not-for-profit organizational effectiveness: A modern synthesis. Voluntas: International Journal of Voluntary and Nonprofit Organizations, 23: 434-457.

[90] Lewin, A. Y., & Minton, J. W. 1986. Determining organizational effectiveness: Another look, and an agenda for research. Management Science, 32: 514-538.

[91] Lewis, D. 1972. Causation. The Journal of Philosophy, 70: 556-567.

[92] Lingane, A., & Olsen, S. 2004. Guidelines for social return on investment. California Management Review, 46 (3): 116-135.

[93] Lipsey, M. W. 1990. Design sensitivity: Statistical power for experimental research. Newbury Park, CA: Sage.

[94] Locke, E. A. 1969. What is job satisfaction? Organizational Behavior and Human Performance, 4: 309-336.

[95] Lockie, S. 2001. SIA in review: Setting the agenda for impact assessment in the 21st century. Impact Assessment and Project Appraisal, 19: 277-287.

[96] Mair, J., & Hehenberger, L. In press. Front stage and back stage convening: The transition from opposition to mutualistic co-existence in organizational philanthropy. Academy of Management Journal.

[97] Mair, J., & Marti, I. 2006. Social entrepreneurship research: A source of explanation, prediction, and delight. Journal of World Business, 41: 36-44.

[98] Mair, J., & Marti, I. 2009. Entrepreneurship in and around institutional voids: A case study from Bangladesh. Journal of Business Venturing, 24: 419-435.

[99] Mair, J., Marti, I., & Ventresca, M. J. 2012. Building inclusive markets in rural Bangladesh: How intermediaries work institutional voids. Academy of Management Journal, 55: 819-850.

[100] Mallard, A. G. C., Lance, C. E., & Michalos, A. C. 1997. Culture as a moderator of overall life satisfaction—Life facet satisfaction relationships. Social Indicator Research, 40: 259-284.

[101] Martin, R. L., & Osberg, S. 2007. Social entrepreneurship: The case for definition. Stanford Social Innovation Review, 5: 29-39.

[102] Matten, D., & Moon, J. 2008. "Implicit" and "explicit" CSR: A conceptual framework for a comparative understanding of corporate social responsibility. Academy of Management Review, 33: 404-424.

[103] Matthews, J. R. 2011. Assessing organizational effectiveness: The role of performance measures. The Library Quarterly, 81: 83-110.

［104］ Mayne, J. 2001. Addressing attribution through contribution analysis: Using performance measures sensibly. The Canadian Journal of Program Evaluation, 16: 1-24.

［105］ McLoughlin, J., et al.. 2009. A strategic approach to social impact measurement of social enterprises. The simple methodology. Social Enterprise Journal, 5: 154-178.

［106］ McMullen, J. S. 2010. Delineating the domain of development entrepreneurship: A market-based approach to facilitating inclusive economic growth. Entrepreneurship Theory and Practice, 35: 185-193.

［107］ Meyer, B. D. 1995. Natural and quasi-experiments in economics. Journal of Business & Economic Statistics, 13: 151-161.

［108］ Miller, T. L., Grimes, M. G., McMullen, J. S., & Vogus, T. J. 2012. Venturing for others with heart and head: How compassion encourages social entrepreneurship. Academy of Management Review, 37: 616-640.

［109］ Miller, T. L., & Wesley, C. L. 2010. Assessing mission and resources for social change: An organizational identity perspective on social venture capitalists' decision criteria. Entrepreneurship Theory and Practice, 34: 705-733.

［110］ Nicholls, A. (Ed.). 2008. Social entrepreneurship: New models of sustainable social change. Oxford: Oxford University Press.

［111］ Nicholls, A. 2009. "We do good things, don't we?": "Blended value accounting" in social entrepreneurship. Accounting, Organizations and Society, 34: 755-769.

［112］ Nicholls, A., & Cho, A. 2008. Social entrepreneurship: The structuration of a field. In A. Nicholls (Ed.), Social entrepreneurship: New models of sustainable social change: 99-118. Oxford: Oxford University Press.

［113］ OECD. 2014. Society at a glance 2014: OECD social indicators. http://dx.doi.org/10.1787/soc_glance-2014-en.

［114］ Oswald, A. J., & Wu, S. 2010. Objective confirmation of subjective measures of human well-being: Evidence from the U.S.A. Science, 327: 576-579.

［115］ Parsons, T. 1956. Suggestions for a sociological approach to a theory of organizations. Administrative Science Quarterly, 1: 63-85.

［116］ Paton, R. 2003. Managing and measuring social enterprises. London: Sage.

［117］ Petrucci, A., & D'Andrea, S. S. 2002. Quality of life in Europe: Objective and subjective indicators: A spartial analysis using classification techniques. Social Indicator Research, 60: 55-88.

［118］ Phills, J. A., Deiglmeier, K., & Miller, D. T. 2008. Rediscovering social innovation. Stanford Social Innovation Review, 6: 34-43.

［119］ Polonsky, M., & Grau, S. L. 2011. Assessing the social impact of charitable organizations—Four alternative approaches. International Journal of Nonprofit and Voluntary Sector Marketing, 16: 195-211.

[120] Price, J. L. 1972. The study of organizational effectiveness. The Sociological Quarterly, 13: 3–15.

[121] Quinn, R. E., & Rohrbaugh, J. 1983. A spatial model of effectiveness criteria: Towards a competing values approach to organizational analysis. Management Science, 29: 363–377.

[122] Reed, J., Jones, D., & Irvine, J. 2005. Appreciating impact: Evaluating small voluntary organizations in the United Kingdom. Voluntas: International Journal of Voluntary and Nonprofit Organizations, 16: 123–141.

[123] Reinhardt, C. S. 2011. Evaluating methods for estimating program effects. The American Journal of Evaluation, 32: 246–272.

[124] Rojas, M. 2006. Life satisfaction and satisfaction in domains of life: Is it a simple relationship? Journal of Happiness Studies, 7: 467–497.

[125] Rojas, R. R. 2000. A review of models for measuring organizational effectiveness among for-profit and nonprofit organizations. Nonprofit Management & Leadership, 11: 97–104.

[126] Rossouw, S., & Pacheco, P. 2012. Measuring non-economic quality of life on a sub-national level: A case study of New Zealand. Journal of Happiness Studies, 13: 439–454.

[127] Ryan, P. W., & Lyne, I. 2008. Social enterprise and the measurement of social value: Methodological issues with the calculation and application of the social return on investment. Education, Knowledge and Economy, 2: 223–237.

[128] Sandvik, E., Diener, E., & Seidlitz, L. 1993. Subjective well-being: The convergence and stability of self-report and non-self-report measures. Journal of Personality, 61: 317–342.

[129] Santos, F. M. 2012. A positive theory of social entrepreneurship. Journal of Business Ethics, 111: 335–351.

[130] Sawhill, J. C., & Williamson, D. 2001. Mission impossible: Measuring success in nonprofit organizations. Nonprofit Management & Leadership, 11: 371–386.

[131] Schimmack, U. 2008. The structure of subjective wellbeing. Working Paper, Department of Psychology, University of Toronto.

[132] Scholten, P. 2005. Social return on investment, performance measurement for social entrepreneurs. Paper presented at the IESE Social Enterprise Conference, Barcelona.

[133] Schuetz, A. 1967. Collected papers I: The problem of social reality. The Hague: Nijhoff.

[134] Schyns, P. 1998. Crossnational differences in happiness: Economic and cultural factors explored. Social Indicator Research, 43: 3–26.

[135] Sen, A. 1985. Well-being, agency and freedom: The Dewey lectures 1984. The Journal of Philosophy, 82: 169–221.

[136] Sen, A. 1999. The possibility of social choice. The American Economic Review, 89: 349–378.

[137] Short, J. C., Moss, T. W., & Lumpkin, G. T. 2009. Research in social entrepreneurship: Past contributions and future opportunities. Strategic Entrepreneurship Journal, 3: 161–194.

[138] Sorensen, J. E., & Grove, H. D. 1977. Cost-outcome and costeffectiveness analysis: Emerging nonprofit performance evaluation techniques. Accounting Review, 52: 658–675.

[139] Sowa, J. E., Selden, S. C., & Sandfort, J. R. 2004. No longer unmeasurable? A multidimensional integrated model of nonprofit organizational effectiveness. Nonprofit and Voluntary Sector Quarterly, 33: 711–728.

[140] Stame, N. 2010. What doesn't work? Three failures, many answers. Evaluation, 16: 371–387.

[141] Steers, R. M. 1975. Problems in the measurement of organizational effectiveness. Administrative Science Quarterly, 20: 546–558.

[142] Stiglitz, J., Sen, A., & Fitoussi, J.-P. 2009. The measurement of economic performance and social progress revisited—Reflections and overview. Commission on the Measurement of Economic Performance and Social Progress: http: //www.stiglitz-sen-fitoussi.fr/documents/overview-eng.pdf.

[143] Suldo, S. M., Savage, J. A., & Mercer, S. H. 2014. Increasing middle school students' life satisfaction: Efficacy of a positive psychology group intervention. Journal of Happiness Studies, 15: 19–42.

[144] Swanson, L. A., & Di Zhang, D. 2010. The social entrepreneurship zone. Journal of Nonprofit & Public Sector Marketing, 22: 71–88.

[145] Tan, W.-L., Williams, J., & Tan, T.-M. 2005. Defining the "social" in "social entrepreneurship": Altruism and entrepreneurship. The International Entrepreneurship and Management Journal, 1: 353–365.

[146] Tay, L., Chan, D., & Diener, E. 2013. The metrics of societal happiness. Social Indicator Research, 117: 577–600.

[147] Tilley, N. 1996. Demonstration, exemplification, duplication and replication in evaluation research. Evaluation, 2: 35–50.

[148] Trelstad, B. 2008. Simple measures for social enterprise. Innovations: Technology, Governance, Globalization, 3: 105–118.

[149] Tsui, A. S. 1990. A role set analysis of managerial reputation. Organizational Behavior and Human Performance, 34: 64–94.

[150] Turker, D. 2008. Measuring corporate social responsibility: A scale development study. Journal of Business Ethics, 85: 411–427.

[151] United Nations. 2013. Millennium development goals report 2013, http: //www.un.org/millenniumgoals/pdf/report-2013/mdg-report-2013-english.pdf.

[152] Ura, K., Alkire, S., Zangmo, T., & Wangdi, K. 2012. An extensive analysis of GNH index. Centre for Bhutan Studies, http: //www.grossnationalhappiness.com.

[153] Vanclay, F. 2003. International principles for social impact assessment. Impact Assessment and Project Appraisal, 21: 5–11.

[154] Veenhoven, R. 2000. Wellbeing in the welfare state: Level not higher, distribution not more equitable. Journal of Comparative Policy Analysis, 2: 91–125.

[155] Veenhoven, R. 2009. Well-being in nations and well-being of nations: Is there a conflict between individual and society? Social Indicator Research, 91: 5–21.

[156] Webb, R. J. 1974. Organizational effectiveness and the voluntary organization. Academy of Management Journal, 17: 663–667.

[157] Weerawardena, J., & Mort, G. S. 2006. Investigating social entrepreneurship: A multidimensional model. Journal of World Business, 41: 21–35.

[158] Weiss, C. H. 1997. How can theory–based evaluation make greater headway? Evaluation Review, 21: 501–524.

[159] Whetten, D. A., & Cameron, K. S. 1994. Organizational effec–tiveness: Old models and new constructs. In J. Greenberg (Ed.), Organizational behavior: The state of the science: 135–153. Hillsdale, NJ: Lawrence Erlbaum Associates.

[160] White, H. 2010. A contribution to current debates in impact evaluation. Evaluation, 16: 153–164.

[161] White, H. 2013. An introduction to the use of randomized control trials to evaluate development interventions. Journal of Development Effectiveness, 5: 30–49.

[162] Wool cook, M. 2013. Using case studies to explore the external validity of "complex" development interventions. Evaluation, 19: 229–248.

[163] Wu, C.–H. 2008. Can we weight satisfaction score with importance ranks across life domains? Social Indicator Research, 86: 469–480.

[164] Yates, B. T. 2009. Cost–inclusive evaluation: A banquet of approaches for including costs, benefits, and cost–effectiveness and cost–benefit analyses in your next evaluation. Evaluation and Program Planning, 32: 52–54.

[165] Yuchtman, E., & Seashore, S. E. 1967. A system resource approach to organizational effectiveness. American Sociological Review, 32: 891–903.

[166] Zahra, S., Gedajlovic, E., Neubaum, D., & Schulman, J. 2009. A typology of social entrepreneurs: Motives, search processes and ethical challenges. Journal of Business Venturing, 24: 519–532.

[167] Zahra, S. A., Rawhouser, H. N., Bhawe, N., Neubaum, D. O., & Hayton, J. C. 2008. Globalization of social entrepreneurship opportunities. Strategic Entrepreneurship Journal, 2: 117–131.

[168] Zammuto, R. F. 1982. Assessing organizational effectiveness: Systems change, adaption, and strategy. Albany: State University of New York.

[169] Zammuto, R. F. 1984. A comparison of multiple constituency models of organizational effectiveness. Academy of Management Review, 9: 606–616.

利益相关方理论的微基础：管理不同动机的利益相关方 *

Flore Bridoux，J. W. Stoelhorst

【摘　要】 利益相关方工具论认为：企业对待利益相关方的公平性与企业的绩效正相关。然而，一些企业基于不同利益相关方讨价还价的能力而不是公平原则，在利益相关方管理时却采取区别对待的做法。我们认为这一现象反映出并不是所有的利益相关方都高度关注公平。经济行为学和社会心理学中的实证研究指出，在企业所面对的大量潜在的利益相关方中，既有"互利者"，即关注公平的人；也有"利己者"，即不那么关注公平的人。我们认为公平策略对吸引、维护和激励互利型利益相关方创造价值更加有效；保持距离的策略则能更有效地激励利己型利益相关方，吸引和维护议价能力较高的利己型利益相关方。

引　言

　　企业怎样通过管理利益相关方关系创造价值？尽管在战略讨论中对利益相关方工具论重新感兴趣（Bosse，Phillips & Harrison，2009；Choi & Wang，2009；Harrison，Bosse & Phillips，2010；Hillman & Keim，2001），但目前并没有太多文献系统性地解释利益相关方管理的不同策略如何影响企业绩效（Harrison et al.，2010）。现有研究普遍认为：在公平的前提下善待利益相关方，有助于企业的绩效（Donaldson & Preston，1995；Freeman，1984；Harrison et al.，2010；Jones，1995；Wood，1991）。然而如果是这样的话，为什么我们在实践研究中所观察到的成功企业（如西南航空和瑞安航空）对待利益相关方的管理策略却截然不同？这两家航空公司的业务模式非常相似，并且都有在航空业普遍低迷的现状下保持了高利润的增长的记录。然

---

　　* Flore Bridoux，J. W. Stoelhorst. 2014. Microfoundations for Stakeholder Theory: Managing Stakeholders with Heterogeneous Motives. Strategic Management Journal，35：107–125.

　　初译由浮婷完成。

而，它们对待利益相关方的策略却大相径庭：西南航空是公认的公平对待利益相关方的典范；瑞安航空的策略则饱受行业观察者和利益相关方群体的指责。

本文着重解决以下问题：为什么利益相关方管理的公平策略和区别对待的策略，同样都能创造可持续价值。公平策略以平等为前提，友善地对待利益相关方，比如西南航空；区别对待的策略则按照议价能力的不同，区别对待利益相关方，比如瑞安航空。本文通过放松利益相关方工具论中有关对所有利益相关方都重视公平并且当被企业平等对待时更能被激励去创造价值的假设来解决这个问题（Bosse et al.，2009；Harrison et al.，2010；Hillman & Keim，2001）。本文以此回应了将人类心理学的复杂性在建立利益相关方理论时纳入考虑的呼吁（Freeman & Phillips，2002；Freeman et al.，2010），并确认策略应建立在更加牢固的微观基础上（Felin & Foss，2005；Felin & Hesterly，2007；Foss，2011）。

所有利益相关方都关注公平的假设，与社会心理学和行为经济学的研究成果并不符合（De Cremer & van Lange，2001；Fehr & Fischbacher，2004a）。这两个领域的研究表明：个体开展合作的动机是多样化的，而这些动机会影响合作的效果，比如价值创造（Bridoux，Coeurderoy & Durand，2011）。实证研究表明，个体的利益相关方可以划分为两种主要类别：利己者与互利者。利己者只关注他们个人的利益，并不特别关注公平（Fehr & Falk，2002）。与之相对应，互利者对待自己与他人一样，倾向于奖励公平、惩罚不公，即使这些奖励和惩罚对个人来说是代价高的（Engelmann & Strobel，2004；Fehr & Gächter，2002）。

本文尝试在这些微观基础上，通过分析两种策略对个体利益相关方价值创造贡献的影响机制，来解释为什么公平策略和区别对待策略，同样能够促进可持续的价值创造。首先，本文考察了两种策略怎样在动机层面影响价值创造，即通过影响现阶段与企业相关的利益相关方中的利己者和互利者价值创造的动机；其次，本文考察了两种策略怎样通过分选效果持续性地影响价值创造过程，即通过影响利益相关方中的利己者和互利者加入、参与、脱离的过程。通过对这两种机制的探讨，本文回应了在利益相关方管理文献中的呼吁，通过考虑利益相关方管理对其价值创造的贡献的影响来建立利益相关方管理与企业绩效之间的因果关系（Lev，Petrovits & Radhakrishnan，2010）。具体来说，本文理论表明：虽然公平策略在吸引、维护、激励互利型利益相关方时更加有效，但区别对待策略则对激励利己型利益相关方，并且吸引和维护其中议价能力较高者更加有效。

对不同利益相关方管理策略在不同类型的个体上所产生的效果分析，在研究、管理实践与利益相关方道德话语体系中具有意义。在研究领域中，它表明利益相关方管理与企业绩效之间的关系，要比利益相关方工具论所描述的更复杂。在实践领域中，它揭示了如果谨慎地操作，公平策略和区别对待策略同样都能成为持续价值创造的源泉。同时也存在道德层面的探讨：这两种策略都能对绩效做出贡献的结论表明，仅仅强调公平有助于企业的绩效的说法，并不足以说服企业采取公平策略。

利益相关方管理与异质动机

本文所强调的是不同利益相关方管理策略对主要利益相关方个体的影响，其中主要利益相关方包括投资者、员工、客户以及供应商等（Clarkson，1995）。一个企业可以看做主要利益相关方之间关系的纽带，以创造价值为目标（Freeman，1984；Freeman et al.，2010；Jones，1995；Parmar et al.，2010）。主要利益相关方通过开展生产活动或提供重要资源来创造价值，或同时参与二者。例如，一些投资者在提供经济支持之外，也通过对公司管理者提出建议来创造价值；消费者则在购买产品之外，也通过宣传企业及其品牌（Bhattacharya & Sen，2003）或者参加用户导向的创新过程来创造价值（von Hippel，1988）。对于我们研究目的的重要的是：主要利益相关方能够影响价值创造，首先是因为他们加入、参与、脱离集体是完全自由的（Hill & Jones，1992）；其次是因为他们能够为自己选择的企业的价值创造活动做出或多或少的贡献。

在主要利益相关方中，管理者的地位十分独特：虽然管理者在技术上属于主要利益相关方，但是他们位于利益相关方集合体关系的中心位置，制定绝大部分塑造企业与利益相关方的关系性质的决策（Freeman，1984；Hill & Jones，1992；Jones，1995）。重要的是，管理者可以通过选择企业对待利益相关方的策略来影响利益相关方的价值创造（Eesley & Lenox，2006；Harrison et al.，2010；Hillman & Keim，2001）。

对解释企业的经济绩效感兴趣的方面，我们与利益相关方工具论是一致的（Donaldson & Preston，1995；Jones，1995）。为此，研究者表明区分价值创造与价值分配十分重要（Bosse et al.，2009；Coff，1999；Peteraf & Barney，2003）。事实上，这一区分对于我们的研究至关重要是因为价值分配是利益相关方管理的一方面。因此，本文考察了一个企业的利益相关方管理策略如何影响价值创造。我们采用的是价值创造在策略文献中的典型概念，从而聚焦在企业的经济价值创造上——客户愿意为企业产品支付的价格与利益相关方通过加入最佳替代关系所获收益总和之间的差额（Brandenburger & Stuart，1996；Peteraf & Barney，2003）。

利益相关方管理中的公平策略与区别对待策略

本文聚焦利益相关方管理的两种具体策略：一种是公平策略，一种是区别对待策略。基于大量管理学文献，这些文献讨论了与具体利益相关群体，比如供应商（Dyer & Singh, 1998）或员工（Cropanzano et al., 2001；Rousseau & Wade-Benzoni, 1994）相关的这两种策略的许多组织实践，我们将利益相关方管理策略视为一系列组织实践。此外，因为实证研究已经表明，企业的整体实践往往具有一致性，倾向于采取某一种策略来对待利益相关方（Berman et al., 1999；Harrison et al., 2010；Hillman & Keim, 2001；Preston & Sapienza, 1990；Waddock & Graves, 1997），所以我们将两种策略视为对立面。

在公平策略中，企业与利益相关方的相互作用建立在彼此平等的基础之上。这主要体现在三个方面：一是公平驱动分配利益相关方在不同各方之间创造的价值的过程，包括成果分配公平和人际关系公平（Cropanzano et al., 2001）。这种转换为组织实践，例如公开并诚实地交换相关信息并通过合作解决问题（Chiles & McMackin, 1996；Dyer & Singh, 1998；Phillips, 2003）。二是企业与利益相关方的正式合同倾向于不太具体，因为各方以社会制裁的形式在很大程度上依赖于相互信任和自我执行，而不是法律的强制（Chiles & McMackin, 1996；Dyer & Singh, 1998；Richman, 2006；Rousseau & Wade-Benzoni, 1994）。因此，在合同里的绩效标准和要求会相对定义不清（Chiles & McMackin, 1996；Rousseau, 1989；Rousseau & Wade-Benzoni, 1994），使得它们可以随着时间改变。三是企业与利益相关方的关系倾向于是长期的（Dyer, 1996；Rousseau & Wade-Benzoni, 1994）。

与之对应的，在区别对待策略中，与利益相关方的相互作用是以议价能力为基础的。这就产生了与公平策略的三点明显不同：一是由各方的相对议价能力[1]推动了由不同利益相关方间关系所创造价值的分配过程，包括这一过程的成果以及在这一过程中的人际关系。区别对待策略体现在组织实践上，例如企业利用秘密和信息不对称，通过正面对抗解决问题，同时挑起利益相关方之间的争斗以削弱彼此的议价能力（Nesheim, 2001）。二是依据威廉姆森的交易成本理论（Williamson, 1975, 1985），区别对待策略还有一个特征，就是依靠经济与法律制裁来强制执行正式合同中利益相关方义务，往往包括明确具体的绩效标准和要求（Chiles & McMackin, 1996；Dyer & Singh, 1998；Rousseau, 1989）。比如，往往通过加强行为管控和严格绩效考核来激励利益相关方（Rousseau, 1989；Rousseau & Wade-Benzoni, 1994）。三是与利益相关方的关系往往是短期的（大量使用临时工，或者

---

[1] 利益相关方议价能力是"利益相关方—企业"关系中的一个属性（Eesley & Lenox, 2006）。它主要由以下因素所决定：①利益相关方对于价值创造的贡献；②利益相关方的外部选择；③当利益相关方离开集合体时，企业与利益相关方的相对成本；④利益相关方能够与其他利益相关方联合增强其议价能力的程度（Coff, 1999）。比如，一位具有独特技能的专家为企业的产品做出了突出贡献，其他的企业愿意出高价挖走这位专家。这位专家的议价能力显然比一位在工作岗位稀缺的地区只具有简单技能的工厂工人要高。

经常更换供应商）（Dyer，1996；Rousseau & Wade-Benzoni，1994）。

我们对公平策略与区别对待策略的区分蕴含了一种关于公平的特别的哲学视角。[①]在认定第一组行为（而不是第二组）是"公平"的时候，我们采用了一个关于公平的自由主义定义，这与菲利普斯（Phillips，1997，2003）提出的"利益相关方公平原则"相一致，根据该原则，企业与利益相关方按照从合作中所取得的收益成比例地公平承担义务。在另一种对公平更加保守的定义里，区别对待策略同样也能被称之为"公平"，因为所有的主要利益相关方都已认可参与企业相关活动（Donaldson & Dunfee，1994；Dunfee & Donaldson，1995）。[②]但是"认可"只有在非强迫和被告知的前提下才有效（Dunfee & Donaldson，1995）；并且，像范·布伦（Van Buren，2001）指出的，实力上的不对称削弱了"认可"的意义，因此破坏了"公平"。在区别对待策略中，企业的时间和决策明确旨在利用现有的议价能力的不对称。更有甚者，这些时间旨在增加这种不对称，以便于企业更容易获取利益相关方的同意。考虑到这些行为，议价能力较弱的利益相关方的"认可"实际上是可疑的。所以，我们选择为那些围绕在没有议价能力差异情况下被个人接受的利益相关方管理策略保留"公平"的概念（Rawls，1971）。

一个实证的难题

关于利益相关方的研究文献早已指出公平策略能够提升企业绩效（Donaldson & Preston，1995；Freeman，1984；Jones，1995）和竞争优势（Harrison et al.，2010）。然而，其他对待利益相关方的方式对企业绩效的影响却很少有研究涉足。强调公平对待利益相关方的其中一个重要原因是：借用传统司法研究的结论，理所当然认为所有利益相关方都关注公平。如果这一前提成立的话，那么以截然不同的方式对待利益相关方的业务战略类似的企业也可以获得成功，这很难得到合理的解释。瑞安航空和西南航空之间的比较正好说明了这个问题。瑞安航空成立于1985年，在1991年采用了低成本战略以后，逐渐成长为欧洲最大的航空公司之一。瑞安航空的低成本模式中的大部分内容都是直接复制西南航空——美国最大的低成本运营者。然而，虽然模仿了西南航空大部分的低成本做法（如快速周转、低价位、简化不必要的服务、点对点飞行），瑞安航空在对待利益相关方的态度方面却与西南航空大相径庭。通过将这两家公司对待乘客与员工的方式进行比较，很能说明

---

　　① 我们感谢评审员对此提出了相关意见，并推动我们在这一点上更加明确。

　　② 注意在这里的"自由"与"保守"仅限于描述两种经典的关于"公平"的定义。在经典的自由定义中，"公平"强调并不将"自己"排除在外；在经典的保守定义中，"公平"强调"认可"。商业契约伦理（Donaldson & Dunfee，1994；Dunfee & Donaldson，1995）通常只有在涉及关于"认可"的限定时才是"保守"的。它揭示了个体同意的社会契约规定自由规范的可能性。

一些问题。

西南航空常被评为美国乘客最喜爱的航空公司，而瑞安航空则因乘客服务体验差而得名。西南航空以尊重、礼貌、友好地对待乘客为准则（Sisodia，Wolfe & Sheth，2007）。用前客户执行副总裁和首席运营官科琳·巴雷特（Colleen Barrett）的话来说："西南航空并不试图满足所有人的所有要求，对这一点我们是公开的。我们会告诉我们的乘客为什么我们不做这些或那些……然后用我们的善意、关怀以及重视让他们满意。"（Sisodia et al.，2007）正因为如此，根据美国交通部的乘客满意度统计，西南航空的乘客投诉率在全美主要航空公司中长期保持最低。与之形成鲜明对比的是，瑞安航空仅仅承诺以低价安全地将乘客由 A 地运送到 B 地，并且采取严格的不退款措施：当航班延误乘客也得不到免费的点心或正餐，而当航班取消时乘客要自行解决交通和住宿（Boru，2006；Ruddock，2008）。瑞安航空还因为"误导"乘客而备受指责，它在广告中宣传的低价机票数量其实很少；有时还会"弄错"航班的目的地（如飞往"法兰克福"的航班实际上飞往哈恩—— 一处距离法兰克福 79 英里的前空军基地）（Boru，2006）。

类似的是，西南航空被《财富》杂志评为美国最适宜工作的企业，而瑞安航空与员工的关系恶劣同样出名。西南航空从成立起就体现出对员工的高度负责。它施行"员工第一位"的战略，提出管理者首要的责任就是关怀员工。除此之外，西南航空还致力于为员工提供一个稳定的工作环境，是世界上为数不多的没有大量裁员的航空公司，即使是在 2001 年的"9·11"恐怖袭击后以及 2008~2009 年的经济危机期间也未有发生。西南航空同时也积极与工会组织保持良好的伙伴关系，工会代表了超过 80%的企业员工（Gittell，2005；Sisodia et al.，2007）。与之相反，瑞安航空采取了"专制管理，通过恐惧控制员工，单边降薪和削减福利，用高流动性以保持员工队伍的'新鲜'，很少关注乘客满意度和员工状态，并且极度敌视工会组织"（Marshall，2010）。虽然瑞安航空的薪酬对于像飞行员这样的少数岗位比较有竞争力，但全体员工都需要额外支付很多通常由企业承担的费用，比如培训费、制服费、茶点费、体检费、机场通行证费、审批手续费、车位费等（Boru，2006；Ruddock，2008）。作为反击，国际交通员工联盟现在正在发起一项"瑞安公平化"的运动。[①]

依据传统的利益相关方工具论，西南航空为保持与企业管理者、员工、合作伙伴的良好关系而付出的投入，被认为是取得成功的关键因素（Gittell，2005；Sisodia et al.，2007）。然而，瑞安航空的例子，说明了与利益相关方区别对待策略在持续的价值创造方面同样有效。如果假定所有的利益相关方都关注公平的话，很难解释这个问题；如果基于社会心理学和行为经济学的实证，但是当我们意识到利

[①] www.iftglobal.org/campaigns/ryan-be-fair.cfm.

益相关方对于价值创造的动机是不同的时候，就可以对此做出解释，正如社会心理学和行为经济学的实证证据所显示的那样。

人类异质动机

社会心理学家和行为经济学家长期以来对个人的动机在社会交往中如何驱动他们的行为进行了研究，即个人或是他人的行为在何种条件下能产生某种结果，这可以适用于利益相关方价值创造的研究中。社会心理学家采用"社会价值导向"描述个人对社会互动中自己与他人不同回报分配的偏好程度（McClintock，1972；Messick & McClintock，1968）。更具体的是，社会价值导向解释了个人怎样将自己与他人客观上的回报转化为一种主观的认识，随后形成了个人行动的基础（van Lange，1999）。

社会心理学研究提出了一个回报转化模型，里面包含三个维度：①自身回报的权重；②他人回报的权重；③这些回报公平性的权重（De Cremer & van Lange，2001；Stouten，de Cremer & van Dijk，2005；van Lange，1999）。实证研究支持了这个模型，并发现大多数的个人都属于"自我化"（20%~40%）或"社会化"（40%~60%）中的一种（de Cremer & van Lange，2001；De Dreu & Boles，1998；Kuhlman & Wimberley，1976；Kurzban & Houser，2005；Liebrand et al.，1986；Stouten et al.，2005）。自我化的个人倾向于关注他们自身回报的增值（即维度 1），而社会化的个人则倾向于关注整体回报的增值（包括自己的与他人的），同时关注回报的公平性（即维度 1 到维度 3）（de Cremer & van Lange，2001）。独立于社会心理学家，行为经济学家发现了同样的动机，但通过不同的术语予以描述。他们分别用"利己者"和"互利者"来描述"自我化"和"社会化"的个人。本文采用经济学家们的术语，因为它更好地描述了第二种类型的个人在社会交往中的行为。

社会心理学家和行为经济学家发现了在集体努力中利己者与互利者对客观回报的重视不同会转变成不同的行为。比如，对重复交互（de Cremer & van Lange，2001；Liebrand et al.，1986）的研究表明互利者常常参与合作，但当发现其他成员拒绝互利时就会退出合作；利己者只有当自己的回报能够增加时才会选择合作。互利者因为关注公平，所以在社会交往中表现出这样的条件行为（Abbink，Irlenbusch & Renner，2000；Fehr & Falk，1999；van Lange，1999）。研究发现他们会更多地运用并掌握提升整体回报和增强回报公平性的启发式决策，像"公平竞争"与"公平分享"等（de Dreu & Boles，1998）。互利者评价他人的行为是否公平，不仅考虑最终的结果，而且会考虑行为背后的动机（Bolton，Brandts & Ockenfels，2005；Turillo et al.，2002）。这与利己者形成了对比，后者倾向于仅仅基于对自己结果的影响来评价他人的行为（Stouten et al.，2005）。

实证表明（van Lange & Semin-Goossens，1998），利己者和互利者不同的动机是稳定的个性特征（Dehue，McClintock & Liebrand，1993；Nauta，DeDreu & van Der Vaart，2002）。但这并不意味着这两种类型的个体总会采取不同的行为。由于互利者行为取决于他人的公平，所以互利者也可能会表现出同利己者相同的行为。然而，互利者在特定的社会环境中看似利己的行为，不应被视作是动机的变化——因为这些行为并不是仅仅出于对个人回报的追求，而是出于对不公平环境或他人不合作的回应（Gächter & Fehr，1999；Ostrom，Gardner & Walker，1994）。

行为经济学家对互利行为的研究要比社会心理学家更加深入。他们识别了一类对于保持社会中高水平的协作至关重要的人群。这类被称作"强互利者"的人群：①不仅对他人公平或不公平的举动做出回应；②而且愿意为奖赏或惩罚他们眼中的公平或不公的人而付出物质代价（Fehr & Gächter，2002）。有趣的是，强互利者并不因他们个人当前或今后的物质回报而制裁不公平，他们对于那些以后不会再接触的陌生人也同样进行制裁（Fehr & Gächter，2002）。① 此外，强互利者在实施制裁时并不是以自我为中心的，他们会去惩罚那些对他人不公的人（Engelmann & Strobel，2004；Fehr & Fischbacher，2004b；Fehr & Gächter，2002）。

总之，企业面对的利益相关方包括利己者与互利者两种类型。我们接下来将通过这一微观基础来解释：为什么公平策略和区别对待策略同样都能持续创造价值。

为什么公平策略和区别对待策略同样有效？

要理解企业利益相关方管理策略的影响是如何影响利己者和互利者的价值创造的贡献，需要考虑企业利益相关方管理决策的动机与分选效果（Coff & Kryscynski，2011；Lazear，2000）。我们对两种策略对目前与企业相关的利益相关方的动机的影响进行分析，会导致互利型利益相关方在公平策略下会对价值创造做出更多贡献，但对于利己型的利益相关方则恰好相反。这同时也表明：公平策略需要利益相关方的一致性来激励互利型利益相关方。我们对两种利益相关方决策对利益相关方分选的影响的分析就会导致这样一个命题：在持续运用的条件下，公平策略和区别对待策略都能够促进价值创造。最后，我们也将讨论：在外部环境变化时，采取公平策略的企业在保持策略一致性方面会遇到较大挑战。

---

① 强互利者与"互惠利他主义"有着本质区别，这可以解释无限重复的持续合作，与不明确期限的有限重复的持续合作（Trivers，1971）。互惠利他主义仅在制裁所带来的物质回报能够抵消制裁付出的代价时，才会使用制裁——在这种意义上，他们同样是利己的。

两种利益相关方管理策略的激励效果

企业的利益相关方管理策略，可以影响当前利益相关方创造价值的动机，比如，员工勤奋工作的程度，顾客是否花时间对产品进行反馈。关于社会心理学和行为经济学的研究表明：利益相关方的类别（自利或互惠）决定了激励效果的差异。

更具体地说，社会心理学家和行为经济学家获得的实证证据表明：现有利益相关方文献的假设，即公平策略与价值创造正相关，实际上仅仅对互利型的利益相关方有效：对于采取公平策略的企业，互利型利益相关方的确会比在采取区别对待原则的企业中创造更多价值。与利益相关方文献中的假设相一致，互利型利益相关方关注公平本身。而利己型利益相关方则与之不同。列布兰德等（Liebrand et al., 1986）以及德·德鲁和伯利兹（de Dreu & Boles, 1998）发现，互利者用"道德"维度来评价行为（即什么是好的，什么是坏的），而利己者则倾向于使用"效力"维度评价行为（即什么有用）。这种区别通过二者在他人不愿意合作时的情绪反应可以明显体现出来。斯道腾等（Stouten et al., 2005）发现：互利者对于不合作的情绪反应主要是反感其违背了公平原则，而利己者则主要担心效力会受到影响。与互利者不同，利己者在确定自身的回报不会受影响后，不再会因他人的不合作而不快。

因为互利者在本质上看重公平，公平策略可以激励互利型的利益相关方创造更多价值，即使他们的贡献未能完全地补偿个人经济回报。这一点可以通过行为经济学家关于雇主和雇员互利关系的研究证明（Fehr & Falk, 1999；Fehr, Klein & Schmidt, 2007；Fehr & Schmidt, 2000, 2004；Gächter & Falk, 2002）。在一系列的实验中，作为对雇主慷慨薪水的回报，互利型的雇员做出了比最低的工作量高很多的努力，即使雇主并没有依据工作量奖惩员工也是如此（Fehr, Gächter & Kirchsteiger, 1997）。

与之相反，互利者对区别对待策略是怀有敌意的，与公平策略相比，他们在这种策略下会对价值创造做出较少的贡献。实验结果表明：合同中对于经济奖励或惩罚的明文规定，实际上打击了对互利者价值创造的自愿贡献（Fehr & Falk, 2002；Lubell & Scholz, 2001；Tenbrunsel & Messick, 1999）。互利者似乎将经济奖励和惩罚看做是敌意和不信任的信号，并因此降低努力的程度（Fehr & Falk, 2002；Fehr & Rockenbach, 2003）。因此，企业如果使用区别对待的策略，最多只会使互利者的贡献停留在维持个人回报的最低限度；实际上，对互利者价值创造的负面影响可能还会更大。如果企业区别对待策略的核心是严苛的讨价还价，利益相关方中的强互利者甚至会主动地破坏价值。行为经济学家发现强互利者愿意牺牲大量的资源（金钱、时间、人力）去惩罚他们所认为的不公（Fehr & Gächter, 2002）。这与司法研究中一小部分员工在受到不公正的待遇后，采取不合作、盗窃、破坏公司财务等反制手段的发现一致（Greenberg，1990，1993；Harder，1992；Skarlicki & Folger，1997）。

与互利型者相反，利己型利益相关方仅在对自己有利时才会被激励。这些利益相关方主要被个人经济利益的增损所驱动。利己型利益相关方的动机与传统经济学方法如代理理论与成本交易学对人类行为的假设一致。利己型利益相关方并不关注公平本身，因此公平策略并不能激励他们做出超过奖励之外更多的贡献。利己型利益相关方在企业采取区别对待的策略时会创造更多价值，因为根据定义，区别对待的策略通过强力的经济激励将利益相关方的贡献与回报紧密关联起来（Bebchuk & Fried，2004）。

需要强调的是，公平策略原则上同样会依据利益相关方的贡献多少来确定他们的回报。多伊奇（Deutsch，1975）界定了三种公平原则，即公平、平等和需要。在这三者之中，公平原则（即按照个人的贡献比例分配）能反映出利益相关方投入（如人力、时间、认知资源、金钱）所获得的回报（如收入、价格、利润）。然而，在实践中，对公平的感知往往与金钱激励的做法并不兼容，金钱激励使得利益相关方的贡献和个人利益紧密结合，这正如区别对待策略。公平原则要求通过检查和比较个人与相关他人的投入产出比来衡量绩效（Adams，1965）。已被多次证明：这种社会比较为了维护所谓的"公平"将会压缩整体的回报（Akerlof & Yellen，1990；Frank，1984；Güth et al.，2001）。对于这种现象的解释是：公平评估是建立在对个人和他人投入产出的主观评价而不是客观投入产出之上的（Adams，1965），而相较于他人的投入，人们总是倾向于高估自己的投入（Meyer，1975；Ross & Sicoly，1979）。

综上所述，我们对两种不同利益相关方管理策略对互利型和利己型利益相关方价值创造贡献产生的影响，提出以下两个观点：

推论1：企业采用公平策略而不是区别对待策略，将会更好地激励互利型利益相关方创造更多价值。

推论2：企业采用区别对待策略而不是公平策略，将会更好地激励利己型利益相关方创造更多价值。

我们已经论述过企业对待特定利益相关方的态度怎样影响其价值创造贡献的动机，但是特定利益相关方的价值创造动机同样可能被企业对待其他利益相关方的态度所影响。特别是互利型利益相关方在评价企业行为和报答它的行为时候并不是以自我为中心的。他们通过其所关注的第三方来评价企业是否公平（Goldstein，Griskevicius & Cialdini，2011）。因此，互利者对公平的评价和他们价值创造的动机会受到第三方待遇的影响，即使他们自己的回报并没有直接受到影响（Engelmann &

Strobel，2004）。

很多证据表明：一些利益相关方不仅关注他们自己的待遇（例如顾客要求更高的产品质量），而且关注其他利益相关方的待遇（例如顾客抵制使用童工企业的产品）。比如，顾客如果认为一家企业的裁员违规的话，就不大可能去购买这家企业的产品（Skarlicki，Ellard & Kelln，1998）。一些利益相关方对他人受到不公平待遇的反应可能会破坏价值，强互利型者甚至愿意牺牲自己的利益去惩罚那些对他们关注的第三方不公的人或组织（Fehr & Fischbacher，2004a，2004b；Fehr，Fischbacher & Gächter，2002；Fehr & Gächter，2002）。

换言之，对互利型利益相关方公平并不足以激励他们创造更多价值，因为如果企业对其他利益相关方采取区别对待策略，同样会影响到互利型利益相关方的积极性，这使我们有了如下的推论：

推论3：企业只有对所有的利益相关方都采取公平策略，而不是对其中一部分采取公平策略，另一部分采取区别对待策略，才会更好地激励互利型利益相关方创造更多价值。

与互利型利益相关方不同，利己型利益相关方并不关注公平本身，因此他们也并不关注其他利益相关方的待遇。他人的待遇只有在影响到他们对于自身回报的预期时才会影响他们的行为。也就是说，利己型利益相关方的价值创造不会直接受到企业是否公平对待其他利益相关方的影响。

两种利益相关方管理策略的分选效果

考察企业的利益相关方管理策略如何影响目前企业利益相关方价值创造的动机，还不足以概括利益相关方管理对于价值创造的影响。还需要采取利益相关方关系的动态视角，考虑利益相关方管理的分选效果。

第一种分选机制是利益相关方的自我选择：从长远看，利益相关方可自由选择加入或是退出某一关系网络（Freeman，Wicks & Parmar，2004；Freeman et al.，2010；Venkataraman，2002）。对企业提出的条件比较满意的潜在利益相关方会加入，而对目前的待遇不满的利益相关方则会退出：顾客可以在别处寻找商机，员工可能辞职，而股东则会出售他们手中的股票（Hill & Jones，1992）。文卡塔拉曼（Venkataraman，1997，2002）指出企业家的一项重要管理职能，就是为利益相关方提供加入不同关系网络的选择权。在中期与短期，企业家可以通过提供替代方案暂时稳定那些不满足于现状的利益相关方（Venkataraman，1997，2002）。如果是在长期，个体利益相关方重新建立不能自由和有效运作，严重的利益相关方不满在企业与社会内持续积累，企业家就会作为一种强有力的平衡力量：通过创新产品、方法与形式的引入，推动利益相关方格局的质变（Venkataraman，2002）。

利益相关方不同的激励类型，影响了企业的公平策略或是区别对待策略对其的吸引程度，因此影响利益相关方在多大程度上愿意加入、保持、结束与企业的相应关系。在这种意义上，利益相关方管理可以成为不同企业争取利益相关方的筹码。特别是那些受互利作用驱动的利益相关方，在遇到总是采取区别对待策略的企业，或是总在两种策略之间摇摆不定的企业时，往往会结束关系或避免介入。如伊凡斯和戴维斯（Evans & Davis, 2011）所指出，以多样化的价值为导向的求职者与利己型的求职者相比，选择在社会责任方面受质疑的企业的概率更低。因此我们得知：

推论4：互利型利益相关方更倾向于与采取公平策略的企业合作，而不是那些采取区别对待策略或是总是在二者之间摇摆不定的企业。

利己型的利益相关方同样也会进行自我选择，他们会倾向于那些策略中能给他们带来更高的个人回报的企业。可以理解，拥有较强议价能力的利己型利益相关方，倾向于与那些一直采取区别对待策略的企业合作；因为与那些采取公平策略的企业公平分配价值相比，这会更好地发挥他们的议价优势以获得更多的回报。这一点在研究福利方案的分选效应作为员工个人能力的函数的文献中得到了印证。员工的个人能力正是员工议价能力的重要体现之一。文献指出，利己型员工中拥有较强个人能力的，与其他人相比，更倾向于选择将回报和个人绩效紧密挂钩的福利方案，因为在这种方案中他们能够通过能力获得更高的个人回报（Cadsby, Song & Tapon, 2007; Lazear, 2000）。综上，我们提出：

推论5：利己型利益相关方中拥有较强议价能力者，更倾向于与采取区别对待策略的企业合作，而不是那些采取公平策略或是总是在二者之间摇摆不定的企业。

对于那些议价能力较弱的利己型利益相关方，进行自我选择的影响相对复杂。从上面的分析可以看出，这些利益相关方更容易受到采用区别对待策略而不是公平策略的企业激励进行创造价值。实际上，议价能力的异质性与推论1~3中概括激励影响无关：所有的利己型利益相关方，无论他们议价能力的强弱，都会在强绩效刺激下创造更多的价值（Cadsby et al., 2007）。然而，当可以自主做出选择时，议价能力较弱的利己型利益相关方可能会偏好采取公平策略的企业，因为在面对区别对待策略时，他们较低的议价能力只能获得较少的回报。换而言之，对于议价能力较弱的利己型利益相关方来说，两种利益相关方管理策略的激励与自我选择的效果可能有所偏离。在权衡了他们个人的付出及回报之后，他们可能会倾向于加入那些采取公平策略的企业。

这使我们发现了第二种分选机制，企业对利益相关方的选择。无论他们的个人倾向如何，议价能力较弱的利己型利益相关方，可能最终还是加入采取区别对待策略的企业。因为采取公平策略的企业往往希望排除利己型利益相关方的加入或维系，以维护互利型利益相关方的公平的感觉。企业必须有针对利益相关方的分选机制，使它们能够吸纳那些行为公正的利益相关方，而避免或排除那些行为自私的利益相关方（Jones，1995）。虽然互利型利益相关方可能会察觉到没有这种选择机制的企业，但出于对于公平的要求，他们也同样不会容忍坐享其成的行为。事实上，研究者发现，排除那些对集体利益贡献较少的个体，是保持高贡献的途径之一（Kollock，1998）。

将以上企业对于利益相关方和利益相关方自身的两种分选机制结合起来，我们对于议价能力较低的利己型利益相关方有了如下的判断：

推论 6：利己型利益相关方中议价能力较弱者，更倾向于与采取区别对待策略的企业或是在二者之间摇摆不定的企业合作，而不是那些采取公平策略的企业。

与上述观点相符合的是：西南航空公司基于态度选择员工，采取"因态度而雇佣，依能力而培训"的原则（Box & Buys，2009）。西南航空的选择流程耗时较长，意在发现那些善于合作完成任务，而且愿意在职责之外多付出的员工（Gittell，2005）。在此基础上，经理们会仔细观察新进员工，以纠正雇佣中可能的失误：新员工中不能按照西南航空的合作要求工作的，将会被辞退或是劝离（Gittell，2005）。西南航空的前 CEO 赫布·凯莱赫（Herb Kelleher）曾说，"（在西南航空）利他主义无处不在，'人人为我，我为人人'，认为生活应当是一种享受。气氛非常的和谐和宽容，唯有对价值观没有妥协的余地。那些不认同我们价值观的员工已经不在我们当中"（Sisodia et al.，2007：213）。推论 5 与推论 6 强调：与西南航空这样的企业相反，采取区别对待策略的企业，并不需要依据他们的社会价值标准采用高成本的工具去选择利益相关方。这些企业对利己型利益相关方有潜在的吸引力：包括利己型利益相关方中对价值创造具有较大潜在贡献，因而具有较强议价能力者；以及议价能力较弱，并无法自主选择加入采用公平原则的企业者。

推论 4 至推论 6 揭示了：那些长期采取某种利益相关方策略的企业，最终很有可能使拥有相对同质的激励类别的利益相关方稳定围绕在自己周围。利益相关方类别的同质性能够从个人层面和企业层面共同促进价值创造。在个人层面，采取公平（区别对待）策略的企业拥有的互利型（利己型）利益相关方数量越多，在激励影响下的价值创造平均个人贡献就越大（详见推论 1 至推论 3）。大多数情况下，个体利益相关方贡献越大，对企业价值创造的整体贡献也越大：因为同一类别的利益相关方做出贡献通常是可以相互叠加或者超过总和的（例如消费者的大量购买促进了规模经济的产生）；不同类别的利益相关方所做的贡献往往是相互补充的。

比较之下，那些在两种策略之间摇摆不定的企业，对互利型利益相关方和议价能力强的利己型的利益相关方都没有什么吸引力。互利型利益相关方不愿意企业从公平策略转向区别对待策略；议价能力较强的利己型利益相关方，不希望企业转向公平策略使自己利益受损。从企业层面的价值创造角度分析，这使我们得出了以下推论：

推论7：**与区别对待策略或不稳定的策略相比，持续的公平策略将会增加互利型利益相关方在企业中的比例，并对价值创造产生积极影响。**

推论8：**与公平策略或不稳定的策略相比，持续的区别对待策略将会增加利己型利益相关方在企业中的比例，并对价值创造产生积极影响。**

环境变化、一致性与可持续的价值创造

实现可持续的价值创造不仅要求激励和分选利益相关方，还需要在企业的竞争环境中把握时机和排除威胁。以往的利益相关方管理文献指出：公平对待利益相关方比区别对待关系为企业回应外部变化、动荡与危机打下了更良好的基础（Harrison et al.，2010；Russo & Fouts，1997）。这一观点与互利型利益相关方管理中的分选和激励效果是一致的。持续采取公平原则的企业，将会维持较高的互利型利益相关方占比，而互利型利益相关方在公平关系中，愿意为应对外部环境的变化付出更多的努力。企业通过互利型利益相关方对价值创造更多的投入，能够更好地把握机遇（例如员工加班工作）；或者通过互利型利益相关方担当公司拥护者或提供危机缓解资源，从危机中恢复，即使危机对这些利益相关方造成了负面影响（Ulmer，2001）。对照之下，一家一直采取区别对待原则的企业，将无法依靠利益相关方的支持来应对危机或是抓住机遇：利己型利益相关方和在采取区别对待决策的企业里的互利型利益相关方都会减少价值创造，在外部环境变化对个人回报产生消极影响时，离开企业的关系网。在此基础上，我们得出：

推论9：**在外部环境变化时，采取公平策略企业的互利型利益相关方将做出更多贡献，或相较于采取区别对待策略企业中的利己型和互利型利益相关方，他们对于价值贡献的减少幅度较小。**

在上述文献中没有指出的一点是：企业成功地应对外部变化，与保持公平策略之间可能是矛盾的。尽管企业为坚持公平原则而投入资源，在面对突发事件时能从互利型利益相关方的贡献中获益；然而实际上，坚持公平原则也会限制企业在应对外部变化时的行动。具体来说，在失业率升高的时候降低员工福利，或是为了掌握新技术更换供应商，或是向低成本国家的合作伙伴外包业务等战略行动，都可能与公平原则相冲突。互利型利益相关方会将这些行动视作不公平的，并因此而减少对价值创造的贡献以惩罚企业（Charness & Levine，2000；Kahneman，Knetsch & Thaler，1986）。更有甚者，如果这些行动出自于那些长久以来一直采取公平策略而非区别对待策略的企业，互利型利益相关方会感到更强烈的背叛感与愤怒（Morrison & Robinson，1997）。这些论据引出如下推论：

推论 10：采取公平策略的企业的互利型利益相关方认为企业行动违反了公平原则时，相较于采取区别对待策略的企业的利己型和互利型利益相关方，将会增加较少的贡献或减少更多的贡献。

推论 10 表明，坚持以公平策略对待利益相关方的企业，在面对外部环境的变化时，应对措施将会比采取区别对待策略的企业要更有限。如果环境事件需要可能被互利型利益相关方违反公平的行为，企业对这些外部事件的反应可能会释放互利者的消极反应。这些消极反应对价值创造的不利影响，要大于利己型利益相关方的消极反应，因为利己型利益相关方的反应仅仅是为了保障自己的回报；也大于采取区别对待策略企业的互利型利益相关方，因为这些利益相关方已经预计到了企业不公平的行动。于是，我们对企业层面的价值创造做出如下推论：

推论 11：在面对外部环境变化时，持续采取公平策略对待利益相关方的企业，将会比采取区别对待的企业获得更多的价值创造回报——前提是互利型利益相关方不认为企业的应对行为违反了公平原则。

推论 12：在面对外部环境变化时，采取区别对待策略对待利益相关方的企业，将会比采取公平策略的企业获得更多的价值创造回报——前提是互利型利益相关方认为企业的应对行为违反了公平原则。

讨论与结论

这篇文章在以下三个方面对利益相关方工具论做出了贡献：一是提出了更现实的微观基础；二是对两种利益相关方策略的行为动机和分选效果进行了具体的分析；三是解释了一些无视公平的企业能够实现持续价值创造的实证难题。以下，我们将对我们的分析在利益相关方理论研究、实践以及道德语境中的意义做出论述，并指出一些未来研究可以弥补的不足。

研究意义

利益相关方理论学家强调了考虑人类心理复杂性的需要（Bosse et al.，2009；Freeman & Phillips，2002；Harrison et al.，2010）。我们的分析表明社会心理学和行为经济学有关动机异质性的稳健的实证证据为这种做法提供了有利的起点。对互利者和利己者的区分，有助于调和来自利益相关方管理和公平理论（Bosse et al.，2009；Harrison et al.，2010；Hillman & Keim，2001）与来自传统经济学有关动机的文献（例如组织理论和交易成本经济学）中关于如何激励利益相关方的观点的矛盾。尽管利益相关方管理与公平原则适用于占整体人口大多数的互利者；但传统的经济学观点并不能完全抛弃，因为它们适用于占整体人口少数的利己者。这种调和可以避免企业在处理利益相关方关系时走向乌托邦或反乌托邦的极端，从而增加利益相关方理论的外部效用。

认知动机异质性同样对实证研究具有意义。大部分关于利益相关方管理与企业绩效关系的研究，往往不会对利益相关方进行分类。然而，如果企业主动选择了某种利益相关方，而利益相关方也主动选择与某些企业建立联系时，在整体人口基数上，这些企业的利益相关方的动机类别就会趋于同质性。因此，针对整体人口的取样并不能代表一家特定公司的利益相关方，而建立在这种取样基础上的利益相关方管理与企业绩效的关系研究可能会造成误导。具体来说，针对整体人口的抽样可能会：①低估公平策略对一家持续采取公平策略企业的绩效的正面影响；②高估公平策略对于采取区别对待决策企业的绩效的正面影响。

我们分析的进一步含义在于实证利益相关方工具论文献中的因变量的选择。目前的利益相关方理论的贡献是：提出以价值创造为核心（Freeman et al.，2010；Harrison et al.，2010；Harrison & Wicks，2013）。与之相似，我们提出结论的形式为：利益相关方管理对经济价值创造的影响，而不是实证研究中经常关注的会计利润等传统会计指标表示的财务绩效。虽然，经济价值创造要比会计利润难以统计，加西亚卡斯特罗和利伯曼（Garcia-Castro & Lieberman，2012）最近在生产力文献的基础上，提出了一种衡量价值创造和利益相关方间价值创造分配的方法。经济价值创造的衡量应当受到实证研究的偏好，因为会计利润所反映的只是某一特定的利益相关方获益的情况，即为企业所有者。因此，会计利润不仅体现了价值创造的结果，实际上还部分体现了企业的利益相关方管理方法。对利益相关方采取区别对待策略，并且企业所有者议价能力较强的企业，往往在会计利润上的表现比那些公平分配利益相关方间价值的企业要好，即使后者可能在价值创造上更胜一筹。因此，用会计方法衡量企业绩效作为因变量的研究，很可能低估了公平对采取公平策略的企业价值创造的积极影响。

局限性及未来的研究方向

之前的论述同样表现出这篇论文的局限，特别是在企业策略如何影响个体利益相关方价值创造的贡献这个方面。首先，与策略中价值创造的代表概念一致，我们倾向于关注经济价值。然而，价值却可被更广泛地定义为"一切可能对利益相关方有用的事物"（Harrison & Wicks，2013：100）。在这个广义的定义中，企业公平对待互利型利益相关方所创造的整体价值超过了经济价值，因为互利型利益相关方自身有着对公平的诉求，因此他们会通过公平策略中获得效用，超出其对应的货币价值。在我们之前的论述中，企业创造的非经济价值仅仅被描述为工具性的：公平地对待互利型利益相关方的企业为这些利益相关方提供了一些他们所重视的非货币要素，这激励他们比在区别对待策略下创造更多经济价值。如果采取对价值创造更广义的定义，研究者会得出超越我们对公平策略效果的工具性结论。

其次，针对利益相关方对价值创造的贡献这个方面，我们的理论并没有全面考虑利益相关方在分配价值时的相互竞争（Coff，1999）。在一定程度上，两种利益相关方管理策略反映了企业如何管理这种竞争关系：①如果企业采取公平策略，它必须保证在各利益相关方之间分配价值的过程和结果，会被一致认可是公平的；②相反，如果企业采取区别对待策略，则不需要小心翼翼地处理利益相关方之间的竞争：企业可以简单地让这种竞争关系进行到底。然而，这两种利益相关方管理策略，并不能完全涵盖利益相关方的价值分配方式以及效果。一个典型的例子是：利益相关方通过采取集体行动提升其议价能力的能力（Coff，1999）。今后的研究重点，可从企业与个体利益相关方转移到与组群利益相关方的研究中，分析利益相关方的集体行动对于价值创造的影响。

这篇文章进一步的局限性在于：仅仅分析了公平策略与区别对待策略如何影响利益相关方的价值创造的效果，却并没有分析企业为什么一开始选择这种或是那种策略的原因。我们认为企业高层管理者的动机决定了企业利益相关方管理策略。比如，如果赫布·凯莱赫（Herb Kelleher）（西南航空公司的联合创始人，并担任其CEO直到2001年）不将人人平等作为个人的信仰的话，很难使利益相关方相信西南航空能真正为他们的利益着想（Gittell，2005）。我们对企业高层管理者的动机决定了利益相关方策略的预期，得到了企业文化（Schein，1985）与企业核心理念方面研究的支持（Prahalad & Bettis，1986）。这些研究指出：领导者的动机可以通过"文化植入机制"（例如领导者日常关心的内容，衡量与控制；分配资源、奖励和级别的标准）以及"文化培育与强化机制"（例如组织层面的设计、结构、体制与流程；故事、传说与神话；典礼与仪式；对组织价值和哲学的正式表述）传递到整个组织（Hoffman et al.，2011；Schaubroeck et al.，2012；Schein，1985；Shamir，House & Arthur，1993）。然而，诸如交易成本经济理论或是资源决定论，也为企业如何选择这两种策略提供了不同的解释。今后的研究可以利用其他理论提出的解释来比较领导者动机类型如何影响企业决策。

最后，我们的研究与最近的利益相关方文献一致（Bosse et al.，2009；Harrison et al.，2010），通过深入在个体层面运行机制的分析，对利益相关方理论的微观基础做出了一定贡献。然而，企业所面对的利益相关方还包括组织（例如工会，而不是单个的员工）。我们所得出的多个结论是否适用于组织型的利益相关方？虽然我们认为我们所提出的基本因果关系同样适用于组织型利益相关方，但是解释这些关系的机制可能会更加复杂。在个体层面我们推导结论的机制，可能仅会发挥间接作用。就我们讨论所关注的企业而言，组织型利益相关方的行为可能会反映其领导者的动机。这最有可能发生在这些领导者代表他们的组织对企业的决策做出反应。在这种情况下，我们所讨论的个体层面的机制可能直接相关，虽然这些机制也会受到领导者角色定位的影响（即他们并不是代表个人做出反应，而是代表组织，因此有可能刻意控制他们作为互利者的感性表现）。领导者以外的组织中的利益相关方做出反应时，我们可以认为他们的反应是由上文所述文化植入、文化培育，以及强化机制所共同造成的。关于组织型利益相关方的反应下隐含的机制将会是今后研究的重要领域，我们认为对个体利益相关方对企业相应策略反应的探讨为已这项研究打下了基础。

实践意义

我们研究的主要实践意义在于指出了：两种利益相关方管理策略都有着具体的成本与效益；在组织相对应的行动支持下，两种策略在适当的一系列组织实践的支持下都能够成为可持续的价值创造的源泉。尽管区别对待策略可能低估了互利者对于价值创造的贡献，却使企业能够更好地激励利己型利益相关方，吸引并维护具有较强议价能力的利己型利益相关方，并追求与互利者维持平等关系不相容的有价值的战略行动。与此同时，瑞安航空的案例表明：成功实施区别对待策略需要在企业各个层级的管理上消耗大量精力。压低利益相关方的议价能力，是瑞安航空许多决策的出发点。比如，当另一家航空公司开始运营与瑞安航空相同的航线，瑞安航空典型的做法是发动价格战从市场驱逐其他公司，以保持自己在这条航线上的主导优势。采取这一策略的一个重要原因是：瑞安航空想要保护其在与之合作的二级机场方面的议价能力，只要这些机场依然属于供应方，瑞安航空就会在着陆费等一些费用上尽可能压低价格（Ruddock，2008）。

相较于采取区别对待策略的企业，在组织行动层面保持一致，对于采取公平策略的企业更加重要。采取区别对待策略的企业可以用不同的方式对待利益相关方；采取公平策略的企业必须以平等的方式吸引、维护并激励所有的利益相关方。换言之，企业要通过公平策略获益的话，不仅需要坚持保持公平，还需要在不同的利益相关方之间保持公平。我们的研究同样指出：与区别对待策略相比，公平策略也具有一些在以前的利益相关方研究中没有充分认知到的劣势。首先，对于议价能力较强的利己型利益相关方，公平策略并不具备最强的吸引力和激励效果。其次，我们认为保持公平策略会使企业在面对外部环境变化时难以应对，因为互利型利益相关方会认为一些措施违反了公平原则而采取反制手段。最后，公平策略还存在着减少经济价值创造的机会成本。为了保持互利者的公平感，需要建立在分配、流程以及利益相关方互动过程中都公平的体制，并且以此将具有利己行为的利益相关方排除在外。比如说，管理者需要花时间倾听利益相关方的意见，在决策时考虑这些意见，最终要向利益相关方解释这些决策（Harrison et al.，2010）。但在区别对待策略下，这些时间就可以用来完成其他的管理任务。选择利益相关方以维持公平，同样需要付出代价：虽然西南航空员工的主动离职率要远远低于瑞安航空，但它在员工的招聘和培训方面的花费远远超过了其他航空公司，而且这些选择标准也在一定程度上限制了企业的增长率（Gittell，2005）。

道德意义

综上所述，理解利益相关方动机的异质性，可以更好地解释为什么有的企业能够采取区别对待的利益相关方策略而获得成功：他们严格按照议价能力的高低管理利益相关方，可以完全无视公平。我们在基础理论方面解释了这一难题，但这种解释在道德上有什么意义呢？可能一个直接的结论就是：管理者不用考虑公平。如果仅从工具性的角度考虑，这个结论已得到了证实：我们的研究表明，企业能够在完全不考虑公平的条件下创造经济价值。但是，肯定的论断（是什么）显然不应被误认为是规范的立场（应该怎样做）。我们的研究中并没有任何否定公平原则的重要性和有效性的论断。实际上，社会心理学和行为经济学的实证证据都表明，对于占多数人口的互利者而言，公平是最好的解决方案。因此，我们的研究在道德上的意义在于：因为利益相关方的动机是多样的，管理者仅仅出于工具性层面放弃区别对待策略，采取公平策略的理由不充分。我们认为建立公平的世界需要企业公平对待每一个利益相关方的人，那么自身也应当成为公平信条的坚持者和守护者。

参考文献

[1] Abbink K, Irlenbusch B, Renner E. 2000. The moonlight game: An experimental study on reciprocity and retribution. Journal of Economic Behavior and Organization, 42: 265–277.

[2] Adams JS. 1965. Injustices in social exchange. In Advances in Experimental Social Psychology, Berkowitz L (ed). Academic Press: New York: 267–299.

[3] Akerlof G, Yellen J. 1990. The fair-wage effort hypothesis and unemployment. Quarterly Journal of Economics, 105: 255–284.

[4] Bebchuk LA, Fried JM. 2004. Pay without Performance: The Unfulfilled Promise of Executive Compensation. Harvard University Press: Cambridge, MA.

[5] Berman SL, Wicks AC, Kotha S, Jones TM. 1999. Does stakeholder orientation matter? The relationship between stakeholder management models and firm financial performance. Academy of Management Journal, 42: 488–506.

[6] Bhattacharya CB, Sen S. 2003. Consumer-company identification: A framework for understanding consumers' relationships with companies. Journal of Marketing, 67: 76–88.

［7］Bolton GE, Brandts J, Ockenfels A. 2005. Fair procedures: Evidence from games involving lotteries. Economic Journal, 115: 1054–1076.

［8］Boru B. 2006. Ryanair: the Cú Chulainn of civil aviation. Journal of Strategic Marketing, 14: 45–55.

［9］Bosse DA, Phillips RA, Harrison JS. 2009. Stakeholders, reciprocity, and firm performance. Strategic Management Journal, 30: 447–456.

［10］Box TM, Buys K. 2009. Southwest Airlines 2007. Journal of the International Academy of Case Studies, 15: 21–27.

［11］Brandenburger A, Stuart H. 1996. Value–based business strategy. Journal of Economics and Management Strategy, 5: 5–24.

［12］Bridoux F, Coeurderoy R, Durand R. 2011. Heterogeneous motives and collective value creation. Academy of Management Review, 36 (4): 711–730.

［13］Cadsby CB, Song F, Tapon F. 2007. Sorting and incentive effects of pay–for–performance: An experimental investigation. Academy of Management Journal, 50: 387–405.

［14］Charness G, Levine DI. 2000. When are layoffs acceptable? Evidence from a quasi–experiment. Industrial & Labor Relations Review, 53: 381–400.

［15］Chiles TH, McMackin JF. 1996. Integrating variable risk preferences, trust, and transaction cost economics. Academy of Management Review, 21: 73–99.

［16］Choi J, Wang H. 2009. Stakeholder relations and the persistence of corporate financial performance. Strategic Management Journal, 30: 895–907.

［17］Clarkson M. 1995. A stakeholder framework for analyzing and evaluating corporate social performance. Academy of Management Review, 20: 92–117.

［18］Coff RW. 1999. When competitive advantage doesn't lead to performance: The resource–based view and stakeholder bargaining power. Organization Science, 10: 119–133.

［19］Coff RW, Kryscynski D. 2011. Drilling for microfoundations of human capital–based competitive advantages. Journal of Management, 37: 1429–1443.

［20］Cropanzano R, Byrne Z, Bobocel DR, Rupp DE. 2001. Moral virtues, fairness heuristics, social entities, and other denizens of organizational justice. Journal of Vocational Behavior, 58: 164–209.

［21］de Cremer D, van Lange PAM. 2001. Why prosocials exhibit greater cooperation than proselfs: The roles of social responsibility and reciprocity. European Journal of Personality, 15: S5–S18.

［22］de Dreu CKW, Boles TL. 1998. Share and share alike or winner take all? The influence of social value orientation upon choice and recall of negotiation heuristics. Organization Behavior and Human Decision Processes, 76: 253–276.

［23］Dehue FMJ, McClintock CG, Liebrand WBG. 1993. Social value related response latencies: Unobtrusive evidence for individual differences in information processing. European Journal of Social

Psychology, 23: 273-293.

[24] Deutsch M. 1975. Equity, equality, and need: What determines which value will be used as the basis of distributive justice? Journal of Social Issues, 31: 137-149.

[25] Donaldson T, Dunfee TW. 1994. Toward a unified conception of business ethics: Integrative social contracts theory. Academy of Management Review, 19: 252-284.

[26] Donaldson T, Preston LE. 1995. The stakeholder theory of the corporation: Concepts, evidence, and implications. Academy of Management Review, 20: 65-91.

[27] Dunfee TW, Donaldson T. 1995. Contractarian business ethics: Current status and next steps. Business Ethics Quarterly, 5: 173-186.

[28] Dyer JH. 1996. Does governance matter? Keiretsu alliances and asset specificity as sources of Japanese competitive advantage. Organization Science, 7: 649-666.

[29] Dyer JH, Singh H. 1998. The relational view: Cooperative strategy and sources of interorganizational competitive advantage. Academy of Management Review, 23: 660-679.

[30] Eesley C, Lenox MJ. 2006. Firm responses to secondary stakeholder action. Strategic Management Journal, 28: 765-781.

[31] Engelmann D, Strobel M. 2004. Inequality aversion, efficiency, and maximin preferences in simple distribution experiments. American Economic Review, 94: 857-869.

[32] Evans WR, Davis WD. 2011. An examination of perceived corporate citizenship, job applicant attraction, and CSR work role definition. Business and Society, 50: 456-480.

[33] Fehr E, Falk A. 1999. Wage rigidity in a competitive incomplete contract market. Journal of Political Economy, 107: 106-134.

[34] Fehr E, Falk A. 2002. Psychological foundations ofincentives. European Economic Review, 46: 687-724.

[35] Fehr E, Fischbacher U. 2004a. Social norms and human cooperation. Trends in Cognitive Sciences, 8 (4): 185-190.

[36] Fehr E, Fischbacher U. 2004b. Third party punishment and social norms. Evolution and Human Behavior, 25: 63-87.

[37] Fehr E, Fischbacher U, Gächter S. 2002. Strong reciprocity, human cooperation, and the enforcement of social norms. Human Nature, 13: 1-25.

[38] Fehr E, Gächter S. 2002. Altruistic punishment in humans. Nature, 415: 137-140.

[39] Fehr E, Gächter S, Kirchsteiger G. 1997. Reciprocity as a contract enforcement device. Econometrica, 65: 833-860.

[40] Fehr E, Klein A, Schmidt KM. 2007. Fairness and contract design. Econometrica, 75: 121-154.

[41] Fehr E, Rockenbach B. 2003. Detrimental effects of sanctions on human altruism. Nature, 422: 137-140.

[42] Fehr E, Schmidt KM. 2000. Fairness, incentives, and contractual choices. European

Economic Review, 44: 1057-1068.

[43] Fehr E, Schmidt KM. 2004. Fairness and incentives in a multi-task principal-agent model. Scandinavian Journal of Economics, 106: 453-474.

[44] Felin T, Foss NJ. 2005. Strategic organization: A field in search of micro-foundations. Strategic Organization, 3: 441-455.

[45] Felin T, Hesterly WS. 2007. The knowledge-based view, heterogeneity, and the individual: Philosophical considerations on the locus of knowledge. Academy of Management Review, 32: 195-218.

[46] Foss NJ. 2011. Why micro-foundations for resource-based theory are needed and what they may look like. Journal of Management, 37: 1413-1428.

[47] Frank R. 1984. Are workers paid their marginal products? American Economic Review, 74: 549-571.

[48] Freeman RE. 1984. Strategic Management: A Stakeholder Approach. Pitman: Boston, MA.

[49] Freeman RE, Harrison JS, Wicks AC, Parmar BL, De Colle S. 2010. Stakeholder Theory: The State of the Art. Cambridge University Press: New York.

[50] Freeman RE, Phillips RA. 2002. Stakeholder theory: A libertarian defense. Business Ethics Quarterly 13: 331-349.

[51] Freeman RE, Wicks AC, Parmar B. 2004. Stakeholder theory and "the corporate objective revisited". Organization Science, 15: 364-369.

[52] Gächter S, Falk A. 2002. Reputation and reciprocity: Consequences for the labour relation. Scandinavian Journal of Economics, 104: 1-26.

[53] Gächter S, Fehr E. 1999. Collective action as social exchange. Journal of Economic Behavior and Organization, 39: 341-369.

[54] Garcia-Castro R, Lieberman MB. 2012. An extension of the VCA model to estimate stakeholder value appropriation. Academy of Management Proceedings, 1: 1.

[55] Gittell JH. 2005. The Southwest Airlines Way: Using the Power of Relationships to Achieve High Performance. McGraw-Hill: New York.

[56] Goldstein NJ, Griskevicius V, Cialdini RB. 2011. Reciprocity by proxy: A novel influence strategy for stimulating cooperation. Administrative Science Quarterly, 56: 441-473.

[57] Greenberg J. 1990. Employee theft as a reaction to underpayment inequity: The hidden costs of pay cuts. Journal of Applied Psychology, 75: 561-568.

[58] Greenberg J. 1993. Stealing in the name of justice: Informational and interpersonal moderators of theft reactions to underpayment inequity. Organizational Behavior and Human Decision Processes, 54: 81-103.

[59] Güth W, Königstein M, Kovács J, Zala-Mező E. 2001. Fairness within firms: The case of one principal and many agents. Schmalenbach Business Review, 53: 82-101.

[60] Harder J. 1992. Play for pay: Effects of inequity in a pay-for-performance context. Administrative Science Quarterly, 37: 321-335.

［61］ Harrison JS, Bosse DA, Phillips RA. 2010. Managing for stakeholders, stakeholder utility functions, and competitive advantage. Strategic Management Journal, 31: 58-74.

［62］ Harrison JS, Wicks AC. 2013. Stakeholder theory, value and firm performance. Business Ethics Quarterly, 23: 97-124.

［63］ Hill CWL, Jones TM. 1992. Stakeholder-agency theory. Journal of Management Studies, 29: 131-154.

［64］ Hillman AJ, Keim GD. 2001. Shareholder value, stakeholder management, and social issues: What's the bottom line? Strategic Management Journal, 22: 125-139.

［65］ Hoffman BJ, Bynum BH, Piccolo RF, Sutton AW. 2011. Person-organization value congruence: How transformational leaders influence work group effectiveness. Academy of Management Journal, 54: 779-796.

［66］ Jones TM. 1995. Instrumental stakeholder theory: A synthesis of ethics and economics. Academy of Management Review, 20: 404-437.

［67］ Kahneman D, Knetsch JL, Thaler R. 1986. Fairness as a constraint on profit seeking: Entitlements in the market. American Economic Review, 76: 728-741.

［68］ Kollock P. 1998. Social dilemmas: Ehe anatomy of cooperation. Annual Review of Sociology, 22: 183-205.

［69］ Kuhlman DM, Wimberley DC. 1976. Expectations of choice behavior held by cooperators, competitors, and individualists across four classes of experimental games. Journal of Personality and Social Psychology, 34: 69-81.

［70］ Kurzban R, Houser D. 2005. Experiments investigating cooperative types in humans: A complement to evolutionary theory and simulations. Proceedings of the National Academy of Sciences of the United States of America, 102: 1803-1807.

［71］ Lazear EP. 2000. Performance pay and productivity. American Economic Review, 90: 1346-1361.

［72］ Lev B, Petrovits C, Radhakrishnan S. 2010. Is doing good good for you? How corporate charitable contributions enhance revenue growth. Strategic Management Journal, 31: 182-200.

［73］ Liebrand WGB, Jansen RW, Rijken VM, Suhre CJ. 1986. Might over morality: Social values and the perception of other players in experimental games. Journal of Experimental Social Psychology, 22: 203-215.

［74］ Lubell M, Scholz JT. 2001. Cooperation, reciprocity, and the collective-action heuristic. American Journal of Political Science, 45: 160-178.

［75］ Marshall R. 2010. Book review: Up in the air: How airlines can improve performance by engaging their employees. Work and Occupations, 37: 234-236.

［76］ McClintock CG. 1972. Social motivation: A set of propositions. Behavioral Science, 17: 438-454.

［77］ Messick DM, McClintock CG. 1968. Motivational bases of choice in experimental games.

Journal of Experimental Social Psychology，4：1–25.

［78］ Meyer HH. 1975. The pay for performance dilemma. Organizational Dynamics，3（3）：39–49.

［79］ Morrison EW，Robinson SL. 1997. When employees feel betrayed：A model of how psychological contract violation develops. Academy of Management Review，22：226–256.

［80］ Nauta A，de Dreu CK，van Der Vaart T. 2002. Social value orientation，organizational goal concerns and interdepartemental problem–solving behavior. Journal of Organizational Behavior，23：199–213.

［81］ Nesheim T. 2001. Externalization of the core：Antecedents of collaborative relationships with suppliers. European Journal of Purchasing and Supply Management，7：217–225.

［82］ Ostrom E，Gardner R，Walker J. 1994. Rules，Games，and Common–Pool Resources. University of Michigan Press：Ann Arbor，MI.

［83］ Parmar BL，Freeman RE，Harrison JW，Wicks AC，Purnell L，de Colle S. 2010. Stakeholder theory：The state of the art. Academy of Management Annals，4：403–445.

［84］ Peteraf MA，Barney JB. 2003. Unraveling the resourcebased tangle. Managerial and Decision Economics，24：309–323.

［85］ Phillips RA. 1997. Stakeholder theory and a principle of fairness. Business Ethics Quarterly，7：51–66.

［86］ Phillips RA. 2003. Stakeholder Theory and Organizational Ethics. Berrett–Koehler：San Francisco，CA.

［87］ Prahalad CK，Bettis RA. 1986. The dominant logic：A new linkage between diversity and performance. Strategic Management Journal，7：485–501.

［88］ Preston LE，Sapienza HJ. 1990. Stakeholder management and corporate performance. Journal of Behavioral Economics，19：361–375.

［89］ Rawls J. 1971. A Theory of Justice. Harvard Business Press：Cambridge，MA.

［90］ Richman BD. 2006. How communities create economic advantage：Jewish diamond merchants in New York. Law and Social Inquiry，31：383–420.

［91］ Ross M，Sicoly F. 1979. Egocentric biases in availability and attribution. Journal of Personality and Social Psychology，37：322–337.

［92］ Rousseau DM. 1989. Psychological and implied contracts in organizations. Employee Responsibilities and Rights Journal，2：121–139.

［93］ Rousseau DM，Wade–Benzoni KA. 1994. Linking strategy and human resource practices：How employee and customer contracts are created. Human Resource Management，33：463–489.

［94］ Ruddock A. 2008. Michael O'Leary：A Life in Full Flight. Penguin：Dublin，Ireland.

［95］ Russo MV，Fouts PA. 1997. A resource–based perspective on corporate environmental performance and profitability. Academy of Management Journal，40：534–559.

［96］ Schaubroeck J，Hannah S，Avolio B，Kozlowski S，Lord R，Trevino L，Dimotakis N，

Peng A. 2012. Embedding ethical leadership within and across organization levels. Academy of Management Journal, 55: 1053-1078.

[97] Schein EH. 1985. Organizational Culture and Leadership. Jossey-Bass: San Francisco, CA.

[98] Shamir B, House R, Arthur MB. 1993. The motivational effects of charismatic leadership: A self-concept based theory. Organizational Science, 4: 577-591.

[99] Sisodia RS, Wolfe DB, Sheth JN. 2007. Firms of Endearment . Prentice Hall: Upper Saddle River, NJ.

[100] Skarlicki DP, Ellard JH, Kelln BRC. 1998. Thirdparty perceptions of a layoff: Procedural, derogation, and retributive aspects of justice. Journal of Applied Psychology, 83: 119-127.

[101] Skarlicki DP, Folger R. 1997. Retaliation in the workplace: The roles of distributive, procedural and interactional justice. Journal of Applied Psychology, 82: 434-443.

[102] Stouten J, De Cremer D, Van Dijk E. 2005. All is well that ends well, at least for proselfs: Emotional reactions to equality violation as a function of social value orientation. European Journal of Social Psychology, 35: 767-783.

[103] Tenbrunsel AE, Messick DM. 1999. Sanctioning systems, decision frames, and cooperation. Administrative Science Quarterly, 44: 684-707.

[104] Trivers RL. 1971. The evolution of reciprocal altruism. Quarterly Review of Biology, 46: 35-57.

[105] Turillo CJ, Folger R, Lavelle JJ, Umphress EE, Gee JO.2002. Is virtue its own reward? Self-sacrificial decisions for the sake of fairness. Organizational Behavior and Human Decision Processes, 89: 839-865.

[106] Ulmer RR. 2001. Effective crisis management through established stakeholder relationships: Malden Mills as a case study. Management Communication Quarterly, 14: 590-615.

[107] Van Buren HJ III. 2001. If fairness is the problem, is consent the solution? Integrating ISCT and stakeholder theory. Business Ethics Quarterly, 11: 481-499.

[108] Van Lange PAM. 1999. The pursuit of joint outcomes and equality in outcomes: An integrative model of social value orientation. Journal of Personality and Social Psychology, 77: 337-349.

[109] Van Lange PAM, Semin-Goossens A. 1998. The boundaries of reciprocal cooperation. European Journal of Social Psychology, 28: 847-854.

[110] Venkataraman S. 1997. The distinctive domain of entrepreneurship research: An editor's perspective. In Advances in Entrepreneurship, Firm Emergence and Growth, Katz J (ed). JAI Press: Greenwich, CT: 119-138.

[111] Venkataraman S. 2002. Stakeholder value equilibration and the entrepreneurial process. In Ethics and Entrepreneurship, Ruffin Series, Vol. 3, Freeman RE, Venkataraman S (eds). Philosophy Documentation Center: Charlottesville, VA: 45-57.

［112］ Von Hippel E. 1988. The Sources of Innovation. Oxford University Press: New York.

［113］ Waddock SA, Graves SB. 1997. The corporate social performance-financial performance link. Strategic Management Journal, 40: 658-672.

［114］ Williamson OE. 1975. Markets and Hierarchies: Analysis and Antitrust Implications. Free Press: New York.

［115］ Williamson OE. 1985. The Economic Institutions of Capitalism: Firms, Markets, Relational Contracting. Free Press: New York.

［116］ Wood D. 1991. Corporate social performance revisited. Academy of Management Review, 16: 691-718.

模糊制度领域中的手段与目的：在可持续性的标准被采纳的过程中对合规与达成目标的取舍 *

Frank Wijen

【摘　要】长期以来对分离（Decoupling）的讨论已经从采纳者不执行业已达成一致的政策，转移到服从的采纳者不能完成制度创立者设想的目标上来。这种"手段—结果分离"尤其普遍存在于高度模糊的领域，在这些领域中，实践、因果关系和绩效难以被理解和记录（Chart）。笔者构想了一些条件，在这些条件下，相对模糊领域的制度采纳者会达成设想的目标。治理社会环境问题的自愿可持续性标准说明了这些观点。笔者认为，领域缺乏透明度驱使制度创立者（Institutional Entrepreneurs）构建和维持具体统一的规则，应用强有力的激励措施并传播最佳实践，来确保真正的采纳者的合规性。然而，在不透明的情况下，用这种严格的制度来处理因果复杂性和实践多样性是力所不能及的，同时抑制了采纳者代理机制的应用。随之而来的严格合规和达成目标之间的紧张关系会导致内部的取舍：纠正这种政策和实践分离的制度创立者可能会强化手段和结果之间的不一致，反之亦然。因此，尽管在高度模糊领域的可持续性标准和其他制度不能圆满完成所设想的目标，但是通过系统性地设计制度来提升目标内部化程度并包含利基制度，可以减少这种取舍。

在研究政策和实践分离几十年以后，制度学者们近期解决了实践和结果之间的不一致性问题。Meyer 和 Rowan（1977）在外部引导规则的采纳的普遍性方面的研究做出了开创性贡献，这种规则采纳没有契合组织内部需求，往往带来组织结构同构（DiMaggio & Powell，1983），他们的研究激发大量学者研究不同类型组织中实际应用和官方政策之间的条件和差异程度（综述参见 Boxenbaum & Jonsson，2008；Bromley & Powell，2012）。无论是从组织角度还是从社会角度，准确把握政策和实

---

 * Frank Wijen. 2014. Means Versus Ends in Opaque Institutional Fields: Trading off Compliance and Achievement in Sustainability Standard Adoption. Academy of Management Review，39（3）：302–323.

 初译由陶野完成。

践活动之间的不匹配是很重要的，学术界对这种分离的巨大关注使对另一种可能更重要的分离的理解变得模糊，即实践与结果的分离。就像 Bromley 和 Powell（2012）强调的那样，实际遵守其正式政策的组织可能不会，或者很少会，达成这些政策设想制定者和实施者的真实目标。当政策和实践活动分离的时候，由于采用了不当的政策，遵守政策的组织可能达不到预期的结果。这种"手段—结果分离"尤其在那些高度模糊的领域（相对于透明领域）非常普遍。当观察者难以识别组织普遍做法的特点、建立政策和结果的因果关系并精确地衡量政策结果时，就存在模糊性（Briscoe & Murphy，2012；Bromley & Powell，2012；Jiang & Bansal，2003）。

社会环境治理是一个手段与结果相分离的快速发展的领域。该领域不同的社会行动者［公司、非政府组织（NGOs）和/或政府］为了获得良好的社会环境成果而设计和实施了一些规则（Delmas & Young，2009；Espinosa & Walker，2011）。这些行动者起到了制度创立者—— 一些资源丰富并有志于创立新制度或者改变现有制度的个人或群体——的作用（Battilana，Leca & Boxenbaum，2009；Hardy & Maguire，2008）。制度创立者是一群有志之士，他们利用其社会和政治技能，使用诸如构建议题、创造激励和构建纽带等手段，来让其他人接受新奇的或者与众不同的制度实践（Fligstein，1997；Garud，Jain & Kumaraswamy，2002；Maguire，Hardy & Lawrence，2004）。自愿性可持续性标准是最近兴起的治理机制，以此来达成公司行为对社会主体和/或自然环境的积极影响（Auld，Balboa，Bernstein & Cashore，2009）。这些标准常常是由私人行动者（即公司和非政府组织）来制定和维持，被不同部门的公司大量采纳（Tamm Hallström & Boström，2010；Vogel，2008），这些部门包括生态标签木材（Bartley，2007；Zietsma & McKnight，2009）、酒业（Delmas & Grant，正在出版）、海鱼（Oosterveer & Spaargaren，2011；Visseren-Hamakers，Arts & Glasbergen，2007）、公平贸易咖啡（Reinecke，Manning & Von Hagen，2012）、鲜花（Prado，2013；Riisgaard，2009）和服装（O'Rourke，2007）。可持续性标准是对公司的社会和环境行为和/或绩效进行系统性评估和交流的自愿和预定义的规则和方法（Gilbert，Rasche & Waddock，2011）。特别地，这些标准向客户和其他利益相关方传递了这样的信息，即采纳了可持续性标准的生产商或者贸易商会比他们那些未经认证的对手表现出更高的社会环境绩效（King & Toffel，2009）。

社会环境治理领域是高度模糊的领域，原因是企业行为和社会环境结果的关系难以理解、归因和精确地衡量（Jiang & Bansal，2003；Sharma，2000）。这种模糊性可能解释了为什么有关可持续性标准的社会环境结果的学术证据没有说服力：一些学者报告了积极的影响（如 Dasgupta，Hettige & Wheeler，2000；Potoski & Prakash，2005），而同时，其他一些学者中有的发现了微弱的相关性（Gulbrandsen，2010），有的发现无关甚至负相关（例如 Christmann & Taylor，2012；King，Lenox

& Terlaak，2005)。可持续性标准在将这些（手段可能与结果分离的）制度进行理论化的过程中作用显著，因为这些嵌入于高模糊领域的标准正式规定了采纳者的行为，并详细说明了原定的目标，有着重要的社会意义。因此，笔者使用这些标准来阐述模糊性更高的领域中关于制度目标完成情况的概念性的观点。

本文研究的中心问题是："在相对模糊的领域中，制度采纳能够达成制度制定者的目标的条件是什么？"笔者引用制度的文献在自愿的可持续性标准的范围内来探讨这个问题。这对解释持久的集体协议向该领域行动者提供的机会和约束方面提供了一个敏锐的分析视角，这些行动者由各式各样的个体和组织所组成，他们在具体议题范围内相对频繁地相互作用（Scott，2001；Wooten & Hoffman，2008)。可持续性标准是一些这样的制度：它们构成了规定社会实践、分派角色、指导角色相互作用的游戏规则（Young，1994)。这些标准是让供应链上的各种企业和公民行动者能够发挥作用同时又对其进行限制的相对持久的安排（Timmermans & Epstein，2010)，从而允许他们用制度的角度看问题。之前对可持续性标准采纳的制度安排已经阐明了象征性采纳问题（Christmann & Taylor，2006；Delmas & Montes-Sancho，2010)和标准的强制执行问题（Aravind & Christmann，2011；King，Prado & Rivera，2012)。笔者接受这些见解，但是也围绕标准采纳的一个重要维度提出了一些已有文献较少关注的新论点。

基于 Bromley 和 Powell（2012）观点并进行延伸，笔者认为高模糊性导致了无法对诸如可持续性标准之类的制度进行最佳的设计和实施。一方面，由于目标议题的因果关系的复杂性、采纳的实践的多样性以及难以对投机性采纳者进行观察，不合规的风险（例如象征性采纳）在模糊性相对高的领域中比较高。这提升了对具体并且统一的规则、强力的激励以及转移"最佳"实践的需求来确保采纳者实质合规。另一方面，复杂性和多样性又要求有整体的和因地制宜的方法，而这与合规导向的制度本质是相矛盾的。合规与达成目标先天相反的特性导致高度模糊领域中设计和维持最佳制度是不可能的，在这样的情况下可以通过系统性思维方式设计一些关键规则来减少对两者的取舍，激励采纳者将制度目标内部化，并制定一些"利基制度"来适应环境特殊性。

本文对制度文献做出的贡献在于识别和解释存在于相对模糊领域的遵守制度规则（"表面"）和达成那些规则所确定的目标（"精神"）之间的对立，并提供补救措施来缓和这种对立。解决象征性采纳问题的概念性见解会恶化无法完成设定目标的问题（例如，手段不支持目的），这在制度文献来看是不正常的。另外，本文也对有关社会和环境治理的文献做出了贡献，将自愿可持续性标准引导有着多样化动机和多种资源的企业采纳者（部分地）达成社会环境标准的条件概念化。通过梳理有助于达成标准目标的条件，本文对于高度模糊领域的可持续性标准和其他制度的设计者和采纳者提供了实践意义。

在下文中，笔者描述了可持续标准的演化、合理性、类型，以及建立和采纳可持续标准的流程。随后，笔者对制度文献中的象征性和实质性采纳，以及对象征性采纳的纠正措施进行了重新讨论。接下来，笔者介绍了合规—达成目标的取舍，讨论了什么时候和为什么实质性采纳并不等同于达成目标，提出降低两者之间紧张关系的方式。最后，笔者讨论了这种取舍对于未来在相对模糊性领域对可持续性标准和其他制度进行概念性和实证研究的意义。

可持续性标准特征

在过去的 30 年中，自愿可持续性标准从无到有，成百上千个标准在许多不同的部门中发展出来，达到了较高的绝对数量并占有重要的市场份额。例如，针对海鱼业的海洋管理委员会标签（the Marine Stewardship Council Label）有着 7% 的全球市场份额（Oosterveer & Spaargaren，2011），并且某些认证产品在某些特定国家市场中甚至处于支配地位——英国的木材可持续砍伐份额和公平贸易香蕉约占 50%（Archer & Fritsch，2010；McNicol，2006）。某些标准是针对特定公司的，而其他标准应用于某一部门的所有企业甚至是跨行业的（Gilbert et al.，2011）。此外，这些标准可能是由同一类型（企业或公民）行动者制定的（Zietsma & McKnight，2009），也可以是由多个（私人和/或公共）利益相关方制定的（Tamm Hallström & Boström，2010）。这些标准可能要求改进流程，如 ISO 14000（Prakash & Potoski，2006）和 ISO 26000（Helms，Oliver & Webb，2012），或者可能详细规定了绝对绩效要求，如森林管理委员会（McNicol，2006）和海洋管理委员会（Oosterveer & Spaargaren，2011）。

自愿可持续性标准的一个重要功能就是它们传递了这样的信号，即与那些未经认证的对手相比，已认证的产品和流程相关的社会环境绩效更正面一些，尤其是那些潜在客户和其他利益相关方不可观测的产品和流程（King & Toffel，2009）。[1] 这种传递信号的功能很重要，因为产品和服务的生产创造了没有内嵌于产品的社会环境效应，这使外部利益相关方无法适当地评估产品和企业（Terlaak，2007）。例如，对于超市中未标记的水果和蔬菜，它们的生产和贸易是否涉及环境污染和劳工剥削

---

① 传递出一个积极的影响并不一定意味着可持续性标准的实际社会环境绩效更高。学者们认为这些标准可能会把不合道德的商务实践合法化（Howard，Nash & Ehrenfeld，2000），导致差绩效的逆向选择（Delmas & Montes-Sancho，2010；Terlaak，2007），并被强有力的行动者所支配（Bitzer，Francken & Glasbergen，2008；Glasbergen，2012）。

或者发生了"责任"事件是不清楚的。可持续性标准标志产品或者有标签的公司有着相对正面的社会环境绩效。[①] 自愿参与的性质对采纳者和非采纳者进行了区分。前者属于一个不同的类别，它们的"负责任"的集体身份给予了其合法性或其他收益（Navis & Glynn，2010）。

可持续性标准最可能在（发展中）国家或者（跨国）部门中激增，在这些国家或者部门中，其他治理形式——尤其是集体行动、立法和捐赠——比较缺乏。在发达国家，社会运动提升了许多工人的工资并改善了他们的工作条件（Schneiberg & Lounsbury，2008），但是社会运动可能不足以形成一股可以抗衡有影响力且不受约束的（外国）投资者的力量（van Tulder & van der Zwart，2006），特别是在发展中国家（Graham & Woods，2007）。又或者，在许多工业化国家中，政府介入导致了社会解放（例如，通过最低工资和平权行动的立法）和环境保护（通过环境许可证和对工业污染排放物征税等手段）（Braithwaite & Drahos，2000），但是在（发展中）国家中，受大范围腐败、执行能力差以及社会环境保护的政策优先性低等因素冲击，政府介入可能导致糟糕的立法和政策（Kaufmann，Kraay & Mastruzzi，2007；López，2007）。最后，虽然消极的社会环境结果可以通过慈善制度来解决（List，2011），公民、企业和政府捐钱捐物来补偿较低的收入或者制止负面的健康效应（Berger，Cunningham & Drumwright，2004；Visser，2008），但是当潜在的捐赠者认为捐赠只会减轻症状而不是解决根本问题时，他们可能会避免慈善行为（Easterly，2006）。在缺少完善的替代制度安排时，治理空白的存在使得可持续性标准的发展显得特别必要。但是应当强调，这些标准不仅是其他制度的替代品；事实上，当有其他制度安排作为补充时，比如立法，他们的绩效会更高（Amengual，2010；Gulbrandsen，2010；Kim，2013；Lee，2009；Vogel，2008）。

存在治理空白并不意味着可持续性标准会出现和蓬勃发展。因为这些标准是自愿性的，只有当潜在的制定者和采纳者觉得这些标准足够重要才会去接受它们（Ocasio，1997）。引起非政府组织和公司接受可持续性标准的动机有三类：工具驱动、关联驱动和道德驱动（Aguilera，Rupp，Williams & Ganapathi，2007；Bansal & Roth，2000）。工具驱动的主体寻求实质促进自身利益。公司可能将可持续性标准看做一种通过差异化（更"公平"和更"清洁"的产品）加强竞争力和通过溢价提高利润率的手段（Bartley，2007；Henson，Masakure & Cranfield，2011；King et al.，2012）。非政府组织可能反过来要求企业捐赠者的支持和建议（Berger et al.，2004；Yaziji & Doh，2009）。关联驱动的行动者目标在于获得合法性或者认可。被社会和环

---

① 行为准则类似于可持续性标准，因为它寻求确定和执行社会和环境友好的商业实践。然而，准则不包含传播这类实践的各种标签（van Tulder & van der Zwart，2006）。

境的"监察人"（Campbell, 2007; Teegen, Doh & Vanchani, 2004）仔细审查的公司可能制造或采纳可持续性标准来显示出其负责任的企业公民形象（Okhmatovskiy & David, 2012; Sine, David & Mitsuhashi, 2007）。非政府组织也越来越处于社会审查之下（Burger & Owens, 2010; Lyon, 2010），它们也可能努力通过（联合）制定可持续性标准来提升合法性。最后，道德驱动行动者试图建立或者加入"伦理正确"的制度（Bansal & Roth, 2000; Reinecke et al., 2012）。高管的个人影响或者更广泛的企业形象可能驱动公司追求高阶价值（Aguilera et al., 2007; Bansal, 2003）。规范性的观念通常会驱动非政府组织改变社会规范和价值观（Lyon, 2010; Yaziji & Doh, 2009）。

有着充分动机（联合）制定可持续性标准的非政府组织和公司会建立能够刺激采纳者达成设计目标的规则、激励机制和支持结构。[①] 标准制定者往往关注最显著的社会环境议题，原因是这些制度的自愿的性质赋予他们这么做的自由裁量权，潜在的相关议题数量很大、资源有限，而且缺少对标准进行客观评估的基础（Ocasio, 1997）。非政府组织和公司可能有共同的利益，但是也可能在不同的方面有特权（Bartley, 2007; Helms et al., 2012）。它们可能设法根据其谈判能力取得自己所偏好的物质和形式（Glasbergen, 2012; Reinecke et al., 2012; Tamm Hallström & Boström, 2010）。一旦可持续标准制定出来，这些标准就需要有企业广为采纳来提升影响力。因为采纳是一种自愿行为，涉及认证和采纳成本，只有当企业期望其所带来的收益超过成本时，它们才会继续实施（Schuler & Christmann, 2011）。在采纳者承诺坚持他们所选标准的目标和规则的同时，企业可能被诱引获得利益而不承受采纳的成本（Graffin & Ward, 2010; King et al., 2012）。如果企业只是象征性地采纳可持续标准，那么制度制定者就达不成设计的目标。因此，可持续性标准要按照采纳者实质地遵守标准要求的方式进行设计和执行（Baron & Lyon, 2012; Campbell, 2007; King et al., 2012），这是笔者下面要讨论的主题。

把采纳和合规相结合

合规障碍

在高模糊（即不透明）领域中运营的行动者面临着以下困难，即难以充分理解

---

① 由于前文阐明的原因，与非政府组织和公司有关的多利益相关方标准非常普遍。可持续性标准也可能是单利益相关方（例如，由公司或者公民行动者制定）或者由公司、政府和非政府组织合作而组成（Gilbert et al., 2011; Tamm Hallström & Boström, 2010）。所有案例中的标准都是自愿的性质。

领域实践的性质、因果相关的行动者的行为和结果以及难以正确地衡量领域行动者行为的影响（Briscoe & Murphy，2012；Jiang & Bansal，2003）。事实上，在相对模糊领域，对于像可持续性标准这样的制度的采纳者是否实质性地遵守了标准是难以跟踪的。现在笔者认为，复杂的因果模式的存在和同时发生的异质实践构成了因果相关行为和结果的复杂性基础，而同时行动者行为的不可见性导致了难以对其进行衡量。因此，模糊性在领域行动者之间导致了不确定性和歧义。一个重要的结果就是在高模糊领域形成了三种主要的合规障碍：缺少关注、缺少动机、缺少知识。①

因果复杂性。 大量异质的行为主体的存在以及许多因素以多元非线性的方式相互联系带来了复杂性（Espinosa & Walker，2011；Levy & Lichtenstein，2012）。这种复杂性的结果是不同类型的不确定性。有认知局限的行动者会难以充分理解复杂领域，这不仅会导致状态的不确定性或者对领域的确切性质的无知，还会带来影响的不确定性或者对因果关系的无知（Milliken，1987）。大量、异质、直接和间接的影响导致了"因果不确定性"（Orton & Weick，1990），这削弱了领域行动者认知所有相关原因并区分原因和结果的能力（Davis，Eisenhardt & Bingham，2009；Lindblom，1959）。当结果向原因进行反馈时，这种因果复杂性被进一步加强了，并因此模糊了原因和结果的区别（Levy & Lichtenstein，2012；Sterman，2000）。相对地，采纳者可能面临反应的不确定性——不能对其行为的影响进行评估（Milliken，1987）。这些类型的不确定性会导致采纳者没有意识到——因此不会足够重视——合规行为的重要驱动（Ocasio，1997）。通过试错试验和组织研究来从经验中学习的采纳者（Baum，Li & Usher，2000；Levitt & March，1988）可能不会遵守标准，因为大量的相关因素和相互作用让探索可行的解决方案变得具有高度的挑战性。因此，源于因果复杂性的不确定性导致了关注和知识的缺乏，限制了具有认知局限的采纳者通过试验性学习从而遵守标准的能力。

实践多样性。 当采纳者观察到其他采纳者的实践多样性后，从事合规行为的难度被进一步复杂化了。制度领域可能容有多种不同的实践，特别是当行动者分布于不同的地区、文化背景、社会政治体系和经济状况之中时。认知局限的行动者在理解实践多样性和许多同时存在的异质性的惯例方面存在着困难（Santos & Eisenhardt，2009；Young，2012）。一个领域内遇到的不同的实践的数量越大，采纳者详尽了解和对比不同实践的优点和局限越困难。结果可能造成模糊性，特别是当不同的实践之间不兼容时（Greenwood，Raynard，Kodeih，Micelotta & Lounsbury，2011；Pache & Santos，2010），这会让采纳者提出疑问，即共存的做法中哪种做法才能导致合规的行为。因此，那些靠观察和（选择性地）模仿其他行动

---

① 这些障碍直接与领域的模糊性相关，尽管采纳者也可能面临着其他障碍，比如缺少实质性资源。

者来间接地学习的采纳者（Baum et al.，2000；Terlaak & Gong，2008）就可能不去遵守标准，因为他们选择复制"错误"的做法。同时存在的大量异质性实践导致的模糊性就因此而引起了关注度和知识的缺乏，导致间接学习的采纳者不遵守标准，因为他们无视有效的解决办法反而去模仿相反的做法。①

行为不可见性。模糊性的另一个驱动力是无法轻易地观察和评估行动者的行为（Jiang & Bansal，2003）。行动者在遥远的地方运营（O'Rourke，2007），或者行动者相对低调（Spar & La Mure，2003），或者不被外部所控制（Howard et al.，2000）时，行为不可见的情况更普遍。例如，通常企业的社会环境结果不会体现于产品的物理特性之中，这使得社会环境结果不被外部利益相关方所见（King & Toffel，2009）。因此，行动者可能会"在雷达下飞行"而且仅仅假装实质性地遵守标准。当采纳者的不遵守能得到私利（例如，在产品生产方法中避免成本高昂的遵守标准），那么行为的不可见就让他们能够将自身的不合规加以伪装，从而避免诸如合法性损失的制裁（Aravind & Christmann，2011）。因此，在工具性和关联性驱动的采纳者缺少遵守的动机的情况下，行为的不可见性削弱了合规性（Aravind & Christmann，2011）。简而言之，制度创立者如果想要采纳者遵守标准，就必须要克服在相对模糊领域中普遍存在的关注、知识和动机三个障碍。

合规性引导

考虑到关注度、动机和知识方面挑战的重要性，尽管制度创立者可能需要引导采纳者在任何一种制度领域中都遵守规则，但是在相对模糊领域中这样做更有必要。因此，在比较模糊的领域，制度创立者就必须设计和应用明确的规矩、强有力的激励以及最佳实践传递，以此确保采纳者的遵从。

设立规则。支配相对模糊领域的因果复杂性由社会环境治理作为范例进行说明。社会议题覆盖了许多方面，从民族、社会阶层、工作场所的民主、年龄到工资、工作时间、安全和工作量（Carroll，2008）。环境议题包括诸多方面，如（不可再生和可再生的）自然资源存量、毒性、生物多样性、土地荒漠化和气候变化（Rockström et al.，2009）。这些议题的绝对数量和多方面的性质对研究可持续性的专家的充分理解提出了挑战（Atkinson，Dietz & Neumayer，2007），更不用说对秉承"生意就是生意"的公司的挑战了。具有认知局限的公司更不可能充分意识到这些社会环境议题，也因此不会予以充分关注（Donaldson & Dunfee，1994），除非它们受到引导去考虑这些议题。因此，像那些对社会环境相关方面进行明确和详细规

---

① 因果复杂性和实践多样性共同造成了采纳者缺少对遵守标准的关注度和知识这样的结果，尽管前者主要是由不确定性引起的，后者更多是模糊性导致的。

定的基于表现的可持续标准就会激励采纳者适时地考虑这些议题。

实践多样性和模糊、难以捉摸的措辞，如"促进社会公平和环境保护"，无法提供方向。它们给采纳者带来的是模糊和无知，采纳者可能不会充分关注相关方面，或者可能选择不当的做法（Okhmatovskiy & David，2012）。因此，可持续性标准对需要遵守的环境规则规定得越详细越明确，采纳者越可能遵守这些规则。详细的成文编撰提供了明确的指引并且限制了解释的差异程度，因此减少了模糊性和不确定性（Terlaak，2007）。例如，国际公平贸易组织对社会议题中的雇佣劳工的规定包括：

培训机会、非歧视的雇佣政策、禁止童工、禁止强制劳动、劳动力集体谈判权和自由结社权、就业条件超过法定最低要求、适当的职业安全与健康条件，以及劳动力有足够的设施来处理公平贸易溢价（2013a）。

因此，公平贸易标准的采纳者对培训、促进机会平等、禁止童工、避免强制劳动、与工人代表谈判等比较敏感。总之，对普适（社会环境）规则进行具体明确的详细说明改善了关注度问题并促进了（对标准的）遵守。

制定激励措施。机会主义采纳者行为的不可见性削弱了像可持续性标准的制度有效性。公司对于（通过低工资、污染等手段）榨取人力资本和自然资源有一种"天生的兴趣"，因为这种做法可能提升（短期）利润并且不会被外部利益相关方（完全）观察到（King & Toffel，2009），特别是当商品在遥远的地方生产并通过多个行动者进行国际贸易时（Levy，2008）。为了克服这种动机障碍，像可持续性标准这样的制度传递了这样的信息，即被贴上标签的产品和公司是与负责任的实践相联系（King et al.，2005）的单独类别的公司（Navis & Glynn，2010），比如对小农支付"公平价格"且不使用杀虫剂的做法。标准能够将非激励因素转化成激励因素，因为它们为采纳者提供物质利益，如价格溢价、选择性供应链（Henson et al.，2011；King et al.，2012）、利益相关方眼中的合法性（Sine et al.，2007；Yaziji & Doh，2009），以及做到企业公民规范的可能性（Aguilera et al.，2007；Bansal & Roth，2000；Reinecke et al.，2012）。这些好处只属于采纳了标准并达到了要求的"俱乐部成员"（Potoski & Prakash，2005）。例如，采纳了全球 GAP 认证的非洲渔民就比其未注册的竞争对手享有显著更高的出口收入（Henson et al.，2011）。

然而像可持续标准这样的越有吸引力的制度，就越有象征性采纳的风险。社会和环境表现差，特别是迫于外部压力的采纳者，可能希望获得标准的收益，而不承担相关成本（King et al.，2012；Sandholtz，2012）。在高度模糊领域，受行为低可见性的限制，这类采纳者可能假意遵守，而实际只象征性地执行，从而避免"升级"社会和环境行为所带来的成本（Christmann & Taylor，2006；Delmas & Montes-Sancho，2010）。因此，像严格监督和社会压力这类合规机制需要置于适当的位置，让制度创立者建立的规则得以实质地维持（Lawrence，Suddaby & Leca，2009）。事实上，成功的自我调节的前提条件是可靠的实施（Barnett & King，2008；King et al.，2012）。在强制遵守过程中，即使审计过程常常由于欠缺专业性、检查的可预测性以及存在利益冲突从而表现出瑕疵，但是独立第三方监督仍是一个工具（Aravind & Christmann，2011；Boiral，2012）。像可持续性标准这样可以克服这些审计方面的挑战的制度更有可能揭露违约行为，并且在背叛行为被发现时行使实质性制裁，包括取消携带可持续性标签的权利（Baron & Lyon，2012；King et al.，2012）。例如，公平劳工协会更可能揭露违约行为，因为它通过外部审计（包括外部利益相关方）对大型的、高风险认证的服装和鞋类生产商实施意想不到的实地视察（O'Rourke，2007）。扼要重述，强力激励（例如，加入并积极执行制度所获得的显著的物质的、相关的和规范的好处）的存在解决了激励问题，引导高模糊领域的采纳者实质地遵守发起者详细规定的规则。

最佳实践。确保在高模糊领域实质遵守的第三个挑战是缺少相关知识。例如，社会环境治理的因果复杂性和实践多样性可能导致采纳者简单地忽视了如何遵守发起者设定的可持续标准的规则的方式。像小农一样的发展中国家的小型公司可能没有以社会和环境责任型方式进行生产和贸易的技术和组织能力（Perez-Aleman & Sandilands，2008）。因此，提供多种实施选项的制度在清除这种实施障碍时是有帮助的。许多流程导向的可持续性标准给予采纳者通过转移关于最佳实践的知识来"构建能力"的可能性（Perez-Aleman，2011）。例如，UTZ 注册标准给予农民提升产量和提升咖啡豆质量的技术建议（Bitzer et al.，2008；UTZ Certified，2013）。

高度模糊性领域中，相比那些将实施模式给予采纳者自由选择的制度，广泛地转移通用最佳实践的可持续标准和其他制度更可能引导采纳者遵守制度（Terlaak，2007）。首先，推出最佳实践通常会便于监督。其次，标准制定者倡导的实践与制度的规则相匹配。与此相关的是，标准化的能力构建减少了实践多样性并引导采纳者的思想和行动与制度创立者的设想保持一致。特别是结合了具体规则和有力的激励，能力构建通过制度要求提升了实质合规的水平。例如，国际公平贸易组织就只向通过将自己组织起来以合作提升谈判能力的小农进行授信（Reinecke et al.，2012）。通过最佳实践的转移，能力构建能够因此缓解缺乏知识的问题，并使采纳者采取遵守的行为。图1显示，导致领域模糊的因果复杂性、实践多样性和行为不可见性，带来了对设计和实施具体和统一的规则、强力的激励和最佳实践转移的需要，以确保采纳者合规。以上观点可以表述为：

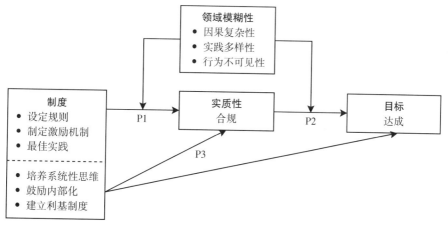

图1　模糊领域制度采纳和合规—达成目标的取舍

命题1：领域的模糊性越高，没有具体和统一的规则、强力的激励、最佳实践的积极转移的制度带来实质性遵守的采纳者的可能性越小。

合规—达成目标的取舍

取舍的理由

合规的采纳者有助于达成制度（社会环境）目标，这个理念使制度创立者认为制度重要性源于实质性遵守。基于近期 Bromley 和 Powell（2012）的研究，笔者现在提出，上述理念可能是错误的，因为在高度模糊领域，实质性遵守不一定能达成设计的目标，甚至可能适得其反。Bromley 和 Powell 区分了"政策—实践的分离"（即典型的分离形式是采纳者不实质性地执行其正式接受的政策）和"手段—结果的分离"（遵守正式的政策却完不成设计的目标）。他们认为，尽管后一种分离很重要，但却被忽视了，特别是在手段和结果之间存在模糊关系的领域。笔者同意这个观点，并且通过推进对高模糊领域中的两种分离的弥补过程中存在取舍的观点，进一步拓展了这个观点。① 主要原因在于，因果复杂性和实践多样性削弱了合规导向的制度达成设计目标的能力，以及强合规导向约束了采纳者的代理（Agency of Adopters）。

_____

① 诚然，笔者认为两种分离之间不存在这样的取舍，但是笔者主张在纠正政策—实践的分离和手段—目的分离之间存在反向的关系。

因果复杂性。如前所论，相对模糊领域具有先天的复杂性：它驱动着大量的行动者和各种因素，同时也受行动者和各种因素所驱动。社会环境治理就是这种复杂性的例证，因为这些议题受困于因果关系网，这意味着，如果不能同时考虑大量直接或间接（通常是非线性）相关的异质的行动者和因素，就无法充分理解这些议题（Atkinson et al.，2007；Carson，1962；Levy & Lichtenstein，2012）。例如，贫困就是一个"棘手问题"（Rittel & Webber，1973），包含大量相互关联的原因和结果，不单单是经济因素，也有社会、政治、历史因素，贫困人口陷于贫困的陷阱是多种力量同时作用的结果（Banerjee & Duflo，2007；Easterly，2006）。像气候变化、土壤退化、生物多样性减少的环境问题也是这样（Meadows，Randers & Meadows，2005；*Millennium Ecosystem Assessment Board*，2005）。相对模糊领域的系统性的天性给我们的一个启示是：为了充分理解和治理目标（社会环境）议题需要同时考虑许多因素（Adger，2007；Bitzer et al.，2008；Young，2012）。仅仅关注直接的、双边的关系可能会导致对当前议题的不完整的，甚至是错误的理解和管理。

因果复杂性提高了对清晰度的要求，这是合规导向的制度所提供的。然而，这种制度的性质妨碍了采纳者对目标议题的有效回应。具体和统一的规定刺激合规性，因为它们规定了期望的行为并且便于监督（Bromley & Powell，2012），因此减少了采纳者的不确定性和模糊性（DiMaggio & Powell，1983；Terlaak，2007）。像可持续性标准这样的有益于合规的制度根据明确的规则进行规定和激励。然而，狭隘地聚焦于这类规则会分散对更广泛的情境的关注，即目标（社会环境）议题是内嵌的并且可能产生"水床效应"——作为一个问题的解决措施却同时引发另一个新的问题（Dasgupta，2000；Frey，Homberg & Osterloh，2013；Timmermans & Epstein，2010）。例如，许多可持续标准直截了当地禁止童工。这看起来是避免对脆弱群体进行剥削的合理方式。但是，这种禁令可能带来一个意想不到的副作用，如（更加）贫困（Khan，Munir & Willmott，2007）。就像对公平贸易组织的批评者所指出的，"许多小农曾提到，童工禁令的强制实施带来了家庭收入减少的风险，并因此减少了儿童上学的机会"［*Forum for African Investigative Reporters*（FAIR），2012：16］。另一个例子是把合作社作为劳动力民主和收入公平分配的方式的惯例。"通过坚持要求小农加入合作社，公平贸易组织不经意地使传统可可老板们既有的剥削和虐待问题恶化了"（FAIR，2012：11）。公平贸易组织的使命是"将处于劣势的生产者和消费者联系起来，促进更公平的贸易条件，使生产者战胜贫困，提高他们的地位，让他们更好地掌控自己的命运"（*Fairtrade International*，2013b），很明显，这些结果与公平贸易组织的使命相背离。这两个例子都说明了绝对禁止童工和非合作社的组织形式是良好的规定，但它可能只能解决重大问题的一小部分，可能带来对原因—结果关系的错误理解，并因此转移或者加重了像可持续标准这样的制度所致力于解决或者缓和的（社会环境）问题。

实践多样性。 像前文所解释的那样，实践多样性使得对不同的实践的优缺点进行充分的理解和比较更加具有挑战性。然而，意识到实践可能是不同的这一点很重要，因为实践所嵌入的情境（Context）是不相似的。实践需要与其所嵌入的（异质）情境的"需求多样性"（Ashby，1956）相匹配。换句话说，实践的有效性是依情境而定的（Donaldson，2001）。社会环境治理就是一个例子，因为相关议题无论是静态还是动态上都是情境依赖的，都需要定制的解决办法（McElroy & Van Engelen，2012）。社会和环境问题的原因和解决办法根据地区、文化背景、社会政治体系和经济形势发生变化（Adger，2007；Ostrom，2012）。这与土壤结构、气候条件、行动者偏好、社会关系和经济发展的地域差异有关。亚热带地区灌溉的需要与可能性与那些有着贫瘠土地的干旱地区是不同的（Von Weizsäcker，Hargroves，Smith，Desha & Stasinopoulos，2009）。某些生产者和工人可能偏好积累物质财富，而其他的可能更喜欢安全和民主的工作环境。在某些文化中，巨大的权力差异普遍存在而且是有生产力的，而在其他文化中则不是（Hofstede，2001）。自足经济中的供给和需求的特点与新兴市场是不一样的，前者中的生产者用最少的资源寻求自给自足，后者中的公司更有效率而且是全球导向的（Perez-Aleman，2011；Perez-Aleman & Sandilands，2008）。此外，生物物理和社会系统可能会演化，这意味着今天的（地方性的）（对具体情境的）解决办法可能明天就过时了，需要发展"适应性能力"（Young，2012：87）。Dietz 等（2003：1909）指出：

固定的规则很可能会失败，因为它过于依赖当前的知识情况，相反，对低概率、高代价进行防范并允许发生变化的体系可能在短期内是次优的，但在长期可能被证明是更明智的体系。

例如，因为鱼群经常迁移，所以对鱼类存量的固定配额的标准可能是适得其反的。

许多像可持续标准的制度通过统一的规则、激励和实践减少了采纳者的模糊性、限制了（假想的）低效能者幻想通过不当行为规避成本的路径，从而提升了实质合规水平（Gilbert et al.，2011）。然而，这种统一的制度与目标（社会环境）议题的（静态和动态）情境依赖产生了矛盾（Meyer & Rowan，1977）。一个例子就是公平贸易组织绝对禁止童工的规定，如前所述，这可能只对中等收入的生产者是可行的，他们可以"承担"童工不参与劳动的后果（Khan et al.，2007）。同样，可以看到，人们对儿童参与经济活动的看法在（某些）非洲文化中和西方国家是不同的。在喀麦隆农民看来，童工"是帮助父母进行家务劳动的一部分劳动力。我认为这不是虐待儿童"（FAIR，2012：16）。就像案例中显示的，像可持续性标准这样的合规导向的制度，应用了通用的规则、激励和实践，无视采纳者面对的具体地理、文化、社会政治和经济形势，这样的制度很容易导致采纳者不能达成设计的目标。

受约束的机构。因果复杂性和情境依赖性都需要灵活的解决办法来达成设计目标。尽管在行动者和众多因素之间存在着大量的相互作用的联系，这妨碍了对复杂体系的综合理解和评估，但是好处是这些多样的联系提供了设计和实施多样性的解决方案的机会。换句话说，可以使用不同的手段达到相同的目的。这种"殊途同归性"（Equifinality）（Fiss，2011；Meyer，Tsui & Hinings，1993）应用到社会环境治理领域，意味着公司可以使用各种生产性因素和方法的不同组合来实现企业可持续性或者"弹性的"社会环境治理体系（Adger，2007）。情境依赖需要弹性，因为解决办法需要根据相关情境的多样性进行定制（Ashby，1956）。地理、文化、社会政治和经济变量的不同组合会带来大量可能出现的情境。采纳者面对的情境多样性因此需要应用多种解决办法。就像 Gilbert 等（2011：38）的观点一样，"根据通用的标准，所谓的适当行为根据情境的变化而变化"。

像可持续性标准一样很多合规导向的制度的问题是其非常倾向于推广：用非常具体的和明确的方式对规则和实践进行限制、激励和监督，几乎不留解释空间（Gilbert et al.，2011；Terlaak，2007）。推广挤出了探索（Exploitationcrowds Out Exploration）（Benner & Tushman，2002），所以这些"钢铁般的"规则、激励和实践压制了采纳者寻求达成制度目标的创新性（Alvesson & Spicer，2012）。例如，公司可能提出创新的解决办法，比制度发起者的最佳实践更能够达成像可持续标准这样制度的目标，这是制度创立者没想到的，但是这些解决办法却不被允许（Terlaak，2007；Colvin & Boswell，2007；Ostrom，2012）。同样，当强制实施标准的解决办法时，可能会抑制深刻了解应对当地（社会环境）挑战的定制化解决方案的采纳者去实施这些方案（Perez-Aleman & Sandilands，2008）。在高度模糊领域中应用统一的规则、激励和实践的合规导向的制度可能因此"命中了目标，却丢失了分数"（Frey et al.，2013：957）。由于这些制度不激励，甚至否决了有助于达成目标的创造性采纳者的解决方案，它们可能阻碍了人们完成所设计的目标。本节上述观点可以简要概述为以下内容：

命题 2：领域的模糊性越高，高度合规导向的制度达成发起者所设立的目标的可能性越低。

减少取舍

以上的讨论展示了相对模糊领域的制度创立者所面对的一个真实的两难选择。如果他们要避免希望获得好处却不愿承担成本的机会主义的公司的纯象征性采纳者或者那些对如何遵守制度一无所知的采纳者，这些制度就必须具有具体和统一的采纳要求：明确的奖励结构、严格实施衡量规则、转移通用的最佳实践。采用这种方式设计和实施的制度为那些承诺合规行为的采纳者提供了方向、积极性和支持。尽管合规导向的制度减少了一些领域的模糊性，尤其使得采纳者的行为更可见了，但是由于目标议题的因果复杂性和情境依赖的存在以及对采纳者的创造性解决方案的抑制，制度的刚性很容易导致超过所设计的幅度。在高度模糊领域达成目标要求在应用标准的规则、激励和转移实践时要有一定的灵活性，因为复杂的问题要求对相关标准进行更综合的判断，而不同的情境要求应用制定的和逐步形成的解决方案。

相对模糊领域中的制度创立者因此面对一种取舍：优先选择刚性来保证实质合规可能危及所设计目标的达成，而支持灵活性来保证达成目标则可能提高了象征性采纳的风险。换句话说，相对模糊领域的制度受到两种分离的威胁（政策—实践和结果—手段），弥补其中一种分离可能削弱处理另一种分离的能力。如何解决或者至少减少这种合规和达成目标之间的取舍？合规和达成目标之间的对立的性质导致在高度模糊领域中设计和维持最优制度是不可能的。然而，通过以一种系统性思维方式设计一些关键的规则、鼓励采纳者将制度的目标内部化，并制定"利基制度"来适应情境特殊性，可以减少一些取舍。

培养一种系统性的思维方式。 制度创立者可以通过规定和鼓励那些没有显著削弱标准自身目标的副作用的规则和实践，减少因果复杂性驱动的合规和达成目标的取舍。虽然在取悦选民的背景下，关注具体高度可见的议题或者其他突出的议题可以理解（Kerr，1975），但是系统性的思维方式对于接下来应对像社会环境治理这种相对模糊领域盛行的侧面和多层次复杂性是有帮助的（Levy & Lichtenstein，2012；Starik & Rands，1995；van Marrewijk & Werre，2003）。系统性思维方式是指一种综合考虑具体行为如何对不同时空相互联系的其他行动者和因素产生影响的态度（Espinosa & Walker，2011；Sterman，2000）。整体性思考（即考虑特定行动的直接和间接的总体影响）和自反性（Reflexivity）（即对设想的行为的结果进行预期）是系统性思维的关键原则，它排除或者至少限制了片面性解决方案所产生的不令人满意的结果（Bitzer et al.，2008；Meadows et al.，2005；Young，2012）。

通过记录特定背景下（如一个地区）围绕特定（社会环境）议题的行动者和各种因素之间的相互关系，并对所设计的规则、激励和实践的直接和间接影响进行模拟和制造场景（Young，2012），这样就可以对整体性思考进行实践。这些技术让系统性地对比不同政策选择以及评估政策成本（即政策采纳者放弃的收益）成为可能。例如，他们可能揭示出这样的结果，在一个受赤贫所困扰的地区，相对于绝对禁止童工的规定，一个对童工的工作时间和工作任务做出限制，并要求雇主对童工提供最低数量和质量的教育的可持续性标准可能是更好的解决办法。这些工具也说明了认证和监督成本应该谨慎地限制到最低程度以防止标准无意间将小型的、缺少资源的生产者排除在外（Ponte，2008）。[①]进行模拟和构建场景也能对区分以下两种影响提供见解，即将预期的政策措施中的微小（积极或者消极）影响与那些可能导致向着非常有利或者不令人欢迎的结果发展的一种越过临界点并导致倾覆行为的效应区分开（Young，2012）。因此，如果制度创立者全面记录预期政策措施的影响，并将后者与总体的直接和间接后果进行协调，就能减少源于因果复杂性的合规与达成目标的取舍。

鼓励内部化。激励采纳者将制度的目标内部化的制度创立者可以缓解由行为不可见性导致的紧张局势。如前所论，行动者采纳制度的动机可能是外部的（例如经济机会或者社会合法性）也可能是内部的（特别是规范的信念）。受外部因素诱导的采纳者，例如为了参与或者从事与不同客户的商务交易而不得不采纳多种可持续标准的小农（Reinecke et al.，2012），他们或者将政策与实践相分离，或者盲目遵守规则，原因在于他们认为像可持续性标准这样的制度仅仅是达成其自身经济性和关系性结果的手段（Sandholtz，2012）。委托人和代理人目标的分歧驱动了代理人不受欢迎的行为（Dalton，Hitt，Certo & Dalton，2007）。

可以通过对期望的采纳者制定严格的选拔程序和制定一个重要的社会化"采纳包"部分（Making Socialization Part and Parcel of the "Adoption Package"）来处理代理问题（Frey et al.，2013；Kerr，1975）。[②]有助于采纳者将制度目标内部化的措施有，仔细检查应用者是否认可了制度目标、定期对采纳者进行关于这些目标的培训，以及鼓励采纳者与其他采纳者分享经验（Gottschalg & Zollo，2007；Nonaka，1994）。例如，一些可持续性标准将农民俱乐部作为一种互相学习和社会联系的有效工具。[③]虽然认为纯工具性的采纳者会转变成发自内心的信徒是很天真的想法，但是社会化计划能够提高采纳者逐渐将目标内部化并根据制度的表面意思和内在精神采取行动的可能性（Kerr，1975）。[④]目标内部化的额外的好处是使规则简化，因为引导采纳者合规的具体规则的要求减少了。一个与此相关的好处是采纳者可以得到更多的开展创新实践的自由，这些创新的实践是制度所不能预知的但却与制度的目标相一致，因此能够出人意表（Colvin & Boswell，2007；Sandholtz，2012）。鼓

---

① 最近发展的信息技术使低成本实现严格的监督（例如，借助卫星和网络摄影机对标准采纳者的可视的"实时"控制）成为可能。

② 根据作者与一家合作制定和采用多项可持续性标准的大型公司的全球可持续采购总监进行的沟通得出。

③ Boxenbaum 和 Jonsson（2008）以及 Bromley 和 Powell（2012）认为，象征性采纳者会倾向于转变成实质采纳者，支持定期明确制度的目标可以使制度目标逐步内部化。例如，Boxenbaum 和 Jonsson 报告称，"通过实施伦理守则培训计划，当伦理守则已经整合到日常活动中时，分离变得罕见了"。

④ 学者们强调了设计简单的规则以实现复杂和动态的环境中有效率的经营的重要性（Brown & Eisenhardt，1997；Davis et al.，2009；Eisenhardt & Bhatia，2002）。

励采纳者将制度目标内部化的制度创立者因此可以减少外部动机驱动的采纳者的行为不可见性导致的取舍。

建立利基制度。通过建立具有某种"超规范"的"主制度"或者具有核心原则（例如对于可持续性标准的系统性管理方法和确保工人安全原则）的对所有采纳者普适的规则，并辅以对具体情境变量进行定制的（不断演化的）"利基制度"，如地理环境、社会群体和经济体系（Timmermans & Epstein，2010），[①] 制度创立者可以更好地管理由情境多样性驱动的实践多样性所导致的紧张局面（Donaldson & Dunfee，1994）。制度创立者应该既要定义一系列对所有采纳者适用的"不可碰触"的原则，也要明确差异性达到何种程度下可以制定新的利基制度或者对已有制度进行调整（Young，2012）。发展中国家小型的、数据有缺陷（Data-deficient）的渔业是一个说明巨大的情境差异的例子，这要求制定一个不同的利基可持续性标准，而不是海洋管理协会当前认证的大型的、数据丰富的合作社（Large，Data-munificent Cooperatives）（Ponte，2008）。像 GlobalGAP（"优秀农业实践"，Good Agricultural Practices）的一些标准提供反映采纳者运营的不同情境的定制化的利基标准（GlobalGAP，2013）。[②]

利基制度覆盖了个性化一致和通用制度之间的中间地带，对区分异质性情境具有足够的灵活性，而对大量的普遍情形具有充分的收敛性（Timmermans & Epstein，2010）。这些制度冲击了采纳要求（容纳环境特性）和统一性要求（向采纳者提供明确性，向制度创立者提供管理便利）之间的平衡。利基制度可能从参与式的方法（Dasgupta，2000）和发现当地的可行解决方案的领域实验中浮现出来。例如，保护国际（Conservation International）和星巴克咖啡的可持续性标准就是建立在目标发展中国家的领域实验基础上的，这带来了当地丰富的农业实践探索——这是"在发达国家的条件下，从上而下实施或者注重直接结果的"标准所不能产生的结果（Perez-Aleman & Sandilands，2008：40）。将主制度和利基制度结合起来的制度创立者就因此能够减少取舍，确保实践多样性对情境多样性进行响应。本节前面讨论的三种减少合规—达成目标的取舍的选择可以重述如下：

命题3：在相对模糊的领域，鼓励采纳者培养一种系统性的思维方式的制度、将制度目标内部化的制度以及包含利基制度的制度，减少了强制服从和达成目标之间存在的取舍情况。

---

① 这种想法与 Donaldson 和 Dunfee（1994）提出的"宏观社会契约"和"微观社会契约"的结合异曲同工，"宏观社会契约"规定了对所有人都适用的基本准则，对相关情境则要采用"微观社会契约"。

② 类似地，真实可持续性指数（True Sustainability Index）（*Center for Sustainable Organizations*，2013）举例说明了无视企业经营所在的（社会和生物物理）情境进行评估企业社会环境绩效的想法。

对手段—结果关系的进一步理解

讨论

过去几十年中，试图对相对模糊领域进行管理以减少内嵌于这些领域的不确定性和模糊性的制度数量迅速增长（Bromley & Powell，2012）。在本文中，笔者试着对在模糊领域使制度采纳达到设想的目标的条件进行梳理。处理具体社会环境议题的自愿可持续性标准就是说明这样制度的例子。在可持续性标准的前期制度工作中，研究者们识别了许多可能导致达不成或者不完全达成标准目标的事项，包括缺乏明确的规则（Okhmatovskiy & David，2012），以及标准实施机制的缺陷（King et al.，2012）。这些事项的一个结果是，采纳者有机会将官方政策与实际的实践分离（Hirsch & Bermiss，2009；Sandholtz，2012），仅实施象征性采纳（Christmann & Taylor，2006；Delmas & Montes-Sancho，2010；Zajac & Westphal，1995），因此只做做表面文章或者将自己的努力限制在那些显而易见的却实质上不重要的行动上（Kerr，1975）。

实际上，这些政策—实践分离的论点是高模糊领域制度不能达成或者只能部分达成制度发起者目标的重要的理由。然而，现有文献在很大程度上忽视了另一种可能更重要的理由。Bromley 和 Powell（2012）提出手段—目的分离是高模糊领域政策采纳者不能达成设想目标的理由，基于此研究，笔者认为，因果复杂性和实践多样性模糊了制度设计和执行因素的影响。在这种情况下，制度理论可能受益于从复杂性理论"引进"一些见解来理解不同层次相关行动者和因素之间系统的、通常是非线性的关系。这些见解让制定可行的制度成为可能，这些制度内嵌的与情境共同演化的适应性能力给予这些制度更强的反应性和稳定性（Espinosa & Walker，2011）。否则，试图通过明确规定具体和统一的规则、设计强力激励，以及转移通用的最佳实践的方式来将政策—实践合规性的差异进行纠正的制度可能会制造或者扩大手段—结果的差异。合规导向的制度不仅不能充分满足因果复杂性和实践多样性的要求，也抑制了采纳者的创新性实践。因此，像标准设立者这样的制度创立者越努力让采纳者达到合规要求，他们的制度越可能达不到设想的目标。换句话说，强制合规要求的严格性和达成目标的灵活性之间存在取舍关系。减少取舍的办法包括设计制度时采用一种系统性的思维方式、激励采纳者将制度目标内部化，以及用精心设计的利基制度补充普适的核心原则和安排。

本文的一个局限是讨论只限于相对模糊的领域。合规和达成目标的取舍不太可能发生在透明领域，透明领域的相关关系更容易识别和衡量，因此很少面对因果复杂性、实践多样性和行为不可见性的问题。领域的透明性减少了对制度创立者详细说明规则、激励和实践的需要，实质性合规和达成目标可以更好地兼容。例如，体育竞技是相对透明的领域，限制性规则就已足够，严格的反兴奋剂测试不会破坏"公平竞技"的目标。

　　另一个局限是本文关注的是采纳制度的一个具体维度。笔者不考虑——或者较少考虑能够解释达成目标条件和程度的其他相关因素，如采纳者的数量（Schuler & Christmann，2011）、扩散的过程（Fiss & Zajac，2004；Lawrence，Winn & Jennings，2001；Weber，Davis & Lounsbury，2009）、采纳的阶段（Ansari，Fiss & Zajac，2010；Kennedy & Fiss，2009）、采纳公司的利益一致性程度（Crilly，Zollo & Hansen，2012；Gottschalg & Zollo，2007；Pache & Santos，2010）、公司及其利益相关方信息不对称（Crilly et al.，2012）、（全球）供应链的性质（Levy，2008；O'Rourke，2007）、加强法律等制度的作用（Amengual，2010；Gulbrandsen，2010；Kim，2013；Lee，2009；Vogel，2008）、竞争性或者补充性标准的影响（Reinecke et al.，2012）、媒体和对抗性非政府组织的作用（Yaziji & Doh，2009），以及消费者的参与（Schuler & Christmann，2011）。笔者虽然承认这些因素的重要性，但是却谨慎地注重强调一个主要替代维度的作用，它显著地损害相对模糊领域的制度的绩效。

贡献

　　早期的制度研究（Meyer & Rowan，1977）显示，制度的组织采纳者经常不能达成制度制定者所设计的目标。特别是采纳者迫于外部压力而采纳制度时，组织可能将其实践与政策相分离，在这种情况下，他们"象征性地赞同一种逻辑下的实践，而实际中却实施另一种逻辑下的实践"（Pache & Santos，2013），这种象征性的支持通常由类似组织所正式采纳的相同实践构成（DiMaggio & Powell，1983）。笔者已经说明，采纳者可能因为一个非常不同的原因而达不成设想的目标。实际上，即使采纳者实际性合规也达不成其目标。笔者的论点建立在 Bromley 和 Powell（2012）观点的基础上，该研究认为实质性采纳的实践可能不是达成设想目标的有效手段，特别是两者的关系更为模糊的时候。本文发展了一个负相关关系的新观点，而不是缺少关系：当处理高模糊领域的两种分离时存在一种取舍。虽然模糊性提高了制定和维持"强力"（即合规导向）制度的需要，但是后者在处理更模糊领域的挑战时是力所不能及的。本文中，笔者对纠正政策—实践分离往往导致手段—结果分离的出现或者恶化（反过来也一样）的原因和方式进行了概念化。

　　笔者将自己的观点应用于社会环境治理领域，但这些关系在其他高度模糊制度领域也是有效的，在这样的领域中，对目标的达成难以衡量，也难以明确达成目标与使用的手段的因果相关性，情境多样性还需要不同的实践。其他相对模糊的领域包括健康医疗（Nigam & Ocasio，2010）、管理咨询（David，Sine & Haveman，2013）、全球地缘政治（Levy，2008）、减缓气候变化（Ansari，Wijen & Gray，2013）、金融稳定性（Fligstein & Goldstein，2010）、交通安全（Braithwaite & Drahos，2000）、公共服务（Frey et al.，2013）和学术界。在这些领域，具体和统一的规则（标准的运营流程、模板和检验手段等）、强力的激励（如财务效益、合法性和罚款）、传播最佳实践（通过正式的培训、互联网网站、会议等）是引导领域内的参与者实质性合规所广泛应用的手段，即使严格强制实施这些同质化的行动，往往在全球层面也不能达成设想的目标（Meyer，Boli，Thomas & Ramirez，1997）。例如，受认可的大学是提供更优质的教学和科研的机构吗？或者他们更懂得如何讨好认证机构吗（Bromley & Powell，2012；Trank & Washington，2009）？考试中得高分的学生比没那么高分的学生更聪明吗，或者他们是"最会考试"从而没必要在职业生涯方面做更充分准确的人群吗（Boiral，2012；Kerr，1975）？在顶尖杂志上发表的被频繁引用的文献更能揭示严密且有意义的研究结果吗（Baum，2011；Gans & Shepherd，1994；Starbuck，2005）？由于本文的见解应用于各种各样相对模糊的制度领域，本文的第一个贡献是对遵守制度规则（"表面"）和这些规则所定义的目标（"精神"）之间的矛盾进行了识别和解释，并提供了部分的纠正措施，以此对制度文献做出了贡献。为了研究具有高模糊性的各种各样的制度领域中这种取舍的重要性，笔者建立了一个概念框架。经验研究可以确定在不同的模糊性领域这种理论化的取舍存在的程度和条件。[①]

许多对可持续性标准的研究关注于通过寻求合法性和市场来制止机会主义采纳的办法（Christmann & Taylor，2006；Delmas & Montes-Sancho，2010；King et al.，2012），他们倡导可能解决合规问题但会不经意地超过标准尺度的严格的、有选择的标准。笔者承认这两个问题，认为后者更需要足够的关注以处理社会环境治理挑战。笔者提出的观点与前面的要求产生协同以平衡标准的严格性和灵活性相呼应，以及通过明确表述达成这种微妙的平衡和原因以及方式来拓展对社会环境治理的见解。因此，本文对社会环境治理文献的第二个贡献是详细说明了在何种条件下可持续性标准更可能合理地达成其目标。未来研究可以检验这些观点对于不同的社会环境治理制度是否有效。

---

① 领域研究可以应用以下理论：运用系统动力学建模（Repenning，2002；Sterman，2000）来获得直接和间接、线性和非线性的关系；用游戏场景记录激励结构和其他行动的影响（Barrett，2003；Boschetti，2011）、用结构性方法来解释因素组合和情境依赖（Fiss，2011；Ragin，1987）、用定性方法提供异质行动者的动机和行为的深度见解（Creswell，2013；Yin，2009）。

受"没有什么比好理论更实用"的格言的启发，以及近期对围绕重要当代社会议题，号召更具实践意义的理论的响应（Corley & Gioia，2011；Suddaby，2012），笔者试着通过解构相对模糊领域的制度创立者所面对的采纳者合规和达成目标之间紧张局面的原因，并提出如何让制度创立者们减少这些紧张的建议，发展一些惠及实践者的概念性想法。笔者将这些概念性见解应用于一个有实践意义的领域，即社会环境治理领域，这些见解也可以应用于各种高模糊性的制度领域。尽管过去十年里企业合规官（O'Rourke，2007）的增长是企业出于社会环境绩效不佳的压力采取的符合逻辑的响应（Gilbert et al.，2011），但是笔者已经说明了这种合规的努力收效甚微，特别是在社会环境议题的复杂性和特异性被忽视以及对采纳者教条行为被强制实施的情况下。因此本文通过对一个主要的实践问题进行了概念性的诊断而对实践者做出了第三个贡献。本文提供的现实生活中的例子和具体的指引（如模拟实践系统性思维，建立采纳者俱乐部来鼓励内部化，以及发展利基制度来反映多样性）可以为公司、非政府组织和政府机构的政策制定者们提供帮助，他们需要在相对模糊领域构想和实施有效和可行的解决方案。

结论

虽然复杂棘手的问题没有简单的解决办法是老生常谈，但值得注意的是学者和实践者们对手段—结果矛盾的关注太少了，这可能削弱了高模糊领域的制度的作用。特别是对刺激实质性合规的关注分散了确保达成制度设想目标的注意力。强制合规甚至可以破坏目标的达成。试图管理更模糊领域的制度创立者因此面对一个两难困境。模糊性要求具体和统一的规则、强力的激励和最佳实践的推广来确保采纳者实质性合规，但是合规导向的制度的严格性却侵蚀了他们处理领域内嵌的复杂性和多样性挑战的能力。相反，优先强调结果的制度可能会遭到受认知局限和外在动机采纳者的象征性采纳的困扰。

总之，高模糊领域的制度采纳者全面达成制度设想的目标的条件是不存在的，因为纠正政策—实践分离和处理手段—结果分离之间存在内在的取舍问题，虽然制度创立者可以减少这种合规—达成目标的分离。

系统性地设计制度促进制度目标内部化以及充分考虑情境特殊性为打破制度严格性和灵活性的平衡提供了一种潜力，因此为能够在达成支持这些制度的创立者设想的目标方面发挥合理有效的作用的制度得以采纳铺设一个牢靠的基础。社会环境治理领域的可持续性标准制度已经说明了本文的观点，本文的概念性见解在其他高模糊性领域可能也成立。在这方面，学术界可以抓住两个机会。第一个涉及对教学和科研绩效的评估和管控的自我反省。第二个是就实质合规和达成目标的关系进行进一步的（实证）研究，这些研究结果可以让相对模糊领域的其他实践者制定合理有效处理两种挑战的做法。在模糊性之中确保实质性合规的渴望已经导致许多制度创立者不断颠倒了马基雅维利的用结果证明方法的格言。平衡的重新定位的时候到了。

参考文献

［1］Adger, N. 2007. Ecological and social resilience. In G. Atkinson, S. Dietz, & E. Neumayer (Eds.), Handbook of sustainable development: 78–90. Cheltenham, UK: Edward Elgar.

［2］Aguilera, R., Rupp, D., Williams, C., & Ganapathi, J. 2007. Putting the S back in corporate social responsibility: A multilevel theory of social change in organizations. Academy of Management Review, 32: 836–863.

［3］Alvesson, M., & Spicer, A. 2012. A stupidity–based theory of organizations. Journal of Management Studies, 49: 1194–1220.

［4］Amengual, M. 2010. Complementary labor regulation: The uncoordinated combination of state and private regulators in the Dominican Republic. World Development, 38: 405–414.

［5］Ansari, S., Fiss, P., & Zajac, E. 2010. Made to fit: How practices vary as they diffuse. Academy of Management Review, 35: 67–92.

［6］Ansari, S., Wijen, F., & Gray, B. 2013. Constructing a climate change logic: An institutional perspective on the "tragedy of the commons". Organization Science, 24: 1014–1040.

［7］Aravind, D., & Christmann, P. 2011. Decoupling of standard implementation from certification: Does quality of ISO 14001 implementation affect facilities' environmental performance? Business Ethics Quarterly, 21: 73–102.

［8］Archer, C., & Fritsch, S. 2010. Global fair trade: Humanizing globalization and reintroducing the normative to international political economy. Review of International Political Economy, 17: 103–128.

［9］Ashby, R. 1956. An introduction to cybernetics. London: Chapman and Hall.

［10］Atkinson, G., Dietz, S., & Neumayer, E. 2007. Introduction. In Atkinson, G., Dietz, S., & Neumayer, E. (Eds.), Handbook of sustainable development: 1–23. Cheltenham: Edward Elgar.

［11］Auld, G., Balboa, C., Bernstein, S., & Cashore, B. 2009. The emergence of Non–State Market–Driven (NSMD) global environmental governance: A cross–sectoral assessment. In M. Delmas & O. Young (Eds.), Governance for the environment: New perspectives: 183–218. Cambridge: Cambridge University Press.

［12］Banerjee, A. V., & Duflo, E. 2007. The economic lives of the poor. Journal of Economic Perspectives, 21（1）: 141–167.

［13］Bansal, P. 2003. From issues to actions: The importance of individual concerns and organizational values in responding to natural environmental issues. Organization Science, 14: 510–527.

[14] Bansal, P., & Roth, K. 2000. Why companies go green: A model of ecological responsiveness. Academy of Management Journal, 43: 717–736.

[15] Barnett, M., & King, A. 2008. Good fences make good neighbors: A longitudinal analysis of an industry selfregulatory institution. Academy of Management Journal, 51: 1150–1170.

[16] Baron, D., & Lyon, T. 2012. Environmental governance. In P. Bansal & A. Hoffman (Eds.), The Oxford handbook of business and the natural environment: 122–139. Oxford: Oxford University Press.

[17] Barrett, S. 2003. Environment and statecraft: The strategy of environmental treaty-making. Oxford: Oxford University Press.

[18] Bartley, T. 2007. Institutional emergence in an era of globalization: The rise of transnational private regulation of labor and environmental conditions. American Journal of Sociology, 113: 297–351.

[19] Battilana, J., Leca, B., & Boxenbaum, E. 2009. How actors change institutions: Towards a theory of institutional entrepreneurship. Academy of Management Annals, 3: 65–107.

[20] Baum, J. 2011.Skew (ered). OMT Distinguished Scholar presentation at the annual meeting of the Academy of Management, San Antonio. Available at http: //omtweb.org/announcements/omt-news/368-2011-distinguished-scholarpresentation.

[21] Baum, J., Li, S. X., & Usher, J. 2000. Making the next move: How experiential and vicarious learning shape the locations of chains' acquisitions.Administrative Science Quarterly, 45: 766–801.

[22] Benner, M., & Tushman, M. 2002. Process management and technological innovation: A longitudinal study of the photograph and paint industries.Administrative Science Quarterly, 47: 676–706.

[23] Berger, I., Cunningham, P., & Drumwright, E. 2004. Social alliances: Company/nonprofit collaboration. California Management Review, 47 (1): 58–90.

[24] Bitzer, V., Francken, M., & Glasbergen, P. 2008. Intersectoral partnerships for a sustainable coffee chain: Really addressing sustainability or just picking (coffee) cherries? Global Environmental Change, 18: 271–284.

[25] Boiral, O. 2012. ISO certificates as organizational degrees? Beyond the rational myths of the certification process. Organization Studies, 33: 633–654.

[26] Boschetti, F. 2011. Rationality, complexity and self-organization. Emergence: Complexity and Organization, 13 (1-2): 133–145.

[27] Boxenbaum, E., & Jonsson, S. 2008. Isomorphism, diffusion and decoupling. In R. Greenwood, C. Oliver, K. Sahlin, & R. Suddaby (Eds.), The Sage handbook of organizational institutionalism: 78–98. Los Angeles: Sage.

[28] Braithwaite, J., & Drahos, P. 2000. Global business regulation. Cambridge: Cambridge University Press.

[29] Briscoe, F., & Murphy, C. 2012. Sleight of hand? Practic eopacity, third-party responses, and the interorganizational diffusion of controversial practices. Administrative Science Quarterly, 57: 553-584.

[30] Bromley, P., & Powell, W. 2012. From smoke and mirrors to walking the talk: Decoupling in the contemporary world.Academy of Management Annals, 6: 483-530.

[31] Brown, S., & Eisenhardt, K. 1997. The art of continuous change: Linking complexity theory and time-paced evolution in relentlessly shifting organizations. Administrative Science Quarterly, 42: 1-34.

[32] Burger, R., & Owens, T. 2010. Promoting transparency in the NGO sector: Examining the availability and reliability of self-reported data.World Development, 38: 1263-1277.

[33] Campbell, J. 2007. Why would corporations behave in socially responsible ways? An institutional theory of corporate social responsibility. Academy of Management Review, 32: 946-967.

[34] Carroll, A. 2008. A history of corporate social responsibility: Concepts and practices. In A. Crane, A. McWilliams, D.Matten, J. Moon, & D. Siegel (Eds.), The Oxford handbook of corporate social responsibility: 19-46. Oxford: Oxford University Press.

[35] Carson, R. 1962. Silent spring. Boston: Houghton Mifflin.

[36] Center for Sustainable Organizations. 2013.The True Sustainability Index.www.sustainableorganizations.org.

[37] Christmann, P., & Taylor, G. 2006. Firm self-regulation through certifiable international standards: Determinants of symbolic versus substantive implementation. Journal of International Business Studies, 37: 863-878.

[38] Christmann, P., & Taylor, G. 2012. International business and the environment. In P. Bansal & A. Hoffman (Eds.), The Oxford handbook of business and the natural environment: 50-69. Oxford: Oxford University Press.

[39] Colvin, A., & Boswell, W. 2007. The problem of action and interest alignment: Beyond job requirements and incentive compensation. Human Resource Management Review, 17: 38-51.

[40] Corley, K., & Gioia, D. 2011. Building theory about theory building: What constitutes a theoretical contribution? Academy of Management Review, 36: 12-32.

[41] Creswell, J. 2013. Qualitative inquiry and research design: Choosing among five approaches. Los Angeles: Sage.

[42] Crilly, D., Zollo, M., & Hansen, M. 2012. Faking it or muddling through: Understanding decoupling in response tostakeholder pressures. Academy of Management Journal, 55: 1429-1448.

[43] Dalton, D., Hitt, M., Certo, T., & Dalton, C. 2007. The fundamental agency problem and its mitigation: Independence, equity, and the market for corporate control.Academy of Management Annals, 1: 1-64.

[44] Dasgupta, N. 2000. Environmental enforcement and small industries in India: Reworking the problem in the poverty context. World Development, 28: 945-967.

［45］ Dasgupta, S., Hettige, H., & Wheeler, D. 2000. What improves environmental compliance? Evidence from Mexican industry. Journal of Environmental Economics and Management, 39 (1): 39-66.

［46］ David, R., Sine, W., & Haveman, H. 2013. Seizing opportunity in emerging fields: How institutional entrepreneurs legitimated the professional form of management consulting. Organization Science, 24: 356-377.

［47］ Davis, J., Eisenhardt, K., & Bingham, C. 2009. Optimal structure, market dynamism, and the strategy of simple rules. Administrative Science Quarterly, 54: 413-452.

［48］ Delmas, M., & Grant, L. In press. Eco-labeling strategies and price-premium: The wine industry puzzle. Business & Society.

［49］ Delmas, M., & Montes-Sancho, M. 2010. Voluntary agreements to improve environmental quality: Symbolic andsubstantive cooperation. Strategic Management Journal, 31: 576-601.

［50］ Delmas, M., & Young, O. 2009. Introduction: New perspectiveson governance for sustainable development. In M. Delmas & O. Young (Eds.), Governance for the environment: New perspectives: 3-11. Cambridge: Cambridge University Press.

［51］ Dietz, T., Ostrom, E., & Stern, P. 2003. The struggle to govern the commons. Science, 302: 1907-1912.

［52］ DiMaggio, P., & Powell, W. 1983. The iron cage revisited: Institutional isomorphism and collective rationality in organizational fields. American Sociological Review, 48: 147-160.

［53］ Donaldson, L. 2001. The contingency theory of organizations. Thousand Oaks, CA: Sage.

［54］ Donaldson, T., & Dunfee, T. 1994. Toward a unified conception of business ethics: Integrative social contracts theory. Academy of Management Review, 19: 252-284.

［55］ Easterly, W. 2006. The white man's burden: Why the West's efforts to aid the rest have done so much ill and so little good. Oxford: Oxford University Press.

［56］ Eisenhardt, K., & Bhatia, M. 2002. Organizational complexity and computation. In J. Baum (Ed.), The Blackwell companion to organizations: 442-466. Oxford: Blackwell.

［57］ Espinosa, A., & Walker, J. 2011. A complexity approach to sustainability: Theory and application.London: Imperial College Press.

［58］ Fairtrade International. 2013a. Aims of Fairtrade Standards: Common principles. http: //www.fairtrade.net.

［59］ Fairtrade International. 2013b. Our vision: Our mission. http: //www.fairtrade.net.

［60］ Fiss, P. 2011. Building better causal theories: A fuzzy set approach to typologies in organizational research. Academy of Management Journal, 54: 393-420.

［61］ Fiss, P., & Zajac, E. 2004. The diffusion of ideas over contested terrain: The (non) adoption of a shareholder value orientation among German firms. Administrative Science Quarterly, 49: 501-534.

［62］ Fligstein, N. 1997. Social skill and institutional theory. American Behavioral Scientist,

40：397-405.

［63］ Fligstein, N., & Goldstein, A. 2010. The anatomy of the mortgage securitization crisis. Research in the Sociology of Organizations, 30: 29-70.

［64］ Forum for African Investigative Reporters （FAIR）. 2012. Transnational investigation： The fairtrade chocolate ripoff. November 14, http：//www.fairreporters.org.

［65］ Frey, B., Homberg, F., & Osterloh, M. 2013. Organizational control systems and pay-for-performance in the public service. Organization Studies, 34: 949-972.

［66］ Gans, J., & Shepherd, G. 1994. How are the mighty fallen: Rejected classic articles by leading economists. Journal of Economic Perspectives, 8 （1）: 165-179.

［67］ Garud, R., Jain, S., & Kumaraswamy, A. 2002. Institutional entrepreneurship in the sponsorship of common technology standards: The case of Sun Microsystems and Java. Academy of Management Journal, 45: 196-214.

［68］ Gilbert, D. U., Rasche, A., & Waddock, S. 2011. Accountability in a global economy: The emergence of international accountability standards. Business Ethics Quarterly, 21: 23- 44.

［69］ Glasbergen, P. 2012. Partnerships for sustainable development in a globalised world: A reflection on marketoriented and policy-oriented partnerships. In F. Wijen, K. Zoeteman, J. Pieters, & P. van Seters （Eds.）, A handbook of globalisation and environmental policy, second edition: National government interventions in a global arena: 581-615. Cheltenham, UK: Edward Elgar.

［70］ GlobalGAP . 2013.What we do. http：//www.globalgap.org.

［71］ Gottschalg, O., & Zollo, M. 2007. Interest alignment and competitive advantage. Academy of Management Review, 32: 418-437.

［72］ Graffin, S., & Ward, A. 2010. Certifications and reputation: Determining the standard of desirability amidst uncertainty.Organization Science, 21: 331-346.

［73］ Graham, D., & Woods, N. 2007. Making corporate selfregulation effective in developing countries. In D. Brown & N. Woods （Eds.）, Making global self-regulation effective in developing countries: 6 -31. Oxford: Oxford University Press.

［74］ Greenwood, R., Raynard, M., Kodeih, F., Micelotta, E., & Lounsbury, M. 2011. Institutional complexity and organizational responses. Academy of Management Annals, 5: 317-371.

［75］ Gulbrandsen, L. 2010. Transnational environmental governance: The emergence and effects of the certification of forests and fisheries.Cheltenham, UK: Edward Elgar.

［76］ Hardy, C., & Maguire, S. 2008. Institutional entrepreneurship. In R. Greenwood, C. Oliver, K. Sahlin, & R. Suddaby （Eds.）, The Sage handbook of organizational institutionalism. Los Angeles: Sage.

［77］ Helms, W., Oliver, C., & Webb, K. 2012. Antecedents of settlement on a new institutional practice: Negotiation of the ISO 26000 standard on social responsibility. Academy of Management Journal, 55: 1120-1145.

［78］ Henson, S., Masakure, O., & Cranfield, J. 2011. Do fresh produce exporters in sub-

Saharan Africa benefit from GlobalGAP certification? World Development, 39: 375-386.

[79] Hirsch, P., & Bermiss, S. 2009. Institutional "dirty" work: Preserving institutions through strategic decoupling. In T.Lawrence, R. Suddaby, & B. Leca (Eds.), Institutional work: 262-283. Cambridge: Cambridge University Press.

[80] Hofstede, G. 2001. Culture's consequences: Comparing values, behaviors, institutions, and organizations across nations. Thousand Oaks, CA: Sage.

[81] Howard, J., Nash, J., & Ehrenfeld, J. 2000. Standard or smokescreen? Implementation of a voluntary environmental code. California Management Review, 42 (2): 63-82.

[82] Jiang, R. J., & Bansal, P. 2003. Seeing the need for 14001. Journal of Management Studies, 40: 1047-1067.

[83] Kaufmann, D., Kraay, A., & Mastruzzi, M. 2007. Governance matters IV: Worldwide governance indicators: 1996-2006. Washington, DC: World Bank. Available at http: //info.worldbank. org/governance/wgi2007/.

[84] Kennedy, M., & Fiss, P. 2009. Institutionalization, framing, and diffusion: The logic of TQM adoption and implementation among U.S. hospitals. Academy of Management Journal, 52: 897-918.

[85] Kerr, S. 1975. On the folly of rewarding A, while hoping for B.Academy of Management Journal, 18: 769-783.

[86] Khan, F., Munir, K., & Willmott, H. 2007. A dark side of institutional entrepreneurship: Soccer balls, child labourand postcolonial impoverishment. Organization Studies, 28: 1055-1077.

[87] Kim, J. Y. 2013. The politics of code enforcement and implementation in Vietnam's apparel and footwear industries. World Development, 45: 286-295.

[88] King, A., Lenox, M., & Terlaak, A. 2005. The strategic use of decentralized institutions: Exploring certification with the ISO 14001 management standard. Academy of Management Journal, 48: 1091-1106.

[89] King, A., Prado, A., & Rivera, J. 2012. Industry self-regulation and environmental protection. In P. Bansal & A. Hoffman (Eds.), The Oxford handbook of business and the natural environment: 103-121. Oxford: Oxford University Press.

[90] King, A., & Toffel, M. 2009. Self-regulatory institutions for solving environmental problems: Perspectives and contributions from the management literature. In M. Delmas & O. Young (Eds.), Governance for the environment: New perspectives: 98-115. Cambridge: Cambridge University Press.

[91] Lawrence, T., Suddaby, R., & Leca, B. 2009. Introduction: Theorizing and studying institutional work. In T. Lawrence, R. Suddaby, & B. Leca (Eds.), Institutional work: Actors and agency in institutional studies of organizations: 1-27. Cambridge: Cambridge University Press.

[92] Lawrence, T., Winn, M., & Jennings, D. 2001. The temporal dynamics of institutionalization. Academy of Management Review, 26: 624-644.

［93］ Lee，B. 2009. The infrastructure of collective action and policyc ontent diffusion in the organic food industry. Academy of Management Journal，52：1247-1269.

［94］ Levitt，B.，& March，J. 1988. Organizational learning. Annual Review of Sociology，14：319-340.

［95］ Levy，D. 2008. Political contestation in global production networks. Academy of Management Review，33：943-963.

［96］ Levy，D.，& Lichtenstein，B. 2012. Approaching business and the environment with complexity theory. In P. Bansal &A. Hoffman（Eds.），The Oxford handbook of business and the natural environment：591-608. Oxford：Oxford University Press.

［97］ Lindblom，C. 1959. The science of "muddling through". Public Administration Review，9：79-88.

［98］ List，J. 2011. The market for charitable giving. Journal ofEconomic Perspectives，25（2）：157-180.

［99］ López，R. 2007. Structural change，poverty and natural resource degradation. In G. Atkinson，S. Dietz，& E. Neumayer（Eds.），Handbook of sustainable development：220-239. Cheltenham，UK：Edward Elgar.

［100］ Lyon，T. 2010. Introduction. In T. Lyon（Ed.），Good cop/bad cop：Environmental NGOs and their strategies toward business：1-13. Washington，DC：RFF Press.

［101］ Maguire，S.，Hardy，C.，& Lawrence，T. 2004. Institutional entrepreneurship in emerging fields：HIV/AIDS treatment advocacy in Canada.Academy of Management Journal，47：657-679.

［102］ McElroy，M.，& Van Engelen，J. 2012. Corporate sustainability management. London：Earthscan.

［103］ McNicol，J. 2006. Transnational certification programs asnew regulatory forms：Lessons from the forestry sector. In M. L. Djelic & K. Sahlin-Andersson（Eds.），Transnational governance：Institutional dynamics of regulation：349-374. Cambridge：Cambridge University Press.

［104］ Meadows，D.，Randers，J.，& Meadows，R. 2005. Limits to growth：The 30-year update. London：Earthscan.

［105］ Meyer，A.，Tsui，A.，& Hinings，C. R. 1993. Configurational approaches to organizational analysis. Academy of Management Journal，36：1175-1195.

［106］ Meyer，J.，Boli，J.，Thomas，G.，& Ramirez，F. 1997. World society and the nation-state.American Journal of Sociology，103：144-181.

［107］ Meyer，J.，& Rowan，B. 1977. Institutionalized organizations：Formal structure as myth and ceremony. American Journal of Sociology，83：340-363.

［108］ Millennium Ecosystem Assessment Board. 2005. Ecosystems and human well-being：Synthesis. Washington，DC：Island Press.

［109］ Milliken，F. 1987. Three types of perceived uncertainty about the environment：State， effect, and response uncertainty. Academy of Management Review, 12: 133–143.

［110］ Navis, C., & Glynn, M. A. 2010. How new market categories emerge: Temporal dynamics of legitimacy, identity, and entrepreneurship in satellite radio, 1990–2005. Administrative Science Quarterly, 55: 439–471.

［111］ Nigam, A., & Ocasio, W. 2010. Event attention, environmental sensemaking, and change in institutional logics: An inductive analysis of the effects of public attention to Clinton's healthcare reform initiative. Organization Science, 21: 823–841.

［112］ Nonaka, I. 1994. A dynamic theory of organizational knowledge creation. Organization Science, 5: 14–37.

［113］ Ocasio, W. 1997. Towards an attention-based view of the firm. Strategic Management Journal, 18: 187–206.

［114］ Okhmatovskiy, I., & David, R. 2012. Setting your own standards: Corporate governance codes as a response to institutional pressure. Organization Science, 23: 155–176.

［115］ Oosterveer, P., & Spaargaren, G. 2011. Organising consumer involvement in the greening of global food flows: The role of environmental NGOs in the case of marine fish. Environmental Politics, 20: 97–114.

［116］ O'Rourke, D. 2007. Bringing in social actors: Accountability and regulation in the global textiles and apparel industry. In D. Brown & N. Woods (Eds.), Making global selfregulation effective in developing countries: 113–148. Oxford: Oxford University Press.

［117］ Orton, J., & Weick, K. 1990. Loosely coupled systems: A reconceptualization.Academy of Management Review, 15: 203–223.

［118］ Ostrom, E. 2012. Polycentric systems: Multilevel governance involving a diversity of organizations. In E. Brousseau, T. Dedeurwaerdere, P. A. Jouvet, & M. Willinger (Eds.), Global environmental commons: Analytical and political challenges in building governance mechanisms: 105–125. Oxford: Oxford University Press.

［119］ Pache, A. C., & Santos, F. 2010. When worlds collide: The internal dynamics of organizational responses to conflicting institutional demands. Academy of Management Review, 35: 455–476.

［120］ Pache, A. C., & Santos, F. 2013. Inside the hybrid organization: Selective coupling as a response to competing institutional logics. Academy of Management Journal, 56: 972–1001.

［121］ Perez-Aleman, P. 2011. Collective learning in global diffusion: Spreading quality standards in a developing country cluster. Organization Science, 22: 173–189.

［122］ Perez-Aleman, P., & Sandilands, M. 2008. Building value at the top and bottom of the global supply chain. California Management Review, 51 (1): 24–49.

［123］ Ponte, S. 2008. Greener than thou: The political economy of fish ecolabeling and its local manifestations in South Africa. World Development, 36: 159–175.

［124］ Potoski, M., & Prakash, A. 2005. Green clubs and voluntary governance: ISO 14001 and firms' regulatory compliance.American Journal of Political Science，49：235-248.

[125] Prado，A. 2013. Competition among self-regulatory institutions：Sustainability certifications in the cut-flower industry. Business & Society，52：686-707.

[126] Prakash，A.，& Potoski，M. 2006.The voluntary environmentalists：Green clubs，ISO 14001，and voluntary regulations.Cambridge：Cambridge University Press.

[127] Ragin，C. 1987. The comparative method：Moving beyond qualitative and quantitative strategies. Berkeley：University of California Press.

[128] Reinecke，J.，Manning，S.，& Von Hagen，O. 2012. The emergence of a standards market：Multiplicity of sustainability standards in the global coffee industry. Organization Studies，33：655-679.

[129] Repenning，N. 2002. A simulation-based approach to understanding the dynamics of innovation implementation.Organization Science，13：109-127.

[130] Riisgaard，L. 2009. Global value chains，labor organization and private social standards：Lessons from East African cut flower industries. World Development，37：326-340.

[131] Rittel，H.，& Webber，M. 1973. Dilemmas in a general theory of planning. Policy Sciences，4：155-169.

[132] Rockström，J.，Steffen，W.，Noone，K.，Persson，A.，Chapin，S.，III，Lambin，E.，Lenton，T.，Scheffer，M.，Folke，C.，Schellnhuber，H. J.，Nykvist，B.，De Wit，C.，Hughes，T.，van derLeeuw，S.，Rodhe，H.，Sörlin，S.，Snyder，P.，Costanza，R.，Svedin，U.，Falkenmark，M.，Karlberg，L.，Corell，R.，Fabry，V.，Hansen，J.，Walker，B.，Liverman，D.，Richardson，K.，Crutzen，P.，& Foley，J. 2009. A safe operating space for humanity. Nature，461：472-475.

[133] Sandholtz，K. 2012. Making standards stick：A theory of coupled vs. decoupled compliance. Organization Studies，33：655-679.

[134] Santos，F.，& Eisenhardt，K. 2009. Constructing markets and shaping boundaries：Entrepreneurial power in nascentfields. Academy of Management Journal，52：643- 671.

[135] Schneiberg，M.，& Lounsbury，M. 2008. Social movements and institutional analysis. In R. Greenwood，C. Oliver，K. Sahlin，& R. Suddaby（Eds.），The Sage Handbook of organizational institutionalism：650-672. Los Angeles：Sage.

[136] Schuler，D.，& Christmann，P. 2011. The effectiveness of market-based social governance schemes：The case of fair trade coffee. Business Ethics Quarterly，21：133-156.

[137] Scott，R. 2001.Institutions and organizations（2nd ed.）. Thousand Oaks，CA：Sage.

[138] Sharma，S. 2000. Managerial interpretations and organizational context as predictors of corporate choice of environmental strategy. Academy of Management Journal，43：681-697.

[139] Sine，W.，David，R.，& Mitsuhashi，H. 2007. From plan to plant：Effects of certification on operational start-up in the emergent independent power sector. Organization Science，18：578-594.

［140］Spar，D.，& La Mure，L. 2003. The power of activism：Assessing the impact of NGOs on global business.California Management Review，45（3）：78-101.

［141］Starbuck，W. 2005. How much better are the most-prestigious journals? The statistics of academic publication. Organization Science，16：180-200.

［142］Starik，M.，& Rands，G. 1995. Weaving an integrated web：Multilevel and multisystem perspectives of ecologically sustainable organizations. Academy of Management Review，20：908-935.

［143］Sterman，J. 2000. Business dynamics：Systems thinking and modeling for a complex world. Boston：McGraw-Hill.

［144］Suddaby，R. 2012. Editor's comments.Academy of Management Review，37：6-9.

［145］Tamm Hallström，K.，& Boström，M. 2010. Transnational multistakeholder standardization：Organizing fragile nonstate authority. Cheltenham，UK：Edward Elgar.

［146］Teegen，H.，Doh，J.，& Vachani，S. 2004. The importance of nongovernmental organizations（NGOs）in global governance and value creation：An international business research agenda. Journal of International Business Studies，35：463-483.

［147］Terlaak，A. 2007. Order without law? The role of certified management standards in shaping socially desired firm behaviors. Academy of Management Review，32：968-985.

［148］Terlaak，A.，& Gong，Y. 2008. Vicarious learning and inferential accuracy in adoption processes. Academy of Management Review，33：846-868.

［149］Timmermans，S.，& Epstein，S. 2010. A world of standards but not a standard world：Toward a sociology of standards and standardization. Annual Review of Sociology，36：69-89.

［150］Trank，C. Q.，& Washington，M. 2009. Maintaining an institution in a contested organizational field：The work of the AACSB and its constituents. In T. Lawrence，R.Suddaby，& B. Leca（Eds.），Institutional work：Actors and agency in institutional studies of organizations：236-261. Cambridge：Cambridge University Press.

［151］UTZ Certified. 2013. What is UTZ Certified：UTZ Certified. Better farming. Better future. https：//www.utzcertified.org.

［152］van Marrewijk，M.，& Werre，M. 2003. Multiple levels of corporate sustainability. Journal of Business Ethics，44：107-119.

［153］van Tulder，R.，& van der Zwart，A. 2006. International business-society management：Linking corporate responsibility and globalization. London：Routledge.

［154］Visser，W. 2008. Corporate social responsibility in developing countries. In A. Crane，A. McWilliams，D. Matten，J.Moon，& D. Siegel（Eds.），The Oxford handbook of corporate social responsibility：473-499. Oxford：Oxford University Press.

［155］Visseren-Hamakers，I.，Arts，B.，& Glasbergen，P. 2007. Partnership as governance mechanism in development cooperation：Intersectoral North-South partnerships for marine biodiversity. In P. Glasbergen，F. Biermann，& A. Mol（Eds.），Partnerships，governance and sustainable development：Reflections on theory and practice：138–170. Cheltenham，UK：Edward Elgar.

［156］Vogel，D. 2008. Private global business regulation. Annual Review of Political Science，11：261–282.

［157］von Weizsäcker，E.，Hargroves，K.，Smith，M.，Desha，C.，& Stasinopoulos，P. 2009. Factor five：Transforming theglobal economy through 80% improvements in resourceproductivity. London：Earthscan.

［158］Weber，K.，Davis，G.，& Lounsbury，M. 2009. Policy as myth and ceremony? The global spread of stock exchanges，1980–2005. Academy of Management Journal，52：1319–1347.

［159］Wooten，M.，& Hoffman，A. 2008. Organizational fields：Past，present and future. In R. Greenwood，C. Oliver，K. Sahlin，& R. Suddaby（Eds.），The Sage handbook of organizational institutionalism：130–147. Los Angeles：Sage.

［160］Yaziji，M.，& Doh，J. 2009. NGOs and corporations：Conflict and collaboration. Cambridge：Cambridge University Press.

［161］Yin，R. 2009. Case study research：Design and methods（4thed.）. Los Angeles：Sage.

［162］Young，O. 1994. International governance：Protecting the environment in a stateless society. Ithaca，NY：Cornell University Press.

［163］Young，O. 2012. Navigating the sustainability transition：Governing complex and dynamic socio–ecological systems. In E. Brousseau，T. Dedeurwaerdere，P. A. Jouvet，& M. Willinger（Eds.），Global environmental commons：Analytical and political challenges in building governance mechanisms：80–104. Oxford：Oxford University Press.

［164］Zajac，E.，& Westphal，J. 1995. Accounting for the explanations of CEO compensation：Substance and symbolism. Administrative Science Quarterly，40：283–308.

［165］Zietsma，C.，& McKnight，B. 2009. Building the iron cage：Institutional creation work in the context of competing proto–institutions. In T. Lawrence，R. Suddaby，& B. Leca（Eds.），Institutional work：Actors and agency in institutional studies of organizations：143–177. Cambridge：Cambridge University Press.

第二部分　企业社会责任的影响因素

导　读

　　企业社会责任的影响因素历来是学界和业界争论的焦点，道德动机、工具性动机和压力型动机均是传统的观点，而最新研究从不同角度对企业履行社会责任的动机做出了新的解读。本部分选取了五篇文献，从内外因的角度提出了不同的动机。在第一篇文献中，David T. Welsh 以一个伦理决策的双流程模型，认为道德决策同时具有意识和潜意识驱动因素。在第二篇文献中，Alan R. Muller 等从共鸣的角度提出企业慈善决策的影响因素，即以感性替代理性。在第三篇文献中，Ryan Fehr 等的研究结论发现，领导的道德行为（如同情心、忠诚度）会决定追随者行为的类型。在第四篇文献中，Julie Battilana 提出，社会印记是一个创始团队早期对实现组织社会使命的强调，并且经济生产率是工作整合型社会企业（WISEs）社会绩效的重要驱动力。在第五篇文献中，Caroline Flammer 认为，贸易自由化带来的产品市场竞争是驱动企业履行社会责任的外在因素。

　　第一篇文献是 David T. Welsh 和 Lisa D. Ordóñez 的《没有察觉到的良心：潜意识激发对道德行为的影响》。文中提出，在行为伦理领域的研究传统上认为道德决策是理性和深思熟虑的。然而，最近的一些研究提出了一个伦理决策的双流程模型，这个模型认为道德决策同时具有意识和潜意识。本文通过一个图式激活策略和内隐联想测验的自动过程模式，利用潜意识的道德和不道德的启动来检验潜意识对道德行为的影响，以此扩展现有理论。

　　本文首先探索潜意识和自动过程可以影响道德行为的程度。作者通过分析自我概念维护理论、对标准和分类的关注、激发潜意识的道德和不道德的内容，提出了如下假设。假设 1a：激发潜意识的道德和不道德的内容将激活道德标准。假设 1b：激发潜意识的道德和不道德的内容将会增加把在道德上模棱两可的情况归类为不道德情况的可能性。假设 1c：激活道德标准将调解激发潜意识的道德和不道德的内容之间的关系和在道德上模棱两可的情况分类。通过分析潜意识的道德启动和性能目标冲突，提出假设 2a：当人们面对很高的性能目标时，他们将会表现出更多的不道德行为。假设 2b：当人们面对高绩效目标时，激发潜意识的道德和不道德的内容将减少不道德行为。通过分析潜意识启动与外部监测，提出假设 3a：相比人们被监督时，当人们不受监督时他们会表现出更多的不道德行为。假设 3b：当人们不受监督时，激发潜意识的道德和不道德的内容将减少不道德行为。

接着，作者通过三个研究来检验上述假设。其中，研究 1 和研究 2 将通过探索介导过程来检验假设 1，潜意识启动正是通过这个介导过程来激活道德标准的和影响对道德上模棱两可的情况的分类。研究 3 将检验假设 2 和假设 3，探索整个操纵潜意识启动、目标和监管条件对道德行为的影响。研究 1 是采用 120 名来自美国大型公共大学的本科生在实验室环境中进行的。研究结果表明，潜意识的道德和不道德的启动明显与道德分类和道德标准的激活呈正相关。道德标准的激活是通过道德敏感性和道德认同感衡量的。此外，道德敏感性与道德认同显著相关，但这种相关性不是压倒性的，这表明这两项措施表现的是道德标准激活的不同方面。就因变量而言，道德的和不道德的启动条件没有显著不同，但两者都与中立的启动条件明显不同。研究 2 使用 315 名由 Amazon mTurk 招募的成年美国居民进行了在线实验。研究表明无论是潜意识地还是有意识地激活道德标准都会减少任何后续做出不道德行为的倾向，从而扩展了研究 1。因此，研究 2 提供了额外的证据，这些证据表明道德标准的激活是这样一种机制，潜意识启动正是通过这一机制来影响不道德行为的。研究 3 是在实验室里进行的，研究对象为 336 个美国大型公共大学的本科商学院学生。研究表明，监管会减少不道德的行为并且道德启动对被监管的参与者影响更小。不过，当参与者没有被监管时，潜意识的道德和不道德的启动会显著地减少欺诈。总之，结果表明：即使参与者都追寻高绩效目标，潜意识的内容也会在参与者没有被监管的情况下，对实际道德行为产生影响。

最后部分作者讨论了本文的结论、理论意义、管理启示、未来研究和局限性。

第二篇文献是 Alan R. Muller、Michael D. Pfarrer 和 Laura M. Little 的《企业慈善决策中的共鸣理论》。本文提出，目前流行的有关企业慈善的观点主要偏向理性，并且把决策局限于管理层。然而，近来人们逐渐认识到员工也是企业努力做慈善的重要推动者，他们的动机在本质上更具有共鸣性。结合情感事件理论、群际情绪理论和情绪浸润理论，本文构建了一个新的理论框架。在此框架下，组织成员在回应不知名的他人需求时表现出的共鸣会注入到管理层的决策中，从而影响企业做慈善的可能性、规模和形式。作者认为，迄今为止，有关组织的研究并未明确考虑到共鸣与企业慈善的相关性。流行观点把企业慈善行为看做是一种理性的管理层决策，而从情感本质出发的观点则认为它是员工的集体性参与。针对二者的分歧，本文对组织成员的共鸣作用和管理层的企业慈善决策之间的联系做了更加仔细的分析。为此，引入了三种有关组织情感理论的观点，突出强调了在个体层、人际层以及组织层调节共鸣产生、聚合和浸润的因素，从而建立一个企业慈善决策中的多层共鸣理论。

首先，利用了情感事件理论来阐明组织外部的他人需求是如何唤起组织内部个体的共鸣的，并提出以下命题。命题1：组织成员越能感知到组织外的人类需求与他们的组织相关，他们就越有可能体验共鸣的唤醒，并对该需求做出反应。命题2a：组织成员对组织外某一他人需求的感知越形象，共鸣发生的强度就越大。命题2b：一个团体成员的道德认同集中性越大，共鸣发生的强度也越大。

其次，用群际情绪理论来解释个体的共鸣情绪如何随后聚合起来成为集体性的情绪，并提出以下命题。命题3：组织成员中的共鸣唤起程度越强烈，他们的共鸣感觉越会聚合起来成为集体性情绪。命题4a：组织成员间的群体认同感越强烈，他们的共鸣感受就越会聚合成集体性的情绪。命题4b：一个组织的情绪规范越有利于共鸣的合法化和扩大化，组织成员的共鸣情绪就越能聚合成集体性的情绪。命题4c：一个组织的交流渠道越有利于共鸣的惯常化和扩大化，组织成员的共鸣感受就越会聚合成集体性感受。

此外，用情绪浸润模型来说明这种共鸣情绪是如何注入到管理层的企业慈善决策中的，并提出以下命题。命题5：组织内共鸣情绪聚合得越多，并能成为集体性情绪，那么它注入管理层企业慈善决策过程的强度就越高。命题6a：情感推销在组织内发生得越多，共鸣注入管理者企业慈善决策过程的强度就越大。命题6b：管理自主权越大，共鸣注入管理层企业慈善决策过程的程度就越高。

针对管理决策的注入和企业慈善，作者提出命题7：管理者企业慈善决策过程中所注入的共鸣情绪越多，企业参与慈善的可能性就越大，调拨的资源规模也越大，也就越有可能涉入更高层级的慈善形式。

该理论框架主要从三方面完善了目前研究企业慈善和组织内情感的方法。首先，本文提供了一个更加全面的情感角度来解释为什么有些组织更可能对他人需求做出回应，以更大的规模去参与，并采取参与度更高的捐赠方式；其次，通过解释外部事件如何能引发组织成员中的共鸣并从下向上影响管理层的慈善决策，以更宽广的视角理解组织决策过程中情感的作用以及由此跨越组织层产生组织性行为的情感基础；最后，提出了一个新模式，在此模式中，人类需求作为一个特殊的情感事件，触发了与一种特定情绪——共鸣相关的程序。

第三篇文献是 Ryan Fehr、Kai Chi（Sam）Yam 和 Carolyn Dang 的《道德领导：道德领导人观念的构建和结果》。本文研究了道德领导观念的构建和结果。

首先，作者介绍了作为主要过程的道德评判，通过这一过程，追随者们认为其领导人是有道德的。作者一开始提出了一个以追随者为中心的道德领导定义，将道德领导定义为：对明确的道德行为进行展示和推广，而道德评判是指某观察者授予某领导人的行为以道德相关性的过程。该定义关注的是领导人行动的道德评判——也就是说，追随者是否认为领导人的行动在道德上是正确的。为了说明追随者在何时会对其领导人的行动进行道德上的解释，提出了一个道德基础理论（MFT），该理论区分了人类道德的六个方面，包括关怀/伤害、公平/欺骗、忠诚/背叛、纯洁/堕落、权威/颠覆以及自由/压制。本文认为，当领导人的行动符合追随者的道德基础或组织文化的道德基础的时候，追随者才最有可能从道德方面认可这些行动。

其次，作者使用了道德基础理论来说明了追随者最有可能进行道德评判的各类领导行为。在确定了追随者何时从道德方面认可其领导人的行动之后，将问题转向道德评判如何影响追随者的动机和行动。作者认为，道德评判会产生两种截然不同的动机：①维持道德自尊的动机；②维持道德声誉的动机。然后，我们认为，这些动机会让追随者以统一的价值观的方式活动——这些方式反映其领导人道德行动的价值观。在此基础上，提出如下命题：命题1：当关怀/伤害道德基础也受到（a）支持者或（b）组织文化支持的时候，追随者就会对符合这一基础的领导人行为进行道德评判。命题2：当公平/欺骗基础也得到（a）追随者或（b）组织文化认可的时候，追随者才会对符合这一基础的领导人行为进行道德评判。命题3：当忠诚/背叛道德基础也被（a）追随者或（b）组织文化支持的时候，追随者才会对符合该基础的领导人行为进行道德评判。命题4：当圣洁/堕落道德基础也被（a）追随者或（b）组织文化支持的时候，追随者才会对符合该基础的领导人行为进行道德评判。命题5：当权威/颠覆道德基础也被（a）追随者或（b）组织文化支持的时候，追随者才会对符合该基础的领导人行为进行道德评判。命题6：当自由/压制道德基础也被（a）追随者或（b）组织文化支持的时候，追随者才会对符合该基础的领导人行为进行道德评判。

再次，道德基础理论说明了追随者何时会对其领导人的行为进行道德判定。但是，还没有考虑道德判定对追随者行为的影响。为了检验道德判定会如何影响追随者的行为，转向了关于价值观的讨论。作者提出，道德判定会鼓励追随者参与与价值观一致的行为——也就是会体现特定价值观的行为。通过两种途径将道德判定与追随者的价值观一致的行为联系了起来。第一种途径就是自我关注途径，即领导人的道德行为会激活追随者的价值观，并鼓励追随者的价值观一致的行为，从而保持积极的道德自尊。第二种途径是他人关注途径，即领导人的道德行为会促进社会学习过程，并鼓励追随者的道德一致性行为，从而保持积极的道德声誉。接着，作者研究了这两种途径的交互式影响，认为自我关注和他人关注的行为激励经常会相互碰撞，这种情况被定义为极性对立，追随者保持道德自尊和道德声誉的动机体现出了对价值观一致行为的交互式影响。

最后，本文证明了领导的道德行为（如同情心、忠诚度）会决定出现的特定的追随者行为的类型（如亲社会行为、亲组织行为）。作者认为，关怀/伤害及公平/欺骗基础强调的价值观会产生亲社会行为；忠诚/背叛和圣洁/堕落基础强调的价值观会产生亲组织行为；权威/颠覆基础强调的价值观会产生亲领导人行为；自由/压制基础强调的价值观会产生亲个人行为。

第四篇文献是 Julie Battilana、Metin Sengul、Anne-Claire Pache、Jacob Model的《在混合型组织中缓和生产率的紧张：以工作整合型社会企业为例》。作者将研究聚焦于一种全球流行的社会企业：工作整合型社会企业，这些组织的主要目标是帮助长期失业者通过过渡重返劳动力市场。为了实现这一目标，工作整合型社会企业雇用失业者，失业者即是本文中提到的工作整合型社会企业的社会使命的"受益者"。这些受益者为工作整合型社会企业工作，生产商品或服务，然后将它们销售到商品市场。这些企业在决定如何分配其资源时面临着一个两难困境。它们需要为其受益者提供工作培训和个体化的社会建议，这要求将各种资源用于社会活动。同时，工作整合型企业的消费者希望以有竞争力的价值和质量获得产品和服务，这要求将各种资源分配给商业活动。随之而来的资源分配可能会优先考虑客户而不是受益者，因为工作整合型社会企业的收入依赖于其客户。然而，这个优先级提出了一个挑战，因为它将资源从咨询服务和其他社会支持活动中转移，从而使工作整合型社会企业的社会使命的实现面临风险。为了理解工作整合型社会企业如何克服这一挑战，作者检验了使它们能够实现高水平的社会绩效的因素。

首先，本文引入"社会印记"这一概念，它被定义为创始团队早期对实现组织社会使命的强调，认为社会印记在促使这些混合型组织维持关注于服务其受益者和实现其社会使命中发挥了至关重要的作用。作者提出社会印记推动组织招聘那些有社会工作背景的职员，并设计出那些具有社会使命导向的制度和流程。在这些方面，社会印记帮助混合型组织来维持其专注于自己的社会使命并且弥补忽视受益者带来的风险；因此，它与社会绩效呈正相关。然而，由于社会印记对社会的高度强调，这可能为经济生产率（也就是说，组织将投入转化为经济产出的整体效率）付出了代价。这是因为拥有社会工作背景的员工可能缺乏管理商业运作的经验。此外，这些员工所提出的和随后制度化的具有社会使命导向的组织流程和制度，可能导致这些人员优先考虑社会活动而不是商业活动。因此，社会印记可能与低水平的经济生产率相关。反过来，经济生产率较低，会降低追求社会使命的可用资源，可能意味着有较少的人力资本用于那些潜在的受雇受益者，这将减少受益者的就业机会，从而降低工作整合型社会企业的社会责任绩效。因此，作者提出这样的假设，在那些服务于不同消费群体和受益者的社会企业中，其社会印记存在一个固有的悖论：尽管社会印记直接提高一个混合型组织的社会责任绩效，但社会印记也间接地通过减少经济生产率而削弱了社会绩效。

其次，作者对上述假设进行检验。采用 2003~2007 年的详细调查数据，包括法国一个关于工作整合性社会企业运营的大面板数据，以检验上述假设。回归结果表明社会印记和经济生产率都与工作整合型社会企业的社会绩效呈正相关，社会印记与经济生产率之间呈现负相关，因此对社会绩效有消极的间接影响。回归结果从而确认社会印记和社会绩效之间的矛盾关系。

再次，为了展示这一悖论，作者进一步研究其背后的机理，探索工作整合型社会企业的社会印记如何解决这个矛盾。为此，以有着不同生产率水平的两家工作整合型社会企业为案例，进行了深入的、纵向的定性比较，研究结果表示，一个成功地减弱了这种关系，另一个则不成功。通过纵向比较案例分析，社会印记工作整合型社会企业可能解决这个悖论：一是面临新环境时，组织成员部分从组织的社会印记解冻；二是引入新的结构和过程元素，创造谈判空间，促进结构分化组织之间组织成员在整个组织间的协调。此外研究揭示了谈判空间作为一个重要的机制，混合型组织可能成功协调结构分化员工的潜在利益冲突。

最后，作者阐述了本文的贡献和未来研究方向。贡献在于：定量研究了社会企业实现高水平社会绩效的影响因素；揭示了谈判空间作为一个重要的机制，混合型组织可能成功协调结构分化员工的潜在利益冲突；对组织领域对于组织内部协调的挑战这一传统研究议题有所贡献；发现了使谈判空间有效运作的两个关键条件：①员工共同理解组织的上级目标；②意识到他们的相互依存性。

第五篇文献是 Caroline Flammer 的《产品市场竞争是否会强化企业社会责任？——来自贸易自由化的证据》。本文探讨了产品市场竞争是否会影响企业社会责任（CSR）。为了获得产品市场竞争的外因变化，用准自然实验的方法，研究 1992~2005 年美国制造业发生的大幅进口关税下调的影响。通过使用差异中的差异方法，研究发现，美国国内公司会通过提高其对社会责任的参与来应对关税下调。这一发现支持了"企业社会责任是一种竞争策略"的观点。整体而言，研究结果强调，贸易自由化是一种重要的因素，可以建立企业社会实践。

在理论与假设方面，作者从比较优势的角度说明，企业社会责任会让国内公司提高其竞争力，并与海外对手产生差异。因此，面临更猛烈海外竞争的公司可通过增加其企业社会责任投资来进行应对。因此，假设海外竞争与企业社会责任之间存在正因果关系。而其他观点认为，竞争压力的增加会扼杀 CSR，因为 CSR 会降低公司利润，从而降低可以被转化给利益相关方的资源的数量。

数据方面，为了测量海外产品市场竞争的增加情况，本文使用了行业层面进口关税数据，获得美国制造业从 1972 年到 2015 年的四位 SIC（标准行业分类）层面的数据（SIC 2000-3999），对于每个四位数的 SIC 行业和年份，计算了从价关税率，也就是美国海关收取的关税与进口的离岸价值之间的比率，并且只考虑了"大幅"的关税降低。从 1972 年到 2005 年，共有 91 次这样大幅度的关税降低。由于其他相关数据的影响，作者最终只选择 1991 年之前的 34 次大幅度关税降低。公司层面的数据、会计数据来自于标准普尔（S&P）的计算机数据库，CSR 数据来自于

KLD 数据库。

实证方法方面，为了研究海外竞争压力的增加是否会影响 CSR，作者应用了一种差异中的差异方法。将公司分为两类，一是实验组，二是控制组；前者是处于关税大幅下降行业的公司，后者是类似的，但未受关税降低影响的公司。①实验组：实验组包括在某四位 SIC 行业中开展业务的所有公司，该行业经历了一次大幅的关税下降，而且在计算机数据库和 KLD 数据库中有关税下降前后至少一年的数据，共有 254 个公司样本。②控制组：为了对与实验组公司类似的公司进行取样，根据行业及公司层面的特征，将每一家控制组公司与一家实验组公司进行了匹配，也是 254 个样本。然后比较了两组样本在处理前后的 KLD 指数差异。作者用进口税率、进口渗透和反映产业集中的 Herfindahl-Hirschman 指数来描述行业竞争程度，得出两组样本公司的平均值、中间值、25% 和 75% 数值以及平均值中差异测试（t-测试）和 Kolmogorov-Smirnov 测试（KS 测试）中的 p 值。同时计算了在关税下降三年后的平均 KLD 指数减去关税下降之前三年的平均 KLD 指数的差值。

实证结果表明，在关税下降之后的三年里，公司的社会业绩会提高 0.3~0.4 个 KLD 数值，说明公司的 CSR 参与度会增加 18%~23%。公司会随着时间的流逝增加其 CSR 活动，但需要一定的时间来决定和执行适当的 CSR 项目。作者进一步做了补充分析，以说明 CSR 可以用来提高公司与海外对手竞争的能力的潜在机制。一是作为差异化策略的 CSR 的价值可能会在不同的业务领域有变化，如 B2C 行业效果更明显；二是企业可以有多种 CSR 投资，所以其对公司竞争力的贡献也有所差别。即一家公司的社会参与度如果能够直接解决其核心利益相关方的需求（如员工和消费者），那么就能比其他更关注外围利益相关方的社会活动（如整体社会和环境）更能有效地提高公司的竞争力。

没有察觉到的良心：潜意识激发对道德行为的影响 *

David T. Welsh，Lisa D. Ordóñez

【摘　要】行为伦理领域的研究传统上认为道德决策是理性和深思熟虑的。然而，最近的一些研究提出了一个伦理决策的双流程模型，这个模型认为道德决策同时具有意识和潜意识（Reynolds，2006）。本文通过一个图式激活策略和内隐联想测验的自动过程模式，利用潜意识的道德和不道德的启动来检验潜意识对道德行为的影响，以此扩展现有理论。研究 1 和研究 2 通过探索介导过程扩展了自我概念维护理论（Mazar，Amir & Ariely，2008），通过这个介导过程潜意识的道德和不道德的启动引发了道德标准的激活，从而影响分类和随后在道德上模棱两可的情况的反应。研究 3 表明潜意识的道德和不道德的启动会减少不诚实性，即使参与者是不受监督的，并给予高难度的绩效目标，而且这些高难度的绩效目标以前已被证明会导致不道德行为。

不诚实性在现代职场中普遍存在。从大公司丑闻例如安然、泰科、世通，到个别私人事件如员工的盗窃和欺诈，仅在美国每年估计就有 6000 亿美元（Ariely，2008）。因此，最近考察雇员为何会做出不道德的行为的研究呈爆炸式增长。迄今为止大多数行为伦理研究都集中认为道德决策是一个有意识的、理性的和深思熟虑的过程。例如，最近的一次由 Tenbrunsel 和 Smith-Crowe（2008）开展的文学审查指出理性主义方法已经主导了行为伦理学。同样地，在最近的一项荟萃分析中，Kish-Gephart，Harrison 和 Treviño（2010）也观察到：最广泛使用的道德行为理论认为不道德的行为是理性行为和计划行为的结果（Jones，1991；Rest，1986；Treviño，1986）。然而，Kish-Gephart 等（2010）意外发现元分析表明很多经历都与不道德的意图与行为更为相关。Kish-Gephart 等（2010）指出，对这一发现一个潜

---

　* David T. Welsh, Lisa D. Ordóñez. 2014. Conscience without Cognition: The Effects of Subconscious Priming on Ethical Behavior [J]. Academy of Management Journal，57（3）：723–742.
　初译由郑若娟和董姝彤完成。

在的理论解释是不道德的行为可能不会再如之前故意概念化，他们也已经呼吁未来的研究去探索道德行为是如何受自动过程的影响的。

此外，最近的一些行为伦理研究表明，道德行为可能比之前所设想的受到更微妙的影响（Mazar & Zhong，2010；Reynolds，2006；Zhong，2011）。例如，Mazar和Zhong（2010）发现只是将人们置身于环保的"绿色"产品中就会增加他们的道德行为。他们认为与社会责任和道德行为相关的规范是由接触这些产品产生的。此外，这种接触会使得一个在独裁者游戏中的个体在随后的资金分配中表现得更无私。同样地，Reynolds、Leavitt 和 De-Celles（2010）发现内隐模式也能影响道德行为。Zhong（2011）发现具有引导性的直觉而不是协商处理会使得人们减少从事欺诈行为。在这三个实验里，发现引发直觉思维的微妙操作能降低个人欺骗同伴来获利的倾向。

虽然有趣，但最近的研究表明可以影响道德决策的微妙因素遭受到了一些限制。第一，几乎没有理论讨论和实验性证据表明自动伦理模型和审议伦理模型的流程有何不同或是解释这些过程最终是如何塑造道德行为的（Rest，1986）。第二，虽然自动处理常常是潜意识刺激的结果，但这种潜意识刺激是在一定的自觉意识下产生的（Latham，Stajkovic & Locke，2010）。迄今为止的研究还没有采用已经被广泛接受的潜意识激发技术。一些研究仅仅采用微妙的技术而非潜意识的技术操作，这可能引发有意识的深思熟虑［比如通过一些操作来作为一个明确的道德提醒（Mazar et al.，2008）］而不是自动功能。第三，虽然行为通常是有意识和潜意识过程的结果（Chartrand & Bargh，2002），但是当这两类流程互相冲突时它们是如何相互作用来塑造道德行为的，至今尚不清楚。

在本文中，笔者试图通过扩大当前的有意识和理性的道德决策理论来解决这些限制。第一，探索潜意识和自动过程可以影响道德行为的程度。第二，潜意识的刺激会通过激活道德标准影响内在心理过程，继而影响在道德上模棱两可的分类情况，从而减少不道德行为。通过说明这一过程，笔者扩展了自我概念维护理论（Mazar et al.，2008），并运用潜意识的道德和不道德启动的新颖概念检测了介导过程，通过这一过程潜意识激发最终形成道德行为。第三，在有意识的和两者相互冲突的情况下检测潜意识启动稳健性。笔者通过运用一些高性能指标来评估：当参与者受监督或者没有受监督时潜意识启动可以减少不道德的行为的程度。这些高性能指标可能会分散个体对于道德标准的注意力（Barsky，2008）并且会增加个体的不道德行为（Schweitzer，Ordóñez & Douma，2004）。这三项研究的结果表明通过这个稳健的过程潜意识刺激能有效减少不道德行为。

相关理论概述

自我概念维护理论

一些道德理论植根于理性利己主义的标准经济模型中，在这一经济模型中不道德的行为是外部成本—收益分析的结果，成本—收益分析是指权衡人们通过欺骗获得的回报和被抓获受到惩罚的后果两者之间的价值（Becker，1968）。与之相对的是，自我概念维护理论探讨了塑造道德行为的心理过程（Mazar et al.，2008）。这一理论建立在人们进行道德判断时会权衡多个目标的假设下。具体来说，个人欲望可以在一个给定的情况下获得利益最大化，同时保持一个积极的自我概念。最近的研究表明，当个人做出不道德的行为时，他们倾向于进行少量的欺骗，这样做可以很容易并相对合理化获得利益而不必去消极地更新他们的自我概念（Gino，Ayal & Ariely，2009；Mazar et al.，2008；Shalvi，Handgraaf & De Dreu，2011）。

自我概念维护理论与其他在道德决策中讨论的相关"自我"的道德理论在概念上是息息相关的。例如，Duval 和 Wicklund（1972）的客观的自我意识理论表明，自我形象是道德决策的一个重要组成部分。同样地，Bandura（2001）的社会认知理论提出，个人持有与道德发展相关的认知模式并且想要保持自我的前后一致性。Aquino 和 Reed（2002）扩展了 Bandura 的模型，他们引入道德身份作为由一套道德品质产生的自我概念。此外，Freeman、Reed、Lim 和 Felps（2009）的研究也表明，情境因素可能增加或减少道德身份的可访问性。自我概念维护理论不同于一些理论，这些理论提供一个分步的机制描述，通过这些机制接触与道德相关的刺激物从而影响道德行为。在下一节中，我们将更详细地讨论这些潜在的心理过程。

对标准和分类的关注

自我概念维护理论提出了一种调节模式，即道德提醒介导模型，通过引导人们关注道德标准来影响道德行为，从而增加人们把在道德上模棱两可的情况归类为不道德情况的倾向。首先，重视道德标准引导人们去关注一个人的道德自我概念之间的对齐，增加一个人的道德标准和后续行为之间的一致性。虽然这种情况的模糊性可以让人们以利己的方式合理化他们的决定，但重视道德标准增加了个人对自我概念的敏感度，从而使不道德的行为更可能损害自身形象。这反过来又导致了对允许行为更严格的看法（Mazar et al.，2008）。为了证明这一机制，Mazar 等（2008）在开始一项与道德相关的任务之前给了与会者一些道德提醒。被要求回忆《十诫》的与会者欺骗率显然低于那些被要求回忆他们最近读过的 10 本书的与会者。结果表明，道德行为不会受到参与者个体之间差异的影响，比如记得的诫律数量，但道德行为水平仅由于更加重视道德标准而提高了。

其次，当个人更注重自己的道德标准时，他们更容易把在道德上模棱两可的情况归类为不道德的情况。然而，当道德标准并不突出时，他们可能会忽略不明确情况下的道德方面或以一种自私自利的方式来解释它们（Mazar et al., 2008）。如果个人完全没有意识到一项决定的道德方面问题，道德问题可能没有影响他们的决策过程，因此他们可能做出不道德的决策。例如，一名反映福特托斯的设计存在危险的福特经理指出，当时汽车被制造时，他觉得没有强烈的道德使命召回这些车辆进行修改，然而，在离开福特后，他有一个强烈的道德直觉即车辆应该被召回（Gioia，1992）。虽然这些特定决策的结果如福特托斯案件可能是极其不道德的，但这些"意外的不道德"有时也会出现，究其原因很大程度上是因为决策者还没有正确地把一项商业决定列为一个道德的决定（Tenbrunsel & Smith-Crowe，2008）。同样地，研究表明，当特定行为的道德方面没有被明确定义时，人们不太可能把他们的行为归类为不道德行为（Gino et al., 2009；Mazar et al., 2008）。因此，如果一个人的道德水准并不显著，遇到的情况在道德方面是模棱两可的，容易合理化获得，很多人就不会把受质疑的行为归类为不道德的行为。然而，Mazar 等（2008）也表明，合理化具有固有限制且只能达到一定的阈值，超过这个值人们就不能再为其非常不道德的行为找正当理由。

激发潜意识的道德和不道德的内容

增加个体对道德标准的关注度的一个方法是通过启动道德内容来激活个人标准（Mazar et al., 2008）。"启动"在这里指的是一种由于先前的经验对某些刺激物的敏感性增加，它既可以是有意识地发生也可能在潜意识下发生（Bargh & Chartrand，2000）。例如，有意识的道德提醒，比如回忆《十诫》可能会增加对道德标准的关注，影响道德上模棱两可的情况如何进行分类，并减少不道德的行为（Mazar et al., 2008）。然而，迄今为止的研究还没有考虑一个人的自我概念是如何被潜意识过程影响的，并且所有的研究都依赖于隐含假设，这种隐含假设都是有意识的。心理干预过程把这种隐含假设与道德启动、对标准的关注和行为分类联系起来。

潜意识的启动在理论和方法论上都不同于有意识的启动。理论上，潜意识启动与有意识的启动不同，因为其通过自动直观的过程而不是通过有意识的慎重的过程进行操作。根据 Reynolds（2006）道德决策的神经认知模型，有两种截然不同的道德决策过程的影响机制。虽然道德决策通常涉及一个有意识的推理的高阶系统，但

Reynolds（2006）认为，道德决策还包括一个直观的组件，这一组件基于隐式关联和反射性的模式匹配周期。在伦理决策的这种双重过程模型中，"C-系统"代表有意识的、深思熟虑的、理性的信息处理，而"X-系统"表示自动的、反射性的和潜意识的信息处理。X-系统通过内部架构传入隐式关联的信息，在此基础上进行原型操作并释放了认知资源。隐式关联是指基础知识结构和相关外部刺激之间的关系（Reynolds，2006），这种隐式关联不像显式信念，仅通过接触相关的刺激就可以被下意识地触发（Bargh，2006）。因此，即使面对新的情况，一个人的基本知识结构和心理模式也可以毫无意识地立即对一种不道德的情况做出反应。当外界刺激不能与一个先前存在的原型匹配时，C-系统就会有意识地处理这些信息来做出决定。此外，通过有意识地、理性地处理新信息，C-系统可以创建和调整 X-系统运作的原型。

虽然有意识的启动可能在其强度方面有所不同（例如，被要求回忆一个道德规则和被要求回忆每项"十诫"），潜意识的启动相比有意识的启动不只表现在强度较弱的操作意识启动，例如，最近的一些行为伦理研究已经运用了这些启动，看起来很微妙但没有声称自己是潜意识（Mazar et al.，2008；Zhong，2011）。然而，如果登记的参与者有积极的认知，并通过慎重的 C-系统处理而受到影响，这样的启动操作虽然细微也不能认为是潜意识。如果一项启动想要潜意识地发生，它必须是通过自动运作，在 X-系统流程运行意识之外发生的（Bargh & Chartrand，2000）。所用的启动技术是否具有重要的理论意义，这取决于主要激活流程是否与有意识的C-系统或潜意识 X-系统关联。Latham 等（2010）指出，许多启动研究产生的结果很难解释，是因为他们无法区分有意识的和潜意识的启动，而且不使用既定的潜意识引发技术，这种技术包括采用阈值上下的潜意识启动接触、使用精心设计的意识检查（如一个漏斗汇报），并排除任何与启动有关的积极认知的注册者（Bargh & Chartrand，2000）。

整合 Reynolds（2006）的神经认知模型与自我概念维修理论，笔者认为潜意识启动激活道德标准，作为包括道德内容的潜意识的刺激物，两者加总是与道德模式隐式匹配的。由于个人的道德标准被激活，自我概念维护理论预测，他们应该更容易把道德上模棱两可的决定归类为是不道德的，因而将更有可能表现出道德行为。然而，对于潜意识的启动激活道德标准并最终减少不道德行为来说，一个人必须具备与启动相一致的道德模式，总的来说，人们对工作场所的一些不道德行为如说谎、欺骗和偷窃是拥有类似的道德价值观（Spicer，Dunfee & Bailey，2004），甚至那些从事这些行为的人也都意识到他们这种行为的错误性。然而，有可能在某些情况下，诸如在一些不具有道德规范的组织中，员工可能不具有由道德启动激活的被广泛接受的道德模式。

如果潜意识启动操作通过上述调解机制而不是直接影响行为，任何类型激活道德内容的潜意识刺激可能会激发一个人的道德标准并且增加道德行为。因此，启动道德内容的标准激活应该通过有利于他人的道德内容和损害他人利益的不道德内容发生（Jones，1991）。例如，与真实性和说谎相关的潜意识启动是与道德内容相关联的，而道德内容可以激活一个人与诚实相关的道德标准。总之，我们假设潜意识的启动可能通过启动与道德或不道德的行为相关的道德内容直接关注个体的道德标准。当一个人的道德标准已经被激活，在道德上模棱两可的决策将更有可能被归类为不道德，从而增加一个人表现出道德行为的倾向。

假设 1a： 激发潜意识的道德和不道德的内容将激活道德标准。

假设 1b： 激发潜意识的道德和不道德的内容将会增加把在道德上模棱两可的情况归类为不道德情况的可能性。

假设 1c： 激活道德标准将调解激发潜意识的道德和不道德的内容之间的关系和在道德上模棱两可的情况分类。

潜意识的道德启动和性能目标冲突

在本文中，笔者力求不仅探索调解机制，而且测试相互矛盾的潜意识和有意识的过程如何相互作用，通过这一调解机制潜意识启动将会影响不道德行为。大多自我概念维护理论的价值建立在很大程度上未经验证的假设上，即内部心理过程不容易被有意识的、相互冲突的目标覆盖。随着目标设置理论与自我概念维护理论的整合，最近的研究表明，绩效目标可以把一个人的注意力从他的道德标准中转移开来，并且降低他把道德上模棱两可的情况归类为不道德情况的倾向（Barsky，2008），从而增加不道德行为（Schweitzer et al.，2004；Welsh & Ordóñez，2014）。例如，即使是没有以业绩为基础的货币补偿的"纯粹的目标"已经被发现会导致个体失信，而在未指定的"做最好的自己"（DYB）的目标中参与者只是被简单地告知要做他们可以做到的最好（Schweitzer，2004）。尽管最近几次的理论文章都感叹绩效目标似乎会增加不道德行为（Barsky，2008；Jensen，2003；Ordóñez，Schweitzer，Galinsky & Bazerman，2009），可据我们所知，没有研究试图减少这些负面影响。根据 Barsky（2008）的研究，绩效目标可以创造出高认知负荷，这些高认知负荷通过专注于目标的实现，而不是道德标准的精神资源，阻碍道德控制。因此，在这样的高性能目标下，某些通常被归类为不道德的情况可能不再被如此归类。如果潜意识启动激活道德模式的分类和影响在对道德上模棱两可的情况下，个体对绩效目标的关注应该减少，这将抵消目标的负面影响。我们假设：

假设 2a： 相比人们面对 **DYB** 目标，当人们面对很高的性能目标时，他们将会表现出更多的不道德行为。

假设 2b：当人们面对高绩效目标时，激发潜意识的道德和不道德的内容将减少不道德行为。

潜意识启动与外部监测

组织监测（American Management Association，2001）广泛使用的做法是使不道德的行为更容易被检测到，从而可以更改与不道德相关的成本和收益之间的比率。监测与潜意识道德启动也具有一些相似之处，比如"监控作为一种注意提示，从而可以导致一个高度的自我意识"（Alge，Greenberg & Brinsfield，2006：80）。事实上，监控的一个问题是，专注于自我概念会使员工感到评价恐惧和自我意识（Henchy & Glass，1968）。Alge 等（2006）指出，人们不经常注意他们的自我概念，因此，关注一个人的道德标准往往是由有意识的外部提示，例如监控基于第三方的看法。在潜意识启动的背景下，这个提示就是潜意识内部的，它涉及自我认知。然而，监控和潜意识启动可能通过使一个人的自我概念显著来影响道德行为。因此，除了减少不道德行为不会被发现的可能性，监控可能有意识地直接关注一个人的道德标准，从而减弱与潜意识启动相关的激活过程。我们假设：

假设 3a：相比人们被监督时，当人们不受监督时他们会表现出更多的不道德行为。

假设 3b：当人们不受监督时，激发潜意识的道德和不道德的内容将减少不道德行为。

目前的研究旨在通过自动化流程来检验潜意识启动对道德行为的影响。研究 1 和研究 2 将通过探索介导过程来检验假设 1，潜意识启动正是通过这个介导过程来激活道德标准和影响对道德上模棱两可的情况的分类的。研究 3 将检验假设 2 和假设 3，探索整个操纵潜意识启动、目标和监管条件对道德行为的影响。

研究方法 1

样本描述和过程

研究 1 是采用 120 名来自美国大型公共大学的本科生在实验室环境中进行的。参与者的平均年龄是 21 岁，44%是女性。参与者因为重在参与获得了课程学分，他们被随机分配到三种情况里的任一种。他们完成了一个潜意识的道德的、不道德的或中性的启动任务，读取了一个假想的道德上模棱两可的困境（Butterfield，Treviño & Weaver，2000），完成了意识检查以确保启动发生在潜意识里，完成了指标分类和标准激活，并提供了统计信息。由于道德困境是在西方的商业环境中巧妙提出的，所以我们在这项研究中只将英语作为母语。

措施

自变量：潜意识启动。参与者在道德、不道德或中立的基础上使用根据认知心理学文献中改编的句子解读任务（Bargh, Gollwitzer, Chai, Barndollar & Troetschel, 2001；Stajkovic, Locke & Blair, 2006）。使用一组 5 个随机定位词，参与者构建语法正确的四个英文单词的句子［如，"约翰慈善捐赠书"（donated John charity to book）解读为"约翰捐赠给慈善机构"（John donated to charity）（未使用的词：书）］。在道德启动条件下，参与者共需要整理 20 个句子，其中 12 个包括与道德相关的词（如良好的、正确的、公平）（Bargh et al., 2001）。在不道德的启动条件下，预试显示描述不道德的行为（例如，"现金被偷走"）的 12 句话引发了一些与会者启动自觉意识。因此，我们将 20 个句子中启动不道德行为的句子数量从 12 句减为 8 句。在中性条件下，所有的 20 个句子都不包含与道德相关的单词（如"黄油加热后融化"）。参与者要在 7 分钟内整理所有的 20 个句子。

我们使用 Stajkovic 等（2006）中性启动的句子，并使用相同的方法创建道德和不道德的启动句子集。我们使不同组参与者预先测试过所有的句子，以确保道德启动句子比中性句子描述道德行为更加显著，不道德的启动句子描述比中性句子描述不道德的行为更加显著。预先实验（n=37 次）将道德、不道德和中性句子分成七分制等级，范围从表示不道德的 -3 到高度道德的 3。道德的、不道德的和中性的句子集的间信可靠性分别为 0.82、0.83 和 0.94。道德启动句子的平均道德等级为 1.89，这是明显高于中性句子平均值 0.33 的（$t_{36} = 14.47$，$p < 0.001$）。不道德的启动句子的平均道德等级为 -1.41，明显低于道德句子均值（$t_{36} = -18.77$，$p < 0.001$）和中性句子均值（$t_{36} = -11.42$，$p < 0.001$）。因此，道德的句子被视为比中性句子更显著，不道德的句子被视为明显不如道德句子和道德中立的句子。

因变量：分类。Tenbrunsel 和 Smith-Crowe（2008）指出，在道德上模棱两可的场景往往是通过直接询问参与者该场景是否涉及道德困境来进行道德评级的。他们指出，这种方法通过引入已经被忽视的道德层面的可能性，增加了错误的潜在来源。为了消除这种可能性，我们使用了由 Butterfield 等（2000）建立的一个假设的道德上模棱两可的困境。在这个假设困境里，一名经理正在考虑使用一个通过咨询公司得到的神秘顾客项目来了解竞争对手的商业行为。我们继续运用 Butterfield 等（2000）的方法，参与者被要求设身处地扮演经理的角色以及创建问题列表，这些创建的问题在决定是否使用神秘购物者项目上是至关重要的。为了避免潜在的困惑，我们没有在任何的指示或材料中提及道德。实验是结构化的，以便使参与者认为他们只是完成一系列的实验任务。

Butterfield 等（2000）指出，大多数人认为神秘购物者项目是一种良性的做法，这种做法通常是组织对其服务质量进行内部评估时使用的。然而，这种特殊场景涉及给神秘顾客大量的钱来从竞争对手那里购买财务计划，同时尽可能多地了解竞争对手的经营手法。尽管使用神秘购物者计划符合管理者加倍努力积极提高盈利能力和市场份额的目标，但这种情况是否涉及欺诈或其他不道德的行为目前尚不清楚。例如，该方案指出，这种服务是由一个咨询机构提供的，机构和竞争对手将为其提供的服务支付一定的报酬。然而，该方案也表明神秘顾客会假扮成实际客户，建议并指出了如果这种战术的消息传出去，有些人可能会劣评这个公司。Butterfield 等（2000）的方案基于竞争情报专业人员遇到的一个真正的道德困境，该方案在试点研究中发现这种场景在道德上是模棱两可的。

我们通过参与者是否发现任何与道德有关的问题来衡量分类进行编码。因为很少有参与者能列出超过一个与伦理相关的问题（n=8），我们把分类定义为一个二分类因变量，那些能识别出一个或多个伦理问题的参与者被编码为"1"（例如，一位参与者列出借助于神秘顾客是否道德），而那些没有识别出道德问题的参与者被编码为"0"（例如，一位参与者只列出了不道德问题，如"神秘顾客是否会改善公司的财务业绩"）。两名不熟悉实验目的的研究助理得到了培训并被要求对参与者确定的与道德有关的问题进行编码；测试者可信度协议达到100%。

意识检测。完成启动任务并创造一系列为了使经理仔细考虑神秘客户方案的重要的问题后（但完成这些是在测量激活道德标准之前，而测量激活的道德标准可能意味着实验的真正目的），参与者又完成了专门为潜意识启动任务设计的六个项目的认知问卷（Bargh & Chartrand，2000）。该项目包括"你认为这个实验的真正目的是什么？""你认为这个实验试图研究什么？""你认为这些任务彼此之间以某种方式息息相关吗，如果是，它是如何影响你的呢？""你在完成整理句子任务时，有没有注意到任何异常的话呢？"和"你有没有注意到任何特定的模式或主题的词包括在整理句子的任务？"回答中提及任何与道德相关的参与者被排除在研究之外。

因变量：道德标准的激活。在参与者创造出一系列重要的管理问题并完成了意识检查后，我们分别以两种方式测量了道德标准的激活。首先，我们评估道德敏感性，特别是与有关神秘购物者任务有关的。其次，我们评估道德身份以便更广泛地获得表现为道德的自我概念的道德标准的激活。由于所有这些措施都包括与道德行为明确相关的项目，潜在启动可能会影响参与者对在道德上模棱两可情况的分类，为了使我们的措施不像潜在的启动那样操作，我们在道德行为分类后才测量道德标准的激活。

当参与者在神秘客户方案中创建了一系列有关管理的重要问题后，他们被要求做出一个关于他们是否会在这种情况下使用神秘购物者的决定。道德敏感性是通过要求参与者回答两个关于他们在他们的决策中所扮演角色的道德价值的问题来测量的（"我的决定是由道德原则超过经营方针驱动"和"我觉得在道德上负责任的选择选项"）。这里使用 7 分制的刻度规模，刻度范围从强烈反对到强烈赞成，该量表的可信度是 0.74。

然后参与者要完成 Aquino 和 Reed（2002）的 10 项道德统一性量表。这种方法提供了一系列九个道德身份的形容词（乐于助人的、诚实的、有爱心的、勤奋的、富有同情心的、善良的、公平的、友好的、慷慨的），接着是一系列的语句（例如"成为拥有这些特征的人是我是谁的一个重要组成部分"）。参与者使用范围从强烈反对到强烈赞成的 7 点刻度回答每个语句。根据 Aquino 和 Reed（2002：1424），道德认同被定义为"围绕着一套道德品质组织的自我概念"。因此，道德身份的改变密切反映了道德自我概念的变化。先前的一些研究表明，道德认同可以通过激活启动（Aquino et al.，2009），而且在某些情况下，启动能提高道德认同，至少可以暂时提高（Jordan，Mullen & Murnighan，2011）。该量表的可信度是 0.75。

人口统计数据。在实验结束时，参与者完成了三个项目的人口调查问卷，其中包括有关年龄、性别和种族问题。

研究 1 的结果

为了确保样本中的每个人都恰当地出现在道德启动中，我们去掉来自总样本的三个参与者（3%），这个总样本是由未能完成 20 个启动句子中一半以上的参与者组成的。我们保留最后一个样本的 103 个参与者，删掉 14 个参与者（12%），这些人在他们后来的试验意识问卷中显示出了某些启动意识。表 1 提供了研究 1 变量之间的均值，均方差和相关系数。潜意识的道德和不道德的启动明显与道德分类和道德标准的激活呈正相关。道德标准的激活是通过道德敏感性和道德认同感衡量的。此外，道德敏感性与道德认同显著相关，但这种相关性不是压倒性的，这表明这两项措施表现的是道德标准激活的不同方面。表 2 提供了三种条件下的均值概况，这三种条件分别是道德的、不道德的和中性的启动条件。就因变量而言，道德的和不道德的启动条件没有显著不同，但两者都与中立的启动条件明显不同，这符合我们的预测。

假设 1a 预测，潜意识的道德和不道德的启动会激活道德标准。以一种 7 分制的刻度来衡量，在道德的、不道德的和中性的启动条件下，所记录的道德敏感性的平均水平分别为 5.30、4.92 和 4.00。这一报告结果支持了这一假设。相比之下，在道德的和不道德的启动条件下的参与者明显高于 7 分制刻度的中点，这表明他们认为这一决定是在道德上是显著的（$t_{62} = 6.76$，$p < 0.001$）。相比不道德的启动条件，

表 1　研究 1 各变量的均值、均方差和系数 [a]

系数	Mean	SD	1	2	3	4	5	6
启动效应 [b]	0.61	0.49	—					
道德敏感性	4.70	1.49	0.38**	—				
道德身份	5.52	0.77	0.30**	0.28**	—			
分类 [c]	0.46	0.50	0.29**	0.50**	0.30**	—		
性别 [d]	0.44	0.50	0.19	0.17	0.32**	0.27**	—	
年龄	21.89	4.96	0.10	0.21*	−0.04	0.06	0.14	—

注：a. n = 103；
b. 主要编码：0 = 中性启动，1 = 道德/不道德启动；
c. 分类编码：0 = 没有确定道德问题，1 = 确定道德问题；
d. 性别编码：0 = 男性，1 = 女性。
* 表示 $p < 0.05$，** 表示 $p < 0.01$。

表 2　研究 1 各变量在每种条件下的均值 [a]

	启动条件（分类百分比或均值）			道德的 vs.中性的		不道德的 vs.中性的		道德的 vs.不道德的	
	道德的	不道德的	中性的	t 或 χ[2b]	p 值	t 或 χ[2c]	p 值	t 或 χ[2d]	p 值
道德敏感性	5.30	4.92	4.00	3.07	<0.01	2.73	<0.05	1.10	0.28
道德身份	5.73	5.65	5.23	4.09	<0.01	1.94	0.06	0.51	0.61
分类	58%	56%	28%	7.38	<0.01	5.28	<0.05	0.02	0.88

注：a. n = 103；
b. t 检验比较了道德身份、道德敏感性的伦理的或中性的启动条件，卡方检验比较了分类的伦理的或中性的启动条件；
c. t 检验比较了道德身份和道德敏感性的不伦理的或中性的启动条件，卡方检验比较了分类的不伦理的或中性的启动条件；
d. t 检验比较了道德身份、道德敏感性的伦理的或不伦理的启动条件，卡方检验比较了分类的伦理的或不伦理的启动条件。

在道德启动条件下的道德敏感性并没有明显不同（$t_{61} = 1.10$，$p > 0.05$），但道德和不道德的启动条件的敏感性都明显高于在中性条件下的道德敏感性（$t_{101} = 4.09$，$p < 0.001$）。

在道德的、不道德的和中性的启动条件下，所记录的道德认同的平均水平分别为 5.73、5.65 和 5.23，与自我维护概念理论一致，尽管道德的和不道德的启动会进一步增加道德认同感，但所有参与者都普遍赞同声明他们具有强烈的道德自我概念。在道德启动条件下的道德认同感与在不道德启动条件下的道德认同感并没有显著不同（$t_{61} = 0.51$，$p > 0.05$）的情况下，在道德和不道德启动条件下的道德认同感是明显高于在中性条件下的道德认同感的（t_{98} = 3.07，p < 0.01）。此外，潜意识启动明显增加了道德认同感，道德认同感是由内在化（t_{99} = 3.11，p < 0.01）和符号化（t_{100} = 2.49，p < 0.05）的分量测量得出。因此支持了假设 1a。

假设 1b 预测，潜意识启动会增加道德分类。在道德的和不道德的启动条件下，能识别道德问题的参与者分别占 58% 和 56%，而在中性条件下，这一比例仅为 28%。因此支持了这一假设。在道德条件下的分类明显不同于在不道德条件下的分类（$\chi^2_{1,63}$ = 0.02，p > 0.05）；然而，在道德和不道德的条件下的分类是明显高于在中性条件下的分类的（$\chi^2_{1,103}$ = 8.67，p > 0.01）。因此支持了假设 1b。

假设 1c 认为道德标准的激活将调解潜意识启动和道德分类之间的关系。潜意识启动通过激活道德标准对道德分类产生影响，而道德标准的激活是由道德敏感性和道德认同感来测量的。为了测试潜意识启动对道德分类的间接影响，我们用 Preacher 和 Hayes（2008）的方法来检查多个调解模式。因为这个过程允许同时测试多个介质，同时不承担间接影响，呈正常抽样分布（Preacher & Hayes，2008）。这是一个扩展的 Sobel 测试（Sobel，1982），并得到了 Baron 和 Kenny（1986）的推荐。正如 Preacher 和 Hayes（2008）所建议的，我们使用非标准化系数来估计这种间接影响并通过把 1000 个重复样本放置在间接影响估计值 95% 置信区间里来利用并引导程序。如果对间接影响估计值校正后的 95% 置信区间不包括零，引导程序会提供调解证据。支持假设 1c 中，我们发现潜意识启动对这两种措施都有间接影响，这两种措施分别与道德敏感性（系数 = 0.94，95% 置信区间 = 0.37，1.91）和道德认同感（系数 = 0.37，95% 置信区间 = 0.06，0.99）结合（系数 1.30，95% 置信区间 =0.61，2.47）在一起。这些修正的置信区间都不包括零，因此支持了假设 1c。此外，道德认同感的内在化（系数 = 0.31，95% 置信区间 = 0.002，0.926）和符号化的分量（系数 = 0.26，95% 置信区间 = 0.015，0.775）都能调节潜意识启动和道德分类之间的关系。当模型中加入了激活道德标准的措施时，潜意识启动对道德分类的直接影响从显著水平（p < 0.05）到非显著水平（p > 0.05），这为完全中介效果提供了证据。

研究 1 的讨论

研究 1 的结果支持了假设 1a、假设 1b 和假设 1c。正如所预测的那样，潜意识的道德和不道德的启动有类似的效应：与中性启动相比，它们能更好地激活道德标准和增加道德分类。此外，道德标准的激活能充分调解潜意识启动和道德分类之间的关系。因此，这些结果通过证明潜意识的刺激可以激活道德标准，从而影响道德分类支持了我们提出的自我概念维护理论的扩展。然而，研究 1 并没有从潜意识启动到道德行为完整地测试这个因果链的中介模型，因为这将需要使用本身作为道德启动的道德变量来测量中介变量。为了避免这种潜在的混淆，研究 2 通过使用由 Spencer、Zanna 和 Fong（2005）建议的 "中庸策略" 战略来测试调解影响假设中介的操作。在研究 2 中，道德标准的激活是潜意识地或者有意识地操纵的，记录下来的不道德行为是使用一个非学生样本测出来的。

研究方法 2

样本描述和过程

研究 2 使用 315 名由 Amazon mTurk 招募的成年美国居民进行了在线实验。在这个试验中，平均 53 个受试者被随机分配在六种情况的任意一种。参与者的平均年龄是 28 岁，55% 是女性。参与者平均有 10.9 年的工作经验，38.8% 的参与者有全职工作，22.0% 的参与者有兼职工作，10.3% 的参与者是自由职业者，另外有 28.9% 的参与者目前失业。因为参与了实验，他们每人得到了 0.5 美元的报酬。这个实验设计在结构上由三种潜意识的道德标准的激活构成（道德启动、不道德启动和中性启动），之前是由两种有意识的道德标准的激活构成（道德标准回忆和中性回忆）。参与者完成了一项潜意识启动的任务、一项有意识的记忆任务、一项衡量不道德行为的可能性的任务和一种认识检查，并排除那些可能已经检测出潜意识启动的参与者。我们使用中庸过程策略来预测，通过启动任务的潜意识标准的激活和通过道德回忆任务的有意识的标准激活都将为道德标准的激活创建一个上限并且都可以减少不道德行为，然而中性启动和中性回忆任务则不会激活道德标准或减少不道德行为。

措施

自变量：潜意识的道德标准的激活。为了潜意识地激活道德标准，参与者被潜意识地激发去执行和研究 1 相同的道德的、不道德的和中性的句子整理任务。

自变量：有意识的道德标准的激活。在完成句子整理任务后，参与者也完成了一项中立的回忆任务或者一项设计出来有意识地、明确地激活参与者的道德标准的回忆任务。参与者的道德标准是通过要求他们 "仔细考虑一次当他们面对一个把注意力集中在道德标准（例如道德、宗教或个人价值）的决定时的情形" 来激活的。参与者被要求写几句话用尽可能多的细节描述他们的经验。在中性条件下，"道德标准"被替换为"口味偏好"（例如最喜欢的食物或电影）。对参与者回顾的经验的检阅表明，处于道德标准的激活条件下的参与者描述了与他们的道德标准相关的情况经历，而在中性条件下的参与者回忆的经历并没有涉及道德。

因变量：记录的不道德行为。遵循这些道德标准可能被潜意识或者有意识地激活的活动，Gino、Norton 和 Ariely（2010）用这样一种方式来评估不道德行为，参与者正是用这种方式来读取描述一个经理有机会做出不道德行为的场景。然后，他们用 7 分制刻度来表明，如果他们是这名经理，他们会做出不道德行为的可能性。7 分制刻度的范围从表示不太可能的 1 分到表示非常可能的 7 分。场景涉及经理的是关于一种有毒害作用的农药将被禁止但可以在禁令生效之前快速买卖而获利的行为。已经使用这项不道德行为的措施研究发现，它与其他不道德行为的措施息息相关，比如一个人在工作场所做出不道德行为的倾向性（Gino & Ariely，2012）。

意识检测。如同研究 1，参与者完成了后验的意识问卷来检查道德启动是否潜意识地发生（Bargh & Chartrand，2000）。

人口统计数据。在实验的最后，参与者完成了一份 5 个项目的人口统计问卷，这个问卷包括年龄、性别、母语、当前的就业类型和工作经验年限。

研究 2 的结果

如在研究 1 中一样，我们去掉两位（1%）未能完成超过一半的 20 句启动句子的参与者来确保每个样本正确启动，我们也去掉了 22 个在他们后来的问卷调查中表现出某种潜意识启动意识的参与者（7%），最终剩下一个有 291 名参与者的样本。然而我们在研究 1 中测量了道德标准的激活这一变量，在研究 2 中，在测量不道德行为的可能性之前，我们通过回忆任务明确地控制这个变量或者通过潜意识启动任务含蓄地控制这个变量。

处于控制条件（中性启动、中性回忆）下的参与者报告说：与那些道德标准被潜意识地、有意识地或被以上两者激活的参与者相比，他们将更有可能从事不道德行为，这支持了我们的预测。处于控制条件下的平均不道德行为的可能性（3.59）明显高于处于有意识的激活状态（平均值 = 2.61，t_{95} = 2.18，$p < 0.05$）、潜意识的激活状态（平均值 = 2.84，t_{140} = 2.06，$p < 0.05$）以及以上两者激活状态下（平均值 = 2.84，t_{141} = 2.00，$p < 0.05$）的可能性。除此之外，这些状态之间没有其他差异是显著的。当参与者从事中性回忆任务时（t_{140} = −2.08，$p < 0.05$），在减少不道德行为方面，存在一个显著的潜意识启动的条件影响；但当参与者从事道德标准激活的回忆任务时（t_{141} = −0.23，$p > 0.05$）这种效应会减弱。这支持了我们认为潜意识启动通过激活道德标准来减少不道德行为的预测。

我们也通过句子整理任务收集数据来探索这一过程是否比之前使用的道德启动技术更加含蓄和自动，潜意识的启动正是通过这一过程发生作用，例如要求参与者回忆"十诫"（Mazar & Zhong，2010）。我们从另外的 168 名参与者中收集数据，这些参与者要么被句子整理任务潜意识激发，这项句子整理任务使用先前描述过的许多道德或不道德的句子，要么通过使用 Mazar 等（2008）的方法论被赋予一项有意识的启动。在这个过程中，参与者被要求去回忆"十诫"。启动后，用之前在研究 2 中使用的测量方法来测量参与者的不道德行为。然后参与者被问及关于多大程度上他们知道道德启动如何影响他们的思维过程的两个问题："当我后来被要求做出从出售有毒的化学物中获利的决定时，被要求整理 20 句话使我想起了道德"和"被要求整理 20 句话影响了我的思维过程"。在有意识的激发条件下，如下单词"整理这 20 句话"被替换为"回忆十诫"，参与者用范围从强烈反对到强烈赞成的7 分制刻度评估了他们的赞同感水平。

正如预测的那样，在所记录的不道德的行为方面没有显著差异（有意识条件下的均值 = 2.78，潜意识条件下的均值 = 3.15，$t_{166} > -1.10$，$p > 0.05$）。然而，处于有意识启动条件下的参与者比那些处于潜意识的启动条件下的参与者（平均值 = 3.21，$t_{166} = 4.68$，$p < 0.01$）明显更有可能表明：道德启动让他们思考道德（平均值 = 4.62）。他们也更有可能报告说：比起那些处于潜意识启动条件下的参与者，当他们后来面对一个从事不道德行为的机会（平均值 = 3.33）时，意识启动会影响他们的思维过程（平均值 = 2.70，$t_{166} = 2.70$，$p < 0.05$）。因此，处于有意识启动条件下的参与者似乎比那些处于潜意识启动条件下的参与者更可能意识到：道德启动使他们更加注意他们的道德标准并且会影响他们的思维过程。

研究 2 的讨论

研究 2 通过表明无论是潜意识地还是有意识地激活道德标准都会减少任何后续做出不道德行为的倾向，从而扩展了研究 1。因此，研究 2 提供了额外的证据，这些证据表明道德标准的激活是这样一种机制，潜意识启动正是通过这一机制来影响不道德行为的。通过在实验室以外使用一个平均有超过 10 年工作经验成年人的非学生样本，研究 2 还发现了潜意识启动在做出管理决策上的有效性的证据。然而，研究 2 的一个限制是它是使用一项制定管理决策的任务，而不是一个实际的不道德行为从而依赖自我报告的不道德行为。研究 3 建立在研究 2 的基础上，探索了潜意识的道德启动在多大程度上减少在各种条件下的实际不道德的行为。在这些条件下，潜意识启动、绩效目标以及监督都是可以被操控的。我们预测，尽管高绩效目标会增加不道德行为，但是潜意识的道德和不道德的启动将会减少这种不诚实。此外，我们预测，当参与者受到监控时他们将减少作弊。比起中性启动，当参与者不被监控时，潜意识的道德和不道德的启动将会更有效地减少不道德行为。

研究方法 3

样品描述和过程

第三个研究是在实验室里进行的，此研究设置为 336 名美国大型公共大学的本科商学院学生，平均 28 名受试者参加 12 项被随机分配在主题条件下的任务中的一项。参与者可以得到课程学分和 5 美元的报酬。参与者的平均年龄是 21 岁，38%是女性。实验设计为两个目标（高绩效目标、"做到最好"的目标），两种结构（受监测、不受监测），表现为三种情形（道德启动、不道德的启动、中性启动）。参与者完成一个句子整理任务（启动任务），一个加法任务（绩效任务）以及一个任务后问卷。

措施

自变量：潜意识启动。通过使用发生在研究 1 中相同的道德的、不道德的以及中性的句子整理任务，参与者是被潜意识启动的。

自变量：目标设定。在完成句子整理任务后，参与者完成了加法任务（Mazar et al.，2008）。这个任务包括一系列的 20 个模型，每个模型都包含了一组 12 个 3 位数字（例如 4.73）。参与者有 4 分钟来循环每个矩阵中的加起来等于 10 的两个数字，并尽可能多地完成这 20 个模型。在高目标条件下，参与者被要求完成具体且困难的目标：在允许的 4 分钟内至少完成 12 个模型。如在之前的目标设定的研究中（Latham & Seijts，1999；Schweitzer et al.，2004），目标被设置为等于性能基于预测试的 90 个百分点。在这种情况下，参与者在开始任务之前回应了 Hollenbeck、Klein、O'Leary 和 Wright（1989 年）四个目标的承诺任务。在 DYB 目标下（"做到最好"的目标条件下），参与者被要求在 4 分钟内解出尽可能多的模型。

自变量：监控。4 分钟过去后，参与者被要求评估他们的工作和在一张单独的答题纸上记录他们正确地解答了的模型数量。在监控条件下，回答表和工作表被带到实验者面前，他们验证被正确解答了的模型的数量。参与者在监控条件下仍能够记录不正确的答案，但却意识到：他们报告的成绩将与他们的答题纸有关并且由实验者检查。在没有监测的条件下，参与者将只上交他们自己的答题纸以及被指示揉碎含有模型的答题纸并把它丢弃在文件回收站里，从而使他们有机会匿名虚报正确解答了的模型的数量（Mazar et al.，2008）。参与者并不知道，一个独特的编码数字会出现在答案表和答题纸上，在参与者处理完材料、离开房间后使两者联系起来（Gino et al.，2010；Schweitzer et al.，2004）。

因变量：过分虚报的绩效。类似于其他研究（Gino et al.，2010；Mazar et al.，2008），我们在加法任务中使用正确解答的模型的过分虚报性作为因变量。过分虚报模型的数量是一种很好的作弊，因为正确的解决方案是明确的，合理的错误很少，没有参与者会少报被正确解答了的模型的数量（Mazar et al.，2008）。考虑到报告直截了当的本质和夸大其词的系统模式，在我们研究中的大多数夸大其词似乎是有意的。为了确保模型的过度虚报被广泛认为是不道德的行为，我们提供另一组参与者（n = 46）作为研究方向和材料，我们询问他们过度虚报被正确解答了的模型数量是否是不道德的行为。87%的参与者认为过度虚报是不道德的，6.5%的参与者认为是中性的以及 6.5%的参与者认为是道德的。在范围从 1（非常不道德）到 7（非常道德）的 7 分制刻度里，平均值为 2.61，这和中点为 4 的中性刻度明显不同（$t_{45} = -8.54$，$p < 0.01$）。这一发现与其他使用此任务的研究结果是一致的，在那些研究里参与者表示过度虚报被正确解答了的模型的数量代表不道德行为（Gino & Ariely，2012）。这表明，绝大多数的参与者也有类似的关于过分虚报行为的道德模式。

意识检测。与前面的两项研究一样，参与者完成了任务后问卷调查来检查道德启动是否是潜意识发生的，该问卷包括六个项目实验后的意识问卷（Bargh & Chartrand，2000）。

人口统计数据。在实验结束时，参与者完成了三个项目的人口调查问卷，其中包括年龄、性别和种族问题。

研究 3 的结果

大部分参与者（82%），在 7 分钟的时间限制内整理了所有 20 个句子，结果得到 19.7 的总平均值与 0.88 的标准偏差。我们从这个样本中删除了 13 个（4%）未能完成超过一半启动句子的参与者来确保在这个样本中的每一个人能被正确地启动。句子完成的数量与任何其他变量没有显著关联（包括过度的虚报）。我们也删除了 11 个参与者（3%），这些人在他们后来的意识问卷中表现出一些启动意识，最后留下一个含 312 名参与者的样本。表 3 提供了均值、标准差和研究 3 中变量之间的相关性。正如预期的那样，潜意识启动、目标和监控都与过度虚报显著相关。然而，除了实际表现行为，其他变量都和过度虚报没有联系，这表明表现良好的参与者倾向于少作弊。

表3 研究3各变量的均值、标准差和系数 [a]

变量	均值	均方差	1	2	3	4	5	6	7	8	9
启动 [b]	0.65	0.48	—								
目标 [c]	0.54	0.50	0.01	—							
监管 [d]	0.52	0.50	0.12*	0.00	—						
报告的绩效	6.54	3.48	−0.18*	−0.01	0.03	—					
实际绩效	6.04	3.61	−0.12*	−0.05	0.01	0.95**	—				
过度报告	0.49	1.05	−0.16**	0.12*	−0.14*	0.04	−0.26**	—			
目标承诺 [e]	5.55	0.97	−0.08	0.00	0.05	0.34**	0.38**	−0.08	—		
性别 [f]	0.38	0.49	−0.03	0.00	−0.05	−0.23**	−0.24**	0.06	−0.13	—	
年龄	21.25	2.10	0.13*	0.01	−0.04	−0.05	−0.04	−0.03	−0.07	−0.07	—

注：a. $n = 312$；
b. 启动被编码为 0 时 = 中性的启动，1 = 伦理或非伦理启动；
c. 目标被编码为 0 时 = 尽力就好，1 = 高目标；
d. 监管被编码为 0 时 = 无监管，1 = 监管；
e. 目标承诺，$n = 149$；
f. 性别被编码为 0 时 = 男性，1 = 女性。

目标承诺

在高目标条件下，大多数参与者坚定地致力于解答 12 个模型的目标，目标为平均值 5.55 的承诺，这显著高于在 7 分制刻度中 4 分的中立回应（$t_{149} = 19.50$，$P < 0.001$）。在启动（道德和不道德启动的均值 = 5.49，中性启动的均值 = 5.65，$t_{149} = 0.98$，$p = 0.33$）或监测（监控条件下的均值 = 5.59，非监控条件下的均值 = 5.49，$t_{149} = 2.40$，$p = 0.12$）的条件下，平均目标承诺没有明显差异。此外，对目标的承诺程度并不与过度报告行为相关（$r = −0.08$，$p = 0.32$），但它确实与实际性能相关（$r = 0.38$，$p = 0.001$）。

假设测试

研究 3 的结果支持假设 2 和假设 3，它表明潜意识启动、监控和绩效目标显著影响过度虚报行为。图 1 描述了在道德启动、目标和监测的条件下，过度虚报的模型的平均数（y 轴）。虽然过度虚报的发生率通常是较低的，但在高目标条件下（黑色柱状图）的参与者一般比那些在 DYB 目标条件下的参与者（灰色柱状图）发生欺骗的更多。正如所预测的那样，道德启动在参与者受到监控的条件下影响相对较小（A 组）。相比之下，当参与者没有受到监控时（B 组），潜意识的道德和不道德的启动比中性启动能显著降低作弊。

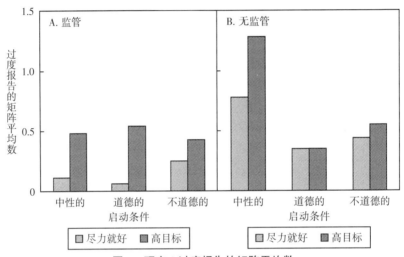

图 1 研究 3 过度报告的矩阵平均数

我们对过度虚报的正确答案的数量进行了三个方向的方差分析来评估道德启动、目标设定和监控因素的影响。我们发现目标设定对过度虚报有一个重要的影响（$F_{1,300} = 5.15$，$p < 0.05$），这表明拥有高绩效目标的人比拥有 DYB 目标的人更有可能从事不道德行为，这支持了假设 2a。在高目标条件下的平均过度虚报（平均值 = 0.61）比做 DYB 目标条件下的平均过度虚报（平均值 = 0.35）高将近一倍。甚至当参与者被监控时，与 DYB 目标（平均值 = 0.14，$n = 74$，$t_{160} = -3.93$，$p < 0.001$）相比，高绩效目标仍会增加过度虚报（平均值 = 0.52，$n = 88$）。有趣的是，高目标增加报告的性能，但没有改善实际表现，被解答的真实矩阵的数量在整个目标条件下没有明显不同（高目标均值 = 5.87 vs. DYB 目标的均值 = 6.23，$t_{310} = 0.88$，$p > 0.05$）。在使用了不同的任务的高绩效目标的时候，Schweitzer 等（2004）报道了类似的结果。因此，在一些任务中目标可以改善实际表现，但在其他任务中可能只会增加报告的表现。

假设 2b 预测，当人们被给予高性能的目标时，道德和不道德的启动将会减少不道德行为。为了验证这个假设，我们检查了当参与者没有受到监控时道德启动对目标的影响，因为监控也可能减少由目标引起的作弊，从而引入了一个潜在的混淆概念。结果表明了潜意识启动存在显著作用（$F_{2,144} = 4.21$，$p < 0.05$）。此外，为了测试道德启动对高绩效目标专门的影响，当参与者被给予了很高的目标并没有受到监控时，我们直接比较道德的、不道德的和中性启动条件。在道德平均值 = 0.35 和不道德（平均值 = 0.55，$t_{60} = -1.03$，$p > 0.31$）的条件之间没有显著差异。然而，在道德的、不道德的和中性条件（平均值 = 1.28，$t_{89} = 2.43$，$p < 0.05$）之间有显著差异。我们还进行了分析测试以确定是否在道德启动和目标之间有双向互动，而且发现这种交互作用并不显著（$F_{2,300} = 0.60$，$p > 0.05$）。这可能是因为不仅当参与者有高绩效目标时，而且当参与者有 DYB 目标时，道德和不道德的启动都会减少作弊，正如上面的道德启动的主要影响所示。因此，这个结果支持了假设 2b。

假设 3a 预测，监控会减少不道德行为。这些结果表明了监控的一个显著主效应（$F_{1,300} = 5.61$，$p < 0.05$），即当人们受到监控时，他们欺骗得更少，这个结果支持假设 3a。假设 3b 预测：当参与者没有受到监测时，道德启动将减少不道德行为。当参与者被监控时，与中性启动（平均值 = 0.33，$n = 48$，$F_{2,161} = 0.57$，$p > 0.05$）相比，道德（平均值 = 0.29，$n = 59$）和不道德（平均值 = 0.42，$n = 55$）的启动并没有减少过度虚报。然而，当参与者没有受到监控时，在中性条件（平均值 =1.02，$n = 61$）下的过度虚报比在道德（平均值 = 0.35，$n = 51$）和不道德（平均值 = 0.45，$n = 38$，$F_{2,144} = 4.20$，$p < 0.05$）的启动条件的水平高两倍还要多。此外，结果显示出了潜意识启动和监控对不道德行为的交互式影响，在这种情形下，潜意识的道德和不道德的启动比参与者没有受到监测时更多地减少不道德行为（$F_{2,300} = 3.84$，$p < 0.05$）。因此这支持了假设 3b。我们没有预测在道德启动、目标和监控之间的三方互动，我们也没有发现显著的交互作用（$F_{2,300} = 0.59$，$p > 0.05$）。

我们还进行了一次额外的分析来确定被观察到的过度虚报的行为是否是一些"坏苹果"或更广泛的现象。在所有情况下，大约 1/3 的参与者（32%）会欺骗。在最大可能作弊（中性启动、高绩效目标、无监控）的情况下，近一半的参与者会进行欺骗（48%），而在最小可能作弊（道德启动，DYB 目标，受到监控）的情况下，只有 7% 的参与者会进行欺骗。这个结论与自我概念维护理论一致，大多数参与者通过稍微夸大他们的表现而不是通过从事高水平公然的不诚实进行欺骗，这些人中只有 6% 过度虚报三个或三个以上正确的解决方案。总的来说，结果表明，本文中使用的操作影响欺骗的水平跨越参与者的相当大一部分比例，而不仅是少数异常的人。

研究 3 的讨论

第三个研究结果支持了第 2 个和第 3 个假设，也和之前的研究结果相一致（Schweitzer et al., 2004）：相比于 DYB 目标来说，高绩效目标会增加企业欺骗的概率，然而潜意识中的道德和不道德的成分被发现在减少和高绩效目标相关的欺骗中作用显著。除此之外，研究 3 的结果表明：监管会减少不道德的行为并且道德启动对被监管的参与者影响更小。不过，当参与者没有被监管时，潜意识的道德和不道德的启动会显著地减少欺诈。总之，结果表明：即使参与者都追寻高绩效目标时，潜意识的内容也会在参与者没有被监管的情况下，对实际道德行为产生影响。

总体讨论

这个研究的目的是通过发现潜意识在什么程度和如何影响道德行为，去扩展现有的关于做出道德决策的潜意识的、有意识的和理性模型。第一个和第二个研究的结论给出了如何通过潜意识中的道德和不道德的内容去影响道德标准。第三个研究的结果展示出潜意识中的道德和不道德部分减少了那些没有被监管的有着高绩效目标的参与者的不道德的行为。通过提供关于在高绩效目标中潜意识可以有效地刺激以减少不道德行为这一有利的过程，上述结果扩展了关于自我概念维护理论。

理论意义

在近些年关于行为道德的文献中，Tenbrunsel 和 Smith-Crowe（2008：558）陈述道：行为道德这个领域最伟大的贡献就是考虑到了在做出道德决策时的双重处理过程。我们的结果在理论上极广地扩展了过去的行为道德理论，这些理论描述了做出道德决策是意识的有意为之的过程，而没有去考虑潜意识过程的影响（Rest, 1986；Treviñõ, 1986）。虽然最近的一些研究已经表明微妙的控制会影响道德行为，但是根据数据，却很少有理论去解释自动机制、潜意识过程的发生机制如何影响道德行为。

我们的研究在以下四个方面扩展了现有的理论：第一，我们把自我概念维持理论和 Reynolds 在 2006 年提出的关于通过对潜意识运作的调节机制的神经认知模型整合在一起。虽然自我概念维持理论由于阐明了影响道德行为的心理学机制而获得了很多学者的关注，但是这个理论没有被用在分析潜意识的过程之中。Mazar 等

(2008) 阐释道，有意识的启动操作就像一个"道德提醒器"，可以直接提醒一个人遵守道德标准。我们的研究结果也扩展了这个发现，结果表明部分潜意识可以通过使一个人把自我概念和道德联系在一起，从而激发这个人的道德标准。此外，我们发现了如下证据，在研究 1 中道德标准的激发会调和潜意识和道德分类的关系，在研究 2 中会调和潜意识和非预期的非道德行为的关系。因此，研究结果表明潜意识会通过激发个人的道德标准去影响道德行为，这样一来会自动引导一个人的道德行为。

第二，潜意识道德和不道德内容在激发一个人的道德标准方面的工作是一样的，这一结果也支持了我们提出的理论模型。正如预测的那样，似乎潜意识启动不会直接改变一个人的道德价值观，而是把一个人现有的道德地图和个人已有的价值联系在一起。另外由于潜意识关于道德和不道德内容的新奇概念的发展，我们还通过认知心理学中关于设计显性任务后的觉醒方法去保证潜意识启动的发生，从而把潜意识启动技术引入道德领域。这样一来，通过和之前研究相对比，我们可以开发并且检验所有参与我们分析的人的潜意识启动操控，因为之前的研究不能辨清意识启动和潜意识启动。

第三，研究结果表明当给予参与者高绩效目标时，潜意识的道德和不道德启动会增加实际的道德行为。之前的研究在探索自动过程和道德之间的联系的重要性时，没有考虑其上下文语境的变量或者意识中冲突目标是否会削弱自动过程。这些结论扩展了之前的关于道德讨论的结果，这些道德讨论又是基于对第一类测试中我们意识到的和绩效目标相联系的减少负面结果的机制。最近的理论成果表明，通过对道德问题分散注意，绩效目标可能会导致增加不道德行为（Barsky，2008）。然而我们的结论却是潜意识启动会激发个人的道德标准，并且潜在地抵消负面影响。

第四，我们的结果表明，在个体没有被监管的情况下，潜意识是有效的。有意识和潜意识的两种方式的交互和监管制度都表明监管和潜意识各自可以减少不道德的行为，但是当它们在一起产生作用的时候，对于不道德行为的增量效果并不显著。

管理启示

学者和实践者似乎对于以下事实报以遗憾的态度：商业世界中的竞争压力会使得道德问题常常被忽视（Barsky，2008；Gioia，1992；Tenbrunsel & Messick，1999）。企业丑闻和雇员的不诚实导致了许多公司不得不花费极大的资源和精力去实施忠诚测试或者监管员工（Sackett，Burris & Callahan，1989；Young & Case，2004）。然而，这些方法的成本都非常巨大并且通常被证明效果不佳（Wilborn，1998）。虽然微妙的道德提示器不能使企业犯罪的数目停滞，因为这些人通常都具备道德标准，但是在经济利益驱动的商业世界里，它们会隐性地影响那些典型的在无意识中忽略道德标准的员工。

激发道德标准可能在这样的组织环境中变得相关：员工具有会使他们不专心于道德问题的绩效目标（Barshy，2008）。如今的企业具有监管员工以保证他们合乎道德完成他们目标的资源很少。我们的结论显示，即使在不被监管的竞争性环境中，个体都强烈保证完成困难的绩效目标，潜意识启动也显著地减少了非道德行为。其实，在这种特定的环境中，我们的结果表明潜意识的道德和不道德启动对有高目标的个体一样有效。在该试验中过度报告的行为如在会计企业自己报告的工作时间，或者行销代理商报告的和客户接触的数目，在许多有组织的情况中，那些有着显著金融激励联系的高绩效目标的员工具有过度报告的动机。虽然我们的结果表明高绩效目标会导致增加不道德行为，但是我们也展示了潜意识启动可以减少和高绩效目标相联系的潜在负面影响的方法。

虽然，企业可能会认为努力改变员工的道德价值既不合适也无效果，但是我们的结论表明潜意识的道德和不道德启动会减少不道德行为，是通过激发个人已经拥有的道德标准而不是改变其道德价值观实现的。与其只是对少数非道德员工产生影响，倒不如说是潜意识影响了大部分比例的参与者，个人不诚实的比例从7%一直升到48%。潜意识在减少非道德行为的效果方面也表明，在一些环境下与不道德行为相联系的刺激因素被视为不恰当的，使得员工更加意识到他们的道德标准而不是做非道德行为者。

同样，虽然我们曾经使用一个特定形式的潜意识启动，这个形式被广泛地在认知心理学领域应用，人们下意识地在很多方面都事先准备好（Latham et al.，2010）。这里面的某些技术已经被发现会在有组织的情况下影响实际道德行为。例如，使用一个赢得比赛的女性的海报会提高在呼叫中心工作的员工的表现力（Shantz & Latham，2009）。同样地，在一个组织背景下，组织文化中某些微妙的部分会和潜意识启动的作用一致。例如图像、符号、故事和口号都对员工的表现有着显著的影响（Hatch，1993）。

我们建议有策略地使用图像、符号、故事和口号，营造一个有潜意识道德启动的工作场所。例如一些大的商业学院最近在校园中都创造出这样的海报，海报上画着一个引人注意的火炬。相似地，经营快餐的出入口的地方都零零星星地印有名字和数目的圣经片段，或者在纸杯或者餐巾纸上印有餐厅的标识而显现出餐厅的价值观。员工可能会时不时地有意识地被置于存在职业道德的工作场所，如职业道德的训练时段，他们有可能一整天潜意识里经常在和职业道德有联系的标志物周围出现。虽然微妙，但是我们的研究结果显示这种类型的刺激物会激发道德标准，因此影响个体通过道德结果做出决定。总之，组织会在寻找员工有意识和无意识做决定的过程中影响其道德决策而得到好处。

未来研究的局限和方向

我们所做的研究不会没有局限性。比如说，虽然我们检验了潜意识启动如何影响道德决定的做出过程中的协调程序，这是在研究 1 和研究 2 中通过激发道德标准测试的，但是我们没有在研究 3 中检验协调程序。除此之外，我们不能长时间地测试潜意识启动。之前的研究生使用了类似的初等研究方法，此方法表明潜意识启动在初始任务之后的 24 小时才可以产生影响（Stajkovic et al.，2006）。然而，将来的检验需要探索潜意识作用所持续的时间。潜意识的道德部分还要求个体具有恰当的道德框架去被潜意识所激发。因此，潜意识的影响在这样的环境中被削弱：人们普遍认为道德观念不存在。

尽管存在这些局限，我们的研究还是有很多过人之处的。研究 1 和研究 3 的实验室设定使得我们可以区分潜意识过程并且推断潜意识和遇到的相关的结果之间的因果关系。除此之外，研究 2 也表明潜意识内容可以影响实验室外使用的非学生样本的成人的行为，这些人都具有超过十年的工作经验。考虑到这个课题的新奇程度以及建立一个因果链的重要性和所涉及现象的复杂程度（操控潜意识过程和测量不道德行为），我们相信我们的研究会增强理论的可信程度。虽然一般化的结论经常被实验室研究引用，但是我们发掘了一个普遍形式的和道德感有关的潜意识启动程序。这些过程不只针对特定人群，而且针对普罗大众。这是从研究 2 的非学生样本和研究 3 中测量的不道德行为中得到的。

考虑到这是潜意识道德和不道德启动领域的第一次探索，未来的研究需要进一步在行为道德方面潜意识的过程方面进行理解。虽然我们使用已经成形的过程去设计潜意识道德和不道德启动（Latham et al.，2010），但是将来的研究很可能发现其他潜意识的有效形式。初等启动技术使用图形、符号、文字或者声音去展示潜意识的道德观，在有组织的环境中更容易被整合。虽然我们测试过实际的不道德行为的一种形式，但是未来的研究还可能在形式和广度上探索潜意识启动的效果。个人层面的性格特征也可能在影响道德行为方面扮演了一个重要角色。比如说，启动或许对这样的人起到特定的作用：希望依赖直觉而不是认知做决定。我们发现了潜意识、目标设置和监管之间的联系。然而，未来的研究可能会把潜意识启动和其他重要的组织理论联系在一起。比如，潜意识启动可能不只会增加道德行为，也很可能会增加亲社会行为，这些亲社会行为可能是包括利他主义、公民美德等有组织的公民权行为。

结　论

　　我们相信，我们的研究是一个有前途的道德理论的新发展，它扩大了主流意识和伦理决策的理性模型。这些结果通过测试介导过程扩展了自我概念维护理论，潜意识的道德和非道德的启动正是通过这一介导过程激活道德标准，从而增加道德分类以及减少不道德行为。此外，即使当参与者不是被监控的并且被给予高绩效的目标，潜意识启动也会减少非道德行为。我们希望这些发现能鼓励未来的研究探索自动处理和伦理决策之间的联系。

参考文献

[1] Abate, F. R., & Jewell, E. 2001. The new Oxford Americandictionary. New York：Oxford University Press.

[2] Alder, G. S., Noel, T. W., & Ambrose, M. L. 2006. Clarifyingthe effects of internet monitoring on job attitudes：The mediating role of employee trust. Informationand Management, 43：894-903.

[3] Alge, B., Greenberg, J., & Brinsfield, C. 2006. An identitybased model of organizational monitoring：Integrating information privacy and organizational justice.In J. J. Martocchio（Ed.）, Research in Personnel and Human Resource Management, 25：71-135. San Diego：Elsevier.

[4] American Management Association. 2001. AMA Survey Workplace Monitoring & Surveillance.

[5] Aquino, K., Freeman, D., Reed, A., Lim, V. K. G., & Felps, W. 2009. Testing a social-cognitive model of moral behavior：The interactive influence of situations and moral identity centrality. Journal of Personality and Social Psychology, 97：123-141.

[6] Aquino, K., & Reed, A., II. 2002. The self-importance of moral identity. Journal of Personality and Social Psychology, 83：1423-1440.

[7] Ariely, D. 2008. Predictably irrational：The hidden forces that shape our decisions. New York：Harper-Collins.

[8] Bandura, A. 2001. Social cognitive theory：An agentic perspective. Annual Review of Psychology, 52：1-26.

[9] Bargh, J. A. 2006. What have we been priming all these years? On the development, mechanisms, and ecologyof nonconscious social behavior. European-Journal of Social Psychology, 36：147-168.

[10] Bargh, J. A., & Chartrand, T. L. 2000. The mind in the middle：A practical guide to priming and automaticity research. In H. T. Reis & C. M. Judd（Eds.）, Handbook of research

methods in social and personality psychology：253-285. New York：Cambridge University-Press.

[11] Bargh, J. A., Gollwitzer, P. M., Chai, A. L., Barndollar, K., & Troetschel, R. 2001. The automated will：Nonconscious activation and pursuit of behavioral goals. Journal of Personality and Social Psychology, 81：1014-1027.

[12] Baron, R. M., & Kenny, D. A. 1986. The moderator-mediator variable distinction in social psychological research：Conceptual, strategic, and statistical considerations. Journal of Personality and Social Psychology, 51：1173-1182.

[13] Barsky, A. 2008. Understanding the ethical cost of organizational goal-setting：A review and theory development. Journal of Business Ethics, 81：63-81.

[14] Becker, G. S. 1968. Crime and punishment：An economic approach. Journal of Political Economy, 76：169-217.

[15] Butterfield, K. D., Treviño, L. K., & Weaver, G. R. 2000. Moral awareness in business organizations：Influences of issue-related and social context factors. Human Relations, 53：981-1018.

[16] Chartrand, T. L., & Bargh, J. A. 2002. Nonconscious motivations：Their activation, operation, and consequences.In A. Tesser, D. A. Stapel & J. V. Wood（Eds.）, Self and motivation：13-41. Washington, DC：American Psychological Association.

[17] Duval, T. S., & Wicklund, R. A. 1972. A theory of objective self-awareness. New York：Academic Press.

[18] Gino, F., & Ariely, D. 2012. The dark side of creativity：Original thinkers can be more dishonest. Journal of Personality and Social Psychology, 102：445-459.

[19] Gino, F., Ayal, S., & Ariely, D. 2009. Contagion and differentiation in unethical behavior：The effect of one bad apple on the barrel. Psychological Science, 20：393-398.

[20] Gino, F., Norton, M., & Ariely, D. 2010. The counterfeit self：The deceptive costs of faking it. Psychological Science, 21：712-720.

[21] Gioia, D. A. 1992. Pinto fires and personal ethics：A script analysis of missed opportunities. Journal of Business Ethics, 11：379-389.

[22] Hatch, M. J. 1993. The dynamics of organizational culture. Academy of Management Review, 18：657-693.

[23] Henchy, T., & Glass, D. C. 1968. Evaluation apprehension and the social facilitation of dominant and subordinate responses. Journal of Personality and Social-Psychology, 10：446-454.

[24] Hollenbeck, J., Klein, H., O'Leary, A., & Wright, P. 1989. Investigation of the construct validity of a self-report measure of goal commitment. Journal of Applied Psychology, 74：951-956.

[25] Jensen, M. C. 2003. Paying people to lie：The truth about the budgeting process. European Financial Management, 9：379-406.

[26] Jones, T. 1991. Ethical decision making by individuals in organizations：An issue-

contingent model. Academy of Management Review, 16: 366-395.

［27］Jordan, J., Mullen, E., & Murnighan, J. K. 2011. Striving for the moral self: The effects of recalling past moral actions on future moral behavior. Personality and-Social Psychology Bulletin, 5: 701-713.

［28］Kish-Gephart, J. J., Harrison, D. A., & Treviño, L. K. 2010. Bad apples, bad cases, and bad barrels: Meta-analytic evidence about sources of unethical decisions at-work. Journal of Applied Psychology, 95: 1-31.

［29］Latham, G. P., & Seijts, G. H. 1999. The effects of proximal and distal goals on performance on a moderately complex task. Journal of Organizational Behavior, 20: 421-429.

［30］Latham, G. P., Stajkovic, A. D., & Locke, E. A. 2010. The relevance and viability of subconscious goals in the workplace. Journal of Management, 36: 234-255.

［31］Locke, E. A., & Latham, G. P. 2002. Building a practically useful theory of goal setting and task motivation: A 35-year odyssey. American Psychologist, 57: 705-717.

［32］Mazar, N., Amir, O., & Ariely, D. 2008. The dishonesty of honest people: A theory of self-concept maintenance. Journal of Marketing Research, 45: 633-644.

［33］Mazar, N., & Zhong, C. B. 2010. Do green products make us better people? Psychological Science, 21: 494-498.

［34］Miner, J. B. 2003. The rated importance, scientific validity-and practical usefulness of organizational behavior theories: A quantitative review. AOM Learning and Education, 2: 250-268.

［35］Ordóñez, L., Schweitzer, M. E., Galinsky, A. D., & Bazerman, M. H. 2009. Goals gone wild: How goals systematically harm individuals and organizations. Academy of Management Perspectives, 23: 6-16.

［36］Preacher, K. J., & Hayes, A. F. 2008. Asymptotic and resampling strategies for assessing and comparing indirect effects in multiple mediator models. Behavior-Research Methods, 40: 879-891.

［37］Rest, J. R. 1986. Moral development: Advances in researchand theory. New York: praeger.

［38］Reynolds, S. J. 2006. A neurocognitive model of the ethical-decision-making process: Implications for study and practice. Journal of Applied Psychology, 91: 737-748.

［39］Reynolds, S. J., Leavitt, K., & DeCelles, K. A. 2010. Automatic ethics: The effects of implicit assumptions and contextual cues on moral behavior. Journal of Applied Psychology, 95: 752-760.

［40］Sackett, P. R., Burris, L. R., & Callahan, C. 1989. Integrity testing for personnel selection: An update. Personnel Psychology, 42: 491-529.

［41］Schweitzer, M. E., Ordóñez, L., & Douma, B. 2004. Goal setting as a motivator of unethical behavior. Academy of Management Journal, 47: 422-432.

［42］Shalvi, S. S., Handgraaf, M. J. J., & De Dreu, C. K. W. 2011. Ethical maneuvering:

Why people avoid both major and minor lies. British Journal of Management, 22: 16-27.

[43] Shantz, A., & Latham, G. P. 2009. An exploratory field experiment on the effect of subconscious and conscious goals on employee performance. Organizational-Behavior and Human Decision Processes, 109: 9-17.

[44] Sobel, M. 1982. Asymptotic confidence intervals for indirect effects in structural equation models. In S. Leinhart (Ed.), Sociological methodology Vol.13: 290-312. San Francisco: Jossey-Bass.

[45] Spencer, S. J., Zanna, M. P., & Fong, G. T. 2005. Establishing a causal chain: Why experiments are often more effective than mediational analyses in examining-psychological processes. Journal of Personalityand Social Psychology, 89: 845-851.

[46] Spicer, A., Dunfee, T. W., & Bailey, W. J. 2004. Does nationa context matter in ethical decision making? An empirical test of integrative social contracts theory. Academy of Management Journal, 47: 610-620.

[47] Stajkovic, A. D., Locke, E. A., & Blair, E. S. 2006. A first examination of the relationships between primed subconscious goals, assigned conscious goals, and task performance. Journal of Applied Psychology, 91: 1172-1180.

[48] Tenbrunsel, A. E., & Messick, D. M. 1999. Sanctioning systems, decision frames, and cooperation. Administrative Science Quarterly, 44: 684-707.

[49] Tenbrunsel, A., & Smith-Crowe, K. 2008. Ethical decision making: Where we've been and where we're going., Academy of Management Annals, 2: 545-607.

[50] Treviño, L. K. 1986. Ethical decision making in organizations: A person-situation interactionist model. Academy of Management Review, 11: 601-617.

[51] Welsh, D. T., & Ordóñez, L. D. 2014. The dark side of consecutive high performance goals: Linking goal setting, depletion, and unethical behavior. Organizational Behavior and Human Decision Processes, 123: 79-89.

[52] Young, K. S., & Case, C. J. 2004. Internet abuse in the workplace: New trends in risk management. Cyberpsychology and Behavior, 7: 105-111.

[53] Zhong, C. B. 2011. The ethical dangers of deliberatived ecision making. Administrative Science Quarterly, 56: 1-25.

企业慈善决策中的共鸣理论 *

Alan R. Muller，Michael D. Pfarrer，Laura M. Little

【摘　要】目前流行的有关企业慈善的观点主要偏向理性，并且把决策局限于管理层。然而，近年来人们逐渐认识到员工也是企业努力做慈善的重要推动者，他们的动机在本质上更具有共鸣性。结合情感事件理论、群际情绪理论和情绪浸润理论，我们构建了一个新的理论框架。在此框架下，组织成员在回应不知名的他人需求时表现出的共鸣会注入到管理层的决策中，从而影响企业做慈善的可能性、规模和形式。我们的理论对于研究组织中的情感和进一步理解组织机构在社会中的作用都有一定的启示作用。

　　企业慈善活动是以满足某种社会需求为目的，涉及时间、金钱和商品调配的有组织的社会活动 (Foundation Center，2009)。然而，学者们一直对各组织捐赠的原因以及此类决策形成的过程争论不休。流行的观点曾一度把慈善视为管理者对股东财富的滥用 (Friedman，1970)，或是一种自私自利的管理特权 (Barnard，1997；Fry，Kleim & Meiners，1982)。相当长一段时间内，将企业的慈善行为同更大的商业目标协调一致的呼声 (Porter & Kramer，2006) 导致人们把慈善理解为管理者用其达到战略目标的一种工具 (Lee，2008)。例如，企业慈善被描述为一种营销工具 (Sen，Bhattacharya & Korschun，2006)、一种声誉管理机制 (Brammer & Millington，2005)、一种管理资金流动的工具 (Lev，Petrovits & Radhakrishnan，2010)。

　　与这些注重自上而下的理性解释不同，研究者们已逐渐认识到其他员工与管理层决策者一起，也是企业慈善活动中重要的参与者 (Kim，Lee，Lee & Kim，2010)。特别是最近的研究表明，员工不是被动地等待管理层的慈善决策，而是"自下而上"地在企业慈善倡议中成为重要的推动者和参与者 (Aguilera，Rupp，Williams & Ganapathi，2007；Chong，2009；Maclagan，1999)。而且，员工参与企业慈善活动

---

　　* Alan R. Muller, Michael D. Pfarrer, Laura M. Little. A Theory of Collective Empathy in Corporate Philanthropy Decisions [J]. Academy of Management Review, 2014, 39 (1): 1-21.

　　初译由刘传俊完成。

与其说是出于个人的理性思考，如工作能力的加强或组织的奖励（Comer & Cooper，2002；Grant，Dutton & Rosso，2008；Peterson，2004），不如说是受到情感机制的驱使，如集体共有的帮助患难者的愿望。

鉴于有研究表明，组织环境之外的慈善，作为"提高人类福祉的积极努力"（见《韦氏词典》，2011），主要由共鸣感受激发出来（Batson，1998；Bekkers，2005），那么，对管理层的理性解读和对员工层的情感性解读之间的分歧就显得十分醒目。共鸣是由一个困境中的人所引发的、以他人为导向的情感性回应，这种回应与患难者感知的幸福一致，因此形成了一种强有力的动力去帮助满足这一共鸣引致的需求（Batson，Eklund，Chermok，Hoyt & Ortiz，2007；Kanov，Maitlis，Worline，Dutton，Frost & Lilius，2004）。与共鸣相连的指向他人的补偿行为倾向源于对他人困境的评估（Gault & Sabini，2000；Oveis，Horberg & Keltner，2010）。然而，迄今为止，有关组织的研究并未明确考虑到共鸣与企业慈善的相关性。

流行观点把企业慈善行为看做一种理性的管理层决策，而从情感本质出发的观点则认为它是员工的集体性参与。针对二者的分歧，我们对组织成员的共鸣作用和管理层的企业慈善决策之间的联系做了更加仔细的分析。为此，我们引入了三种有关组织情感理论的观点，以便建立一个企业慈善决策中的多层共鸣理论。我们用情感事件理论（AET；Ashkanasy & Humphrey，2011；Weiss & Cropanzano，1996）来阐明组织外部的他人需求如何唤起组织内部个体的共鸣；用群际情绪理论（IET；Barsade，2002；Mackie，Devos & Smith，2000）来解释个体的共鸣情绪如何随后聚合起来成为集体性的情绪；还用情绪浸润模型（AIM；Forgas，1995；Lerner & Keltner，2000）来说明这种共鸣情绪是如何注入到管理层的企业慈善决策中的。凭借这些理论基础，我们突出强调了在个体层、人际层以及组织层调节共鸣产生、聚合和浸润的因素。

我们的理论框架以三个主要方式补充了组织中企业慈善和情感的现有方法。首先，我们提供一个更全面和情感化的观点，来解释为什么一些组织更有可能回应他人的需求。尽管受益人提供给组织的战略利益有限，但要采取更大的规模、更高的参与形式（Haslam，Reicher & Levine，2001）。Maclagan（1999）以及 Takala 和 Pallab（2000）具有更大的参与性观点体现了一个重大的转变，它脱离了把仁慈的经理看做是"孤独的演员"（Laroche，1995：64）自行做出理性而功利的商业决策（Porter & Kramer，2006）的传统模式。其次，通过解释外部事件如何能引发组织成员中的共鸣并从下向上影响管理层的慈善决策，我们融入了 AET、IET 和 AIM 三者的观点，为的是以更宽广的视角理解组织决策过程中情感的作用以及由此跨越组织层产生组织性行为的情感基础（Ashton-James & Ashkanasy，2008；Barsade & Gibson，2012；Etzioni，1988；Forgas，1995）。最后，我们提出了一个新模式。在此模式中，人类需求作为一个特殊的情感事件，触发了与一种特定情绪——共鸣相关的程序。通过说明某一特定情绪的评价影响和行为倾向，我们对组织中离散情感的作用有了更加细致的理解（Briner & Kiefer，2005；Cropanzano，Weiss，Hale & Reb，2003；Gooty，Gavin & Ashkanasy，2009）。

随后，我们将从自上而下的、理性的企业慈善决策观点的局限性谈起，因为人们对这种决策是如何做出的，以及决策确立的标准是什么都知之甚少。接着，我们将讨论慈善决策在模糊不确定的状况下如何变得难以抉择（在这种状况下一般情绪和共鸣更容易对决策产生影响）。然后，我们将这种共鸣观和组织内部的情感研究联系起来，建立了一个自下而上的企业慈善决策中的共鸣理论。随后的部分解释了特定情感因素和更加统一的组织性结构二者在共同促成决策过程中所起的作用。最后，我们讨论了这一理论的理论意义和实践意义，并以此作为总结。

企业慈善决策与共鸣

实践表明，团体组织在人类遭遇困境时做出的贡献越来越重要（Fritz Institute，2005；U.S. Chamber of Commerce，2010）。数据显示，近年来，即使在其他来源的慈善停滞不前时，企业捐赠的规模仍不断上升（GivingUSA，2011）。企业捐赠涉及广泛的社会焦点问题，从捐献抗击艾滋病（Dunfee，2006）和非洲河盲症（Dunfee & Hess，2000）的药物，到灾难发生后用于救济灾区的资源调配（Crampton & Patten，2008；Muller & Whiteman，2009；Zhang，Rezaee & Zhu，2009）。企业慈善活动采取不同方式，不仅局限于现金和实物的捐赠，而且还越来越多地包括有员工参与的项目和员工担当志愿者（Fry et al.，1982；Grant，2012；Marquis，Glynn & Davis，2007）。

然而，研究组织的学者们在研究中往往把企业慈善视为一种在广义范畴内与商业相关的战略性决策的经营性工具（Lee，2008；Porter & Kramer，2002；Saiia，Carroll & Buchholtz，2003；Sen et al.，2006）。这种战略性观点提出，管理层有目的地考虑投入社会事业如何产生经济利益（Lev et al.，2010；Navarro，1998；Useem，1988）或营销价值和声誉价值（Bhattacharya，Korschun & Sen，2009；Brammer & Millington，2005）。通过将慈善决策与该组织的战略目标相结合（Marquis & Lee，2012），一个组织就应该会避免由不协调的 CSR 和与公司战略相脱节的慈善所造成的混乱（Porter & Kramer，2006：4），并能够改进其"竞争环境"（Porter & Kramer，2002：3）。因此，流行的研究范式把企业慈善描述为以清晰的战略标准为基础、由管理层做出的理性的经营决策（见图1）。一旦意识到某个特定的人类需求，或许是教育、健康、环境等问题，管理者就会评估这种需求是否有助于该组织实现总体的战略性、声誉性或经济性目标。当这些考量得到正面评估时，管理者就会配置资源以缓解这一需求，同时期望此举将为该组织带来实际效益。

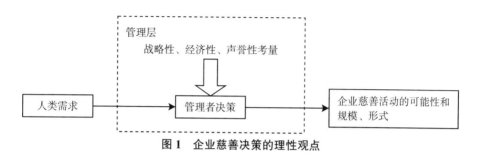

图 1　企业慈善决策的理性观点

但是，对于各公司究竟有多大的可能性捐赠，它们调配的资源规模如何，以及它们捐赠的方式又是怎样，这些方面的研究还非常零乱。因而对于企业慈善决策是如何做出的，人们还知之甚少。例如，研究表明，当涉及的人类需求与商业考量相关（Dunfee，2006；Dunfee & Hess，2000）或在地理位置上与该组织相邻时（Crampton & Patten，2008；Mutter & Whiteman，2009），各公司更可能捐赠，且捐赠更多。但其深层动机只能推断，决策本身仍然是个黑匣子。其他研究在谈到企业慈善活动的方式（如现金、志愿服务，参见 Marquis et al.，2007）时，对跨公司的一致性也形成了理论，但在团体组织选择一种而非另一种方式的条件上却没有论述。同样，当研究把志愿者服务与"自下而上员工的草根努力"（Grant，2012：590）相联系时，还尚未有研究讨论到与管理者决策相关的、将员工时间分配到慈善中的机制和过程。

因此，企业慈善决策的实际情况似乎更复杂。我们在概念上的理解同图 1 展现的流行范式相比还显得有些滞后。例如，Porter 和 Kramer（2002：6）经观察发现，尽管有战略指示，企业慈善决策通常是以更加典型的特定的方式，在"信仰和价值"基础上做出的。管理者们不是去系统评估哪种慈善将在多大程度上"改进竞争环境"（Porter & Kramer，2002：3）或者产生多大的"道德声誉资本"（Godfrey，2005：783），而似乎是受到一套无法明确地考量的影响做出的直觉性决策。因此，即使大多数管理者汇报说，在做慈善决策时考虑了商业目标（Galaskiewicz，1997），但当他们决定对某一特定需求是否（即可能性）、在何种程度上（即规模）以及用何种资源（即方式）做出回应时，这些目标并非最重要的评估因素。

企业慈善决策不可能完全是源于混合信号下的理性思考的关键原因在于管理者们从外部环境中接收到了慈善对本组织的潜在价值信号。对企业慈善活动和经济表现之间的关系进行的混合实证研究表明，慈善是否或如何为战略性商业目标服务尚不清楚（Brammer & Millington，2008；Dean，2003；Godfrey，2005）。慈善的受助人往往是不认识或身份无法鉴别的人（Small，Loewenstein & Slovic，2007：144）——不露面的"统计人口"（Trout，2009：53），这些人能带给公司未来利益的可能性十分渺小。所以，企业慈善决策可能依赖的所谓潜在的商业战略信息往往要么缺失，要么模糊。基于这些原因，一些学者认为，企业慈善行为与商业无关，而是受到管理者自由裁量权的约束（Carroll，2004）。然而，虽然已有研究探索解释管理者自由裁量权的差异（Galaskiewicz，1997），但衡量一个管理者决策是否明智的标准却一直不清楚。综上所述，有关企业参与慈善的时间、规模、方式，似乎没有清楚分明的决策规则。倘若促成决策的信息含混不清，对组织本身的潜在利益也不确定，那么，盛行的把企业慈善作为精明的理性决策观点似乎是有局限性的（Barnard，1997）。

企业慈善作为情绪浸润的决策产物

关注到理性观点的局限性，越来越多以情绪浸润模型（AIM）为基础的研究表明，当企业决策的标准含混不清，且对一个组织底层的影响不能判断时，情绪在决策中就会起到至关重要的作用（Forgas，1995；Huy，2012）。情绪是感知/动机/感情系统的活动（Gault & Sabini，2000：497）。一旦被激发出来，就会产生特定的评估和行为趋向，进而影响决策。评估趋向是特定情绪的感知过程，它打断了正在进行中的感知过程并指明关注、记忆和判断的方向，因此会影响对刺激物的解读（Lerner & Keltner，2000）。行为倾向是"预配的行为模式"（Frijda，Kuipers & ter Schure，1989：213）或"准备执行一项与特定的评估模式相关的既定行为的状态"（Frijda，1986：70）。如生气就是一种个人感觉被冒犯的事件而引发的个人情绪。生气会让人产生一种他人要对随后事件负责的看法，还会产生以挽回或强化自尊为目的的报复性、惩罚性行为倾向（Gault & Sabini，2000；Lerner & Keltner，2000；Oveis et al.，2010）。

通过评估趋向和行为倾向，情绪指挥信息加工，影响到何种信息受到关注，什么信息有可能被回忆起来并为之采取行动，什么信息可能被忽略（Nabi，2003），这种选择性信息加工，或"注入"（浸润）（Forgas，1995）允许情绪影响决策过程中的考量以及这些考量如何评价（Etzioni，1988）。因此，情绪注入导致可选方案在情绪上的重新排序，最终产生一个完全不同于理性标准下的决策结果（Gaudine & Thorne，2001）。如果情绪浸润与在含糊不确定状态下做出的决策特别相关（Elfenbein，2007；Forgas，1995；Huy，2012），那么，这种与企业慈善决策相关的含糊不确定性就意味着，情绪可能是那些决策中一个重要的替补因素。

作为情感注入来源的员工共鸣

特别注意的是，企业慈善决策过程可能注入了共鸣。共鸣，与怜悯、同情、脆弱、好心等这些情感相联系，指的是对他人需求产生的、指向他人的、引发关爱行为的情绪（Batson et al.，2007）。共鸣的评估趋向以社会为焦点，产生与患难者相似的感知，导致了补偿性行为目的的行为倾向，如利他行为和救助（Gault & Sabini，2000；Lazarus，1991）。当共鸣越来越被视为一种组织环境内的重要情绪时（Batson et al.，1995；Kellett，Humphrey & Sleeth，2002，2006；Sadri，Weber & Gentry，2011），大多数研究却过度聚焦于共鸣在组织内部处理他人需求的作用上（Grant et al.，2008）。例如，当一个组织成员经历了丧亲或患病之痛时，他或她的同事可能会由于同情伸出援手，给予情绪上的安抚，并安排循环作息时间表以弥补空缺岗位或出去帮助做家务（Lilius，Kanov，Dutton，Worline & Maitlis，2012）。

然而 AET 表明，组织外的事件也可能激发组织内的情绪（Ashton-James & Ashkanasy，2008）。在本理论形成的环境中，有证据显示，让组织外的他人过得更幸福的情感愿望是对人类需求做出团体性回应的基本因素。在 2010 年海地地震之后发布的报告中，Sanofi-Aventis（2010）谈及对地震的捐赠时，认为这是员工们在面临受难者的"迫切需求"时表达自己"真挚同情"的方式。以这种方式，组织领导力的作用更应看做是促进而非指导员工做出回应的愿望。在初步计划书中，员工记录着："（我们）有了想法，我们的管理层不仅鼓励我们实施这些想法，而且还吸纳了我们的想法并参与其中。"（Tierney，2011：8G）最近的研究也表明，员工迫切要求援助的愿望会有助于产生让员工更积极参与的企业慈善形式，像志愿者服务和员工参与爱心项目。2004 年南亚海啸之后，DHL 不是简单地开张支票，而是通过把许多员工空降到斯里兰卡、印度、印度尼西亚和马尔代夫，实现了员工出手援助的愿望（Chong，2009）。作为对这一灾难的回应，Cisco 的员工捐赠额超过 46 万美元。公司承诺保证这笔钱只能美元对美元（Cisco，2004）。可见，共鸣，尤其是员工中的共鸣，似乎成为组织何时以及如何对他人需求做出回应的一个因素。

还有，IET（Smith，Seger & Mackie，2007）提出，共鸣作为一种内在的、指向他人的社交情绪，可以演变成集体性的情绪——也就是说，一个群体的可感知的特质把这一群体界定为绝不单单是个体的集合体（Ashkanasy & Humphrey，2011；Barsade，2002；Huy，2011）。通过加强群体成员的纽带关系，集体性情绪承载了比个体情绪更强大的行为倾向（Barsade & Gibson，2012；Mackie，Silver & Smith，2004）。鉴于管理层决策可能会受到集体情绪的注入（Huy，1999；Parkinson & Simons，2009；Sanchez-Burks & Huy，2009；van Kleef，de Dreu & Manstead，2010），集体性共鸣可以影响管理者做出反映该群体共鸣行为倾向的慈善决策

（LeBon，1896；Smith et al.，2007）。就此，无论民间还是学界，均有证据表明，企业慈善决策不仅是由具有理性思维的"组织领导者们"孤立做出的精明决策（Grant，2012；Marquis & Lee，2012），而是如图1所描述的，可能与员工对组织外他人需求做出回应时集体共有的共鸣愿望有关。

因此，为了更全面理解我们在本文命题1中提出的关系问题，目前需要的是一种更加全面的企业慈善决策模式。图2阐明了这一模式，尤其是通过融入AET、IET、AIM的观点，我们阐释了共鸣这种感受在员工回应组织外的他人需求时是如何以及何时产生的，这种情绪又是如何、何时聚合起来演变为集体性的情绪，以及如何、何时注入管理层的企业慈善决策中，从而影响捐赠的可能性、规模和所选择的捐赠方式的。

通过突出共鸣产生、聚合和注入的过程，我们的模式拓展了图1所示的决策仅限于管理层的理性观点。共鸣对组织外慈善行为的可能性、规模、方式（Batson，1998；Batson，Fultz & Schoenrade，1987；Bekkers，2005；Frey & Meier，2004）以及对组织内指向他人的援助行为（Dutton，Worline，Frost & Lilius，2006；Kanov et al.，2004）起着重要作用。与上述研究一致，我们的模式还解释了共鸣如何自下而上地影响这些决策结果。为此，我们的模式还揭示出理性范式所忽视的与企业慈善相关的这些基本的情感过程。

此外，正如个体和组织并不总能对某一特定需求做出慈善反应一样，对于组织外的人类需求做出回应时，共鸣的产生、聚合和注入过程也并不总能全部展现出来。AET阐明了个体情绪如何因性情特点和对特定情感事件的感知不同而受到约束（Ashton-James & Ashkanasy，2008；Weiss & Cropanazano，1996）；因此我们考虑到了那些个体层面影响共鸣激发程度的因素。IET研究表明，情绪聚合取决于人际交往的深度和特点（Kelly & Barsade，2001；Smith et al.，2007）；所以我们也考虑到那些促成人际层共鸣聚合的因素。甚至，由于我们的模式是以一个整体在团体内展现的（见图2），这与只谈管理层的观点（见图1）相反，所以，我们还考虑到了组织性特点的作用，即扩散共鸣，使其合法化，从而能够使情绪自下而上地注入（Dutton et al.，2006；Kanov et al.，2004）。由此，我们的模式就以特定情感因素与更普遍的组织结构相互作用为基础，二者共同推动共鸣在组织内产生、聚合和注入。我们先从探究人类需求是如何成为唤起组织内共鸣的情感事件开始讨论，如图2所示。

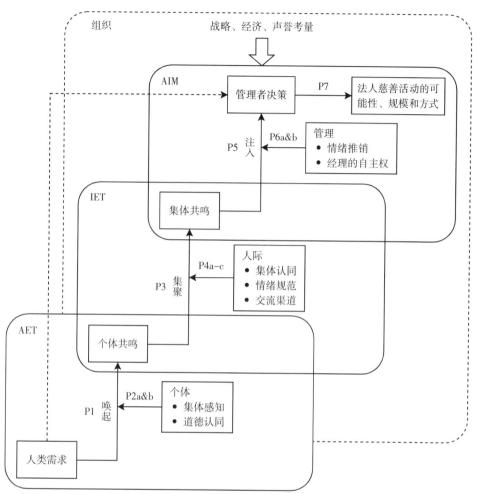

图 2　企业慈善决策中的共鸣模式

企业慈善决策的共鸣模式

人类需求作为唤起共鸣的情感事件

　　AET 认为个别事件会使个体在工作环境中的某种特定情绪上升,这是由该事件是否与个体的个人目标相关而决定的(Weiss & Cropanzano,1996)。AET 最初的目的是解释组织内的事件如何影响个人层面的态度和行为,Ashton–James 和 Ashkanasy(2005)拓展了这一观点,他们把与组织相关的附加组织性事件包括进来视为一个整体。例如，研究已表明，影响组织的"环境颠簸"（Meyer，1982），像常规环境的变化，对组织成员也会产生影响（Venkataraman & Van de Ven，1998）。对于某个特定的组织，一些外部事件比其他事物更与之有关。于是，这些外部事件就更有可能在该组织成员中激发情绪。

如前所述，人类需求唤起共鸣，这是一种指向他人并诱发补偿性行为的情绪，如利他行为和救援（Batson et al.，2007；Gault & Sabini，2000；Lazarus，1991）。人类需求范围很广，组织成员不可能把所有人类需求都视为与该组织同等程度的相关。更确切地说，人类需求更可能在组织成员追求工作目标和满足某一特定需求二者统一起来时被感知为相关——进而在组织成员中唤起共鸣。统一意味着组织成员拥有应对这一刺激的恰当资源。在企业慈善中，其统一表现在满足某一特定人类需求时做出贡献的能力上（Ashton-James & Ashkanasy，2005）。从这个角度来看，英特尔公司把慈善放在发展中国家的中小学科学教育上，DHL公司提供运送人道主义援助的后勤服务，Merck公司在撒哈拉以南非洲地区捐赠药品（Chong，2009；Dunfee & Hess，2000），这些并不是巧合。然而，策略范式的支持者会说，这些方式反映的是受经济效益前景驱使的理性选择，但对此联系的确凿性实证支持还难以找到（Bhattacharya et al.，2009）。因此，功利性收益不可能是促成这些慈善行为结果的主要原因。相反，AET则指出，那些组织成员以最佳装备去应对他人的需求（Ashton-James & Ashkanasy，2005：36）最有可能超越组织界限（Rothbard，2001）在组织成员内唤起共鸣。为此，我们提出以下命题：

命题1：组织成员越能感知到组织外的人类需求与他们的组织相关，他们就越有可能体验共鸣的唤醒，并对该需求做出反应。

然而，以AET为基础的研究表明，事件并不以同等程度唤起组织中个体的共鸣（Huy，2002；Sanchez-Burks & Huy，2009）。更确切地说，一个事件的情感意义由观察者的性格特点决定（Ashton-James & Ashkanasy，2008）。根据这些设想，我们考查了影响个体组织成员在对组织外他人需求做出回应时产生共鸣的两个因素。

人类需求的形象性。形象性是一种特质，它把对刺激物的感知描绘为情绪上产生兴趣和暂时的、感官上和空间上的相邻，并以观察者的角度说出这一事件的相关性。患难者强烈的意象可以触发观察者本能的发自肺腑的生理性反应，而这些人正是推动慈善援助的先锋（Arnold，1960；Hendriks & Vingerhoets，2006；Loewenstein，1996；Maitlis & Sonenshein，2010；Marsh & Ambady，2007），正如对2004年南亚海啸（Smith & McSweeny，2007）和2001年"9·11"恐怖袭击事件（Pifero，Jobe & Jones，2006）进行的捐赠研究中所呈现的。在我们的理论环境中，我们认为，通过改变与那些患难需求相近的感知，形象性对该需求能否最终唤起工作场所的共鸣会产生影响，而不管该需求与该组织或工作场所的运行是否相关

（Dutton et al.，2006；Judge & Ilies，2004；Mennino，Rubin & Brayfield，2005；Rothbard，2001）。

命题 2a：组织成员对组织外某个人需求的感知越形象，共鸣发生的强度就越大。

道德认同的集中性。除了感知到的需求特点本身之外，个体的性情特点也影响共鸣产生的强度。对需求急迫和他人应受帮助的评估形成了一种个体层面的调节机制，它要么增强、要么减弱共鸣的发生（Fong，2007；Goetz，Keltner & Simon-Thomas，2010）。这些评估根据观察者与患难者的一致程度而定。也就是说，那些患难者必须是"容易想象出来的个人，而非统计人口"（Trout，2009：53）。与患难者的一致程度影响着自我—他人相似性的评估，这种相似性评估通过模糊自我与他人的界限，驱使共鸣在观察者身上出现（Batson et al.，1997；Davis，2004；Oveis et al.，2010）。

这种自我与他人的相似性评估在患难者为熟人如家人、朋友或同事时更明显（Goetz et al.，2010），然而，组织外的他人需求通常与不认识的人联系在一起，这样，自我与他人相似性的评估就与组织成员的道德认同联系起来。道德认同是个体认同的一个方面，它支配着一个个体是否会把他人看做他或她关心的目标（Frijda，1988；Reed，Aquino & Levy，2007）。由于道德认同在集中时会变为自我概念（Aquino & Reed，2002；Treviño，Weaver & Reynolds，2006），具有道德认同更大集中性的个体就有更广阔的"道德关注圈"（Reed & Aquino，2003：1271）。在此圈子中，更多的他人被视为观察者关注的对象（Frijda，1988）。这样，拥有更大道德认同集中性的个体更有可能在回应别人的需求时，体验像共鸣一样关心他人的情绪，即使那些人是他所不了解的或很难确认身份的（Small et al.，2007；Trout，2009）。

命题 2b：一个团体成员的道德认同集中性越大，共鸣发生的强度也越大。

群际情绪和共鸣聚合

以 IET 为基础的研究表明，共同经历同情之感的组织成员个体之间的相互作用，会通过既隐性又显性的分享过程促成他们共鸣状态的聚合（Barsade，2002；Kelly & Barsade，2001；Smith et al.，2007）。当个体成员经组织表达他们自身的感受来无意识地扩散共鸣时，就出现了隐性分享过程。例如，共鸣发生时的面部表情或生理反应触发其他组织成员相似的情绪体验（Sanchez-Burks & Huy，2009）。或者，个体可能会间接感受到自己置身于另一个人的处境中（Lazarus，1991）。当个体有意识地接受或主动尝试影响别人情绪时，则出现显性的情绪分享过程。例如，一个组织成员所表现出的同情可能会被别人公开评价为一个他们应如何恰当感受的象征（Barsade，2002），或者一个组织成员可能通过形象描述患难者而刻意引起他人的同情。研究还表明，在个体成员中产生的情绪强度越大，所分享的情绪强度也越大，这些情绪聚合的程度就越高（Barsade，2002；Rimé，2007）。共鸣作为一种固有的社会情绪，它自身就能很好地分享与聚合（Smith et al.，2007）。

当组织成员的共鸣情绪聚合时，这种共鸣就带有了集体性现象的特征，同时成为一个群体易感知的特征（Ashkanasy & Humphrey，2011；Barsade & Gibson，1998）。共鸣与个体共鸣存在质的差别，由以下几点可以看出：第一，即使个体只能加入第二次、第三次的分享过程，而不能亲自参与或接触唤起共鸣的事件，他们仍然会经历像共鸣这样的集体情绪（Rimé，2007）。第二，成为聚合基础的群体分享过程经常发生，以至于共鸣不断被重新激活，因而保持在比任何单独个体的共鸣强度都高的水平上（Rimé，2007）。第三，作为一种维护组织成员关系的功能，共鸣比个体共鸣承载着更强大的行为趋向（Barsade & Gibson，2012）。特别是通过拉近组织成员距离（Barsade & Gibson，1998；Rimé，2007），共鸣创造出一种高度的合作感并刺激组织成员以体现该集体的方式共同行动（Barsade & Gibson，2012；Mackie et al.，2004；McDougall，1923）。

命题3：组织成员中的共鸣唤起程度越强烈，他们的共鸣感觉越会聚合起来成为集体性情绪。

此外，IET表明，群体的情感性和非情感性因素都影响情绪的聚合，其中最重要的是组织成员间的群体认同水平、该组织的情绪规范以及该组织的交流渠道（Kelly & Barsade，2001；Smith et al.，2007）。故此，我们考察了这些因素如何影响个体组织成员在对外部需求做出反应时其共鸣聚合成集体性的程度。

群体认同。群体认同是指组织成员用自认为相同的属性认同自己、界定自己、界定组织的程度（Dutton，Dukerich & Harquail，1994）。群体认同构成一种对组织的情感依恋，它塑造着个体在组织环境中的情绪体验（Foreman & Whetten，2002）。在我们的理论情境中，群体认同与组织成员在组织内感受、表达和接受共鸣情绪的程度有关。首先，较高的群体认同意味着在私人和与工作相关的角色属性之间有更高层次的"渗透性"，这样就增加了在工作场所分享与工作无关的情绪的可能性（Ashforth，Kreiner & Fugate，2000；Kreiner，Holensbe & Sheep，2006；Lilius，Worline，Dutton，Kanov & Maitlis，2011）。其次，群体认同影响共鸣聚合的程度（Dutton et al.，2006），也就是说，那些把自己认同为同一群体成员的个体比那些没有把自己认同为同一群体成员的个体更容易在特定环境中接受彼此的共鸣情绪（de Waal，2009；Haslam et al.，2011；Huy，1999）。因为他们对需求的认知评估受到个体关注和群体成员关注的双重作用（Smith，1993，1999）。这样，通过把群体成员形成的集体情绪送入前台（Elfenbein，2007；Smith et al.，2007），一种更加强烈的群体认同感就意味着群体成员的共鸣情绪即使在某些成员对外部患难者不及他人关心的情况下仍然能聚合起来（Barsade，2002；Rimé，2007）。

以这些观点为基础，我们提出：

命题 4a：组织成员间的群体认同感越强烈，他们的共鸣感受就越会聚合成集体性的情绪。

情绪规范。一个组织的情绪规范构成了该组织社交结构的重要特征，它调节着共鸣聚合的过程（Lilius et al.，2012）。情绪规范是组织层面的一种情绪规则（Hochschild，1983），它支配着对他人情绪的表现和敏感度（Barsade & Gibson，2007；Elfenbein，2007；Huy，1999）。在某些组织中也许不提倡情绪表达，担心这些表达让人觉得不合适（Dutton，Spreitzer，Heaphy & Stephens，2010）。在其他组织中，情绪规范是合乎惯例的，因此可以扩散共鸣的感受和表达（Dutton, et al.，2006；Kelly & Barsade，2001）。在此类情境中，共鸣的分享和聚合就成为该组织成员共同应对彼此情绪的基本的社交过程，这样做是在表达关注他人（Grant et al.，2008；Lilius et al.，2012）。由此产生了如下命题：

命题 4b：一个组织的情绪规范越有利于共鸣的合法化和扩大化，组织成员的共鸣情绪就越能聚合成集体性的情绪。

交流渠道。共鸣，作为一种内在的社交情绪，要在组织成员间聚合需要人与人之间的相互作用。由于许多组织的运作分散在世界各国进行，情绪的聚合将取决于该组织的结构性特点，这一特点影响其成员跨越遥远距离进行互动的能力，例如国际管理的研究已表明，由文化差异和地理距离造成的了解不足和信息不畅的负面影响已经涌入跨国企业（Pedersen，Petersen & Sharma，2003）。同样，研究还描述了组织内文化差异作为准确感知同事情绪的因素所产生的影响（Sanchez-Burks & Huy，2009）。其他学者还考察了地理距离对分享过程和集体情绪氛围或基调发展的影响（Fehr & Gelfand，2012）。因此，组织内有助于克服地理和文化距离影响的交流渠道更有可能是群体成员共鸣情绪聚合过程中的关键因素。

促使成员的情绪超越地理距离进行聚合的交流渠道包括相同的互联网技术，如电子邮件、视频会议，这些都能实现类似远程工作、虚拟团队这样共同的组织活动（Fehr & Gelfand，2012）。例如，Dutton 和其同事们（2006）已经描述了使用电子邮件让大家关注处于困境中的同事们的痛苦并协调做出回应。在我们自己的研究环境中，UPS（2010）在海地地震后建立了一个以网络为基础的博客，作为互动平台允许员工就这一灾难与 UPS 的回应发表评论，互相交流，分享他们对这一事件的感受。同样，视频会议可以通过让非语言交流在人际交往中扮演更主要的角色来减少组织内的文化距离效应。此类渠道有利于分享过程，使聚合跨越地理和文化距离得以实现。因此，我们提出以下命题：

命题 4c：一个组织的交流渠道越有利于共鸣的惯常化和扩大化，组织成员的

共鸣感受就越会聚合成集体性感受。

管理层慈善决策中的共鸣注入

在模式的最后阶段，我们用 AIM（Forgas，1995）来解释扩散在组织成员中的共鸣是如何注入管理层的慈善决策过程，从而影响"决策发生的程度、信息的汇总、信息的处理方法、得出的推断、正在考虑的选择，以及最终敲定的方案"的（Etzioni，1988）。既然与共鸣相关的行为倾向比与个体共鸣相关的行为倾向更强大，那么，共鸣将对高层决策过程产生强烈影响（Barsade & Gibson，1998）。这是因为集体情绪的代表性特征使其看起来偏见更少，而个体情绪则可能显得更加另类。而且，共鸣既反映了群体团结，也给人一种共同价值观和共同行为意愿的感觉（Smith et al.，2007）。最后，既然更加聚合性的集体情绪与更强烈的集体行为意愿联系在一起，那么，随后，更大的共鸣情绪的聚合将给管理层的决策带来更大的注入效果（LeBon，1896；Mackie et al.，2004；Smith et al.，2007）。这就产生了如下命题：

命题 5：组织内共鸣情绪聚合得越多，并能成为集体性情绪，那么它注入管理层企业慈善决策过程的程度就越高。

此外，我们呈现了一个影响共鸣在外部需求时注入管理层企业慈善决策中的程度的组织层因素，即情感推销，在我们的模式中，这是一种能建立微观—宏观联系的中央层机制（Dasborough，Ashkanasy，Tee & Tse，2009），以及管理自主权，这是判定体现在组织决策框架中的灵活性程度的关键因素（Kidder & Buchholtz，2002）。

情感推销。我们的理论框架强调把组织团体看做一个多层次的环境，其中共鸣在个体层面发展，通过群体向上渗透，最后达到宏观组织层面（Ashkanasy & Humphrey，2011）。领导与成员间的互动已被认定为一个建立"微观—宏观联结"的中央层组织因素（Dasborough et al.，2009：572）。然而正如 Huy（2002）指出的，管理决策者们经常从员工队伍中被直接调走，这样，使得本可能会在组织内产生情绪"螺旋上升"（Hareli & Rafaeli，2008）的直接扩散机制有些不充分。认识到这一组织性现实状况，我们引入了情感推销作为一个推动共鸣情绪自下而上向管理决策者流动的中央层机制。情绪推销，是指通过中层经理把组织成员间的共鸣传递给管理层的行为。情感推销由此可被理解为一种"议题推销"，指的是中层经理们对高层管理者有限的关注点和他们对某些焦点问题的理解进行定位（Dutton，Ashford，O'Neill，Hayes & Wierba，1997）。

中层管理者们处于一个独特的位置可以推销情绪，因为他们在高层管理者和其下属之间起到了像轮辖一样的关键作用。通过直接地、频繁地与其下属沟通，中层管理者们更易"识别、监控、区分和参与到（他们）成员们的情绪中"（Huy，1999：325）。同时，当高层管理者与中层经理们的沟通是建立在交换和对等的基础之上时，中层经理们就会有许多与高层管理者直接沟通的机会（Treviño et al.，2006）。通过与高层管理者开诚布公、有来有往的交流互动，中层经理们就把这种回应陌生人的不幸遭遇时所产生的、只承载了情绪的集体行动愿望带入到高层管理者的决策中。情绪推销因而是组织层面各种能力的运作，中层经理们把共有情绪模式带入焦点并将其内容和意义传递给高层管理者（Sanchez-Burks & Huy，2009）。这样就产生了下列命题：

命题 6a：情感推销在组织内发生得越多，共鸣注入管理者企业慈善决策过程的程度就越高。

管理自主权。此外，AIM 明确说明一个决策中的不确定水平和固有的模糊程度影响情绪注入过程（Forgas，1995）。如前所述，不确定性和模糊性在企业慈善决策中都是固有的内在特点。然而，Forgas（1995）也指出，现有决策框架的灵活性影响共鸣注入的程度。所以，组织内的共鸣能在多大程度上注入高层管理者的决策过程还取决于管理者决策时享有的管理自主权程度——即"决策纬度"（Buchholtz，Amason & Rutherford，1999）。管理自主权因而也是管理者在所获得的自主权上鉴别能力和作为能力的发挥，它还是保证和限制管理者行为范围的结构性组织特征（Kidder & Buchholtz，2002）。这一管理自主权的概念，一方面以经理们决策环境充满选择为前提，另一方面又以经理们的行为永远不可能完全"由公司程序、正规工作释义、可用资源或技术来规定"（Wood，1991）这一理念为基础。

以前，管理自主权的作用同企业慈善相联系，在于如果没有哪个组织提供明确的预期，那么慈善反映了一个落在管理者权限内的决策范畴（Carroll，1999）。在此情形下，这些决策就留给管理者们进行个人判断和选择了。然而，当有人主张一些管理者会拥有比别人更大的决策自由时，这一观点并未解释更大的自由权在何种情形下会或多或少地可能导致一种而非另一种结果。关于共鸣注入，我们提供了一种机制，主张管理者"决策纬度"的差异使更大程度的决策注入成为可能，因为企业慈善决策通常在组织中规定不多。

命题 6b：管理自主权越大，共鸣注入管理层企业慈善决策过程的程度就越高。

管理决策的注入和企业慈善

迄今为止，还未有研究明确表明情感注入与企业慈善决策的结果相关。但以前对组织外部环境的大量研究已显示，共鸣感受越强烈，捐助的可能性越大，捐助的规模也更大（Batson，1990；Batson et al.，1997；Sargeant，1999）。此外，研究还强调了选择不同慈善方式时共鸣的作用。例如，共鸣预示着个体不断增强愿望去为他人利益贡献自己的时间（即志愿者）（Griffin，Babin，Attaway & Darden，1993）。同样，当人们更愿意从感情上投入这项事业时，他们会更愿意把时间捐给慈善而非金钱（Reed et al.，2007）。我们在组织环境内部形成理论，所以我们认为，组织内的共鸣注入效应将在管理者组织层的慈善决策结果中产生相似的模式。当管理者感受到共鸣，他们的共鸣评估和行为倾向可能会战胜反对捐赠的理性观点（即不充分的战略性、经济性、名誉性利益）。或者，倘若理性观点赞同捐赠，那么就会通过共鸣注入得到强化。这样，共鸣对管理者决策的注入增加了决策者选择反映该社交群体情绪的可能性，同时达到群体团结和利用集体能量的目的。

此外，在群体纽带较强的社交情境中，一个集体共有的做善举的迫切愿望更有可能产生集体行动。所以，谈到企业慈善，更强的集体行为倾向就会产生利用这一集体行为意愿的慈善方式。尤其需要注意的是，这里是通过采用参与度较高的慈善方式，让员工直接参与到慈善活动中，这与参与度较低的慈善方式如现金捐助或实物供给不同。一个参与度较高的企业慈善形式就是企业志愿者服务。企业志愿者服务——正式发起和补贴员工的社区服务及上班时间的外联活动——代表了组织方一种重要的慈善资源投入（Grant，2012）。至于群体纽带和共鸣，当员工对该组织的依附度较高，并对讨论中的这项事业感受到一种强烈的吸引力时，企业志愿者服务就更多（Turban & Greening，1997）。同理，像共鸣这样的集体性情绪是循环反复和自我维持的（Rimé，2007），参与度高的慈善努力，如志愿者服务，依赖于团体环境中的积极强化（Bekkers & Wiepking，2011；Peloza，Hudson & Hassay，2009）。

另一个员工参与度较高的慈善方式是设立匹配项目。员工捐助匹配是一种慈善形式，通过这种形式，组织承诺要匹配员工捐助，通常是美元对美元。匹配项目使员工做出回应的愿望合法化，并且促进员工做出回应，同时给这个集体提供了一个特定的共鸣发泄口（Bekkers，2005）。比如，美国家庭保险公司声称，在回应2010年海地地震时：

"美国家庭"的员工和代理人时常表现出他们的同情和慷慨，许多人选择去帮助这次巨大悲剧中的受难者。通过匹配他们的个人贡献，我们正在使我们的员工和代理人能够在灾后的恢复重建努力方面发挥更大的影响（2010）。

匹配项目通过加强"涌入"——个体不断增强的参与集体回应的意愿，以及减少"挤出"——有些员工借别人的捐助搭顺风车（Bekkers & Wiepking，2011；Frey & Meier，2004；Shang & Croson，2009）为集体环境创造有利条件。总之，与共鸣相关的评估趋向和行为倾向都注入到管理者的企业慈善决策中，于是对备选方案的重新定级就影响了慈善活动的可能性、规模和形式。基于这些观点，我们提出以下命题：

命题 7：管理者企业慈善决策过程中所注入的共鸣情绪越多，企业参与慈善的可能性就越大，调拨的资源规模也越大，也就越有可能涉入更高层级的慈善形式。

讨 论

本文中我们融合了 AET、IET 和 AIM 的观点，建立了一个新的理论框架。在这一框架下，组织成员中的共鸣情绪由组织外的某个他人需求所触发，它影响组织层面针对该需求做出慈善回应的可能性、规模和形式。此外，鉴于我们所讨论的过程依赖于个体的能动性和其所处的环境结构，我们强调了能保证自下而上的过程穿越三个层面展现出来的意向性因素和组织性因素。至于作为情感事件的人类需求，我们强调了在个体层面唤起共鸣时道德认同的形象性和集中性的作用。关于群体情绪，我们解释了群体认同、人际规范和交流渠道如何影响共鸣聚合过程。谈到情绪注入，我们阐明了情绪推销和管理自主权在共鸣注入企业慈善决策过程中的作用。我们的理论有助于更好地把企业慈善理解为集体性的、注入共鸣的组织性行为，也有助于更好地理解 AET、IET 和 AIM 之间的联系。因此，它以更好的方式包容了各企业间捐赠的差异，并加深了目前对组织内情绪的多层次研究。我们把本文贡献展开如下。

理论贡献

首先，我们的理论框架完善了目前的企业慈善研究方法。把为什么组织机构会对他人需求做出回应的这种自下而上的情感观点包容进来，拓展了主导目前研究的自上而下的理性观点。通过展示共鸣如何影响决策过程中的考量以及这些考量如何被评估，我们的模式帮助解释了组织慈善表面上的"特定"属性（Porter & Kramer，2002：6）。企业慈善决策不是建立在清晰的战略标准和毫不含糊的信息基础之上，而是具有其内在的不确定性，这一点无论从一个决策做出的方式和它所确立的标准看，还是从带给这家公司的潜在利益看都是如此。虽然由慈善带来的战略上、声誉上或经济上的潜在收益仍然是主要的考虑因素（Galaskiewicz，1997），但共鸣注入影响了这些考量的评估方式，尽管管理者可能并未意识到共鸣对他或她的决策影响（Bargh & Williams，2006；Berridge & Winkielman，2003）。

其次，通过利用和融合 AET、IET 和 AIM 的观点来解释共鸣情绪如何最终注入管理者的慈善资源配置决策中，我们注意到应更多关注组织决策过程中的情绪作用（Ashkanasy & Humphrey，2011；Ashton-James & Ashkanasy，2008；Etzioni，1988；

Forgas，1995)。我们这一自下而上的观点完善了目前主要考察组织内自上而下的情绪作用的研究（如领导们的情绪以及这些情绪对员工产生的影响，如 Dasborough & Ashkanasy，2002)。而且，组织中自上而下和自下而上的情绪可能会交织在一起，相互加强。例如，通过对员工集体情绪的驾驭和反应，管理者会使其下属感到被理解、被重视，同时还加强了他们的领导地位（Kellett et al.，2006；Tierney，2011)。

最后，我们阐明了一种特定机制来解释一种离散的情绪—共鸣—是如何在个体中产生，演变为集体性情绪，并最终影响回应他人需求时企业慈善的可能性、规模和形式。尽管与不同情绪相关的行为趋向会有差异，但情绪研究迄今主要集中于调查积极情绪和消极情绪的广义范畴（Briner & Kiefer，2005；Gooty et al.，2009)。因此，尽管既有积极的又有消极的特点，许多情绪都已毫无必要地被贴上了正负标签（Lazarus & Cohen-Charash，2001)，这样也就局限了我们对其影响的理解（Barsade & Gibson，2012；Cropanzano et al.，2003)。此外，相似的情绪可能有不同的评估和行为趋向（Lerner & Keltner，2000)。共鸣既包括对患难者糟糕的感觉，但同时，还带有帮助患难者的积极的行为趋向（Batson et al.，2007)。研究与特定情绪如共鸣相关的特定的评估和行为趋向，让我们以更广的分类为基础的理解，比只以正负为基础的理解更进了一步（Van Kleef et al.，2010)。

实践意义

我们的模式对经理、组织和其股东也具有实践性价值。首先，它能减少犬儒主义对组织机构在社会中所起作用的质疑，这种质疑恰恰是由主导性的对企业慈善的理性解读产生的。这种玩世不恭的观点认为，倘若社会行为人假定慈善仅仅被用来加深管理印象，那么企业的慈善可能会对组织声誉产生负面影响。相反，认识到企业慈善中自下而上的共鸣因素则有可能产生更加积极的社会响应（Golfrey，2005)。理性的战略性考量虽很重要，但它们不可能成为决策中最重要的因素。借此，本理论对涉及企业慈善的管理自主权的解读不再那么严苛。而且，一段时间内不断承认企业慈善中的共鸣作用并使其合法化，甚至可能影响理性考量的排序及其在随后的情形中如何被评估，从而在组织内形成一种更加仁慈、博爱的文化。与此同时，一段时间在共鸣动机和理性考量之间聚合的潜在可能性意味着通过把员工注意力指向某些需求而非其他事，管理者就可能会把员工帮助他人的共鸣愿望更好地与该组织的商业目标结合起来。

其次，通过阐明由情绪驱动的集体性行为愿望对管理决策过程的注入，我们的模式不仅对隐藏在企业慈善背后的动机有了更加细致的理解，而且对其表现也提供了更加广阔的视角。虽然相当多的研究都解释了企业慈善规模的某些差异，但只有少数研究指出了捐赠的可能性，就我们所知，还没有哪个研究试图解释捐赠方式中的差异性。学术研究和坊间传闻均表明，使员工满足他人需求的愿望合法化会产生慈善决策，这样，员工就有机会贡献出自己的时间和金钱，以此作为捐赠努力的一部分，从而把它变成一种真正的集体努力（Chong，2009）。这种自下而上、注入共鸣的企业慈善可能会关系到未来的积极反响，如不断提升的志愿者服务水平，更多来自员工的贡献，以及诸如通过类似员工捐赠匹配项目的结构性发展促成共鸣在管理层的合法化。

最后，通过指出群体内的集体性共鸣情绪和不断强化的社交纽带（Mackie et al.，2004），我们的模式还说明注入共鸣的企业慈善决策会在组织内多层面产生积极的反馈链。例如，受到共鸣情绪影响的管理层决策将反馈到组织认同的个体层面，并将加强该组织的共鸣合法化和共鸣扩散的情绪规范（Tierney，2011）。而且，领导者对情绪回应所采取的行动对追随者的情绪反应产生深远影响（Walter，Cole & Humphrey，2011）；巧妙对待追随者的感受和其关注的事物有助于领导者赢得和维护追随者的信任与合作（George，2000）。因此，管理层决策中集体情绪的注入对于组织内的情绪管理从员工、组织和领导职位的长远利益来看都很重要（Kellett et al.，2006）。

研究局限性及未来方向

在我们的理论中，我们承认理性论证可以与其他目标相结合，这种看似矛盾的动机可以存在（Muller & Kräussl，2011）。在这样做的过程中，我们扩大了目前的思路，将慈善决策限制在执行序列上，过分强调了业务目标的作用，提供了更加整体、包容和感性的过程。然而，企业慈善，不管初衷如何，也许并不能满足它目标所设定的需要。社会中潜在的无限需求可能导致组织内的共鸣"疲劳"或共鸣"耗竭"（Elliot，2008；Frost et al.，2006）。二者都可能引发组织成员间的情绪痛苦并最终对组织的情绪氛围产生负面影响（Ashkanasy，2003）。但是，我们构建理论的主要焦点是作为企业慈善基础的共鸣动机。所以，未来的研究应当探索与这一过程关联而产生的组织内和组织外的结果，包括对组织信誉、员工投入和受益人幸福感等因素的影响。

诚然，我们这一更具"多人参与性"的企业社会投入模式（Aguilera et al.，2007；Anthony，1978；Takala & Pallab，2000）可能仍然暗示着企业慈善决策会在组织内部遭到质疑，而且受共鸣驱使的行动不可能成为组织活动的唯一目标。由共鸣推动的决策，尤其是那些战略考虑极少的，如果它们在管理层和股东之间形成矛盾，那么就可能会成为无效的或不利的决策。协调两个对抗性的要求，即与日常商业运作相关的短期关注要求和为稳固组织集体利益的长期努力要求，会使组织和经理们都受到与"角色冲突"相关的压力（Heugens，Kaptein & van Oosterhout，2008：113）。或者，共鸣可能是被管理者为达到工具性目的所借用（Frost et al.，2006）。我们的模式为研究者探索不同结果开辟了道路，即自下而上由共鸣驱使的行动后果与自上而下处理的后果，包括社会目标、组织投入以及商业目标（Tierney，2011）。

关于情绪研究，我们重点关注的是一种离散的情绪—共鸣—由观察患难者逐渐发展到表现出满足那一需求的愿望。当然，我们所描述的这种自下而上的过程也可能会受到其他情绪的影响，如热情、激动、兴奋。但是和这些情绪相关联的行为趋向与强烈的自我能动性有关，还与行为方式有关，而并非与帮助患难者的特定愿望有关（Frijda et al.，1989）。因此，这些情绪有可能成为我们上述自下而上过程的预先影响因素：即当个体感觉激动、兴奋、满腔热情时，他们的自主能动性可能会驱使他们感到自己可以有所不同并主动去找出需要帮助的个体。此外，对企业慈善决策自下而上的共鸣注入可能会在员工中引发其他离散情绪，如热情或自豪，这些情绪反过来可能又会导致未来更主动的、受共鸣推动的企业慈善活动。未来的研究应调查其他离散的集体性情绪对自下而上共鸣注入企业慈善决策的影响以及对其他管理决策的影响。

最后，我们的模式还讨论了个体层、组织层推动共鸣发生、聚合和注入的调节变量。其中，有些调节变量是共鸣特定的，如对人类需求所感知的形象性、道德认同的集中性和共鸣合法化的情绪规范；而其他调节变量则注重结构性组织特点，如沟通渠道、情绪推销和经理自主权。虽然我们的模式包含了从下而上一起以独特的方式支撑共鸣的调节变量，但情绪特定与更加统一的结构特点相结合可作为探索组织内其他离散情绪动态的一个模板。同时，我们的研究有可能排除了一些潜在的重要因素，如对是否值得帮助的认识（Fong，2007）或组织成员的象征性行为（Dutton et al.，2006）。此外，其他与情绪相关的变量也可能在这一模式中起作用，例如情商，它与体验共鸣的能力相关，是涉及共享情绪过程的一个因素，也已被证明是决策中的一个重要因素（Caruso，Mayer & Salovey，2002；Mayer，Roberts & Barsade，2008）。未来的研究可以在我们的模式上阐明其他调节变量的作用或建立一个更加普遍的组织内情绪的多层模式。

结论

前面我们迈出了重要的几步，进一步理解了为什么不能将组织机构的慈善决策视为单纯的精明决策，它是怎样由共鸣而产生的。虽然我们的观点并未试图解释所有他人需求所诱发的慈善回应途径，但我们的模式绘制了一幅更加完善的组织慈善捐赠图。通过吸纳企业慈善研究中被大大忽略的情感因素，我们进一步形成了一个以共鸣为基础的组织决策和组织行为的新视角（Aguilera et al., 2007；Swanson, 1999），它为组织研究注入了"生机"（Dutton, 2003：6）。

参考文献

［1］Aguilera, R. V., Rupp, D. E., Williams, C. A., & Ganapathi, J. 2007. Putting the Sback in corporate social responsibility：A multilevel theory of social change in organizations. Academy of Management Review, 32：836-863.

［2］American Family Insurance. 2010. American Family Insurance donates funds to Haiti recovery efforts. Available at http：//www.amfam.com/about-us/news-room/archives/archives.asp? article 2010_0118; accessed July 5, 2011.

［3］Anthony, W. 1978. Participative management. Boston：Addison-Wesley.

［4］Aquino, K., & Reed, A. 2002. The self importance of moral identity. Journal of Personality and Social Psychology, 83：1423-1440.

［5］Arnold, M. B. 1960. Emotion and personality. Volume II：Neurological and physiological aspects. New York：Columbia University Press.

［6］Ashforth, B. E., Kreiner, G. E., & Fugate, M. 2000. All in a day's work：Boundaries and micro role transitions. Academy of Management Review, 25：472-491.

［7］Ashkanasy, N. M. 2003. Emotions in organizations：A multi-level perspective. In F. Dansereau & F. J. Yammarino （Eds.）, Research in multi-level issues, Vol. 2：9-54. Oxford：Elsevier/JAI Press.

［8］Ashkanasy, N. M., & Daus, C. S. 2002. Emotion in the workplace：The new challenge for managers. Academy of Management Executive, 16（1）：76-86.

［9］Ashkanasy, N. M., & Humphrey, R. H. 2011. Current emotion research in organizational behavior. Emotion Review, 3：214-224.

［10］Ashton-James, C. E., & Ashkanasy, N. M. 2005. What lies beneath? A process analysis of affective events theory. In N. M. Ashkanasy, W. J. Zerbe, & C. E. J. Härtel （Eds.）, Research on emotion in organizations. Volume 1：The effect of affect in organizational settings：23-46. Oxford：Elsevier Science.

［11］Ashton-James, C. E., & Ashkanasy, N. M. 2008. Affective events theory：A strategic perspective. In W. J. Zerbe, C. E. J. Härtel, & N. M. Ashkanasy （Eds.）, Research on emotion in organizations. Volume 4：Emotions, ethics, and decision-making：1-34. Bingley, UK：Emerald Group.

［12］Bargh, J. A., & Williams, E. L. 2006. The automaticity of social life. Current Directions in Psychological Science, 15：1-4.

［13］Barnard, J. 1997. Corporate philanthropy, executives' pet charities, and the agency problem. New York Law School Law Review, 41：1147-1178.

[14] Barsade，S. G. 2002. The ripple effect：Emotional contagion and its influence on group behavior. Administrative Science Quarterly，47：644–675.

[15] Barsade，S. G.，& Gibson，D. E. 1998. Group emotion：A view from top and bottom. In D. Gruenfeld，E. A. Mannix，& M. A. Neale（Eds.），Research on managing groups and teams，Vol. 1：81–102. Stamford，CT：JAI Press.

[16] Barsade，S. G.，& Gibson，D. E. 2007. Why does affect matter in organizations? Academy of Management Perspectives，21（1）：36–59.

[17] Barsade，S. G.，& Gibson，D. E. 2012. Group affect：Its influence on individual and group outcomes. Current Directions in Psychological Science，21：119–123.

[18] Batson，C. D. 1990. How social an animal? The human capacity for caring. American Psychologist，45：336–346.

[19] Batson，C. D. 1998. Altruism and prosocial behavior. In D. T. Gilbert，S. T. Fiske，& G. Lindzey（Eds.），The handbook of social psychology，Vol. 2：282–316. Boston：McGraw-Hill.

[20] Batson，C. D.，Batson，J. G.，Todd，R. M.，Brummett，B. H.，Shaw，L. L.，& Aldeguer，C. M. R. 1995. Empathy and the collective good：Caring for one of the others in a social dilemma. Journal of Personality and Social Psychology，68：619–631.

[21] Batson，C. D.，Eklund，J. H.，Chermok，V.，Hoyt，J. L.，& Ortiz，B. G. 2007. An additional antecedent of empathic concern：Valuing the welfare of the person in need. Journal of Personality and Social Psychology，93：65–74.

[22] Batson，C. D.，Fultz，J.，& Schoenrade，P. 1987. Distress and empathy：Two qualitatively distinct vicarious emotions with different motivational consequences. Journal of Personality，55：19–39.

[23] Batson，C. D.，Sager，K.，Garst，E.，Kang，M.，Rubchinsky，K.，& Dawson，K. 1997. Is empathy –induced helping due to self –other merging? Journal of Personality and Social Psychology，73：495–509.

[24] Bekkers，R. 2005. When and why matches are more effective subsidies than rebates. Paper presented at the 33rd Arnova annual conference，Washington，DC.

[25] Bekkers，R.，& Wiepking，P. 2011. A literature review of empirical studies of philanthropy：Eight mechanisms that drive charitable giving. Nonprofit and Voluntary Sector Quarterly，40：924–973.

[26] Berridge，K. C.，& Winkielman，P. 2003. What is an unconscious emotion?（The case for unconscious "liking"）. Cogntion & Emotion，17：181–211.

[27] Bhattacharya，C. B.，Korschun，D.，& Sen，S. 2009. Strengthening stakeholder–company relationships through mutually beneficial corporate social responsibility initiatives. Journal of Business Ethics，85：257–272.

[28] Brammer，S.，& Millington，A. 2005. Corporate reputation and philanthropy：An empirical analysis. Journal of Business Ethics，61：29–44.

[29] Brammer, S., & Millington, A. 2008. Does it pay to be different? An analysis of the relationship between corporate social and financial performance. Strategic Management Journal, 29: 1325-1343.

[30] Briner, R. B., & Kiefer, T. 2005. Psychological research into the experience of emotion at work: Definitely older, but are we any wiser? In N. M. Ashkanasy, W. J. Zerbe, & C. E. J. Härtel (Eds.), Research on emotion in organizations. Volume 1: The effect of affect in organizational settings: 281-307. Oxford: Elsevier Science.

[31] Buchholtz, A. K., Amason, A. C., & Rutherford, M. A. 1999. Beyond resources: The mediating effect of top management discretion and values on corporate philanthropy. Business & Society, 38: 167-187.

[32] Carroll, A. B. 1999. Corporate social responsibility: Evolution of a definitional construct. Business & Society, 38: 268-295.

[33] Carroll, A. B. 2004. Managing ethically with global stakeholders: A present and future challenge. Academy of Management Executive, 18 (2): 114-120.

[34] Caruso, D. R., Mayer, J. D., & Salovey, P. 2002. Relation of an ability measure of emotional intelligence to personality. Journal of Personality Assessment, 79: 306-320.

[35] Chong, M. 2009. Employee participation in CSR and corporate identity: Insights from a disaster-response program in the Asia-Pacific. Corporate Reputation Review, 12: 106-119.

[36] Cisco. 2004. Cisco systems issues statement on company relief efforts for Dec. 26 earthquake and tsunami. http://newsroom.cisco.com/dlls/2004/corp_122904.html; accessed June 11, 2012.

[37] Comer, D. R., & Cooper, E. A. 2002. A model of employees' responses to corporate "volunteerism". Research in Ethical Issues in Organizations, 4: 145-168.

[38] Crampton, W., & Patten, D. 2008. Social responsiveness, profitability and catastrophic events: Evidence on the corporate philanthropic response to 9/11. Journal of Business Ethics, 81: 863-873.

[39] Cropanzano, R., Weiss, H. M., Hale, J. M. S., & Reb, J. 2003. The structure of affect: Reconsidering the relationship between negative and positive affectivity. Journal of Management, 29: 831-857.

[40] Dasborough, M. T., & Ashkanasy, N. M. 2002. Emotion and attribution of intentionality in leader-member relation-ships. Leadership Quarterly, 13: 615-634.

[41] Dasborough, M. T., Ashkanasy, N. M., Tee, E. Y. J., & Tse, H. H. M. 2009. What goes around comes around: How meso-level negative emotional contagion can ultimately determine organizational attitudes toward leaders. Leadership Quarterly, 20: 571-585.

[42] Davis, M. H. 2004. Empathy: Negotiating the border between self and other. In L. Tiedens & C. Leach (Eds.), The social life of emotions: 19-42. Cambridge: Cambridge Univer-sity Press.

[43] Dean, D. H. 2003. Consumer perception of corporate donations: Effects of company reputation for social responsibility and type of donation. Journal of Advertising, 2 (4): 91-102.

［44］de Waal，F. M. 2009. The age of empathy: Nature's lessons for a kinder society. New York: Three Rivers Press.

［45］Dunfee，T. W. 2006. Do firms with unique competencies for rescuing victims of human catastrophes have special obligations? Corporate responsibility and the AIDS catastrophe in Sub-Saharan Africa. Business Ethics Quarterly，16: 185–210.

［46］Dunfee，T. W.，& Hess，D. 2000. The legitimacy of direct corporate humanitarian investment. Business Ethics Quarterly，10: 95–109.

［47］Dutton，J. E. 2003. Breathing life into organizational studies. Journal of Management Inquiry，12: 5–19.

［48］Dutton，J. E.，Ashford，S.，O'Neill，R.，Hayes，E.，& Wierba，E. 1997. Reading the wind: How middle managers assess the context for selling issues to top managers. Strategic Management Journal，18: 407–425.

［49］Dutton，J. E.，Dukerich，J. M.，& Harquail，C. V. 1994. Organizational images and member identification. Administrative Science Quarterly，39: 239–263.

［50］Dutton，J. E.，Spreitzer，G. M.，Heaphy，E.，& Stephens，J.-P. 2010. When and how coworkers lend a hand: Compassionate responding to "gray-zone" events in coworkers' lives. Paper presented at the annual meeting of the Academy of Management，Montreal.

［51］Dutton，J. E.，Worline，M. C.，Frost，P. J.，& Lilius，J. 2006. Explaining compassion organizing. Administrative Science Quarterly，51: 59–96.

［52］Elfenbein，H. A. 2007. Emotion in organizations: A review and theoretical integration in stages. Academy of Management Annals，1: 315–386.

［53］Elliot，J. 2008. With donors worn out，funding dries up. Houston Chronicle，September 18: http: //foundationcenter.org/pnd/news/story.jhtml? id 228100002.

［54］Etzioni，A. 1988. Normative-affective factors: Toward a new decision-making model. Journal of Economic Psychology，9: 125–150.

［55］Fehr，R.，& Gelfand，M. 2012. The forgiving organization: A multilevel model of forgiveness at work. Academy of Management Review，37: 664–688.

［56］Fong，C. M. 2007. Evidence from an experiment on charity to welfare recipients: Reciprocity，altruism and the empathic responsiveness hypothesis. Economic Journal，117: 1008–1024.

［57］Foreman，P.，& Whetten，D. A. 2002. Members' identification with multiple-identity organizations. Organization Science，13: 618–635.

［58］Forgas，J. P. 1995. Mood and judgment: The affect infusion model（AIM）. Psychological Bulletin，117: 39–66.

［59］Foundation Center. 2009. Key facts on corporate foundations. May 2009 newsletter. Available at http: //foundationcenter.org/gainknowledge/research/pdf/keyfacts_corp_2009.pdf; accessed July 1，2010.

［60］Frey，B. S.，& Meier，S. 2004. Pro-social behavior in a natural setting. Journal of

Economic Behavior and Organization, 54: 65–88.

［61］ Friedman, M. 1970. The social responsibility of business is to increase its profits. New York Times Magazine, September 13: 32–33.

［62］ Frijda, N. 1986. The emotions. Cambridge: Cambridge University Press.

［63］ Frijda, N. H. 1988. The laws of emotion. American Psychologist, 43: 349–358.

［64］ Frijda, N. H., Kuipers, P., & ter Schure, E. 1989. Relations among emotion, appraisal, and emotional action readiness. Journal of Personality and Social Psychology, 57: 212–228.

［65］ Fritz Institute. 2005. Logistics and the effective delivery of humanitarian relief. Available at http: //www.fritz institute.org/PDFs/Programs/TsunamiLogistics0605.pdf.

［66］ Frost, P. J., Dutton, J. E., Maitlis, S., Lilius, J. M., Kanov, J. M., & Worline, M. C. 2006. Seeing organizations differently: Three lenses on compassion. In S. R. Clegg, C. Hardy, T. B. Lawrence, & W. R. Nord (Eds.), The Sage handbook of organization studies (2nd ed.): 843–866. London: Sage.

［67］ Fry, L. W., Keim, G. D., & Meiners, R. E. 1982. Corporate contributions: Altruistic or for-profit? Academy of Management Journal, 25: 94–106.

［68］ Galaskiewicz, J. 1997. An urban grants economy revisited: Corporate charitable contributions in the Twin Cities, 1979–1981, 1987–1989. Administrative Science Quarterly, 34: 454– 479.

［69］ Gaudine, A., & Thorne, L. 2001. Emotion and ethical decisionmaking in organizations. Journal of Business Ethics, 31: 175–187.

［70］ Gault, B. A., & Sabini, J. 2000. The roles of empathy, anger, and gender in predicting attitudes towards punitive, reparative, and preventative public policies. Cognition & Emotion, 14: 495–520.

［71］ George, J. M. 2000. Emotions and leadership: The role of emotional intelligence. Human Relations, 53: 1027–1055.

［72］ Giving USA. 2011. The annual report on philanthropy for the year 2010 (executive summary). Available at http: //www. givingusareports.org/products/GivingUSA_2011_Exec Summary_Print. pdf; accessed November 23, 2011.

［73］ Godfrey, P. C. 2005. The relationship between corporate philanthropy and shareholder wealth: A risk management perspective. Academy of Management Review, 30: 777–798.

［74］ Goetz, J. L., Keltner, D., & Simon-Thomas, E. 2010. Compassion: An evolutionary analysis and empirical review. Psychological Bulletin, 136: 351–374.

［75］ Gooty, J., Gavin, M., & Ashkanasy, N. M. 2009. Emotion research in OB: The challenges that lie ahead. Journal of Organizational Behavior, 30: 833–838.

［76］ Grant, A. M. 2012. Giving time, time after time: Work design and sustained employee participation in corporate volunteering. Academy of Management Review, 37: 589–615.

［77］ Grant, A. M., Dutton, J. E., & Rosso, B. D. 2008. Giving commitment: Employee support programs and the prosocial sensemaking process. Academy of Management Journal, 51: 898–918.

［78］ Griffin, M., Babin, B. J., Attaway, J. S., & Darden, W. R. 1993. Hey you, can ya spare some change? The case of empathy and personal distress as reactions to charitable appeals. Advances in Consumer Research, 20: 508–514.

［79］ Hareli, S., & Rafaeli, A. 2008. Emotion cycles: On the social influence of emotion in organizations. Research in Organizational Behavior, 28: 35–59.

［80］ Haslam, S. A., Reicher, S. D., & Levine, M. 2011. When other people are heaven, when other people are hell: How social identity determines the nature and impact of social support. In J. Jetten, C. Haslam, & A. Haslam (Eds.), The social cure: Identity, health, and well-being: 154–174. London: Psychology Press.

［81］ Hendriks, M. C., & Vingerhoets, A. J. 2006. Social messages of crying faces: Their influence on anticipated person perception, emotions and behavioral responses. Cognition & Emotion, 20: 878–886.

［82］ Heugens, P. M. A. R., Kaptein, M., & van Oosterhout, J. 2008. Contracts to communities: A processual model of organizational virtue. Journal of Management Studies, 45: 100–121.

［83］ Hochschild, A. R. 1983. The managed heart: Commercialization of human feelings. Berkeley: University of California Press.

［84］ Huy, Q. N. 1999. Emotional capability, emotional intelligence, and radical change. Academy of Management Review, 24: 325–345.

［85］ Huy, Q. N. 2002. Emotional balancing of organizational continuity and radical change: The contribution of middle managers. Administrative Science Quarterly, 47: 31–69.

［86］ Huy, Q. N. 2011. How middle managers' group-focus emotions and social identities influence strategy implementation. Strategic Management Journal, 32: 1387–1410.

［87］ Huy, Q. N. 2012. Emotions in strategic organization: Opportunities for impactful research. Strategic Organization, 10: 240–247.

［88］ Judge, T. A., & Ilies, R. 2004. Affect and job satisfaction: A study of their relationship at work and at home. Journal of Applied Psychology, 89: 661–673.

［89］ Kanov, J., Maitlis, S., Worline, M. C., Dutton, J. E., Frost, P. J., & Lilius, J. M. 2004. Compassion in organizational life. American Behavioral Scientist, 47: 808–827.

［90］ Kellett, J. B., Humphrey, R. H., & Sleeth, R. G. 2002. Empathy and complex task performance: Two routes to leadership. Leadership Quarterly, 12: 523–544.

［91］ Kellett, J. B., Humphrey, R. H., & Sleeth, R. G. 2006. Empathy and the emergence of task and relations leaders. Leadership Quarterly, 17: 146–162.

［92］ Kelly, J. R., & Barsade, S. G. 2001. Mood and emotions in small groups and work teams. Organizational Behavior and Human Decision Processes, 86: 99-130.

[93] Kidder, D. L., & Buchholtz, A. K. 2002. Can excess bring success? CEO compensation and the psychological contract. Human Resource Management Review, 12: 599- 617.

[94] Kim, H.-R., Lee, M., Lee, H.-T., & Kim, N.-M. 2010. Corporate social responsibility and employee-company identification. Journal of Business Ethics, 95: 557-569.

[95] Kreiner, G. E., Hollensbe, E. C., & Sheep, M. L. 2006. On the edge of identity: Boundary dynamics at the interface of individual and organizational identities. Human Relations, 59: 1315-1341.

[96] Laroche, H. 1995. From decision to action in organizations: Decision making as a social representation. Organization Science, 6: 62-75.

[97] Lazarus, R. S. 1991. Cognition and motivation in emotion. American Psychologist, 46: 352-367.

[98] Lazarus, R., & Cohen-Charash, Y. 2001. Discrete emotions in organizational life. In R. L. Payne & C. L. Cooper (Eds.), Emotions at work: Theory, research and applications in management. New York: Wiley.

[99] LeBon, G. 1896. The crowd: A study of the popular mind. New York: Macmillan.

[100] Lee, M.-D. 2008. A review of the theories of corporate social responsibility: Its evolutionary path and the road ahead. International Journal of Management Reviews, 10: 53-73.

[101] Lerner, J. S., & Keltner, D. 2000. Beyond valence: Toward a model of emotion-specific influences on judgment and choice. Cognition & Emotion, 14: 473-493.

[102] Lev, B., Petrovits, C., & Radhakrishnan, S. 2010. Is doing good good for you? How corporate charitable contributions enhance revenue growth. Strategic Management Journal, 31: 182-200.

[103] Lilius, J. M., Kanov, J., Dutton, J., Worline, M., & Maitlis, S. 2012. Compassion revealed: What we know about compassion at work (and where we need to know more). In K. S. Cameron & G. M. Spreitzer (Eds), Handbook of positive organizational scholarship: 273-287. Oxford: Oxford University Press.

[104] Lilius, J. M., Worline, M. C., Dutton, J. E., Kanov, J., & Maitlis, S. 2011. Understanding compassion capability. Human Relations, 64: 873-899.

[105] Loewenstein, G. 1996. Out of control: Visceral influences on behavior. Organizational Behavior and Human Decision Processes, 65: 272-292.

[106] Mackie, D. M., Devos, T., & Smith, E. R. 2000. Intergroup emotions: Explaining offensive action tendencies in an intergroup context. Journal of Personality and Social Psychology, 79: 602-616.

[107] Mackie, D. M., Silver, L. A., & Smith, E. R. 2004. Intergroup emotions: Emotion as an intergroup phenomenon. In L. Z. Tiedens & C. W. Leach (Eds.), The social life of emotions: 227-245. Cambridge: Cambridge University Press.

[108] Maclagan, P. 1999. Corporate social responsibility as a participative process. Business Ethics: A European Review, 8: 43–49.

[109] Maitlis, S., & Sonenshein, S. 2010. Sensemaking in crisis and change: Inspirations and insights from Weick (1988). Journal of Management Studies, 47: 551–580.

[110] Marquis, C., Glynn, M. A., & Davis, G. F. 2007. Community isomorphism and corporate social action. Academy of Management Review, 32: 925–945.

[111] Marquis, C., & Lee, M. 2012. Who is governing whom? Executives, governance and the structure of generosity in large U.S. firms. Strategic Management Journal, 34: 483–497.

[112] Marsh, A. A., & Ambady, N. 2007. The influence of fear facial expression on prosocial responding. Cognition & Emotion, 21: 225–247.

[113] Mayer, J. D., Roberts, R. D., & Barsade, S. G. 2008. Human abilities: Emotional intelligence. Annual Review of Psychology, 59: 507–536.

[114] McDougall, W. 1923. An outline of psychology. London: Methuen.

[115] Mennino, S. F., Rubin, B. A., & Brayfield, A. 2005. Home-to-job and job-to-home spillover: The impact of company policies and workplace culture. Sociological Quarterly, 46: 107–135.

[116] Meyer, A. D. 1982. Adapting to environmental jolts. Administrative Science Quarterly, 27: 515–537.

[117] Muller, A., & Kräussl, R. 2011. Doing good deeds in times of need: A strategic perspective on disaster donations. Strategic Management Journal, 32: 911–929.

[118] Muller, A., & Whiteman, G. 2009. Exploring the geography of corporate philanthropic disaster response: A study of Fortune Global 500 firms. Journal of Business Ethics, 84: 589–603.

[119] Nabi, R. L. 2003. Exploring the framing effects of emotion: Do discrete emotions differentially influence information accessibility, information seeking, and policy preference? Communication Research, 30: 224–247.

[120] Navarro, P. 1988. Why do corporations give to charity? Journal of Business, 61: 65–93.

[121] Oveis, C., Horberg, E. J., & Keltner, D. 2010. Compassion, pride, and social intuitions of self-other similarity. Journal of Personality and Social Psychology, 98: 618–630.

[122] Parkinson, B., & Simons, G. 2009. Affecting others: Social appraisal and emotion contagion in everyday decision making. Personality and Social Psychology Bulletin, 37: 1071–1084.

[123] Pedersen, T., Petersen, B., & Sharma, D. 2003. Knowledge transfer performance of multinational companies. Management International Review, 43: 69–90.

[124] Peloza, J., Hudson, S., & Hassay, D. 2009. The marketing of employee volunteerism. Journal of Business Ethics, 85: 371–386.

[125] Peterson, D. K. 2004. Benefits of participation in corporate volunteer programs: Employees' perceptions. Personnel Review, 33: 615–627.

[126] Piferi, R. L., Jobe, R. L., & Jones, W. H. 2006. Giving to others during national

tragedy: The effects of altruistic and egoistic motivations on long-term giving. Journal of Social and Personal Relationships, 23: 171–184.

[127] Porter, M. E., & Kramer, M. R. 2002. The competitive advantage of corporate philanthropy. Harvard Business Review, 80 (12): 56–68.

[128] Porter, M. E., & Kramer, M. R. 2006. Strategy and society: The link between competitive advantage and corporate social responsibility. Harvard Business Review, 84 (12): 78–92.

[129] Reed, A., & Aquino, K. F. 2003. Moral identity and the expanding circle of moral regard towards out-groups. Journal of Personality and Social Psychology, 84: 1270–1286.

[130] Reed, A., Aquino, K., & Levy, E. 2007. Moral identity and judgments of charitable behaviors. Journal of Marketing, 71: 178–193.

[131] Rimé, B. 2007. The social sharing of emotion as an interface between individual and collective processes in the construction of emotional climates. Journal of Social Issues, 63: 307–322.

[132] Rothbard, N. P. 2001. Enriching or depleting? The dynamics of engagement in work and family roles. Administrative Science Quarterly, 46: 655–684.

[133] Sadri, G., Weber, T. J., & Gentry, W. A. 2011. Empathic emotion and leadership performance: An empirical analysis across 38 countries. Leadership Quarterly, 22: 818–830.

[134] Saiia, D. H., Carroll, A. B., & Buchholtz, A. K. 2003. Philanthropy as strategy: When corporate charity "begins at home". Business & Society, 42: 169–201.

[135] Sanchez-Burks, J., & Huy, Q. N. 2009. Emotional aperture and strategic change: The accurate recognition of collective emotions. Organization Science, 20: 22–34.

[136] Sanofi-Aventis. 2010. Sanofi-Aventis and employees unite for Haiti. Available at http://en.sanofi-aventis.com/press/ press_releases/2010/ppc_27067.asp; accessed October 28, 2010.

[137] Sargeant, A. 1999. Charitable giving: Towards a model of donor behaviour. Journal of Marketing Management, 15: 215–238.

[138] Sen, S., Bhattacharya, C. B., & Korschun, D. 2006. The role of corporate social responsibility in strengthening multiple stakeholder relationships: A field experiment. Journal of the Academy of Marketing Sciences, 34: 158–166.

[139] Shang, J., & Croson, R. 2009. A field experiment in charitable contribution: The impact of social information on the voluntary provision of public goods. Economic Journal, 119: 1422–1439.

[140] Small, D., Loewenstein, G., & Slovic, P. 2007. Sympathy and callousness: The impact of deliberative thought on donations to identifiable and statistical victims. Organizational Behavior and Human Decision Processes, 102: 143–153.

[141] Smith, E. R. 1993. Social identity and social emotions: Toward new conceptualizations of prejudice. In D. M. Mackie & D. L. Hamilton (Eds.), Affect, cognition, and stereotyping: Interactive processes in group perception: 297–315. San Diego: Academic Press.

［142］Smith，E. R. 1999. Affective and cognitive implications of a group becoming part of the self：New models of prejudice and of the self-concept. In D. Abrams & M. A. Hogg （Eds.），Social identity and social cognition：183–196. Oxford：Blackwell. .

［143］Smith，E. R.，Seger，C. R.，& Mackie，D. M. 2007. Can emotions be truly group level? Evidence regarding four conceptual criteria. Journal of Personality and Social Psychology，93：431–446.

［144］Smith，J. R.，& McSweeney，A. 2007. Charitable giving：The effectiveness of a revised theory of planned behavior model in predicting donating intentions and behavior. Journal of Community & Applied Social Psychology，17：363–386.

［145］Swanson，D. L. 1999. Toward an integrative theory of business and society：A research strategy for corporate social performance. Academy of Management Review，24：506–521.

［146］Takala，T.，& Pallab，P. 2000. Individual，collective and social responsibility of the firm. Business Ethics：A European Review，9：109–118.

［147］Tierney，M. 2011. They're all in it together. Atlanta Journal Constitution，April 17：7–8G.

［148］Treviño，L. K.，Weaver，G. R.，& Reynolds，S. J. 2006. Behavioral ethics：A review. Journal of Management，32：951–990.

［149］Trout，J. D. 2009. The empathy gap：Building bridges to the good life and good society. New York：Penguin.

［150］Turban，D. B.，& Greening，D. W. 1997. Corporate social performance and organizational attractiveness to prospective employees. Academy of Management Journal，40：658–672.

［151］UPS. 2010. UPS donates $1 million to Haitian relief—Here's how you can help. Available at http：//blog.ups.com/2010/01/13/ups-donates-1-million-to-haitian-relief-%E2%80%93-here%E2%80%99s-how-you-can-help/；accessed October 28，2010.

［152］U.S. Chamber of Commerce. 2010. Business contributions to Haiti surge past $43 million. January 15 press release. Available at http：//library.uschamber.com/press/releases/ 2010/ january/business-contributions-haiti-surge-past-43-million；accessed August 13，2010.

［153］Useem，M. 1988. Market and institutional factors in corporate contributions. California Management Review，30（2）：77–88.

［154］van Kleef，G. A.，de Dreu，C. K. W.，& Manstead，A. S. R. 2010. An interpersonal approach to emotion in social decision making：The emotions as a social information model. Advances in Experimental Social Psychology，42：45–94.

［155］Venkataraman，S.，& Van de Ven，A. 1998. Hostile environmental jolts，transaction set，and new business. Journal of Business Venturing，13：231–256.

［156］Walter，F.，Cole，M. S.，& Humphrey，R. H. 2011. Emotional intelligence：Sine qua non of leadership or folderol? Academy of Management Perspectives，25（1）：45–59.

［157］Weiss，H. M.，& Cropanzano，R. 1996. Affective events theory：A theoretical discussion of the structure, causes and consequences of affective experiences at work. Research in Organizational Behavior, 18: 1–74.

[158] Wood, D. J. 1991. Corporate social performance revisited. Academy of Management Review, 16: 691–718.

[159] Zhang, R., Rezaee, Z., & Zhu, J. 2009. Corporate philanthropic disaster response and ownership type: Evidence from Chinese firms' response to the Sichuan earthquake. Journal of Business Ethics, 91: 51–63.

道德领导：道德领导人观念的构建和结果 *

Ryan Fehr，Kai Chi（Sam）Yam，Carolyn Dang

【摘　要】在本文中，我们研究了道德领导观念的构建和结果。首先，我们介绍了作为主要过程的道德评判，通过这一过程，追随者们认为他们的领导人是有道德的。其次，我们使用了道德基础理论说明了追随者最有可能进行道德评判的各类领导行为。再次，我们确认了各种动机，将道德自尊和道德声望看作是两种截然不同的方式，通过这两种方式，道德评判可以影响追随者的行为。最后，我们证明了领导的道德行为（如同情心、忠诚度）会决定所出现的追随者行为的具体类型（如亲社会行为、亲组织行为）。

引　言

历史上有很多领导人因其地位和道德权威——他们的美德与善良的模范地位及其鼓励其追随者行善的能力而闻名于世。Martin Luther King Jr.为公平权力而奋斗，并鼓励他的追随者为公平而战，而 Mahatma Gandhi 则强调要同情穷人。Winston Churchill 因论证及鼓励效忠英国皇室而闻名于世，而 Mother Theresa 因强调身体和灵魂的圣洁为人们所熟知。很多 CEO，如 Johnson & Johnson 的 James Burke，都因其同情心而被人们所推崇，而其他一些 CEO，如 Whole Foods 的 CEO John Mackey 则因其对纯洁的关注而受人尊敬。无论这些领导人最知名的活动是什么（如体现公平、同情、忠诚或纯洁的活动），他们都体现出了一种利用道德来实现事业、进入其追随者的道德信仰，并在特定的时间和地点传递道德含义的能力。

与这些典型但是不同的道德领袖的例子相反，组织学中对道德领袖的定义相当

* Ryan Fehr，Kai Chi（Sam）Yam，Carolyn Dang. Moralized Leadership：The Construction and Consequences of Ethical Leader Perfections［J］. Academy of Management Review，2015，40（2）：182-209.
初译由李伟阳完成。

窄。学者们将道德领袖视为公平、同情的化身，能够通过向其追随者展示亲社会行为，受到尊重和追捧，从而促进亲社会行为以及公平对待。与此同时，道德领导的研究人员没有重视道德中其他未得到充分研究的方面的作用，例如纯洁（Chapman & Anderson，2013）和忠诚（van Vugt & Hart，2004），而且对于领导人们用来让其行为获得道德权重的过程仍然避而不谈。如果只关注道德领域的一个小方面，那么建立道德领导全面理论的基础就不牢固。学者们面临的风险包括忽略对于全世界很多人而言都具有的重要性问题、对于成为道德领导人含义的看法过于简单且只承认一小部分的道德领导行为具有激励性（Haidt，2012；Henrich，Heine & Norenzayan，2010）。

在本文中，我们建立了一个道德领导的模型，依据的是对道德领域更广泛的看法。我们一开始提出了一个以追随者为中心的道德领导定义，该定义关注的是领导人行动的道德评判——也就是说，追随者是否认为领导人的行动在道德上是正确的（Bligh，Kohles & Pillai，2011；Epitropaki，Sy，Martin，Tram-Quon & Topakas，2013；Rozin，1999）。为了说明追随者在何时会对其领导人的行动进行道德上的解释，我们提出了一个道德基础理论（MFT），该理论区分了人类道德的六个方面，包括关怀/伤害、公平/欺骗、忠诚/背叛、纯洁/堕落、权威/颠覆以及自由/压制（Graham，Haidt & Nosek，2009；Graham et al.，2011；Iyer，Koleva，Graham，Ditto & Haidt，2012）。我们在这里认为，当领导人的行动符合追随者的道德基础或组织文化的道德基础的时候，追随者才最有可能从道德方面认可这些行动。

在确定了追随者何时从道德方面认可其领导人的行动之后，我们将问题转化为道德评判如何影响追随者的动机和行动。首先，我们认为，道德评判会产生两种截然不同的动机：①维持道德自尊的动机；②维持道德声誉的动机。其次，我们认为，这些动机会让追随者以统一的价值观的方式活动——这些方式反映了其领导人道德行动的价值观。例如，领导人富有同情心的行动会激励追随者以亲社会的方式活动，而领导人的忠诚行动则会激励追随者以亲组织的方式活动。

我们首先简要地回顾了组织学领域当前关于道德领导的文献，然后描述了我们新的道德领导模型的各个部分。在"讨论"部分，我们研究了我们的模型对未来研究的影响，强调了经过修改的道德领导理论概念的重要性，以及对道德领导及其影响进行经验评估的新方法。

道德领导：历史基础

人们经常期望领导人能够成为道德的楷模（Bass，2008）。自古以来，哲学家就意识到了这一责任的重要性。柏拉图将他理想中的国度想象成为一个由哲学家国王领导的城邦（Plato，2009）。亚里士多德也认为，领导人必须善良，并体现出强大的道德性格（Aristotle，2011；Solomon，1992）。在组织学中，有很多显著的领导理论都包含了道德元素。研究人员认为，转型式的领导人会唤起其追随者的道德意识（Bass & Steidlmeier，1999；Zhu，Avolio，Riggio & Sosik，2011）。Treviño、Hartman 和 Brown（2000）认为，道德领导人既是转型的，又是事务型的，可以让其追随者依据道德来活动，并能制定奖惩体系来加强道德行为。Liden、Wayne、Zhao 和 Henderson（2008）将"有道德的行为"视为是仆人式领导的核心部分，这与 30 年前 Greenleaf 的理论不谋而合。Avolio、Walumbwa 和 Weber（2009）将权威领导定义为"一种透明和道德的模式"的行为，并强调了权威领导人按照道德进行活动和充当道德模范的能力。家长式的领导会"重新让工作地点变得道德"，其中道德是家长式领导理论的核心部分。精神领导同样需要道德特征并要促进道德氛围（Fry，2003；Reave，2005）。

最近几年，专家学者将关注重点从作为更广泛的领导形式的一部分的道德行为转换到了就其本身而言的作为一种独特的领导形式的道德领导。根据之前进行的道德领导研究的定性结果（Treviño，Brown & Hartman，2003），Brown、Treviño 和 Harrison（2005）将道德领导定义为"通过个人行为和人际关系展示标准适当的行为，以及通过双向交流、强化和决策将此类行为推广给追随者"。最近的经验研究将道德领导与追随者的亲社会行为、揭发行为和其他令人满意的结果联系了起来（Brown & Mitchell，2010；Brown & Treviño，2006）。

虽然学者在最近几年对道德领导进行了大量的研究，但是其工作大部分都集中在员工和组织层面的道德领导成果，而不是道德领导本身使然的东西。对于后者，道德领导研究的依据是较窄的特征。Brown 和 Treviño（2006）简要描述了与道德领导有关的特征和特性，其中说到，道德领导人是"诚实可信的""公平有原则的决策者"，具有"无私"的动机。但是，我们还不太清楚，为什么这些特定道德因素会定义一名道德领导人的含义，而不是其他的因素（如纯洁和对一个小派系的忠诚等）。

道德领导仅建立在一小部分普遍认可的行为（如诚实守信）的展示和推广的基础之上，理念与领导正好相反，是一种社会构建的研究，其中不同的个人对于最具代表性的领导特征有不同的看法（Epitropaki et al.，2013）。因为其个性（Keller，1999）、教养（Ayman-Nolley & Ayman，2005）和文化环境（House，Hanges，Javidan，Dorfman & Gupta，2004）不同，所以追随者对于领导的含义有不同的看法（Epitropaki & Martin，2004），其想在领导者身上见到的特征也有所不同。例如，家长式领导是日本公司运行的核心，但是却经常被西方公司所拒绝（Uhl-Bien，

Tierney，Graen & Wakabayashi，1990）。

总之，追随者明显倾向于选择与其本身相似（Keller，1999）且在集体中是典型的领导人（van Knippenberg，2011）。某研究证明了不同的文化背景（Schwartz et al.，2012）、政治倾向（Iyer et al.，2012）、个性和社会经济背景（Haidt，Koller & Dias，1993）会产生对道德的不同理解，这些发现说明，需要有一个关于道德领导的更广泛的观点，来说明其机制，实现追随者们认为与道德有关的行为类型的变化并让这些观念与追随者的行为相符。为了建立这种观点，我们转向了道德评判的概念。

道德评判

为了进行本次研究，我们将道德领导定义为：对明确的道德行为进行展示和推广。道德评判是指某观察者授予某领导人的行为以道德相关性的过程（Rozin，1999；Rozin，Markwith & Stoess，1997）。虽然任何人都能够对某领导的行为进行道德评判，但是我们的关注点在于追随者。当某追随者对某领导人的行为进行道德评判的时候，该行为就变成了错与对的问题。正面的道德评判包括认为某领导的行为在道德上是正确的。负面的道德评判包括认为某领导的行为在道德上是错误的。[①]

道德评判的下游影响是非常大的。道德评判能够让后续的活动变得合法，并会对其进行激励，这些活动支持在道德上正确的事情（Effron & Miller，2012）。个人如果不支持这些道德上正确的行为（Cohen，Wolf，Panter & Insko，2011）并反对那些为这种与自身道德相违背的道德声援的人（Haidt，Rosenberg & Horn，2003），那么就会出现羞愧感和负罪感。因此，对某领导人行为的道德评判对于追随者后续的行为有重大影响。

但是，对特定行为的道德评判的差异是常见的。道德上与某个人有关的事情经常会在某个特定的时间和地点，与其他人在其他时间、地点上出现很大差别。例如，在美国，离婚虽然在传统上被看做是一种道德问题，但是大部分美国人现在却将其视为是一种选择（Rozin，1999）。与之类似的是，在美国，尽管吸烟在传统上被看做是一种选择，但是很多美国人现在将其视为是不道德的（Helweg-Larsen，Tobias & Cerban，2010；Rozin & Singh，1999）。吃荤对于某些文化来说是一种具有

---

① 道德评判对于不道德的领导同样有相关性。对不道德领导的全面讨论超出了本文的范围。但是，我们鼓励未来的研究深入探讨这一问题。

道德影响的行为，但是对于其他文化来说却是一种选择（Rozin et al., 1997）。商业社会已经见证了全部行业转移到了道德领域。例如，咖啡的生产历来都在逃避道德问题，但是最近几年对咖啡生产的道德评判却出现了显著增加。已经出现了一些新的治理机制来管理这些道德问题，其顶峰就是更多地通过全面的可持续性活动来关注咖啡供应链。

像 Skitka、Bauman 和 Lytle（2009）所说，"基本问题依旧是什么作为道德是适合的"，此外，"两个个体对道德的感知可能有差异"。个体对道德的看法会大相径庭，从而在关于道德领域的内容上产生极大的分歧（Rai & Fiske, 2011）。为了解释追随者什么时候会对领导者的行为进行道德评判，我们需要一些规则。因此，我们转入 MFT，这是描述人文道德关怀的范围和确定它们的变化趋势的一个框架（Graham et al., 2009, 2011; Haidt, 2012; Weaver & Brown, 2012; Weaver, Reynolds & Brown, 2014）。

道德行为的道德基础和内容

Lawrence Kohlberg（1971）认为，整个道德领域被一个因素所统一，而这个因素的名称就是"公正"（Graham et al., 2013）。John Rawls（1971）同样说道，"公正是社会机构的第一美德"。对于 Kohlberg 和 Rawls 来说，公正是道德的基石——是其定义特征和唯一的特征。十多年之后，Gilligan（1982）认为，"关怀"也应当在道德领域占据一席之地。作为道德的一部分的关怀得到了广泛认可，而这种对公正和关怀的双重关注，定义了社会学中的道德领域。其他道德准则，如捍卫权威等，则被划分到了社会惯例领域。例如，Kohlberg（1971）认为，与公正问题相比，权威问题会产生水平更低的道德推论。通过体现对关怀和公正的关注，Turiel（1983）提出了一个得到了广泛引用的道德领域的定义，那就是"对于人们应当如何相互关联有关的公正、权力和幸福的标准判定"。组织学也体现了类似的关注点，其代表就是 Weaver 等（2014）观察到的"研究一般会从公平性和幸福方面来看待组织伦理（避免伤害他人，并关怀他人）"。

在根据关怀和公正进行的道德研究出现增加的许多年之后，Shweder、Much、Mahapatra 和 Park（1997）认为，关怀和公正只是道德领域的一部分，曲解了西方社会所强调的道德的概念。根据在印度进行的大量实地工作，Shweder 等用三个不同的领域对道德进行了描绘：①自治权的道德规范（重点在于有自治权的个人的关怀、公正和幸福）；②群体道德规范（重点在于职责、尊重、忠诚和维持社会秩序）；③神圣的道德规范（重点在于纯洁、尊严与通过快乐和不纯洁的行为防止堕落）。根据该研究以及进化心理学（De Waal，1996）、价值观多元主义（Ross，1930）和人类学（Fiske，1992；Rai & Fiske，2011）提出的额外的关于道德的看法，Haidt 与其同事（Haidt，2012；Haidt et al.，1993）建立了一种模块化的道德理论——MFT，该理论根据一系列分散的道德领域或基础确定了人类道德的特征（Grahamet et al.，2009；Graham et al.，2011；Haidt，2012；Haidt & Joseph，2004；Iyer et al.，2012）。每一个道德基础都包含一系列相互管理的部分，包括价值观的关系（如好的、正确的和令人满意的事的抽象和跨环境的概念）（Graham et al.，2009；Knafo，Roccas & Sagiv，2011）、机构（Weaver et al.，2014）和社会实践（Graham et al.，2013）。

到目前为止，已经确定了六个道德基础（Haidt，2012）。这些基础包括：①关怀/伤害，这一基础与痛苦和减轻痛苦有关；②公平/欺骗，这一基础涉及使用既定的公正性、公平性和需求准则来分配资源；③忠诚/背叛，这一基础指以集体为导向的献身和牺牲；④圣洁/堕落，这一基础指保持精神和肉体上的纯净不受污染；⑤权威/颠覆，这一基础指使用等级制度来维持社会秩序；⑥自由/压制，这一基础指个人的自治力和对其自身事务的控制。① MFT 证明，虽然这六个广泛的领域构成了道德的基础，但是每个人对每个领域的认可是不同的（Graham et al.，2013）。

作为一种人类道德的理论，MFT 对于道德领导具有尤为重要的影响（Weaver et al.，2014）。一名领导人的公平对待在认可公平/欺骗道德领域的追随者眼中可能就是道德的，而在认为道德规范并非公平的追随者眼中可能就是不道德的。与之类似的是，某领导人对公司表现出来的忠诚在认可忠诚/背叛道德领域的追随者眼中就是道德的，而在不以忠诚为道德准则的追随者眼中可能就是不道德的。例如，在一次关于道德领导的考察中，受访者对于克林顿和莱温斯基的丑闻的看法就大相径庭（Treviño et al.，2003）。有一些观察者对该丑闻进行了道德评判，而其他观察者（可能其道德规范并不是以圣洁/堕落为依据的）则没有进行道德评判，因此，切断了行为与领导人伦理性观念之间的联系。这些情况支持了 Moore（1903）的自然主义谬误的概念，该概念认为，关怀和公平等概念不能还原性地定义道德，但却是在某特定地点和时间的道德的表现（Ross，1930）。

———————————

① MFT 仅生成这些方面代表的是"最明显和争议最少的基础"（Graham et al.，2013），且该列表并非最终列表或没有争议。但是，这些基础是更全面了解人类道德的一个重要步骤。对用来定义道德基础的标准的详细讨论超出了本文的范围，但是可以在 Graham 等（2013）找到。

工作地点道德基础的来源

为了让某追随者对其领导人的行为进行道德评判，该领导人的行为必须符合与该追随者有关的道德基础。在组织内部，我们提出，这些道德基础有两个不同的来源：①追随者自身；②其组织文化。个人的道德基础与一系列的因素有关，包括其政治取向（Graham et al.，2009）、社会经济地位（Haidt et al.，1993）以及心理生理情况（Lewis，Kanai，Bates & Rees，2012）。因此，追随者的道德基础应当存在差别，即便是他们在相同的组织或团队中工作。有些追随者会将关怀/伤害和公平/欺骗道德基础放在前面，而其他追随者可能会将自由/压制和圣洁/堕落道德基础放在前面。这些追随者道德基础方面的差异说明每个追随者进行道德评判的领导人行为的类型也存在差别。例如，以关怀/伤害基础为主的追随者与其他不以该基础为重点的追随者相比，更有可能对领导人的关怀行为进行道德评判。

除个人之外，道德基础还能够与一个组织的文化联系起来。Schein（2010）将组织文化的概念确定为一种组织成员通过社交和交流了解共享设想的模式。这其中包括关于道德领域的共享设想，且不同的组织对于道德行为有不同的理解。医院一般都会因强调关怀和同情的道德重要性而出名（也就是关怀/伤害道德基础），而军队则会因强调忠诚和权威的道德重要性而出名（也就是忠诚/背叛和权威/颠覆道德基础）（Hannah et al.，2013；Lilius et al.，2011）。这些道德的概念会被转化成道德方面的组织行为（Gehman，Treviño & Garud，2013）、组织氛围（Ostroff，Kinicki & Tamkins，2003）以及描述组织成员应"如何完成工作并相互进行互动"的标准（Hammer，Saksvik，Nytrø，Torvatn & Bayazit，2004）。员工可能不赞同其组织的道德领域观念，但是在特定的时间点，应当能够理解特定组织对道德的定义。例如，美国军队中的一名士兵可能自身并不赞同忠诚/背叛基础，但是却理解与该基础有关的行为在组织中具有道德重要性。反过来，我们认为该士兵会对其领导人的忠诚和个人牺牲进行道德评判，无论其自身的道德信仰是什么，都会认可这些行为与组织文化的道德相关性。虽然我们的重点是整个组织，但是在组织内部也可以发展次文化。建立在关怀和同情基础上的文化可能会在医院的重症监护室中出现，但是在放射科可能起不到核心作用。

关键假设

在继续我们的正式命题之前，重要的一件事就是要说明两个关键假设。首先，我们假设追随者和组织的道德基础不一定必须一致才能让追随者对其领导人的行为进行道德评判。相反，我们假设二者都是充分的。在本文之后的部分，我们将研究组织和追随者道德基础的一致性是如何影响追随者行为的。但是，目前我们只是注意到，追随者和组织道德基础的一致性并不是进行道德评判的先决条件。

我们的第二个假设涉及领导对追随者及组织道德基础的直接影响。领导包括影响（Bass，2008），且领导人能够对其追随者（Conger & Kanungo，1998）和组织（Schein，2010）的道德产生影响。领导者可以鼓励其追随者采用新的道德基础，且可以塑造其组织文化的道德基础。与此同时，研究认为，个人的道德观念随着时间的推移是比较稳定的（Schwartz，1992），与态度相比，不太会顺从社会化和外部影响（Verplanken & Holland，2002）。同样，组织文化也是相对稳定的，这说明组织的道德观念不倾向于大的变化（Zucker，1991）。在讨论章节，我们研究了几个可能会提高领导人塑造其追随者和组织道德基础的能力的因素。但是现在我们的假设是，追随者和组织的道德基础不会随时间变化。

在后续的章节中，我们讲述了 MFT 提出的六个道德基础，并得出了一系列正式的命题，来总结可能会受到追随者道德评判的领导人的行为及风格。虽然我们认可了与很多领导方式和次级维度有关的概念和经验重叠（van Knippenberg & Sitkin，2013），但是我们的分析将深入到维度层面，其目的就是突出与不同道德基础有关的行为之间的潜在差异。我们不会尝试了解所有可能性或直接解决目前与特定概念的差异性有关的争论，但是我们会说明 MFT 是如何与跟流行的领导方式有关的典型行为关联起来的。表 1 列出了与每个道德基础有关的领导方式、道德基础和现有道德领导措施之间的关系以及与每种道德基础有关的行为。

道德领导的六大基础

道德领导基础 1：支持追随者的幸福

关怀/伤害基础的源头可以追溯到保护脆弱的后代不受捕食者或其他威胁伤害的适应性挑战（Goodall，1986）。今天，关怀/伤害基础的特点是人们对减轻痛苦和实现幸福的总体愿望。在组织背景中，领导人有能力通过许多方式实现其追随者的物质幸福和精神幸福。与关怀/伤害道德基础相一致的行为包括帮助追随者提高其技能、对追随者的个人问题表示关心、参加本地社区的志愿者活动并设立工作任务来减轻追随者的压力和疲劳程度。与关怀/伤害道德基础相反的行为例子包括为个人利益损害追随者的利益、占脆弱的追随者的便宜并对追随者的个人问题漠不关心。

鉴于关怀/伤害基础的普遍性，在许多领导方式中发现内在的关怀并不稀奇。转型式领导的个性化考虑因素的次级因素的重点是关注追随者的需求，这就是与关怀/伤害基础相一致的领导人行为的典型例子（Bass & Steidlmeier，1999；Judge，Piccolo & Ilies，2004）。在转型式领导的理想化影响次级因素中，领导人会将追随者的需求看得高于其自身需求，这也指的是关怀/伤害基础，且研究发现，转型式领导与关怀的关系要强于与公正的联系（Simola，Barling & Turner，2010）。关怀和同情同样体现在超凡魅力领导的"对成员的需求敏感"的次级因素中，以及佣人式领导的结构中（Conger & Kanungo，1998；Rowold & Heinitz，2007）。如 Greenleaf（1970）所述，"首先要保证能够满足他人最高级别的需要"（Mayer，Bardes & Piccolo，2008）。最近对道德领导作为独特结构进行的研究还涵盖了与关怀和伤害有关的行为。Brown 等（2005）认为，如果领导人"牢记追随者的最佳利益"，则范围本身与 r = 0.71 的理想化影响有关。Kalshoven、Den Hartog 和 De Hoogh（2011）工作时的道德领导调查问卷包括关注一个人的追随者的关怀和关注的以人为本的次级因素（见表 1）。

虽然关怀/伤害道德基础得到了广泛的支持（Haidt，2012），但是其重点的强度在不同的个人、文化和组织中却是不一样的。有些文化，如佛教文化，历来都非常注重关怀/伤害，而其他文化，如斯巴达和纳粹德国，则并非如此（Koonz，2003）。跨文化研究认为，领导人中对以关怀为导向的愿望在不同的文化中有很大差别（House et al.，2004）。在组织层面上，研究认为，关怀/伤害道德基础在医疗行业中起到了核心作用（Lilius et al.，2011），Barsade 和 O'Neill（付梓中）在长期护理机构的关爱文化方面的研究对此进行了证明。在个人层面上，变化分析数据认为，女性比男性更倾向于关怀/伤害道德基础（d = 0.28）（Jaffee & Hyde，2000）。这里我们提出，与关怀/伤害有关的领导人行为和对这一行为的道德评判之间的关系也会得到追随者或组织的支持。

命题 1：当关怀/伤害道德基础也受到（a）支持者或（b）组织文化支持的时候，追随者就会对符合这一基础的领导人行为进行道德评判。

道德领导基础 2：公平对待追随者

与关怀/伤害相似，公平/欺骗经常被视为一个普遍的道德基础，Kohlberg（1971）和 Rawls（1971）认为该基础应当是道德领域的定义。公平/欺骗道德基础可以溯源到通过直接互动的合作伙伴来惩罚欺骗行为并奖励合作行为（Trivers，1971）。今天，公平/欺骗基础也扩展到了第三方，即便是在没有直接互动的情况下（Cropanzano，Goldman & Folger，2003）。对于强调公平/欺骗道德基础的追随者，道德领导人应当体现的价值观包括值得信任、公平以及公正导向。符合公平/欺骗道德基础的行为包括向追随者提供公平的机会、奖励业绩好的追随者并收回业绩不好的追随者的奖励。相反，与公平/欺骗道德基础相对的行为包括对追随者抢功、

表 1 道德基础与相关的领导方式、措施、行为和价值观

道德基础	代表性领导方式	与道德领导措施的关系	代表性领导人行为	相反的领导人行为	代表性价值观	与价值观一致的行为
关怀/伤害	• C——对成员的需求敏感感影响 • TL——理想化的影响 • TL——个性化的考虑因素 • 仆人	• EIS • ELW——以人为本	• 协助追随者提高其技能 • 关心追随者的个人问题	• 为个人利益牺牲追随者的利益 • 漠视追随者的个人问题	• 关怀 • 同情 • 善良	• 亲社会行为
公平/欺骗	• AL——平衡地处理奖励 • TR——偶然奖励	• EIS • ELW——公平	• 向追随者提供公平的机会 • 公开奖励业绩高的人	• 根据个人喜好晋升追随者 • 对追随者的工作进行好评	• 公平 • 公正 • 值得信任	• 亲社会行为
忠诚/背叛	• C——战略观点及衔接 • 自我牺牲 • TL——激励性动员	• 无明显关系	• 向追随者灌输以企业为荣的理念 • 为集体利益牺牲个人利益	• 为个人利益剥削组织 • 频繁更换组织或组织内部的部门	• 忠诚 • 爱国 • 自我牺牲	• 亲组织行为
圣洁/堕落	• 精神	• 无明显关系	• 以一种纯粹的方式生活 • 保持精神和肉体的洁净	• 接受"脏工作" • 以不纯洁的方式生活	• 洁净 • 虔诚 • 节欲	• 亲组织行为
权威/颠覆	• 指令 • PL.——授权	• ELW——道德指引 • ELW——作用说明	• 向组织成员分配特定的任务作用 • 建立明确的业绩目标 • 保护追随者不受威胁	• 坚持让追随者用名字称呼你 • 向追随者下达较少的指令	• 防御 • 顺从 • 尊重	• 亲领导人行为
自由/压制	• 辅导 • 授权 • TL——知识激励	• ELW——权力共享	• 允许追随者编写其自己的计划表 • 允许追随者确定完成任务的方式	• 逼迫追随者按照固定的计划表工作 • 为任务流程提供不变的指导方针	• 自治力 • 独立 • 授权	• 亲个人行为

注：AL＝可信的领导；C＝魅力领导；PL＝家长式领导；TL＝转换式领导；TR＝事务型领导；ELS＝道德领导范围（Brown, Treviño & Harrison, 2005）；ELW＝工作中的道德领导问卷（Kalshoven, Den Hartog & De Hoogh, 2011）。

根据迟钝的个人喜好奖励追随者以及进行不公平的处罚。

学者们经常注意到公平在领导中的重要性（van Knippenberg，2011）。领导人负责分配各种资源，如晋升、工资、工作任务和奖金。领导研究根据公平理论（Colquitt，2001）认为，公平对待是有效领导的一个必要部分（van Knippenberg，De Cremer & van Knippenberg，2007）。例如，Janson、Levy、Sitkin 和 Lind（2008）发现公平试探法对于积极的领导人观念具有直接影响。事务型领导的偶然奖励因素也代表了公平/欺骗道德基础（Podsakoff，Todor & Skov，1982）。在强调偶然奖励的领导人中间，追随者的投入直接与其产出相关。在奖励型领导中，领导人会因为其追随者的典型业绩对其进行奖励，这种领导方式同样与公平/欺骗道德基础的支柱紧密一致（De Cremer，van Knippenberg，van Knippenberg，Mullenders & Stinglhamber，2005）。可信领导的平衡处理因素将类似的重点放到了公平之上（Avolio et al.，2009）。根据 Avolio 等（2009）的说法，可信的领导人必须先考虑相关信息然后再做出决定。根据这一概念，公平和道德通常是在一起讨论的，在 Brown 等（2005）的道德领导范围内，也有公平，其项目包括"做出公平和平衡的决定"，且公平在工作中的道德领导问卷中占据了整个因素（Kalshoven et al.，2011）。

与关怀/伤害基础一样，虽然公平/欺骗是一个接近广泛认可的道德基础，但是其重要性也会因为个人、组织和文化而不同（Graham et al.，2009，2011）。过去的研究证明，某些组织比其他组织拥有更强烈的公正氛围（Ambrose，Schminke & Mayer，2013；Whitman，Caleo，Carpenter，Horner & Bernerth，2012），且不同的人对于公平的道德含义具有不同的敏感性（Beugré，2012）。因此，我们建议，在某追随者或组织文化同样支持公平/欺骗道德基础的时候才能对领导人符合公平/欺骗基础的行为进行道德评判。

命题 2：当公平/欺骗基础也得到（a）追随者或（b）组织文化认可的时候，追随者才会对符合这一基础的领导人行为进行道德评判。

道德领导基础 3：展现对集体的忠诚

忠诚/背叛道德基础的依据是，需要个人形成团结的联盟来与其他联盟进行竞争。这一基础可以溯源到为集体生存建立联盟的重要性，且能够在人类以及人类的近亲如黑猩猩中发现（Goodall，1986）。今天，能够证明忠诚/背叛道德基础的情况就是人们准备好了为体育团队、国家及其他组织组成联盟，经典的 Robbers Cave 研究对此进行了例证，在该研究中，两支童子军对其快速成立的团体都表现出了忠诚，将道德重点放到了对集体的效忠上（Sherif，Harvey，White，Hood & Sherif，1961）。对于强调忠诚/背叛道德基础的追随者，道德领导人体现出的价值观应当包括自我牺牲、忠诚和爱国主义。符合忠诚/背叛道德基础的行为包括强调组织荣誉感、体现出愿意为组织的利益牺牲个人利益的意愿以及向外人高度赞扬组织。与忠诚/背叛道德基础相反的行为包括表达离开组织的意愿、尝试为个人利益剥削组织以及向外人诋毁组织。

有多重领导方式符合忠诚/背叛道德基础。转型式领导的鼓舞人心式动员次级因素包括明确地表达和强调组织的愿景——为组织及其任务进行的拉力赛式的呐喊（Burns，1978）。魅力式领导的战略愿景和表达次级因素同样会关注围绕着一个集体目标来动员追随者，并吸引其对组织的合法性及重要性进行关注（Rowold & Heinitz，2007）。自我牺牲式领导强调的是"为了集体利益放弃个人利益，并且保护集体的利益"（De Cremer，Mayer，van Dijke，Schouten & Bardes，2009：887）。虽然有很多文化认为体现出忠诚和以集体为中心的领导是道德的（Resick et al.，2011），但是流行的道德领导措施不会将忠诚直接看做是集体的一部分。

与关怀/伤害及公平/欺骗道德基础相同，我们建议只有当追随者或组织文化同样认可忠诚/背叛道德基础的时候，再对符合忠诚/背叛基础的领导人行为进行道德评判。一个体现了忠诚/背叛道德基础的组织文化例子就是美国军队（Department of the Army，2006）。在美国军队的七大核心价值观中，前两个是忠诚与职责，且大部分的美国士兵均强烈认可这两项价值观（Hannah et al.，2013）。

命题 3： 当忠诚/背叛道德基础也被（a）追随者或（b）组织文化支持的时候，追随者才会对符合该基础的领导人行为进行道德评判。

道德领导基础 4：保持身心纯洁

道德领导的第四个基础，也是迄今为止被最少研究过的基础，就是圣洁/堕落。其起源可以追溯到避免与病原体接触的意愿——一种"行为免疫系统"，可以让个人在越来越稠密的居住环境中避免危险和病原体（Schaller & Park，2011；Tybur，Lieberman，Kurzban & DeScioli，2013）。随着时间的推移，这种对身体污染的避免延伸到了道德领域。除了避免毒素、寄生虫和细菌之外，个人还希望避免道德上的杂质。例如，在 Rozin、Markwith 和 McCauley（1994）进行的一项研究中，参与者拒绝穿戴之前被传染病患者穿过的衣物（说明会担心身体的纯洁度）或是之前被罪犯穿过的衣物（说明担心灵魂的纯洁）。圣洁/堕落与厌恶感紧密相关，如果发现了身体、性或道德方面的不纯洁，就会出现这种感觉（Rozin，Lowery，Imada & Haidt，1999），且圣洁/堕落体现了神性的道德观（Shweder，Mahapatra & Miller，1987）。对于强调圣洁/堕落基础的追随者，领导人应当体现出来的价值观包括纯洁、节欲和干净。他们应当以一种纯净的方式进行私生活和专业活动，并且要控制其不纯洁的本能。他们自身应当永远不堕落，或是参与包含管理肮脏物品的"脏活"（如管理动物粪便）或从事特定的性行为（如卖淫）或其他受到污染的活动（如销售二手车）（Ashforth, Kreiner, Clark & Fugate, 2007）。

在对领导的研究中，圣洁/堕落受到的关注相对较少，且目前的道德领导措施不会出现与该基础有关的活动。但是，某些研究的确提出了纯洁在道德领导观念中会起到重要作用的观点。精神领导似乎与圣洁/堕落领域尤为相关，在这一方面，领导人会引用身体、头脑、心灵和灵魂的融合（Fry, 2003），并且会在组织内外保持道德和身体的纯洁。Eisenbeiss（2012）对作为与道德领导有关的优点的节制的关注同样说到了纯洁道德领域。值得注意的是，对领导人道德性的看法通常会受到对其私生活纯洁性看法的影响，如 Bill Clinton 总统与某实习生的关系、意大利总理 Silvio Berlusconi 的婚外情以及美国国会议员 Anthony Weiner 通过社交媒体传播的性爱照片等（Treviño et al., 2003）。在这里我们建议，只有当追随者或组织文化同样认可圣洁/堕落道德基础的时候，再对与该基础有关的领导人活动进行道德评判。例如，研究认为，纯洁问题与虔诚有很大的关系（Koleva, Graham, Iyer, Ditto & Haidt, 2012），这说明圣洁/堕落与宗教组织尤为相关。

命题 4：当圣洁/堕落道德基础也被（a）追随者或（b）组织文化支持的时候，追随者才会对符合该基础的领导人行为进行道德评判。

道德领导基础 5：维持秩序和指挥

当然，权威/颠覆道德基础会关注管理和维持有效的等级制度的重要性。该基础的根源可以追溯到塑造有利的等级关系的适应性挑战，其中拥有高等权力的个人承认拥有高等权力的个人的地位是合法的，且拥有低等权力的个人将会从稳定的社会结构中获益（De Waal, 1982; Fiske, 1991）。时至今日，权威/颠覆基础部分解释了授予高等权力个人及社会机构的合法性（如首席执行官、法院及政策官员）。权威/颠覆基础不仅仅与权力有关。拥有权威的领导人负有维持秩序的责任——"履行与其作为社会领导人的地位有关的职责"（Koleva et al., 2012：185）。在这一方面，权威类似于家长与孩子的关系。如 Fiske（1992）所述，"用于排列关系的权威依据的是对合法不对称性的认识，不是强制性的权力；它们并非剥削性的"。对于支持权威/颠覆道德基础的追随者，道德领导人应当体现出来的价值观包括服从、顺从以及尊重。与权威/颠覆道德基础有关的活动包括建立明确的业绩目标、保护追随者不受组织面临的威胁的损害并为完成任务提供指导。相反，反对权威/颠覆道德基础的行为包括让追随者自己照料自己、通过坚持让追随者直呼其名来忽略尊重的标志并要求追随者做出一般属于领导人职权范围的执行决定。

有多种领导方式与权威/颠覆道德基础有关，大部分都是家长式领导和指挥式领导。Cheng 等（2004）在其家长式领导措施中加入了一个"权力主义者"子范围，其中包含的项目有"我的上级要求我完全遵守其指令"。有意思的是，这一家长式领导的子范围在一项对中国工人的研究中，体现出了追随者对领导人认识的积极影响，包括"识别和模仿"（如"我很崇拜我上级的方式和行为"）、"无异议地遵守"（如我完全遵守上级的指令）以及"感激和偿还"（如"我会牺牲自己的利益来保护上级的利益）。在指挥式领导中，领导人会向其追随者提供明确的指令（House，1971，1996），这种指挥方式对其追随者的成果似乎也有积极的影响。Kalshoven 等（2011）的工作中道德领导调查问卷的角色说明及道德指南次级因素包括"说明对每个集体成员的期望"，这一次级因素也证明了其道德相关性。我们建议，在追随者或组织文化认可权威/颠覆道德基础的时候，再对符合这一基础的领导人行为进行道德评判。例如，对家长式领导的研究认为，权威/颠覆道德基础对于一些文化来说（如日本）（Uhl-Bien et al.，1990）比对于其他文化更加重要。

命题 5：当权威/颠覆道德基础也被（a）追随者或（b）组织文化支持的时候，追随者才会对符合该基础的领导人行为进行道德评判。

道德领导基础 6：培养追随者的自治力

除了关怀、公平、忠诚、纯洁和权威之外，很多个人体现出了对自由/压制道德基础的青睐（Haidt，2012）。自由/压制道德基础的根源可以追溯到保护自身不受想要为个人利益控制集体的大男子主义者的压迫的适应性挑战（Boehm，2012）。自由/压制基础在启蒙思想家中非常流行（Locke，1988，1690），且在今天适用于个人权力和自治权被侵犯的任何情况。这包括必须通过外部干预获得的消极自由以及通过可以让个人实现其目标的系统获得的积极自由（如教育、医疗等）（Berlin，1969）。对于支持自由/压制道德基础的追随者，道德领导人应当体现的价值观包括自治权、授权和独立性。支持自由/压制道德基础的行为包括向追随者提供以他们认为合适的方式完成其任务的机会、让追随者起草其自身的计划，并为追随者提供个体成长的机会。与自由/压制基础相反的活动包括向追随者提供硬性、严格执行的程序来完成其工作，并拒绝向其提供能够让其完成自身确定的目标的资源。

有一些领导方式与自由/压制道德基础有关。对授权式领导的研究强调的是尊重追随者自治权的重要性。按照 De Cremer 等（2005）的说法，"授权指特定的领导行为，此类行为能够启动一个程序，在该程序中，领导人能够为追随者创造各种条件，从而提出和推广其能力和自身的意识"。辅导式领导也是用这种方法进行描述的。根据 DeRue、Barnes 和 Morgeson（2010）的说法，辅导式领导"包括鼓励团队管理其自身失误，并提高团队的能力来有效发挥作用，不需要团队领导的直接干预"。在转型式领导的知识激励次级因素中，也能找到授权的主题，其中鼓励追随者提出假设和重组问题（Bass & Avolio，2000；Rowold & Heinitz，2007）。

重要的一点就是，要注意自由/压制道德基础不是指选择彻底不要领导，而且并不符合放任式的领导方式（Hinkin & Schriesheim，2008）。为了遵守自由/压制基础，领导人必须既允许其追随者掌握其自身的生活（如消极自由）又要向追随者提供其所需的各种资源，来实现其目标（如积极自由）。在对全世界的领导进行的一次研究中，Resick 等（2011）将授权视为是道德领导的一个重要部分。Kalshoven 等（2011）的道德领导措施只包括一个权力共享因素，该因素与自由/压制道德基础紧密相关。其例子包括"允许下属影响关键决定"并"允许我在设置自己的业绩目标时起到关键作用"。与其他道德基础相同，我们建议在追随者或组织文化同样体现自由/压制道德基础的时候再对符合道德/压制道德基础的行为进行道德评判。例如，具有自由主义政治取向的个人，或将自由/压制道德基础的重要性放到其他方面之上（Iyer et al.，2012）。

命题 6：当自由/压制道德基础也被（a）追随者或（b）组织文化支持的时候，追随者才会对符合该基础的领导人行为进行道德评判。

道德判定和价值观一致的行为

MFT 说明了追随者何时会对其领导人的行为进行道德判定。但是，在这一方面，学者们还没有考虑道德判定对追随者行为的影响。为了检验道德判定会如何影响追随者的行为，我们转向了关于价值观的文献。如前所述，价值观是关于什么是好的、对的和符合要求的事情的抽象和跨越情况的概念，且每个道德基础都部分含有相互关联的一系列价值观（Graham et al.，2013）（见图 1）。数十年的研究指出，价值观会指引注意力和行为，鼓励某些行为并劝诫其他一些行为（Schwartz，1992；Verplanken & Holland，2002）。在这里我们提出，道德评判会鼓励追随者参与与价值观一致的行为——也就是会体现特定价值观的行为（Maio，Pakizeh，Cheung & Rees，2009）。当追随者对领导人的同情心活动进行道德评判的时候，那么他们就会被激励以富有同情心的方式活动，而不是以公平的方式活动。同样，当追随者对领导人的忠诚行为进行道德评判的时候，他们就会被激励以忠诚的方式活动，而不是以纯洁的方式活动。因此，领导人的道德行为对追随者行为的影响取决于领导人行为体现出来的价值观。

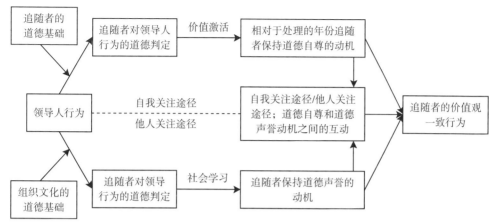

图 1　领导行为的道德评判以及对追随者动机和行动的影响

在后文中，我们通过两种途径将道德评判与追随者的价值观一致的行为联系了起来（见图 1）。第一种途径就是自我关注途径。在这里，我们认为，领导人的道德行为会激活追随者的价值观，并鼓励追随者的价值观一致的行为，从而保持积极的道德自尊。第二种途径是他人关注途径。对此我们认为，领导人的道德行为会促进社会学习过程，并鼓励追随者的道德一致性行为，从而保持积极的道德声誉。然后，我们研究了这两种途径的交互式影响，并检验了道德评判可能会鼓励的特定行为。

自我关注途径：道德自尊

从道德评判到价值观一致行为的第一种途径就是自我关注。我们之所以将这种途径称为自我关注是因为这种途径以追随者自身的道德为中心。尤其值得一提的是，我们提出，领导人的道德行为会鼓励追随者参与价值一致性行为，以保持道德自尊——一种个人道德标准的满足感（Blasi，1980；Dunning，2007）。①道德自尊是个人对自我价值的瞬间感觉的关键部分（Mazar，Amir & Ariely，2008；Monin & Jordan，2009），这种感觉会随着时间和情况出现波动（Jones & Ryan，1997；Nisan，1990，1991）。因此，个人会尝试以体现其价值标准的方式活动，并会尝试在无法达到这些标准时进行补偿（Miller & Effron，2010）。例如，一名支持关怀/伤害道德基础的追随者会看重同情，因此可能会想办法为一名生病的工友进行掩盖来

---

① 道德自尊与道德身份有关，但是与之也有区别。道德自尊反映了一种动态、基于状态的满足某个人道德标准的感觉。与之相反，道德身份是一种基于特性的构造，体现的是道德对某个人的整体重要性（Schaumberg & Wiltermuth，2014）。

保持道德自尊。

价值观激活理论强调的是领导人在为追随者的道德自尊传递特定行为的潜在相关性时起到的作用（Verplanken & Holland，2002）。根据这一理论，背景因素在强化或弱化某人的道德规范（如一个人支持的道德基础）对行为的影响时起到了重要作用（Torelli & Kaikati，2009）。在个人的道德标准被环境所激活的时候，个人最有可能以反映其道德标准的方式活动（Higgins，1996；Kruglanski，1996）。道德标准可以通过多种方式被激活（Verplanken，Walker，Davis & Jurasek，2008）。例如，诚实的道德重要性可以通过严格的规定和荣誉规范的提示来进行激活（Mazar et al.，2008），而公平的道德重要性可以通过公正的象征被激活，例如手持天平的著名雕像 Justitia（Karremans & VanLange，2005）。领导人在追随者的工作环境中起到了尤为重要的作用（Grojean，Resick，Dickson & Smith，2004），因此在激活追随者的道德标准方面能够起到关键作用（Lord & Brown，2004）。因此，价值观激活理论在道德领导背景中具有独特的权力，因为领导人的行为展现了追随者需要如何活动才能满足其自身的道德标准。例如，支持关怀/伤害道德基础的追随者可能会看到某领导允许其同事提前下班照顾生病的孩子，因此会被提醒到同情心是成为一个有道德的人的核心部分。

以前的研究支持道德激活会将追随者的道德标准和领导人的行为联系起来。例如，在最近的一次研究中，Shao、Resick 和 Hargis（2011）发现，滥用监督会加强社会支配导向对人际公民身份（SDO）的负面影响，且认为滥用权力的监督者会让高 SDO 追随者相信追名逐利和竞争力。因此，第一种指引领导人道德行为对追随者价值一致行为影响的途径可以总结如下：

命题 7：领导人的道德行为会激励追随者以价值观一致的方式活动，从而保持积极的道德自尊。

他人关注途径：道德声誉管理

第二种从道德评判到价值观一致行为的途径就是他人关注途径。我们将其称为他人关注是因为该途径的核心是组织文化的道德基础。尤其重要的是，我们提出，领导人的道德行为会激励追随者参与价值观一致性活动，从而保持价值声誉——一种有道德的人的外向型情况。数十年的研究证明，人们会得到鼓励，成为他人眼中积极的人，尤其是在道德问题方面（Ellemers，Pagliaro，Barreto & Leach，2008）。例如，个人会受到鼓励，成为他人眼中不会歧视少数群体的人（Bergsieker，Shelton & Richeson，2010），而且在其公共形象受到威胁的时候，会进行安抚行为（Shnabel & Nadler，2008）。反过来，组织文化作为一个信息的重要来源，可以让人们了解组织的道德标准（Ostroff et al.，2003）。如 Verplanken 和 Holl（2002）所述，将某道德标准视为重要的不仅是因为该标准是个人观念的一部分，而且还因为存在社会标准或自我展示动机。例如，如果某追随者的组织将关怀/伤害道德基础视为是其文化的一部分，则该追随者在工作时，可能会帮助其他状况不佳的员工完成难以及时完成的工作来维持道德声誉，无论该个人自身支持的道德基础是什么。

社会学习理论强调的是领导人在为追随者的道德声誉传递特定行为的潜在相关性时能够起到的作用（Bandura，1977，1986；Brown & Treviño，2006）。根据社会学习观点，追随者可以通过下列方式进行学习：①观察其领导人的行为方式；②观察其领导人支持的行为类型。当这些领导人的行为与组织文化相一致的时候，领导人就变成了具有吸引力、可信赖和得到广泛认可的模范，进而会影响追随者的动机和行为。例如，当某领导人在支持关怀/伤害道德基础的组织中推行同情心行为时，追随者们就会被鼓励参与到同情心活动中（Brown et al.，2005；Mayer，Aquino，Greenbaum & Kuenzi，2012）。因此，社会学习在道德领导中占据了重要地位，因为追随者会学到需要用什么来维持在组织中的道德声誉（Schaubroeck et al.，2012）。例如，如果某追随者的组织支持关怀/伤害道德基础，而该追随者看到了某领导在工作上建立了新的儿童看护项目，则因此会被提醒该同情心是该组织内部成为有道德的人的核心内容。

之前的研究支持社会学习会将组织的道德标准与领导人的行为联系起来的观点。例如，Mayer、Nurmohamed、Treviño、Shapiro 和 Schminke（2013）发现，某组织在支持揭发方面的标准最有可能让个别员工在领导人也支持揭发的道德标准时采取行动（如公平在忠诚之上）。因此，指引领导人道德行为对追随者价值观一致行为影响的第二种途径可总结如下：

命题 8：领导人的道德行为会激励追随者以价值观一致的方式活动，从而保持良好的道德声誉。

自我关注和他人关注途径的交互影响

总之，这两个截然不同的过程构成了领导人道德行为对追随者的价值观一致行为的激励效果。通过自我关注途径，追随者会通过价值观一致行为来维持道德自尊。通过他人关注途径，追随者会通过价值观一致行为来保持积极的道德声誉。但是，每一种途径都有显著的限制。自我关注途径认为，追随者在没有组织级别的限制的时候，只能够以价值观一致的方式活动。例如，当组织要求其表示忠诚度的时候，他们可能需要放弃同情心。而他人关注途径则认为如果组织需要，则追随者可能只能够以价值观一致的方式活动。例如，当某管理者在放假的时候，他们可能会忽略组织对公平的强调。

自我关注和他人关注的行为激励经常会相互碰撞，这种情况被定义为极性对立。例如，社会心理学家用了几十年来研究帮助行为到底是利己动机还是利他动机所驱动的（Penner，Dovidio，Piliavin & Schroeder，2005）。相反，最近的研究显示，自我关注和他人关注的动机可以共存。De Dreu 和 Nauta（2009）研究认为，自我关注和他人关注的问题是相互依赖的。Grant 和 Mayer（2009）发现，亲社会动机和声誉动机体现出了对亲社会行为的互动式影响，因此，具有高水平内因驱动的亲社会动机和外因驱动的声誉动机的员工会进行最亲社会的行为。这些情况说明，当追随者的道德基础和组织文化相一致的时候，道德评判最有可能激励追随者以价值观一致的方式活动。

命题 9：追随者保持道德自尊和道德声誉的动机体现出了对价值观一致行为的交互式影响。

价值观一致行为的发散式影响

命题 7、命题 8、命题 9 说明了道德评判是如何鼓励价值观一致行为的。但是，MFT 的一个重要含义就是特定的行为道德评判鼓励将取决于作为道德行为依据的特定的道德基础，或构成行为道德评判的一系列道德基础。如果鼓励某员工让其行为符合关怀/伤害道德基础，那么其行为方式就会很有可能与被鼓励遵守圣洁/堕落道德基础的员工有很大差别。例如，Waytz、Dungan 和 Young（2013）发现，揭发符合公平/欺骗道德基础，但是决定不进行揭发却符合忠诚/背叛道德基础。在本部分，我们提出，道德评判的行为后果取决于某领导人强调的特定道德基础。尤其重要的是，我们认为：①关怀/伤害及公平/欺骗基础强调的价值观会产生亲社会行为；②忠诚/背叛和圣洁/堕落基础强调的价值观会产生亲组织行为；③权威/颠覆基础强调的价值观会产生亲领导人行为；④自由/压制基础强调的价值观会产生亲个人行为（见表 1）。

亲社会行为

亲社会行为是指为他人利益自愿进行的活动，包括捐助、共享、安慰和帮助（Penner et al.，2005）。亲社会行为时常会出现在组织的内部，也就是某员工帮助他人完成艰难项目的时候（Organ，Podsakoff & MacKenzie，2006）。但是，亲社会行为也可以扩展到组织以外，也就是当某员工担任其社区的志愿者的时候、向某事业捐钱的时候或减轻某陌生人的痛苦的时候（Winterich，Aquino，Mittal & Swartz，2013）。换句话说，亲社会行为就是在组织内外帮助其他能够从协助中受益的人。

研究认为，亲社会行为最符合关怀/伤害和公平/欺骗道德基础，且价值观包括善良、同情和公正。Graham 等（2009，2011）将关怀/伤害和公平/欺骗道德基础定义为"个别化"，意思就是这些基础适用于所有个人，无论其是否是某组织的成员。根据这一概念，Boer 和 Fischer（2013）将关怀/伤害和公平/欺骗道德基础与 Schwartz（1992）的价值观分类体系中的仁爱和普遍主义的"自我卓越"价值观联系起来，这些价值观与亲社会行为有紧密联系。有意思的是，在组织内部我们发现，与关怀/伤害和公平/欺骗道德基础联系最紧密的领导方式（如佣人式领导、转型式领导）也经常与亲社会行为有关（Ehrhart，2004；Grant，2012）。

命题 10：当追随者对符合（a）关怀/伤害基础或（b）公平/欺骗基础的领导人行为进行道德评判的时候，将会被激励参与亲社会行为。

亲组织行为

命题 10 反映的是大部分的道德领导文献。以符合关怀/伤害和公平/欺骗基础的方式活动的领导人，会在其符合同情心和公平等价值观的追随者中鼓励亲社会行为。但是，人类学、进化心理学及其他领域的研究认为，道德会鼓励与这类普遍亲社会性非常不同的行为。例如，道德的一个主要功能就是将组织团结在一起，帮助他们保护自身不受外来威胁的伤害（DeScioli & Kurzban，2013）。为了以符合忠诚/背叛、圣洁/堕落、权威/颠覆以及自由/压制的道德基础的方式活动，可能会希望追随者能够进行并非任意亲社会，而是以少量的受众为目标的行为。

这种比较狭窄的亲社会性形式的第一个例子就是亲组织行为（Umphress，Bingham & Mitchell，2010；Waytz et al.，2013）。在第一眼看到的时候，可能会认为亲组织行为体现的是普遍的亲社会定位。但是，现有的研究认为，亲组织行为也会给其他个人或组织带来直接伤害。这类行为的一个主要例子就是"不道德的亲组织行为"（Umphress et al.，2010）。Umphress 等（2010）证明，员工有的时候会以帮助公司但是伤害他人的方式进行活动。例如，他们可能会为其组织撒谎或是递交虚假文件，用一种与关怀/伤害和公平/欺骗基础相对立的方式让组织受益并让其他利益相关方受害。我们认为，亲组织行为最有可能来自于忠诚/背叛和圣洁/堕落道德基础。

忠诚/背叛道德基础被定义为向组织献身，且体现的价值观包括爱国主义、自我牺牲和效忠。忠诚会让个人通过牺牲道德问题的范围来将其自身的文化放到其他文化之上（Miller & Bersoff，1992），将其自身的民族放到其他民族之上（Baron，Ritov & Greene，2013），并将其自身的团体放到其他团体之上（Rai & Fiske，2011）。在忠诚的名义下，个人将牺牲自身来拯救其他组织成员（Swann, Gómez, Dovidio, Hart & Jetten，2010），且愿意耗费时间和金钱来惩罚对其组织成员造成伤害的个人（Lieberman & Linke，2007）。在被激活之后，忠诚/背叛道德基础通常指以组织的名义进行其他不道德的行为，例如为违法活动进行掩盖。Waytz 等（2013）证明，遵守忠诚/背叛道德基础的个人不太可能进行揭发，且会将这一决定视为具有道德必要性，因为揭发可能是一种对组织不忠的行为。

圣洁/堕落道德基础被定义为对避免生理、性和道德污染的重要性的信仰，且代表价值观包括纯洁和干净。许多研究认为，这一道德基础与亲组织行为的关系最为密切。从历史上看，圣洁/堕落道德标准是通过建立组织的纯洁和干净标准被执行的。这些标准决定了组织的必要组成部分，而且可以用来防止外人入侵以及驱逐背叛者。历史上充满了因纯洁因素而排除成员造成非人性化事件的例子，包括建立麻风病人聚居地以及将不纯洁的教会成员驱逐出去。

最近的经验数据指出，厌恶——作为违反圣洁/堕落道德基础的主要情感指标——会造成对外部成员的负面评估，例如移民者、外族团体以及地位低下的外围团体（Hodson & Costello，2007）。实际上，在与人员处理有关的方面，会引起厌恶感的组织会降低个人的大脑激活（Harris & Fiske，2006），这说明厌恶感会让个人使外部成员失去人性（Harris & Fiske，2007；Hodson & Costello，2007）。最后，需要注意的是，圣洁/堕落道德基础与虔诚有紧密的联系（Ellison，1991；Graham et al.，2011；Sosis & Bulbulia，2011）。虽然宗教信条经常会强调亲社会性，但是最近的回顾和分析认为，宗教激励的亲社会性的最大特点就是亲组织行为（Boer & Fischer，2013；Galen，2012；Henrich，Ensminger，et al.，2010；Norenzayan & Shariff，2008）。

命题 11：当追随者对符合（a）忠诚/背叛道德基础或（b）圣洁/堕落道德基础的领导人行为进行道德评判的时候，他们将被鼓励进行亲组织行为。

亲领导人行为

亲社会行为是指用来帮助他人的活动，无论这些人是谁。亲组织行为将道德的范畴降低到了组织内部，并将我们的目的定义为组织的边界。一个范围更小的道德领域就是只按照某人领导的命令行事——我们这里所说的就是亲领导人行为。如同亲组织行为会涉及亲社会行为或以组织的名义牺牲整体利益一样，亲领导人行为也会涉及亲组织行为，或以领导人的名义牺牲组织的利益。在进行亲领导人行为的时候，追随者可能只是帮助领导按时完成任务，但是追随者也可能会通过侵害其他员工的利益来提高领导人的声望。

与亲领导人行为关系最密切的就是权威/颠覆道德基础以及顺从、服从和尊重等价值观。在日常情况下，地位低下的人员通常会保护地位较高的领导人，以获得所需的资源和支持作为交换条件（Fiske，1991；Rai & Fiske，2011）。有些时候，这些保护性措施必然会违反领导人及追随者所在组织的利益，如军事政变、工会罢工以及员工离开原公司建立竞争公司。在极端情况下，被权威和顺从等价值观所驱动的行为可能会与被同情和公正等价值观驱动的行为出现严重偏离。在 1968 年，美国军队的一个连杀害了 500 名越南平民，其中大部分是妇女和儿童，而这些士兵的行为却是为了服从某值得信任的领导人的权威（Bilton & Sim，1993）。

命题 12：当追随者对符合权威/颠覆道德基础的领导人行为进行道德评判的时候，他们可能会被激励进行亲领导人行为。

亲个人行为

我们考虑的最后一个行为领域就是亲个人行为。对此，我们并不是指亲自身或自私行为（De Dreu & Nauta，2009），而是指以让个人能够自主行动为目标的行为。虽然亲社会行为通常包含限制自主行动的直接干预，例如为它完成某负担过重的员工的项目，但是亲个人行为关注的是能够实现自主行动的干预，例如让员工决定何时回来工作以及何时进行远程工作。

亲个人行为最符合自由/压制道德基础，以及自治力和独立性等价值观。亲个人行为的典型例子就是授权，在这一过程中，个人将得到完成某项工作所需的资源。最近的证据证明，授权是一个高度满足需要的过程（Maynard，Gilson & Mathieu，2012），尤其是在以自治力为导向的个人中间（Liu，Zhang，Wang & Lee，2011）。虽然授权的特点经常是领导人授予其追随者权力，但是研究认为，追随者也可以相互授权，且组织也会因为其开展业务方式的特征对授权进行不同的强调（Wallace，Johnson，Mathe & Paul，2011）。需要注意的是，与亲社会行为、亲组织行为和亲领导人行为一样，在对亲个人行为进行道德判定的时候，这就成为了对或错的事情。虽然很多个人会选择自治力和授权，但是还有一小部分个人愿意将其看做是道德的必要条件。将自治力和授权看做是道德必要条件的理念得到了自由主义哲学的例证，其价值观如自治力超越了所有其他一切价值观，包括同情心和公平（Iyer et al.，2012）。

命题 13：当追随者对符合自由/压制道德基础的领导人行为进行道德评判的时候，他们会被鼓励进行亲个人行为。

讨 论

道德经常被视为是领导的一个重要部分。虽然多年以来，学者们已经研究了与道德领导有关的行为，但是其讨论倾向于对道德领域采用一种狭隘的方法（Weaver et al.，2014）。在本文中，我们通过以追随者为中心的模型扩展了道德领导的概念，说明了追随者何时会对其领导人的行为进行道德评判，以及追随者行为道德评判的含义。下文我们将研究模型的理论和实践因素，重点强调未来研究的关键领域并讨论该模型的几个潜在限制。

理论因素

首先，重要的一件事就是说明我们如何相信本文所述观点会对道德领导理论做出贡献。如前所述，到目前为止，研究人员主要采用了一种对道德领导较为狭隘的定义，这一定义依据的是关于道德领域内容的特定假设。通过采用以追随者为中心的道德领导方法，我们强调了道德评判在建立道德领导观念中的关键作用。对于被视为是道德的领导人，追随者必须将道德相关性授予其活动。当试图了解何时会出现道德评判以及何时不会出现时，这一观点反过来强调了了解追随者道德基础和组织文化道德基础的重要性。MFT 提供了一种组织框架，通过该框架，我们能够了解这些道德基础。该框架强调的是，追随者可能会对不同范围的行为进行道德评判，从同情和公平对待到授权和自我牺牲。

其次，我们通过强调两种途径为道德领导理论做出了贡献，通过这两种途径，如果某领导人的行动得到了道德评判，那么道德评判就会对追随者的行为产生影响。第一，通过自我关注途径，追随者会被鼓励维持一种道德自尊感，这会鼓励追随者以一种价值观一致的方式进行活动，因此能够将其自身视为道德的人。第二，通过一种他人关注途径，追随者将会被鼓励维持一种道德声誉，这会鼓励追随者以一种价值观一致的方式来活动，从而将其自身看做是道德的人。这两种截然不同的途径超出了当前对道德领导影响机制的研究，说明了何时追随者最有可能通过社会学习得到激励，以及追随者何时最有可能通过价值激活得到激励。

最后，我们围绕着道德领导的影响提供了更加细致的预测。之前的研究关注的主要是道德领导对亲社会行为的影响，例如帮助行为和揭发行为（Mayer et al., 2013）。通过引入价值观一致性的概念，我们提出了更多可能会得到道德领导鼓励的行为。除了亲社会行为之外，道德领导还可能会激励亲组织行为、亲领导行为和亲个人行为。因此，还不能立即清楚道德领导是否总会产生被普遍认可的结果。在某些情况下，道德领导可能会鼓励追随者以组织之外的个人为代价来帮助其组织，或是会鼓励追随者以组织为代价来帮助其领导人。

实践因素

除了上述理论因素之外，当前的研究还强调了道德领导研究重要的实践考虑因素。最值得注意的是，我们强调了对道德领导测量的更深层考虑因素的重要性，以及建立在多重道德基础之上的道德领导模型的挑战。

应如何测量道德领导？到目前为止，道德领导的经验研究主要依赖的是道德领导范围（Brown et al.，2005），这最符合关怀/伤害和公平/欺骗道德基础（见表1）。关怀/伤害及公平/欺骗道德基础是道德领域重要的部分，而且全世界的人们似乎都认可这些基础的道德相关性（Graham et al.，2009；Resick et al.，2011）。但是，对于这两个基础的严格关注却有局限性。鉴于个人的道德基础是由一系列相互作用的因素决定的，这些因素包括文化、社会经济地位、个性和政治取向等（Graham et al.，2013），因此仅取决于这两个道德基础的研究所面临的风险就是可能忽略对被评估员工具有主要道德重要性的问题。

一个更有前途的选择就是将道德领导的措施扩展到范围更广的道德基础。这会让专家学者制定与特定背景相关性最高的道德基础的措施。例如，房地产行业是一个高度自治的领域，该行业非常看重个人自由和个人主动权（Crant，1995）。因此，学者们可能希望加入授权措施，来认可自由/压制道德基础与该领域道德领导概念可能存在的相关性。与之类似的是，学者们在研究军队中道德领导的时候，可能希望明确考虑授权和忠诚，或考虑宗教背景中的纯洁。总之，我们建议学者采用更加背景化的方法来研究道德领导，将其措施与理论化的道德基础联系起来，从而用于特定的员工、组织和行业。虽然这种方法具有挑战性，但是也有很多优势。我们将我们的讨论看做是一个起点，并且鼓励以后的研究进一步开发这一更加全面的方法，来进行道德领导研究。

多重基础的挑战。道德领导文献的一个核心假设就是领导人应当成为"道德的管理者"，而且应当制定鼓励道德行为的组织政策（Treviño et al.，2000）。但是，MFT 为希望利用道德来获得更专注和受启发的工作力量的领导人提出了更复杂的实际挑战。领导人不能轻易地使用一系列最佳实践来进行道德领导。相反，成为道德领导人的好处可能取决于某领导人的行为是否能够符合领导人的追随者和组织的道德基础。这里可以参考 Chik-fil-A CEO Dan Cathy 反对同性婚姻的公共立场的例子。在本国的一些地方，他的言论得到了认为他的行动符合圣洁/堕落道德基础的员工的赞扬。在本国的其他一些地方，有些员工认为他的言论违反了关怀/伤害和公平/欺骗道德基础，导致了一些异常行为和怠工行为。

领导人、追随者及其组织的道德基础出现相互抵触的频率是一个重要的经验问题。吸引力—选择—摩擦理论认为，随着时间的变化，组织会变得更加具有同质性，这会增加道德的一致性，因为具有分歧的道德观点的员工会离开组织，而具有相同道德观点的员工会受雇于组织（Schneider，Goldstein & Smith，1995）。在小的家族式公司中，道德一致性可能尤为常见，在这些公司，员工都具有相同的背景（Gomez-Mejia，Cruz，Berrone & De Castro，2011）。但是，组织的员工可能会经常处理不一致的道德基础，尤其是在员工具有不同背景的大型组织中（Haidt et al.，

1993)。

领导人可以通过重点关注特定员工集体或组织的核心道德基础来解决多重道德基础或是矛盾道德基础带来的挑战。例如，医院和其他社会福利组织的领导人可以通过让其行动与关怀/伤害基础相对应的方式来利用道德的激励作用，尤其是在组织具有强大文化的时候（Schneider, Salvaggio & Subirats, 2002）。对道德基础的关注可以帮助领导人更有效地使用其他方法。例如，领导人可能会发现，支持权威/颠覆道德基础的追随者比不太强调该基础的支持者更加支持其行动，而且这些支持者可能会据此调节其行为。同样，领导人可能会发现，支持忠诚/背叛道德基础的追随者尤为支持集体道德和行动。

未来的方向

领导人的主动作用。未来的研究应当谨慎考虑领导人何时以及用什么方法来塑造其追随者和组织文化的道德基础。虽然个人的道德基础一般被视为是跨环境的，但是这些道德基础不如个性特质稳定，而且随着时间的推移会出现逐渐的变化（Haidt, 2012）。与之类似的是，组织文化也会出现逐渐的变化，尤其是当组织是私营组织、小组织和新组织的时候（Tsui, Zhang, Wang, Xin & Wu, 2006）。

某些领导人在塑造其追随者和组织的道德方面比其他领导人更加成功。梦想式和魅力式领导人对于道德影响的利用尤为熟练（Schein, 2010）。这种影响可以直接或间接显现出来。Schaubroeck 等（2012）发现，领导人可以通过其组织文化以及影响组织层级中其下级的领导人的道德来间接影响其员工的道德认知及行为。除了影响追随者和组织的道德基础之外，领导人可能会尝试用与道德有关的方式来构建其行为（Feinberg & Willer, 2013）。在一项研究中发现，当非营利性定制信息符合捐赠方的道德基础的时候，捐款就会大幅增加（Winterich, Zhang & Mittal, 2012）。

因为领导人及其追随者和组织文化在道德领导人概念的建立和后果中都起到了重要的作用，所以未来的研究可能会从一种让人联想起领导—成员交流观点的方法中获益，在这种观点里，领导人会与其个别追随者建立特殊的关系（Graen & Scandura, 1987）。因为我们预想领导人的行为会反映其道德基础，所以符合道德基础的领导人和追随者有可能快速建立起高质量的关系。道德基础不一致的领导人及其追随者可能会发现高质量的关系建立起来非常缓慢。领导人作为追随者及组织道德基础影响者的潜在作用强调了对领导行为进行道德判定的临时观点的重要性。纵向设计能够谨慎地指出领导人对其组织和追随者道德基础的影响量，并能够让研究人员了解我们命题所指的因果关系途径。

除了研究领导人如何塑造其追随者的道德基础之外，未来的研究还应当考虑领导人如何才能指导员工的行为。我们的模型假设追随者了解需要做什么才能遵守个人及/或其组织的道德准则。但是，实际情况可能并非如此（Warren & Smith-Crowe，2008）。即便领导人无法塑造其追随者的道德基础，领导人也能通过说明追随者如何让其活动与特定的道德基础相符来进行有效的影响。例如，强调关怀/伤害道德基础的领导人可能会通过参与志愿者活动来说明其追随者如何才能表现出同情心。

道德评判的意外情况。在这篇文章中，我们在能够确定何时会支持某特定道德基础以及何时不会支持某道德基础的个人因素和组织因素方面，只提供了不多的几个例子。现有的研究认为，在追随者何时会对其领导人的行为进行道德判定方面，存在系统和可预测的差异，强调了需要让研究者们考虑的重要问题。在意向层面上，Graham 等（2009，2011）证明，自由主义者主要强调了关怀/伤害和公平/欺骗基础，而保守派则更倾向于强调全部六个道德基础（Iyer et al.，2012）。因此，未来的研究在评估道德领导的道德基础时，可能希望明确考虑追随者和组织的政治取向。多项研究也已经可靠地证明了 MFT 和五大个性特质之间的关系（Hirsh，DeYoung，Xu & Peterson，2010；Iyer et al.，2012；Lewis & Bates，2011），其认为组织及其领导人可能能够从这些特质中产生的追随者的道德基础中举一反三。在背景层面上，多项研究已经将富有同情心的组织文化（Fehr & Gelfand，2012）与富有同情心的活动（Dutton，Worline，Frost & Lilius，2006）与医疗行业联系了起来（Lilius et al.，2011）。美国军队似乎尤为支持忠诚/背叛和权威/颠覆道德基础（Department of the Army，2006；Hannah et al.，2013），而纯洁与虔诚的关系非常密切（Koleva et al.，2012），且经常与食物联系在一起（Rozin，1999）。在组织层面上，文化和气候研究认为，组织在对公平/欺骗道德基础（Whitman et al.，2012）、关怀/伤害道德基础（Weber，Unterrainer & Schmid，2009）以及自由/压制道德基础（Wallace et al.，2011）的支持方面存在差异。因此，未来的研究可以利用对某行业或组织的理解来指出哪些道德基础最有可能与其背景相关。

除了这些意外情况之外，重要的一点是要考虑道德评判的限制——道德评判可能不会产生价值观一致性活动的情况。追随者如果在工作时与其行为出现了道德脱离（Moore，Detert，Treviño，Baker & Mayer，2012），或是将其个人身份与工作身份断开（Bhattacharjee，Berman & Reed，2013），则可能会放弃道德行为。另外，在具有压倒性工作需求的背景中，追随者可能缺少进行价值观一致性活动的自我控制资源（Gino，Schweitzer，Mead & Ariely，2011）。我们鼓励未来的研究深入探讨这些问题。

道德的自律性。在本文中，我们主要关注的是 MFT 的内容——在特定的时间和地点被某个人视为是具有道德相关性的活动类型。需要注意的是，MFT 中也包含对道德决策过程的讨论，并说明个人对道德问题的看法也会同时受到慎重（如

Mayer et al.，2012）且直观（Haidt，2001；Sonenshein，2007）的过程的驱动。对这些问题的详细讨论超出了本文的范围。但是，我们发现，MFT 赞成的双过程方法对于未来研究具有重大潜力，尤其是在呼吁能够补充而且可超越认知发展传统的研究时（Rest，1986）。例如，道德评判的自治力认为，追随者可能会发现难以说明其对其领导人的道德回应，产生了让领导人更好地了解其追随者的道德问题的障碍。同样，MFT 的知觉部分认为，感情在追随者回应其领导人的道德行动中起到了重要的作用。组织学对 MFT 这一方面的相关性详细讨论可见 Weaver 和 Brown（2012）以及 Weaver 等（2014）。

对一种道德基础方法的评论

本文提出的理论并非没有限制。最值得注意的是，MFT 已经因多种理由受到了批评（Gray，Waytz & Young，2012；Suhler & Churchland，2011），主要的批评就是 MFT 提出的一系列基础是不完整的。例如，Suhler 和 Churchl（2011：2103）认为，该理论提出的基础的数量及其对道德领域的分类明显是不自然的，忽略了同样良好的候选基础以及在基础的内容中存在大量内部差异的可能性。MFT 在最初的时候，只提出了四个基础（Haidt & Joseph，2004），后来扩展到五个（Graham et al.，2009），现在是六个（Haidt，2012）。Haidt 及其同事认为，他们对道德基础的分类只是一个起点，且有可能进行修改（Graham et al.，2013）。他们已经讨论了将浪费作为一个道德基础，并且对公平/欺骗基础进行修改，明确包含公平准则，但是要排除公平性和需求准则。在我们看来，MFT 能够被修改是其重要的优势之一，因为这可以让研究者在发现新的证据时对其理论进行扩展和修订。这些潜在的修改说明道德领导的研究有令人兴奋的新方向。如果出现了新的道德基础，则可以提供新的机会，提升我们对道德领导含义的理解。但是，我们发现，即便是在对道德基础进行修改和扩展的时候，我们模型的重要机制仍然不会改变。道德判定仍然是道德领导概念的核心，且价值观一致性仍然是其影响的核心。

其他评论家认为，MFT 因其说明性方法面临着变得过于相对的风险（Graham et al.，2013）。在这一条评论中，重要的是区分道德评判和道德。如 John Stuart Mill 曾经说过的，自然并不是我们能够效仿的适当模型。不能因为大自然会杀戮我们就去杀戮；不能因为大自然会折磨人我们就去折磨别人；不能因为大自然会毁灭我们就去毁灭；我们应当研究大自然会做什么，并考虑什么是正确的（Graham et al.，2013）。用另外一种观点来看，将某特定的问题或行为看做是道德的倾向并不意味着这就是我们需要的。我们在本文中没有提出任何标准观点，我们也不认为基于圣洁/堕落的道德领导观点比基于关怀/伤害的道德领导观点更合法或更不合法。但是，这些不同类型的道德领导如何影响组织成果的经验问题仍然是非常有趣的。基于纯洁的道德领导在促进组织公民身份方面是否与基于关怀的道德领导同样有效？基于公平的道德领导之下的反工作行为是否会下降到基于忠诚的领导之下的水平？追随者是否期望特定的领导（如政治家）会比其他领导（如零售店的经理）更纯洁？这些问题超出了本文的范围，但是对于未来的研究则是重要的领域。

结 论

道德是一种重要的力量。道德可以将个人团结在一起，并可以通过他人不用的方式对其进行鼓励。与此同时，道德是神秘的。MFT 发现的广泛的道德方面给领导人们带来了独特的挑战。最佳实践可能需要用对特定追随者或特定组织来说最重要的道德基础的了解来进行修改。在考虑到了完整的人类道德之后，道德领导研究的目的是要为组织学做出更有效和更强大的贡献。

参考文献

［1］Ambrose, M. L., Schminke, M., & Mayer, D. M. 2013. Trickledown effects of supervisor perceptions of interactional justice: A moderated mediation approach. Journal of Applied Psychology, 98: 678-689.

［2］Andorfer, V. A., & Liebe, U. 2012. Research on fair trade consumption—A review. Journal of Business Ethics, 106: 415-435.

［3］Aristotle. 2011. Nicomachean ethics. Seattle: Pacific Publishing Studio.

［4］Ashforth, B. E., Kreiner, G. E., Clark, M. A., & Fugate, M. 2007. Normalizing dirty work: Managerial tactics for countering occupational taint. Academy of Management Journal, 50: 149-174.

［5］Avolio, B. J., Walumbwa, F. O., & Weber, T. J. 2009. Leadership: Current theories, research, and future directions. Annual Review of Psychology, 60: 421-449.

［6］Ayman-Nolley, S., & Ayman, R. 2005. Children's implicit theories of leadership. In B. Schyns & J. R. Meindl (Eds.), Implicit leadership theories—Essays and explorations: 227-274. Greenwich, CT: Information Age.

［7］Bandura, A. 1977. Social learning theory. Englewood Cliffs, NJ: Prentice Hall.

［8］Bandura, A. 1986. Social foundations of thought and action. Englewood Cliffs, NJ: Prentice Hall.

［9］Baron, J., Ritov, I., & Greene, J. D. 2013. The duty to support nationalistic policies. Journal of Behavioral Decision Making, 26: 128-138.

［10］Barsade, S. G., & O'Neill, O. A. In press. What's love got to do with it? A longitudinal study of the culture of companionate love and employee and client outcomes in the long-term care setting. Administrative Science Quarterly.

[11] Bass, B. M. 2008. The Bass handbook of leadership: Theory, research, and managerial implications. New York: Free Press.

[12] Bass, B. M., & Avolio, B. J. 2000. MLQ: Multifactor Leadership Questionnaire. Redwood City, CA: Mind Garden.

[13] Bass, B. M., & Steidlmeier, P. 1999. Ethics, character, and authentic transformational leadership behavior. Leadership Quarterly, 10: 181-217.

[14] Bergsieker, H. B., Shelton, J. N., & Richeson, J. A. 2010. To be liked versus respected: Divergent goals in interracial interactions. Journal of Personality and Social Psychology, 99: 248-264.

[15] Berlin, I. 1969. Four essays on liberty. Oxford: Oxford University Press.

[16] Beugré, C. D. 2012. Development and validation of a deontic justice scale. Journal of Applied Social Psychology, 42: 2163-2190.

[17] Bhattacharjee, A., Berman, J. Z., & Reed, A., II. 2013. Tip of the hat, wag of the finger: How moral decoupling enables consumers to admire and admonish. Journal of Consumer Research, 39: 1167-1184.

[18] Bilton, M., & Sim, K. 1993. Four hours in My Lai. New York: Penguin.

[19] Blasi, A. 1980. Bridging moral cognition and moral action: A critical review of the literature. Psychological Bulletin, 88: 1-45.

[20] Bligh, M. C., Kohles, J. C., & Pillai, R. 2011. Romancing leadership: Past, present, and future. Leadership Quarterly, 22: 1058-1077.

[21] Boehm, C. 2012. Moral origins: The evolution of virtue, altruism, and shame. New York: Basic Books.

[22] Boer, D., & Fischer, R. 2013. How and when do personal values guide our attitudes and sociality? Explaining cross-cultural variability in attitude-values linkages. Psychological Bulletin, 139: 1113-1147.

[23] Brown, M., & Mitchell, M. 2010. Ethical and unethical leadership: Exploring new avenues for future research. Business Ethics Quarterly, 20: 583-616.

[24] Brown, M., Trevino, L. K., & Harrison, D. A. 2005. Ethical leadership: A social learning perspective for construct development and testing. Organizational Behavior and Human Decision Processes, 97: 117-134.

[25] Brown, M. E., & Treviño, L. K. 2006. Ethical leadership: A review and future directions. Leadership Quarterly, 17: 595-616.

[26] Burns, J. M. 1978. Leadership. New York: Harper & Row.

[27] Chapman, H. A., & Anderson, A. K. 2013. Things rank and gross in nature: A review and synthesis of moral disgust. Psychological Bulletin, 139: 300-327.

[28] Cheng, B. S., Chou, L. F., Wu, T. Y., Huang, M. P., & Farh, J. L. 2004. Paternalistic leadership and subordinate responses: Establishing a leadership model in Chinese organizations. Asian Journal of Social Psychology, 7: 89-117.

[29] Cohen, T. R., Wolf, S. T., Panter, A. T., & Insko, C. A. 2011. Introducing the GASP scale: A new measure of guilt and shame proneness. Journal of Personality and Social Psychology, 100: 947-966.

[30] Colquitt, J. A. 2001. On the dimensionality of organizational justice: A construct validation of a measure. Journal of Applied Psychology, 86: 386-400.

[31] Conger, J. A., & Kanungo, R. N. 1998. Charismatic leadership in organizations. Thousand Oaks, CA: Sage.

[32] Crant, J. M. 1995. The proactive personality scale and objective job performance in real estate agents. Journal of Applied Psychology, 80: 532-537.

[33] Cropanzano, R., Goldman, B., & Folger, R. 2003. Deontic justice: The role of moral principles in workplace fairness. Journal of Organizational Behavior, 24: 1019-1024.

[34] De Cremer, D., Mayer, D. M., van Dijke, M., Schouten, B. C., & Bardes, M. 2009. When does self-sacrificial leadership motivate prosocial behavior? It depends on followers' prevention focus. Journal of Applied Psychology, 94: 887-899.

[35] De Cremer, D., van Knippenberg, B., van Knippenberg, D., Mullenders, D., & Stinglhamber, F. 2005. Rewarding leadership and fair procedures as determinants of selfesteem. Journal of Applied Psychology, 90: 3-12.

[36] De Dreu, C. K., & Nauta, A. 2009. Self-interest and otherorientation in organizational behavior: Implications for job performance, prosocial behavior, and personal initiative. Journal of Applied Psychology, 94: 913-926.

[37] Department of the Army. 2006. Field manual 6-22. Army leadership: Competent, confident, and agile. Washington, DC: Department of the Army.

[38] DeRue, D. S., Barnes, C. M., & Morgeson, F. P. 2010. Understanding the motivational contingencies of team leadership. Small Group Research, 41: 621-651.

[39] DeScioli, P., & Kurzban, R. 2013. A solution to the mysteries of morality. Psychological Bulletin, 139: 477-496.

[40] De Waal, F. 1982. Chimpanzee politics: Power and sex among apes. London: Jonathan Cape.

[41] De Waal, F. B. M. 1996. Good natured: The origins of right and wrong in humans and other animals. Cambridge, MA: Harvard University Press.

[42] Dunning, D. 2007. Self-image motives and consumer behavior: How sacrosanct self-beliefs sway preferences in the marketplace. Journal of Consumer Psychology, 17: 237-249.

[43] Dutton, J. E., Worline, M. C., Frost, P. J., & Lilius, J. 2006. Explaining compassion organizing. Administrative Science Quarterly, 51: 59-96.

[44] Effron, D. A., & Miller, D. T. 2012. How the moralization of issues grants social legitimacy to action one's attitudes. Personality and Social Psychology Bulletin, 38: 690–701.

[45] Ehrhart, M. G. 2004. Leadership and procedural justice climate as antecedents of unit-level organizational citizenship behavior. Personnel Psychology, 57: 61–94.

[46] Eisenbeiss, S. 2012. Re-thinking ethical leadership: An interdisciplinary integrative approach. Leadership Quarterly, 23: 791–808.

[47] Ellemers, N., Pagliaro, S., Barreto, M., & Leach, C. W. 2008. Is it better to be moral than smart? The effects of morality and competence norms on the decision to work at group status improvement. Journal of Personality and Social Psychology, 95: 1397–1410.

[48] Ellison, C. G. 1991. Religious involvement and subjective well-being. Journal of Health and Social Behavior, 32: 80–99.

[49] Epitropaki, O., & Martin, R. 2004. Implicit leadership theories in applied settings: Factor structure, generalizability, and stability over time. Journal of Applied Psychology, 89: 293–310.

[50] Epitropaki, O., Sy, T., Martin, R., Tram-Quon, S., & Topakas, A. 2013. Implicit leadership and followership theories "the wild": Taking stock of information-processing approaches to leadership and followership in organizational settings. Leadership Quarterly, 24: 858–881.

[51] Erben, G. S., & Güneser, A. B. 2008. The relationship between paternalistic leadership and organizational commitment: Investigating the role of climate regarding ethics. Journal of Business Ethics, 82: 955–968.

[52] Fehr, R., & Gelfand, M. J. 2012. The forgiving organization: A multilevel model of forgiveness at work. Academy of Management Review, 37: 664–688.

[53] Feinberg, M., & Willer, R. 2013. The moral roots of environmental attitudes. Psychological Science, 24: 56–62.

[54] Fiedler, F. E. 1967. A theory of leadership effectiveness. New York: McGraw-Hill.

[55] Fiske, A. P. 1991. Structures of social life: The four elementary forms of human relations: Communal sharing, authority ranking, equality matching, market pricing. New York: Free Press.

[56] Fiske, A. P. 1992. The four elementary forms of sociality: Framework for a unified theory of social relations. Psychological Review, 99: 689–723.

[57] Frimer, J. A., Biesanz, J. C., Walker, L. J., & MacKinlay, C. W. 2013. Liberals and conservatives rely on common moral foundations when making judgments about influential people. Journal of Personality and Social Psychology, 104: 1040–1059.

[58] Fry, L. 2003. Toward a theory of spiritual leadership. Leadership Quarterly, 14: 693–727.

[59] Galen, L. W. 2012. Does religious belief promote prosociality? A critical examination. Psychological Bulletin, 138: 876–906.

[60] Gehman, J., Treviño, L. K., & Garud, R. 2013. Values work: A process study of the

emergence and performance of organizational values practices. Academy of Management Journal, 56: 84-112.

[61] Gilligan, C. 1982. In a different voice. Cambridge, MA: Harvard University Press.

[62] Gino, F., Schweitzer, M. E., Mead, N. L., & Ariely, D. 2011. Unable to resist temptation: How self-control depletion promotes unethical behavior. Organizational Behavior and Human Decision Processes, 115: 191-203.

[63] Gomez-Mejia, L. R., Cruz, C., Berrone, P., & De Castro, J. 2011. The bind that ties: Socioemotional wealth preservation in family firms. Academy of Management Annals, 5: 653-707.

[64] Goodall, J. 1986. The chimpanzees of Gombe: Patterns of behavior. Cambridge, MA: Belknap Press of Harvard University Press.

[65] Graen, G. B., & Scandura, T. A. 1987. Toward a psychology of dyadic organizing. Research in Organizational Behavior, 9: 175-208.

[66] Graham, J., Haidt, J., Koleva, S., Motyl, M., Iyer, R., Wojcik, S. P., & Ditto, P. H. 2013. Moral foundations theory: The pragmatic validity of moral pluralism. Advances in Experimental Social Psychology, 47: 55-130.

[67] Graham, J., Haidt, J., & Nosek, B. A. 2009. Liberals and conservatives use different sets of moral foundations. Journal of Personality and Social Psychology, 96: 1029-1046.

[68] Graham, J., Nosek, B. A., Haidt, J., Iyer, R., Koleva, S., & Ditto, P. H. 2011. Mapping the moral domain. Journal of Personality and Social Psychology, 101: 266-385.

[69] Grant, A. 2012. Leading with meaning: Beneficiary contact, prosocial impact, and the performance effects of transformational leadership. Academy of Management Journal, 55: 458-476.

[70] Grant, A. M., & Mayer, D. M. 2009. Good soldiers and good actors: Prosocial and impression management motives as interactive predictors of affiliative citizenship behaviors. Journal of Applied Psychology, 94: 900-912.

[71] Gray, K., Waytz, A., & Young, L. 2012. The moral dyad: A fundamental template unifying moral judgment. Psychological Inquiry, 23: 206-215.

[72] Greenleaf, R. K. 1970. The servant as leader. Indianapolis: Robert K. Greenleaf Center.

[73] Greenleaf, R. K. 1977. Servant leadership. New York: Paulist Press.

[74] Grojean, M., Resick, C., Dickson, M. W., & Smith, D. B. 2004. Creating the desired climate regarding ethics: The role of values and organizational leadership. Journal of Business Ethics, 55: 223-241.

[75] Haidt, J. 2001. The emotional dog and its rational tail: A social intuitionist approach to moral judgment. Psychological Review, 108: 814-834.

[76] Haidt, J. 2012. The righteous mind: Why good people are divided by politics and religion. New York: Pantheon.

[77] Haidt, J., & Joseph, C. 2004. Intuitive ethics: How innately prepared intuitions generate

culturally variable virtues. Daedalus, 133: 55–66.

[78] Haidt, J., Koller, S. H., & Dias, M. G. 1993. Affect, culture, and morality, or is it wrong to eat your dog? Journal of Personality and Social Psychology, 64: 613–628.

[79] Haidt, J., Rosenberg, E., & Hom, H. 2003. Differentiating diversities: Moral diversity is not like other kinds. Journal of Applied Social Psychology, 33: 1–36.

[80] Hammer, T. H., Saksvik, P. Ø, Nytrø, K., Torvatn, H., & Bayazit, M. 2004. Expanding the psychosocial work environment: Workplace norms and work–family conflict as correlates of stress and health. Journal of Occupational Health Psychology, 9: 83–97.

[81] Hannah, S. T., Schaubroeck, J. M., Peng, A. C., Lord, R. G., Treviño, L. K., Kozlowski, S. W. Avolio, B. J., Dimotakis, N., & Doty, J. 2013. Joint influences of individual and work unit abusive supervision on ethical intentions and behaviors: A moderated mediation model. Journal of Applied Psychology, 98: 579–592.

[82] Harris, L. T., & Fiske, S. T. 2006. Dehumanizing the lowest of the low: Neuroimaging responses to extreme out-groups. Psychological Science, 17: 847–853.

[83] Harris, L. T., & Fiske, S. T. 2007. Social groups that elicit disgust are differentially processed in mPFC. Social Cognitive and Affective Neuroscience, 2: 45–51.

[84] Helweg-Larsen, M., Tobias, M. R., & Cerban, B. M. 2010. Risk perception and moralization among smokers in the USA and Denmark: A qualitative approach. British Journal of Health Psychology, 15: 871–886.

[85] Henrich, J., Ensminger, J., McElreath, R., Barr, A., Barrett, C., Bolyanatz, A., Cardenas, J. C., Gurven, M., Gwako, E., Henrich, N., Lesorogol, C., Marlowe, F., Tracer, D., & Ziker, J. 2010. Markets, religion, community size, and the evolution of fairness and punishment. Science, 327: 1480–1484.

[86] Henrich, J., Heine, S. J., & Norenzayan, A. 2010. The weirdest people in the world? Behavioral and Brain Sciences, 33: 61–135.

[87] Higgins, E. T. 1996. The "self-digest": Self-knowledge serving self-regulatory functions. Journal of Personality and Social Psychology, 71: 1062–1083.

[88] Hinkin, T. R., & Schriesheim, C. A. 2008. An examination of "nonleadership": From laissez-faire leadership to leader reward omission and punishment omission. Journal of Applied Psychology, 93: 1234–1248.

[89] Hirsh, J. B., DeYoung, C. G., Xu, X., & Peterson, J. B. 2010. Compassionate liberals and polite conservatives: Associations of agreeableness with political ideology and values. Personality and Social Psychology Bulletin, 36: 655–664.

[90] Hodson, G., & Costello, K. 2007. Interpersonal disgust, ideological orientations, and dehumanization as predictors of intergroup attitudes. Psychological Science, 18: 691–698.

[91] House, R. J. 1971. A path goal theory of leader effectiveness. Administrative Science Quarterly, 16: 321–338.

［92］House, R. J. 1996. Path-goal theory of leadership: Lessons, legacy, and a reformulated theory. Leadership Quarterly, 7: 323-352.

［93］House, R. J., Hanges, P. J., Javidan, M., Dorfman, P. W., & Gupta, V. 2004. Culture, leadership, and organizations: The globe study of 62 societies. Thousand Oaks, CA: Sage.

［94］Iyer, R., Koleva, S., Graham, J., Ditto, P., & Haidt, J. 2012. Understanding libertarian morality: The psychological dispositions of self-identified libertarians. PLoS ONE, 7 (8): e42366.

［95］Jaffee, S., & Hyde, J. S. 2000. Gender differences in moral orientation: A meta-analysis. Psychological Bulletin, 126: 703-726.

［96］Janson, A., Levy, L., Sitkin, S. B., & Lind, E. A. 2008. Fairness and other leadership heuristics: A four-nation study. European Journal of Work and Organizational Psychology, 17: 251-272.

［97］Jones, T. M., & Ryan, L. V. 1997. The link between ethical judgment and action in organizations: A moral approbation approach. Organization Science, 8: 663-680.

［98］Jost, J. T. 2012. Left and right, right and wrong. Science, 337: 525-526.

［99］Judge, T. A., Piccolo, R. F., & Ilies, R. 2004. The forgotten ones? The validity of consideration and initiating structure in leadership research. Journal of Applied Psychology, 89: 36-51.

［100］Kalshoven, K., Den Hartog, D. N., & De Hoogh, A. H. B. 2011. Ethical Leadership at Work Questionnaire (ELW): Development and validation of a multidimensional measure. Leadership Quarterly, 22: 51-69.

［101］Karremans, J. C., & Van Lange, P. M. 2005. Does activating justice help or hurt in promoting forgiveness? Journal of Experimental Social Psychology, 41: 290-297.

［102］Keller, T. 1999. Images of the familiar: Individual differences and implicit leadership theories. Leadership Quarterly, 10: 589-607.

［103］Knafo, A., Roccas, S., & Sagiv, L. 2011. The value of values in cross-cultural research: A special issue in honor of Shalom Schwartz. Journal of Cross-Cultural Psychology, 42: 178-185.

［104］Kohlberg, L. 1971. From is to ought: How to commit the naturalistic fallacy and get away with it in the study of moral development. In T. Mischel (Ed.), Cognitive development and epistemology: 151-235. New York: Academic Press.

［105］Koleva, S. P., Graham, J., Iyer, R., Ditto, P. H., & Haidt, J. 2012. Tracing the threads: How five moral concerns (especially purity) help explain culture war attitudes. Journal of Research in Personality, 46: 184-194.

［106］Koonz, C. 2003. The Nazi conscience. Cambridge, MA: Belknap Press of Harvard University Press.

［107］Kruglanski, A. W. 1996. Motivated social cognition: Principles of the interface. In E. T.

Higgins & A. W. Kruglanski (Eds.), Social psychology: Handbook of basic principles: 493–520. New York: Guilford.

[108] Lewis, G. J., & Bates, T. C. 2011. From left to right: How the personality system allows basic traits to influence politics via characteristic moral adaptations. British Journal of Psychology, 102: 546–558.

[109] Lewis, G. J., Kanai, R., Bates, T. C., & Rees, G. 2012. Moral values are associated with individual differences in regional brain volume. Journal of Cognitive Neuroscience, 24: 1657–1663.

[110] Liden, R. C., Wayne, S. J., Zhao, H., & Henderson, D. 2008. Servant leadership: Development of a multidimensional measure and multi–level assessment. Leadership Quarterly, 19: 161–177.

[111] Lieberman, D., & Linke, L. 2007. The effect of social category on third party punishment. Evolutionary Psychology, 5: 289–305.

[112] Lilius, J. M., Worline, M. C., Dutton, J. E., Kanov, J., Maitlis, S., & Frost, P. J. 2011. Understanding compassion capability. Human Relations, 64: 873–899.

[113] Liu, D., Zhang, S., Wang, L., & Lee, T. W. 2011. The effects of autonomy and empowerment on employee turnover: Test of a multilevel model in teams. Journal of Applied Psychology, 96: 1305–1316.

[114] Locke, J. 1690/1988. Two treatises of government. Cambridge: Cambridge University Press.

[115] Lord, R. G., & Brown, D. J. 2004. Leadership processes and follower identity. Mahwah, NJ: Lawrence Erlbaum Associates.

[116] Maio, G. R., Pakizeh, A., Cheung, W. Y., & Rees, K. J. 2009. Changing, priming, and acting on values: Effects via motivational relations in a circular model. Journal of Personality and Social Psychology, 97: 699–715.

[117] Mayer, D. M., Aquino, K., Greenbaum, R. L., & Kuenzi, M. 2012. Who displays ethical leadership and why does it matter? An examination of antecedents and consequences of ethical leadership. Academy of Management Journal, 55: 151–171.

[118] Mayer, D. M., Bardes, M., & Piccolo, R. F. 2008. Do servantleaders help satisfy follower needs? An organizational justice perspective. European Journal of Work and Organizational Psychology, 17: 180–197.

[119] Mayer, D. M., Nurmohamed, S., Treviño, L. K., Shapiro, D. L., & Schminke, M. 2013. Encouraging employees to report unethical behavior internally: It takes a village. Organizational Behavior and Human Decision Processes, 121: 89–103.

[120] Maynard, M. T., Gilson, L. L., & Mathieu, J. E. 2012. Empowerment—Fad or fab? A multilevel review of the past two decades of research. Journal of Management, 38: 1231–1281.

[121] Mazar, N., Amir, O., & Ariely, D. 2008. The dishonesty of honest people: A theory

of self-concept maintenance. Journal of Marketing Research, 45: 633-644.

[122] Miller, D. T., & Effron, D. A. 2010. Psychological license: When it is needed and how it functions. Advances in Experimental Social Psychology, 43: 115-155.

[123] Miller, J. G., & Bersoff, D. M. 1992. Culture and moral judgment: How are conflicts between justice and interpersonal responsibilities resolved? Journal of Personality and Social Psychology, 62: 541-554.

[124] Monin, B., & Jordan, A. H. 2009. The dynamic moral self: A social psychological perspective. In D. Narvaez & D. K. Lapsley (Eds.), Personality, identity, and character: Explorations in moral psychology: 341-354. New York: Cambridge University Press.

[125] Moore, C., Detert, J. R., Treviño, L. K., Baker, V. L., & Mayer, D. M. 2012. Why employees do bad things: Moral disengagement and unethical organizational behavior. Personnel Psychology, 65: 1-48.

[126] Moore, G. 1903. Principia ethica. Cambridge: Cambridge University Press.

[127] Nisan, M. 1990. Moral balance: A model of how people arrive at moral decisions. In T. E. Wren (Ed.), The moral domain: 283-314. Cambridge, MA: MIT Press.

[128] Nisan, M. 1991. The moral balance model: Theory and research extending our understanding of moral choice and deviation. In W. M. Kurtines & J. L. Gewirtz (Eds.), Handbook of moral behavior and development, Vol. 3: 213-249. Hillsdale, NJ: Lawrence Erlbaum Associates.

[129] Norenzayan, A., & Shariff, A. F. 2008. The origin and evolution of religious prosociality. Science, 322: 58-62.

[130] Organ, D. W., Podsakoff, P. M., & MacKenzie, S. B. 2006. Organizational citizenship behavior: Its nature, antecedents, and consequences. London: Sage.

[131] Ostroff, C., Kinicki, A. J., & Tamkins, M. M. 2003. Organizational culture and climate. In W. C. Berman, D. R. Ilgen, & R. J. Klimoski (Eds.), Handbook of psychology. Volume 12: I/O psychology. New York: Wiley.

[132] Penner, L. A., Dovidio, J. F., Piliavin, J. A., & Schroeder, D. A. 2005. Prosocial behavior: Multilevel perspectives. Annual Review of Psychology, 56: 365-392.

[133] Plato. 2009. The republic. Accessed at classics.mit.edu/Plato/republic.html.

[134] Podsakoff, P. M., Todor, W. D., & Skov, R. 1982. Effect of leader contingent and non-contingent reward and punishment behaviors on subordinate performance and satisfaction. Academy of Management Journal, 25: 810-821.

[135] Rai, T. S., & Fiske, A. P. 2011. Moral psychology is relationship regulation: Moral motives for unity, hierarchy, equality, and proportionality. Psychological Review, 118: 57-75.

[136] Rawls, J. 1971. A theory of justice. Cambridge, MA: Harvard University Press.

[137] Reave, L. 2005. Spiritual values and practices related to leadership effectiveness. Leadership Quarterly, 16: 655-687.

[138] Resick, C. J., Martin, G. S., Keating, M. A., Dickson, M. W., Kwan, H. K., & Peng, C. 2011. What ethical leadership means to me: Asian, American, and European perspectives. Journal of Business Ethics, 101: 435–457.

[139] Rest, J. R. 1986. Moral development: Advances in research and theory. New York: Praeger.

[140] Ross, W. 1930. The right and the good. Oxford: Oxford University Press.

[141] Rowold, J., & Heinitz, K. 2007. Transformational and charismatic leadership: Assessing the convergent, divergent, and criterion validity of the MLQ and the CKS. Leadership Quarterly, 18: 121–133.

[142] Rozin, P. 1999. The process of moralization. Psychological Science, 10: 218–221.

[143] Rozin, P., Lowery, L., Imada, S., & Haidt, J. 1999. The CAD triad hypothesis: A mapping between three moral emotions (contempt, anger, disgust) and three moral codes (community, autonomy, divinity). Journal of Personality and Social Psychology, 76: 574–586.

[144] Rozin, P., Markwith, M., & McCauley, C. 1994. Sensitivity to indirect contacts with other persons: AIDS aversion as a composite of aversion to strangers, infection, moral taint, and misfortune. Journal of Abnormal Psychology, 103: 495–505.

[145] Rozin, P., Markwith, M., & Stoess, C. 1997. Moralization and becoming a vegetarian: The transformation of preferences into values and the recruitment of disgust. Psychological Science, 8: 67–73.

[146] Rozin, P., & Singh, L. 1999. The moralization of cigarette smoking in the United States. Journal of Consumer Psychology, 8: 321–337.

[147] Schaller, M., & Park, J. H. 2011. The behavioral immune system (and why it matters). Current Directions in Psychological Science, 20: 99–103.

[148] Schaubroeck, J. M., Hannah, S. T., Avolio, B. J., Kozlowski, S. W. J., Lord, R. G., Treviño, L. K., Dimotakis, N., & Peng, A. C. 2012. Embedding ethical leadership within and across organization levels. Academy of Management Journal, 55: 1053–1078.

[149] Schaumberg, R. L., & Wiltermuth, S. S. 2014. Desire for a positive moral self-regard exacerbates escalation of commitment to initiatives with prosocial aims. Organizational Behavior and Human Decision Processes, 123: 110–123.

[150] Schein, E. H. 2010. Organizational culture and leadership. San Francisco: Jossey-Bass.

[151] Schneider, B., Goldstein, H. W., & Smith, D. B. 1995. The ASA framework: An update. Personnel Psychology, 48: 747–773.

[152] Schneider, B., Salvaggio, A. N., & Subirats, M. 2002. Climate strength: A new direction for climate research. Journal of Applied Psychology, 87: 220–229.

[153] Schwartz, S. H. 1992. Universals in the content and structure of values: Theoretical advances and empirical tests in 20 countries. Advances in Experimental Social Psychology, 25: 1–65.

[154] Schwartz, S. H., Cieciuch, J., Vecchione, M., Davidov, E., Fischer, R., Beierlein, C., Ramos, A., Verkasalo, M., Lönnqvist, J.-E., Demirutku, K., Dirilen-Gumus, O., & Konty, M. 2012. Refining the theory of basic individual values. Journal of Personality and Social Psychology, 103: 663-668.

[155] Shao, P., Resick, C. J., & Hargis, M. B. 2011. Helping and harming others in the workplace: The roles of personal values and abusive supervision. Human Relations, 64: 1051-1078.

[156] Sherif, M., Harvey, O. J., White, B. J., Hood, W., & Sherif, C. 1961. Intergroup conflict and cooperation: The Robbers Cave experiment. Norman: University of Oklahoma Institute of Group Relations.

[157] Shnabel, N., & Nadler, A. 2008. A needs-based model of reconciliation: Satisfying the differential needs of victim and perpetrator. Journal of Personality and Social Psychology, 94: 116-132.

[158] Shweder, R. A., Mahapatra, M., & Miller, J. 1987. Culture and moral development. In J. Kagan & S. Lamb (Eds.), The emergence of morality in young children: 1-83. Chicago: University of Chicago Press.

[159] Shweder, R. A., Much, N. C., Mahapatra, M., & Park, L. 1997. The "big three" of morality (autonomy, community, and divinity), and the "big three" explanations of suffering. In A. Brandt & P. Rozin (Eds.), Morality and health: 119-169. New York: Routledge.

[160] Simola, S. K., Barling, J., & Turner, N. 2010. Transformational leadership and leader moral orientation: Contrasting an ethic of justice and an ethic of care. Leadership Quarterly, 21: 179-188.

[161] Skitka, L. J., Bauman, C. W., & Lytle, B. L. 2009. Limits on legitimacy: Moral and religious convictions as constraints on deference to authority. Journal of Personality and Social Psychology, 97: 567-578.

[162] Solomon, R. C. 1992. Corporate roles, personal virtues: An Aristotelean approach to business ethics. Business Ethics Quarterly, 2: 317-339.

[163] Sonenshein, S. 2007. The role of construction, intuition, and justification in responding to ethical issues at work: The sensemaking-intuition model. Academy of Management Review, 32: 1022-1040.

[164] Sosis, R., & Bulbulia, J. 2011. The behavioral ecology of religion: The benefits and costs of one evolutionary approach. Religion, 41: 341-361.

[165] Suhler, C. L., & Churchland, P. 2011. Can innate, modular "foundations" explain morality? Challenges for Haidt's moral foundations theory. Journal of Cognitive Neuroscience, 23: 2103-2116.

[166] Swann, W. B., Jr., Gómez, A., Dovidio, J. F., Hart, S., & Jetten, J. 2010. Dying and killing for one's group: Identity fusion moderates responses to intergroup versions of the trolley

problem. Psychological Science, 21: 1176-1183.

［167］Torelli, C. J., & Kaikati, A. M. 2009. Values as predictors of judgments and behaviors: The role of abstract and concrete mindsets. Journal of Personality and Social Psychology, 96: 231-247.

［168］Treviño, L. K., Brown, M., & Hartman, L. P. 2003. A qualitative investigation of perceived executive ethical leadership: Perceptions from inside and outside the executive suite. Human Relations, 55: 5-37.

［169］Treviño, L. K., Hartman, L. P., & Brown, M. 2000. Moral person and moral manager: How executives develop a reputation for ethical leadership. California Management Review, 42 (4): 128-142.

［170］Trivers, R. L. 1971. The evolution of reciprocal altruism. Quarterly Review of Biology, 46: 35-57.

［171］Tsui, A. S., Zhang, Z., Wang, H., Xin, K. R., & Wu, J. B. 2006. Unpacking the relationship between CEO leadership behavior and organizational culture. Leadership Quarterly, 17: 113-137.

［172］Turiel, E. 1983. The development of social knowledge: Morality and convention. Cambridge: Cambridge University Press.

［173］Tybur, J. M., Lieberman, D., Kurzban, R., & DeScioli, P. 2013. Disgust: Evolved function and structure. Psychological Review, 120: 65-84.

［174］Uhl-Bien, M., Tierney, P. S., Graen, G. B., & Wakabayashi, M. 1990. Company paternalism and the hidden-investment process: Identification of the "right type" for line managers in leading Japanese organizations. Group and Organization Studies, 15: 414-430.

［175］Umphress, E. E., Bingham, J. B., & Mitchell, M. S. 2010. Unethical behavior in the name of the company: The moderating effect of organizational identification and positive reciprocity beliefs on unethical pro-organizational behavior. Journal of Applied Psychology, 95: 769-780.

［176］van Knippenberg, D. 2011. Embodying who we are: Leader group prototypicality and leadership effectiveness. Leadership Quarterly, 22: 1078-1091.

［177］van Knippenberg, D., De Cremer, D., & van Knippenberg, B. 2007. Leadership and fairness: The state of the art. European Journal of Work and Organizational Psychology, 16: 113-140.

［178］van Knippenberg, D., & Sitkin, S. B. 2013. A critical assessment of charismatic-transformational leadership research: Back to the drawing board? Academy of Management Annals, 7: 1-60.

［179］van Vugt, M., & Hart, C. M. 2004. Social identity as social glue: The origins of group loyalty. Journal of Personality and Social Psychology, 86: 585-598.

［180］Verplanken, B., & Holland, R. W. 2002. Motivated decisionmaking: Effects of activation and self-centrality of values on choices and behavior. Journal of Personality and Social

Psychology, 82: 434–447.

[181] Verplanken, B., Walker, I., Davis, A., & Jurasek, M. 2008. Context change and travel mode choice: Combining the habit discontinuity and self –activation hypotheses. Journal of Environmental Psychology, 28: 121–127.

[182] Wallace, J. C., Johnson, P. D., Mathe, K., & Paul, J. 2011. Structural and psychological empowerment climates, performance, and the moderating role of shared felt accountability. Journal of Applied Psychology, 96: 840– 850.

[183] Warren, D. E., & Smith–Crowe, K. 2008. Deciding what's right: The role of external sanctions and embarrassment in shaping moral judgments in the workplace. Research in Organizational Behavior, 28: 81–105.

[184] Waytz, A., Dungan, J., & Young, L. 2013. The whistleblower's dilemma and the fairness–loyalty tradeoff. Journal of Experimental Social Psychology, 49: 1027–1033.

[185] Weaver, G. R., & Brown, M. E. 2012. Moral foundations at work: New factors to consider in understanding the nature and role of ethics in organizations. In A. E. Tenbrunsel & D. DeCremer (Eds.), Behavioral business ethics: Ideas on an emerging field: 143–172. New York: Psychology Press/Taylor & Francis/Routledge.

[186] Weaver, G. R., Reynolds, S. J., & Brown, M. E. 2014. Moral intuition: Connecting current knowledge to future organizational research and practice. Journal of Management, 40: 100–129.

[187] Weber, W. G., Unterrainer, C., & Schmid, B. E. 2009. The influence of organizational democracy on employees' socio–moral climate and prosocial behavioral orientations. Journal of Organizational Behavior, 30: 1127–1149.

[188] Whitman, D. S., Caleo, S., Carpenter, N. C., Horner, M. T., & Bernerth, J. B. 2012. Fairness at the collective level: A meta –analytic examination of the consequences and boundary conditions of organizational justice climate. Journal of Applied Psychology, 97: 776–791.

[189] Winterich, K. P., Aquino, K., Mittal, V., & Swartz, P. 2013. When moral identity symbolization motivates prosocial behavior: The role of recognition and moral identity internalization. Journal of Applied Psychology, 98: 759–770.

[190] Winterich, K. P., Zhang, Y., & Mittal, V. 2012. How political identity and charity positioning increase donations: Insights from moral foundations theory. International Journal of Research in Marketing, 29: 346–354.

[191] Zhu, W., Avolio, B. J., Riggio, R. E., & Sosik, J. J. 2011. The effect of authentic transformational leadership on follower and group ethics. Leadership Quarterly, 22: 801–817.

[192] Zucker, L. G. 1991. The role of institutionalization in cultural persistence. In W. W. Powell & P. J. DiMaggio (Eds.), The new institutionalism in organizational analysis: 59 –82. Chicago: University of Chicago Press.

在混合型组织中缓和生产率的紧张：以工作整合型社会企业为例[*]

Julie Battilana，Metin Sengul，Anne-Claire Pache，Jacob Model

【摘　要】我们检验影响混合型组织社会绩效的因素，这些组织通过向工作整合型社会企业（WISEs）学习从事商业活动，从而追求社会使命并维持其运营。我们将社会印记定义为一个创始团队早期对实现组织社会使命的强调，并且认为经济生产率是工作整合型社会企业社会绩效的重要驱动。然而，工作整合型社会企业在社会印记内部有一个悖论：尽管社会印记直接提高工作整合型社会企业的社会责任表现，社会印记也间接地通过对经济生产率的负面影响削弱了社会绩效。结论基于来自法国工作整合型社会企业的 2003~2007 年面板数据，结论与我们的预测一致。为了了解工作整合型社会企业如何在社交方面可能减轻社会印记与经济生产率 φ 的负相关关系，我们也进行了案例研究的对比分析。我们发现了一个为不同小组的社会和经济活动分配任务的有效方法，同时创造了"谈判空间"——互动的竞技场，每一组的成员讨论他们面临的取舍。我们总结，要强调那些能使谈判空间有效地用于维持混合型组织中生产率紧张状况的条件。

引　言

在过去的 30 年里，我们目睹了空前数量的在社会和商业部门交叉运作经营的组织的增加。这些组织，通常被称为"社会企业"，主要是追求社会使命同时也从事商业活动，通过销售产品和/或服务来维持它们的业务（Battilana & Dorado，2010；Galaskiewicz & Barringer，2012；Hoffman，Gullo & Haigh，2012；Pache & Santos，

---

[*] Julie Battilana，Metin Sengul，Anne-Claire Pache，Jacob Model. Harnessing Productive Tensions in Hybrid Organizations: The Case of Work Integration Social Enterprises. Academy of Management Journal, 2015，58（6）：1658-1685.

初译由谭玥宁完成。

2013）。它们建立跨商业和慈善类型的组织（Austin，Wei-Skillern & Stevenson，2006；Mair & Marti，2006），因此成为"混合型"组织，结合多个方面的组织形式（Battilana & Lee，2014；Haveman & Rao，2006；Padgett & Powell，2012）。大部分这样的社会企业面临服务两类不同对象的挑战：商业活动的客户和社会活动的受益者。

组织理论学家们一直认为，服务于多方的组织更容易满足其要求，因为要依赖它们获得关键资源（Oliver，1991；Pfeffer & Salancik，1978；Wry，Cobb & Aldrich，2013）。这一预测的直接含义是，服务于不同种类的受益者和客户的社会企业有可能会专注于它们的客户，因为这些客户可让它们获得财务资源，因此可能会忽视它们的受益者。然而，这样的忽视将危及社会企业实现其社会使命的能力，质疑自己的存在理由。因此，这些混合型组织（或简称为"混血"）对组织理论构成一个有趣的问题：尽管它们可能会优先考虑客户而不是考虑受益者的风险，它们能持续实现其社会使命吗？

为了解决这个问题，我们研究一种全球流行的社会企业：工作整合型社会企业。著名的例子包括英国的《大问题》杂志、法国的回收网络 ENVIE、美国的友好商店。这些组织的主要目标是帮助长期失业者通过过渡重返劳动力市场。为了实现这一目标，工作整合型社会企业雇用失业者，失业者即是本文中提到的工作整合型社会企业的社会使命的"受益者"。这些受益者为工作整合型社会企业工作，生产商品或服务，然后将它们销售到商品市场。

这些企业在决定如何分配其资源时面临着一个两难困境。它们需要为其受益者提供工作培训和个体化的社会建议，这要求将各种资源用于社会活动。同时，工作整合型企业的消费者希望以有竞争力的价值和质量获得产品和服务，这要求将各种资源分配给商业活动。随之而来的资源分配可能会优先考虑客户而不是受益者，因为工作整合型社会企业的收入依赖于其客户。然而，这个优先级提出了一个挑战，因为它将资源从咨询服务和其他社会支持活动中转移，从而使工作整合型社会企业的社会使命的实现面临风险。为了理解工作整合型社会企业如何克服这一挑战，我们检验了使它们能够实现高水平的社会绩效的因素。在这种背景下，"社会绩效"对应于一个工作整合型社会企业在提高受益者的就业市场前景方面的有效性。

本文研究基于创始人的印记对组织的持久影响（文献回顾请见 Marquis & Tilcsik，2013）。社会印记（Social Imprinting）被定义为创始团队早期对实现组织社会使命的强调，我们认为社会印记在促使这些混合型组织维持关注于服务其受益者和实现其社会使命中发挥了至关重要的作用。社会印记推动组织招聘那些有社会工作背景的职员，并设计出那些具有社会使命导向的制度和流程。在这些方面，社会印记帮助混合型组织来维持其专注于自己的社会使命并且弥补忽视受益者带来的风险，因此它与社会绩效呈正相关。

然而，由于社会印记对社会的高度强调，这可能为经济生产率（也就是组织将投入转化为经济产出的整体效率）付出了代价。这是因为，拥有社会工作背景的员工可能缺乏管理商业运作的经验。此外，这些员工所提出和随后制度化的具有社会使命导向的组织流程和制度，可能导致这些人员优先考虑社会活动而不是商业活动。因此，社会印记可能与低水平的经济生产率相关。反过来，经济生产率较低，会降低追求社会使命的可用资源，可能意味着有较少的人力资本用于那些潜在的受雇受益者，这将减少受益者的就业机会，从而减少工作整合型社会企业的社会责任绩效。为了回应 Smith 和 Lewis（2011）与 Jay（2013），我们假设，在那些服务于不同消费群体和受益者的社会企业中，其社会印记存在一个固有的悖论：尽管社会印记直接提高了一个混合型组织的社会责任绩效，但社会印记也间接地通过降低经济生产率而削弱了社会绩效。

在这篇文章中，我们检验了我们关于工作整合型社会企业的社会印记和社会绩效之间关系的悖论性的预测，使用 2003~2007 年的详细调查数据，包括法国一个关于工作整合性社会企业运营的大面板数据。回归结果支持我们的预测，表明社会印记和经济生产率都与工作整合型社会企业的社会绩效呈正相关，并且符合我们的预测：经济生产率部分调和社会印记和社会绩效的关系，社会印记与经济生产率之间呈负相关，因此对社会绩效有消极的间接影响。我们的回归结果从而确认了社会印记和社会绩效之间的矛盾关系。

另外，我们通过探索工作整合型社会企业的社会印记如何解决这个矛盾以扩展我们的发现。为此，我们以两家工作整合型社会企业为案例，进行了深入的、纵向的定性比较：一个成功地减弱了这种关系，另一个在解决矛盾上是不成功的。基于数据的比较分析，我们从 35 个采访中收集数据，每个案例都有广泛的档案材料，建议用结构差异方法给社会和商业活动分配责任，截然不同的组群可能允许混合型组织缓和这种关系。重要的是，为了获得成功，这种方法需要伴随着"谈判空间"，我们定义为交互领域，即允许所有工作人员讨论并就如何处理其在社会和商业活动中所面临的取舍达成一致意见。这些谈判的空间使那些负责这些活动的员工之间保持一种生产性紧张。

工作整合型社会企业

工作整合型社会企业出现在 20 世纪 70 年代末，是为了解决发达国家结构性失业增加的问题（Bode，Evers & Schulz，2006）。它们的创始人意识到，越来越多的人将失业很长一段时间，在此期间他们的信心和技能被削弱了。这些长期失业者可能会进入一个隔离的恶性循环，负债和药物滥用将会使他们重新进入就业市场变得极其困难。工作整合型社会企业的创始人提出了一个简单的模式来解决这些问题：为长期失业者提供工作机会，帮助他们重建其人力资本，并最终重新融入就业市场。因此，工作整合型社会企业雇佣长期失业者就业于低技术要求的行业，例如建筑、餐饮、园艺或回收行业，然后以市场价格出售其生产的商品和服务。

如今，工作整合型社会企业遍布世界各地，如爱尔兰、英国、美国，也包括德国的 Beschaftigungsgesellschaften、葡萄牙的 de inserção 企业和法国 d'insertion 企业基金会（Defourny & Kim，2011；Spear & Bidet，2005）。例如，在美国，迪兰西街基金会设立了一系列的工作整合型社会企业，包括餐馆、搬运公司和绿化公司。在瑞士，Velosfur Afrika 征募失业者来回收旧自行车，然后将它们在瑞士出售或西非。

工作整合型社会企业模式的好处在于其潜在地为长期失业者提供信心和技能，他们需要重新融入劳动力市场（Cooney，2011）。当他们在生产线上工作时，工人获得软性技能，如参加职场社交和训练以及更多工作特定技能，如拆卸冰箱或建一堵墙。除了专业培训，工作整合型社会企业也为受益者提供个性化的社会支持，以提高他们的工作意愿。这包括通过咨询帮助他们解决个人问题（如健康或住房），而这往往是重要的就业障碍。它还包括通过培训帮助受益者获得基本资质（如识字和自尊）和求职技能（包括写简历或应对面试）。

WISEs 社会绩效的驱动力量

社会印记

我们认为，一个工作整合型社会企业能取得多高的社会绩效在一定程度上取决其社会印记，其定义为创始团队早期对实现组织社会使命的强调。根据定义，所有工作整合型社会企业，其建立是基于实现帮助长期失业者重新融入职场的社会使命。然而，一些创业者可能强调初创时企业社会使命的重要性，而其他可能强调建立有效的商业运作，以确保可持续的收入。例如，在我们的一个采访中，一个（有社会印记的）经营回收行业的工作整合型社会企业的创始人说，他的组织目标一直是"工作整合，明确的工作整合：即使我们可以生产豌豆之类的，但也不会有什么不同"。

之前的研究已经表明，成立条件对组织产生持久的影响。大部分的早期工作探讨了 Stinchcombe（1965）这样的观点：在组织成立期间，环境条件通过建立那些难以改变的结构和惯例来影响组织绩效（例如组织的生存）（文献回顾参见 Marquis & Tilcsik，2013）。在这些早期论文的基础上，最近的研究开始着眼于组织内部并分析和探索创始团队的早期决定如何持续影响，使影响时间远远超出了组织的创始阶段（Baron，Hannan & Burton，1999；Beckman & Burton，2008；Eisenhardt & Schoonhoven，1990）。与这项最近的研究一致，并回应 Whetten、Mackey 和 Poly（2011）的研究，我们认为社会印记对组织承诺的社会使命有持续影响，而社会使命在工作整合型社会企业成立以后继续影响其社会绩效。

这一持久的影响是通过两个相关机制实现的。第一，在组织的早期活动中，工作整合型社会企业的创始人坚定承诺实现社会福利目标，可能将这一承诺嵌入组织的既定目标和价值观中（Ruef，Aldrich & Carter，2003）。他们进一步有可能考虑，在招聘全职员工时，将其实现组织的社会使命的能力视为重要的能力。例如，在前面提到的社会印记型的工作整合型社会企业中，生产管理人员是否被雇用取决于其关系和社会工作能力。相比之下，强调创造有效的经济运行的创始人可能会将技术和业务能力作为聘用员工的关键部分。例如，在前面所提到的工作整合型社会企业的商业印记中，行业经验（例如他们知道如何修理电器）是寻求雇佣固定员工时真正重要的。同样的过程，即组织成员雇佣与自己类似的求职者，导致那些具有社会印记的组织吸引、选择和保留遵循类似社会目标和价值观的永久员工，并且这些永久员工被证明掌握相似技能（Burton & Beckman，2007）。这种模式的一个重要的结果是，这些组织的固定员工在服务受益者时，更有可能将注意力集中在实现其社会使命。

第二，对社会目标有强烈使命感的工作整合型社会企业的创始人有可能建立与这些目标保持一致的流程和制度。例如，在工作整合型社会企业中，他们更有可能仅为了其特定任务而不仅对受益者进行培训，他们可能会实施一些旨在提高受益者综合就业能力的培训政策，设计特定的技能评定程序，以帮助受益者在市场上有机会遇到未来的雇主，或帮助受益者与当地雇主组织会面。由于这些流程和系统由员工反复制定，他们成为例程（Feldman，2003），有助于提高受益者的就业前景。因此，我们假设：

假设 1：工作整合型社会企业的社会印记在创始阶段与社会绩效呈正相关。

经济生产率

我们认为，工作整合型社会企业能获得多高的社会绩效，在一定程度上也取决于其经济生产率。基于 Caves、Christensen 和 Diewert（1982）的研究，我们将它定义为：工作整合型社会企业将投入转化为产出的总效率。经济生产率可能与工作整合型社会企业的社会绩效正相关，主要表现在以下三个方面：

第一，根据定义，对于任何给定水平的输入，一个更经济有效的工作整合型社会企业能够有更高的产出。因此，它将会有相对更高的利润率、盈利能力和创新能力（Bourgeois，1981），由此降低了为达到足够的收入来确保自身生存的压力，并且允许工作整合型社会企业更关注社会目标的实现。例如，在一个具有高经济生产率的工作整合型社会企业，固定员工可以花更多的时间训练受益者，帮助他们获得更广泛的专业技能。

第二，在外部市场群体看来，如客户或投资者，高经济效率的工作整合型社会企业更可能具有合法性。在他们看来，高经济效率意味着工作整合型社会企业有良好的管理，而且已经采用了商业实践，而这在竞争企业中被视为理所当然的。合法性增加了这些群体支持该组织的可能性（D'Aunno，Sutton & Price，1991；Suchman，1995）。例如，一个更有效率的工作整合型社会企业可能更容易从客户满意的产品或服务中吸引新合同。反过来，一个更有效率的工作整合型社会企业能够调动更多的资源支持其受益者（例如，通过培训或辅导），从而使他们为找一份工作做更好的准备。

第三，合法性的好处很可能外溢到一个工作整合型社会企业的受益者。工作整合型社会企业的经济生产率水平可能反映了组织能够在多大程度上提高受益者将投入（如原材料）转换成经济产出的能力。这暗示，作为一个有高生产率声誉的组织的成员，意味着有更高的人力资本（Morrison & Wilhelm Jr，2004）。因此，生产效率更高的工作整合型社会企业，其员工一旦离职就更有可能找到工作。因此，我们假设：

假设2：工作整合型社会企业的经济生产率与社会绩效呈正相关。

社会印记与经济生产率的关系

对于工作整合型社会企业，坚持顾客和受益者的需求是具有挑战性的，因为服务受益者的活动不完全与那些服务客户的活动匹配。随着资源的限制，一个照顾一批顾客的决策可能伴随着显著的机会成本。因为它们依靠客户而生存，而工作整合型社会企业承担着过于集中于顾客的风险，以忽视他们的受益者为代价。正如我们在假设1的讨论中强调的，社会印记的一个优势是它通过其对劳动力组成、组织流程和制度的影响抵消了这种倾向。然而，早期的社会印记也会影响工作整合型社会企业如何参加商业活动。

鉴于工作整合型社会企业雇佣有社会工作背景的固定员工的社会印记倾向，员工可能拥有适合社会部门需求的技能和信仰，而不具备适合商业部门的技能（Bourdieu，1977）。这是因为，通过对员工的培训和/或工作经验，这些员工已经被社会部门社会化，因此被灌输了相关部门的价值观和工作实践（Louis，1980；Van

Maanen & Schein，1979）。之前其社会化使得这些员工可能会优先考虑制度和流程，这有助于受益者提高制度和流程的经济效率。例如，为了让受益者参加个性化咨询会议，他们可能会在生产过程中引入更多的灵活性，或者他们可能会宽容地面对一些受益者的各种有害于经济生产率的不专业行为，如旷工或迟到。此外，与那些训练有素的或在商业企业工作过的员工相比，有社会工作背景的永久员工不太可能在商业经营过程中提高技能和经验。例如，他们不太可能熟悉与运营效率相关的最佳实践、市场营销或者会计。因此，我们假设：

假设 3：在工作整合型社会企业里，社会印记与经济生产率呈现负相关。

我们总结了工作整合型社会企业的社会印记、经济生产率和社会绩效三者的关系，如图 1 所示。根据我们的假设，在工作整合型社会企业中，社会印记和经济生产率均与社会绩效呈正相关。然而，工作整合型社会企业的社会印记面临一个悖论，即社会印记间接地削弱了社会绩效，因为社会绩效与经济生产率负相关。

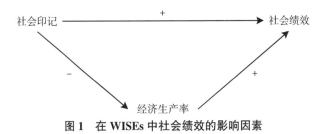

图 1　在 WISEs 中社会绩效的影响因素

方　法

为了充分理解社会印记和社会生产率之间的关系，我们采用"混合方法论"的方法（Edmondson & McManus，2007）。我们首先基于定量数据进行回归分析，检验假设存在的悖论。然后我们转向定性数据，进行深入比较案例分析，探讨具有社会印记的工作整合型社会企业如何可以通过缓和社会印记与经济生产率之间的负相关关系，来解决社会印记的矛盾。

背景

我们研究在法国运营的工作整合型社会企业（即 Entreprises D'insertion）。在法国，一个组织在获得劳动部认证之后才可以经营一个工作整合型社会企业。这个认证使企业有权得到政府补助，抵消雇佣需要额外监督和培训的低效率员工的机会成本，每个受益者都有一个固定补助额（2007 年是每年 9681 英镑）。这在所有工作整合型社会企业都一样，并且按法律规定，工作整合型社会企业的受益者只能享有两年在此类项目的就业。每年的评估过程使得国家可以监控这个认证，如果有证据表明一个工作整合型社会企业滥用补贴，那么认证将被收回（即工作整合型社会企业已收到认证，但没有遵守其发展劳动力的承诺）。这种补贴，再加上额外的拨款，平均占工作整合型社会企业收入的不足 1/4，而剩下的收入来自产品和/或服务的销售。

公众认证还要求法国的工作整合型社会企业要从那些由 Pole Emploi（国家就业机构）指定的受益者名单中雇佣员工。这些人都是长时间失业的（通常至少两年），被 Pole Emploi 评估为"经历特定的社会和专业困难，使他们无法进入普通的工作市场"（DGEFP，2003）。这个要求将潜在的受益者限制为那些在重获工作时将面临多重障碍的人，包括低学历、低水平的自信和缺乏专业技能。这进一步确保工作整合型社会企业招募那些真正需要支持的人。

政府发挥提供认证和补贴的作用。法国的工作整合型社会企业是私人实体，其中一半企业的经营是以盈利为目的的，而另一半是非盈利的。然而，鉴于其活动的商业特征，非营利性的工作整合型社会企业没有受益于传统上授予非营利企业的免税政策。这是因为，只有当非营利企业不以相同的商品和价格与营利企业在商业市场上参与竞争时才会有免税政策，反过来，如果营利性的工作整合型社会企业放弃其社会使命并且以追求利润为唯一目标，那么，它们的认证将会被政府撤销。因此，不管它们拥有怎样的法律地位，在法国，工作整合型社会企业都会面临着类似的限制。

D'insertion 企业基金会构成了一个理想的背景，可检验本论文提出的观点，因为像世界各地的同行一样，它们是混合型组织，面临着来自受益者及其客户的各种明显的和潜在的、相互矛盾的需求。尽管它们追求社会目标，但商业活动对于它们来说是重要的，因为它们依赖销售产品和服务而获得大部分收入。此外，工作整合型社会企业对法国具有重大的意义，并且不断参与法国的经济。工作整合型社会企业首先成立于 20 世纪 70 年代末，到 2000 年法国的工作整合型社会企业的数量急剧增加：在我们观察期末的 2007 年，法国已经成立了 1178 家工作整合型社会企业，雇佣了超过 22000 名受益者，总销售额超过 8 亿英镑（11.7 亿美元）。

定量数据

在这项研究中使用的定量数据来自 CNEI，即法国工作整合社会企业的国家联盟经营的一个对其会员的年度调查数据，数据始于 2003 年。这个调查详细收集了关于工作整合型社会企业自成立以来的信息，包括它们的活动领域、销售、工资、人力资源构成和受益者的安置。为将收集的数据用于其目的，CNEI 投入大量资源用于这项调查（Hugues，2007），因此回复率非常高（例如，2007 年是 98%），几乎覆盖 CNEI 的全部成员。

基于这一数据来源，我们收集了包括 2003~2007 年在内的面板数据，然后加入三个标准构建我们的样本。首先，我们排除了雇员不足 10 人的工作整合型社会企业（雇员包括固定员工的受益者）。与来自大企业的数据相比，来自小的工作整合型社会企业的数据相对来说更不可信，也更不稳定，因为小的企业不太可能每一年都有时间和资源收集和提供准确的数据给 CNEI。其次，我们只关注观察涵盖了一整年的数据，因此排除了那些当年新成立的工作整合型社会企业（如果其建立时间在我们的观察期）。最后，我们排除了那些经营临时性工作行业的工作整合型社会企业，因为这些企业并没有直接雇佣全职受益者，而只是间断性地提供一些特定的短期或中期的工作。因此，受益者和他们临时工作的工作整合型社会企业保持有限的互动。

应用这些标准并且剔除那些观测不完整或一个或多个变量存在信息缺失的样本后，我们得到 641 个具有完整信息的观测值。

因变量：社会绩效

在 Scott（1977）的研究基础上，我们将社会绩效定义为组织有效形成积极社会效应的程度。在工作整合型社会企业领域，已经形成的共识是，社会绩效的评估就是按照那些受益者在结束与工作整合型社会企业的雇佣关系后能够找到正规工作的比例（DGEFP，2003）。这个比率在该领域被称为"积极毕业率"，国家每年都会公布所有工作整合型社会企业的"积极毕业率"。因此，我们将一个工作整合型社会企业的社会绩效定义为：在结束其在工作整合型社会企业的工作后，受益者在给定的时间内找到工作合同持续超过六个月的正规工作的比例。

自变量

社会印记。 我们以 WISEs 的行业分类作为社会印记的代理变量。在法国，在公司注册成立的时候，工作整合型社会企业的创始人（就像任何组织的创始人一样）必须提交一份声明，即 Objet Social，描述其组织目标和活动类型。法国全国统计和经济研究所（法国国家统计局）对此信息分配一个 APE 代码，它对应于一个组织的主要活动。如果创始人不同意分配给他们的 APE 代码，他们可以向法国国家统计局（INSEE）申请另一个代码。然而，在一个组织成立期间，这样的更改请求是非常罕见的。因此 APE 代码反映了创始人成立公司时强调的一系列活动。

就性质而言，一个工作整合型社会企业的创始人可以用一至两种方式首先描述其组织的主要活动：要么是某种社会活动（如社会服务），要么在一个特定行业运营（如回收、园艺或餐饮行业）。下面的术语应用在工作整合型社会企业领域，我们将前者组织称为"社会 APE"，将后者称为"特定行业 APE"，我们采访的两个领域的专家强烈支持这样的观点：APE 编码反映早期的印记。其中一个专家解释说：

当【一个工作整合型社会企业】拥有一个【社会 APE】，这告诉你一件事：【创始人】认为其作用主要是社会化的。对于这些人，商业活动只是为员工发展的一个媒介。那些［有］一个特定行业 APE 的人，有不同的愿景。他们知道，他们为了社会使命来到这里，但他们认为，他们的主要任务是发展他们的商业活动，而社会影响由商业活动产生。

因此，如果工作整合型社会企业有社会 APE 代码，我们的社会印记编码为"1"，如果它有一个特定行业 APE 代码，社会印记编码为"0"。在我们的数据库中，工作整合型社会企业有 56 个不同的 APE 代码。在我们的样本中，大约 27% 的 CNEI 成员有社会 APE 代码。

经济生产率。沿着 Huselid（1995）、Rangan 和 Sengul（2009）的研究，我们用年度销售总额与雇员数量的比例来测量一个工作整合型社会企业的经济生产率，其中雇员包括固定员工和受益者。为了解释跨部门生产率的差异，我们计算标准化的经济生产率值，以此了解每个工作整合型社会企业的经济生产率高于或低于其部门中值的标准方差（如下文描述的"控制变量"，在所有的模型中，我们也引入了部门虚拟变量）。我们在所有的回归中使用这些中位标准方差的值。每个员工的销售额的测量尤其适合检验经济生产率在不同部门运行的组织之间的差异，当控制了跨部门的平均差异时，这反映了管理（销售、培训、指导等）、固定员工的能力和受益者的生产能力的组合。

控制变量

在组织特征方面，我们控制了组织的规模（在工作整合型社会企业工作的全职员工人数取对数）和组织年龄（用组织的成立年限测量，以 1∶10 的比例测量来描述系数）。这些因素可能会影响一个工作整合型社会企业的社会绩效，因为组织资源的可用程度可能随组织规模发生变化（Huber，Sutcliffe，Miller & Glick，1993），因为随着组织年龄的变化，一个组织将资源转化为产出的能力可能是不同的（Miller & Shamsie，2001）。另一个工作整合型社会企业的组织特征是其法律状况。正如我们前面提到的，在法国，工作整合型社会企业也面临着类似的限制，无论其企业法律状况是怎样的。不过，我们采取了保守的方法，包括控制非营利性企业的法律状况，如果是非营利的企业，赋值为"1"，否则赋值为"0"。

在人力资源方面，我们首先控制了监督的水平（通过固定员工总数的比率取对数度量，包括对所有受益者的指导和培训）。更高水平的监督可能反映了更高水平的在职培训和/或个性化的支持和可能，反过来，增强了受益者的就业前景。我们也控制了受益者的人口统计特征。虽然工作整合型社会企业雇佣其所有的受益者，受益者大量来自 Pole Emploi 列出的在社会经验和职业经历方面出现困难的个人，之前的研究和证据表明，女性和/或太年轻的人（即没有经验的人）或年龄太大，尤其是弱势群体，很难再找到工作（D'Autume，Bethbeze & Hairault，2006；Margaret，2006）。因此，我们选择了受益者总数中女性、26 岁以下、超过 50 岁的占比，以此作为控制变量。

在财务结构方面，我们首先控制了收到的补贴（所有工作整合型社会企业收到的数万欧元的补贴总额与其员工数的比值）。这个变量描述组织财务资源在多大程度上不直接依赖于每个员工的经济生产率。因为投入及其边际收益可以成为成本函数（Miller & Shamsie，2001），我们也控制了平均工资成本，我们对工作整合型社会企业中雇员的总工资成本的比率取对数来测量平均工资成本。当控制地区和部门的影响后，工资成本可能解释了组织成员的潜在能力，这可能影响到工作整合型社会企业的社会绩效。最后，我们选择了一个创建时期的虚拟变量来控制公司成立时环境印记和历史条件的可能影响。在法国，工作整合型社会企业的进化经历了四个不同阶段：1985 年之前的试验阶段，1986~1990 年的争论阶段，1991~1997 年的制度化阶段，从 1998 年开始的专业化阶段。因此，将 1985 年之前的创立期作为基准，我们将成立于 1986~1990 年间、1991~1997 年间、1997 年后的虚拟变量作为控制变量。

我们在表 1 中报告了基本统计量和二元变量的零阶相关性。建立一个典型的（平均的）工作整合型社会企业需要有 28 个固定员工和受益者。工作整合型社会企业的法律状况大致均等划分，一半为非盈利状态、一半为盈利状态。在受益者中，年龄在 26 岁以下的占 18%，年龄超过 50 岁的占 12%，33%是女性。人均销售额为每 FTE24270 英镑，相应的平均工资成本为 20537 英镑。平均而言，工作整合型社会企业能够帮助 38%的受益者毕业后找到工作。

估算

在估计方法的选择上，我们考虑到我们数据的横截面和时间序列的性质，因此应用广义最小二乘法（GLS）（随机效应）进行回归分析。随机效应估计假定每一个企业的平均值在平均人口方面有差别（即有特定企业的差异），跨企业的差异有一个潜在的分布（也就是说，每个企业都是从一个更大的企业数量中随机选择的）。因此，我们用随机企业效应来展现回归结果。我们也考虑不可见的因素（但是对工

表1 均值、标准差、二元零级相关

变量	均值	标准差	1	2	3	4	5	6	7	8	9	10	11	12	13	14
1 社会表现	0.38	0.19														
2 社会印记	0.27	0.45	0.07													
3 经济生产率	0.04	1.05	0.19	-0.14												
4 组织规模 (log)	3.33	0.54	-0.10	0.01	-0.05											
5 组织年龄 (÷10)	1.02	0.56	-0.03	0.16	0.08	0.19										
6 非营利合法地位	0.54	0.50	-0.08	0.44	-0.29	-0.11	0.36									
7 监管水平 (log)	-0.99	0.77	0.17	-0.05	0.40	0.05	0.13	-0.18								
8 受益人 (%) ——女性	0.33	0.30	-0.08	-0.04	-0.28	0.06	-0.02	0.10	-0.16							
9 受益人 (%) ——26岁以下	0.18	0.15	0.10	0.02	0.12	0.00	0.09	-0.08	0.19	-0.09						
10 受益人 (%) ——50岁以上	0.12	0.10	-0.01	0.09	-0.04	-0.04	0.02	0.16	-0.13	0.05	-0.26					
11 得到补贴	0.85	0.33	-0.10	0.12	-0.17	-0.13	0.09	0.25	-0.41	0.02	-0.11	0.06				
12 平均工资成本 (log)	9.93	0.31	0.13	0.04	0.47	-0.03	0.10	-0.07	0.22	-0.19	0.15	-0.04	0.12			
13 于1986~1990年期间建立	0.12	0.32	-0.08	-0.06	0.03	0.20	0.38	-0.02	0.18	0.05	0.13	-0.05	-0.09			
14 于1991~1997年期间建立	0.46	0.50	-0.09	0.03	-0.09	-0.06	0.07	0.18	-0.06	-0.13	-0.14	0.04	0.09			
15 于1997年后建立	0.33	0.47	0.05	-0.12	0.02	-0.10	-0.74	-0.34	-0.09	0.09	0.01	-0.02	-0.10			

注：n=641；所有独立和控制调变量为一年期滞后变量。

作整合型社会企业可见的因素），这可能会同时影响因变量和自变量的水平。如果是这样，它将导致同步性：一种冲击影响一个工作整合型社会企业的社会绩效，也可能影响同一年工作整合型社会企业的规模、工资成本等。为了减弱同时性的潜在问题，按照惯例，我们将所有自变量滞后一年。此外，考虑到数据未被注意的异质性，我们在所有回归中控制年度、地区和部门虚拟变量。对于区域，我们使用官方法语地区分类，由 27 个行政区域组成。对于分区，我们使用 CNEI 数据集的分类，我们为工作整合型社会企业编码，分为六个部门：企业服务、建设、环境、垃圾、回收利用和其他。我们展示所有模型的有工作整合型社会企业聚集的稳健性标准误差（修正的异方差）。

回归结果

我们假设，社会印记（假设 1）和经济生产率（假设 2）与工作整合型社会企业的社会绩效呈正相关。表 2 报告的回归结果强烈支持这些假设：社会印记的系数（模型 2）和经济生产率（模式 3）都与预测的一致，即系数在统计上显著为正。结果也有实质性意义。将所有其他变量控制在它们的均值，有社会印记组织的社会绩效在平均上比没有社会印记的组织高 9.9%。同样，经济生产率增长 1 SD，社会绩效增加 5.8%（2.2 个百分点）。

表 2　解释法国工作整合型社会企业的社会表现的随机效应回归

变量	1	2	3	4
社会印记		0.031† (0.022)		0.037* (0.022)
经济生产率			0.020* (0.011)	0.022* (0.012)
组织规模	−0.021 (0.019)	−0.023 (0.019)	−0.015 (0.019)	−0.017 (0.019)
组织年龄	−0.006 (0.047)	−0.008 (0.047)	−0.022 (0.047)	−0.024 (0.047)
非营利合法地位	−0.022 (0.021)	−0.035 (0.024)	−0.010 (0.021)	−0.025 (0.024)
监管水平	0.040** (0.014)	0.040** (0.014)	0.034* (0.014)	0.034* (0.014)
受益人——女性	−0.009 (0.037)	−0.006 (0.037)	−0.008 (0.038)	0.014 (0.038)
受益人——26 岁以下	−0.005 (0.060)	−0.007 (0.059)	−0.006 (0.060)	−0.008 (0.059)

续表

变量	1	2	3	4
受益人——50 岁以上	0.042 (0.075)	0.038 (0.075)	0.034 (0.075)	0.029 (0.075)
得到补贴	−0.012 (0.023)	−0.014 (0.023)	−0.008 (0.023)	−0.010 (0.023)
平均工资成本	0.013 (0.024)	0.015 (0.025)	0.009 (0.026)	−0.008 (0.027)
于 1986~1990 年期间建立	−0.083† (0.044)	−0.079† (0.043)	−0.083† (0.044)	−0.078† (0.043)
于 1991~1997 年期间建立	−0.048 (0.058)	−0.047 (0.058)	−0.055 (0.058)	−0.054 (0.058)
于 1997 年后建立	−0.041 (0.087)	−0.042 (0.086)	−0.058 (0.087)	−0.060 (0.086)
R^2（总体）	0.180	0.184	0.187	0.191
Wald x^2	99.24**	100.82**	107.04**	110.20**

注：n = 641；括号中为稳健标准误，由 WISE 聚合；所有模型中均包括常数、年份、部门、地区虚拟变量；所有解释变量和控制变量都为一年期滞后。

† 表示 $p < 0.10$，* 表示 $p < 0.05$，** 表示 $p < 0.01$ (two-tailed tests；one-tailed tests，when hypothesized).

表 3 描述了回归结果，解释了工作整合型社会企业的经济绩效的驱动力。与假设 3 一致，社会印记的系数为负并在统计上显著（见模型 2）。控制所有其他变量的平均值，有社会印记的组织的经济绩效比没有社会印记的组织平均低 13.3%。然而，需要注意的是，经济生产率只是部分调和社会印记和社会绩效之间的关系。即使社会印记削弱社会绩效与经济生产率的负相关关系，它仍然对社会绩效有正向且显著的净效应（见表 2、模型 2 和模型 4）。为了获得更多的确凿证据，我们利用 Sobel、Aorian 和 Goodman 检验进行调节，使得能够评估自变量通过中介变量对因变量的直接效应（Iacobucci，2008）。这些检验的结果（所有都在 $p < 0.05$ 水平上显著）表明，社会印记通过其与经济绩效的关系对社会绩效有间接的消极影响。

表 3 解释法国工作整合型社会企业的经济生产率的随机效应回归：2003~2007 年

变量	1	2
社会印记		−0.334** (0.144)
组织规模	−0.540** (0.093)	−0.526** (0.092)

续表

变量	1	2
组织年龄	0.829**	0.833**
	(0.317)	(0.310)
非营利合法地位	−0.687**	−0.541**
	(0.106)	(0.126)
监管水平	0.146**	0.149**
	(0.060)	(0.057)
受益人——女性	−0.753**	−0.793**
	(0.184)	(0.183)
受益人——26 岁以下	0.121	0.122
	(0.215)	(0.216)
受益人——50 岁以上	0.408	0.243
	(0.264)	(0.262)
得到补贴	0.086	0.088
	(0.139)	(0.139)
平均工资成本	0.687**	0.686**
	(0.182)	(0.184)
于 1986~1990 年期间建立	0.056	0.019
	(0.308)	(0.308)
于 1991~1997 年期间建立	0.296	0.277
	(0.381)	(0.380)
于 1997 年后建立	0.736	0.739
	(0.559)	(0.554)
R^2（总体）	0.408	0.416
Wald x^2	246.67**	250.39**

注：$n = 641$；括号中为稳健标准误，由 WISE 聚合；所有模型中均包括常数、年份、部门、地区虚拟变量；所有解释变量和控制变量都为一年期滞后。

** 表示 $p < 0.01$（two-tailed tests；one-tailed tests，when hypothesized）.

在补充回归中我们也探讨：所观察到的社会印记和社会绩效之间的关系、社会印记和经济生产率之间关系是否会随着时间的推移持续下去。为此，我们在社会印记和组织年龄之间加入了交互项。交互项与社会绩效和经济生产率的相关性在统计上显著为负，表明印记衰退。然后我们计算，随着时间的推移，工作整合型社会企业的社会印记和商业印记的社会绩效预测值的差异。其公司在成立一年之后，工作整合型社会企业的社会印记比商业印记的积极毕业率高出 8 个百分点。在第 8.5 年，两者之间的差别下降到了 5 个百分点。10 年之后，两者之间的差异为 4.1 个百分点；15 年后两者之间的差距仍然大致有 2 个百分点。这些结果暗示，建立初期的社会印记和组织成果之间的关系会随着时间的推移减弱，但是会在组织成立以后持续很长时间。

最后，一些简单的观察是为了我们的控制变量。第一，组织规模和年龄这类组织特征解释了不同工作整合型社会企业间生产力的差异，但是没有解释它们之间社会绩效的差异。经济生产率往往在工作整合型社会企业当中更高，并且更有经验，规模相对更小。第二，非营利性法律地位对社会绩效没有显著影响。然而经济生产率在非营利性工作整合型社会企业中趋向于更低。第三，监督促进经济生产率和社会绩效。这反映了更好地训练和指导受益者是更有效率的，而且富有成效的受益者在离开工作整合型社会企业后更有可能找到工作。第四，女性受益者的百分比与经济生产率呈现负相关。第五，平均工资成本与经济生产率呈正相关，符合劳动经济学的效率工资模型（Yellen，1984）。第六，成立于 1986~1990 年期间的工作整合型社会企业，与成立于其他时期的企业相比其社会绩效更低。这一时期的特征是，撤回了对工作整合型社会企业的国家支持。因此，在创立初期，工作整合型社会企业在得到必需资源方面面临重要的挑战。这一结果，尽管是在不同层面的分析，但回应了 Tilcsik（2014）的研究，该研究表明，职业生涯早期资源环境对个人的职业发展轨迹有持久的影响。第七，与年度和部门虚拟变量不同，大多数地区虚拟变量（不是报道）在统计上是显著的，反映出了经济、社会和人口统计学的跨区域差异对工作整合型社会企业的社会绩效的影响。

稳健性检验和补充分析

我们进行了一组补充的实证分析，利用获得的数据探讨回归结果中一些潜在关注点的稳健性。第一，为了证实 APE 代码作为代表社会印记的有效性，在我们的样本中，我们收集了更多的数据并创建了两个社会印记的替代变量：一个基于我们编码原始对象的社会声明，另一个基于 CNEI 前总裁的评估。这两种可供选择的对社会印记的测量与我们使用的行业特别 APE 代码极其相似：在案例中，前者的测量与 APE 代码有 91% 的相似度，后者有 84% 的相似度。当我们使用这两个替代测量重新估计模型时，社会印记仍然与社会绩效显著正相关，并在统计上与经济生产率负相关。因此，我们对我们的测量有信心（适用于完整的样本），可靠地捕捉了组织成立时的社会印记。

第二，我们同时还检验了其他社会绩效的测量方法——这种测量方法是 0 到 1 的一个比值，在报告的结果中是否加入任何偏好。Tobit 模型指出，因变量估计方法是有限的并且是有限制的观察（在我们的数据集中，我们总共只有 46 个限制观测值，其中工作整合型社会企业不能使它们的参与者在毕业后找到工作的有 26 个观测值，有 20 个观测值能安置所有人的工作）。然而，Tobit 估计是基于一个潜在的潜变量，当潜在的变量可能存在超出限制（因此暗示截断）时是有意义的，但是这是不可行的。在这种情况下，应用广义线性模型（GLM）或广义估计方程（GEE）的部分 Logit 是建议的评估方法（McDonald，2009；Papke & Wooldridge，1996）。在所有不同的估计模型中（即 GLS、Tobit、GLM 和 GEE）定性的结果是相同的，这进一步增加了我们对报告结果的信心。

第三，人们可能会关心这种情况：如果工作整合型社会企业一个重要的数据无效，则可能会存在潜在的生存偏差，并且样本中那些工作整合型社会企业将会产生质的区别。为了核实，在观察期间我们检查了在 CNEI 数据集中企业的倒闭率。我们领域的知识和我们从专家领域收集的信息一致，倒闭率很低。此外，有少数停止运行的工作整合型社会企业与我们那些可观察的实验样本并无区别，这意味着报告结果中没有重大的生存偏差。

第四，可能涉及这样一个问题，即经济生产率和社会绩效之间的关系可能会获得由于经济生产率的动机而产生的某些效应，因此二者关系可能是虚假的。为了证实，我们从表 3 的模型 2 中得到了经济生产率的拟合值（预测值）和残差（关于经济生产率的完全指定模型）；然后，在表 2 中我们使用这些拟合值和残差重新评估模型（关于社会绩效）。这些回归拟合值和残差都是符号为正的并且具有统计学意义，这意味着，除了那些共同的潜在预测因子，例如管理质量，经济生产率对社会绩效具有独立效应。

第五，在模型中，误差项可能与预测的社会绩效和经济生产率相关。如果情况属实并且相关性很大，我们可以期待通过同时估计方程式来增进效率，而不是分开单独估计每一个方程式（Baltagi，1998）。因此，我们应用看似无关的回归（SUR）和结构方程建模（SEM）重新计算所有回归。这些分析的结果（见表 4）与 GLS 的估计结果十分相似（见表 2 和表 3）。重要的是，所有假设关系符号和意义保持不变。

表 4　用于解释法国 WISEs 2003~2007 年经济生产率和社会绩效的看似无关的回归和结构方程建模

	经济生产率	社会绩效	经济生产率	社会绩效
社会印记	−0.257** (0.085)	0.038* (0.020)	−0.255** (0.085)	0.039* (0.020)
经济生产率		0.022** (0.009)		0.023** (0.009)
组织规模	−0.252** (0.066)	−0.016 (0.016)	−0.257** (0.066)	−0.019 (0.016)

续表

	经济生产率	社会绩效	经济生产率	社会绩效
组织年龄	0.804** (0.175)	−0.018 (0.041)	0.802** (0.175)	−0.020 (0.041)
非营利合法地位	−0.429** (0.082)	−0.026 (0.020)	−0.435** (0.082)	−0.029 (0.020)
监管水平	0.296** (0.051)	0.033** (0.012)	0.291** (0.050)	0.030* (0.012)
受益人——女性	−0.816** (0.135)	0.011 (0.032)	−0.813** (0.135)	0.013 (0.032)
受益人——26 岁以下	0.125 (0.230)	0.006 (0.053)	0.117 (0.230)	0.002 (0.053)
受益人——50 岁以上	0.461 (0.328)	0.036 (0.076)	0.471 (0.329)	0.042 (0.077)
得到补贴	−0.235* (0.117)	−0.008 (0.027)	−0.237* (0.117)	−0.009 (0.027)
平均工资成本	1.189** (0.115)	−0.005 (0.029)	1.184** (0.115)	−0.008 (0.029)
于 1986~1990 年期间建立	−0.032 (0.165)	−0.075† (0.038)	−0.032 (0.165)	−0.075† (0.038)
于 1991~1997 年期间建立	0.397† (0.212)	−0.045 (0.049)	0.393† (0.212)	−0.049 (0.049)
于 1997 年后建立	0.804** (0.309)	−0.049 (0.072)	0.881** (0.309)	−0.051 (0.073)
R^2	0.489	0.192	0.489	0.186
χ^2	606.26**	152.23**		
AIC		1258.15		

注：n = 641；括号中为稳健标准误，由 WISE 聚合；所有模型中均包括常数、年份、部门、地区虚拟变量；所有解释变量和控制变量都为一年期滞后。

** 表示 p < 0.01（two-tailed tests；one-tailed tests，when hypothesized）。

第六，在模型设定方面，我们也检验了结果的稳健性、序列相关性和多重共线性。为了检查结果的稳健性、潜在的序列相关性，我们用两个单独的用于解释面板数据中一阶自相关的方法重新评估了所有的模型：利用一个内部——面板相关顺序 AR（1）的 Baltagi-Wu 自回归估计量和 GEE 回归。在这两种检验中，社会印记和经济生产率仍与社会绩效（稍微）显著正相关。另外，为了检查结果的稳健性潜在的多重共线性（即使没有批判性共线的变量），我们适度去掉相关控制变量重新回归（如平均工资成本、创始时期虚拟变量），可以单独去掉，也可以一起去掉，可以包含或者不包含这些变量。回归结果从定性角度看是不敏感的（但去除变量导致模型拟合值降低）。

在WISEs中缓和社会印记和社会绩效之间的矛盾

定量分析的结果证实了社会印记和社会绩效之间的矛盾关系：虽然社会印记通过重视其受益者而增强工作整合型社会企业的社会绩效，但社会印记也间接地通过社会印记与经济生产率的负相关关系降低了社会绩效。为了展示这一悖论，我们现在研究背后的机理，探索工作整合型社会企业的社会印记是否以及如何通过两个工作整合型社会企业的纵向比较分析解决这个问题，将这两个企业称为"α"和"β"。

定性数据的收集和分析

依靠理论抽样方法（Eisenhardt，1989），我们分析两种情况下回收行业工作整合型社会企业的社会印记的操作：我们从样本中选择"α"和"β"这两个组织，因为它们都是有社会印记的工作整合型社会企业（也就是说，它们都有一个社会APE代码），但是，与其他有社会印记的在回收部门运营的工作整合型社会企业相比，却有不同的经济生产率。α的经济生产率低于平均水平（每个员工的销售收入为17460英镑），β的经济生产率高于平均水平（每个员工的销售收入为25867英镑），在随后的经济危机时期，这两个组织都恰巧经历了2003年的金融危机。除了后危机经济生产率水平差异巨大，α和β不互相展示显著差异（除了在α，拥有相对更高比例的女性雇员）并且类似于其他回收行业的工作整合型社会企业。它们都是中型工作整合型社会企业，大约创办于同一时期，它们都在回收部门运营，属于非营利企业。因此，对这两个案例的比较，使我们对战略做出有价值的洞察，这些战略是那些有社会印记的组织用于解决社会印记悖论的。

我们广泛收集了两个组织的数据。本文的一位作者对每个工作整合型社会企业的成员进行了半结构化访谈，包括创始人、董事会成员、执行董事、生产管理人员和社会咨询人士。总共进行了20场现场采访，每场采访持续30分钟到3个小时，对案例提供者进行了4个随访的电话访谈。除了案例层面的采访，为了探索领域层面的相关事宜和趋势，我们在更广泛的工作整合型社会企业社区成员中，还增加了11个额外的采访（如CNEI高管、劳动力发展顾问）。所有的访谈都是在法国进行的，然后转录和翻译成英语。

在案例采访期间，所有信息提供者被问及其工作整合型社会企业的成立和发展、其目标和价值观及其与环境的相互作用，以及他们自己对工作整合型社会企业的社会绩效中起决定因素的感知。访谈指南适合于被访者的角色（例如，执行董事与社会辅导员）。虽然所有面谈都始于与受访者简介和背景相关的问题，但是对创始人访谈时，会特别要求谈及创建工作整合型社会企业的动机、过程以及后来对它的管理。执行董事会被问及关于工作整合型社会企业功能的细节，包括经济和社会运营、组织结构、治理和人力资源实践。生产管理人员和社会辅导员被要求详细描述他们的活动以及他们与其他组织的互动。对于每个案例，我们要求受访者为我们提供档案材料，这些材料包括他们认为可能帮助我们理解工作整合型社会企业的功能。通过这个过程，我们收集了广泛的档案材料，包括章程、年度报告、手册、周年小册子等。

在分析定性数据时，我们采用了一种比较案例研究设计。按照 Eisenhardt (1989) 的研究，我们首先关注内部案例分析然后转向跨案例分析。我们进行的分析是纵向的，考察从成立到 2008 年两个组织的演化。

我们现在分两个步骤展示这些分析结果。我们首先分析从组织创立到金融危机过程中两个组织的演化，巧合的是这一过程包括了 2003 年。然后我们转向后危机时期，在此期间，β 实现成功转型，而 α 没有实现转型。

α 和 β 的社会印记（从创办到 2003 年）

我们的内部案例提出了一个通用模式，以我们在前一部分提出的检验的假设关系为基础，支持我们的回归分析结果，提供了更细致的理解机制：α 和 β 创始人的目标和价值观对随后的组织实践和日常活动产生了持续的影响。比较社会印记对 α 和 β 影响的持久性，我们在下面有更详细的总结，如表 5 所示。

表 5　α 和 β 的社会印记（创立至 2003 年）

	α	β
创立者的印记	1990 年 动机：α 的创立者是一群社会工作者，在解决那些存在社会和职业困难的人们的需求时，他们尴尬地面临其社会工作能力的局限性。创立者创办 α 来为他们提供指导和岗位培训，以帮助他们进入职场 所强调的活动：创立团队受到"庇护车间"这种理念的影响，即在这个场所中，工作方式是保护脆弱的工人。他们选择回收作为其商业活动，因为这可以使他们建立一个内部场所，在此，人们组织的工作适合那些长期失业者的能力	1993 年 动机：β 的创立者是一个参与当地社区中心的社会活动家，其动机是为了解决其担任董事的社区中心中那些失业者的需求 所强调的活动：创立团队聚焦创办一个能满足那些面临风险的年轻人所需的组织。后来选择的商业活动（管理废物收集中心）为那些没有什么资格证书的年轻人提供发展机会

续表

	α	β
创立者印记的持续影响	1990~2003 年 雇佣模式：招聘具有社会导向的雇员，包括连续三名行政主管都有社会工作背景；多至五名生产主管都有社会工作背景；多至三名社会顾问有社会工作背景 组织特征：实施具有社会导向的流程和制度，包括创立一个培训中心，创立一个庇护所	1993~2003 年 雇佣模式：招聘具有社会导向的雇员，包括有社会工作背景的行政主管；高达五名生产主管是从受益者中招聘的；高达三名社会顾问具有社会工作背景 组织特征：实施具有社会导向的流程和制度 提供如下服务：心理支持、社会支持、工作准备支持、提出报告工具以跟踪受益者的进步

创始人的印记。一群社会工作者在 1990 年创立 α。借鉴他们为残疾工人建立"庇护车间"的经验，其创始人设想 α 致力于向长期失业者教授工作技能。他们选择回收业作为他们的商业活动，因为这个行业允许他们创建一个内部车间，长期失业者的能力适合在车间内工作。α 的创始人将组织的使命定义为"通过指导、量身定制的培训和在职实践解决个体面临的社会和专业的困难，作为一种手段来帮助他们进入或重新融入职场。α 的董事会是由一群社会工作者组成，积极推动并重点完成 α 的社会使命。因此，α 从其创始人开始经历了一个强大的社会印记，他们从一开始就强调社会使命的完成。

β 成立于 1993 年，创始人曾是学校的老师，目前是小镇中心社区的董事会成员。β 的创始人回忆道：像 α 的创始人一样，他选择回收业作为 β 的主要活动，因为这是一个简单的活动，受益者不需要学习很多技能。他将他对 β 的社会使命的深刻承诺翻译成组织宪章，宣称"使公司适合受益者，而不是让受益者适合公司"，强调"人文主义"和"移情作用"的价值。他通过在当地社区中心的积极分子中招募董事会成员加强对社会使命的承诺。像 α 一样，β 的创始人用强大的社会印记作为新组织的特征。

招聘模式。在 α，第一个执行董事是创始人之一的社会工作者，之后的两名执行董事也有社会工作背景。他们的概况对他们引入组织的技能和价值观有很重要的影响。他们对员工的雇佣基于他们对受益者的照顾以及他们对知识的咨询。第一个执行董事创建——他的继任者是长存的——一个永久的社会咨询职位，由一位社工任职。三个生产主管职位都已经或者通过主管的社会工作网或者通过招聘前受益者配备了职员。

在 β 发现类似的招聘模式。创始人强大的社会焦点让他倾向于招募一位有社会工作背景的执行董事。β 的创始人解释说："我们的核心工作是发展劳动力。所以我们需要招募一位能管理员工发展一部分工作的执行董事。"随后，固定员工的招聘也由愿意帮助需要帮助的人驱动。总的来说，固定员工在 β 表现出关心和技能的结合，向有利于受益者的方向发展，符合我们假设 1 提出的机制。因此我们的定性分析表明，在这两个组织中，社会印记导致雇佣以社会使命为导向的管理人员。

组织制度和流程。社会印记还影响活动的发展，嵌入式以社会使命为目标的惯例与两个组织都有联系。例如，α 的固定员工，创建了一个内部培训中心为受益者提供工作准备和素养培训。他们还创建了一个内部庇护所为面临住房困难的受益者提供住宿。此外，他们设计了一个工具，称为"工作一体化的护照"，在 α 的课程中跟踪受益者的绩效并帮助他们提高就业能力。

与 α 一样，β 的创始人早期强调领导的社会使命成就，使组织对受益者的支持进行投资。β 在三个不同的领域，即心理支持、社会支持和工作准备支持，开发具体流程。每一个主题都向受益者提供具体的咨询会议，旨在帮助他们解决工作中遇到的各种障碍。创建计分卡，类似于 α 的工作整合的护照，用来监控和分享受益者在每一个维度的进步。

社会印记和经济效率之间的负相关关系。与我们提出假设 3 的机制相同，我们的定性分析表明，在两个组织中，有社会工作背景的员工有成熟的技术和信念来满足社会部门的要求，但不满足商业部门的要求；发展技能和信仰适合社会部门的要求但不符合商业部门。在 1990~2003 年，α 的连续几任执行董事都拥有社会工作背景，但没有关于回收行业的业务和生产流程方面的经验和知识。在加入 α 前，他们当中没有人曾经在商业部门工作，更不用说在追求利润的公司工作。因为他们在社会工作组织中度过了整个职业生涯，这些前执行董事没有良好的商业技能，现在任职的执行董事解释说，"受益者优先的需求超过一切"。生产力不足的问题多年来一直未能解决，它的持续性最后在法国 21 世纪早期的经济困难时期导致了重大的组织危机。由于债务增加和没有足够的现金流支付员工工资，α 在 2003 年经历了一种可怕的财务状况。董事会仍由社会工作者组成，并被迫重新考虑建立组织实践和寻找替代方法。

与 α 一样，β 的董事会和固定员工有很强的承诺和很深的社会领域的专业知识，但缺乏业务技能和经验。现任执行董事所描述的情况是，当她在 2004 年加入 β 时，β 已被拥有社会工作背景但没有商业经验的执行董事管理了七年，如下："合同是口头约定的，开会是不签署的。费用没有监督和控制，因此，成本不可避免地太高了。"此外，由于固定员工对受益者极端的关心和同情，在受益者不专业时，他们往往很宽容。用现任执行董事的话说，"受益者知道他们永远不会有大麻烦"。由于这种方法，β 的经济生产率一直很低。与 α 一样，β 也经历了 2003 年的金融危机，那时，多年低水平的生产率导致了不可持续的高水平的债务。这些困境迫使董事会接受改变，更认真考虑经济要求。

在危机后：α 和 β 的不同行动路线

α 和 β 都经历了危机，并在两种组织模式中发挥了挑战现状和解冻社会印记的重要作用。结果，这两个组织都改变了它们的招聘方法，并且雇佣一位具有社会部门和商业部门工作经验的执行董事；两个组织都依赖于结构性分化，一组人（即生产管理人员）关注客户的需求，另一组人（即社会辅导员）专注于受益者的需求。然而，α 和 β 采用不同的方法来确保这两个团体之间的协调。在 α，执行董事只是单一的"整合之人"（Galbraith，1973；Lawrence & Lorsch，1967），负责协调两个小组，β 依靠"谈判的空间"，确保参与人员在整个组织的协调。这些"谈判的空间"领域的交互，允许员工负责不同（即社会与经济）活动时讨论在他们面临权衡时如何处理，并达成一致意见。

在它们都经历过危机之后，我们现在比较 α 和 β 的方法。

组织结构和人员配备。危机过后，α 董事会决定改变领导组织，并且招聘有社会部门和商业部门工作经验的执行董事。这个主管有五年在银行业工作的经验，并且之前作为他公民服务的一部分，他在 α 工作了两年。这种多样化的经验，使他能更好地理解组织的业务流程。董事会让他既负责经济生产率又负责社会绩效。

当他接管公司时，有五个在招募时具有社会工作经验的生产主管，负责监督所有生产流程，并且两个社会辅导员具有社会工作背景，他们负责受益者的个性化社会支持。他在 α 的前三年，新的执行董事带来了五个具有行业经验（也就是说，技术和商业）的新的生产管理人员来替代所有现有负责日常客户满意度的主管。执行董事解释说："这些生产管理人员直接接触客户并有完成订单的压力。所以他们事实上专注于生产。"反过来，社会辅导员负责管理社会问题和受益者的绩效评估，主要集中于他们的社交技巧。因此，α 采用了结构分化的方法，采用社会辅导员和生产管理人员专业化，在社会或商业活动中分别积累经验和/或培训。

在经历危机后，β 也发生一系列的变化。与 α 一样，董事会决定雇佣一个新的具有社会和商业工作背景的执行董事。新的执行董事已经被训练成一名工程师，在跨国公司工作了六年并且刚刚获得社会企业和社区发展专业的硕士学位。她的个人价值观刺激了她的职业生涯从商业转向社会领域，她的主要关注点对准董事会，与 α 的董事会一样，以确保组织社会目标的实现。重要的是，这在 β 的历史上是第一次，董事会给了新任执行董事一个清晰的指令，即提高经济生产率。

为了平衡自己的社会焦点，新任执行董事创建了副董事的职位以负责 β 的商业活动并雇用在专业生产方面有丰富经验的专业人员。执行董事解释道："我们在工作上是一对。我理解商业运作，但我更适应社会问题，副董事更适应经济问题。他真的是致力于业务逻辑。"这对行政主管建立了一个类似于 α 的分化结构。五个生产主管——他们是根据技术和商业背景被选上的，负责有关客户订单的活动和决策以及组织日常的生产，而三个具有社会工作背景的社会辅导员负责有关受益者个人发展计划的活动和决策。

管理紧张关系。在这两个组织中，结构性分化导致内部生产管理人员和社会辅导员之间关系的紧张，他们在做决策时产生争吵，例如受益者花费在生产和社会活动上的时间。有趣的是，尽管这两个组织都经历了紧张局势，但他们以不同的方式管理。在 α，执行董事只在出现社会和商业活动紧张局势时进行管理。例如，在受益者需要从生产线上抽出一部分时间参加辅导课程或培训时出现的紧张局势，此时执行董事进行仲裁。这些临时干预措施让他暂时缓解紧张关系并立即修复问题。然而，他并没有为员工配备必要的工具和技能来管理这些紧张局势。因此，紧张局势升级为社会辅导员和生产主管间的人际冲突，他们专注于他们负责的活动并且无视他人的活动。每组都憎恨对方阻碍自己实现目标。这种怨恨随着时间的积累，最终导致了持续的内部冲突。尽管 α 明确努力提高经济生产率，仍低于回收行业的社会印记工作整合型社会企业的平均水平的生产率。

相反，β 并不仅仅依靠执行董事以确保协调，而是创造"谈判空间"，我们在下一节详细描述。类似于 α，角色和决策责任是清晰分配的，生产管理人员负责技术培训、生产和订单，社会辅导员负责受益者的个人和职业发展。相比 α，β 设置谈判空间，这样组与组之间可以参与咨询之后再做决定。这确保了全体职员负责处理日常交易和保持同时关注社会和商业活动的要求。如果两组之间的紧张关系不能在空间内谈判解决，执行董事最终会做出最后的决定。然而，她和其他工作人员报告说，她很少介入。

了解谈判空间的作用

这种分析揭示，α 无法有效地管理其社会和经济活动之间的紧张关系，并在我们研究的时间框架内持续遭受低于平均水平的经济生产率。相反，β 通过使用谈判空间能够有效地管理这些紧张关系，使得跨结构分化组可持续协调。表 6 分别总结了 α 和 β 的方法。接下来，我们详细地检测 β 的方法，揭示起源、角色和保证空间谈判有效运作的条件。

创建和描述谈判空间。β 通过强制性会议和正规流程的组合创建谈判空间。召开强制性会议，以确保协调社会和商业活动。每三个月，所有社会辅导员和生产管理人员聚集在一起，共同评估每个受益者的进展并讨论任何相关问题以协调各自的活动。这些内部会议称为"监管会议"，因为他们通过允许每个小组听取其他小组的关注点来"控制"员工之间的紧张关系。在这些监管会议之间，社会辅导员每周开会讨论受益者的相关问题。同样，生产管理人员每周都会见副董事以组织生产事项。两组借助执行董事共享这些会议记录，让她了解正在讨论的问题。

除了这些强制性会议，各种正式流程被用来促进整个组织的各个层级的社会和商业活动之间的协调，特别是工作计划时间表和受益者的绩效考核发挥了至关重要的作用。每月初，社会辅导员准备一份关于所有的咨询活动的报告。这份报告被分发给生产管理人员，他们被要求报告与他们自己活动潜在的冲突。随后讨论解决冲突，如生产高峰期培训课程的时间安排。员工要在三周内最终与时间表达成一致。执行董事解释道：

"有了这个过程，社会辅导员能够告知生产主管他们自己对培训或指导的要求。反过来，生产主管能够向社会辅导员告知生产高峰期。我们花了几个小时制定这项计划过程工作，但最终还是真的有帮助。一旦计划通过，人们必须遵守它。"

除了迫使生产管理人员和社会辅导员相互协调，这个过程使每组公开承诺具体的工作计划安排。

受益者的绩效评估是另一个正式的流程，迫使社会顾问和技术管理人员定期进行交互。每个受益者每月会见他或她指定的生产主管和社会辅导员共同讨论他或她的技术进展、行为、社会和专业维度。每一个会议的参与者包括受益者，在会议前都要填写绩效考核文档。在会议期间要进行评估的比较和差异的讨论。参与者联合开发并且致力于一项计划以确保未来的进步。绩效考核文件被发送给执行董事。

总之，强制性的"监管"会议，结合使用的正式流程，参与任何决策之前，在β创造社会辅导员和生产管理人员的谈判空间是必须的，这是他们的责任。领域被描述为：（a）明确的定义和会议上被解决的问题范围；（b）决策制定的规则，定义他负责什么类型的决定，决定谁应该参与这项决策，如果没有达成协议将会发生什么；（c）会议的时间格局和明确决策制定的最后期限。在这些边界，使用正式的流程（如工作计划安排和绩效考核网络）帮助成员提供各种资料和表达自己观点的优先权及发展一个给定问题的共同理解。

表6 α和β管理危机后商业和社会活动的方法

	α 单融合模式	β 谈判空间模式
结构	由社会活动家组成的董事会 董事长具有社会和商业工作经验，负责经济生产率和社会绩效 生产主管管理生产，同时社会顾问提供个体化的社会支持	由社会活动家组成的董事会 董事长具有社会和商业工作经验，负责经济生产率和社会绩效；执行董事具有商业经验，专门负责经济生产率 生产主管管理生产，同时社会顾问提供个体化的社会支持

续表

	α 单融合模式	β 谈判空间模式
制度和流程	由董事长与社会顾问或生产主管一起共同组织临时的、一对一的会议，以解决经营过程中出现的问题 临时的任务规划以适应新出现的客户和受益者的要求 由社会顾问对受益者的表现加以评估	定期和强制性的"常规会议"，将社会顾问和生产主管集中起来讨论商业和社会运营 正式的规划制度，为社会和生产活动设定进度表，包括社会顾问和生产主管 正式的绩效评估流程，要求受益者、社会顾问和生产主管之间定期讨论，以比较对每个受益者的绩效评估，并同意下个步骤 谈判空间

使谈判空间有效运作的条件。创建和随后的使用，在 β 谈判空间与更高的经济生产率相关，但没有使生产管理人员和社会辅导员之间的紧张关系消失；相反，生产管理人员和社会辅导员之间的交互被视为"正面对抗"。执行董事解释道：

"重要的是，社会顾问和生产主管继续表达他们各自的关切。我要求他们做的是倾听对方，互相了解。这意味着，他们必须准备好捍卫自己的立场，同时能够听取其他小组的立场。这是关于正面对抗的一切。"

同样地，反思社会辅导员和生产管理人员之间的高压力，一个社会辅导员报告说："我们从来没有避免对抗。当质疑使紧张关系提高时，我们必须提醒自己我们为什么在这里。这有助于我们正确地看待事物。"因此，使用谈判空间使 β 更容易协调社会辅导员和技术主管，同时在他们之间保持一个"生产率紧张"（Murray，2010；Stark，2009）。通过给社会工作者和生产管理人员授权，这种方法使 β 维持一个社会焦点，同时更好地倾向于商业规则。

我们的分析显示了两个条件使谈判空间能够在 β 有效运作。首先，在组织的各个层级的组织成员对他们的最高目标有共同的理解。这种共识促进谈判，从而防止紧张局势升级为棘手的冲突（Fiol，Pratt & O'Connor，2009）。其次，社会辅导员意识到为了实现组织的目标他们需要技术管理者，反之亦然。这种相互依存、相互尊重的共同意识，可以促进紧张和交易的管理。因为每个小组认识到另一小组有共同目标贡献的重要性，他们更倾向于寻找和实现一个共同点。这两个有利条件通过社会化过程培养和维持的组织（Louis，1980；Van Maanen & Schein，1979）被执行董事落实到位，包括一年两次的退修会，一年一度的大会，内部沟通、培训和工作见习。

社会化的过程。确保所有员工对于 β 的目标有一个共同的理解（即培养长期失业的专业整合），执行董事将它称为日常"所有组织决策的指南针"。此外，所有固定员工一年两次聚在一起退修培育欢乐。这些退修会是为了让他们找到当前组织挑战的共同解决方法（例如，如何提高指导）。工作人员也被要求参加年度大会，在 β 所有关键的利益相关方与董事会开会讨论组织的目标，工作整合型社会企业在过去的一年里能够做些什么实现其未来的目标。执行董事解释说，她用"大会作为我们的使命的一个关键时刻提醒员工，并庆祝它"。

执行董事依靠沟通、培训和强制性的工作见习，使生产管理人员和社会辅导员意识到他们的相互依存关系。强调内部沟通的重要性，她解释说："我总是提醒工作人员，我们都互相依靠来达到我们的目标。社会辅导员和生产管理人员负责不同方面的工作对我们的成功同样重要。此外，组织各种培训干预是为了提高每个人每个小组成就组织目标的贡献的重要性的意识。例如，所有生产管理人员参加外部培训课程旨在帮助他们更好地理解受益者所面临的挑战，并且领会社会咨询帮助受益者准备重新融入职场的重要性。反过来，社会辅导员被要求参加当地商会的会议，这样他们可以更加了解企业界的要求和规范。

最后，也是最重要的是，执行董事安排强制性的内部"工作见习"。每个社会辅导员需要每周花两个小时观察生产管理人员的工作，以更好地理解其逻辑和约束，反之亦然。执行董事解释说："工作见习使专业团体意识到它们之间的相互依赖关系。培养跨职能组的相互理解和尊重，这是一个保持生产力之间的紧张关系的必要条件。"

综上所述，在 β 的结构分化中，结合谈判空间，使负责经济和社会活动的员工，分别共同找到他们面临的权衡的解决办法。空间谈判并没有使紧张消失；相反，他们形成潜在的内部冲突的转换，成为生产管理人员和社会辅导员之间的生产力紧张关系。激烈的社会化和持续的例程，塑造员工理解组织的上级目标和彼此的相互依赖关系，确保谈判空间的有效运作。

讨论和结论

我们假设，通过回归分析验证社会印记和社会绩效之间的关系是矛盾的：虽然社会印记与社会绩效呈正相关，社会印记也可能通过社会印记与经济效率的负相关关系间接削弱社会绩效。我们还发现，通过纵向比较案例分析，社会印记工作整合型社会企业可能解决这个悖论：（a）他们面临的情况（在我们的例子中，一场严重的金融危机）使组织成员部分从组织的社会印记解冻；（b）他们引入新的结构和过程元素，创造谈判空间，促进结构分化组织之间组织成员在整个组织阶梯的协调。

贡献

第一，我们的研究对越来越多的混合型组织做出贡献（Battilana & Lee，2014）。在组织理论中，多个研究结合不同的和潜在的冲突、不同的组织形式考察了混合型组织的性质和功能（Haveman & Rao，2006；Padgett & Powell，2012）。一组研究检验了混合型组织如何处理它们面对的内部身份挑战（Albert & Whetten，1985；Glynn，2000；Golden-Biddle & Rao，1997；Pratt & Foreman，2000）。另一组研究检验了混合型组织处理不同的和潜在的冲突的制度要求，制度要求源于它们的环境，规定它们应该如何操作（Greenwood，Raynard，Kodeih，Micelotta & Lounsbury，2011；Kraatz & Block，2008；Pache & Santos，2013；Smets，Jarzabkowski，Burke & Spee，2015；Thornton，Ocasio & Lounsbury，2012）。虽然这些研究大大丰富了我们对混合型组织面临的内部和外部挑战的理解，但它们对混合型组织实现其主要目标的能力的影响因素保持沉默。我们首先通过识别和提供一种与社会企业（工作整合型社会企业）实现高水平社会绩效的能力相联系的因素（我们的知识）的定量证据，来解决这一分歧。

第二，我们的研究揭示了谈判空间作为一个重要的机制，可能助混合型组织成功协调结构分化员工的潜在利益冲突。空间谈判与"关系空间"有相似之处（Kellogg，2009），它们都促进不同参与者之间的协调。然而，它们执行不同的功能。Kellogg（2009）将关系空间概念化——就像 Mair 和 Hehenberger's（2014）对组织领域积极分子概念的扩展——强调它们在促进变革推动者的活动中扮演了重要的角色。在我们的研究中，而不是在促进变革中，谈判空间提供一种机制来解决结构性分化的可能会面临利益不同的员工的紧张。结构分化和谈判空间的组合促进正在进行的协调。

第三，同理，我们的研究对组织领域对组织内部协调的挑战这一传统研究议题有所贡献（Okhuysen & Bechky，2009）。与我们的研究非常相关的，对组织两难问题（Ambidexterity）的研究已经强调在协调公司活动的潜在矛盾时领导者的角色（O'Reilly & Tushman，2008；Tushman，Smith，Wood，Westerman & O'Reilly，2010）。超越现有的文献，我们的研究表明，混合型组织可能通过正式结构和过程更好地完成协调，维持谈判空间，整个组织中的员工共同找到解决他们面临的权衡而不是依靠管理者的小团体或紧急非正式的机制以确保协调。

第四，我们发现了使谈判空间有效运作的两个关键条件：（a）员工共同理解组织的上级目标；（b）意识到他们的相互依存性。我们还发现，创造和培育这样的条件需要强烈的社会化过程，包括内部沟通、培训和工作见习。总的来说，我们的研究表明，当消费组织资源时，如果混合型组织从事多目标时要维持焦点的平衡，创建和维持谈判空间可能是必要的。

第五，我们的研究有助于印记方面的文献（Marquis & Tilcsik，2013）——尤其是创始人的持久影响的研究（Almandoz，2012）。我们认为，经验表明，社会印记和混合型组织（有不同受益者，例如工作整合型社会企业）社会绩效之间是矛盾又相互关联的关系：尽管社会印记提高混合型组织的社会责任表现，但社会印记也因为与经济绩效的负相关关系，间接地削弱了社会绩效。此外，我们定性的研究结果表明，克服这种矛盾是部分解冻混合型组织的社会印记的临界条件，是管理其印记遗产开放性的可能（Cooper，Hinings，Greenwood & Brown，1996；Johnson，2007）。虽然大多数关于印记的文献视它为"生态力缺乏机构"（Marquis & Tilcsik，2013），我们认为，组织成立后，组织成员的后代可以离开印记实践并在新的敏感时期介绍新人加入，如危机时期。

未来研究方向

首先，未来的工作应该探索我们的结果在其他情况下的约束。在我们的制度环境（法国）中，我们的丰富的数据使我们能够梳理出跨组织的异质性。后续关于工作整合型社会企业的研究需要探索公共部门在不同的背景下的角色，更普遍的是，在机构设置上的异质性。在我们的研究中，政府在授权工作整合型社会企业运营方面扮演了一个看门人的角色。在其他外部监督不活跃和/或更少的政府当局支持的背景下，工作整合型社会企业更有可能以增强社会绩效的活动为代价投资于经济生产率。

其次，未来的研究将需要更详细地探索混合型组织如何像社会企业（以商业与慈善相结合为核心），可以持续专注于完成自己的社会使命和建立高效的操作。在本文中，我们提供了基础性的工作，包括理解这些混合型组织的子集如何能成功完成它们的社会使命，即使它们为不同种类的受益者和客户服务。在组织的功能方面还有很多待探索的方式。社会企业需要更深层次的探索和新理论，因为它们既不是典型的企业也不是典型的慈善机构；相反，它们结合了这两个方面（Battilana & Lee，2014；Besharov & Smith，2014；Dacin，Dacin & Tracey，2011）。

再次，未来的研究还需要研究其他因素对混合型组织社会绩效的影响。特别是，组织设计包括决策权配置的某些方面，提供激励和金融结构可能影响混合型组织管理不再有负溢出效应（Sengul & Gimeno，2013；Sengul，Gimeno & Dial，2012）。并且，组织治理的各个方面（如董事会组成）也可能发挥重要作用（Ebrahim，Battilana & Mair，2014）。此外，为了更好地适应社会企业的需求，政府正在组建新类型的公司，未来的研究将需要探索这些新法律状态——例如在英国作为公共利益公司（CIC），或在美国的福利企业——对混合型组织实现它们目标的能力的影响。

　　最后，虽然我们的研究集中在一种类型的混合型组织，未来的研究将需要探索我们的研究结果在多大程度上适用于其他类型的混合型组织，比如医院或大学。特别是，未来的研究应该探索在谈判空间中我们研究结果的普遍性和我们可以有效地维持混合型组织的生产紧张的条件。我们的研究表明，创建和维护谈判空间是一种昂贵的努力，正在进行的社会化进程，例如工作见习等对组织是重要的机会成本，而这些成本可能超过它们的好处。应该做更多的工作去理解协调好不同谈判空间的实现和组织的相对成本之间的关系。例如，我们预计组织的大小是一个边界条件，因为随着规模的增加，整个组织有效参与员工的谈判空间可能会变得越来越具有挑战性和更高的成本。话虽这么说，更大的混合型组织仍然可以以一种更有界限的方式，通过参加它们雇员的一个小团体创建、维护并有效地利用谈判空间。

　　总之，在试图在多个维度追求多个目标下的优化性能时，混合型组织面临着不同的挑战。这样做需要不同的组织安排。重要的是，追求一个目标的实践可能被视作低效率的，可能共同追求多个组织目标是有效的。例如，尽管谈判空间可能会有创建和维护的成本，如果混合型组织在它们追求的目标中要达到高水平的绩效，在某些情况下谈判空间可能是一个必要条件。在这一领域未来的研究对混合型组织的研究不仅有着深远影响，而且因为它们追求多个目标，现代组织越来越多地横跨多个行业。

参考文献

［1］Albert, S., & Whetten, D. A. 1985. Organizational identity.Research in Organizational Behavior, 7: 263-295.

［2］Almandoz, J. 2012. Arriving at the starting line: The impact of community and financial logics on new banking ventures. Academy of Management Journal, 55: 1381-1406.

［3］Austin, J., Wei-Skillern, J., & Stevenson, H. 2006. Social and commercial entrepreneurship: Same, different, or both? Entrepreneurship Theory and Practice, 30: 1-22.

［4］Baltagi, B. H. 1998. Econometrics. Berlin: Springer-Verlag.

［5］Baron, J. N., Hannan, M. T., & Burton, M. D. 1999. Building the iron cage: Determinants of managerial intensity in the early years of organizations. American Sociological Review, 64: 527-547.

［6］Battilana, J., & Dorado, S. 2010. Building sustainable hybrid organizations: The case of commercial microfinance organizations. Academy of Management Journal, 53: 1419-1440.

［7］Battilana, J., & Lee, M. 2014. Advancing research on hybrid organizing: Insights from the study of social enterprises. The Academy of Management Annals, 8: 397-441.

［8］Beckman, C., & Burton, M. D. 2008. Founding the future: The evolution of top management teams from founding to IPO. Organization Science, 19: 3-24.

［9］Besharov, M. L., & Smith, W. K. 2014. Multiple institutional logics in organizations: Explaining their varied nature and implications. Academy of Management Review, 39: 364–381.

［10］Bode, I., Evers, A., & Schulz, A. 2006. Work integration social enterprises in Europe: Can hybridization be sustainable? In M. Nyssens (Ed.), Social enterprise: At the crossroads of market, public policies and civil society: 237–258. London: Routledge.

［11］Bourdieu, P. 1977. Outline of a theory of practice. Cambridge: Cambridge University Press.

［12］Bourgeois, L. J. 1981. On the measurement of organizational slack. Academy of Management Review, 6: 29–39.

［13］Burton, M. D., & Beckman, C. M. 2007. Leaving a legacy: Position imprints and successor turnover in young firms. American Sociological Review, 72: 239–266.

［14］Caves, D. W., Christensen, L. R., & Diewert, W. E. 1982. The economic theory of index numbers and the measurement of input, output, and productivity. Econometrica, 50: 1393–1414.

［15］Cooney, K. 2011. An exploratory study of social purpose business models in the United States. Nonprofit and Voluntary Sector Quarterly, 40: 185–196.

［16］Cooper, D. J., Hinings, B., Greenwood, R., & Brown, J. L.1996. Sedimentation and transformation in organizational change: The case of Canadian law firms. Organization Studies, 17: 623–647.

［17］D'Aunno, T., Sutton, R. I., & Price, R. H. 1991. Isomorphism and external support in conflicting institutional environments: A study of drug abuse treatment units.Academy of Management Journal, 34: 636–661.

［18］D'Autume, A., Bethbèze, J. P., & Hairault, J. O. 2006. L'emploi des séniors en France. Paris: Conseil d'Analyse Economique.

［19］Dacin, M. T., Dacin, P. A., & Tracey, P. 2011. Social entrepreneurship: A critique and future directions. Organization Science, 22: 1203–1213.

［20］Defourny, J., & Kim, S. Y. 2011. Emerging models of social enterprise in Eastern Asia: A cross-country analysis.Social Enterprise Journal, 7: 86–111.

［21］Délégation Généraleà l'Emploi età la Formation Professionnelle (DGEFP). 2003. Circulaire n° 2003-24 du 3octobre 2003 relativeà l'aménagement de la procédure d'agrément par l'ANPE et au suivi des personn esembauchées dans une structure d'insertion par l'activitééconomique. Accessed online at https://www.cnle.gouv.fr/IMG/pdf/Circulaire_dgefp-dgas_n2003-24_3octobre2003.pdf.

［22］Ebrahim, A., Battilana, J., & Mair, J. 2014. The governance of social enterprises: Mission drift and accountability challenges in hybrid organizations. Research in Organizational Behavior, 34: 81–100.

［23］Edmondson, A. C., &McManus, S. E. 2007. Methodological fit in management field research. Academy of Management Review, 32: 1155–1179.

［24］ Eisenhardt, K. M. 1989. Building theories from case study research. Academy of Management Review, 14: 532–550.

［25］ Eisenhardt, K. M., & Graebner, M. E. 2007. Theory building from cases: Opportunities and challenges. Academy of Management Journal, 50: 25–32.

［26］ Eisenhardt, K. M., & Schoonhoven, C. B. 1990. Organizational growth: Linking founding team, strategy, environment, and growth among U.S. Semiconductor ventures, 1978–1988. Administrative Science Quarterly, 35: 504–529.

［27］ Feldman, M. S. 2003. A performative perspective on stability and change in organizational routines. Industrialand Corporate Change, 12: 727–752.

［28］ Fiol, C. M., Pratt, M. G., & O'Connor, E. J. 2009. Managing intractable identity conflicts. Academy of Management Review, 34: 32–55.

［29］ Galaskiewicz, J., & Barringer, S. N. 2012. Social enterprises and social categories. In B. Gidron & Y. Hasenfeld (Eds.), Social enterprises: An organizational perspective: 47–70. New York: Palgrave Macmillan.

［30］ Galbraith, J. R. 1973. Designing complex organizations. Reading, MA: Addison-Wesley.

［31］ Glynn, M. A. 2000. When cymbals become symbols: Conflict over organizational identity within a symphony orchestra. Organization Science, 11: 285–298.

［32］ Golden-Biddle, K., & Rao, H. 1997. Breaches in the boardroom: Organizational identity and conflicts of commitment in a nonprofit organization. Organization Science, 8: 593–611.

［33］ Greenwood, R., Raynard, M., Kodeih, F., Micelotta, E., & Lounsbury, M. 2011. Institutional complexity & organizational responses. The Academy of Management Annals, 5: 317–371.

［34］ Haveman, H., & Rao, H. 2006. Hybrid forms and the evolutionof thrifts. The American Behavioral Scientist, 49: 974–986.

［35］ Hoffman, A. J., Gullo, K., & Haigh, N. 2012. Hybrid organizations and positive social change: Bridging the forprofit and non-profit domains. In K. Golden-Biddle & J. E. Dutton (Eds.), Using a positive lens to exploresocial change and organizations: Building a theoretical and research foundation: 131–150. New York: Routledge.

［36］ Huber, P., Sutcliffe, K., Miller, C. C., & Glick, W. H. 1993. Understanding and predicting organizational change. In P. Huber & W. H. Glick (Eds.), Organizational change and redesign: 215–265. Oxford: Oxford University Press.

［37］ Hugues, J. M. 2007. Observatoire 2006 des entreprises d'insertion. Paris: CNEI.

［38］ Huselid, M. A. 1995. The impact of human resource management practices on turnover, productivity, and corporate financial performance. Academy of Management Journal, 38: 635–672.

［39］ Iacobucci, D. 2008. Mediation analysis. Los Angeles, CA: Sage.

［40］ Jay, J. 2013. Navigating paradox as a mechanism of change and innovation in hybrid organizations. Academy of Management Journal, 56: 137–159.

[41] Johnson, V. 2007. What is organizational imprinting? Cultural entrepreneurship in the founding of the Paris Opera. American Journal of Sociology, 113: 97–127.

[42] Kellogg, K. C. 2009. Operating room: Relational spaces and microin stitutional change in surgery. American Journal of Sociology, 115: 657–711.

[43] Kraatz, M. S., & Block, E. S. 2008. Organizational implications of institutional pluralism. In R. Greenwood, C. Oliver, R. Suddaby & K. Sahlin-Andersson (Eds.), The Sage handbook of organizational institutionalism: 243–275. London: Sage.

[44] Lawrence, P. R., & Lorsch, J. W. 1967. Organization and environment: Managing differentiation and integration.Boston, MA: Division of Research, Harvard Business School.

[45] Louis, M. R. 1980. Surprise and sense making: What newcomers experience in entering unfamiliar organizational settings. Administrative Science Quarterly, 25: 226–251.

[46] Mair, J., & Hehenberger, L. 2014. Front-stage and backstage convening: The transition from opposition to mutualistic coexistence in organizational philanthropy. Academy of Management Journal, 57: 1174–1200.

[47] Mair, J., & Marti, I. 2006. Social entrepreneurship research: A source of explanation, prediction, and delight.Journal of World Business, 41: 36–44.

[48] Margaret, M. 2006. Travail et emploi des femmes. Paris: La Découverte.

[49] Marquis, C., & Tilcsik, A. 2013. Imprinting: Toward a multilevel theory. The Academy of Management Annals, 7: 193–243.

[50] McDonald, J. 2009. Using least squares and Tobit in second stage DEA efficiency analyses. European Journal of Operational Research, 197: 792–798.

[51] Mercadal, B., Janin, P., Charvériat, A., & Couret, A. 2004. Droit des affaires: Sociétés commerciales, 2004. Levallois: Éditions Francis Lefebvre.

[52] Miles, M. B., & Huberman, A. M. 1994. Qualitative dataanalysis: An expanded sourcebook. Thousand Oaks, CA: Sage.

[53] Miller, D., & Shamsie, J. 2001. Learning across the life cycle: Experimentation and performance among the Hollywood studio heads. Strategic Management Journal, 22: 725–745.

[54] Morrison, A. D., & Wilhelm, W. J., Jr. 2004. Partnership firms, reputation, and human capital. The American Economic Review, 94: 1682–1692.

[55] Murray, F. 2010. The Oncomouse that roared: Hybrid exchange strategies as a source of distinction at the boundary of overlapping institutions. American Journal of Sociology, 116: 341–388.

[56] O'Reilly, C. A., & Tushman, M. L. 2008. Ambidexterity as a dynamic capability: Resolving the innovator's dilemma. Research in Organizational Behavior, 28: 185–206.

[57] Okhuysen, G. A., & Bechky, B. A. 2009. Coordination in organizations: An integrative perspective. The Academy of Management Annals, 3: 463–502.

[58] Oliver, C. 1991. Strategic responses to institutional processes. Academy of Management Review, 16: 145–179.

［59］ Pache, A. C., & Santos, F. 2013. Inside the hybrid organization: Selective coupling as a response to competing institutional logics. Academy of Management Journal, 56: 972–1001.

［60］ Padgett, J. F., & Powell, W. W. 2012. The emergence of organizations and markets. Princeton, NJ: Princeton University Press.

［61］ Papke, L. E., & Wooldridge, J. M. 1996. Econometric methods for fractional response variables with an application to 401(k) plan participation rates. Journal of Applied Econometrics, 11: 619–632.

［62］ Pfeffer, J., & Salancik, G. R. 1978. The external control of organizations: A resource dependence perspective. New York: Harper & Row.

［63］ Pratt, M. G., & Foreman, P. O. 2000. Classifying managerial responses to multiple organizational identities.Academy of Management Review, 25: 18–42.

［64］ Ragin, C. C. 1994. Introduction to qualitative comparative analysis. In T. Janoski & A. Hicks (Eds.), The comparative political economy of the welfare state: 299–319. Cambridge: Cambridge University Press.

［65］ Rangan, S., & Sengul, M. 2009. The influence of macro structure on the foreign market performance of transnational firms: The value of IGO connections, export dependence, and immigration links. Administrative Science Quarterly, 54: 229–267.

［66］ Ruef, M., Aldrich, H. E., & Carter, N. M. 2003. The structure of founding teams: Homophily, strong ties and isolation among U.S. entrepreneurs. American Sociological Review, 68: 195–222.

［67］ Scott, W. R. 1977. Effectiveness of organizational effectiveness studies. In S. P. Goodman & J. Pennings (Eds.), New perspectives on organizational effectiveness: 63–95. San Francisco, CA: Jossey-Bass.

［68］ Sengul, M., & Gimeno, J. 2013. Constrained delegation: Limiting subsidiaries' decision rights and resources in firms that compete across multiple industries. Administrative Science Quarterly, 58: 420–471.

［69］ Sengul, M., Gimeno, J., & Dial, J. 2012. Strategic delegation: A review, theoretical integration, and research agenda. Journal of Management, 38: 375–414.

［70］ Smets, M., Jarzabkowski, P., Burke, G., & Spee, P. 2015. Reinsurance Trading in Lloyd's of London: Balancing conflicting–yet–complementary logics in practice. Academy of Management Journal, 58: 932–970.

［71］ Smith, W. K., & Lewis, M. W. 2011. Toward a theory of paradox: A dynamic equilibrium model of organizing. Academy of Management Review, 36: 381–403.

［72］ Spear, R., & Bidet, E. 2005. Social enterprise for work integration in 12 European countries: A descriptive analysis. Annals of Public and Cooperative Economics, 76: 195–231.

［73］ Stark, D. 2009. The sense of dissonance: Accounts of worth in economic life. Princeton, NJ: Princeton University Press.

[74] Stinchcombe, A. L. 1965. Social structure and organizations. In J. G. March (Ed.), Handbook of organizations: 142–193. Chicago, IL: Rand-McNally.

[75] Strauss, A., & Corbin, J. 1998. Basics of qualitative research: Techniques and procedures for developing grounded theory (2nd ed.). Thousand Oaks, CA: Sage.

[76] Suchman, M. C. 1995. Managing legitimacy: Strategic and institutional approaches. Academy of Management Review, 20: 571–610.

[77] Thornton, P. H., Ocasio, W., & Lounsbury, M. 2012. The institutional logics perspective: A new approach to culture, structure, and process. Oxford: Oxford University Press.

[78] Tilcsik, A. 2014. Imprint-environment fit and performance: How organizational munificence at the time of hire affects subsequent job performance. Administrative Science Quarterly, 59: 639–668.

[79] Tushman, M., Smith, W. K., Wood, R. C., Westerman, G., & O'Reilly, C. 2010. Organizational designs and innovation streams. Industrial and Corporate Change, 19: 1331–1366.

[80] Van Maanen, J., & Schein, E. H. 1979. Toward a theory of organizational socialization. Research in Organizational Behavior, 1: 209–264.

[81] Whetten, D., Mackey, A., & Poly, C. 2011. Applying the concept of organizational identity to the study of persistently distinctive organizational practices. Working Paper, Brigham Young University.

[82] World Bank. 2013. World development indicators 2013. Washington, DC: World Bank Publications.

[83] Wry, T., Cobb, J. A., & Aldrich, H. E. 2013. More than a metaphor: Assessing the historical legacy of resource dependence and its contemporary promise as a theory of environmental complexity. The Academy of Management Annals, 7: 441–488.

[84] Yellen, J. L. 1984. Efficiency wage models of unemployment. The American Economic Review, 74: 200–205.

[85] Yin, R. K. 2003. Case study research: Design and methods. Thousand Oaks, CA: Sage.

产品市场竞争是否会强化企业社会责任?
来自贸易自由化的证据*

Caroline Flammer

【摘　要】本研究探讨了产品市场竞争是否会影响企业社会责任。为了获得产品市场竞争的外因变化,我们研究了 1992~2005 年美国制造业发生的大幅进口关税下调所提供的准自然实验。通过使用差异中的差异方法发现,美国国内公司会通过提高其对社会责任的参与来应对关税下调。这一发现支持了"企业社会责任是一种竞争策略"的观点,可以让公司将其自身与其外国竞争对手区分开来。整体而言,笔者的成果强调的是贸易自由化是一种重要的因素,可以建立企业社会实践。

【关键词】企业社会责任;产品市场竞争;贸易自由化;竞争策略;差异中的差异

简　介

在过去的几十年里,世界经济的快速全球化让公司的运营方式产生了巨大的变化。尤其值得一提的是,贸易自由化让美国的公司所面临的来自海外竞争对手的压力出现了前所未有的增加。这种倾向于降低贸易壁垒的趋势促使很多人开始研究外国竞争如何影响生产力、经济增长以及社会和环境福利。虽然后者关注的是整体层面的社会和环境福利,但是人们对外国竞争如何影响公司层面做出的对企业社会责任 (CSR) 投资的决策还并不是很了解,尤其是国内公司是否会将 CSR 作为一种差异性策略来与其外国对手进行竞争。本文通过对进口关税的降低——可促进外国竞争者参与到本地市场中——如何影响美国公司的社会及环境实践的理论分析和实证检验对这一问题进行了讨论。

---

* Caroline Flammer. 2015. Does Product Market Competition Foster Corporate Social Responsibility? Evidence from Trade Liberalization. Strategic Management Journal, 36: 1469–1485.

初译由李伟阳完成。

比较优势的概念是新古典主义贸易理论和战略管理的核心内容。尤其值得一提的是，现有的公司可以利用其具有比较优势的资源和能力来保持其比较优势。在贸易自由化的背景下，在与本地利益相关方之间的关系方面，国内公司比国外公司更有比较优势。因此，笔者认为，国内公司可通过加强其与本地消费者、员工及其他利益相关方之间的关系来应对越来越激烈的外国竞争。与之相关的是，CSR 文献认为，公司可以通过"做好事来发展得更好"，因为公司能够通过更好地激励员工、进入新的市场（例如"绿色"消费者）和更有效地利用材料及能源来获益。根据这些观点，本人假设，增加的外国竞争会塑造 CSR，因为国内公司渴望利用其比较优势来保持竞争力。最近的研究对该理论假设也持支持态度。尤其值得一提的是，Accenture 和 UNGC（2010）以及 *MIT Sloan Management Review*（2012）进行的调查指出，在面对越来越激烈的全球竞争的时候，超过 90% 的 CEO 认为，可持续性对于其公司的竞争力和未来成功是至关重要的。①

除了这些研究之外，在外国竞争对 CSR 的影响方面几乎没有什么证据。这一问题难以通过经验来回答，因为传统的竞争方式（如进口渗透）可能天生就具有 CSR 性质。换句话说，未被发现的特点可能会促使二者之间出现虚假的关系。例如，具有长远眼光的 CEO 们可能更倾向于开展 CSR 活动。与此同时，他们自己可能会选择进入没有竞争的行业（因为更低的短期压力可能会让他们更有余力来实现长期目标）。另外一个例子就是反因果关系看法：公司可能会使用 CSR 来作为一种影响竞争的方法。尤其是，现在的公司可能会增加其 CSR 来抢占外国公司的先机。如这些例子所示，找到进口渗透与 CSR 之间的关系可能无法说明因果关系。②

为了克服这一障碍，笔者研究了一个准自然实验，其形式就是 1992~2005 年在美国制造业中出现的大幅进口关税削减。这些关税的削减幅度较大（关税平均降低大约 50%），因此，让美国公司面临的来自海外竞争对手的竞争压力出现了快速的

---

① 与之相关的轶事证据证明，更激烈的竞争会让公司增加其对 CSR 的投资，这与 CSR 是一种竞争策略的观点不谋而合。例如，Seventh Generation 的首席执行官 John Replogle 认为，在一个竞争环境中，如果只有适者才能生存，那么 CSR 就是关键："可持续性已经不再是可选项了。无法采用该实践的公司将被淘汰。这些公司不仅会丢失成本基准，而且还会在招聘员工和吸引顾客方面痛苦不堪。"另外，在提到他之前的公司 Burt's Bees 时，John Replogle 认为："因为我们平衡了对水、电、垃圾和大部分包装投入的使用，所以我们学到了东西，而且比大部分公司更具有竞争力……Burt's Bees 是一家更具有竞争力和盈利能力的公司，因为，我们采用了可持续的实践。"（福布斯，2011，原文）通用电气的环境 CSR 项目"生态创想"的公开目标就是提高 GE 的竞争力。如 GE 的首席执行官 Jeffrey Immelt 所强调的那样："从第一天开始，我们就从业务的角度在做这件事……这从来都不是企业社会责任的事情。"（纽约时代周刊，2011）

② 一些相关的文献检查了国内竞争［如 Herfindahl Hirschman 产业集中指数（HHI）所示］与 CSR 之间的关联。对于进口渗透来说，HHI 在 CSR 方面具有外生性。详见"讨论"章节。

外生转移。为了预测这些对 CSR 处理的效果,笔者用了一种差异中的差异方法。需要注意的是,如果某公司是在某经历了关税降低的行业中运营("经过处理的公司"),则笔者会计算在关税降低前后的 CSR 差异。然后,笔者将该差异与某"控制"公司中的相对应的差异进行对比。实验组公司是依据类似的事前特征与经过处理的公司相匹配的。

使用这种经过匹配的差异中的差异方法,笔者发现,关税的降低会导致 CSR 的大幅增加,如 Kinder、Lydenberg 和 Domini (KLD) 的社会性能指数所示。这一发现在大量的稳健性检查中都能看到,包括替代性的处理定义以及替代性的匹配方法。

虽然关税的降低可能会让来自海外的竞争压力出现外生性质的变化,但是一个潜在的问题就是,特殊利益群体可能会影响贸易政策的成果。因此,决策者可能会根据特定的行业特征来降低进口关税(例如,他们可能会降低利润更低的行业的关税,因为他们已经"放弃"这些行业了)。如果这些特点与后来对 CSR 的投资有关,则笔者得出的结果可能是具有欺骗性的。但是,这一问题出现了缓和,其原因有两个:首先,匹配算法能够保证经过处理的公司和匹配的实验组公司在事前是非常相似的,这就降低了笔者的结果可能会受到经过处理的公司和实验组公司在处理之前的差异的推动的问题(如在盈利能力方面)。其次,如果只考虑作为关贸总协定(GATT)、世界贸易组织(WTO)和北美自由贸易协议(NAFTA)制定的大规模多边贸易协议一部分的关税减少,则也会得到类似的结果。如 Krugman 等(2012)所述,与双边协商的贸易协议相比,特殊利益群体不太可能会影响多边贸易协议产生的关税变化。因此,这类处理在游说压力方面是相对更加外生的。

美国公司会通过增加其 CSR 来应对来自海外的更高的竞争压力这一发现,与 CSR 会产生宝贵的资源,从而让公司提高其竞争力并与海外竞争对手区分开来的观点相一致。在辅助分析中,笔者进一步记录到,这种效果在企业与消费者(B2C)行业中的公司更加明显——例如在购买决策对公司的 CSR 参与更加敏感的行业中。笔者还发现,公司会将其额外的 CSR 投资集中到其核心利益相关方(客户和员工)身上,而不是其他更加外围的利益相关方(整个社会和环境)。

在本文剩余的部分中,笔者详细提出了一些理论观点,描述了数据和方法,展示了经验结果,并通过讨论发现情况的影响及限制进行了总结。

理论与假设

海外竞争与企业社会责任的关系

为了了解关于海外竞争和国内公司 CSR 参与之间的关系的理论预测，笔者研究了许多不同的文献。[①] 在经济学方面，人们研究了贸易自由化对经济增长、生产力和就业的影响。尤其值得一提的是，新古典主义贸易理论的核心是比较优势概念，根据这一概念，各国会将其生产活动与其相对资源禀赋对应起来。例如，在过去几年里，随着美国进口关税的降低，国内公司面临的来自低工资国家（如印度和中国）的全球竞争出现了增加。因为美国公司的相对工资较高，所以美国公司的应对方法就是将其生产从劳动密集型产品转移到技术和资本密集型产品。

与之有关的是，战略管理文献认为，公司可以通过利用其已经具有比较优势的资源和能力来维持其比较优势。在贸易自由化的背景下，国内公司在与本地利益相关方的关系方面比国外公司更具有比较优势，这一优势会让国外公司难以以成本基础来进行竞争。[②] 因此，笔者认为，国内公司可通过加强其与本地消费者、员工及其他利益相关方的关系来应对增加的海外竞争。从某种意义上看，通过增加其社会和环境活动，公司可以脱颖而出，并建立一种"软"贸易壁垒，从而让其国外竞争者丧失优势。

在 CSR 文献中，同样强调了加强公司与其利益相关方关系的潜在价值。例如，Freeman（1984）的利益相关方理论认为，公司应当考虑更广泛的利益相关方群体的利益。目前已经提出了利益相关方理论的多个延伸理论（Agle et al., 2008）。尤其值得一提的是，有用的利益相关方理论认为，CSR 方面的努力在获得必要的资源或利益相关方支持方面是有用的。与之类似的是，公司可通过参与 CSR 来提高其效率并提升其声誉、品牌和信任度。这一观点与 Porter 和 Kramer（2006，2011）的观点有关，他们强调了考虑更广泛的业务环境和为社会及公司创造共享价值观的战略重要性。共享价值观（与之相对的是社会/博爱价值观）的创造，是公司在全球市场中最大化长期股东价值及其竞争力不可或缺的部分。

总之，上述观点说明，CSR 会让国内公司提高其竞争力，并与海外对手产生差

---

① 如果某项活动超出了公司对其底线和法律要求的最大化，并且对社会做出了贡献，那么该活动就被视为是具有社会责任的活动。

② 海外对手的成本优势可能是强调首先使用进口关税的原因之一。

异。因此，面临更猛烈海外竞争的公司可通过增加其 CSR 投资来进行应对。因此，笔者假设海外竞争与 CSR 之间存在正因果关系。

假设 1：海外竞争的外生增加会导致 CSR 的增加。

自然而然地，另外的假设就是海外竞争的增加会导致 CSR 的减少（或不变），这可能与认为公司的社会参与是一种无效的资源利用的观点相符。例如，Friedman 的利益相关方理论将社会责任看做是一种开展业务的不必要成本。因此，解决社会问题会降低公司的利润，而且就像是将股东转化为利益相关方。Elhauge（2005）也提出了类似的观点，他认为，CSR 政策中包含"为公众利益牺牲企业利润"。根据这一文献，竞争压力的增加会扼杀 CSR，因为 CSR 会降低公司利润，从而降低可以被转化给利益相关方的资源的数量。

数 据

进口税率的降低

为了测量海外产品市场竞争的增加情况，笔者使用了由 Feenstra（1996）、Feenstra、Romalis 和 Schott（2002）以及 Schott（2010）编辑的行业层面进口关税数据。我们能够获得美国制造业 1972~2015 年的四位标准行业分类（SIC）层面的数据（SIC 2000–3999）。对于每个四位数的 SIC 行业和年份，笔者都计算了从价关税率，也就是美国海关收取的关税与进口的离岸价值之间的比率。

税率每年都会波动。但是，一般的税率变化都是非常小的，而且在经济方面没有太大的重要性。为了绕过这一限制，笔者采用了经济学研究中的常用方法，并且只考虑了大幅的关税降低，例如超过某限值的关税降低。尤其值得注意的是，笔者使用了 Fresard（2010）以及 Fresard 和 Valta（2014）的方法，并量化了在某特定行业年份的关税税率的降低（如果该关税降低是该行业所有年份平均年（绝对）变化的三倍以上）。阈值的选择对于笔者的分析来说并不重要。在稳健性检验中，笔者提出，如果采用的是其他比例，例如关税降低是平均值的两倍或四倍，则笔者的结果也是这样的。

1972~2005 年，共有 91 次这样的大型关税降低。第一次发生在 1975 年，最后一次发生在 1998 年。因为本文的目的是研究进口关税的降低如何影响 CSR，且鉴于从 KLD 数据库获得的 CSR 数据只有 1991 年以前的，所以笔者只研究了 1992 年之前出现的关税降低（在 1991 年出现的降低情况是由差异中的差异说明所造成的，这需要在关税降低之前至少一年的 CSR 数据）。该标准让笔者最终只选取了 34 次大幅度的关税降低，详见表 S1。对于每一次减税事件，表 S1 都报告了关税降低的年份、四位 SIC 代码、对行业的简要描述以及关税降低是否是由 GATT、WTO 或 NAFTA 签订的多变贸易协议执行的一部分。最后一部分信息是从美国国际贸易委员会获得的。[①]

这些情况了导致大约 50% 的平均关税税率降低（平均来看，关税税率从事件发生前一年的 2.6% 降低到了事件发生后一年的 1.3%）。因此，本研究中考虑的处理方法让美国公司面临的竞争压力出现了迅速增加。如要了解关于这些处理方法的经济重要性的信息，请参见"方法"部分。

公司层面的数据

会计数据来自于标准普尔（S&P）的计算机数据库，CSR 数据来自于 KLD 数据库。KLD 是一家独立的社会选择投资顾问公司，主要对各公司如何解决其利益相关方需求的方法进行排名。在相关的取样时间段内，KLD 数据库涵盖了标准普尔 500 指数中所列的所有公司，以及在多米尼 400 社会指数中所列的公司，其中主要包括大中型公司（Domini Social Investments，2013）。在 CSR 研究中，KLD 排名得到了广泛应用。

KLD 数据库包括各公司在许多方面的社会排名，如社区性、多样性、员工关系、环境、人权、产品质量、企业治理以及公司的业务是否与酒类、军火、赌博、烟草、核能和军事承包有关。为了获得一个综合的 KLD 指数，笔者对所有这些方面进行了总结。[②] 在辅助分析汇总中，笔者还研究了这一综合指数的四个次级指数（见"结果"部分）。

[①] 本研究中考虑的取样时间段出现了进口关税逐渐降低的趋势。因此，只有两个税率大幅增加的情况。这让笔者无法进行反向分析，也就是研究公司是否会在产品市场竞争出现下降之后调整其社会参与度。

[②] 在 KLD 数据库中，每年都会有几个特定的强度不会得到调查，这会造成与 CSR 的测量值不一致的情况。但是，笔者已经确认，如果使用了完整的指数，也能获得类似的结果，笔者只是加入了 1991~2005 年的所有年份中都得到了调查的强度。除了 CSR 强度之外，KLD 数据还包含一个 CSR 问题列表。因此，一种替代性的方法就是通过从强度中减去问题来构造一个"净"KLD 指数。但是，最近的研究说明，这种方法从方法上看是有问题的。因为 KLD 强度和问题缺少收敛的有效性，如果将其一起使用，则无法有效地测量 CSR。对此，笔者的分析依据的是 KLD 强度的综合指数（如要了解类似的方法，请见 Kacperczyk，2009）。

方　法

差异中的差异

为了研究海外竞争压力的增加是否会影响 CSR，笔者根据表 S1 列出的 34 次大幅关税下降（处理）使用了一种差异中的差异方法。尤其需要注意的是，笔者比较了如下这两种差异：一是那些关税大幅下降的行业中的公司（实验组），其处理前后 KLD 指数的差异；二是那些未受关税降低影响但类似的公司（控制组）的相应差异。下文笔者将描述实验组和控制组是如何组建的。

实验组：实验组包括在某四位 SIC 行业中开展业务的所有公司，该行业经历了一次大幅的关税下降，而且在计算机数据库和 KLD 数据库中有关税下降前后至少一年的数据。这 34 次大幅关税下降产生了 254 个符合这一标准的实验组的公司样本。

控制组：为了对与实验组公司类似的公司进行取样（不包括关税降低），笔者使用下列程序，根据行业及公司层面的特征，将每一家实验组公司与一家控制组公司进行了匹配。

首先，因为实验处理是在行业层面进行的，所以无法根据相同的四位 SIC 行业来匹配实验组公司。然而，一种天然的方法就是根据更广泛的行业范围来匹配实验组公司，如一位、两位或三位的 SIC 代码（包括经过实验处理的四位 SIC 行业）。在笔者的基准分析中，笔者要求控制组公司在相同的两位 SIC 行业中开展业务，并且要生产相同类型的产品（消费者与中间产品的对比）。① 这一方法平衡了两个问题。一方面，行业划分必须足够细致，才能让行业特征类似。另一方面，行业划分要足够广泛，这样才能让根据公司层面特征进行匹配的潜在实验组公司的范围足够大。

其次，在剩余的候选公司中，笔者根据六个公司层面的特征——KLD 指数、规模、市价与账面值比率、资产收益率（ROA）、现金持有量以及杠杆率，选择了最接近的公司，所有这些特征都是按照关税降低前三年的平均值计算的（使用处理前

---

① 将四位 SIC 行业划分到消费者与中间产品的对比关系是从 Lev 等（2010）获得的。如果只依据两位 SIC 代码来完成行业匹配，则笔者获得了非常相似的结果。在稳健性检验中，笔者讨论了替代性的匹配过程。

的数值可保证匹配特征不会受到处理本身的影响）。① 最接近的公司是在这六个匹配特征方面，到实验组公司的 Mahalanobis 距离最近的公司。②

这一匹配过程能保证控制组公司在事前尽量与实验组公司类似。尤其值得一提的是，将 KLD 指数用作一个匹配特征可以保证实验组公司和控制组公司在处理之前都有类似的 CSR 强度。对盈利能力测量值（ROA）和增长机遇（市价与账面值比率）的使用消除了实验组公司可能利润更低或是在夕阳产业中的担心。对规模、现金持有量和债务能力（杠杆）的使用进一步消除了这些特征会影响未来 CSR 投资的可能性（如通过方便地集资）。总之，控制组公司就是实验组公司在没有出现海外竞争增加时可能发生的情况。因为每一家实验组公司都与一家控制组公司进行了匹配，所以最终样本中包括 508 家公司（254 家实验组公司和 254 家匹配的控制组公司）。

为了证明这两组公司之间的相似性，表 1 列出了这六个匹配特征以及三个行业特征的描述性统计数据，捕捉到了这两组公司所在四位 SIC 行业中的竞争程度。这三个行业特征分别是进口税率、进口渗透和产业集中的 Herfindahl-Hirschman 指数，所有数值都是按照关税降低前三年的平均值计算的。③ 对于每一个特征，表 1 都列出了 254 个实验组公司和 254 个匹配的控制组公司的平均值、中间值、25% 和 75% 数值。在最后的两栏中，该表格分别列出了平均值中差异测试（t 测试）和 Kolmogorov-Smirnov 测试（KS 测试）中的 p 值。④ 如我们所知，实验组公司和控制组公司在所有特征方面都是非常类似的。尤其值得一提的是，相等平均值的无效性无法被拒绝（p 值范围为 0.25~0.99）。平均分配的无效性也无法拒绝（p 值范围为 0.17~0.86）。整体而言，表 1 的数据确认了控制组公司与实验组公司是非常相似的，因此可以可靠地说明实验组公司在没有经历关税下降时会是什么样子。

---

① 最后五个特征是从计算机数据库中得到的。规模是资产账面价值的自然对数；市价与账面值比率是权益市场价值与权益账面价值之比；ROA 是非常规项目之前的收入与资产账面价值之比；现金持有量是现金及短期投资与资产账面价值之比；杠杆是长期债务与资产账面价值之比。这五个特征在经济学和金融文献中通常被用来构建一组可对比的公司。

② 正式情况下，经过处理的公司 i 与候选公司 j 之间的马氏距离 δ 可以用 $\delta = [(X_i - X_j)' \sum^{-1} (X_i - X_j)]^{1/2}$ 来求得，其中 X 是一个（6×1）的向量，还有六个匹配变量，$\sum$ 是这六个变量的（6×6）的协方差矩阵。

③ 进口渗透是用在四位 SIC 水平的总进口除以国内生产总值和进口量的和再减去出口。进口渗透的数据是从 Peter Schott 的网站上获得的，且在 Feenstra（1996）和 Feenstra 等（2002）中进行了描述。Herfindahl-Hirschman 行业集中指数（国内）是按照某特定四位 SIC 行业的所有公司的市场份额的平方之和计算的。市场份额是根据公司销量从计算机数据库中计算出来的。

④ KS 测试是一个对相同分布的无效假设的非参数测试。潜在的测试数据能够量化处理小组的利益变量的经验分布与控制组的经验分布之间的差异（如要了解详细信息，可参见 Hollander and Wolfe，1999：178-186）。

表 1   实验组和匹配的控制组的统计数据

		观察情况	平均值	25%	50%	75%	p 值 (t 测试)	p 值 (KS 测试)
面板 A：匹配特征								
KLD 指数	实验组	254	1.751	0.000	1.000	3.000	0.918	0.816
	控制组	254	1.759	0.000	1.000	3.000		
Log (资产)	实验组	254	7.954	7.064	7.791	9.113	0.275	0.173
	控制组	254	8.138	6.847	8.025	9.574		
市场与 账面值比	实验组	254	2.092	1.419	1.655	2.310	0.267	0.353
	控制组	254	2.262	1.329	1.594	2.599		
ROA	实验组	254	0.069	0.038	0.063	0.096	0.464	0.596
	控制组	254	0.066	0.026	0.061	0.103		
现金/资产	实验组	254	0.089	0.027	0.053	0.113	0.254	0.620
	控制组	254	0.098	0.028	0.047	0.138		
杠杆	实验组	254	0.132	0.065	0.132	0.198	0.990	0.795
	控制组	254	0.132	0.047	0.135	0.198		
面板 B：行业特征								
进口税率	实验组	254	0.028	0.022	0.029	0.033	0.483	0.395
	控制组	254	0.027	0.017	0.025	0.034		
进口渗透	实验组	254	0.226	0.060	0.181	0.414	0.940	0.861
	控制组	254	0.228	0.060	0.202	0.402		
HHI	实验组	254	0.316	0.125	0.231	0.516	0.747	0.594
	控制组	254	0.310	0.155	0.236	0.503		

对于每一家实验组公司和每一家匹配的控制组公司，笔者都计算了在关税下降三年后的平均 KLD 指数减去关税下降之前三年的平均 KLD 指数的差值。[①] 笔者用 ΔKLD_{it} 来表示这一差值，其中 i 指公司，t 指关税下降的年份。尽管笔者关注的是关税下降前后的三年，但是笔者的结果对于处理时间段的选择并不敏感。尤其重要的是，笔者已经确认，如果笔者使用的是处理前后的一年、二年、四年或五年，笔者的结果都是不变的。

---

① 在构建经过处理的公司和控制公司的样本的时候，我们要求每个公司的 KLD 涵盖范围至少为处理前的一年和处理后的一年。如果无法获得处理前后的三年 KLD 数据，则各平均值是按照未丢失数据的年份计算的。如果只加入在处理前后有完整三年的 KLD 数据的公司，那么笔者能得到基本完全相同的结果。

在为经过实验处理的和匹配的控制组公司计算了 ΔKLD_{it} 之后，笔者可以通过预测下列回归来测量关税下降对 CSR 的影响：

$$\Delta KLD_{it} = \alpha_t + \beta \times \text{Tariff Reduction}_{it} + \gamma' X_{it} + \varepsilon_{it}$$

其中，α_t 是年固定影响；Tariff Reduction 是一个虚拟变量（处理虚拟），对于实验组公司来说是 1，对于匹配的控制组公司来说是零；X 是控制变量的向量，其中包括用来构建控制组的六个特征（KLD 指数、规模、市价与账面值比率、资产收益率、现金持有量以及杠杆率，所有这些特征都是按照关税降低前三年的平均值计算的）；ε 是误差项。笔者在四位 SIC 行业水平上集合了标准偏差（如果在年份水平上、年份及行业水平上、两位 SIC 水平上集合标准偏差，或笔者使用了异方差—稳健标准偏差，也会得到类似的结果）。利益系数为 β，测量的是实验组公司与匹配的控制组公司之间的 ΔKLD 的差异（差异中的差异）。换句话说，该系数测量的是关税降低对造成没有经历关税降低的类似公司的 KLD 指数变化的 KLD 指数的影响。

识别策略的有效性

为了能够有效，笔者的识别策略需要满足两个要求。第一，处理——也就是大幅的进口关税降低——需要触发美国公司面临的来自其海外对手的竞争压力的相关变化。第二，处理在 CSR 方面需要是外生的。在下文中，笔者将讨论这两个要求。

进口关税大幅降低的相关性

在过去的几十年里，关税出现了逐步的降低。这一趋势在图 S1 提供的数据中一目了然，其中 I 表示的是进口税率在经过实验处理的行业和控制行业中的演变（也就是实验组公司和控制组公司的四位 SIC 行业）。如图 S1 所示，在处理前的五年，进口关税在控制行业和经过实验处理的行业中都是大约 3.2%。在控制行业中，进口关税每年都要降低大约 0.2%。① 进口关税在经过实验处理的行业中以类似的速度下降，但是不包括出现处理的那一年，在该年，税率下降了一半，从 2.6% 下降到了 1.3%（也就是下降了 1.3 个百分点）。这一大幅下降在经过实验处理的行业和控制行业之间产生了重大差别。这一差别一直持续到处理后的五年。

从原则上看，某特定的行业可以接受多次处理。但是，在取样时间段内，没有出现这种多次处理（见表 S1）。另外，没有任何处理是顺序相反的。这与之前文献中所述的进口关税的大幅上升是非常少的情况相一致。从识别的角度来看，没有出

---

① 该降低代表的是取样时间段所有制造行业进口税率的平均变化量。相对应的平均值是每年-0.2 个百分点。

现相反情况及多次处理是非常好的，因为这样可以消除对笔者的结果可能被处理后的干预所影响的疑虑。

为了解释说明大幅进口关税下降的程度，可以使用 1989 年的加拿大—美国自由贸易协议（FTA）来对其进行基准确定。Trefler（2004）报告到，FTA 条款将加拿大产品的平均税率从 1988 年的 4%降低到了 1990 年的 3%，也就是降低了一个百分点。FTA 通常被视为是一个相当大的事件，该事件让美国公司面临的竞争压力出现了大幅增加。在程度方面，在笔者的取样中的平均处理——进口税率降低 1.3 个百分点，与 FTA 所带来的关税降低接近。

一个相关点就是管理者们是否会密切关注进口关税。轶事证据证明，管理者们实际上对进口关税的下降非常敏感。例如，当说到最近提出的跨太平洋伙伴关系贸易协定的时候，New Balance Athletic Shoe Inc.的 CEO 说道："现有（关税）协议的快速降低会让我们的工厂面临巨大风险。"为了获得更多关于管理者关注进口关税的系统证据，笔者使用了 Fresard 和 Valta（2014）的方法，并且对公司的 10-K 文件（如其年度报告）中的管理层的讨论和分析部分（MD&A）进行了一次文本分析。因为从 SEC 网站上只能获得 1997 年之前的 10-K 文件，所以这次分析只包括1997 年会前实验组公司。尤其重要的是，笔者用与"不断增加的竞争"有关的关键词搜索了 MD&A 部分。[1] 结果发现，在大幅的进口税下降之后，有 38%的实验组公司可能会提及增加的竞争压力，而在匹配的控制组公司中，这一比例仅为 7%。

大幅进口关税下降的外生性

笔者的识别策略依据的假设是，大幅的进口关税下降在 CSR 方面是外生的。在下文，笔者讨论了潜在的识别问题，并且描述了笔者匹配的差异中的差异说明是如何帮笔者解决这些问题的。

关税变化的政治经济。关税变化通常是一个长期谈判过程的结果，其中可能会涉及各种利益团体。因此，一个潜在的问题就是，决策者会根据一些特定的行业特征来降低进口关税，而这些特征与后续对 CSR 的投资有关。例如，政治家们可能会降低夕阳产业的关税，因为他们"放弃"了这些产业。或者决策者们可能会降低那些变得足够强大的行业的关税，因为这些行业可以应对海外竞争的增加。抑或是进口关税的降低会发生在其进口关税异常高的行业中。在所有此类情况中，在进行处理之前，实验组公司和控制组公司之间存在系统差别（如在盈利能力方面）。如果这些差别影响了后续对 CSR 的投资，则笔者的结果可能就是错的。

---

① 更准确的是，除了词汇"竞争"（或其变化词汇）之外，笔者还搜索了词汇"增加"或其同义词（如"增加的"、"更高的"、"更大的"、"强化的"、"加强的"）。

匹配算法能够保证控制组公司在处理之前与实验组公司非常相似，这减轻了之前存在的差异会影响笔者结果的担心。例如，如果大幅的进口关税下降会出现在夕阳产业中，那么一个潜在的问题就是实验组公司的利润可能比控制组公司更低。但是，如表 1 所示，在处理之前的盈利能力（ROA）方面，没有重大差别。同样，表 1 中提供的证据显示，在增长机会（市价与账面值比率）、融资政策（现金持有量、杠杆率）、CSR（KLD 指数）以及竞争程度（Herfindahl-Hirschman 指数、进口渗透、进口税率）方面也没有先前存在的差异。①

解决上述问题的另一个方法就是关注那些特殊利益群体更难以影响的大幅进口关税下降。虽然特殊利益群体可能会影响双边贸易协议的成果，但是对于多边贸易协议这么做是更加困难的，如 GATT、WTO 或 NAFTA 签订的多边贸易协议。实际上，多个国家的参与限制了政府官员施加游说压力的能力。另外，国际贸易机构会执行可以限制特殊利益群体影响力的规则和正式责任。因此，作为 GATT、WTO 和 NAFTA 一部分引入的进口关税下降可以被视为比双边协议产生的进口关税下降更具有外生性。在稳健性检验中，如果只考虑这一类型的处理，那么笔者的结果也是类似的。

进口关税变化的预测。一个相关的问题就是，公司可能会对处理进行预测，并会据此调整其 CSR。例如，情况可能是这样的，在预测未来竞争压力的时候，公司可能会暂时削减非市场活动（如 CSR），并重点关注市场活动。因为公司会在处理之后继续执行其非市场活动，所以笔者的预测会捕捉到在处理之后 CSR 的假性增加。但是这一问题不太可能会解释笔者的结果，原因有两个：首先，匹配法算法——将（处理前）的 KLD 指数用作一个匹配特征——可保证在进行处理之前的三年内，KLD 指数方面没有存在前的差异（见表 1）。其次，图 1 显示：①在处理前的五年内，实验组公司和控制组公司之间的 KLD 指数演变几乎是完全相同的；②实验组公司在处理前的年份不会降低其 KLD 指数。

相关行业。另外一个潜在的问题就是，在一个行业中的关税下降可能会影响相关行业中的公司（如供应商），即便后者不会经历关税税率的降低。如果来自这些行业的公司恰好是实验组公司，则控制组公司不得受到处理影响的要求可能会被违反。虽然不知道此类行业外溢会如何让笔者的结果出现偏差，笔者在稳健性检验中说明了，如果笔者要求控制组公司在与实验组公司所处行业无关的行业中开展业务，则笔者的结果是没有变化的。为了测量各行业之间的相关性，笔者使用了经济

---

① 该证据并不是说进口关税变化与盈利能力、投资机遇或竞争程度无关。该证据显示的是，控制公司在这些特征方面与经过处理的公司是非常相似的，这会减轻之前存在的差异（如体现了进口关税变化的政治经济的差异）可能会影响笔者对结果的担心。见 Krugman 等（2012）对进口关税变更的决定因素的讨论。

分析局的 1992 年投入—产出矩阵，并且使用 Fan 和 Lang（2000）的方法计算了行业间的相关性。据说如果各行业的相关性系数大于 5%，则说明其是相关的。

广告。最后，KLD 指数可能与广告和公共关系支出有关。尤其需要注意的是，情况可能是这样的，即各公司可能会在海外竞争出现增加之后，更积极地推广其现有的 CSR。如果 KLD 分析人员在评估某公司社会表现的时候受到了广告活动的影响，则笔者的结果可能无法反映出广告活动相对于 CSR 实际增加的变化。为了减少这一问题，笔者在稳健性检验中提到，如果笔者为同时发生的广告支出的变化（定义为计算机数据库中的广告支出和总资产之间的比率）进行了控制，则笔者的结果还是非常相似的。

结　果

主要结果

表 2 列出了主要的结果。在所有回归之中，相关变量是 KLD 指数在处理后的三年与处理前的三年的变化。在模型 1 中，回归仅包括作为说明性变量的关税下降假设。在模型 2 中，笔者还加入了年固定效应。在模型 3 中，笔者进一步加入了公司层面的控制（KLD 指数、规模、市价与账面值比率、ROA、现金持有量和杠杆，所有都是按照关税下降之前三年的平均值计算的）。最后，在模型 4 中，笔者使用了中值回归（平均绝对偏差）而不是普通最小二乘法。[1] 对于每一个说明，表格都列出了关税降低假设的系数，并在括号里列出了标准偏差。如表 2 所示，关税降低假设系数无论说明是怎样的，都是非常稳定的。[2] 更精确的是，该系数就在 0.316~0.403 之间，而且一般都非常重要。这说明，在关税下降之后的三年里，公司的社会业绩会提高 0.3~0.4 个 KLD 数值——宽泛地说，公司在执行 0.3~0.4 个 CSR 活动。虽然这一效果在绝对项方面可能影响不大，但是在相对项方面则是非常重要的。因为处理前的 KLD 强度的平均数量为 1.75（见表 1），所以这说明公司的 CSR 参与度会增加 18%~23%。

---

① 因为对于中值回归无法使用聚类技术，模型 4 中的标准偏差在使用了 500 个自举样本的四位 SIC 级别上是块自举的。

② 在整个分析过程中，控制的加入对于笔者的结果是不重要的。预计用作控制的变量与表 1 报告的匹配特征是相同的。

表 2　进口关税降低是否会产生更高的 CSR

相关变量	ΔKLD 模型 1	ΔKLD 模型 2	ΔKLD 模型 3	ΔKLD 模型 4
关税降低	0.402*** (0.090)	0.403*** (0.089)	0.363*** (0.085)	0.316*** (0.091)
控制变量	No	No	Yes	Yes
年固定影响	No	Yes	Yes	Yes
回归类型	OLS	OLS	OLS	Median
R^2	0.04	0.05	0.12	0.05
观察情况	508	508	508	508

注：括号内为标准偏差。所有测试都有双尾。* 表示 $p < 0.10$；** 表示 $p < 0.05$；*** 表示 $p < 0.01$。

为了进一步了解关税降低对 CSR 的影响，图 1 绘出了处理前后五年的实验组（黑色实线）和控制组（黑色虚线）的 KLD 指数的演变过程与两组之间的差异（灰

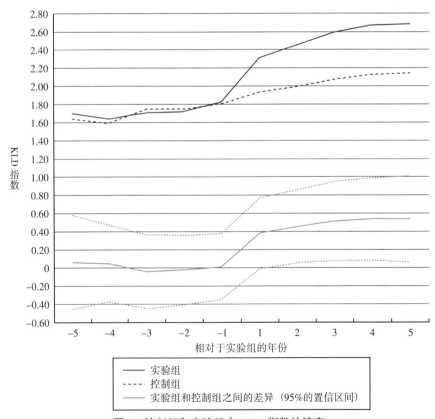

图 1　控制组和实验组中 KLD 指数的演变

色实线)以及相对应的95%的置信区间(虚线)。[①]

该图表明了四种情况。第一,KLD指数在两组样本中均倾向于增加。这与之前的证据相一致,该证据显示,公司会随着时间的流逝增加其CSR活动,并且会强调使用控制组的重要性——不会造成控制组CSR变化的情况可能会夸大关税降低对KLD指数的影响,因为这会捕捉到一些时间趋势。第二,在处理前的五年,KLD指数没有明显的差异。第三,在处理之后,两条曲线出现了偏差:与匹配的控制组公司相比,实验组公司的KLD指数出现了大幅增加。第四,图1显示了处理效果的动态变化。在关税降低后的第一年,公司开始增加其CSR。但是,仅在两年之后,这一效果就变得非常重要了,达到了5%的水平——可争辩的是,各公司可能需要一定的时间来决定和执行适当的CSR项目。在此之后,差异仍然比较大,且在程度上是比较稳定的。

稳健性检验

笔者进行了几次稳健性检验,以解决潜在的问题。所有这些稳健性检验均列在表S2中。

首先,笔者发现,笔者的结果对于大幅关税降低的编码并不敏感。在基准分析中,关税降低如果至少是该行业的平均(绝对)关税变化的三倍,则该关税降低将被编码。如果使用了两倍或四倍的降低,笔者也能得到类似的结果(表S2中的模型1和模型2)。[②]

其次,笔者证明了笔者的结果对于替代性的匹配控制组的定义来说是不变的。尤其需要注意的是,如果所有匹配特征都是在处理之前的三年测量的(相对于处理之前三年的平均值),如果控制组公司必须在与处理过的公司相同的三位SIC行业中运营,如果要求控制组公司必须与处理过的公司位于相同的州(使用计算机数据库的总部位置所在州),或如果笔者要求控制组公司在与经过实验处理的行业没有垂直关系的行业中运营(表S2模型3至模型6),则笔者能得到类似的结果。

最后,笔者证明了,如果笔者仅考虑大幅进口关税的降低是由多边贸易协议(GATT、WTO或NAFTA)确定的,或如果笔者对广告支出同时进行的变化进行了控制(表S2模型7和模型8),则与笔者的结果是相似的。

---

① 图中的每个点代表的是各小组的所有公司之间的平均KLD指数(或二者之间的差异)。如果某公司在规定的年份没有KLD的涵盖范围,则平均值依据的是KLD数据没有丢失的剩余公司。

② 有趣的是,该系数对于两倍的削减(0.251)是更小的,对于四倍的削减(0.504)则是更大的,相对比而言,三倍削减的系数为0.363。这种情况说明,CSR的增加对于海外产品市场竞争增加的程度是没有影响的。

补充分析

在表 3 中，笔者提供了补充的证据，说明了 CSR 可以用来提高公司与海外对手竞争的能力的潜在机制。应当注意的是，这一证据不太具有说服力，因为还有其他的解释（见"讨论"部分）。

表 3　补充分析

	B2C 行业	利益相关方组的 KLD 次级指数			
	ΔKLD	ΔKLD 员工	ΔKLD 消费者	ΔKLD 环境	ΔKLD 整体社会
相关变量	模型 1	模型 2	模型 3	模型 4	模型 5
关税降低	0.250*** (0.095)	0.173*** (0.047)	0.134*** (0.054)	0.057** (0.027)	0.001 (0.043)
关税降低×B2C 行业	0.306** (0.142)				
控制变量	是	是	是	是	是
年固定影响	是	是	是	是	是
R^2	0.13	0.05	0.08	0.06	0.08
观察情况	508	508	508	508	508

注：括号中为标准偏差。所有测试均为双尾测试。** 表示 $p < 0.05$；*** 表示 $p < 0.01$。

B2C 行业

到目前为止，相关观点认为，当面临来自海外更加激烈的竞争时，美国公司会增加其 CSR，从而提高其竞争力，并将其自身与海外竞争对手区分开来。也就是说，作为差异化策略的 CSR 的价值可能会在不同的业务领域有变化。尤其需要注意的是，Lev 等（2010）证明，个体消费者与工业买方相比，对于公司的 CSR 参与的回应性更高，这体现了购买决策过程中内在的差异[①]因为个体消费者对 CSR 的敏感性可能更高，所以我们理解来自 CSR 的差异性收益对于向个体消费者出售产品的公司来说应当更高（如 B2C 公司），而对于向工业买方出售产品的公司来说情况正好相反。因此，对于 B2C 行业的公司来说，笔者应当看到一种

---

① 更准确的是，"个人消费者的购买决定不仅会受到产品属性的影响，而且还会受到社会群体力量、心理因素以及消费者的环境力量的影响。相反，在行业购买过程中，决策过程得到了高度的正式化处理，使用了规定的采购程序，而且要接受经济（成本/价值）分析"。

更强大的处理效果。

笔者研究了模型 1 中的这一机制，通过加入关税降低假设和假设变量之间的一个互动术语扩展了笔者的基准说明，该术语指出了某公司是否是在 B2C 行业中。B2C 行业的分类来自于 Lev 等（2010）。如我们所知，处理的效果对于 B2C 行业中的公司非常好，这与差异机制相一致。

CSR 维度

CSR 活动可以有很多形式。例如，公司可以决定对环保产品的研发进行投资、向员工提供福利（幼儿看护、灵活的工作时间）、进行慈善捐款等。因为有很多种 CSR 投资，所以其对公司竞争力的贡献也有所差别。更重要的是，一家公司的社会参与度如果能够直接解决其核心利益相关方的需求（如员工和消费者），那么就能比其他更关注外围利益相关方的社会活动（如整体社会和环境）更能有效地提高公司的竞争力。

例如，以改善产品质量为目的的 CSR 活动可以通过两种方式让国内公司受益。一方面，这些活动可以降低需求的价格弹性——消费者愿意为"道德的"产品支付更高的价格。另一方面，这些活动可以通过提高消费者的忠诚度和支持以及吸引新的消费者（如"绿色"消费者或更广泛的对可持续性实践比较敏感的消费者）来直接增加消费需求。与之相关的是，如果能够建立与员工有关的 CSR 活动，则将会帮助公司吸引、动员及保留行业中最有才能的员工，因此会直接提高公司的竞争力。[①]

在模型 2 至模型 5 中，笔者对基准说明进行了扩展，来研究不同类型的 CSR 投资。尤其需要注意的是，笔者通过添加与员工、消费者、环境和整个社会有关的 KLD 强度（即所有剩余的 KLD 强度）将 KLD 指数分成了四个次级指数。如模型 2 所示，公司在处理之后大幅增加了其与员工有关的 CSR，这符合上述的劳动力渠道。另外，模型 3 说明，公司会增加其与消费者有关的 CSR，这会给差异化渠道带来额外的支持。最后，模型 4 和模型 5 中的预测说明，公司不太可能增加以其他更外围的利益相关方为目标的 CSR 活动。

---

① 轶事证据进一步支持了这些观点：在 Accenture 和 UNGC（2010）进行的上述调查中，"58% 的 CEO 认为，消费者是最重要的利益相关者群体，该群体会影响其管理社会预期的方法。员工排名第二，占到了 45%"。在类似的情况下，Costco 的 CEO Jim Sinegal 认为："我相信，为了给利益相关者带来长期利益，你必须取悦你的客户和员工。"

讨论与结论

本文研究了海外竞争是否会影响国内公司的 CSR 投资。通过对现有理论的扩展，笔者认为，国内公司可通过增强其 CSR 来应对来自海外的更加激烈的竞争，因为国内公司渴望利用其比较优势（在其与本地利益相关方的关系中，如消费者、员工和社区）来让其自身有所不同，并保持竞争力。为了对该理论预测进行经验测试，笔者研究了一项准自然实验，其形式就是 1992~2005 年没有制造业出现的大幅进口关税降低。通过一种匹配的差异中的差异方法，笔者发现，在关税降低之后，国内公司会增加其 CSR 活动，通过其 KLD 指数的大幅增加即可看出。这一结果与 CSR 会产生宝贵资源从而让国内公司提高其竞争力并与海外竞争对手之间实现差异的观点一致。

笔者发现的这一情况与研究全球化对社会和环境福利的经济学文献有关。尤其值得一提的是，Copeland 和 Taylor（1994）认为，跨国公司可能会通过将其部分生产（如污染密集型产品）转移到环境标准较低的国家来开拓"污染天堂"。但是，经验文献发现，只有很少的经验证据能证明贸易对全球环境具有决定性的影响。与此类似，虽然人们有时候认为全球化增加了雇佣童工的概率，但是经验证据似乎支持贸易开放实际上会减少童工的说法。这些文章的一个共同特点就是都在关注整体的社会和环境福利。与之相反，笔者的文章从策略 CSR 的角度研究了在公司层面上对贸易自由化的回应。

另外，本文也对关于产品市场竞争和 CSR 的文献做出了贡献。关联性最高的文章为 Fernandez-Kranz 和 Santalo（2010）、Fisman 等（2006）以及 Declerck 和 M'Zali（2012）。与笔者发现的情况一致，他们发现竞争（用产业集中的 HHI 代表）与 CSR 之间存在正向关系。但是，如简介中所述，此类关系无法保证因果说明。几个未观察到的变量可能与 HHI 和 CSR 都有关系，因此，会在二者之间促成一种虚假的关系。据笔者所知，笔者的文章是第一篇研究产品市场竞争对 CSR 的因果影响的文章。

笔者的研究有一个潜在的限制，那就是虽然研究说明美国公司会通过增加其社会参与度来应对进口关税的降低，但是并没有提供直接的证据来说明这种 CSR 的提高会增加价值。对笔者的结果的另外一种解释就是，更激烈的竞争会造成企业的低效，从而转化成浪费的 CSR 活动。但是，这种另外的解释不太可能出现，原因有两个：首先，如果如许多经济学家所说，产品市场竞争会塑造效率，那么如果增加 CSR 会破坏价值，则公司就不会通过这种方法来应对更激烈的竞争。其次，一个较大的文献研究了 CSR 与财务业绩之间的关系。虽然在发现的情况中有一定的异质性，Margolis 等（2007）在该文献的变化分析中发现，"整体的效果是积极的，但是不大"。这说明 CSR 不太可能破坏价值。①

笔者的研究中的一个警告就是，从经验上看，难以提供证据来证明 CSR 可用来提高美国公司与其他外国对手进行竞争的能力的因果机制。在辅助分析中，笔者提供的证据说明了潜在的机制，但是这一证据的说明作用有限，因为无法消除其他的解释说明。例如，笔者发现，处理效果在 B2C 行业中更加明显。如果个体消费者比工业买家对公司的 CSR 参与更加敏感，则该证据就有可能与差异机制一致。但是，该证据对于其他的解释说明是开放的——如在 B2C 行业中生产产品的公司的回应可能会更加强烈和简单，因为外国的竞争对手更有可能是这些产品的低成本生产商。更广泛的是，这证明了在差异中的差异背景下使用互动概念的警告。虽然处理的效果（如进口关税降低对 CSR 的影响）得到了良好的确定，但是这可能不是互动效果的情况，因为互动效果是用处理假设与跨行业特征进行互动的，对此笔者没有外生变化（如是否在 B2C 行业中不是通过外生来确定的，因此可能与无法看到的特征有关，这些特征也说明在处理效果中存在异质性）。与之相关的是，笔者发现的公司会增加其与员工有关的 KLD 强度这一情况会支持一种劳动生产力机制。但是，因为与员工有关的 KLD 强度包括广泛的标准（如工作/生活福利、同性恋政策、工会关系、健康安全、员工参与、股份持有等），所以无法消除其他的解释说明。例如，员工对决策的参与以及股份持有可以被视为是获得员工对变化支持的手段。如这些例子所示，提供决定性的证据来证明这些例子是一个具有挑战性的任务，可能需要关于公司运营和流程的详细的微数据。证明这些机制对未来的研究来说是一个很好的方向。

笔者发现的情况有几个管理影响。首先，国内公司会通过增加 CSR 来应对进口关税降低的情况说明，CSR 能帮助公司保持竞争力并实现与海外对手的差异。因此，在不断增强的全球竞争面前，管理者们会发现，设计和执行有效的 CSR 活动是值得的。其次，笔者发现的情况说明，CSR 是公司竞争策略中不可分割的部分，因此对于企业策略来说可能比我们想的更加核心。因此，管理者可以从将社会环境考虑因素整合到其策略决策中来获益。最后，笔者发现的贸易壁垒的降低会塑造国内公司的 CSR 的情况具有潜在的重大政策和福利影响。在经济学文献中，典型的观点是贸易自由化会通过提高生产效率和消费者的福利来增加社会盈余。本研究的

---

① 该文献的一个警告就是 CSR 在财务业绩方面是内生的。但是，Flammer（2014）最近提出的证据表明（他依据的是以与 CSR 有关的利益相关者通过投票来支持通过或不通过的 CSR 中的外生变化），CSR 与财务业绩之间的正向联系实际上具有因果关系。

结果支持公司利益相关方的福利（包括消费者、员工和环境）也会增加的看法。因此，在考虑到这一正向的外在性的时候，贸易自由化在社会上的整体利益可能比以前预想的大。

参考文献

［1］Accenture and UNGC. 2010. A New Era of Sustainability: UN Global Compact-Accenture CEO Study 2010. United Nations Global Compact and Accenture: New York.

［2］Agle B. R., Donaldson T., Freeman R. E., Jensen M. C., Mitchell R. K., Wood D. J. 2008. Dialogue: Towards superior stakeholder theory. Business Ethics Quarterly, 18 (2): 153-190.

［3］Albinger H. S., Freeman S. J. 2000. Corporate social performance and attractiveness as an employer to different job seeking populations. Journal of Business Ethics, 28 (3): 243-253.

［4］Alchian A. A. 1950. Uncertainty, evolution, and economic theory. Journal of Political Economy, 58 (3): 211-221.

［5］Almeida H., Campello M., Laranjeira B., Weisbenner S. 2012. Corporate debt maturity and the real effects of the 2007 credit crisis. Critical Finance Review, 1 (1): 3-58.

［6］Barney J. 1991. Firm resources and sustained competitive advantage. Journal of Management, 17 (1): 99-120.

［7］Baron D. P. 2008. Managerial contracting and corporate social responsibility. Journal of Public Economics, 92 (1/2): 268-288.

［8］Berman S. L., Wicks A. C., Kotha S., Jones T. M. 1999. Does stakeholder orientation matter? The relationship between stakeholder management models and firm financial performance. Academy of Management Journal, 42 (5): 488-506.

［9］Bernard A. B., Jensen J. B., Schott P. K. 2006a. Trade costs, firms, and productivity. Journal of Monetary Economics, 53 (5): 917-937.

［10］Bernard A. B., Jensen J. B., Schott P. K. 2006b. Survival of the best fit: Exposure to low-wage countries and the (uneven) growth of U.S. manufacturing plants. Journal of International Economics, 68 (1): 219-237.

［11］Clausing K. A. 2001. Trade creation and trade diversion in the Canada-United States Free Trade Agreement. Canadian Journal of Economics, 34 (3): 677-696.

［12］Copeland B. R., Taylor M. S. 1994. North-South trade and the environment. Quarterly Journal of Economics, 109 (3): 755-787.

［13］Corey E. R. 1991. Industrial marketing cases and concepts. Prentice Hall: Englewood Cliffs, NJ.

［14］Davis K. 1973. The case for and against business assumption of social responsibilities. Academy of Management Journal, 16 (2): 312-323.

［15］Deckop J. R., Merriman K. K., Gupta S. 2006. The effects of CEO pay structure on corporate social performance. Journal of Management, 32 (3): 329-342.

[16] Declerck M. D., M'Zali B. 2012. Product market competition and corporate social responsibility. Working paper, University Lille Nord de France, Lille, France.

[17] Domini Social Investments. 2013. Fund Fact Sheet. DSIL Investment Services: New York.

[18] Du S., Bhattacharya C. B., Sen S. 2007. Reaping relational rewards from corporate social responsibility: The role of competitive positioning. International Journal of Research in Marketing, 24(3): 224-241.

[19] Edmonds E. V., Pavcnik N. 2005. The effect of trade liberalization on child labor. Journal of International Economics, 65 (2): 401-419.

[20] Elhauge E. 2005. Sacrificing corporate profits in the public interest. New York University Law Review, 80 (3): 733-869.

[21] Eskeland G. S., Harrison A. E. 2003. Moving to greener pastures? Multinationals and the pollution haven hypothesis. Journal of Development Economics, 70 (1): 1-23.

[22] Fan J., Lang L. 2000. The measurement of relatedness: An application to corporate diversification. Journal of Business, 73 (4): 629-660.

[23] Feenstra R. C. 1996. U. S. imports, 1972-1994: Data and concordances. NBER Working paper 5515, National Bureau of Economic Research: Cambridge, MA.

[24] Feenstra R. C. 1998. Integration of trade and disintegration of production in the global economy. Journal of Economic Perspectives, 12 (4): 31-50.

[25] Feenstra R. C., Romalis J., Schott P. K. 2002. U.S. imports, exports, and tariff data, 1989-2001. NBER Working paper 9387, National Bureau of Economic Research: Cambridge, MA.

[26] Fernandez-Kranz D., Santalo J. 2010. When necessity becomes a virtue: The effect of product market competition on corporate social responsibility. Journal of Economics and Management Strategy, 19 (2): 453-487.

[27] Fisman R., Heal G., Nair V. B. 2006. A model of corporate philanthropy. Working paper, Columbia University, New York.

[28] Flammer C. 2013. Corporate social responsibility and shareholder reaction: The environmental awareness of investors. Academy of Management Journal, 56 (3): 758-781.

[29] Flammer C. 2014. Does corporate social responsibility lead to superior financial performance? A regression discontinuity approach. Management Science, forthcoming.

[30] Forbes. 2011. Seventh generation's new CEO on why sustainability is necessary. Forbes CSR Blog. 9 February. Available at: (http: //www.forbes.com/sites/ csr/2011/02/09/seventh-generations-new-ceo-on-whysustainability- is-necessary/).

[31] Frankel J. A., Romer D. 1999. Does trade cause growth? American Economic Review, 89 (3): 379-399.

[32] Frankel J. A., Rose A. K. 2005. Is trade good or bad for the environment? Sorting out the causality. Review of Economics and Statistics, 87 (1): 85-91.

[33] Freeman R. E. 1984. Strategic Management: A Stakeholder Approach. Pitman: Boston, MA.

[34] Fresard L. 2010. Financial strength and product market behavior: The real effects of corporate cash holdings. Journal of Finance, 65 (3): 1097-1122.

[35] Fresard L., Valta P. 2014. How does corporate investment respond to increased entry threat? HEC Paris Research Paper FIN-2014-1046, HEC Paris, Paris, France.

[36] Friedman M. 1953. The methodology of positive economics. In Essays in Positive Economics. University of Chicago Press: Chicago, IL, 3-43.

[37] Friedman M. 1962. Capitalism and Freedom. University of Chicago Press: Chicago, IL.

[38] Friedman M. 1970. The social responsibility of business is to increase its profits. The New York Times Magazine 13 September: SM17.

[39] Frye T., Mansfield E. D. 2004. Timing is everything: Elections and trade liberalization in the postcommunist world. Comparative Political Studies, 37 (4): 371-398.

[40] Graves S. B., Waddock S. A. 1994. Institutional owners and corporate social performance. Academy of Management Journal, 37 (4): 1034-1046.

[41] Greening D. W., Turban D. B. 2000. Corporate social performance as a competitive advantage in attracting a quality workplace. Business & Society, 39 (3): 254-280.

[42] Gros D. 1987. A note on the optimal tariff, retaliation, and the welfare loss from tariff wars in a framework with intra-industry trade. Journal of International Economics, 23 (3/4): 357-367.

[43] Grossman G. M., Helpman E. 1995. The politics of free-trade agreements. American Economic Review, 85 (4): 667-690.

[44] Grossman G. M., Krueger A. B. 1993. Environmental impacts of a North American Free Trade Agreement. In The Mexico-U.S. Free Trade Agreement. MIT Press: Cambridge, MA: 13-55.

[45] Grossman G. M., Krueger A. B. 1995. Economic growth and the environment. Quarterly Journal of Economics, 110 (2): 353-377.

[46] Hart S. L. 1995. A natural resource-based view of the firm. Academy of Management Review, 20 (4): 986-1014.

[47] Heckscher E. F. 1919. The effect of foreign trade on the distribution of income [in Swedish]. Ekonomisk Tidskrift 21 (2): 1-32. Reprinted in Readings in the Theory of International Trade. Irwin: Homewood, IL, 272-300.

[48] Helfat C. E., Peteraf M. A. 2003. The dynamic resource-based view: Capability lifecycles. Strategic Management Journal, 24 (10): 997-1010.

[49] Helpman E., Krugman P. R. 1989. Trade Policy and Market Structure. MIT Press: Cambridge, MA.

[50] Henisz W. J., Mansfield E. D. 2006. Votes and vetoes: The political determinants of commercial openness. International Studies Quarterly, 50 (1): 189-212.

［51］ Hiscox M. J. 2002. International Trade and Political Conflict: Commerce, Coalitions, and Mobility. Princeton University Press: Princeton, NJ.

［52］ Hollander M., Wolfe D. A. 1999. Nonparametric Statistical Methods (2nd edn). Wiley Series in Probability and Statistics: New York.

［53］ Hooley G., Broderick A., Moeller K. 2006. Competitive positioning and the resource-based view of the firm. Journal of Strategic Marketing, 6 (2): 97–113.

［54］ Johnson-Cramer M. E. 2004. Organization-level antecedents of stakeholder conflict: a comparative case study. Academy of Management Proceedings: F1–F6.

［55］ Jones T. M. 1995. Instrumental stakeholder theory: A synthesis of ethics and economics. Academy of Management Review, 20 (2): 404–437.

［56］ Kacperczyk A. 2009. With greater power comes greater responsibility? Takeover protection and corporate attention to stakeholders. Strategic Management Journal, 30 (3): 261–285.

［57］ Kotler P., Hessekiel D., Lee N. 2012. Good Works! Marketing and Corporate Initiatives that Build a Better World ... and the Bottom Line. Wiley: Hoboken, NJ.

［58］ Krugman P. R. 1995. Growing world trade: Causes and consequences. Brookings Papers on Economic Activity, 26 (1): 327–377.

［59］ Krugman P. R., Obstfeld M., Melitz M. 2012. International Economics: Theory and Policy (9th edn). Pearson Press: Upper Saddle River, NJ.

［60］ Lev B., Petrovits C., Radhakrishnan S. 2010. Is doing good good for you? How corporate charitable contributions enhance revenue growth. Strategic Management Journal, 31 (2): 182–200.

［61］ Lileeva A., Trefler D. 2010. Improved access to foreign markets raises plant-level productivity ... for some plants. Quarterly Journal of Economics, 125 (3): 1051–1099.

［62］ Luo X., Bhattacharya C. B. 2006. Corporate social responsibility, customer satisfaction, and market value. Journal of Marketing, 70 (4): 1–18.

［63］ Margolis J. D., Elfenbein H. A., Walsh J. P. 2007. Does it pay to be good? A meta-analysis and redirection of research on the relationship between corporate social and financial performance. Working paper, Harvard Business School: Boston, MA.

［64］ Margolis J. D., Walsh J. P. 2001. People and profits: The search for a link between a company's social and financial performance. Lawrence Erlbaum: Mahweh, NJ.

［65］ Margolis J. D., Walsh J. P. 2003. Misery loves companies: Rethinking social initiatives by business. Administrative Science Quarterly, 48 (2): 268–305.

［66］ Mattingly J. E., Berman S. L. 2006. Measurement of corporate social action: Discovering taxonomy in the Kinder Lydenburg Domini ratings data. Business & Society, 45 (1): 20–46.

［67］ Mayer W. 1981. Theoretical considerations on negotiated tariff adjustments. Oxford Economic Papers, 33 (1): 135–153.

［68］ McWilliams A., Siegel D. 2001. Corporate social responsibility: A theory of the firm perspective. Academy of Management Review, 26 (1): 117–127.

[69] MIT Sloan Management Review. 2012. Sustainability nears a tipping point. MIT Sloan Management Review, 53 (2): 69–74.

[70] Morgan D., Zeffane R. 2010. Employee involvement, organizational change and trust in management. International Journal of Human Resource Management, 14 (1): 55–75.

[71] Neumayer E., De Soysa I. 2005. Trade openness, foreign direct investment and child labor. World Development, 33 (1): 43–63.

[72] New York Times. 2011. First, make money. Also, do good. New York Times, 14 August: BU3.

[73] Ohlin B. G. 1933. Interregional and International Trade. Harvard University Press: Cambridge, MA.

[74] Orlitzky M., Schmidt F. L., Rynes S. L. 2003. Corporate social and financial performance: A meta-analysis. Organization Studies, 24 (3): 403–441.

[75] Ornelas E. 2005. Endogenous free trade agreements and themultilateral trading system. Journal of International Economics, 67 (2): 471–497.

[76] Peteraf M. A. 1993. The cornerstones of competitive advantage: A resource-based view. Strategic Management Journal, 14 (3): 179–191.

[77] Piderit S. K. 2000. Rethinking resistance and recognizing ambivalence: A multidimensional view of attitudes towards an organizational change. Academy of Management Review, 25 (4): 783–794.

[78] Pierce J. R., Schott P. K. 2012. The surprisingly swift decline of U.S. manufacturing employment. NBER Working paper 18655, National Bureau of Economic Research: Cambridge, MA.

[79] Porter M. E. 1991. America's green strategy. Scientific American, 264 (4): 168.

[80] Porter M. E., Kramer M. R. 2006. Strategy & society: The link between competitive advantage and corporate social responsibility. Harvard Business Review, 84 (12): 78–92.

[81] Porter M. E., Kramer M. R. 2011. The big idea: Creating shared value. Harvard Business Review, 89 (1–2): 62–77.

[82] Reinhardt F. L. 1998. Environmental product differentiation: Implications for corporate strategy. California Management Review, 40 (4): 43–73.

[83] Ricardo D. 1817. The Principles of Political Economy and Taxation. John Murray: London.

[84] Rogowski R. 1989. Commerce and coalitions: How trade affects domestic political alignments. Princeton University Press: Princeton, NJ.

[85] Russo M. V., Fouts P. A. 1997. A resource-based perspective on corporate environmental performance and profitability. Academy of Management Journal, 40 (3): 534–559.

[86] Schott P. K. 2010. U. S. manufacturing exports and imports by SIC or NAICS category and partner country, 1972–2005. Working paper, Yale University: New Haven, CT.

[87] Sen S., Bhattacharya C. B. 2001. Does doing good always lead to doing better? Consumer reactions to corporate social responsibility. Journal of Marketing Research, 38 (2): 225–243.

[88] Stigler G. J. 1958. The economics of scale. Journal of Law and Economics, 1 (1): 54-71.

[89] Trefler D. 2004. The long and short of the Canada-U.S. Free Trade Agreement. American Economic Review, 94 (4): 870-985.

[90] Turban D. B., Greening D. W. 1996. Corporate social performance and organizational attractiveness to prospective employees. Academy of Management Journal, 40 (3): 658-672.

[91] Wall Street Journal. 2004. Costco's dilemma: Be kind to its workers, or Wall Street? Wall Street Journal 26 March: B1.

[92] Wall Street Journal. 2013. Not all sneakers are imported ... yet. Wall Street Journal 28 February: B1.

[93] Wernerfelt B. 1984. A resource-based view of the firm. Strategic Management Journal, 5 (2): 171-180.

[94] Wernerfelt B. 1995. A resource-based view of the firm: Ten years after. Strategic Management Journal, 16 (3): 171-174.

[95] Wood A. 1995. North-South Trade, Employment and inequality: Changing fortunes in a Skill-Driven World. Oxford University Press: Oxford, UK.

第三部分　企业社会责任的影响效应

导　读

　　企业履行社会责任会对企业财务绩效、声誉、利益相关方关系等产生不同的影响。本部分选取的五篇文献阐述了企业社会责任的不同效应。在第一篇文献中，Ping-Sheng Koh 等从风险管理的角度提出，杰出的社会绩效能够作为有价值的事前保险机制来增加企业的价值。在第二篇文献中，Witold J. Henisz 等通过实证研究证实，提高其利益相关方的支持能够增加企业的财务估值。在第三篇文献中，Peter M. Madsen 等构建一个理论模型检验出这样的结论，即新聘高管的起始薪酬与公司的企业社会绩效强项（CSP Strengths）和企业社会绩效忧患（CSP Concerns）存在正相关关系。在第四篇文献中，Ante Glavas 等探讨了员工对组织如何对待第三方（即企业社会责任）的认知对员工态度的影响。在第五篇文献中，David A. Jones 等发现良好的企业社会绩效会更加吸引求职者，并探讨了这一相关性的机理。

　　第一篇文献是 Ping-Sheng Koh、Cuili Qian 和 Heli Wang 的《企业诉讼风险及企业社会绩效的保险价值》。杰出的社会绩效能够作为有价值的事前保险机制来增加企业的价值，本文从这一风险管理的角度推动了领域的发展。关于企业的社会绩效如何作为保险机制，本文的论证是：它可以在一个企业的不同利益相关方中建立起道德资本。道德资本的定义为：利益相关方对于一个企业社会绩效评价、评估，以及责难过程的结果，而且该结果能够帮助企业调和不利发展突然出现时利益相关方的负面评价和他们的处罚。

　　本文研究两个问题：一是评估高诉讼风险企业在事前是否更有可能通过作为保险机制的优秀企业社会绩效而获益，以此来建立企业社会绩效的保险价值。基本的观点是，企业社会责任绩效增加企业价值的程度取决于该企业未来用到此"保险"的机会，因此取决于企业的风险敞口。如果一个企业面对负面事件的风险较大，这个企业就更需要保险保护，因此，这个企业会更可能从作为保险机制的企业社会绩效中受益。特别是运营于好诉讼的行业中的企业，它们可能会从企业社会绩效中更多地受益，因为这些企业发生高赔付诉讼的可能性更高，而企业社会绩效的保险保护会减少诉讼发生时利益相关方处罚的整体严重程度。因此，本研究从风险管理的角度来研究企业社会绩效，把企业社会绩效当作一个保险机制，对企业社会绩效能够为面对高诉讼风险的企业创造更高价值的途径和程度展开证明。

二是探讨企业社会绩效在增加企业价值方面的局限。作者提出，因为利益相关方对一个企业社会绩效的看法对任何企业社会绩效价值的创造至关重要，企业社会绩效能够增加一个企业价值的程度取决于这个企业是否能够在利益相关方处取得合法性，与此讨论相关的合法性有两种：实效合法性和道德合法性。实效合法性是建立在组织最直接评价者的自利计算基础之上的，它反映了利益相关方对效用的计算。一个企业的实效合法性受到其财务绩效和商业上成功程度的影响，其道德合法性取决于企业商业的性质。

为支持上述观点，作者利用 1991~2007 年大约 3000 个美国上市企业的数据集实证检验了这些想法。以剩余收益模型作为实证模型，KLD 和 Compustat 是本研究两个主要的数据来源，前者用于量化一家企业社会绩效，后者获取财务绩效和其他企业层面变量。最终形成由 3029 家企业和 15504 个企业年样本观察值所组成的样本。实证结果表明，总体上看，公司的股本价值和它的企业社会绩效之间存在显著正相关性，为企业社会绩效能够增加企业价值提供了初步证据。具体来说，处于高诉讼风险行业的公司的企业社会绩效估计系数显著高于那些在低诉讼风险行业的公司。如果企业缺少实效合法性，即企业正处在财务危机，那么它很难受益于企业社会绩效，缺乏道德合法性的企业很难从企业社会绩效上获利。为了进一步检验主要结果的稳健性，为了便于与之前企业社会绩效研究的结果进行比较，作者首先在同一模型中进行了一个包含企业社会绩效、行业诉讼风险、财务困境风险，以及存在社会争议行业的虚拟变量的分层回归分析。结果与主要发现吻合。此外，作者还用二阶段最小二乘法（2SLS）解决了内生性问题。

第二篇文献是 Witold J. Henisz、Sinziana Dorobantu 和 Lite J. Nartey 的《点石成金：利益相关方参与的财务回报》。本文通过直接的实证研究证据支持工具性利益相关方理论的说法，即当一个企业所有的实物资产的客观价值保持不变时，提高其利益相关方的支持能够增加企业的财务估值。本文实证分析的背景是采金业，该行业中不同利益相关方因采矿的各种社会、政治和环境后果而存在利益冲突，其中包括社区搬迁、腐败增加和私人寻租、污染加剧和环境风险等，而它们的冲突又导致项目开发和实施的拖延甚至中断。由此而来的业绩下降，最终引起企业在利益相关方参与战略上进行投资纠正。人们对该行业的政治和社会支持越来越重视，这甚至影响到了小型矿业公司，这些公司希望能够与大型企业开展业务，因此逐渐认识到自己需要获得一个"社会许可证"。

本文依照这一观察结果进行了实证设计，将金融市场的估值与金矿的内在价值联系起来，并证明了各利益相关方冲突/合作的程度有助于解释这些数字之间的差距和分歧。本文实证分析样本基于 19 家在多伦多证券交易所上市的矿产公司及其利益相关方，这些公司拥有并经营美国、加拿大和澳大利亚以外的一座、两座或三座矿山，最后形成了一个包括 20 个国家的 26 座矿区的样本，时间范围是 1993~2008 年。从超过 50000 起有关公司及其利益相关方的媒体报道事件中，本文建立了一个新的公司—利益相关方关系数据库。数据来自 Factiva 数据库中涉及矿山及其母公司的 20000 多份媒体报道文章。研究助理对与这些矿区利益相关方事件有关的 50000 多次媒体报道进行了手工编码。本文将这种随着时间变化的合作与冲突关系网络转化成一个能够随着时间变化衡量矿区政治和社会支持的度量指标，并且证明这个指标与矿区的特点和黄金价格一样，都是计算 19 家上市母公司的金融市场估值的重要参照依据。

本文研究结果支持这一观点，即提高企业外部利益相关方支持的能力是提高企业财务业绩的一项关键措施，因为投资者可能会根据公司与其外部利益相关方的关系，低估公司的资产价值（进而低估企业的价值）。这一实证结果实际上也是联系工具性利益相关方理论、企业的社会责任、企业的声誉和地位以及战略管理之间的桥梁。

第三篇文献是 **Peter M. Madsen** 和 **John B. Bingham** 的《企业社会绩效与高管薪酬的关系：基于利益相关方理论和人力资本视角》。作者认为，企业社会绩效（Corporate Social Performance，CSP）与高管薪酬（Executive Compensation）之间的关系可能受以下两个因素的影响：第一，筛选效应（Sorting Effect），即公司的企业社会绩效与新聘高管的初始薪酬水平有关；第二，激励效应（Incentive Effect），即在任高管因为公司过去的企业社会绩效而获得相应回报。然而，现有的实证研究仅针对激励效应一个因素。本研究考察公司的企业社会绩效对新聘高管起始薪酬的筛选效应。

首先，作者认为，很多实例显示，可以用负向筛选效应（Negative Sorting Effects）来解释企业社会绩效和高管薪酬水平的关系，即高管在加入一家有较高企业社会绩效的公司时会愿意接受较低的起始薪酬。这种观点的内在逻辑是：在承担社会责任的公司里工作的机会可以替代高管们对高薪酬的期望。但本文提出一个关于"企业社会绩效—高管起始薪酬"关系的理论新思路，认为它们之间存在正向筛选效应，即公司的企业社会绩效与高管起始薪酬之间存在正相关关系。为此，基于利益相关方理论和人力资本理论的整合视角，本文构建了一个新颖的研究思路并指出新聘高管的起始薪酬与公司的企业社会绩效强项（CSP Strengths）和企业社会绩效忧患（CSP Concerns）存在正相关关系。本文认为，公司的企业社会绩效影响该公司高管管理工作的复杂程度和公司利益相关方的要求，公司高管必须为此具备某些技能。根据自我筛选逻辑，可以假设，工作对高管人力资本水平要求的差异与高管起始薪酬相关。在此基础上，作者试图检验：企业社会绩效可以通过企业社会绩效强项和企业社会绩效忧患两种形式体现，而企业社会绩效强项及企业社会绩效忧患各自独立地与高管起始薪酬相关；企业社会绩效强项及企业社会绩效忧患与高管起始薪酬正相关，但是这一正相关关系的强度随着作为承担利益相关方责任的职能高管角色不同而变化。综上，作者提出如下具体假设：与低企业社会绩效强项公司高管相比，高企业社会绩效强项公司的高管有更高的起始（第一年）薪酬水平；与低企业社会绩效忧患公司的高管相比，高企业社会绩效忧患公司的高管有更高的起始（第一年）薪酬水平；CEO 起始（第一年）薪酬水平与企业社会绩效强项的正向关系比其他高管职位更强；CEO 起始（第一年）薪酬水平与企业社会绩效忧患的正向关系比其他高管职位更强；负责公司单一利益相关方关系管理的高管的起始（第一年）薪酬与企业社会绩效强项的正向关系弱于其他非 CEO 高管；负责公司单一利益相关方关系管理的高管的起始（第一年）薪酬与企业社会绩效问题的正向关系强于其他非 CEO 高管。

其次，是对上述假设的实证检验。作者以薪酬数据和企业社会责任数据均能够获得的公司的高管作为研究样本，分析所采用的单位是高管任职年。初始样本来自标准普尔 ExecuComp 数据库自 1992 年（数据库包含的最早年份）起至 2008 年（我们能够获取数据的最后一年）所包含的所有高管薪酬数据，因为研究主要考察公司企业社会绩效对高管自我筛选是否决定进入某公司的影响，因此对样本进行了再一次限制，即样本仅包含高管任职的第一个完整年，最终样本包含来自 1596 家公司的 5193 个高管任职年。然后，将 ExecuComp 数据库的薪酬数据与 KLD 数据库的企业社会绩效数据进行合并。另外，还从标准普尔 Compustat 数据库中获得了关于公司特征的数据。本研究希望解决的关键问题是企业社会绩效如何影响高管加入公司第一年的薪酬水平。因此，本分析中所用的因变量被称作总薪酬，是指高管在加入公司第一年内所获的总体薪酬，最主要的自变量是企业社会绩效强项和企业社会绩效忧患指标，该指标来自 KLD 数据库，因为显示因果关系，企业社会绩效强项和企业社会绩效忧患的数据滞后一年。对所有模型都采用普通最小二乘回归方法进行分析。

实证结果为企业社会绩效与企业高管加入该公司时所接受的起始薪酬之间存在相关关系提供了强有力的证据。支持以下观点：除了以往研究所提出的"激励"效应以外，公司的企业社会绩效还会通过"筛选"效应影响高管的初始薪酬。研究证明，企业社会绩效强项对高管起始薪酬水平有正向影响，且独立于企业社会绩效忧患的影响。更进一步的，企业社会绩效对高管起始薪酬水平的影响会随着高管职位的不同而不同。具体说来，企业社会绩效对 CEO 起始薪酬水平有更强的正向影响，而对仅负责处理公司与单一利益相关群体关系的其他高管初始薪酬水平的正向影响较弱。这些发现表明，企业社会绩效强项和企业社会绩效忧患对 CEO 起始薪酬的影响比其他高管要大得多，反映了 CEO 必须具备更高水平的人力资本，以便能够更有效地处理公司与众多不同利益相关群体的关系。更进一步的，尽管企业社会绩效强项对本研究所涉及的所有高管职位的起始薪酬水平的影响都是正向的，但是，相对于不涉及利益相关群体管理的高管（比如COO）来说，只负责单一利益相关群体关系管理的高管（如CFO和CHRO）的起始薪酬水平受企业社会绩效强项的正向影响更小，反映了公司企业社会绩效强项一定程度上对利益相关群体管理工作的简化，从而降低了负责单一利益相关群体关系管理的高管职位对人力资本水平的要求。

本文对利益相关方理论和企业社会绩效研究有一定贡献：基于利益相关方理论和人力资本理论，构建了一个关于公司企业社会绩效和高管薪酬关系的新理论视角；通过展示利益相关方关系管理如何使高管的某种重要人力资本成为必需，整合了利益相关方理论和人力资本理论。本文也对企业社会绩效研究做出一定贡献，从理论和实证层面考察了公司的企业社会绩效对高管起始薪酬的筛选效应。本研究存在若干局限：所涵盖的样本是标准普尔1500所包含的大型上市公司，而不包括中小企业；本研究所采用的数据截止到2008年；仅采用KLD评级对企业社会绩效强项和企业社会绩效问题进行度量；由于本研究仅考察企业社会绩效和高管第一年薪酬水平的关系，因此我们的研究发现不能用于解释企业社会绩效对在任高管第一年以后薪酬水平的影响。

第四篇文献是Ante Glavas和Ken Kelley的《企业社会责任感知对员工态度的影响》。作者认为，虽然很多文献都认为企业社会责任会影响员工，但是对于企业社会责任直接影响员工的方式和原因知之甚少。本文提出了一种测量个体层面企业社会责任的方法，然后，探究了员工对企业社会责任的感知如何影响着他们。本研究探讨了员工对组织氛围感知的影响，关注探讨员工对组织如何对待第三方（即企业社会责任）的认知对员工态度的影响，而不仅是组织如何直接对待员工所产生的影响。在理论分析和假设部分，作者指出，企业社会责任也会对工作满意度和组织承诺产生类似的影响。当员工认为组织在支持他们时，他们相信组织是公平的，由此就会通过诸如提高工作满意度和组织承诺等做出积极响应；同时员工对公平和关心他人的感知也会影响到工作满意度和组织承诺。此外，还存在一些企业社会责任影响员工态度的各种中介机制。具体来说，企业社会责任可以提高员工工作意义和目标感，以及组织支持感，这些也会进而影响工作满意度和组织承诺。因此，员工认为在为一个具有社会影响（即企业社会责任）的组织工作的这种认知也会影响员工工作的意义感。作者假设：员工认为在工作中找到了工作意义，这种认知会在企业社会责任感知与工作满意度和组织承诺之间的关系中起到中介作用。为了进一步区分企业社会责任感知对员工的影响，将企业社会责任对员工产生的第一方影响同第三方影响分开。当员工认为组织通过把社会利益和环境利益融入其产品和服务中

（如公平交易、可持续特点等）等具体行动，关心组织外各方的利益时，就会产生企业社会责任的第三方影响。作者假设员工认为在工作中得到了组织的支持，这种认知会在企业社会责任感知与工作满意度和组织承诺之间的关系中起到中介作用。

实证方面，本文采用网络调查的方法，收集了总部位于北美的 18 个组织中的 827 名员工的数据；选择了粮食与农业作为研究行业，因为这一行业具有多样性，对企业社会责任的承诺差异较大，由此造成员工对企业社会责任的感知差异较大，组织的规模和范围也多种多样。在测量方法上，应用企业社会责任感知量表测量了参与者对他们组织的企业社会责任的认识。量表开发和效度确定的过程为：首先，依据本文中前面阐述的文献和指导定义，应用演绎法，形成了一些初始测量项目。接着，从该领域有经验的学者那里获取项目的反馈意见和修改意见。其次，向由 17 位企业社会责任专家组成的专家组发送测试项目列表，由专家组评定每个测量项目与我们指导定义的拟合度。接着，开展一系列研究，进一步改进和验证测量量表。本文还制定了一个遵循双因子模型结构的量表，利用双因子模型，不仅可以研究通用于社会概念和环境概念的总因子如何影响结果变量（如工作满意度），而且可以测量一个具体因子（如环境因子或社会因子）对结果是否有超越总因子的影响。实证结果表明，企业社会责任感知（PCSR）与工作满意度和组织承诺有关，在工作意义这一关系中起到了中介作用，而组织支持感在 PCSR 与工作满意度之间的关系中起到了中介作用，在 PCSR 与组织承诺之间的关系中没有发挥这个作用。PCSR 中的环境因子在这些情况中都没有显著的关系。由于我们正使用双因子模型，所以，这并不意味着环境因子不会产生影响。PCSR 总因子说明了社会维度和环境维度之间的共同点。然而，社会因子与工作满意度和组织承诺的确具有显著的正相关关系，超越了总因子的影响，其中，工作意义在社会因子与工作满意度和组织承诺之间的关系中起到了中介作用，组织支持感仅在社会因子与工作满意度之间的关系中起到了中介作用。

本文具有如下贡献：第一，为了解组织对待第三方的认识如何影响员工做出了贡献，而不是组织如何直接影响员工的认知。第二，识别了超越现有感知测量（如组织支持感）的企业社会责任影响员工的机制。第三，提出了一个心理学角度测量员工对组织的社会责任和环境责任的感知的工具，即企业社会责任感知量表。第四，从方法论上来看，本研究应用双因子量表，从测量方法方面做出了贡献。第五，区分社会责任与环境责任的关系机制促使对工作满意度和组织承诺产生了更多的影响。第六，更深入地理解微观层面的概念，如员工态度、员工行为等。

第五篇文献是 David A. Jones、Chelsea R. Willness 和 Sarah Madey 的《为什么企业社会绩效会吸引求职者？试验和实地检验三项信号机制》。作者提出，现有资料表明，一个组织的企业社会绩效（CSP）会影响其作为雇主的吸引力，但是，对于发生这种影响的作用机制和过程知之甚少。本文利用信号传递理论作为主要研究框架，检验了在企业社会绩效和组织吸引力之间关系中起中介作用的三项信号机制的假设。作者认为，求职者会从企业社会绩效中收到信号，形成三项信号机制，最终，这三项机制会影响组织的吸引力，本文聚焦对这三项机制的理论分析和实证检验。

在理论分析部分，为了解释企业社会绩效吸引求职者原因的信号机制，本文使用信号传递原理作为主要研究框架，推导出潜在的心理学机制的假设，以此回答：求职者从组织的企业社会绩效中到底接收到了什么信号？企业社会绩效影响组织吸引力的机制是什么？作者认为，在组织发出的各类信号中，社区参与和环境保护实践是有关该组织的声望、具体价值观、亲社会倾向的信号。反之，这些信号构成了影响组织吸引力的三项相应的信号机制：求职者因组织的企业社会绩效受到赞许而加入这一具有声望的组织，由此形成的预期自豪感；同企业社会绩效所展现的组织价值观相关的感知价值契合度；依据组织通过自己的企业社会绩效为提高第三方福利而做出的亲社会努力，形成的期望待遇。作者提出，首先，一个组织的声望会向求职者发出信号，影响他们对潜在雇主做出的推断，因此，一个组织的企业社会绩效中的社区参与和环保实践与组织吸引力具有正相关的关系。其次，一个组织的企业社会绩效会发出有关其价值观的信号，当人们认为组织的价值观与他们自己的价值观很匹配时，这个信号就会提高组织的吸引力，因此一个组织的企业社会绩效中的社区参与和环保实践与组织吸引力具有正相关的关系，感知价值契合在这一关系中发挥了中介作用。具体而言，积极开展社区参与的组织会更加吸引具有较高公共取向的个体，感知价值契合度在这一关系中发挥了中介作用；积极参与环保实践的组织会更加吸引具有较强环保态度的个体，感知价值契合度在这一关系中发挥了中介作用。最后，企业社会绩效向求职者发出了组织总体上亲社会倾向的信号，这个信号进而形成了一个信号机制——期望待遇，即求职者期望组织从优对待自己的员工，因此，一个组织的企业社会绩效中的社区参与和环保实践与组织吸引力具有正相关的关系，个体对良好员工待遇的期望在这一关系中发挥了中介作用。

在实证检验部分，研究 1 是一个纵向实验，设计了一个可以进行因果推论的实验，在高内部效度情况下，检验了这些作用机制，重点以公司网站作为操作企业社会责任信息的载体，其中的招聘信息中就有现成的企业社会绩效信息，参与研究的对象来自加拿大西部一所高校的 180 名三年级大学生。研究 2 用活跃的求职者样本，让他们评价一个他们认为对就业选择具有吸引力的组织，以此检验上述假设，在此重点研究了企业在招聘会上向求职者披露的企业社会绩效信息，即招聘组织向求职者提供信息，鼓励他们应聘。样本包括 171 位参加人才招聘会的求职者。研究者向三个企业社会绩效条件中的每一个条件随机分配了 60 名参与者。在每个条件中，目标公司的网页要么包含有关社区参与（企业社会绩效—社区）的信息和环保实践（企业社会绩效—环保）信息，要么不包含任何企业社会绩效（无企业社会绩效）信息。信息收集中采用了两轮公司评级，在提供了参与者信息和工作经验信息后，参与者们在浏览了公司的网页后，完成了对每一个公司的测量。再使用三项问题法测量了预期自豪感，感知价值契合度、期望待遇及其他影响因素。最后使用验证性因素分析（Confirmatory Factor Analysis，CFA）评估了研究中的测量方法，六因子模型与数据拟合度良好。

研究 1 的实证结果表明，企业社会绩效在两个条件下（社区和环保）的组织吸引力明显高于无企业社会绩效条件的组织吸引力，预期自豪感和感知价值契合在这一关系中发挥了中介作用，但是期望待遇与组织吸引力的关系不显著。同时，一个因社区参与和环保实践而闻名的组织对于在理念上具有较高个体差异的个体具有更大的吸引力，感知价值契合度在他们的关系中发挥了中介作用。因此，在每一个企业社会绩效条件下，个体差异变量与组织吸引力之间存在正相关的关系，感知价值契合度在这一关系中发挥了中介作用。实证结果也证明了所提出的企业社会绩效会影响组织吸引力的潜在机制。第一，在有企业社会绩效的条件下，一些参与者们在解释选择目标公司为首选公司的理由时，提到了目标公司的信誉和声望，但是他们没有明确地讲这些要点与企业社会绩效联系在一起。在没有企业社会绩效信息条件下，有几位参与者也提到了这几点。第二，在把目标公司作为首选公司的参与者中，有 20.83%的参与者得到了企业社会绩效—社区信息，有 25%得到了企业社会绩效—环保信息，他们都提到了公司的亲社会价值，其中有三位参与者还评价了公司的价值观与他们自己的价值观的契合度。然而，在没有企业社会绩效信息的条件下，参与者们没有提到上述几点。第三，在没有企业社会绩效信息的条件下，参与者们没有提到公司可能会善待员工，但是，大约有 20%已获得企业社会绩效中的两项信息的参与者提到了这一点，而且通常将他们的观点与公司的企业社会绩效联系在一起。研究 2 关注企业社会绩效在活跃的求职者中的作用，实证结果表明，求职者感知的企业社会绩效—社区参与对组织吸引力的总间接效应是显著的，这同三个假设介质的独特间接影响一样。然而，企业社会绩效—环保的间接效应结果明显不同。所有间接效应都不显著，包括通过感知价值契合和期望待遇带来的感知的企业社会绩效—环保的间接效应，但所有相关路径系数显著。

本文通过提出和检验企业社会绩效影响组织吸引力的三项信号机制理论，为这一领域的文献做出了贡献，说明了企业社会绩效如何以及为什么会吸引求职者。通过研究，可以得出这样的启示：企业社会绩效信号有助于将一个组织突出出来、企业社会绩效的不同方面会发出不同的信号、企业社会绩效信号的强度取决于环境。

企业诉讼风险及企业社会绩效的保险价值 *

Ping-Sheng Koh，Cuili Qian，Heli Wang

【摘　要】杰出的社会绩效能够作为有价值的事前保险机制来增加企业的价值，本文从这一风险管理的角度推动了领域的发展。我们假定优秀的社会绩效作为一个保险机制对具有高诉讼风险的公司具有更高的价值。此外，企业社会绩效（CSP）的价值创造取决于一个企业是否已经在利益相关方之中取得了实效合法性（即公司的财务健康）和道德合法性（即一个企业是否运营于一个存在社会争议的行业）。我们发现，企业社会绩效作为一个保险机制用来防范诉讼风险的价值非常具有现实意义，能为企业价值增加2~4个百分点。但如果一个企业正处于财务困境之中或运营于一个存在社会争议的行业，其企业社会绩效将会很难创造价值。

【关键词】企业社会绩效；保险价值；风险管理；企业估值模型；合法性

引　言

　　虽然这个观点仍然存在争议，但最近的商业和社会的发展似乎暗示出一个企业的社会绩效（CSP）跟它的财务绩效（CFP）正相关（例如，Berman et al.，1999；Hillman & Keim，2001；Orlitzky，Schmidt & Rynes，2003；Waddock & Graves，1997）。许多研究表明，一个连接企业社会绩效和企业财务绩效的重要机制是一个企业的社会绩效能够改善这个企业的声誉和品牌形象。但另外一个可能的联系却得到相对很少的关注：在企业面对负面效应的时候，企业社会绩效能够起到保险机制的作用，减轻企业价值的下降（Fombrun，Gardberg & Barnett，2000；Godfrey，2005；Husted，2005；Schnietz & Epstein，2005）。

---

　　* Ping-Sheng Koh，Cuili Qian，Heli Wang. 2014. Firm Litigation Risk and the Insurance Value of Corporate Social Performance. Strategic Management Journal，35：1464-1482.

　　初译由李文完成。

关于企业的社会绩效如何作为保险机制的一般论证为：它可以在一个企业的不同利益相关方①中建立起道德资本。道德资本的定义为：利益相关方对于一个企业社会绩效评价、评估，以及责难过程的结果，而且该结果能够帮助企业缓和不利发展突然出现时利益相关方们的负面评价和他们的处罚（Godfrey，2005）。然而，以前从风险管理角度关于企业社会绩效的调查研究多采取事后分析的角度，主要讨论和研究负面事件发生后公司的价值损失（Bansal & Clelland，2004；Godfrey，Merrill & Hansen，2009；Klein & Dawar，2004；Schnietz & Epstein，2005）。举例来说，Godfrey 等（2009）以一些经历过负面法律和管制行为的企业作为样本，对他们之前的作为保险机制的企业社会绩效的有效性进行了分析调查。他们发现一个企业的社会绩效与其在负面事件后企业价值的更小的下降存在关联性。

但是这样的事后保险利益分析仍然是不全面的。关于企业社会绩效的保险特征在没有负面事件发生的情况下是否仍然存在价值，这一问题的答案仍然不明确。正如一个针对某种风险的保险政策的有效性并不能证明事前保险的购买是正确的一样（否则，每个人都应该购买所有可能的保险），出众的企业社会绩效可能最终帮助企业减少负面事件的价值损失这一事实，不一定能提供充分的财务理由，证明企业投入资源、确保优秀的事前社会绩效是值得的。因此，以前该领域的研究并没能解决企业社会绩效是否以及何时能够在事前增加企业价值的问题。

本研究的目的有两个：第一个目的是评估高诉讼风险企业在事前是否更有可能通过作为保险机制的优秀企业社会绩效而获益，以此来建立企业社会绩效的保险价值。基本的观点是，企业社会责任绩效增加企业价值的程度取决于该企业未来用到此"保险"的机会，而这又取决于企业的风险敞口。如果一个企业面临负面事件的风险较大，这个企业就更需要保险保护，因此，这个企业会更可能从作为保险机制的企业社会绩效中受益。特别是运营于好诉讼的行业中的企业，它们可能会从企业社会绩效中更多地受益，因为这些企业遭受高赔付诉讼的可能性更高，而企业社会绩效的保险保护会减少诉讼发生时利益相关方处罚的整体严重程度（Godfrey et al.，2009）。因此，本研究从风险管理的角度来研究企业社会绩效，把企业社会绩效当作一个保险机制，并且展示企业社会绩效能够为面对高诉讼风险的企业创造更高价值的途径和程度。第二个目的是探讨企业社会绩效在增加企业价值方面的局限。在组织合法性文献的基础上，我们提出，因为利益相关方对一个企业社会绩效的看法对任何企业社会绩效价值的创造至关重要，企业社会绩效能够增加一个企业价值的程度取决于这个企业在利益相关方处取得合法性的程度（Suchman，1995）。与此讨

① "利益相关方"是指那些能够影响一个企业目标达成或被其影响的个人或团体。在以往的研究中，这通常包括雇员、消费者、股东、供应商和社区（Freeman，1984）。

论相关的合法性有两种：实效合法性和道德合法性。实效合法性是建立在组织最直接评价者的自身利益的基础之上，它反映了利益相关方的效用计算。道德合法性是建立在社会规范批准基础上的，反映了利益相关方对于企业及其活动在社会福利方面的积极评价，由观众的社会建构价值体系定义（例如，Aldrich & Fiol，1994；Suchman，1995）。一个企业的实效合法性受到其财务绩效和商业上成功程度的影响，其道德合法性更多的取决于企业商业的性质。明确来说，如果一个企业不能履行其更基础的、满足利益相关方财务需求的责任（实效合法性），利益相关方不会重视这个企业社会绩效，而且如果这个企业运营在一个像酒精饮料、烟草、武器和赌博这样的存在社会争议（道德合法性）的行业，它们可能会贬低企业社会绩效。

这解释了为什么在企业社会绩效方面同样额度的投资可能在不同公司创造不同的回报（Barnett，2007；Barnett & Salomon，2012；Rowley & Berman，2000）。除了几个值得注意的特例以外（例如，Barnett & Salomon，2006，2012；Hull & Rothenberg，2008；Wang & Choi，2013），以前的研究很大程度上忽略了造成企业社会绩效与财务绩效关系变化的偶然性因素。对一个特定的企业是否、如何以及何时能够利用企业社会绩效得到积极财务回报的潜在驱动因素的理解至关重要，并且这个主题值得更加深入的研究，以帮助做出企业管理资源分配方面的决策（Barnett，2007）。

我们利用 1991~2007 年这 17 年来大约 3000 个美国上市企业的数据集实证检验了这些想法。我们的实证模型没有采用专设的企业评估模型，而采用了深深扎根于经济、金融以及会计学方面学术研究的剩余收益模型（Residual Income Model）（例如，Edwards & Bell，1961；Ohlson，1995；Peasnell，1982；Preinreich，1938）。剩余收益模型为实证模型规范提供了坚实的理论基础和动机。尽管它推导复杂，但这个模型简约而轻松地糅合了企业的基础财务信息和其他企业特征。该模型能够让我们可以更好地评估企业社会绩效的经济价值。

理论和假设发展

作为保险机制的企业社会绩效

利益相关方理论重点突出了企业与其广泛利益相关方的关系的重要性（Freeman，1984）。以前大部分检验企业社会绩效与财务绩效关系的研究经常含蓄地假设企业社会绩效的价值在于它有助于提高效率。按照这些原则，许多研究者认为杰出的企业社会绩效能够提高企业的声誉（Fombrun，1996），创造更多来自消费者的支持（Lev，Petrovits & Radhakrishnan，2010；Luo & Bhattacharya，2006；Sen & Bhattacharya，2001），加深雇员对企业的奉献（Greening & Turban，2000），提升在社区里的合法性（Fombrun et al.，2000），以及更好地发展跟政府的关系（Campbell，2007；Wang & Qian，2011）。相比于这些效率提升机制，研究中很少讨论企业社会绩效的风险管理功能，也罕有相关的实证研究（Peloza，2006）。

从风险管理的角度来说，企业社会绩效能够充当一个应对损失的缓冲器，从而保护企业的资产（Fombrun et al.，2000）。有研究提出，好的企业社会实践可以用来作为企业风险管理的重要因素，以帮助发现新出现的问题、杜绝欺骗、保护企业的声誉，并且当违法行为发生时可将惩罚最小化（Francis & Armstrong，2003）。杰出的企业社会绩效创造的道德资本可以通过缓和利益相关方的负面评价来保护相关资产免遭损失（Godfrey，2005）。当面对指责时，拥有良好企业社会绩效记录的企业可以利用他们通过社会倡议所累积的商誉。举例来说，跟一个有名望的公司有所联系可以阻止员工的流氓行径。展现对于消费者的关心并传达赞许信息可能会减少来自投资者和分析者负面反应的威胁。当一个公司有良好的企业社会绩效的声誉时，社区、媒体、合作公司，甚至社会活动者都可能会对一个公司更加的容忍（Fombrun et al.，2000）。

与这些观点一致，Bansal 和 Clelland（2004）指出，在危机状态下，通过企业社会绩效所累积的道德资本可以帮助企业将组织的非法行为与该组织的其他部分切割开来。Klein 和 Dawar（2004）指出，在产品危机来临时，企业社会绩效会影响消费者参与责备企业行为的程度。他们总结出，企业社会绩效可能会减轻负面的品牌评价。一个关于企业慈善和企业犯罪在企业声誉方面影响的研究中，Williams 和 Barrett（2000）发现一个企业的违规行为可以降低企业的声誉，但这种声誉的下降对一个知名的慈善企业是非常小的。最近，Godfrey 主持了一个关于 178 家在 1993~2003 年有违规行为的企业研究。研究表明，这种行为或负面事件总体上会降低企业价值，但这种下降对于那些积极参与社会责任活动，特别是那些针对次级利益相关方活动（比如社区）的企业影响相对较小（Godfrey et al.，2009）。

企业社会活动也能够帮助保护企业应对那些完全由外部原因造成的负面事件。Blacconiere 和 Pattern（1994）研究了市场对于化学行业企业的反应以应对 Union Carbide 公司的化学泄漏。他们发现，那些在泄漏之前在他们的财务报告中完成大量环境披露的企业跟那些只有较少环境披露的企业相比，经历了更少的负面影响。Schnietz 和 Epstein（2005）指出，一个企业在社会责任方面的声誉对缓解企业股价在 1999 年西雅图 WTO 对话破裂后的价格普遍下跌的状况中有所帮助。

所以，之前的学术研究已经表明企业社会绩效可以有效地作为一种保险机制，但正向的道德资本能够像保险一样为企业提供保护的事实并不意味着企业社会活动能够在事前对企业价值产生积极贡献。一家企业购买了火灾保险，当火灾发生时，它所能收到的保险补偿取决于火灾的原因和性质，而这些会在事后决定这份保险的价值。相反，事前的角度寻求在火灾未发生时决定一份相同的火灾保险是否会同样具有价值。一份火灾保险的事前价值取决于火灾发生的可能性估计、火灾的程度和性质、企业在火灾中的角色，以及保险政策的花费。[①] 同样的，一份保险的有效性（事后角度）与持有它的价值（事前角度）有着明显的不同。每个企业的事前企业社会绩效保险价值都可能与其他企业不同。作为一份保险，对企业社会绩效推测而言能为高风险企业提供更大的价值。

诉讼风险和企业社会绩效的事前保险价值

一家企业社会绩效保险价值由这家企业对这种保险的需求程度而定，因此保险价值会根据这家企业的风险敞口的增大而增加。在今天的易发生诉讼的商业环境中，企业面临着的诉讼风险在提升。对于上市的美国企业来说，一个突然的或大幅的股价下跌甚至就可以促成利益相关方的法律诉讼（Alexander，1991；Lowry & Shu，2002；Tucker，1991）。一个财报上的错误，公开实质性重要信息的失误，甚至一个重大的资产价值调整，都有可能引发一场诉讼（Francis, Philbrick & Schipper，1994）。

一场诉讼可能的花费（诉讼费、诉讼的耗时、高管们因为从他们主要运营任务上分心所造成的机会成本、名誉损失以及解纷成本）一般都非常巨大。Lowry 和 Shu（2002）研究了跟美国首次公开发行（IPO）抑价有关的诉讼，并发现诉讼中公布最多的费用之一结算支付（Settlement Payments）平均达到了 330 万美元，占实收总项（Total Proceeds）的 11%。IPO 的企业和它们的担保人经常有意识地低估降低诉讼的可能性和诉讼过程中损失的花费（Lowry & Shu，2002）。Simmons 和 Ryan（2007）专门研究了 1996~2006 年结案的 827 个共同起诉案，指出平均的结算费用（扣除物价上涨因素）随着时间而增加。1996~1999 年，结算费是 1630 万美元，截至 2006 年，已经大幅增长至 1.807 亿美元。即使去除超过 10 亿美元的案件，2006

---

① 虽然火灾保险的类比在阐述企业社会绩效保险价值事前和事后角度的不同方面具有价值，但是企业社会绩效的保险性质和一般传统的保险政策（像火灾保险）具有几点不同。尽管一个活跃的传统保险市场随处可见，但还没有一个同样的市场来供企业对自身企业社会绩效的保险方面进行交易。这是因为，不同于传统的保险政策，企业社会绩效作为一种保险是不能被合同化的：企业社会绩效的保险性质存在于利益相关方的好意而非清晰的合同中。因此，企业社会绩效保险性质的时间、花费以及收益不能通过与传统保险政策相同的方式来建立。相似的，不同于传统的保险政策，企业社会绩效的保险性质不能由法院来强制实施。

年的平均清算费仍然达到了历史最高的 4500 万美元（1996~2005 年的平均解纷费为 2260 万美元）。当然，一个企业在诉讼中全部的花费要远高于这些直接的结算费用。

就像 IPO 抑价在某些情况下可能成为一个有效的保险机制一样，在更普遍的情况下，通过企业社会实践所积累的道德资本可能会成为一种避免未来诉讼损失的保险方式。任何来自利益相关方的处罚都是整体诉讼费用中的一笔花费。该笔费用的数量可能会受到利益相关方所持有的企业的职权的影响（Godfrey，2005）。听起来似乎有些道理，那些利益相关方总是更愿意对那些积极参与企业社会活动的企业做无罪推断，而这会减少它们对于企业处罚的严重性。它们甚至会在一定程度上原谅一些肆无忌惮的（Unscrupulous）行为（Godfrey et al.，2009）。这样，企业社会绩效的花费可以被认为是一种应对诉讼的保险投资。考虑到高额的诉讼费用，这种保险对一家企业来说可能非常有价值。

不同行业之间企业所面临的诉讼风险存在着巨大的差异。记录表明，在某些行业中存在着密集的诉讼（Cornerstone Research，2011；Pricewaterhouse Coopers，1999；Rogers & VanBuskirk，2009）。高科技行业的企业易于面临高诉讼风险因为它们的价值更多的来自于成长期权（Growth Options）而非有形资产。事实上，人们发现高科技行业的企业相比于其他行业经受着不成比例的大量诉讼（Field，Lowry & Shu，2005；Johnson，Kasznik & Nelson，2001；Johnson，Nelson & Pritchard，2007）。在高诉讼风险行业中的企业应该能够有更大的可能获益于利用企业社会绩效作为一种事前防御战略。

假设 1：在其他条件不变的情况下，处于高诉讼风险行业企业社会绩效和企业价值之间的正相关性更强。

组织合法性和企业社会绩效合法性

迄今为止所有的讨论都基于以下论证：一个企业通过从事企业社会绩效来获得道德资本（一种保险价值的来源），并且这种道德资本的价值根据它所要应对的风险（比如诉讼风险）的等级而变化，这些风险可能需要保险来应对。然而，为了让企业社会绩效创造道德资本，企业必须通过一些合法性检验来满足某些基本的条件。实效合法性和道德合法性都可能影响利益相关方对于一家企业亲社会行为（利他行为）背后动机的评价（Suchman，1995）。一家企业社会绩效的价值程度取决于它是否在利益相关方的眼里拥有实效合法性和道德合法性。本研究中的实效合法性是依据企业的财务状况所解释的，而道德合法性则是根据一家企业是否在存在社会争议的行业内运营来判断的。[①]

实效合法性和财务困境风险

实效合法性是建立在自身利益基础之上的，反映了企业利益相关方的效用计算（Suchman，1995）。因此，一家企业的财务状况被预期能够影响这家企业的实效合法性。拥有较好财务状况的公司会有较好的实效合法性，因为这类合法性典型的获取手段是通过直接对利益相关方进行有形的奖励，包含给员工提供更高的报酬、提供给股东更高的分红，以及为消费者提供更高的价值（Suchman，1995）。学术研究已经表明一个企业长期的生存能力和盈利性取决于它满足不同利益相关方需求的能力（Clarkson，1995）。企业只有在所有利益相关方需求都得到满足的情况下才能够将其效能最大化（Donaldson & Preston，1995）。

正处于财务危机的企业不容易保持其在利益相关方眼中的实效合法性。在这里，"财务危机"指的是一种企业现金流不充沛的状态，企业会蒙受损失，但没有破产（Purnanandam，2008）。企业的财务危机发出了企业战略失败的强烈信号。利益相关方对于财务危机中企业和那些有偿付能力的企业的期待是不同的。利益相关方期待盈利的公司为社会做更多贡献，并且愿意奖励那些这样做的公司，但它们期待那些在财务方面表现不佳的公司把它们有限的资源放在改善公司运营上而不是把它们放在各类社会活动上。因此，如果一家表现不佳的公司积极地参与亲社会（利他）的活动，这种行为甚至会让利益相关方给予它惩罚而不是奖励（Wang & Qian，2011）。

此外，一个正处于财务危机中的企业可能已经失去了一些它的客户、有价值的供应商和一些重要的雇员，因为他们已经开始担心公司的前途和长期的生存能力。顾客们可能会非常不情愿去和一个处于财务危机中的企业做生意（Opler & Titman，1994）。当苹果公司在 20 世纪 90 年代中期面临财务困难时，软件开发者都非常不情愿为 Mac 电脑开发新的软件，在某种程度上造成了单位产品销售额下滑 27%（Purnanandam，2008）。作为当企业处于财务危机时的公司利益相关方基础合同，企业的亲社会活动的受众及其在活动中所能得到的道德资本也会受限。

事实上，一家处于财务压力中的公司或许无法为它的顾客提供一致的服务和产品质量，为它的员工提供工作保障，并为它的股东提供稳定的分红（Schnietz & Epstein，2005）。这可能会最终影响这些受众的自利计算，并且降低这家公司在利

---

① 在具有高诉讼频率的行业运营的公司并不一定处于一个存在社会争议的行业。高诉讼风险和低诉讼风险行业的聚集不是基于这些行业里的企业是否面临高或低的道德危机，而是基于这些行业的诉讼历史所进行的分类。

益相关方眼中的实效合法性（Suchman，1995）。在这样的情况下，参与亲社会活动就显然与诸如底线绩效和偿付能力等更加重要的企业责任相冲突。在这样的情况下，再在社会责任事业上花费资源不太可能创造更多的道德资本或者为利益相关方提供令人信服的审慎经营的证据。因为拥有较低实效合法性，处于财务危机中的企业不太可能从企业社会绩效中获得好处。

假设2：在其他条件不变的情况下，处在财务危机中的企业社会绩效和企业价值的正相关性相对较弱。

道德合法性和一家企业是否在存在社会争议的行业内运营

道德合法性建立在规范性认可的基础上，反映利益相关方依据企业是否真诚努力改善整体社会福利的标准而对企业活动做出的评价（Aldrich & Fiol，1994；Suchman，1995）。道德合法性是基于利益相关方对于企业的一个特定活动是否是"正确的事情"而做的判断。Godfrey（2005）也指出，一家企业的社会活动能否创造道德资本很大程度上取决于利益相关方对于这家企业动机的评价。如果社会责任活动被看作是企业意图的真诚反映并且这些活动能够改善整体社会福利，它们就能创造更多的道德资本。然而，如果一家企业的社会责任活动被看做是讨好作秀以获得喜爱，这家企业获得道德资本的可能将会大大减少，而且甚至可能会产生负面道德评价（Godfrey，2005）。

在这篇文章中，我们考虑到那些在诸如酒精饮料、烟草、军火和赌博之类存在社会争议的行业中运营的企业，它们的企业社会绩效活动更加容易被利益相关方认为是缺乏道德基础的。很难说服大部分利益相关方去相信在这些存在社会争议的行业中运营是一件"正确的事"。在这些行业中运营的公司所做的任何社会责任活动都有可能被认为是一种"带血的钱"，用来补偿过去的罪孽或者赔偿那些被认作是负面的当下实践。Godfrey用那些想要运用慷慨的慈善活动来抵消它们负面品牌形象的烟草公司作为例子（Godfrey et al.，2009），指出利益相关方可能会认为这些企业社会绩效活动是伪善的，因此，这让公司很难去说服这些利益相关方去相信这家企业是真诚地关心社会福利。Klassen 和 McLaughlin（1996）指出，环境方面的奖励能够导致股价的大幅度提升，并且这类提升对那些长期以"清洁"闻名的行业来说会比那些存在社会争议的行业更大。在存在社会争议的行业中运营的公司很难通过企业社会绩效活动来建立道德合法性，所以企业社会绩效很难为这些企业创造价值。

假设3：在其他条件不变的情况下，对于在有社会争议的行业运营的企业社会绩效和企业价值的正相关性会相对较弱。

研究方法

数据和样本

Kinder、Lydenberg、Domini & Co., Inc.（KLD）和 Compustat 是本研究两个主要的数据来源。来自 KLD 的数据被用来量化一家企业社会绩效。虽然与完美相差很远，但 KLD 的数据在商业和社会研究中被广泛应用，并且被认为是能得到的对企业社会绩效进行综合衡量的最好数据（Barnett & Salomon，2012；Choi & Wang，2009；Graves & Waddock，1994；Hillman & Keim，2001；Waddock & Graves，1997）。研究提取分析企业 1991~2007 年这 17 年间的企业社会绩效信息，之后，将这些数据和来自 Compustat 的关于财务绩效和其他企业层面变量进行合并。在合并数据之后，最终形成由 3029 家企业和 15504 个企业年样本观察值所组成的样本，用来检验假设。

变量定义和衡量

作为因变量的企业价值是通过企业股权的价格来计算的。根据 Choi 和 Wang（2009）以及 Hillman 和 Keim（2011）所开创的方法，我们设计了一个包含 KLD 关于社区关系、多样性、雇员关系、环境以及产品规格数据的综合性企业社会绩效指标。我们对每个维度都进行了标准化，以使数据或分数可以直接跨维度、跨时间进行比较（Mattingly & Berman，2006）。KLD 指数从"优势"（Strengths）和"关切"（Concerns）两个方面对五个维度中的每一个维度都进行了分析。从优势中减去劣势则得到每一维度的净分数。

根据以往的研究（例如，Ali & Kallapur，2001；Francis et al.，1994；Matsumoto，2002），我们挑选了标准产业分类代码（SIC code）2833-2836（生物科技）、3570-3577 和 7370-7374（计算机）、3600-3674（电子工业），以及 5200-5961（零售业）来代表那些具有高诉讼风险特征的行业。以往的研究在这些行业的证券诉讼实际发生率的基础上将这些行业划归为高风险行业。如果一个公司的第一产业在这些行业之中，那么它们的高诉讼风险选项的值为"1"，否则为"0"。

实效合法性和道德合法性可以分别用一家企业的财务状况和它是否是有社会争议的行业企业进行量化。阿特曼的 Z 分数模型被用来测量一家企业经历财务危机或破产的可能性（Miller & Reuer，1996）。模型测量了一家企业在未来两年内破产的概率。高的 Z 值代表着好的财务健康状况。如果一家企业的 Z 值低于 2.7（或者 3.0），[①] 这家企业会被归类到具有高财务危机的企业。这些企业的高财务危机风险选项的值为"1"，否则为"0"。存在社会争议的行业是一个用来表示企业在酒精饮料、军火、国防工业、赌博、林业、采矿业，或者烟草等行业的虚拟变量。这些行业的值为"1"，其他行业的值为"0"。

企业估值模型

我们采用了剩余收益模型来评估事前企业社会绩效的价值。剩余收益模型的概念基础是企业通过创造多于其资本成本的收入来创造财富。这个模型有非常悠久的历史（见 Edwards & Bell，1961；Ohlson，1995；Peasnell，1982；Preinreich，1938）。[②] 剩余收益模型提供了在价值方程中同时包含企业基本信息和非基本信息的理论基础。所以，与之前研究企业社会绩效与财务绩效关系的学术研究大相径庭的是，剩余收益模型提供了一种概念动机，将企业社会绩效纳入估值方程中并用一个结构更良好的方式评估其的价值影响。[③] 我们在下面对于剩余收益模型背后潜在的基本直觉性知识进行了描述，因为这对管理文献来说仍然是相对新颖的。

剩余收益模型建立在三个假设的基础上（Ohlson，1995）。

第一个假设是企业的价值（股本价格）等于其预估分红的现值：

$$P_t = \sum_{\tau=1}^{\infty} \frac{E_t[d_{t+\tau}]}{(1+r)^{\tau}} \tag{1}$$

其中，P_t 是时间 t 时公司股票价格，d_t 是时间 t 时的净分红，r 是折现率，$E_t[.]$ 是期望值算子，以时间 t 时可接触到的信息为条件。

第二个假设是净盈余会计关系：

$$b_t = b_{t-1} + x_t - d_t \tag{2}$$

其中，b_t 是公司股本在时间 t 时的账面价值，x_t 是从 t−1 到 t 时的收入。将净盈余会计关系 [式（2）] 代入红利现值模型，得到：

$$P_t = \sum_{\tau=1}^{\infty} \frac{E_t[d_{t+\tau-1} + x_{t+\tau} - b_{t+\tau}]}{(1+r)^{\tau}} \tag{3}$$

将式（3）进行基本代数变换后重写得到：

$$P_t = b_t + \sum_{\tau=1}^{\infty} \frac{E_t[x_{t+\tau} - r \cdot b_{t+\tau-1}]}{(1+r)^{\tau}} - \frac{E_t[b_{t+\infty}]}{(1+r)^{\infty}} \tag{4}$$

---

① 一家企业的 Z 值低于 2.7 代表着公司有很大的可能在未来两年内发生财务危机，而 2.7~3.0 的 Z 值代表着公司已经处于警戒状态。

② Biddle、Bowen 和 Wallace（1997）将剩余收益模型的概念基础追溯到 Hamilton（1777）和 Marshall（1890）时期。

③ 更加详细的解释和剩余收益模型的求导请参照 Ohlson（1995）。

当 $\tau \to \infty$ 时，式（4）的最后一项变成 0。这时，"剩余收益"或"超额盈余"被定义为 $x_t^a = x_t - r \cdot b_{t-1}$。剩余收益代表收入减去被投资的资本价格。那么股票价格可以被表示为账面价值和未来剩余收益的现值之和：

$$P_t = b_t + \sum_{\tau=1}^{\infty} \frac{E_t\left[x_{t+\tau}^a\right]}{(1+r)^{\tau}} \tag{5}$$

第三个假设详细说明了剩余收益有着以下的信息动态：

$$x_{t+1}^a = \omega x_t^a + V_t + \varepsilon_{1,t+1} \tag{6a}$$

$$V_{t+1} = \gamma V_t + \varepsilon_{2,t+1} \tag{6b}$$

其中，V_t 代表不在现有剩余收益里的关于未来剩余收益的信息。干扰项 $\varepsilon_{i,t}$ 是不可预估的并且其平均值为 0。公式中的 ω 和 γ 是 0 和 1 之间的固定的持久性参数（Persistence Parameters）。

将式（5）、式（6a）和式（6b）结合起来得到以下估值方程：

$$P_t = b_t + \alpha_1 x_t^a + \alpha_2 v_t \tag{7}$$

其中，$\alpha_1 = \omega/(1+r-\omega)$，$\alpha_2 = (1+r)/\left[(1+r-\omega)(1+r-\gamma)\right]$

将式（7）用收入和股本账面价值而不是剩余收益来表达，我们得到：

$$P_t = (1-k)b_t + k(\varphi x_t - d_t) + \alpha_2 v_t \tag{8}$$

其中，$k = r \cdot \omega$，值在 0 到 1 之间，$\varphi = (1-r)/r$。

剩余收益模型的基础信息动态为将企业社会绩效包含在公司估值内提供了重要的概念基础。如果企业社会绩效 V_t 为企业创造了价值，它应该能够增加企业未来的剩余收益 x_{t+1}^a，就像式（6a）和式（6b）中描述的那样。这应该增加企业现在的股价 P_t。因此，剩余收益模型让我们可以在基础会计信息之外检测金融市场对于一个企业社会绩效的事前估值。注意，当只考虑基础会计信息时，式（8）的最后一项 $\alpha_2 v_t$ 将会从模型中脱离。

在许多之前研究的基础上，实证中，公司的股权价值可以用一个关于它的基本要素（比如股权账面价值 BVE 以及每股收益 EARN）[①] 和其他未收录在当下剩余收益中信息的函数来表示：

$$P_t = \beta_0 + \beta_1 BVE_t + \beta_2 EARN_t + \alpha_2 v_t \tag{9}$$

剩余收益模型的一个简洁性的特点是令人无法相信的简单。股本的账面价值和收入（BVE_t 和 $EARN_t$）是企业整体财务状况的两个概括指标。这代表着这个模型

---

① 为了以下阐述的方便和清晰，从这以后我们将 b 替换成 BVE 来表示股权的账面价值，将 x 替换成 EARN 来表示每股收益。

不存在遗漏任何一个关于财务信息的变量的问题。[①] 所以，没有必要将像研发（R&D）、支出、广告或者其他已经包含在收入（EARN）中的花费分别进行控制。[②] 另外，因为主变量（P_t、BVE_t 和 $EARN_t$）都是以每股为基础而表达的，所以企业规模也在模型中进行了标准化处理。公司估值的杠杆效应由折现率 r 反映，它嵌入在系数 β_1、β_2 和 α_2 中。同样的，β_2 包含了市盈率特征，它反映了投资者对于公司成长机会的评价。所以，不需要单独将公司的成长作为控制变量。任何其他在公司生长周期发展出来的能够影响其创造财富的能力以及剩余收益的特征都已经被涵盖在了模型中，而不需要对它们做明确说明和设置实证上的代理变量。这让剩余收益模型变成了一个含义丰富、理论可靠，但高度简约的企业价值代表。这个公式化过程可以通过简单的修改（或控制变量）来用于研究一个企业社会绩效的价值。

为了推导基本实证模型，我们修改了式（9），让其包含了一个对前一年底企业社会绩效（CSP_{it-1}）的测量。加入行业和年份虚拟变量来控制 EARN 和 BVE 未囊括的市场价值评估中行业和具体时间的差异。[③] 具体来说，行业虚拟变量控制能够影响企业价值的行业层面因素，而年份虚拟变量则可以控制经济层面的因素。正式的公式如下：

$$P_{it} = a + b_1 BVE_{it} + b_2 EARN_{it} + b_3 CSP_{it-1} + \sum IND + \sum YEAR + e_{it} \tag{10}$$

其中，P_{it} 代表企业 i 在财务年 t 结束时的股本价值（每股），BVE_{it} 是其股本（每股）的账面价值，$EARN_{it}$ 是其每股的收入。

式（10）被用来分别估计在诉讼风险、财务困难风险，以及与存在社会争议的行业的相关性方面不同高低水平的企业群组。此方法的优势在于，它允许自变量对高水平或低水平群组里企业的价值产生不同的影响。与相互作用的方法相比，这个亚组分析允许基本信息（BVE 和 EARN）和其他信息（企业社会绩效、行业和年份固定效应）对处于诉讼风险和财务危机不同风险水平中的企业，以及处于或未处于

---

① 如果研究者关心一个特殊的财务特征及其对于企业估值的影响，从这个层面上说，他或她可以简单地将这个财务特征单独包含在式(9)中，并依据这个特征是否是一个资产负债表或损益表项把它从 BVE 或 EARN 中删除。举例来说，如果一个研究者对特定的研发对于企业估值的影响感兴趣，他或她可以将研发从 EARN 中删除，并把研发费用单独加入估值方程。在本研究中，我们不对特殊的财务特征如何影响企业价值感兴趣，因此，我们不需要把两个概括性考量（BVE 和 EARN）拆分成它们的细化成分。

② 我们承认以前的研究通常在研究企业社会绩效与财务绩效关系时控制一家企业的研发投资和广告强度（McWilliams & Siegel，2000）。包含这些控制变量对于那些研究来说是正确的，因为它们的模型设定和我们所采用的剩余收益模型从概念和实证上来说存在不同。然而，我们也做了控制这些因素后的附加分析作为稳健性检验。与我们的剩余收益模型的概念基础相一致，证据仍然与我们的主要结果相一致。细节请参照敏感性检验的部分。

③ 我们采用了 Fama-French 49 工业分类，该分类广泛应用于统计和金融行业控制中。这个体制是基于 4 位数的标准产业分类代码而来。从 Kenneth French 的网站上可以得到一个完整的分类清单：http://mba.tuck.dartmouth.edu/pages/faculty/ken.french/Data_Library/det_49_ind_port.html。

无争议的行业的企业的价值产生不同的影响。①

本研究设计重要的一个方面是它假设企业社会绩效能够通过许多方式影响企业价值（比如保险和风险管理、名誉提升等）。式（10）中高或低风险组的估计系数代表着企业社会绩效对每一组企业价值的整体影响，无关潜在的机制。为了能够单独梳理出保险的效果，我们的分析专注于企业社会绩效是否差异化地预估处于高或低风险组企业的价值，以及是否在假设中提出的模式下进行差异化预估。

检验中我们还进行了两个补充性的实证分析。在两个分析中，用式（10）分别对各组群进行估计。然后，企业价值的预期变化会基于企业社会绩效变量的一个标准差变化进行计算，并表示为相关组群股价平均值（或中位数）的百分比。然后对不同组的所有企业价值差异的显著性进行统计检验。这些检验被叫作"经济效应检验"。第二个分析检验两组企业间的估计系数是否存在显著差异。这些检验被称为"系数检验"。

经济效应检验意在为企业社会绩效价值的经济显著性提供证据，同时，它也为企业社会绩效的经济效应是否像本研究的预期一样在不同组之间存在重大差别提供证据。系数检验为企业社会绩效是否能够增加企业价值，以及价值的产生是否像预期的一样在不同组别之间存在差异提供证据。因此，这两个检验相辅相成，让结论包含了所有关于差异的经济上和统计学上的显著性。

结　果

附录中表 1 展示了描述性统计和相关矩阵。与估值模型相一致，一个企业股本的账面价值（BVE）和每股收益（EARN）跟这个公司的股本价值（P）是高度相关的，正像预期的那样。总体上看，公司的股本价值和它的企业社会绩效之间存在显著正相关性，为企业社会绩效能够增加企业价值提供了初步证据。

附录中表 2 报告了评估企业社会绩效对企业价值影响的基本模型系数。在模型1 中，股本账面价值和每股收益展现了与股本价值的显著正相关性，与我们的理论推测相一致。在模型 2 中，企业社会绩效的系数为正且在 0.001 水平上显著，揭示了在社会活动方面的投资能够增加企业价值。在经济显著性方面，企业社会绩效一个标准差的增长与股本价值平均数（中位数）5.08%（5.94%）的增长相关。

---

① 自变量的估计效应确实因为企业所面临的高低不同的诉讼风险、财务困难风险，以及所在行业是否存在争议等存在差异。这确定了我们设计选择的合理性。然而，作为一个稳健性检查，我们也用了交互项方法来检验我们的命题。这个方法给出了定性上一致的证据和结论。细节请参考敏感性检验部分。

假设 1 推测，在高诉讼行业运营的企业社会绩效和企业价值之间的正相关性相对更强。附录中表 3 展示了基于行业诉讼风险所建模型的结果。模型 2 和模型 4 展示了企业社会绩效和企业价值之间存在显著正相关性，但影响程度有所不同。具体来说，处于高诉讼风险行业公司的企业社会绩效估计系数显著高于那些在低诉讼风险行业的公司。从经济显著性方面看，在高诉讼风险行业运营的公司中，企业社会绩效一个标准差的增长关系到企业价值平均值（中位数）6.78%（8.31%）的增长。相反，对处于低诉讼风险行业的公司，企业社会绩效一个标准差的增长只与企业价值平均值（中位数）3.95%（4.55%）的增长有关。这些企业社会绩效估值中的差距都在 0.001 水平上具有统计显著性。因此，假设 1 得到支持。

假设 2 推测，如果企业缺少实效合法性，即企业正处在财务危机中，那么它较少受益于企业社会绩效。附录中表 4 和表 5 分别提供了根据财务危机分数 2.7 和 3.0 划分所得到的结果。在表 4 中，使用阿特曼 Z 值 2.7 作为分界点，非财务危机企业社会绩效系数比那些处在财务困境中的企业要高，这个差值在统计学上在 0.001 水平上显著。表 5 使用阿特曼 Z 值 3.0 作为分界点也得到了相似的结果。差值检验也在 0.001 的水平上显著。在经济显著性方面，企业社会绩效一个标准差的增长能够让非财务危机的企业股权价值平均数（中位数）比处在财务危机中的企业多增长 2.3%（2.5%）。两个差值都在 0.001 或更高水平上统计显著，假设 2 得到支持。

假设 3 推测，缺乏道德合法性的企业较少从企业社会绩效上获利。换言之，在存在社会争议的行业运营的企业相比其他企业较少从企业社会绩效上获利。附录中表 6 展示了根据存在社会争议的行业所划分的结果。企业社会绩效对那些在非社会争议行业中运营的企业展现了显著的正向影响，然而对那些在这些争议行业中所运营的企业，却没有统计显著的影响。对于在非社会争议行业中的企业，企业社会绩效的经济影响和系数显著更大，这与假设 3 一致。

敏感性检验

补充分析用来检测主要结果的稳健性。为了便于与之前企业社会绩效研究中结果的比较，我们首先在同一模型中进行了一个包含企业社会绩效、行业诉讼风险、财务困境风险，以及存在社会争议行业的虚拟变量的分层回归分析（Hierarchical Regression Analysis）。在此分析中使用了衡量财务困境风险的连续性指标而非虚拟性变量。结果在附录的表 7 中进行了展示。企业社会绩效与企业价值展现了一个持续显著的正相关性。同时，正像模型 7 所展示的，企业社会绩效、诉讼风险、财务困境风险和存在社会争议行业的交互效应也和我们主要的发现相吻合。

一个潜在的担忧与内生性有关，因为企业社会绩效或许由许多内生的不同企业因素所决定。我们用了二阶段最小二乘法来解决这个问题。[1] 在第一个阶段，公司滞后的股票价格、流动比率、负债比率、规模、研发强度、广告强度，以及年龄都和行业平均企业社会绩效、行业以及年份虚拟变量一起被用来预测一家企业社会绩效。行业平均企业社会绩效起到工具变量的作用（Ghoul et al., 2011; Wang, Choi & Li, 2008）。[2] 在第二个阶段，用从第一个阶段估计的企业社会绩效来代替式（10）中的企业社会绩效变量，对附录中表 3 到表 7 的主要分析进行重新估计。评估所得到的证据与我们从主要检验所得到的结果一致，可以推导出相同定性的结论。[3]

尽管我们的诉讼风险测量是一个在许多领域普遍接受和使用的方法，但它仍然是一个较为粗糙的测量方法。为了减少方法粗糙危害我们研究结果的担心，自1996 年（1995 年私人证券诉讼改革法案开始施行）到 2007 年期间的证券类集体诉讼（Class Action）案信息都是手工收集的。高诉讼风险组从 1996 年到 2007 年每年一直有着比低诉讼风险组更多的集体诉讼。这显示出原来对于诉讼风险的测量成功地抓住了诉讼风险的本质。我们也利用替代性方法做了附加的分析，所得到的结果与我们报告的发现和结论是一致的。

另外一个可能的担心是我们的发现可能是由于高诉讼风险行业比低诉讼风险行业的盈利性更高所导致的。根据冗余资源论（Seifert, Morris & Bartkus, 2004），具有高诉讼风险的行业可能有更好的财务绩效，同时能够让它们有更高的企业社会绩效。如果是这样，我们所发现的诉讼风险对企业社会绩效与财务绩效的关系的积极调节效应就可能是虚假的。在明确地将这种因果关系的担心包含在我们的研究设计中之外（前面已经进行了讨论），附录的表 1 中的描述性统计也提供了其他的反对这种观点的证据。具体来说，我们发现高诉讼风险行业的利润率更低（在会计指标、每股收益和市场绩效 P 等方面），并且比低诉讼风险企业有更高的企业社会绩效。附加的分析进一步表明，同样的现象也出现在企业社会绩效被测量的前一年、当年和后一年（即 t－1、t 和 t＋1 年），所有的这些都在 0.001 水平上显著。因此，

---

[1] 因为相关联的未被观察到的企业异质性是造成内生性的可能原因之一，所以这个担心也被同时解决了。

[2] 使用行业平均企业社会绩效作为有效的工具变量理论论证来自 DiMaggio 和 Powell（1983）。他们指出，通过制度同构采取同样组织实践的组织随着时间的发展会变得越来越相似。基于此，我们可以合理地推测行业中同行们的社会活动会影响焦点企业的社会行为。然而，同一行业中其他企业的社会活动不可能对焦点企业的财务绩效产生直接的影响。我们也在二阶段最小二乘法分析之前采用了第一阶段的 F 检验（只用工具变量做内生变量的回归）来检验这个工具的优势（Stock, Wright & Yogo, 2002）。第一阶段 F 统计量为 1644.9，显著性高于 Stock 等（2002）提出的 8.96 的临界值，表明行业层面的企业社会绩效在我们的二阶段最小二乘法分析中是一个有力的工具。

[3] 利用滞后的内生变量作为一个替代性工具也得到了一致的定性的证据。为了简洁起见，二阶段最小二乘法的结果没有在这里展示，但它们可以从作者那里得到。

冗余资源论证不太可能解释我们关于企业社会绩效保险价值的发现。

因为企业社会绩效衡量的环境维度可能仅限于某些存在社会争议的企业（比如林业和采矿业），所以我们又做了另外两个稳健性检验。在第一个检验中，我们在从企业社会绩效测量方法中排除了环境维度后重新估算了模型。运营于存在社会争议行业的企业和其他企业之间的差异仍然非常显著。在第二个检验中，我们将林业和采矿业移出了存在社会争议行业的变量，但同样，我们获得的结果和我们的主要发现一致。

另外一个检验中，我们把 Tobin's Q 作为因变量，但同样，我们获得的结果和我们展示的结果大致相同。那些有更高诉讼风险的企业仍然更可能从企业社会绩效的保险价值中获利，而且企业社会绩效仍然不太可能为缺乏实效合法性的企业创造价值。

进一步的检验明确地将研发经费和广告强度作为控制变量（McWilliams & Siegel，2000），所得出的结果和我们的主要结论相符。一个最终的敏感性检验校正了面板数据的标准误差，但同样也得出了定性上一致的结论。总的来说，补充分析证明了结果的稳健性。

讨　论

本研究的中心目的有两个。第一，通过从事前角度分析企业社会绩效作为一种保险机制的价值来促进企业社会绩效研究中的风险管理。结果表明，其保险价值确实随着企业所面临风险的等级而变化：面临更大风险的企业能够从企业社会绩效中获得更大的好处。第二，本研究还调查了企业社会绩效价值创造的局限所在：为了让一个企业从企业社会绩效中获得最大的利益，它必须通过拥有雄厚的财力和不在存在社会争议的行业中运营，以便从利益相关方那里获得实效合法性和道德合法性。

之前关于企业社会绩效的研究主要关注于它在价值创造方面的角色，以及它如何通过增强企业声誉、吸引更好的客户，以及获得雇员支持等方面来改善其财务绩效（例如，Fombrun，1996；Lev et al.，2010；Sen & Bhattacharya，2001；Wang & Qian，2011）。但对企业社会绩效的保险潜力却很少有人进行挖掘（Fombrun et al.，2000），这份研究展示了企业社会绩效的保险潜力如何根据一个企业所面临的风险而变化。重要的是，这份研究在单独将企业社会绩效的保险价值梳理出来时，也展现了企业社会绩效价值可以从多渠道获得。从企业社会绩效价值来源方面看，这种思路拓宽了对于企业社会绩效价值保护机制的理解。

　　以前的研究专注于研究事后企业社会绩效作为保险机制在减少负面事件损失中的有效性（Godfrey et al.，2009），但本研究确认了一个能够阐明利益相关方可能将事前企业社会绩效视为保险机制状况的通用模型。它专注于在（负面）事件实际发生以前对于企业风险的看法。同样的，本研究考虑到了还没有被战略管理研究者充分解决的关于企业社会绩效投资的事前风险评估（Ruefli，Collins & Lacugna，1999）。Husted（2005）也强调事前角度和事后角度明显不同：企业社会绩效需要像保险政策一样，当你需要它的时候，它就在那儿（Klein & Dawar，2004）。

　　在一个广义层面上，本研究的结果为解决一个企业社会绩效研究中长期争论的话题做出了贡献：一个企业是否应该将其本就稀缺的现金、时间、精力，还有其他资源放在改善其企业社会绩效方面，以及优秀的企业社会绩效对一个企业在财务方面是有利还是有弊（例如，Friedman，1970；Godfrey，2005；Orlitzky et al.，2003；Waddock & Graves，1997）。结果表明，一般而言，好的企业社会绩效能够创造正的企业价值，并且这些增加的价值在经济上并非不重要。但是企业社会绩效能给财力雄厚的企业、那些不在存在社会争议行业运营的企业，以及那些面临高诉讼风险的企业带来更多的价值。

　　在此项研究之前，只有有限的几个系统性和理论性的研究，对企业从他们亲社会的公司行为中取得最大利益的企业层面和行业层面的条件进行分析（Barnett，2007；Rowley & Berman，2000）。直到最近才有研究者开始从企业社会绩效直接创造积极企业形象和声誉的角度来研究影响企业社会绩效与财务绩效关系的因素（Barnett & Salomon，2012；Hull & Rothenberg，2008；Wang & Qian，2011）。尽管Godfrey 等（2009）已经对企业社会绩效作为风险管理机制进行过研究，但他们采取了事后的角度，检验了当负面事件已经发生时影响企业社会绩效减少价值损失有效性的因素。据我们所知，还没有一个研究从事前的角度来对企业社会绩效作为风险管理机制进行分析。这个研究表明，企业社会绩效的事前保险价值应取决于企业的风险敞口。如果一家企业在未来更加愿意用到此份"保险"，那么它从这份好的企业社会绩效所提供的保险价值中所得到的利益更多。这对那些在高诉讼风险行业运营的企业更有用，因为这些行业相比其他行业被起诉的概率更高。

　　对那些想从企业社会绩效中获利的企业来说，它们必须通过达到实效合法性和道德合法性来取得利益相关方的支持。企业需要满足利益相关方的基本需要并从利益相关方那里事先取得实效合法性（Clarkson，1995；Wang & Qian，2011）。企业社会绩效和财务绩效的正相关性会受到企业财务危机风险的调节，如果一个企业没有陷入财务危机，那么它更可能从企业社会绩效中获益。利益相关方只有在企业为它们提供了一个可行未来的希望之后才会给予支持。另外，对于那些在存在社会争议的行业运营的企业，它们的企业社会绩效实践更可能会被利益相关方认为是缺少道德基础的，企业可能被认为是伪善的并被以怀疑的态度对待。没有道德合法性，企业社会绩效不太有可能为一家企业带来好处。企业社会绩效的价值取决于利益相关方的看法和它们对一家企业亲社会行为的理解。

这些结果也有其他强有力的实践意义。首先，它们显示出企业社会绩效的保险价值是具有显著经济价值的，为一家企业的价值增加 2.8~3.8 个百分点（企业社会绩效可以通过多个渠道为企业的整体价值增加 2.9%~8.3%）。高风险企业的管理者应该积极参与到亲社会活动中来。企业在将来越有可能需要用到这个"保险"，它越有可能受益于它的亲社会行为，它也越应该积极地在事前参与到这些活动中去。管理者们应该对他们公司的风险水平进行监测并且据此在亲社会行为上进行投资。

其次，管理者应该更能确信企业社会绩效和公司的财务绩效方面并不冲突（Friedman，1970）；相反，它们是互补的。为了抓住良好利益相关方关系中的价值，企业管理者们应该认识到它们的公司应该保持良好的财务状况，否则利益相关方不会欣赏它们的亲社会行为，而且它们的投资的价值也会是有限的。另外，对于那些在存在社会争议的行业中运营的企业来说，它们在好的企业社会绩效上的投资可能会是徒然的，因为利益相关方不太可能欣赏它们的努力。

本研究的局限性对于未来的研究提出了一些建议。首先，虽然我们已经在研究设计上非常谨慎，并且附加分析也一致地显示了企业社会绩效的保险价值不是因为高诉讼风险行业企业比低诉讼风险行业企业有更好的绩效，但我们不能完全排除这种可能。因此，本文呼吁未来的研究更好地建立企业社会绩效保险价值在诉讼风险存在时的稳健性。相似的，除了可能的诉讼风险，一家企业当然也会面临很多其他种类的风险。未来的研究可能会在探索当其他风险存在时企业社会绩效的保险价值方面有所收获。

本研究证明了高风险企业更有可能从一个作为保险机制的好的企业社会绩效中取得利益，但它没有清晰地解决企业社会绩效投资的成本问题。尽管一家企业的市值代表了它未来预期的收益减去成本，因此，含蓄地包含了亲社会行为的花费，但未来的研究仍然可以考虑直接使用比如社会统计调查法来测量企业社会绩效的花费。

我们必须承认保险保护机制并不能仅局限于企业的社会实践。企业的社会绩效只是利益相关方用来决定一家企业名誉和道德资本的许多维度中的一个。应该开发更广泛的企业活动范围来形成一个安全网，以此作为公司广泛风险管理战略的一部分。当然，这应该从建立防止或最小化负面事件发生的机制开始。企业仍然需要将好的内部控制系统和其他传统的财务风险管理策略落实到位（比如利用衍生性证券和将投资证券组合多样化等）来适应其风险敞口变化的性质和程度。未来可以在研究企业社会绩效与其他风险管理机制的关系中获得丰硕成果。举例来说，这些风险机制更有可能是替代性的还是补充性的，或者未来也可以研究利益相关方关系每一个维度的保险价值并检验哪一种亲社会的企业活动是对减轻企业风险敞口最有价值或最有效的。企业社会绩效是一个包含了大且广的企业行为的多维度概念（Carroll，1979；Rowley & Berman，2000）。企业社会绩效的不同角度其动机是不同的，而且可能对企业财务绩效有不同的意义（Brammer & Millington，2008）。

本研究的结果为利益相关方理解并评价企业社会绩效的保险方面提供了第一份依据。需要进一步的研究来提高我们对能够决定企业社会绩效对特定企业的价值的其他因素和条件的理解。这非常自然地引出了一个更加有抱负的和充满挑战的研究方向：确立企业达到价值最大化的最优社会活动投资水平，可能同时通过风险管理和名誉提升来实现。这样的研究会帮助企业管理者了解如何针对企业的特殊状况最好地平衡他们对于改善企业社会绩效的企业投资。此外，这个拟研究方向的结果会帮助建立能对潜在的企业社会绩效方面的过剩或不足投资进行实证检验的基准。

结　论

总的来说，本研究的结果显示出企业社会绩效能够作为一个保险机制提高企业价值。但它的价值提升效果根据一家企业的诉讼风险而变化。若想企业社会绩效对一家企业产生任何价值，实效合法性和道德合法性都至关重要。这份研究展现了企业社会绩效拥有的事前保险价值超过了它通过其他渠道所获得的价值，而且这份贡献在经济上是显著的。将企业和行业特征考虑在内可能会使得管理者对其亲社会行为的财务绩效的影响有一个更加丰富的理解。我们希望这份研究能够成为向前迈出的重要一步来帮助人们更好地从风险管理的角度理解企业社会行为和企业财务绩效之间的关系。

附　录

表 1　描述性统计和相关矩阵

变量	均值	标准差	股价	股本账面价值	每股收益	高诉讼风险	Z 值	社会争议行业
股价	31.62	21.17						
股本账面价值	11.93	9.06	0.59***					
每股收益	1.25	1.84	0.66***	0.55***				
高诉讼风险	0.35	0.48	−0.14***	−0.24***	−0.19***			

变量	均值	标准差	股价	股本账面价值	每股收益	高诉讼风险	Z值	社会争议行业
Z值	14.90	57.79	0.10***	0.02*	0.07***	−0.03***		
社会争议行业	0.02	0.15	0.05***	0.00	0.04***	−0.11***	−0.01	
上一年企业社会绩效	−0.01	2.60	0.02**	−0.12***	−0.03***	0.13***	0.04***	−0.03***

注：N = 15504；*** 表示在 p ≤ 0.001（**p ≤ 0.01，*p ≤ 0.05）置信水平上显著。

表 2　关于企业社会绩效对于企业价值影响的基本模型

变量	（1）基本	（2）企业社会绩效
股本账面价值	0.806*** (0.016)	0.827*** (0.016)
每股收益	5.572*** (0.076)	5.508*** (0.076)
上一年企业社会绩效		0.618*** (0.046)
常数	13.502*** (2.889)	13.197*** (2.873)
年份虚拟变量	Y	Y
行业虚拟变量	Y	Y
观察值	15504	15504
调整的 R²	0.557	0.562
估值效应		
均值		5.08%
中位数		5.94%

注：括号内是标准误差。

*** 表示在 p ≤0.001 这一置信区间上显著（双尾检验）。

估值效应是基于企业社会绩效一个标准差的变化作为相关组股价平均值或中位数的百分比来计算的。

表 3　企业社会绩效对企业价值的影响：以行业诉讼风险来划分

变量	高诉讼风险		低诉讼风险	
	（1）基本	（2）企业社会绩效	（3）基本	（4）企业社会绩效
股本账面价值	0.934*** (0.033)	0.936*** (0.033)	0.785*** (0.018)	0.806*** (0.018)
每股收益	6.171*** (0.146)	6.102*** (0.145)	5.308*** (0.088)	5.252*** (0.088)

变量	高诉讼风险		低诉讼风险	
	（1）基本	（2）企业社会绩效	（3）基本	（4）企业社会绩效
上一年企业社会绩效		0.754*** (0.078)		0.508*** (0.056)
常数	9.305** (3.112)	8.337** (3.087)	14.728*** (3.328)	14.459*** (3.314)
年份虚拟变量	Y	Y	Y	Y
行业虚拟变量	Y	Y	Y	Y
观察值	5375	5375	10129	10129
调整的 R^2	0.544	0.552	0.567	0.570
估值效应				
平均值		6.78%		3.95%
中位数		8.31%		4.55%
差异检验	经济效应检验		系数检验	
	均值	中位数	企业社会绩效系数	
高减去低	2.83%***	3.77%***	0.246*	

注：括号内是标准误差。
*** 表示在 $p \leqslant 0.001$（**$p \leqslant 0.01$）置信区间上显著（双尾检验）。
估值效应是基于企业社会绩效一个标准差的变化作为相关组股价平均值或中位数的百分比来计算的。

表4 企业社会绩效对于企业价值的影响：用阿特曼 Z 值 2.7 作为分界点

变量	财务困境		非财务困境	
	（1）基本	（2）企业社会绩效	（3）基本	（4）企业社会绩效
股本账面价值	1.055*** (0.021)	1.060*** (0.021)	0.660*** (0.022)	0.686*** (0.022)
每股收益	2.870*** (0.099)	2.858*** (0.099)	7.240*** (0.113)	7.173*** (0.112)
上一年企业社会绩效		0.288*** (0.072)		0.692*** (0.056)
常数	−0.048 (7.253)	−1.415 (7.249)	12.914*** (3.096)	12.936*** (3.075)
年份虚拟变量	Y	Y	Y	Y
行业虚拟变量	Y	Y	Y	Y
观察值	4495	4495	11009	11009
调整的 R^2	0.650	0.651	0.554	0.560
估值效应				

变量	财务困境		非财务困境	
	（1）基本	（2）企业社会绩效	（3）基本	（4）企业社会绩效
平均值		2.9%		5.22%
中位数		3.57%		6.08%
差异检验	经济效应检验		系数检验	
	平均值	中位数	企业社会绩效系数	
困境减去非困境	−2.32%**	−2.50%**	−0.404***	

注：括号内是标准误差。

*** 表示在 p ≤ 0.001 （**p ≤ 0.01）置信区间上显著（双尾检验）。

分数低于 2.7 代表企业有很大的可能会在未来两年内陷入财务困境。

估值效应是基于企业社会绩效一个标准差的变化作为相关组股价平均值或中位数的百分比来计算的。

表5　企业社会绩效对于企业价值的影响：用阿特曼 Z 值 3.0 作为分界点

变量	存在争议行业		不存在争议行业	
	（1）基本	（2）企业社会绩效	（3）基本	（4）企业社会绩效
股本账面价值	1.040***	1.047***	0.669***	0.694***
	(0.020)	(0.020)	(0.024)	(0.024)
每股收益	3.133***	3.120***	7.387***	7.316***
	(0.095)	(0.095)	(0.119)	(0.118)
上一年企业社会绩效		0.304***		0.708***
		(0.066)		(0.058)
常数	−0.146	−1.418	13.111***	13.253***
年份虚拟变量	Y	Y	Y	Y
行业虚拟变量	Y	Y	Y	Y
观察值	5276	5276	10228	10228
调整的 R²	0.650	0.651	0.553	0.559
估值效应				
平均数		2.99%		5.27%
中位数		3.63%		6.12%
差异检验	经济效应检验		系数检验	
	均值	中位数	企业社会绩效系数	
困境减去非困境	−2.28%***	−2.49%***	−0.405***	

注：括号内是标准误差。

*** 表示在 p ≤ 0.001 这一置信区间上显著（双尾检验）。

分数在 2.7~3.0 区间代表企业已经处于警戒状态，低于 2.7 代表企业有很大的可能会在未来两年内陷入财务困境。

估值效应是基于企业社会绩效一个标准差的变化作为相关组股价平均值或中位数的百分比来计算的。

表6 企业社会绩效对于企业价值的影响：根据企业的社会争议性进行划分

变量	存在社会争议的行业		不存在社会争议的行业	
	（1）基本	（2）企业社会绩效	（3）基本	（4）企业社会绩效
股本账面价值	0.502*** (0.099)	0.479*** (0.101)	0.821*** (0.016)	0.842*** (0.016)
每股收益	6.692*** (0.518)	6.704*** (0.518)	5.518*** (0.077)	5.449*** (0.076)
上一年企业社会绩效		−0.603 (0.420)		0.640*** (0.046)
常数	5.437 (18.089)	3.291 (19.514)	13.332*** (2.877)	12.984*** (2.859)
年份虚拟变量	Y	Y	Y	Y
行业虚拟变量	Y	Y	Y	Y
观察值	381	381	15123	15123
调整的 R^2	0.579	0.580	0.557	0.563
估值效应				
平均值		−3.88%		5.29%
中位数		−4.22%		6.18%

差异检验	经济效应检验		系数检验
	平均值	中位数	企业社会绩效系数
不负责任的减去负责任的	−9.17%***	−10.40%***	−1.243***

注：括号内是标准误差。

*** 表示在 $p \leqslant 0.001$ 这一置信区间上显著（双尾检验）。

估值效应是基于企业社会绩效一个标准差的变化作为相关组股价平均值或中位数的百分比来计算的。

因为存在社会争议行业的企业社会绩效系数不显著，为了更加保守，统计差异检验是基于企业社会绩效的经济效益和不存在社会争议的行业的系数与 0 相比而得出的，而不是与负的经济效益和存在社会争议行业的系数相比得出的。

表7 企业社会绩效对企业价值的分层回归分析

变量	（1）	（2）	（3）	（4）	（5）	（6）	（7）
股本账面价值	0.806*** (0.016)	0.827*** (0.016)	0.833*** (0.016)	0.830*** (0.016)	0.833*** (0.016)	0.832*** (0.016)	0.829*** (0.016)
每股收益	5.572*** (0.076)	5.508*** (0.076)	5.452*** (0.076)	5.455*** (0.076)	5.453*** (0.076)	5.450*** (0.076)	5.453*** (0.076)
上一年企业社会绩效		0.618*** (0.046)	0.604*** (0.046)	0.509*** (0.057)	0.583*** (0.047)	0.627*** (0.046)	0.512*** (0.059)

续表

变量	(1)	(2)	(3)	(4)	(5)	(6)	(7)
高诉讼风险			0.396 (0.478)	0.245 (0.481)	0.416 (0.478)	0.387 (0.478)	0.267 (0.480)
社会争议行业			5.678** (1.808)	5.725** (1.807)	5.616** (1.808)	5.496** (1.808)	5.488** (1.807)
财务困境风险			−0.019*** (0.002)	−0.019*** (0.002)	−0.018*** (0.002)	−0.019*** (0.002)	−0.018*** (0.002)
高诉讼风险 (CSP_{t-1})				0.278** (0.096)			0.262** (0.097)
财务困境风险 (CSP_{t-1})					−0.001+ (0.001)		−0.001* (0.001)
社会争议行业 (CSP_{t-1})						−1.320*** (0.348)	−1.221*** (0.349)
常数	13.502*** (2.889)	13.197*** (2.873)	12.157*** (2.866)	12.100*** (2.866)	12.264*** (2.867)	12.095*** (2.865)	12.161*** (2.865)
年份虚拟变量	Y	Y	Y	Y	Y	Y	Y
行业虚拟变量	Y	Y	Y	Y	Y	Y	Y
观察值	15504	15504	15504	15504	15504	15504	15504
R^2	0.559	0.564	0.567	0.567	0.567	0.567	0.567
F 统计（ΔR^2）		180.7***	31.85***	8.358**	3.836*	14.41***	8.457***

注：括号内是标准误差。

*** 表示在 $p \leqslant 0.001$（**$p \leqslant 0.01$）置信区间上显著（双尾检验）。

财务困境风险是用负的 Z 值来测量的，数据越大表明陷入财务困境的风险越大。

参考文献

［1］Aldrich H. E., Fiol C. M. 1994. Fools rush in? The institutional context of industry creation. Academy of Management Review, 19 (4): 645 –670.

［2］Alexander J. C. 1991. Do merits matter? A study of settlements in securities class actions. Stanford Law Review, 43: 497 –598.

［3］Ali A., Kallapur S. 2001. Securities price consequences of the Private Securities Litigation Reform Act of 1995 and related events. The Accounting Review, 76: 431–461.

［4］Bansal P., Clelland I. 2004. Talking trash: legitimacy, impression management, and unsystematic risk in the context of the natural environment. Academy of Management Journal, 47 (1): 93 –103.

［5］Barnett M. L. 2007. Stakeholder influence capacity and the variability of financial returns to corporate social responsibility. Academy of Management Review, 32 (3): 794–816.

〔6〕Barnett M. L., Salomon R. M. 2006. Beyond dichotomy: The curvilinear relationship between social responsibility and financial performance. Strategic Management Journal, 27 (11): 1101–1122.

〔7〕Barnett M. L., Salomon R. M. 2012. Does it pay to be really good? Addressing the shape of the relationship between social and financial performance. Strategic Management Journal, 33 (11): 1304–1320.

〔8〕Berman S. L., Wicks A. C., Kotha S., Johns T. M. 1999. Does stakeholder orientation matter? The relationship between stakeholder management models and firm financial performance. Academy of Management Journal, 42: 488–506.

〔9〕Biddle G. C., Bowen R. M., Wallace J. S. 1997. Does EVA® beat earnings? Evidence on associations with stock returns and firm values. Journal of Accounting and Economics, 24 (3): 301–336.

〔10〕Blacconiere W. G., Patten D. M. 1994. Environmental disclosures, regulatory costs, and changes in firm value. Journal of Accounting and Economics, 18 (3): 357–377.

〔11〕Brammer S., Millington A. 2008. Does it pay to be different? An analysis of the relationship between corporate social and financial performance. Strategic Management Journal, 29 (12): 1325–1343.

〔12〕Campbell J. L. 2007. Why would corporations behave in socially responsible ways? An institutional theory of corporate social responsibility. Academy of Management Review, 32 (3): 946–967.

〔13〕Carroll A. B. 1979. A three–dimensional model of corporate performance. Academy of Management Review, 44 (4): 497–505.

〔14〕Choi J., Wang H. 2009. Stakeholder relations and the persistence of corporate financial performance. Strategic Management Journal, 30 (8): 895–907.

〔15〕Clarkson M. B. E. 1995. A stakeholder framework for analyzing and evaluating corporate social performance. Academy of Management Review, 20 (1): 92–117.

〔16〕Cornerstone Research. 2011. Securities class action filings: 2010 year in review. Available at: http: //securities.stanford.edu/clearinghouse_research/2010_YIR/Cornerstone_Research_Filings_2010_YIR.pdf (accessed 29 May2013).

〔17〕DiMaggio P., Powell W. W. 1983. The iron cage revisited: Institutional isomorphism and collective rationality in organizational fields. American Sociological Review, 48: 147–160.

〔18〕Donaldson T., Preston L. 1995. The stakeholder theory of the modern corporation: concepts, evidence and implications. Academy of Management Review, 20: 65–91.

〔19〕Edwards E. O., Bell P. W. 1961. The Theory and Measurement of Business Income. University of California Press: Berkeley, CA.

〔20〕Field L., Lowry M., Shu S. 2005. Does disclosure deter or trigger litigation? Journal of Accounting and Economics, 39: 487–507.

〔21〕Fombrun C. J. 1996. Reputation.Harvard Business School Press: Boston, MA.

［22］ Fombrun C. J., Gardberg N. A., Barnett M. L. 2000. Opportunity platforms and safety nets: Corporate citizenship and reputational risk. Business and Society Review, 105 (1): 85-106.

［23］ Francis J., Philbrick D., Schipper K. 1994. Shareholder litigation and corporate disclosures. Journal of Accounting Research, 32 (2): 137-164.

［24］ Francis R., Armstrong A. 2003. Ethics as a risk management strategy: The Australian experience. Journal of Business Ethics, 45: 375-385.

［25］ Freeman R. E. 1984. Strategic Management: A Stakeholder Approach. Pitman: Boston, MA.

［26］ Friedman M. 1970. The social responsibility of business is to increase its profits. The New York Times Magazine, 13: 122-126.

［27］ Ghoul S. E., Guedhami O., Kwok C. C. Y., Mishra D. 2011. Does corporate social responsibility affect the cost of capital? Journal of Banking & Finance, 35 (9): 2388-2406.

［28］ Godfrey P. C. 2005. The relationship between corporate philanthropy and shareholder wealth: A risk management perspective. Academy of Management Review, 30 (4): 777-798.

［29］ Godfrey P. C., Merrill C. B., Hansen J. M. 2009. The relationship between corporate social responsibility and shareholder value: An empirical test of therisk management hypothesis. Strategic Management Journal, 30 (4): 425-445.

［30］ Graves S. B., Waddock S. A. 1994. Institutional owners and corporate social performance. Academy of Management Journal, 37: 1034-1046.

［31］ Greening D. W., Turban D. B. 2000. Corporate social performance as a competitive advantage in attracting a quality workforce. Business & Society, 39: 254-280.

［32］ Hamilton R. 1777. An Introduction to Merchandize. Printed for the author: Edinburgh, Scotland.

［33］ Hillman A. J., Keim G. D. 2001. Stakeholder value, stake-holder management, and social issues: What's the bottom line? Strategic Management Journal, 22 (2): 125-139.

［34］ Hull C. E., Rothenberg S. 2008. Firm performance: The interactions of corporate social performance with innovation and industry differentiation. Strategic Management Journal, 29 (7): 781-789.

［35］ Husted B. W. 2005. Risk management, real options, and corporate social responsibility. Journal of Business Ethics, 60: 175 -183.

［36］ Johnson M., Kasznik R., Nelson K. 2001. The impact of securities litigation reform on the disclosure of forward-looking information by high technology firms. Journal of Accounting Research, 39: 297-327.

［37］ Johnson M., Nelson K., Pritchard A. 2007. Do the merits matter more? The impact of the Private Securities Litigation Reform Act. Journal of Law, Economics & Organization, 23: 627-652.

［38］ Klassen R. D., McLaughlin C. P. 1996. The impact of environmental management on firm performance. Management Science, 42 (8): 1199-1214.

［39］ Klein J., Dawar N. 2004. Corporate social responsibility and consumers' attributions and brand evaluations in a product-harm crisis. International Journal of Research in Marketing, 21: 203-217.

［40］Lev B., Petrovits C., Radhakrishnan S. 2010. Is doing good good for you? How corporate charitable contributions enhance revenue growth. Strategic Management Journal, 31（2）: 182-200.

［41］Lowry M., Shu S. 2002. Litigation risk and IPO under-pricing. Journal of Financial Economics, 65: 309-335.

［42］Luo X., Bhattacharya C. B. 2006. Corporate social responsibility, customer satisfaction, and market value. Journal of Marketing, 70: 1-18.

［43］Marshall A. 1890. Principles of Economics. Macmillan Press Ltd: London, U.K.

［44］Matsumoto D. 2002. Management's incentives to avoid negative earnings surprises. Accounting Review, 77: 483-514.

［45］Mattingly J. E., Berman S. L. 2006. Measurement of corporate social action: Discovering taxonomy in the Kinder Lydenburg Domini ratings data. Business & Society, 45: 20-46.

［46］McWilliams A., Siegel D. 2000. Corporate social responsibility and financial performance: Correlation or mis-specification? Strategic Management Journal, 21（5）: 603-609.

［47］Miller K. D., Reuer J. J. 1996. Measuring organizational downside risk. Strategic Management Journal, 17（9）: 671-691.

［48］Ohlson J. 1995. Earnings, book value, and dividends in equity valuation. Contemporary Accounting Research, 11: 661-687.

［49］Opler T. C., Titman S. 1994. Financial distress and corporate performance. Journal of Finance, 49（3）: 1015-1040.

［50］Orlitzky M., Schmidt F. L., Rynes S. L. 2003. Corporate social and financial performance: A meta-analysis.Organization Studies, 24（3）: 403-441.

［51］Peasnell K. 1982. Some formal connections between economic values and yields and accounti ngnumbers. Journal of Business Finance and Accounting, 9: 361-381.

［52］Peloza J. 2006. Using corporate social responsibility as insurance for financial performance. California Management Review, 48（2）: 52 -72.

［53］Preinreich G. 1938. Annual survey of economic theory: The theory of depreciation. Econometrica, 6: 219-241.

［54］Price waterhouse Coopers. 1999. Price waterhouse Coopers 1999 securities litigation study. Available at: http: //securities.stanford.edu/research/reports/19990801pwc103000.pdf （accessed 30 May 2013）.

［55］Purnanandam A. 2008. Financial distress and corporate risk management: Theory and evidence. Journal of Financial Economics, 87（3）: 706 -739.

［56］Rogers J., Van Buskirk A. 2009. Shareholder litigation and changes in disclosure behavior. Journal of Accounting and Economics, 47: 136-156.

［57］Rowley T., Berman S. 2000. A brand new brand of corporate social performance. Business and Society, 39（4）: 397–418.

[58] Ruefli T. W., Collins J. M., Lacugna J. R. 1999. Risk measures in strategic management research: Auld lang syne? Strategic Management Journal, 20（2）: 167–194.

[59] Schnietz K. E., Epstein M. J. 2005. Exploring the financial value of a reputation for corporate social responsibility during a crisis. Corporate Reputation Review, 7（4）: 327–345.

[60] Seifert B., Morris S. A., Bartkus B. R. 2004. Having, giving, and getting: Slack resources, corporate philanthropy, and firm financial performance. Business and Society, 43（2）: 135–161.

[61] Sen S., Bhattacharya C. B. 2001. Does doing good always lead to doing better? Consumer reactions to corporate social responsibility. Journal of Marketing Research, 38: 225–243.

[62] Simmons L. E., Ryan E. M. 2007. Securities class action settlements: 2006 review and analysis. Available at: http://securities.stanford.edu/Settlements/REVIEW_1995–2006/Settlements_Through_12_2006.pdf（accessed 29 May 2013）.

[63] Stock J. H., Wright J. H., Yogo M. 2002. A survey of weak instruments and weak identification in generalized method of moments. Journal of Business & Economic Statistics, 20（4）: 518–529.

[64] Suchman M. C. 1995. Managing legitimacy: Strategic and institutional approaches. Academy of Management Review, 20（3）: 571–610.

[65] Tucker W. 1991. Shakedown? Forbes, 19 August: 98.

[66] Waddock S. A., Graves S. B. 1997. The corporate social performance–financial performance link. Strategic Management Journal, 18（4）: 303–319.

[67] Wang H., Choi J. 2013. A new look at the corporate social–financial performance relationship: The moderating roles of temporal and interdomain consistency in corporate social performance. Journal of Management, 39（2）: 416–441.

[68] Wang H., Choi J., Li J. T. 2008. Too little or too much? Untangling the relationship between corporate philanthropy and firm financial performance. Organization Science, 19: 143–159.

[69] Wang H., Qian C. 2011. Corporate philanthropy and corporate financial performance: The roles of stakeholder response and political access. Academy of Management Journal, 54（6）: 1159–1181.

[70] Williams R. J., Barrett J. D. 2000. Corporate philanthropy, criminal activity, and firm reputation: Is there a link? Journal of Business Ethics, 26: 341–350.

点石成金：利益相关方参与的财务回报 *

Witold J. Henisz，Sinziana Dorobantu，Lite J. Nartey

【摘　要】本文通过直接的实证研究证据支持工具性利益相关方理论的说法，即当一个企业所有的实物资产的客观价值保持不变，提高其利益相关方的支持能够增加企业的财务估值。我们的研究分析基于 1993~2008 年 19 家上市公司所有的 26 座金矿的面板数据。我们对 5 万多起与利益相关方事件有关的媒体报道进行了编码，借此构建了这些矿区的利益相关方冲突/合作指标。通过把该指标融入市值资本分析，我们将金融市场上对这些企业所有的实体资产的净现值贴现率从 72%减少到 13%~37%。

导　言

企业越来越多地通过分配资源来换取政治和社会领域对其业务的支持。然而，理论和实证研究文献都证明，这些投资的回报随着时间的推移越来越不确定。理论模型针对新古典经济学和制度理论，指出此类投资的回报值得考究。经验则证明，此类投资与公司业绩的相关性很小，最多偶然呈现少许正向相关性。本文试图通过采用一种新型并广泛适用的方式，根据事件衡量利益相关方的冲突/合作以及更切实符合相关理论的实证资料，证明此类投资可对利益相关方产生巨额回报，进而将理论文献的关注点回归至其最基本的利益相关方理论（Clarkson，1995；Donaldson & Preston，1995；Jones，1995）。

我们认为，加强外部利益相关方的支持不应该局限在直接生产因素之间的租金分布上（Alchian & Demsetz，1972；Jensen & Meckling，1976），而是能够改变更广泛利益相关方行为方式的政治和社会资本投资。此类投资减少了部分利益相关方的

---

* Witold J. Henisz，Sinziana Dorobantu，Lite J. Nartey. 2014. Strategic Management Journal，35：1727–1748.

初译由聂丽蓓完成。

机会性套利行为，这部分利益相关方往往并没有与公司签订明确的买卖合同，但是它们也是公司运营和创造价值必不可少的环节（Baker，Gibbons & Murphy，2002）。此类投资可以改变这些利益相关方的行为，从而使企业更能够按照原定的商业计划和预算如期进行，并且最终持续不断地创造更多利益相关方价值（Freeman，2010；Zingales，2000）。

我们的理论观点重新唤起了公众对工具性利益相关方理论中一个重要问题的关注——利益相关方的支持是否能够改善公司的财务和经营业绩——并对这一理论的经验指标进行了论证。相比之下，近期的理论研究工作更关注内在机制，而越来越多的实证研究验证了这些机制实际上依赖的数据资料本身就具有局限性，使我们很难比较狭隘及广泛意义上的利益相关方。在充分利用这些理论及实证研究的数据资料的基础上，我们认为直接分析广泛意义上利益相关方的支持与这种关系所创造的企业价值相关的直接和客观的数据资料之间的关系，能够更有助于我们理解利益相关方参与的价值。

本文的研究灵感取自两篇类似文献的研究路径，这两篇文献都认为关键问题及理念是更为合适的数据资料，并有相应的实证工具。首先，在有关环境管理的财务影响的文献中，大多数文献都侧重于区分这种关系背后的因果机制，包括可能需要权衡经济和环境绩效目标；士气增加或生产力提高所引起的经济绩效提高，往往也伴随着较好的环境保护影响；或者由于对企业经营其他方面具有的正外部性引起企业经济业绩提高（McGuire，Sundgren & Schneeweis，1988）。Sharfman 和 Fernando（2008）进一步扩展了文献研究，他们强调，除了提高资源利用效率之外，环境管理还可以降低风险，包括外部利益相关方不利操作所产生的风险。本文通过分析环境合规性的客观数据以及有关经济和环境绩效更广泛的理念，全面涵盖了这种关系之下的直接和间接影响，进一步强化了原有的共识，即环境管理可能与企业的财务绩效呈正相关（Dowell，Hart & Yeung，2000；King & Lenox，2001）。

此外，随后的研究还强调了这些结果与环保压力组织的相关活动密切相关（Binder & Neumayer，2005；Epstein & Schnietz，2002；Maxwell，Lyon & Hackett，2000），这些组织也是本文所研究的相关利益方的一种。由于在一定程度上环保问题可能会影响某些利益相关方是否支持或破坏企业经营决策，所以本文研究涵盖了这一点，拓宽了理论基础，考虑了所有利益相关方的意见，无论他们是因何与企业相关的。

其次，检验财务回报对企业声誉、地位影响的文献进展也提供了重要的见解。鉴于此，有关企业声誉的客观数据（Fombrun & Shanley，1990）和评价无形资产价值的方法（Villalonga，2004），在促进本研究超越原有文献方面同样发挥了不可替代的作用（Weigelt & Camerer，1988）。然而，研究人员努力区分企业声誉或地位对企业绩效的影响。为了应对这些挑战，一部分论文依靠特定的行业设置，将企业的名誉和地位转化成独立、客观的指标，并且将其与前期的财务绩效独立区分（Rao，1994；Stuart，1999）；而另一部分论文则专注于特定意外事件或环境冲击下企业声誉或地位可能会产生的影响（Roberts & Dowling，2002）。为了克服利益相关方关系文献中因果推理方面存在的挑战（Baron，Harjoto & Jo，2011；Margolis，Elfenbein & Walsh，2007），本文采用上文提到的第一种研究方法，有关第二种方法则有待继续研究。

本文实证分析的背景是采金业，该行业中不同利益相关方因采矿的各种社会、政治和环境后果而存在利益冲突，其中包括社区搬迁、腐败增加和私人寻租、污染加剧和环境风险等，而它们的冲突又导致项目开发和实施的拖延甚至中断，由此而来的业绩下降最终引起企业在利益相关方参与战略上进行投资纠正。人们对该行业的政治和社会支持越来越重视，这甚至影响到了小型矿业公司，这些公司希望能够与大型企业开展业务，因此逐渐认识到自己需要获得一个"社会许可证"（Boutilier，2009，2011；Chiu & Sharfman，2011；Lassonde，2003；Thomson & Boutilier，2011）。

"在过去，一个金矿的价值取决于三个变量：地下的黄金资源量、开采的费用以及世界金价。今天，我可以告诉你，即使以上三个变量完全相同的两个矿区，其估值也可能会相差一个数量级。为什么呢？因为一个具有地方的支持而另一个没有。"（Yani Roditis，原加布里埃尔资源首席运营官，经本文作者采访）

本文依照这一观察结果进行了实证设计，将金融市场的估值与金矿的内在价值联系起来，并证明了各利益相关方冲突/合作的程度有助于解释这些数字之间的差距和分歧。本文研究分析基于1993~2008年26座金矿的面板数据，对与这些矿区利益相关方事件有关的5万多次媒体报道进行了手工编码。句子层次的编码协议指出了媒体利益相关方发起的某项行动或表达的某种情绪以及这些行动或声明的目标人群。根据国际关系与冲突研究文献中提出的一种衡量政治和社会不同部门冲突或合作程度的方法，本文对相关行动及表述进行了编码。本文将这种随着时间变化的合作与冲突关系网络转化成一个能够随着时间变化衡量矿区政治和社会支持的度量指标，并且证明这个指标与矿区的特点和黄金价格一样，都是计算19家上市母公司的金融市场估值的重要参照依据。具体而言，在市值分析的同时融入这个指标以及政策变化层面的宏观限制，本文将金融市场对这些企业黄金的净现值估算贴现从72%降低到了13%~37%。

本文研究结果支持这一观点，即提高企业外部利益相关方支持的能力是提高企业财务业绩的一项关键措施，因为投资者可能会根据公司与其外部利益相关方的关系低估公司的资产价值（进而低估企业的价值）。这一实证结果实际上也是联系工具性利益相关方理论、企业的社会责任、企业的声誉和地位以及战略管理之间的桥梁。我们为支持工具性利益相关方理论和倡导社会责任的人员提供了有力的证据，以回击近期出现的怀疑态度，并且鼓励将理论扩展到关系或冲突更为广阔的大型企业中。我们还提供了一种新方法，以便于开展有关改善利益相关方合作、企业声誉和地位的战略决定的后续分析。我们认为，我们的做法和方法不仅适用于采金业和自然资源开采行业，还可以继续推广到更多的企业活动中，并在结论部分讨论了这样一个跨学科研究的下一步工作，以便进一步加强对利益相关方参与的金融回报的理论和实证支持。

企业利益相关方管理和企业理论的回顾

多重理论模型探索一种合适的机制，将获取利益相关方支持的管理制度与企业的财政绩效联系起来。这种模型侧重于委托—代理关系，强调管理者可能会努力改善与利益相关方的关系，以提高自己的生活质量或他们的声誉，即使这种努力以牺牲股东的利益为前提（Jensen，2002）。第二组模型表明，在一定的市场条件下，改善与利益相关方的关系也能够使股东受益，因为管理层决定改变生产工艺或产品性质以获得利益相关方支持的努力，提高了消费者的支付意愿和/或降低了供应商的保留价格（McWilliams & Siegel，2001）。最后一组模型整合了策略活动家的行为，表明利益相关方参与和财务绩效的相关程度取决于活动家的特点与公司的回应（Baron，2001，2009）。本文回顾了以上模型并强调，虽然越来越多的高层管理人员承诺努力扩大利益相关方的参与，这一点保障了整合利益相关方的理论依据，但是有关此类工作可能带来的巨大潜在收益，本文缺乏明确的实证证据，此外也缺乏验证这些模型中逐渐出现的意外情况的数据资料。本文力求这两方面的资料。

一些学者对于努力提高利益相关方参与持怀疑态度，或者试图解释此类努力与股东利益之间在实证方面存在负相关，他们认为管理者使用其与外部利益相关方的关系，以追求自我利益、职业提升或道德上的满足。Levitt（1958）和 Freeman（1962，1970）是反对这种努力的著名人物，他们认为管理人员追求股东价值最大化之外的其他目标，都是为了回避短期的利益冲突。相反，他们主张完全聚焦股东利益最大化［见 Sundaram 和 Inkpen（2004）就股东价值争论的文献综述］。Jensen（2002）模拟了股东丧失管理机构控制权后的情况，如果存在多个难以量化的绩效指标，这些机构往往转而追求个人的社会利益（Hemingway & Maclagan，2004）。作者还强调管理者可能会为了延长在职管理期限或者某些社会责任，而与机构的股东（Cespa & Cestone，2007）或非股权利益相关方（Surroca & Tribó，2008）相互勾结，尽管这可能会降低（非机构）股东的回报。制度理论家们进一步强调了可能来自监管、同行监督和民间社会的管理合规压力，即使这与其经营效率完全无关（Campbell，2007；Jennings & Zandbergen，1995；Margolis & Walsh，2003；Marquis，Glynn & Davis，2007）。

支持这些机制的实证研究包括表明财务宽松是企业社会绩效的一项决定因素的研究（McGuire，Sundgren & Schneeweis，1988；Waddock & Graves，1997）；总部的政策而不是本土的实际情况推动着海外子公司的社会责任计划（Husted & Allen，2006）；股东积极主义主张酌情重新分配企业社会绩效的资源（David，Bloom & Hillman，2007）；内部人持股和其他杠杆作用（即增加与股权分置持有人利益的管理因素）都与企业的社会责任呈负相关（Barnea & Rubin，2006）。Baron、Harjoto和 Jo（2011）发现，社会压力迫使企业将资源从财务绩效领域转移到企业社会绩效领域，社会绩效对企业的财务绩效没有净影响（虽然进一步的分析表明，消费品行业为正向影响，而工业领域为负向影响），社会压力往往针对那些相对较为公开表明承担社会责任（即软目标）的企业。

那些赞成努力提高利益相关方参与的学者，以及试图解释此类努力与股东利益之间在实证方面呈正向相关的学者，将理论争论的焦点从依据历史经验自主判断决定的成本转向外部利益相关方对价值链中各因素事前采取管理战略的影响［参见 Kitzmueller 和 Shimshack（2012）的文献综述］。这些文献旨在实现 Freeman（1984，2010）提出的利益相关方战略管理相关元素的正规化，它强调如何将经营中持有政治、经济或社会股权的大持股方的喜好和目标纳入战略制定中。

这些观点得到 Hillman 和 Keim（2001）的进一步证实，他们发现利益相关方管理有利于提高股东价值，与主要利益相关方偏好几乎没有直接关系的社会议题参与则会减少股东价值。最近，Barnett 和 Salomon（2006）证明，社会责任与企业的财务绩效之间呈现曲线相关，位于社会责任两种极端的企业的财务绩效高于社会责任居中的企业的财务绩效，并在之后的研究工作中（Barnett & Salomon，2012）认为由于各个企业影响利益相关方的能力不同，不同企业从社会责任投资中获得的回报也不尽相同（Barnett，2007）。

Mackey、Mackey 和 Barney（2007）通过将企业社会责任活动的供给和需求引入一个企业价值评估的同期模型，以此推动了理论发展。几个专业会计分析了上市公司企业社会责任活动的供给效应以及非营利机构对于利益相关方慈善捐款的需求竞争，并由此思考其对消费者福利、公共管理水平及企业社会绩效和财务绩效之间关系的影响（Besley & Ghatak，2007；Kotchen，2006；Zivin & Small，2005）。如果再加上差异化营销或者处于劣势的当地法规，此类活动本身可能就会产生经济租金。此外，这些活动的财务效益不一定同时累积。一部分理论（Godfrey，2005）和实证研究（Godfrey，Merrill & Hansen，2009）表明，企业社会责任有助于积累企业的道德和声誉资本，防止企业在未来受到负面冲击的影响。

越来越多的组织经济学文献试图通过建模和实证研究确定利益相关方关系影响股东价值的机制，其中强调（利益相关方的看法）企业社会责任对生产要素供给和价格的影响（McWilliams & Siegel，2001）以及可能创造的共享价值（Porter & Kramer，2011）。

道德动机可能会改变众多利益相关方的行为（Brekke，Kverndokk & Nyborg，2003），其中包括消费者可能愿意支付更多金额购买具有更多社会责任的产品或服务（Arora & Gangopadhyay，1995；Casadesus Masanell et al.，2009；Elfenbein & McManus，2010）。因此，在生产方式信号更加重要或有效的地方（McWilliams & Siegel，2001）或者此类消费者非常强大（Hoepner，Yu & Ferguson，2010）和不同市场的竞争力有所差异（Bagnoli & Watts，2003；Fisman，Heal & Nair，2006）的地方，公司应该表现出更多的企业社会责任。

同样，员工可能更乐意为他们认为具有社会责任的企业服务，即便那里的工资或福利会较低（Besley & Ghatak，2005；Bhattacharya，Sen & Korschun，2008；Greening & Turban，2000；Kim et al.，2010；Turban & Greening，1997）。其他生产要素的供应商可能也会做出类似的选择，进而影响资本或生产成本（Mackey，Mackey & Barney，2007；Porter & Kramer，2006；Waddock，2000）。行动积极分子本身也可以被认为是利益相关方，他们的喜好、策略或资源可以影响企业行为（Baron，2001，2009；Baron & Diermeier，2007；Frooman，1999；Rehbein，Waddock & Graves，2004；Rowley & Berman，2000）。

在这项工作中，如果公司治理完善（Shahzad，David & Sharfman，2011），由于互信顾客转移的成本高昂（Du，Bhattacharya & Sen，2007；Lacey，2007；Mohr & Webb，2005；Salmones，Crespo & Bosque，2005），或者政府（游说后）或行业领导者的监管（Frynas，2008，2010）允许先行者以其优势获利，那么从关键利益相关方关系中产生竞争优势的努力可以产生持续的经济租金。选择是否使利益相关方参与或不参与本身就是一项复杂的竞争策略，也是利益相关方在参与和不参与之间的一项选择（Baron，Harjoto & Jo，2011）。

虽然对管理决策机构模型的这些扩展使人们关注在什么情况下利益相关方参与的回报可能是正向的，但必须指出的是，这些情况比较特殊。此类研究结果强调，虽然利益相关方参与可能会增加某些企业的股东价值，但是对于其他企业而言其代价也是非常昂贵的，并且总的来说，周围环境似乎过于强调利益相关方参与的价值。对此，本文不赞同。这些正式模型（和支持类实证分析）强调的是经济价值链中决定生产投入价格或愿意支付购买产出品的供应商和消费者，这违背了对广泛利益相关方的定义。将积极分子扩展为能够增加生产成本或降低消费者支付意愿的同质积极分子，是一种比较受欢迎的扩展，但本文认为利益相关方的概念更为广泛，并提供了一种替代性的实证方法来证明更广泛利益相关方参与对财务的影响。

对于许多生产过程，隐性或显性的社会经营许可（如果难以确定的话）对其经营而言是必不可少的投入。例如，如果仅仅依靠财务、工程和营销投入，很难将山腰处价值150亿美元的黄金转换成股东租金。这还需要关键利益相关方的政治和社会支持，不仅包括经济价值链中的成员，还包括政府官员、监管机构、社区领袖和民间社会成员（Henisz & Zelner，2005）。

这些利益相关方可能是本地的、国内的，也可能是国际的。随着他们与相关金矿所有者和经营者的冲突加剧，他们要么能够将矿井高效运作的经济租金转向他们首选的其他事业，要么通过公共和私人活动（例如，政府或工会或积极分子）延缓矿井作业的时间，暂停其运营业务，或将其持续发展和运营成本提高到非常不合算的水平。

从这个角度讲，获取利益相关方支持的努力并不意味着增加消费者购买黄金的支付意愿、激励员工，或从供应商处提取租金。相反，做出这些努力是为了保持业务的正常运行，采金并从整个工艺中获取租金——这个业务流程由政府正式、直接授权，但同时也需要一系列外部利益相关方的非直接、非正式授权（Aden，Kyu-Hong & Rock，1999；Liu，2009）。被利益相关方视为社会责任的活动可以构建一个企业的政治和社会资本，增强各利益相关方的合作，减少利益相关方的冲突。这样一来，商业计划按照原计划、预算如期进行的可能性就得到了提高，而投资者对企业有形资产在金融市场上的目标估值贴现（即不受利益相关方的影响）也会减少。由此产生的实证预测是，如果一个企业资产的客观价值固定，那么它的市场估值就会随着利益相关方支持的增加而增加。

实证设计和数据

本文对该假设的实证分析以采金业为例，因为该行业数据可以获得，使我们能够认识到利益相关方关系的财务影响，而且在该行业内人们普遍认可利益相关方关系对盈利的关键作用。以采金业为实证分析的背景还有一个优点就是，组织经济学文献中对企业社会责任和财务绩效之间关系的确立方式并不可行。消费者无法区分一个矿井或公司与其他矿井或公司之间的区别。很少有证据表明，矿工或矿业公司的管理人员会对更负责任的矿业公司提供工资或生产效益。少部分投资者会依据社会责任重新分配资本，借此影响管理行为。积极分子虽然突出，但不会给矿业公司造成大量的直接成本。相比之下，在矿业产业内某种固定资源的估值（即一个金矿）会根据利益相关方冲突或合作的程度存在很大不同，因此积极分子和其他利益相关方可以造成巨大的间接费用。利益相关方的关系可能会影响监管环境、土地许可、环境监管、税务、劳动合同、资本密集型进口条款等其他方面。由此看来，固定存量的黄金的价值似乎与这些利益相关方的偏好密切相关，即利益相关方认为金矿所有者是否有权利将地下金矿转变为股东资本。

本文具体的实证研究背景是 19 家在多伦多证券交易所上市的矿产公司涉及的利益相关方，这些公司拥有并经营美国、加拿大和澳大利亚以外的一座、两座或三座矿山，具体参见《原材料数据库》，[①] 共有 20 个国家的 26 座矿区满足可行性研究[②] 的条件。这种采样标准允许我们借鉴加拿大对矿业公司财务和经营数据的严格的信息披露要求，[③] 并且充分利用一个（两个或三个）矿山媒体报道与除同一上市公司其他资产或实践等的新闻报道影响之外而引起的财务绩效变化之间的明确和直接的联系。

为了获得足够的信息以使用广被接受的资源估值模型评估矿区的内在价值，本文收集了这些公司完成可行性研究上市后的所有相关财务和经营数据。我们将母公司季度财务报告的财务和经营数据与电子文档分析和检索系统（SEDAR）的归档体系、[④] 多伦多证券交易所和雅虎财经的股票价格信息进行了合并。这些数据使我们能够以其黄金储备的内在估值、各方利益相关方冲突/合作的程度以及企业经营所在的如下政策环境的信誉构建函数，评估企业当前的市场价值。

金融市场估值

本文采用一个简单的财务估值公式，通过公司公开资源存量价值的函数以及公司在不大量规划或延误经营的前提下成功开采的可能性，模拟股票市值。在形式上，我们假设

$$MV_{it} = \alpha + \beta \sum_{j=1}^{m_i} (RV_{jit}P_{jit}) + \varepsilon_{it}$$

其中：

MV_{it} 是指公司 i 在时间 t 的市场价值；

---

① 《原材料数据库》见 http://www.rmg.se。

② 可行性研究是建立在采样结果和工程分析之上的一种经济研究，可提供足够多的信息以此确定项目是否能够继续开展或付诸实施。研究的估计值应非常准确，误差范围在 15% 以内。

③ 多伦多证券交易所对持续披露的要求请参照网站 http://www.tsx.com/ en/listings/tsx_issuer_resources/continuous_disclosure.html。

④ 通过 SEDAR 归档系统可以获得在加拿大证券管理局（CSA）存档的公有企业及投资基金的多数公共证券文档和信息。

RV_{jit} 是指公司 i 的矿山 j 在时间 t 的现值；

m_i 是指公司 i 拥有并经营的矿山数量，其中 i = 1、2 或 3；

P_{jit} 是指公司 i 在时间 t 时根据原定的计划提前对矿山 j 的资源开采的概率。

通过股票价格乘以已发行普通股的数量并加上企业的负债，可以计算出企业 i 在时间 t（MV_{it}）时的市场价值。已发行股票和债务信息取自 Compustat 北美数据库。

本文分析确认了样本公司财务价值的波动在多大程度上可以通过地下黄金资源价值的变动解释，或者模型是否需要扩展以包含可能影响资源及时开采的非市场因素，并且据此使投资者明白他们何时应该对地下黄金资源的价值进行贴现以反映实际情况。下文将继续讨论资源的估值（RV_{jit}）以及如何衡量影响矿区运营的两种因素（P_{jit}）：利益相关方冲突/合作的水平和国家政策环境的可信性。

资源估值

本文的研究建立在 Cairns 和 Davis（1998）提出的行业标准资源估值模型的基础上，他们修订了估计硬岩矿产价值的霍特林估值原则（Miller & Upton，1985a，1985b），该估值方法依赖于矿产工程师设计矿产开采率时提出的假设。[1] 在本文的实证研究中，应用了 Cairns 和 Davis 的模型，同时增加了一个时间维度，并且充分考虑了一个可能性，即选取的样本公司可能拥有多座矿山，并且每座矿山的资源价值都可以单独评估。在形式上，评估公司 i 的矿山 j 的公式如下：

$$RV_{jit} = W_{jit} S_{jit} \frac{1 - e^{-r_i(T_{jit} - y_{jit})}}{r_i(T_{jit} - y_{jit})}$$

其中：

W_{jit} 表示金矿 j 在时间 t 时单位黄金的平均预测营业利润；

S_{jit} 表示金矿 j 在时间 t 时的黄金储量；

T_{jit} 表示金矿 j 在时间 t 时矿山的季度预计服务年限；[2]

y_{jit} 表示金矿 j 在时间 t 时的经营季度；

r_t 表示在时间 t 时国库债券的收益 $T_{jit} - y_{jit}$。

企业 i 的金矿 j 在时间 t 时单位黄金的平均预测营业利润的计算公式如下：

$$W_{jit} = 1/(T_{jit} - y_{jit}) = \sum_{k=t}^{T_{jit} - y_{jit}} (GoldPrice_t - CostExtraction_{jk})$$

---

① 该模型保留了霍特林估值原则的中央参数（商品价格、生产成本和矿产储备数据），但同时使用了平均成本数据，相比之下不同矿山的该数据更容易获得。

② T 表示矿山服务期限的估计总值，而不是时间 t 时剩余的服务期限。T 以 t 编码代替，因为公司经常调整自己矿区的估计服务期限，来反映储备值的调整或技术和生产计划的变化。

继 Cairns 和 Davis（1998）之后，本文使用当前的黄金价格估计或预测利润。对于每一座矿山，从公司的年报和季报、年度信息表、技术报告和公司网站或提交给 SEDAR 的新闻稿中收集有关其开采成本（CostExtraction$_{jk}$）、已证实的剩余资源存量 S_{jit}、矿山的预计寿命 T_{jit}，以及用于计算矿区季度生产的起始日期 y_{jit} 的相关数据。对于财政部债券收益率 r_t，我们使用由圣路易斯联邦储备银行提供的不断更新的国债数据，这些数据的期限可从 1 个月到 30 年不等。

本文的分析基于对资源评估的市场价值控制相对于一种更为熟悉的市场比例计算方法，以企业的账面价值或托宾 Q 值估计，原因有以下两个：首先，资产负债表中矿业公司的储备通常是以其历史成本而不是取决于对储备、开采成本、国际市场价格的现估计的净现值。因为行业的特殊性，本文认为，市场对账面价值的比率并不能准确地在可比基准上量化确定公司的价值。相比之下，衡量资源价值的方法可以更好地估计这些矿业企业资产的重置价值（即托宾 Q 比率的分母）。其次，本文实证模型是一个有效的结构模型，明确了各利率变量之间的特定关系。具体来说，该模型假定，在不存在项目级和国家级风险时，β = 1。也就是说，市场价值等于该公司所拥有的地下自然资源的净现值。但是在现实中，β 永远不会等于 1。本文认为，公式需要进行一定的修改，以反映项目层面的风险（具体而言，指与不同社会、政治和经济利益相关方的冲突或合作的程度）和国家层面的风险（具体而言，指政府有可能单方面改变政策，从而改变项目价值的政治风险）。在等式的左边用市场市净率代替市场价值会歪曲潜在的结构关系。

本文的研究通过分析媒体报道的利益相关方事件推进了对利益相关方参与的财务影响的研究，这种事件反映了企业与它的各种政治、社会和经济利益相关方之间的冲突或合作水平。纵观近 40 年来有关利益相关方关系与企业财务绩效之间的关系的实证文献（Margolis，Elfenbein & Walsh，2007），对前者的衡量已被证明是一项艰巨的挑战。早期研究依赖于对主观评价为绩效"好"与"差"的企业的小型样品比较，或者在调查中应用企业反应。随着时间的发展，来自外部的数据资料取代了研究者自己的评分，数据变得更加客观，因为它主要依赖于消费者投票、年报分析以及有关公司业绩的其他公开文件。

虽然无论在缓解构造效度还是扩大覆盖的企业样本数方面都取得了明显的进展，但研究分析的单位仍然是企业。因此，学者们探讨了企业层面的信息披露、审计和绩效政策的影响，但是却很难将这些成果转化为对负责资源分配决策的一线经理的业务指导。这项工作需要以两个假设为前提，其一是企业的政策转化为利益相关方关系的业务实践，其二是企业策略不会随着国家、利益相关方、事宜、时间、行业和项目背景的变化而变化。研究人员试图放松以上两种假设条件，但面临的问题是缺乏一些精细准确的数据。

相比之下，着眼于企业成本与不负责任的企业活动或针对企业的外部能动性的学者，一直以来使用的是媒体报道中较为微观层面的事件数据（Earl et al.，2004）。

许多文献将负面事件的媒体报道，包括产品召回（Davidson & Worrell，1992）、企业犯罪活动（Davidson & Worrell，1988；Gunthorpe，1997；Karpoff，Lee & Vendrzyk，1999；Karpoff & Lott，1993）、违反劳动法（David son，Worrell & Cheng，1994；Hersch，1991）以及环境违法行为（Karpoff，Lott & Wehrly，2005）与企业的负财务绩效联系起来。近期，与我们的分析更为密切相关的 King 和 Soule（2007）的研究表明，媒体的积极宣传活动可能会对市场估值产生负面影响，特别是当这些宣传活动是针对没有广泛知名度（即资本声誉存量）的企业的消费者或工人时。这些研究通常着手于将不良事件的发生日期与非正常的股市收益或市场估值长期减排的最新信息联系起来。King 和 Soule（2007）更进一步对抗议规模、发起组织的数量以及事件类型的信息进行了编码。

研究国际关系与冲突的学者们在此基础上，根据长期存在的"软实力"的影响对事件数据进行了编码，或者对这些国家之间后续冲突与合作的程度进行了编码，包括军事冲突的发生率（Schrodt，1995）。在此文献中，事件以主、谓、宾三种形式进行了编码，即一个成员开展了某项活动或表达了某种观点，进而暗示着与其他成员之间的冲突或合作。对二元和网络冲突与合作的跨期演变进行分析，以确定国际冲突或合作升级的决定因素。

最近对管理领域这种类型的数据的模拟是在企业声誉领域（Fombrun & Shanley，1990），其中媒体报道中否定词汇的出现往往伴随着企业随后盈利水平和股票价格的恶化（Tetlock，Saar-Tsechansky & Macskassy，2008），以及整体股指水平、交易量和波动性（Das & Chen，2007；Loughran & McDonald，2011）。盈利新闻稿的语气则与随后的收益和短期股价变动有关（Davis，Piger & Sedor，2007）。亚马逊卖家评论的文本分析同样表明，较高的企业声誉与日益增长的市场能力有关（Ghose & Ipeirotis，2011）。

与现行依托公司披露、审计或原则的研究方法相比，在工具性利益相关方理论中引入这种以事件为基础的方法具有很多优势。第一，可以纳入分析的企业样本数会更大。第二，媒体报道中利益相关方的意见和行动比远方某个外部专家的评估更能够准确代表一个公司与其利益相关方之间的关系。第三，实时事件报告比定期审核或专家调查更能够准确地反映在一段时间内的某个时刻相关利益方对企业的看法。由于利益相关方的冲突与合作随着事件和策略的不同而波动，所以以能够捕捉到这些动态的衡量方法应超越那些更为静态的衡量方法。第四，这样做更容易区分利益相关方与相应焦点公司的行为和意见，进而严格审查它们之间的相互依存性。

从超过 5 万起有关公司及其利益相关方的媒体报道事件中，本文建立了一个新的公司—利益相关方关系数据库。本文的资料来源于 Factiva 数据库中涉及矿山及其母公司的 2 万多份媒体报道文章。通过仔细阅读每篇文章，以确定利益相关方的事件，然后根据改编自国际冲突研究文献的一份详细编码协议，对这些事件进行了手工编码（Bond et al.，2003；King & Lowe，2003）。每一个利益相关者事件都是一个实例，其中媒体相关的[①]利益相关者通过行为或情绪表达对公司的意见，反之亦然。我们通过编码谁（来源方）对谁（目标方）做了什么（动词或动词短语）来区分事件的发起者和承受者。

本研究中利益相关方活动数据集的整理编制是由大量的本科生研究助理完成的，在此之前，他们在严格指导和严密监督下都接受了大量的培训。为了评估不同评价者的一致性程度（IRA，评价者信度）——不同编码者判断的相似程度以及在合作程度上不同编码者的工作可以互换（Lebreton 和 Senter，2008）——研究助理重复编码了本文样本中的一个子集。通过这种重复评估的方法验证了 313 个不同项目的评价者信度，其中一个"项目"是给定的季度中两个利益相关方之间冲突或合作的水平。本文计算了组织研究中广泛应用的多个 IRA 指数，特别是 r_{WG}、AD_M、AD_{Md} 和 a_{WG}（计算每个指标的完整定义和公式，参见 Lebreton 和 Senter，2008）。无论使用哪种 IRA 衡量方法，本文观察到评估的这 313 项事件中绝大多数的跨评价者信度都达到了非常满意的水平。其中，以 r_{WG} 衡量时，284 项事件的跨评价者信度都超过 0.70，多数学者认为该值也代表着跨评价者评价一致（Lance，Butts & Michels，2006）。在 313 项评价事件中，r_{WG} 的平均值为 0.86，标准偏差为 0.27。同样地，以 a_{WG} 指标——由指标 r_{WG} 调整所得，以便评价的规模和数量不会影响结果（Brown & Hauenstein，2005）——衡量，平均值为 0.80，标准偏差为 0.09。使用平均值的评价偏差（AD_M）和中位数的平均偏差（AD_{Md}）指标，这些指标在过去 10 年中被越来越多地用于应用心理学和管理研究（Smith-Crowe et al.，2013），本文得出的跨评价者信度同样也达到了令人满意的水平。因为此类指标衡量了评价值的分散程度，因此较低的值表示较高的信度，其结果也可以在原有的规模进行解释。对于本文的跨评价者数据，AD_M 和 AD_{Md} 的平均值分别为 0.77 和 0.72，标准偏差分别为 1.02 和 0.99，取值范围则介于 1~20。

依据修订版（Goldstein，1992），本文对动词短语中冲突/合作的程度进行了编码，以更好地反映商业环境中企业和利益相关方之间的关系。Goldstein 的冲突—合

[①] 我们依赖媒体定义利益相关方的群体，这样所包含的人群较为广泛，包括政治、社会和经济成员，而无论其是否规范合法。我们认为这种策略比较合适，因为我们研究的目的是衡量利益相关方冲突和合作对企业财务的影响，而不是经理人选择是否纳入特定的利益相关方。

作衡量方法则是根据麦克莱兰（1971）的《世界事件互动调查》（WEIS），使用如"指责"、"承诺"、"威胁"等动词，将国际关系事件从"冲突的"到"合作的"用22种动词类别表示。本文修改后的冲突/合作衡量方法可衡量不同成员和范围之内的20种冲突/合作的程度，从评分–9的极端冲突性事件（表示发起了暴力攻击事件，并有实际或潜在的严重死亡或受伤事件）到评分10的高度合作事件（表示提供军事支持或辩护），中立事件的评分为0。本文扩展并稍微修订了使用的动词短语，来反映商业领域公司—利益相关方和利益相关方—利益相关方的相互关系与外交领域人们之间的相互关系之间的差异。使用由原计量方法中较小词汇的同义词的"模糊匹配"，本文的衡量方法共有11000多个动词和动词短语。表1为根据该规则编码的几个句子的实例。

本文汇总了利益相关方的活动数据，以反映在可以获得数据的各个季度，公司每个矿井与利益相关方的冲突或合作的水平，并计算利益相关方冲突或合作的总量。使用移动平均线构建实证衡量方法，通过赋予历史事件比近期事件较低的权重，对以往报道的"相关性"进行贴现。在形式上，我们的计算公式为：

$$CC_{jit}^* = \sum_{t=0}^{w} \frac{\delta^l n_{ji,t-1}}{\sum_{m=0}^{w} \delta^m n_{ji,t-m}} cc_{ji,t-1}$$

其中：cc_{jit} 表示在时间 t 时公司 i 矿井 j 的利益相关方冲突/合作水平；
n_{jit} 表示在时间 t 时公司 i 矿井 j 相关的新闻媒体报道数量；
w 表示移动平均线的窗口；
δ 表示贴现因子。

下面列出的是使用8个季度的窗口期和0.8的贴现率估计的主要结果，灵敏度校验表明这些结果使用替代值计算时也非常稳定。汇总统计和本文数据集中变量的一个相关矩阵如表2所示。

政策可信度

虽然本文通过衡量利益相关方冲突/合作的水平间接表示企业经营的社会认可度，但本文也试图调整与正式经营牌照可信度相关的资源评估。如果目前的特许权、税务或特许协议缺乏可信度，那么无论利益相关方冲突/合作的程度如何，投资者都可能会对资源评估的结果打折，因为他们认为未来政府很可能会改变政策，使之不利于投资者（Fat'as & Mihov, 2003；Henisz, 2004）。本文使用政治约束指数（Polcon）衡量正规政策环境的可信度，该指数反映了每个国家不同独立分支机构中否定者的数量，并根据各分支机构的政治取向进行了一定的调整（Henisz, 2000a）。

表1 利益相关方事件编码举例

句子文本	来源（或主语）	动词	目标（或宾语）	冲突/合作分类	冲突/合作的取值范围
ASG 主席 Stephen Everett 同样赞赏 RAMSI 及当地警察，并感谢了所罗门政府的积极支持	ASG 主席 Stephen Everett	赞赏；感谢	当地警察；所罗门政府	通过口头表示支持	3
2007 年 9 月 4 日，哈萨克斯坦主席 Nursultan Nazarbayev 正式启动 Varvarinskoye 矿区金矿和铜矿的开采。他说，该矿区是该地区能够重振哈萨克斯坦经济的许多企业之一	Nazarbayev 总统	正式启动	Varvarinskoye 保证金（由欧洲矿产企业所有）	通过行动表示支持	4
[George] Salamis（俄罗斯企业 Rusoro 总裁）避开发有直接评论 Rusoro 俄罗斯元素的重要性，相反他表示"如果不是我们与委内瑞拉政府任各个层面上构建了良好的合作关系，我们也不会在委内瑞拉取得任何进展"	Salamis - Rusoro 总裁	构建联系	委内瑞拉政府	与之构建正向关系	3
Mr. Kabila 下令当地运营的外资企业协商或查看将其优惠权授予竞争对手。涉及的企业——基于多伦多的探测企业 Banro Resource，一家比利时—加拿大财团 Mindev & Barrick Gold（这也是全球最大的金矿企业之一）——所在处境堪忧	Mr.Kabila (ADFL 雷贝尔集团领导人)	下令做某事；协商或查看售其优惠权	外资企业 Banro, Mindev & Barrick	威胁	-4
卡比拉政府正在为生存而战，因为反叛者受到邻都金萨沙。津巴布韦和安哥拉以武力和军队支持卡比拉	卡比拉政府	为生存而战	反叛者	反对正向军事冲突	-10
卢旺达政府正在和乌干达的支持，因为反叛者受到邻都金萨沙。津巴布韦和安哥拉以武力和军队支持卡比拉	卢旺达政府首乌干达政府	撤退	反叛者	支持正向军事冲突	10
卡比拉政府正在为生存而战，因为反叛者受到邻都金萨沙。津巴布韦和安哥拉以武力和军队支持卡比拉	津巴布韦政府 安哥拉政府	以武力支持	卡比拉	支持正向军事冲突	10

表 2 概要统计和相关矩阵

变量	观察结果	平均值	标准差	最小值	最大值
市场价值	176	304.227	355.215	3.930	2279.556
资源估值	147	594.553	522.003	83.819	2294.293
估值×利益相关方冲突/合作	112	221.013	166.453	0.000	799.493
估值×(利益相关方冲突/合作+政策确定性)/2	73	125.524	79.642	9.790	339.052
利益相关方冲突/合作	115	0.507	0.218	0.000	1.000
政策确定性	176	0.158	0.198	0.000	0.670

	市场价值	资源估值	估值×利益相关方冲突/合作	估值×(利益相关方冲突/合作+政策确定性)/2	利益相关方冲突/合作
市场价值					
资源估值	0.110				
估值×利益相关方冲突/合作	0.121	0.911			
估值×(利益相关方冲突/合作+政策确定性)/2	0.206	0.913	0.905		
利益相关方冲突/合作	0.082	-0.116	0.260		
政策确定性	0.155	-0.085	-0.241	-0.203	

公司及各利益相关方之间的合作关系降低了采矿项目被显著延迟的可能性。利用可以调节资源和金融市场估值关系的个体（即母公司层面）异质性的随机参数模型，本文检验了公司矿产资源的期望值是否与其市场价值相匹配，同时也使用了随机效应（或随机拦截）模型和固定效应模型进行检验。公司复原（结果未显示）获得的各类系数估计表明投资者会针对不同矿井增加的单位资源价值（或预期的资源价值）分配不同的美元价值。通过放松假设随机参数估计可以将这些单元调节为单元变量，既 Y_i 和 X_i 之间的关系由真系数 β_i 向量定义，并假设系数 β_i 是随机变量。

我们估算的随机参数模型如下：

$$MV_{it} = \alpha_i + \beta_i \sum_{j=1}^{m} RV_{jit}P_{jit} + \varepsilon_{it}$$

其中，$\alpha_i = \alpha + \gamma_\alpha v_{i,\alpha}$，$\beta_i = \beta + \gamma_\beta v_{i,\beta}$，且 $v_{i,\alpha}$，$v_{i,\beta} \sim N(0，1)$。

在估算回归系数时，每个公司的资源价值（RV_{jit}）和预期资源价值（$RV_{jit}P_{jit}$）的研究结果有很大的不同，并且预期资源价值需要将利益相关方的支持和政策可信度考虑在内。表3为使用随机系数估算的结果。该模型假设这些系数是从正态分布中抽取的随机变量，并且这些系数还可以估计截距和斜率的平均值与标准偏差。

表 3　随机系数估计值

	（1）	（2）	（3）	（4）	（5）
资源价值	0.284* (2.55)				
资源价值×利益相关方冲突/合作		0.523* (2.41)			
资源价值×政策确定性			0.464*		
资源价值×（利益相关方冲突/合作+政策研究性）/2				0.631*** (4.02)	
资源价值×利益相关方冲突/合作×政策确定性					0.867* (2.52)
常数	183.5*** (4.32)	177.7*** (3.60)	208.8*** (5.30)	176.7*** (4.41)	195.7*** (4.99)
lns1_1_1 常数	−0.982*** (−4.13)	−0.308 (−1.17)	−0.615 (−1.60)	−1.026* (−2.06)	−0.126 (−0.33)
lns1_1_2 常数	5.070*** (23.95)	5.205*** (23.83)	4.731*** (12.56)	4.720*** (9.81)	4.706*** (12.01)
atr1_1_1_2 常数	−0.337 (−1.05)	−0.487 (−1.55)	−0.121 (−0.27)	0.155 (0.29)	−0.231 (−0.49)

续表

	（1）	（2）	（3）	（4）	（5）
lnsig_e 常数	4.946*** (111.93)	4.860*** (97.21)	4.816*** (73.20)	4.810*** (73.40)	4.825*** (71.17)
观察值	289	235	141	141	136

注：插入 t 值统计。*p < 0.05；**p < 0.01；***p < 0.001。

如模型（1）所示，假设投资者并不把规划阶段的延误和生产阶段损坏的可能性考虑在内，则他们愿意为黄金矿业公司每 1 美元的资源价值增长平均支付 28 美分。相反，当考虑到在矿山进入生产时企业会遭遇各种阻碍导致资源产出延误，并且按照利益相关方冲突/合作水平（模型 2）、政策可信度水平（模型 3）或利益相关方冲突/合作和政策可信度水平（模型 4、模型 5）建模时，所估计系数的无条件均值会更高，更接近 1。更具体地说，如果我们通过利益相关方冲突/合作水平来调整资源估值，以此取代延误或中断的可能性的话（模型 2），则随机估计结果表明，投资者愿意为每 1 美元的公司预期资源价值增长平均支付 52 美分。如果利用国家的政治风险水平来调整资源估值，以此取代项目开发进度延迟的可能性的话（模型 3），则随机系数的估计表明，投资者愿意为每 1 美元的公司资源现金流的增长支付大约 46 美分。如果本文利用两者的平均值或者它们的产品（模型 5）来假设该公司在国家政治风险和利益相关方冲突/合作方面同时遇到延误和中断（模型 4），并低估了公司资源估值的话，则随机系数的估计结果表明，投资者愿意为矿业公司每 1 美元的预期资源估值支付 63~87 美分。

计量经济分析和结果

本文还估计了随机截距模式（或随机效应）中的等价物，在该模式下截距被假定为一个随机变量，$\alpha_i = \alpha + \gamma_{\alpha}v_{i,\alpha}$，而自变量的系数是"固定的"（即非随机的）。结果表明，如果忽略延误和中断的可能性的话，投资者愿意为公司的金矿项目每 1 美元的估值增长支付大约 35 美分；但如果项目的日程能够根据冲突/合作和国家政策可信度来制定的话，则利益相关方愿意为公司的金矿项目每 1 美元的估值增长支付 60~99 美分。上面所示结果是使用稳健标准误差进行估计的，并且与控制 AR（1）进程的规格参数十分吻合。如果使用固定效应和面板校正标准误差来估计参数的话（结果未示出），本文会得到非常相似的结果。

稳健性检验与敏感性分析

本文检查了研究结果的敏感性，主要涉及的方面有：与不同利益相关方支持的定义和概念测量有关的考虑、因果关系导向、市场发展趋势，以及分析中会考虑到的矿山开发日程和样本中有 1/4 的公司运营了不止一个矿井这一事实。总体而言，本文研究结果证明非常具有说服力。

利益相关方冲突/合作措施

由于受数据可获得性的限制，很多有关利益相关方参与对合作经营和绩效的影响的研究仅限于价值链中的利益相关方的研究分析。以媒体为基础的事件数据可以收纳各种政治行动者（地方、区域、本国和外国的政府官员与官僚），以及社会利益相关方（社会代表和各种文化、宗教、民族、环境和人权组织），本文验证了研究结果的稳健性，主要涉及的方面有：公司价值链中利益相关方的容纳/排除，如采矿业中的私有和国有企业，以及企业和私人服务提供商。

针对本文在衡量各利益相关方冲突/合作时所做出的选择，本文还考虑了研究结果的敏感性。首先，这一衡量措施代表了事件数据的移动平均数，该事件数据衡量了媒体报道中所述的非重要利益相关方关系与当前信息的吻合性。其次，本文使用 0.8 的折现因素预估了研究结果，同时证实了本文的研究结果对于范围更广的贴现因子和滚动窗口也十分稳健。最后，根据国家的整体利益相关方关系，本文验证了各个国家利益相关方的冲突/合作水平所产生的影响没有差异（邦德等，2003；金和劳氏，2003）。

因果关系的导向

首先，要解决本文研究结果被管理机构或随时间变化的企业异质性影响的担忧，本文使用了上面详述的同一套规范来复原滞后的金融市场估值中的利益相关方关系。在任何情况下，本文都没有观察到显著的统计学联系。其次，本文进行了格兰杰因果关系检验，利用利益相关方冲突/合作确认了资源估值的折损，以及格兰杰的政治风险因素引起的公司市场价值的折现，同时还利用未来利益相关方冲突/合作价值的变化验证了资源估值（在时间 t + 1 和 T + 2）是不能预测市场价值的。再次，本文利用以往的经验证实了黄金储备的外源性增加（即在矿井的净现值显著上升）不会引起利益相关方的不良反应，也不会对公司与利益相关方的相互作用产生影响，因此可以消除公司最新公告会对两者之间的矛盾或合作水平以及间接市场价值带来影响的担忧。最后，本文试图找出一种工具，该工具具有以下特性：①与利益相关方冲突/合作变量强烈相关；②投资者无法观察；③研究者可以观察。不幸的是，本文获得的信息与投资者观察的是一样的，并且没有任何不同，因而无法隔离投资者不感兴趣的因素，但这些仍然与利益相关方的合作程度有关。

市场趋势

在能够引起股市波动的经验参数的基础上，本文重新评估了研究结果。为了确定样本中 19 家企业股票价格的波动是由系统性风险引起，而不是由实物资产的价值变化或利益相关方与公司合约关系的变化所引起，本文在分析中运用了标准普尔/多伦多证交所综合指标，本文的结果完全符合这一指标。

矿区的开发进度

截至本文获得面板数据，样本中的 11 家矿山已经开始生产，而剩余的 15 家仍然处于可行性研究或建设阶段，因此更容易受到未来规划的延迟或中断的影响。为了消除投资者的顾虑，公司试图向其宣布未来开始生产的日期，但它们有时不得不修改声明，延迟生产。利用公司宣布的生产开始日期和各种矿山的开发进度，本文使用资源价值估计解释了现实生活中的不确定性，其中矿山的开发进度包括不同时间段的勘探、可行性研究、建设和生产阶段。本文结果是利用公司公布的生产计划进行估计而得到的。然而，对于紧密（或"乐观"）的发展路径，以及更保守（或"慢"）的计划来说，本文的研究结果是稳定的、可计算的。本文也验证了样本中矿山开发进度不会随着利益相关方冲突/合作的水平或是政治风险水平的变化而变化。

拥有多个矿区的公司

这项实证研究的优势之一是，在黄金开采业中小型企业拥有的发展项目数量极少，这能够让本文在不受相关事件的影响下审视"表面的"利益相关方关系对市场估值的影响。在样本中，有 14 家公司只拥有一个矿井，有 3 家公司拥有两个矿井，有 2 家公司拥有三个矿井。对于拥有多个矿井的公司来说，发生在一个矿井上的利益相关方事件造成的损失可以通过其他矿井的发展来弥补，这混淆了利益相关方关系对市场价值的影响。本文意识到了这一点，并利用只适用于仅有一个矿井的 14 家公司的数据对模型进行重新估计，虽然统计学效力有所损失，但研究结果没有实质性变化。

讨　论

本文的理论分析和实证结果证明利益相关方的支持和金融市场的估值之间存在着直接的实质性经济关系。未来的研究和分析应继续探索资源分配之间的权衡和互补，从而加强利益相关方的合作，提高生产效率。这一发现将会对本文讨论过的未来企业社会责任研究、特定权益集团理论和跨国公司战略产生重大影响。本文还讨论了本次研究的局限性，包括：对 19 家上市黄金矿业公司的抽样研究不具备普遍性，这也为人们指明了今后的研究方向。

人们一直在努力研究企业社会责任，并为此类活动提供商业理由（Vogel，2005）。虚假或相反因果关系和不恰当的衡量标准正好反驳了最初的实证结论。组织理论家和金融学家利用理论与实证分析进行了反驳，分析中重点强调了管理者是如何将持有人的利益转换为利益相关方的利益，从而获得津贴或实现个人道德的。组织经济学家扩展了这些模型，以便在直接经济价值链中实现股权的重新分配，最大化利益相关方价值，但这些模型只有在某些情况下才能执行。

相比之下，本文支持一种更广泛的概念模型，该模型对利益相关方的潜在财务影响是利益相关方理论的工具论核心。如果外部利益相关方直接干涉或游说政府干预资产所有者的财产权，那么这些资产的价值可能会下降。在本文的案例中，对金矿估值的财务模型省略了未来政府监管、许可证和社会关系的不确定性，或确定这些因素是由外源还是由环境所决定。然而，管理者愿意投入资源努力减轻和量化他们在行业中所说的"表面"风险，表明他们不赞成这种定性，他们把这些政治和社会支持的变化看做竞争优势或经济租金的来源。

虽然利益相关方关系的管理者和研究者，以及一些活动家一直声称利益相关方的参与能够带来正面效益，但团体数据的实证证据充其量也只能算是模棱两可而已。理论家和实证学者们关注的焦点已经转向了一些特殊情况，只有在特殊情况下两者之间的联系才可能存在。我们的研究结果指出，扩大这类调查的范围是有必要的。如果资产转型成为利益相关方的收益必然需要利益相关方合作的话，那么其中生产效率和利益相关方合作之间的直接联系就一定存在。本文采用了一种实证环境来说明这一点，该环境下组织经济学家强调的所有机制都是无效的（即消费者无法识别其购买的商品起源于哪个矿井或公司，矿工和矿业公司的经理不被视为承担社会责任的领导者，强调社会责任的投资者被视为次要领导者，在直接损害投资者利益方面活动家的权力是有限的），并找到了对外部利益相关方约定的财务价值强有力的实证支持。

　　这种联系为特定权益集团理论解决哪个利益相关方更加重要这一问题以及管理者应在每个关系中投入多少提供了解决方案。当前审查公司报告和做法的实证工作对于企业的内外利益相关方所最关心的运营实践来说还相差很远。通过跟踪与媒体相关的利益相关方的行动和报道，学者和从业者能够避免主观偏见，拓宽覆盖企业的资金，并更好地识别哪些做法能够在实质上有助于市场估值。在正在进行的研究中，本文更深入地分析了 26 家矿井的利益相关方网络。利用本文部署的同一编码协议，本文获得了所有的利益相关方事件，这些事件中矿业公司或其中一名利益相关方为陈述主体。由此产生的数据集适用于分析研究，利用网络工具，本文确定了各利益相关方在冲突或合作以及提高利益相关方支持力度的最优策略中的相对重要性（Nebus & Rufin，2010；Rowley，1997；Rowley & Moldoveanu，2003）。虽然目前时间紧迫，但信息提取软件的开发（King & Lowe，2003）会在不久的将来实现低成本的部署。

　　本次研究涉及的跨国公司是十分需要此类项目的，它们凭借自己的异国特性，更容易与给定的东道国利益相关方发生冲突而不是合作（Zaheer，1995）。这种反应可能是基于固有的民族主义或利益相关方试图停止该项目的开发而产生的。国际业务中的政治风险文学在正式制度结构的建模中取得了长足的进步，在应对这种压力中该制度结构抑制了政策发生变化的可能性（Henisz，2000b），在何种程度上，一个国家的投资者多少都会受到这种压力的影响（Holburn & Zelner，2010），以及在缓解这些压力时进行体验式学习（Delios & Henisz，2002；Henisz & Delios，2001）。尽管如此，在这种情况下虽然被一直劝告要进行分析，但该公司部署的策略在很大程度上仍然未经审查（Kobrin，1979）。通过对跨国公司战略的政治风险影响的检查，对利益相关方网络的动态和负债分析可以扩展现有的文献，使其更接近非市场战略（Baron，2009；Baron & Diermeier，2007；Hillman & Hitt，1999）和战略性企业社会责任（Kytle & Ruggie，2005；Porter & Kramer，2006，2011；Post，Preston & Sauter-Sachs，2002）。

　　本文认为，这种潜在调查的范围比黄金开采行业更广泛。虽然本文选择这种实证研究是因为它能将本文从众多潜在的竞争因果解释假定机制中隔离，但金矿业主所面临的产权本质在其他工业环境中的类似问题也广泛存在。这个论点显然也适用于其他自然资源（如矿产、石油和天然气、农业和水）。类似的计算可能会引起新设施或基础设施资产的建设项目的估值调整。通常有大量的前期投资和长期投资回报期的行业也会受到产权的影响，公认的有物业、厂房、设备、知识产权、生产工艺或品牌的投资。

　　对于政府和利益相关方对转换资产权利的支持，人们的担忧越加强烈，其中商品和服务生产或生产过程中的政治性和社会性尤为突出。这种显著的溢出效应观念既有消极作用（例如，环境或社会成本、文化传统和遗产的毁坏，以及已有不公平现象的加剧），又有积极作用（例如，按照合适的技术进行分类，创造高附加值的工作，与更广泛的社会或政治目的保持一致，或生产过程中其本身就具有投入供应不足这一特性）。虽然社会责任和市场估值之间这种直接联系的绝对与相对重要性在整个行业和国家的差异很大，但按照上述提及的条件来说，这种差异是普遍存在的。总之，社会经营许可不仅仅是说辞，它更是可操作、可实证检验的，并且与战略相关。对于这些矿业公司以及它们政治上和社会突出行业的同伴来说，寻求外部利益相关方的支持不仅仅是企业的社会责任，更与自身利益息息相关。

参考文献

［1］Aden J，Kyu-Hong A，Rock M T. 1999. What is driving the pollution abatement behavior of manufacturing plants in Korea? World Development，27（7）：1203-1214.

［2］Alchian A A，Demsetz H. 1972. Production，information costs，and economic organization. American Economic Review，62（5）：777-795.

［3］Arora S，Gangopadhyay S. 1995. Toward a theoretical model of voluntary overcompliance. Journal of Economic Behavior & Organization，28（3）：289-309.

［4］Bagnoli M，Watts S. 2003. Selling to socially responsible consumers：Competition and the private provision of public goods. Journal of Economics & Management Strategy，12（3）：419-445.

［5］Baker G，Gibbons R，Murphy K J. 2002. Relational contracts and the theory of the firm. Quarterly Journal of Economics，117（1）：39-84.

［6］Barnea A，Rubin A. 2006. Corporate social responsibility as a confiict between shareholders. Journal of Business Ethics，97（1）：1-16.

［7］Barnett M L. 2007. Stakeholder influence capacity and the variability of financial returns to corporate social responsibility. Academy of Management Review，32（3）：794-816.

［8］Barnett M L，Salomon R. 2006. Beyond dichotomy. The curvilinear relationship between social responsibility and financial performance. Strategic Management Journal，27（11）：1101-1122.

［9］Barnett M L，Salomon RM. 2012. Does it pay to be really good? Addressing the shape of the relationship between social and financial performance. Strategic Management Journal，33：1304-1320.

［10］Baron D P. 2001. Private politics，corporate social responsibility，and integrated strategy. Journal of Economics & Management Strategy，10（1）：7-45.

［11］Baron D P. 2009. A positive theory of moral management，social pressure，and corporate social performance. Journal of Economics & Management Strategy，18（1）：7-43.

［12］Baron D P，Diermeier D. 2007. Strategic activism and nonmarket strategy. Journal of Economics & Management Strategy，16（3）：599-634.

［13］Baron D P，Harjoto M A，Jo H. 2011. The economics and politics of corporate social performance. Business & Politics, 13 (2): 1-46.

[14] Besley T, Ghatak M. 2005. Competition and incentives with motivated agents. American Economic Review, 95 (3): 616-636.

[15] Besley T, Ghatak M. 2007. Retailing public goods: The economics of corporate social responsibility. Journal of Public Economics, 91 (9): 1645-1663.

[16] Bhattacharya C, Sen S, Korschun D. 2008. Using corporate social responsibility to win the war for talent. MIT Sloan Management Review, 49 (2): 37-44.

[17] Binder S, Neumayer E. 2005. Environmental pressure group strength and air pollution: An empirical analysis. Ecological Economics, 55 (4): 527-538.

[18] Bond D, Bond J, Oh C, Jenkins J C, Taylor C L. 2003. Integrated data for events analysis (IDEA): An event typology for automated events data development. Journal of Peace Research, 40 (6): 733-745.

[19] Boutilier R. 2009. Stakeholder Politics: Social Capital, Sustainable Development, and the Corporation. Stanford University Press: Stanford, CA.

[20] Boutilier R. 2011. A Stakeholder Approach to Issues Management. Business Expert Press: New York.

[21] Brekke K A, Kverndokk S, Nyborg K. 2003. An economic model of moral motivation. Journal of Public Economics, 87 (9-10): 1967-1983.

[22] Brown R D, Hauenstein NMA. 2005. Interrater agreement reconsidered: An alternative to the rwg indices. Organizational Research Methods, 5 (2): 159-172.

[23] Cairns R D, Davis G A. 1998. On using current information to value hard-rock mineral properties. Review of Economics and Statistics, 80 (4): 658-663.

[24] Campbell J. 2007. Why would corporations behave in socially responsible ways? An institutional theory of corporate social responsibility. Academy of Management Review, 32 (3): 946-967.

[25] Casadesus Masanell R, Crooke M, Reinhardt F, Vasishth V. 2009. Households' willingness to pay for "green" goods: Evidence from Patagonia's introduction of organic cotton sportswear. Journal of Economics & Management Strategy, 18 (1): 203-233.

[26] Cespa G, Cestone G. 2007. Corporate social responsibility and managerial entrenchment. Journal of Economics & Management Strategy, 16 (3): 741-771.

[27] Chiu S-C, Sharfman M. 2011. Legitimacy, visibility, and the antecedents of corporate social performance: An investigation of the instrumental perspective. Journal of Management, 37 (6): 1558-1585.

[28] Clarkson M B E. 1995. A stakeholder framework for analyzing and evaluating corporate social performance. Academy of Management Review, 20 (1): 92-117.

[29] Das S, Chen M. 2007. Yahoo! for Amazon: Sentiment extraction from small talk on the web. Management Science, 53 (9): 1375-1388.

[30] David P, Bloom M, Hillman A J. 2007. Investor activism, managerial responsiveness, and corporate social performance. Strategic Management Journal, 28 (1): 91–100.

[31] Davidson W, Worrell D. 1988. The impact of announcements of corporate illegalities on shareholder returns. Academy of Management Journal, 31 (1): 195–200.

[32] Davidson W, Worrell D. 1992. Research notes and communications: The effect of product recall announcements on shareholder wealth. Strategic Management Journal, 13 (6): 467–473.

[33] Davidson W, Worrell D, Cheng L. 1994. The effectiveness of OSHA penalties: A stock–market–based test. Industrial Relations: A Journal of Economy and Society, 33 (3): 283–296.

[34] Davis A K, Piger J M, Sedor L M. 2007. Beyond the numbers: Managers'use of optimistic and pessimistic tone in earnings press releases. SSRN eLibrary.

[35] Delios A, Henisz W J. 2002. Political hazards, experience and sequential entry strategies: The international expansion of Japanese firms, 1980–1998. Strategic Management Journal, 24 (11): 1153–1164.

[36] Donaldson T, Preston L E. 1995. The stakeholder theory of the corporation: Concepts, evidence, and implications. Academy of Management Review, 20 (1): 65–91.

[37] Dowell G, Hart S, Yeung B. 2000. Do corporate global environmental standards create or destroy market value? Management Science, 46 (8): 1059–1074.

[38] Du S, Bhattacharya C B, Sen S. 2007. Reaping relational rewards from corporate social responsibility: The role of competitive positioning. International Journal of Research in Marketing, 24(3): 224–241.

[39] Earl J, Martin A, McCarthy J D, Soule S A. 2004. The use of newspaper data in the study of collective action. Annual Review of Sociology, 30: 65–80.

[40] Elfenbein D, McManus B. 2010. A greater price for a greater good? Evidence that consumers pay more for charity–linked products. American Economic Journal: Economic Policy, 2 (2): 28–60.

[41] Epstein M J, Schnietz K E. 2002. Measuring the cost of environmental and labor protests to globalization: An event study of the failed 1999 Seattle WTO talks. International Trade Journal, 16(2): 129–160.

[42] Fatás A, Mihov I. 2003. The case for restricting fiscal policy discretion. Quarterly Journal of Economics, 118 (4): 1419–1447.

[43] Fisman R, Heal G, Nair V. 2006. A model of corporate philanthropy. Working Paper 1331, Wharton School of the University of Pennsylvania, Philadelphia, PA.

[44] Fombrun C, Shanley M. 1990. What's in a name? Reputation building and corporate strategy. Academy of Management Journal, 33 (2): 233–258.

[45] Freeman R E. 1984. Stakeholder Management: Framework and Philosophy. Pitman: Mansfield, MA.

[46] Freeman R E. 2010. Strategic Management: A Stakeholder Approach. Cambridge University

Press：New York.

[47] Friedman M. 1962. Capitalism and Freedom. University of Chicago Press：Chicago，IL.

[48] Friedman M. 1970. The social responsibility of business is to increase its profits. New York Times Magazine 13 September：122–126.

[49] Frooman J. 1999. Stakeholder influence strategies. Academy of Management Review，24 (2)：191–205.

[50] Frynas J G. 2008. Corporate social responsibility and international development：Critical assessment. Corporate Governance–an International Review，16 (4)：274–281.

[51] Frynas J G. 2010. Corporate social responsibility and societal governance：Lessons from transparency in the oil and gas sector. Journal of Business Ethics，93 (2)：1–17.

[52] Ghose A，Ipeirotis P. 2011. Estimating the socioeconomic impact of product reviews：Mining text and reviewer characteristics. IEEE Transactionson Knowledge and Data Engineering，23 (10)：1498–1512.

[53] Godfrey P C. 2005. The relationship between corporate philanthropy and shareholder wealth：A risk management perspective. Academy of Management Review，30 (4)：777–798.

[54] Godfrey P C，Merrill C B，Hansen J M. 2009. The relationship between corporate social responsibility and shareholder value：An empirical test of the risk management hypothesis. Strategic Management Journal，30 (4)：425–445.

[55] Goldstein J S. 1992. A conflict–cooperation scale for WEIS events data. Journal of Conflict Resolution，36 (2)：369–385.

[56] Greening D W，Turban D B. 2000. Corporate social performance as a competitive advantage in attracting a quality workforce. Business & Society，39 (3)：254–280.

[57] Gunthorpe D. 1997. Business ethics：A quantitative analysis of the impact of unethical behavior by publicly traded corporations. Journal of Business Ethics，16 (5)：537–543.

[58] Hemingway C，Maclagan P. 2004. Managers' personal values as drivers of corporate social responsibility. Journal of Business Ethics，50 (1)：33–44.

[59] Henisz W J. 2000a. The institutional environment for economic growth. Economics and Politics，12 (1)：1–31.

[60] Henisz W J. 2000b. The institutional environment for multinational investment. Journal of Law Economics & Organization，16 (2)：334–364.

[61] Henisz W J. 2004. Political institutions and policy volatility. Economics and Politics，16 (1)：1–27.

[62] Henisz W J，Delios A. 2001. Uncertainty，imitation，and plant location：Japanese multinational corporations，1990–1996. Administrative Science Quarterly，46 (3)：443–475.

[63] Henisz W J，Zelner B A. 2005. Legitimacy，interest group pressures and institutional change in emergent institutions：The case of foreign investors and home country governments. Academy of Management Review，30 (2)：361–382.

［64］ Hersch J. 1991. Equal employment opportunity law and firm profitability. Journal of Human Resources, 26（1）: 139-153.

［65］ Hillman A J, Hitt M A. 1999. Corporate political strategy formulation: A model of approach, participation and strategy decisions. Academy of Management Journal, 24（4）: 825-842.

［66］ Hillman A J, Keim G D. 2001. Shareholder value, stakeholder management, and social issues: What's the bottom line? Strategic Management Journal, 22（2）: 125-139.

［67］ Hoepner A G, Yu P-S, Ferguson J. 2010. Corporate social responsibility across industries: When can who do well by doing good? SSRN eLibrary.

［68］ Holburn G L F, Zelner B A. 2010. Policy risk, political capabilities and international investment strategy: Evidence from the global electric power industry. Strategic Management Journal, 31（12）: 1290-1315.

［69］ Husted B, Allen D. 2006. Corporate social responsibility in the multinational enterprise: Strategic and institutional approaches. Journal of International Business Studies, 37（6）: 838-849.

［70］ Jennings P, Zandbergen P. 1995. Ecologically sustainable organizations: An institutional approach. Academy of Management Review, 20（4）: 1015-1052.

［71］ Jensen M C. 2002. Value maximization, stakeholder theory, and the corporate objective function. Business Ethics Quarterly, 12（2）: 235-256.

［72］ Jensen M C, Meckling W H. 1976. Theory of the firm: Managerial behavior, agency costs and ownership structure. Journal of Financial Economics, 3（4）: 305-360.

［73］ Jones T M. 1995. Instrumental stakeholder theory: A synthesis of ethics and economics. Academy of Management Review, 20（2）: 404-437.

［74］ Karpoff J, Lee D, Vendrzyk V. 1999. Defense procurement fraud, penalties, and contractor influence. Journal of Political Economy, 107（4）: 809-842.

［75］ Karpoff J, Lott J Jr. 1993. The reputational penalty firms bear from committing criminal fraud. Journal of Law and Economics, 36（2）: 757-802.

［76］ Karpoff J, Lott J Jr, Wehrly E. 2005. The reputational penalties for environmental violations: empirical evidence. Journal of Law and Economics, 48: 653-675.

［77］ Kim H-R, Lee M, Lee H-T, Kim N-M. 2010. Corporate social responsibility and employee-company identification. Journal of Business Ethics, 95（4）: 557-569.

［78］ King A A, Lenox M J. 2001. Does it really pay to be green? An empirical study of firm environmental and financial performance. Journal of Industrial Ecology, 5（1）: 105-116.

［79］ King G, Lowe W. 2003. An automated information extraction tool for international conflict data with performance as good as human coders: A rare events evaluation design. International Organization, 57（3）: 617-642.

［80］ King B, Soule S. 2007. Social movements as extrainstitutional entrepreneurs: The effect of protests on stock price returns. Administrative Science Quarterly, 52（3）: 413-442.

［81］ Kitzmueller M, Shimshack J. 2012. Economic perspectives on corporate social responsibility. Journal of Economic Literature, 50 (1): 51-84.

[82] Kobrin S. 1979. Political risk: A review and reconsideration. Journal of International Business Studies, 10: 67-80.

[83] Kotchen M J. 2006. Green markets and private provision of public goods. Journal of Political Economy, 114 (4): 816-834.

[84] Kytle B, Ruggie J G. 2005. Corporate social responsibility as risk management: A model for multinationals. Harvard University's John F. Kennedy School of Government's Corporate Social Responsibility Working paper 10, Cambridge MA.

[85] Lacey R. 2007. Relationship drivers of customer commitment. Journal of Marketing Theory & Practice, 15 (4): 315-333.

[86] Lance C E, Butts M M, Michels L C. 2006. The sources of four commonly reported cutoff criteria: What did they really say? Organizational Research Methods, 9 (2): 202-220.

[87] Lassonde P. 2003. How to earn your social license. Mining Review, (Summer), 7-13.

[88] LeBreton J M, Senter J L. 2008. Answers to 20 questions about interrater reliability and interrater agreement. Organizational Research Methods, 11 (4): 815-852.

[89] Levitt T. 1958. The dangers of social responsibility. Harvard Business Review, 36 (5): 41-50.

[90] Liu Y. 2009. Investigating external environmental pressure on firms and their behavior in Yangtze River Delta of China. Journal of Cleaner Production, 17 (16): 1480-1486.

[91] Loughran T, McDonald B. 2011. When is a liability not a liability? Textual analysis, dictionaries, and 10-Ks. Journal of Finance, 66: 35-65.

[92] Mackey A, Mackey T B, Barney J B. 2007. Corporate social responsibility and firm performance: Investor preferences and corporate strategies. Academy of Management Review, 32 (3): 817-835.

[93] Margolis J, Elfenbein H, Walsh J. 2007. Does it pay to be good? A meta-analysis and redirection of research on the relationship between corporate social and financial performance. Mimeo, Harvard Business School: Boston, MA.

[94] Margolis J, Walsh J. 2003. Misery loves companies: Rethinking social initiatives by business. Administrative Science Quarterly, 48 (2): 268-305.

[95] Marquis C, Glynn M A, Davis G F. 2007. Community isomorphism and corporate social action. Academy of Management Review, 32 (3): 925-945.

[96] Maxwell J W, Lyon T P, Hackett S C. 2000. Self-regulation and social welfare: The political economy of corporate environmentalism. Journal of Law and Economics, 43: 583-617.

[97] McClelland C. 1971. World Event/Interaction Survey. Inter-University Consortium for Political Research: Ann Arbor, MI.

[98] McGuire J B, Sundgren A, Schneeweis T. 1988. Corporate social responsibility and firm financial performance. Academy of Management Journal, 31 (4): 854-872.

［99］ McWilliams A，Siegel D. 2001. Corporate social responsibility：A theory of the firm perspective. Academy of Management Review，26（1）：117–127.

［100］ Miller M H，Upton C W. 1985a. The pricing of oil and gas：Some further results. Journal of Finance，40（3）：1009–1018. .

［101］ Miller M H，Upton C W. 1985b. A test of the hotelling valuation principle. Journal of Political Economy，93（1）：1–25.

［102］ Mohr L，Webb D. 2005. The effects of corporate social responsibility and price on consumer responses. Journal of Consumer Affairs，39（1）：121–147.

［103］ Nebus J，Rufin C. 2010. Extending the bargaining power model：Explaining bargaining outcomes among nations，MNEs and NGOs. Journal of International Business Studies，41（6）：996–1015.

［104］ Porter M E，Kramer M R. 2006. Strategy & society：The link between competitive advantage and corporate social responsibility. Harvard Business Review，84（12）：78–92.

［105］ Porter M，Kramer M. 2011. Creating shared value. Harvard Business Review，89（1/2）：62–77.

［106］ Post J，Preston L，Sauter–Sachs S. 2002. Redefining the Corporation：Stakeholder Management and Organizational Wealth. Stanford University Press：Stanford，CA.

［107］ Rao H. 1994. The social construction of reputation：Certification contests，legitimation，and the survival of organizations in the American automobile industry：1895–1912. Strategic Management Journal，15（S1）：29–44.

［108］ Rehbein K，Waddock S，Graves S B. 2004. Understanding shareholder activism：Which corporations are targeted? Business & Society，43（3）：239–267.

［109］ Roberts P W，Dowling G R. 2002. Corporate reputation and sustained superior financial performance. Strategic Management Journal，23（12）：1077–1093.

［110］ Rowley T J. 1997. Moving beyond dyadic ties：A network theory of stakeholder influences. Academy of Management Review，22（4）：887–910.

［111］ Rowley T，Berman S. 2000. A brand new brand of corporate social performance. Business & Society，39（4）：397–418.

［112］ Rowley T J，Moldoveanu M. 2003. When will stakeholder groups act? An interest–and identity–based model of stakeholder group mobilization. Academy of Management Review，28（2）：204–219.

［113］ Salmones M，Crespo A，Bosque I. 2005. Influence of corporate social responsibility on loyalty and valuation of services. Journal of Business Ethics，61（4）：369–385.

［114］ Schrodt P. 1995. Event data in foreign policy analysis. In Foreign Policy Analysis：Continuity and Change in Its Second Generation，Neack L，Haney P J，Hey J A K（eds）. Prentice Hall：Englewood Cliffs，NJ；145–166.

［115］ Shahzad A，David P，Sharfman M. 2011. Corporate governance and CSP：Does aligning managers with shareholders help or hurt stakeholders?

[116] Sharfman M P, Fernando C S. 2008. Environmental risk management and the cost of capital. Strategic Management Journal, 29 (6): 569-592.

[117] Smith-Crowe K, Burke M J, Kouchaki M, Signal S. 2013. Assessing interrater agreement via the average deviation index given a variety of theoretical and methodological problems. Organizational Research Methods, 16: 127-151.

[118] Stuart T E. 1999. Interorganizational alliances and the performance of firms: A study of growth and innovation rates in a high-technology industry. Strategic Management Journal, 21: 791-811.

[119] Sundaram A K, Inkpen A C. 2004. The corporate objective revisited. Organization Science, 15 (3): 350-363.

[120] Surroca J, Tribó J A. 2008. Managerial entrenchment and corporate social performance. Journal of Business Finance & Accounting, 35 (5-6): 748-789.

[121] Tetlock P C, Saar-Tsechansky M, Macskassy S. 2008. More than words: Quantifying language to measure firms' fundamentals. Journal of Finance, 63 (3): 1437-1467.

[122] Thomson I, Boutilier R G. 2011. Social license to operate. In SME Mining Engineering Handbook, Darling P (ed). Society for Mining, Metallurgy and Exploration: Littleton, CO, 1779-1796.

[123] Turban D, Greening D. 1997. Corporate social performance and organizational attractiveness to prospective employees. Academy of Management Journal, 40 (3): 658-672.

[124] Villalonga B. 2004. Intangible resources, Tobin's q, and sustainability of performance differences. Journal of Economic Behavior & Organization, 54 (2): 205-230.

[125] Vogel D. 2005. The Market for Virtue: The Potential and Limits of Corporate Social Responsibility. Brookings Institution Press: Washington, DC.

[126] Waddock S. 2000. The multiple bottom lines of corporate citizenship: Social investing, reputation, and responsibility audits. Business and Society Review, 105 (3): 323-345.

[127] Waddock S, Graves S. 1997. The corporate social performance-financial performance link. Strategic Management Journal, 18 (4): 303-319.

[128] Weigelt K, Camerer C. 1988. Reputation and corporate strategy. Strategic Management Journal, 9: 443-454.

[129] Zaheer S. 1995. Overcoming the liability of foreignness. Academy of Management Journal, 38 (2): 341-363.

[130] Zingales L. 2000. In search of new foundations. Journal of Finance, 55 (4): 1623-1653.

[131] Zivin J G, Small A. 2005. A modigliani-miller theory of altruistic corporate social responsibility. BE Journal of Economic Analysis & Policy, 5 (1): 1-21.

企业社会绩效与高管薪酬的关系：基于利益相关方理论和人力资本视角 *

Peter M. Madsen, John B. Bingham

【摘 要】企业社会绩效（corporate social performance，CSP）与高管薪酬（executive compensation）之间的关系可能受以下两个因素的影响：第一，筛选效应（sorting effect），即公司的企业社会绩效与新聘高管的初始薪酬水平有关；第二，激励效应（incentive effect），即在任高管因为公司过去的企业社会绩效而获得相应的回报。然而，现有的实证研究仅针对激励效应一个因素。本研究与此不同，我们考察公司的企业社会绩效对新聘高管起始薪酬的筛选效应。为此，基于利益相关方理论和人力资本理论的整合视角，我们构建了一个新颖的研究思路，并指出新聘高管的起始薪酬与公司的企业社会绩效强项（CSP strengths）和企业社会绩效忧患（CSP concerns）存在正相关关系。同时，这种关系的强度随着高管角色的不同（作为利益相关方管理责任的功能）而变化。本文采用由标准普尔1500家公司中新聘高管组成的研究样本，所提出的理论模型得到了验证。

【关键词】企业社会绩效；高管薪酬；利益相关方理论；人力资本理论

引 言

各商学领域众多学者的研究常常关注企业社会绩效（corporate social performance）的作用——一个公司的各项活动对其利益相关方和更广泛的社会状况的影响——以及它与企业财务绩效的关系（Mackey，Mackey & Barney，2007；Orlizky，Schmidt & Rynes，2003）。这个领域最新的研究是关于企业社会绩效对高管薪酬的影响（Benson & Davidson，2010；Berrone & Gomez-Mejia，2009；Coombs & Gilley，

---

* Peter M. Madsen, John B. Bingham. 2014. A Stakeholder-Human Capital Perspective on the Link between Social Performance and Executive Compensation. Business Ethics Quarterly, 24: 1–30.
初译由钱小军完成。

2005；Deckop，Merriman & Gupta，2006；Frye，Nelling & Webb，2006；Pandher & Currie，2013）。这些研究指出，企业社会绩效可能通过两个方面与高管薪酬发生联系：第一，当企业社会绩效与应聘高管接受公司聘请所要求的初始薪酬相关时，企业社会绩效对高管薪酬就存在筛选效应（Bhattacharya，Sen & Korschun，2008）；第二，如果高管薪酬随时间发生变化，以反映根据企业社会表现所取得的成效对公司高管进行奖励（或惩罚）的话，企业社会绩效对高管薪酬就存在激励效应（Berrone & Gomez-Mejia，2009；Coombs & Gilley，2005）。然而，这些现存的为数不多的研究在考察企业社会绩效对高管薪酬的影响时仅关注了激励效应（Benson & Davidson，2010；Berrone & Gomez-Mejia，2009；Coombs & Gilley，2005；Deckop et al.，2006；Frye et al.，2006），而忽略了对企业社会绩效筛选效应的研究。为填补上述研究空白，本文将从理论和实证两个方面研究企业社会绩效对高管薪酬的筛选效应。

很多实例显示，可以用负向筛选效应（negative sorting effects）来解释企业社会绩效和高管薪酬水平的关系，即高管在加入一家有较高企业社会绩效的公司时会愿意接受较低的起始薪酬。这种观点的内在逻辑是：在承担社会责任的公司里工作的机会可以替代高管们对高薪酬的期望（Penn，Schoen & Berland Associates，2010）。

另外，我们提出一个关于"企业社会绩效—高管起始薪酬"关系的理论新思路，认为它们之间存在正向筛选效应，即企业社会绩效与高管起始薪酬之间存在正相关关系。具体来说，综合了利益相关方理论与人力资本理论后，我们认为，企业社会绩效影响该公司高管管理工作的复杂程度和公司利益相关方的要求，公司高管必须为此具备某些技能。根据自我筛选逻辑（self-sorting logic），我们假设，工作对高管人力资本水平要求的差异与高管起始薪酬相关。我们基于以下前提假设对上述效应进行检验：企业社会绩效可以通过企业社会绩效强项和企业社会绩效忧患两种形式体现，而企业社会绩效强项及企业社会绩效忧患各自独立地与高管起始薪酬相关。随后，基于本文的研究理论框架假设，我们提出：企业社会绩效强项及企业社会绩效忧患与高管起始薪酬正相关，但是这一正相关关系的强度随着承担利益相关方责任的高管角色的不同而变化。我们采用 1992~2008 年美国上市公司企业社会绩效与高管薪酬数据所组成的大规模样本，对上述假设进行了检验。最后，我们就本研究的发现在企业社会责任和高管薪酬研究领域中的意义进行讨论。

理论与假设

企业社会绩效

关于"私有企业在社会中应扮演什么角色"的讨论已持续了超过一个世纪，并且至今仍然没有结束的征兆（Bradley，Schipani，Sundaram & Walsh，1999；Harrison & Wicks，2013；Jones & Felps，2013）。而在最近的几十年里，这些争论主要围绕在对企业社会责任的界定抑或企业领导者应该为谁争取利益这样的问题上。对于这个问题的回答尽管存在诸多观点，然而这些观点实际上可以被划分为两大阵营，一个阵营的观点是"企业仅应对其股东负责（在遵守法律的前提下）"，另一个阵营的观点认为企业对股东以外的其他利益相关群体也有与生俱来的责任。前者的观点可以用弗里德曼（Friedman）的一句名言很好地进行概括，即"对于企业而言，有且仅有一个社会责任，那就是利用它们所拥有的资源，参与以增加利润为目的的活动"（Friedman，1970）；而后者的观点则可用 Bowen 的一句警戒很好地加以概括，即"公司应该自愿根据社会目标和价值观制定政策，做出决策，并遵守行为准则"（Bowen，1953）。

尽管两大阵营在关于企业社会责任的争论中所用的逻辑貌似不可调和，但来自各学科企业社会责任研究领域的研究者已逐渐转向关注以下问题："企业在承担社会责任的同时是否也能实现高绩效？"（Can firms do well by doing good?）（Margolis & Walsh，2003；McWilliams & Siegel，2002；Wartick & Cochran，1985；Whetten，Rands & Godfrey，2002）。这些研究没有停留于哲学层面对企业社会责任进行讨论的做法，而是寻求对企业社会绩效以及企业社会绩效和企业财务绩效的关系进行评价（Mackey et al.，2007；Orlitzky et al.，2003）。这些研究认为，企业社会绩效可以提升企业财务绩效，从而使企业的社会目标和经济目标能够很好地兼容起来。正如 Jensen 所指出的："很显然，忽视或怠慢任何重要的利益相关群体，我们都不可能实现公司长远市场价值的最大化。没有与顾客、员工、投资者、供应商、政府管理部门及社区等形成良好的关系，我们将不能创造价值"（Jensen，2002）。从这一观点出发，企业高管不必面对"企业财务价值最大化"和"承担社会责任"的权衡取舍；相反，他们需要面对"理解企业所参与的众多社会活动如何能为企业创造财务价值"的挑战（Harrison & Wicks，2013）。

学者们对企业社会绩效带来企业财务收益的各种途径进行了考察研究。例如，看重企业社会绩效的顾客会选择光顾重视社会投资的企业（而不是这家企业的竞争对手）（Baker & Sinkula，2005）；对社会举措（social initiatives）的参与能够引导企业开发有价值的新技术，为企业带来相比于原有工艺更多的财务和社会优势（Porter & van der Linde，1995a，1995b）。其他研究则认为，企业社会绩效可以作为企业的一种声誉保险（reputational insurance），能使企业避免消极事件可能给企业带来的灭顶之灾（Godfrey，Merrill & Hansen，2009）。此外，企业社会绩效还可以通过赋予该企业在劳动力市场上超越其竞争对手的竞争优势，从而使该企业在财务上获益（Cone Communications，2007；Rupp，Ganapathi，Aguilera & Williams，2006）。正是因为这个原因，企业社会绩效对于求职者企业认知的影响已获得学术界的高度关注（Albinger & Freeman，2000；Bauer & Aiman-Smith，1996；Turban & Greening，1997）。特别是，已有众多证据表明，企业社会绩效是高管决定是否加入一个企业时的重要考虑因素之一。

有关企业社会绩效和高管薪酬的已有研究

前文已经提到，研究文献提出了有关企业社会绩效与高管薪酬关系的两个不同机制，即筛选机制和激励机制。所有关于企业社会绩效与高管薪酬关系的已有实证研究均只对激励机制进行了探讨。激励机制认为，董事会基于公司所实现的企业社会绩效给企业高管相应的回报（Berrone & Gomez-Mejia，2009；Coombs & Gilley，2005）。此类文献所采纳的主要理论观点来源于代理理论（agency theory）。代理理论认为，公司委托人（如以公司董事会成员为代表的公司股东）和代理人（如负责企业具体运营的公司高管）之间存在固有的利益冲突，原因是代理人可能会选择利用公司资源为自己（而非委托人）谋利，而由于监督成本较高，委托人难以确保上述事情不会发生（Eisenhardt，1989；Jensen & Meckling，1976）。在企业情形下，代理理论意味着董事会必须对企业绩效进行评估并根据绩效评估的结果对高管进行相应的激励。然而，企业绩效是一个复杂的、多维度的概念（Ittner & Larcker，1998，2003；Kaplan & Norton，1996），绩效考核工作因而也会变得非常复杂。基于对这个问题的认识，代理理论研究学者认为，对企业无形资产，如研发、人才开发、顾客满意度和社区关系等的测量可为公司未来的财务绩效提供额外信息，因而在确定高管薪酬时，除了考虑当前财务绩效指标外，还应该对上述因素进行考量（Ittner & Larcker，2003；Prendergast，1999）。

只有当董事会相信企业社会绩效是一种能为公司带来未来财务绩效的无形资产时，董事会才会因公司所实现的企业社会绩效对高管进行相应的奖励，因而使企业社会绩效和高管薪酬呈现出正相关关系。Berrone 和 Gomez-Mejia（2009）以及 Coombs 和 Gilley（2005）将代理理论的上述逻辑应用于探讨企业绩效与 CEO 薪酬的关系。Berrone 和 Gomez-Mejia（2009）在他们的研究中发现企业环境绩效（企业社会责任的一个维度）会对化工行业的高管薪酬产生正向影响。而 Coombs 和 Gilley（2005）同样基于代理理论逻辑构建了他们的预测，但是以若干行业的上市公司为研究样本，这些预测并未得到支持。他们发现，企业社会绩效对 CEO 薪酬产生的是负向影响。

企业社会绩效影响高管薪酬的另一个可能机制是筛选机制。筛选机制认为，企业社会绩效会与应聘高管在接受公司聘请时所要求的初始薪酬水平相关。据我们所知，目前还没有实证研究对该机制进行探讨和证实，但存在大量与此有关的研究。大量的这类研究源自企业社会绩效研究领域中被称为"人才管理"的研究（talent management approach）（Bhattacharya et al.，2008）。"人才管理"观点认为，企业的社会绩效将会给企业带来劳动力市场上超越其竞争对手的人才资源及管理优势，从而为该企业创造财务价值。认同"人才管理优势"观点的学者一般认为，企业对社会负责的行为有利于它们吸引、甄选和留住高质量的员工。例如，那些提倡对社会负责任行为的企业会向劳动力市场更清楚地传递良好雇主声誉的信号，从而吸引大量前来求职的应聘者（Cable & Turban，2003；Fombrun & Shanley，1990；Turban & Cable，2003）。有很多社会绩效举措的企业会被认为是雇员导向的企业（Turban & Greening，1997），相对于很少或根本没有社会绩效举措的企业来说，求职者对前者会有更强的求职意愿，且更倾向于接受前者的聘用（Greening & Turban，2000）。另外，还有研究认为，当员工感知到企业在社会责任方面有所投入时，他们会对企业有更强的认同感（Brammer，Millington & Rayton，2007）。

人才管理思路也延伸至高管劳动力市场。在高管劳动力市场中，人才管理效应可能更为显著，原因是高管的薪酬比其他员工要高很多，而且高管所采取的行动对公司绩效的影响更为直接（Hambrick & Mason，1984）。有些研究基于人才管理观点认为，那些选择在高企业社会绩效公司工作的高管可能会接受比劳动力市场一般水平略低的薪酬待遇。例如，在 Students for Responsible Business 组织的一项针对全美国范围 MBA 学生的调查中，超过一半的被调查学生表示，他们愿意接受稍低的起始薪资待遇去为有社会责任的企业工作（Dolan & Munk，1997）。这些结果显示，未来可能成为企业高管的人可能会为加入高企业社会绩效的公司而牺牲一部分收入。与此相类似，还有研究指出，高管之所以愿意服务于高企业社会绩效公司是因为他们在这样的公司会有较少的声誉风险。例如，Brander（2006）认为，相比于在较低企业社会绩效公司工作的高管，那些在较高企业社会绩效公司工作的高管更愿意接受较低的薪酬待遇，而且该研究证明了这一点。

上述两项研究的发现与人才管理优势思路所认为的负向筛选效应在高管群体中存在的观点是相吻合的，更具体地来说，高管们更愿意接受较低的起始薪酬去加入高企业社会绩效的公司，而不是接受较高的起始薪酬去加入低企业社会绩效的公司。然而，正如前面已经提到的那样，上述假设并未得到实证研究的证明 ［Brander（2006）的研究并未关注高管的起始薪酬］。而且，与之相反的假设（即正向筛选效应）也是可能存在的。在本文接下来的部分，我们将基于人力资本理论和利益相关方理论的整合视角，对这样一个"正向筛选效应"观点进行讨论。

人力资本理论和利益相关方理论

人力资本（human capital）是指人们所拥有并能使其自身产生经济价值的知识、技能、能力和胜任力，它包括教育、技能和以其他形式存在的知识等个人层面的资源（Becker，1993）。企业高管们通过多年职场经验的积累形成了自己的人力资本，而这些人力资本为他们带来了以工资报酬为形式的收益。相信自己拥有某种特定人力资本的高管会寻求能让他们从这些特定技能中获得经济收益的就职机会（Abdel-khalik，2003）。人力资本理论认为，人力资本存在两种基本类型：①通用人力资本（general human capital），这些人力资本对很多公司都是有价值的；②与特定公司相关的人力资本（firm-specific human capital），该人力资本仅能在某特定公司产生价值（因为它与该公司的特点、流程和技术存在优势互补关系）（Becker，1962；DeAngelo，1982）。人力资本理论认为，对人力资本（无论是通用人力资本，还是与特定公司相关的人力资本，抑或二者兼具）要求高的工作，而不是对人力资本要求低的工作，应当与更高的起始薪酬相对应。

与此相关，利益相关方理论研究企业如何管理自身与众多利益相关方（constituents）的互动和相互依赖关系（Agle，Donaldson，Freeman，Jensen，Mitchell & Wood，2008；Freeman，1984；Mitchell，Agle & Wood，1997）。利益相关方包括股东、员工、顾客、供应商和公司所在的社区（Freeman，1984）。利益相关方还可能包括监管机构、自然环境和其他可能受企业影响的群体。另外，企业社会绩效一般被视作公司为维护各利益相关方权益所付出的努力（Wood，1991，2010）。虽然利益相关方理论与企业社会绩效的理论逻辑之间存在相容性，但它们的观点还是有所不同（Elms，Johnson-Cramer & Berman，2011）。实际上，Freeman（1984）关于利益相关方的研究并没有明显地表达对社会责任绩效的好恶，也没有对企业与社会的关系进行详细阐述或提供规范标准。

因为利益相关方视角把企业管理的责任延伸至有助于改进社会和财务状况的更宽泛的利益范围（Hill & Jones，1992；Wood，1991），在重视利益相关方利益的公司里，高管们必须具备或开发出使他们能实现上述目标的特定人力资本。接下来，我们将从人力资本理论和利益相关方理论的整合视角出发，对"通用人力资本和公司特殊人力资本如何提高高管起始薪酬"这一问题进行分析说明。

通用人力资本

通用人力资本是那些不专属于某一特定业务或公司类型，并能在各个公司间相互转移的高管知识、技能、能力和胜任力（Becker，1964）。公司一般会出于两个原因为高管的通用人力资本支付更高的薪酬：第一，与通用人力资本相联系的知识、技能和能力在劳动力市场上是被普遍看重的，并且很可能直接适用于众多公司。因为通用技能是便携性的，公司可直接获取由这些通用技能创造或控制的资源所产生的价值。第二，高管从一家公司跳槽至另一家公司会承担相应的风险，因为他们对新雇主几乎不了解，因而可能缺乏相应的能力去判断他们所拥有的通用技能是否能满足新工作的要求（Hambrick & Finkelstein，1995）。跳槽还可能给他们带来因绩效不好或失业所造成的跌价风险，从而削弱他们再次找到有较好薪酬待遇和同样受人尊重的工作的能力（Harris & Helfat，1997）。由于通用人力资本在劳动力市场上的重要价值，同时高管在转换雇主时所承受的巨大风险，公司需要对高管的通用人力资本进行相应的薪资补偿以吸引他们选择加入自己而不是其他企业（Becker，1962；Crook，Todd，Combs，Woehr & Ketchen，2011）。

公司特殊人力资本

另外，公司特殊人力资本是指那些专属于某一特定企业、无法在企业间相互转移的知识、技能、能力和胜任力。公司特殊人力资本对于劳动力市场并不像在特定企业内部那样有价值。从高管的角度来说，对这类技能进行投资也是具有风险的，因为当他们从某一特定公司转移到其他公司时，他们或许不能从已经培养出来的公司特殊技能上获得回报。因此，高管往往会因为需要为特定的公司开发公司特殊人力资本，并且需要在未来加入另一家公司时放弃已经开发的公司特殊人力资本的未来回报而要求薪酬补偿。人力资本理论专家认为，用当期薪酬去换取未来开发公司特殊人力资本的期望表现在员工在接受需其开发公司特殊人力资本的工作岗位时会有较高的起始薪酬。例如，Scoones 和 Bernhardt（1998）曾经指出，"对未来需要掌握某种特殊技能的薪酬补偿应当包含在起始薪酬中"。因此，如果一家公司期待高管在加入公司后开发专属于该企业的特殊人力资本，那么应聘高管在加入这家公司时就应当提出较高的初始薪酬待遇要求（Blair，1995；DeAngelo，1982；Kochan & Rubinstein，2000）。Harris 和 Helfat（1997）的研究支持上述观点，他们证明了来自企业外部的继任者（即从别的公司跳槽来的高管）比企业内部的继任者有更高的初始薪酬，因为外部继任者需要开发专属于受雇企业的新技能。

利益相关方—人力资本整合视角

如前所述，关于公司有益于利益相关方的措施是否及如何影响企业财务绩效的讨论仍在继续。然而，企业社会绩效的诸多方面在很大程度上是与公司短期财务绩效不一致的（Margolis & Walsh，2003；McWilliams & Siegel，2002）。由于这个原因，与那些在有较少企业社会绩效举措的公司中工作的高管相比，在有较多企业社会绩效举措的公司中工作的高管会被要求承担更多更宽泛的责任，因为他们在完成公司运营和财务绩效的同时，还被要求处理好企业与众多利益相关方的关系（Agle，Mitchell & Sonnenfeld，1999）。因此，相对于在有较少企业社会绩效举措的公司工作来说，在有较多企业社会绩效举措的公司工作的高管需要承担更广泛的责任，具备更多的通用人力资本并开发出更多公司特殊人力资本，从而能够有效管理公司与众多利益相关方的关系并履行好其他公司职能。与利益相关方建立关系并对这些关系进行有效管理是高管劳动力市场特别重视且具有普遍适用性的技能（属于通用人力资本），但是与公司某些特定利益相关方所建立起来的关系则可能专属于特定的公司而不一定具有可转移性（属于公司特殊人力资本）（Becker，1964；Deckop et al.，2006；Hillman & Keim，2001；Mitchell et al.，1997；Sturman，Walsh & Cheramie，2008）。综上，有效的利益相关方关系管理既需要通用人力资本，又需要公司特殊人力资本（Deckop et al.，2006；Jawahar & McLaughlin，2001）。

因此，由于重视企业社会绩效的公司的工作要求更具挑战性，高管在加入这样的公司时会要求得到更高的起始薪酬待遇，以确保他们对这些公司的特殊要求和期待的满足能得到公平的薪酬回报。上述观点的潜在逻辑与人力资本理论及高管在接受需要付出更艰辛努力的工作时会要求"补偿性工资"的观点是相互吻合的（Borjas，2008；Brander，2006）。也就是说，与其他条件相同但是没有这些苛刻要求的工作相比，公司需要对高管付出额外的薪资补偿以激励他们接受这些要求更高的工作。因此，相对于加入其他公司，选择加入强调企业社会绩效的公司的高管需要被支付更高的起始薪酬以激励他们接受要求更高的工作、承担更大的风险以及具备更高的信息加工能力以处理公司与众多利益相关方的关系。Henderson 和 Fredrickson（1996）的研究支持上述观点，该研究指出，董事会成员通常会根据岗位对信息加工方面的要求设定高管薪酬，因为估量岗位对高管在信息加工方面的要求比估量高管的边际绩效贡献相对更容易些。

综上，基于利益相关方—人力资本视角，我们认为，企业对高管工作的要求与企业社会绩效相联系。强调企业社会绩效的公司的高管工作一般会由于与各利益相关方互动的要求而变得比其他公司的高管工作更为复杂。同时，因为工作更为复杂，重视企业社会绩效的公司要求高管具有更高水平的通用人力资本和公司特殊人力资本。因为公司必须为这些人力资本的更高要求对应聘高管做出补偿，所以重视企业社会绩效的公司也被认为应当向高管提供比别的公司更高的初始薪酬。

企业社会绩效强项和企业社会绩效忧患（CSP strengths and concerns）

利益相关方—人力资本视角的逻辑还假设企业社会绩效在公司中会有不同的表现，也就是说，企业的社会活动在公司层面有差异，而这些社会活动通常通过与众不同的特征或属性来反映。尽管已经有很多描述公司社会活动类型的文献（Carroll，1979；Freeman，1984；Mitroff，1983），但在本文中我们采用 Mattingly 和 Berman（2006）的观点，他们认为企业社会绩效有"强项"（strengths，正面的）和"忧患"（concerns，负面的）两种形式。Mattingly 和 Berman（2006）发现，企业社会绩效强项指标和企业社会绩效忧患指标是两个相对独立的概念，应该在理论上和实证上分开加以考虑（MaGuire，Dow & Argheyd，2003；Wong，Ormiston & Tetlock，2011）。在阐述和建立假设时，我们赞成关于"社会响应"（social responsiveness）的上述维度划分，并且认为企业社会绩效强项和企业社会绩效忧患可能会对高管起始薪酬产生分化作用。

企业社会绩效强项代表着公司所采取的能让一个或多个利益相关群体受益或将公司的生产流程与利益相关群体利益相结合的行动。企业社会绩效强项是公司对利益相关方期望规范性地参与公司事务的积极和主动回应（Mattingly & Berman，2006），它是公司所采取的表明自己承诺对利益相关方负责的各种活动，其中包括积极对待女性和少数群体员工、支持当地社区的建设项目、研制安全和高质量产品以及诚实地做广告宣传等。

由于企业高管们必须协调与众多利益相关方之间的关系，在积极主动承担社会责任的公司（即具有较多企业社会绩效强项的公司）工作的高管需要承担复杂程度和要求更高的任务，因此，他们需要开发出比那些在具有较少企业社会绩效强项的公司工作的高管更高水平的人力资本。[①] 由于企业高管们也了解，有较多企业社会绩效强项的公司会对他们处理利益相关方关系的能力提出更高的要求，因此具有所需技能的高管更可能寻求加入具有较多企业社会绩效强项的公司，因为在这样的公司里，他们的这些技能会得到应有的回报（Abdel-khalik，2003；Lazear，2000）。综上，企业社会绩效强项和高管起始薪酬水平的关系应该是正向的。或者，

---

① 我们认同人力资本研究文献中有关公司特定人力资本与较低薪酬水平有关的结论，因为高管无法将公司特定人力资本转移到公开的劳动力市场（Agarwal，1981）。然而，我们认为，作为对未来需要开发公司特定人力资本的交换，对当前薪酬的高期望通过高管进入需要开发公司特定人力资本岗位时的较高初始薪酬得到反映。

更正式地：

假设 1a：与低企业社会绩效强项公司的高管相比，高企业社会绩效强项公司的高管有更高的起始（第一年）薪酬水平。

反过来，企业社会绩效忧患意味着公司没能有效地将生产流程与利益相关方利益进行整合，这常常表现为公司所采取的活动会——即使是无意的——伤害一个或多个利益相关群体。具有较多企业社会绩效忧患的公司要求高管具备通过公司活动降低公司因对利益相关群体造成损害而带来的潜在风险的能力。例如，为降低由公司在生产过程中所产生的有害副产品而引起的社区抗议给公司带来的声誉风险，高管需要理解那些难以实施的排放控制技术，"这可能失败或带来产品质量问题或无法预料的损失，而这些问题都可能需要公司高管去承担责任"（Berrone & Gomez-Mejia，2009）。这样的管理活动需要高管额外的时间、精力和承担更多的风险，并且也会给高管绩效带来不确定性，所有这些都要求公司高管对相应的人力资本进行更多的投资，而高管们也应因此得到相应的薪酬补偿。从自我筛选视角（self sorting perspective）出发，那些具备应对公司企业社会绩效忧患带来的复杂挑战所需技能的高管也会寻找能通过薪酬对自己成功完成这类任务的成就进行补偿的工作机会（Lazear，1998）。此外，那些接受存在较多企业社会绩效忧患的公司聘任的高管必须接受因公司损害利益相关方的行为而给自己带来的个人名誉损失（个人名誉也是人力资本的重要内容）的潜在风险。因此，这些高管会因自身人力资本所承担的上述风险而要求得到更高的薪酬补偿。据此，我们提出以下假设：

假设 1b：与低企业社会绩效忧患公司的高管相比，高企业社会绩效忧患公司的高管有更高的起始（第一年）薪酬水平。

高管薪酬与企业社会绩效：高管类型的作用

公司高管的不同职位在承担利益相关方关系的相关责任方面的内在固有差异为利益相关方—人力资本视角提供了另一个检验。不同的高管职位一般在管理公司与特定利益相关群体关系的责任方面存在差异，有些高管岗位在管理某一特定公司利益相关群体关系方面承担主要责任。例如，公司的首席人力资源官（chief human resources officer，CHRO）一般只承担与公司员工（包括潜在员工）——公认的一个利益相关群体——相关的直接责任（Wood，1991）。类似地，公司的首席财务官（chief financial officer，CFO）负责管理公司与投资者的关系。但是，公司的首席执行官（CEO）则需要承担综合平衡公司与所有利益相关方关系的完全责任（Agle et al.，1999）。此外，有的高管职位仅仅需要对公司内部的、运营性问题负责，而不直接承担利益相关方关系的责任，如在设有首席运营官（chief operations officer，COO）的公司，首席运营官的职责一般仅限于公司的内部运营工作，而不大会延伸至外部利益相关方关系（Banker，Hu，Pavlou & Luftman，2011）。

一个公司企业社会绩效的水平可能使高管处理特定利益相关方关系的工作变得更容易或更困难，从而相应地影响高管为更顺利地处理公司与利益相关方的关系所需的人力资本水平。对于那些因高企业社会绩效而使利益相关方责任变得较为容易的高管来说，企业社会绩效与高管起始薪酬的总体正向关系会相对减弱；而对于那些因高企业社会绩效而使利益相关方责任变得更为困难的高管来说，企业社会绩效与高管起始薪酬的总体正向关系则会相对增强。无论对企业社会绩效强项还是企业社会绩效忧患，都可能如此。例如，一般而言，相对那些在具有较少企业社会绩效强项的公司工作的 CEO，在具有较多企业社会绩效强项的公司工作的 CEO 会被要求去处理更难的工作，因为这些 CEO 除承担公司的总体绩效责任之外，还需要承担确保公司的活动兼容众多（不断变化着且存在潜在冲突的）利益相关方利益的全面责任。因此，在其他条件相同的情况下，与在具有较少企业社会绩效强项的公司工作的 CEO 相比，在具有较多企业社会绩效强项的公司工作的 CEO 会需要开发能够管理利益相关方相互冲突利益关系的更高水平的人力资本。当 CEO 们相信自己具备某公司所需要的处理各利益相关方利益的相关技能，并且会因此得到经济补偿时，他们就更可能选择加入该公司（Lazear，1998；Lazear & Oyer，2004）。综上所述，具有较多企业社会绩效强项的公司因对 CEO 额外人力资本的要求从而需要对 CEO 进行更多的经济补偿，使企业社会绩效和 CEO 起始薪酬之间呈现出比前面所说关于所有公司高管的总体关系更为正向的关系。

假设 2a：CEO 起始（第一年）薪酬水平与企业社会绩效强项的正向关系比其他高管职位更强。

同样，与公司其他高管职位相比，公司的企业社会绩效忧患会与 CEO 为成功履行职责所需的人力资本水平有更紧密的联系。具有较多企业社会绩效忧患的公司是那些企业活动会损害一个或多个利益相关群体利益的公司（Mattingly & Berman，2006）。除了负责正常的公司运营外，在具有许多企业社会绩效忧患的公司工作的 CEO 还必须处理由企业社会绩效忧患所带来的额外的公众和监管部门的详细审查。因此，相比在具有较少企业社会绩效忧患的公司工作的 CEO，在具有较多企业社会绩效忧患的公司工作的 CEO 为成功履行其角色，需要具备更高水平的人力资本。还是依据筛选逻辑，高管之所以加入一家公司是因为他们相信自己具备能很好履行工作职责的相关技能。具有较多企业社会绩效忧患的公司必须对高管应具备的额外人力资本进行经济补偿，从而使 CEO 的起始薪酬水平与企业社会绩效忧患比公司其他高管起始薪酬水平有更强的正向关系。

假设 2b：CEO 起始（第一年）薪酬水平与企业社会绩效忧患的正向关系比其他高管职位更强。

虽然企业社会绩效强项和企业社会绩效忧患对 CEO 人力资本提出了额外要求，但从人力资本—利益相关方视角认为，它们对企业其他高管职位会有不同的效应。本文前面提到，有些高管职位只承担公司与某一特定利益相关群体关系的主要责任。在很多情况下，人们会认为企业社会绩效强项能够简化这一责任，而企业社会绩效忧患将使这一责任复杂化。例如，公司的首席人力资源官（CHRO）只负责管理公司与现有员工及潜在员工的互动关系。有显著证据表明，企业社会绩效强项会促进公司与上述两个利益相关群体（即现有员工和潜在员工）的关系，而企业社会绩效忧患则会损害这一关系。企业社会绩效强项已被证明能够给员工带来很多重要的积极影响，如员工的组织承诺、企业公民行为以及员工保持率（Bhattacharya et al.，2008；Brammer et al.，2007；Fombrun & Shanley，1990）。同样，文献表明企业社会绩效强项对潜在员工也会产生重要的积极影响，如提高求职意愿和应聘者群的整体素质（Greening & Turban，2000；Turban & Cable，2003；Turban & Greening，1997）。无论是对现有员工还是对潜在员工，企业社会绩效忧患都会产生与企业社会绩效强项相反的影响。因此，在具有更多企业社会绩效强项的公司，CHRO 的利益相关方关系管理责任在客观上会变得更容易，因为公司里的员工倾向于对公司抱有好感；而在具有更多企业社会绩效忧患的公司，CHRO 的利益相关方关系管理责任在客观上会变得更困难，因为公司里的员工倾向于对公司没有好感。这就意味着，与具有较少企业社会绩效强项的公司相比，具有较多企业社会绩效强项的公司对 CHRO 的人力资本水平要求相对较低；而与具有较少企业社会绩效忧患的公司相比，具有较多企业社会绩效忧患的公司对 CHRO 的人力资本水平要求较高。

对于公司其他负责管理公司与某一特定利益相关群体关系的高管来说，类似的效应同样存在。例如，公司的首席销售和市场总监（chief sales and marketing officer，CSMO）主要负责管理公司与顾客的关系。正如公司与员工的关系一样，强有力的证据表明，企业社会绩效强项能促进公司与顾客的关系，而企业社会绩效忧患则会损害公司与顾客的关系。与具有较多企业社会绩效忧患的公司相比，顾客对具有更多企业社会绩效强项的公司的忠诚度会更高（Baker & Sinkula，2005；Brown & Dacin，1997；Dacin & Brown，2006；Schüler & Cording，2006）。此外，首席财务官（chief financial executive，CFO）的工作在具有较多企业社会绩效强项的公司中应当会相对容易，而在具有较多企业社会绩效忧患的公司中则会相对更难，因为企业社会绩效强项能够降低公司的资本成本，而企业社会绩效忧患则会增加公司的资本成本（El Ghoul，Guedhami，Kwok & Mishra，2011）。因此，在具有较多企业社会绩效强项的公司工作的 CSMO 和 CFO 比在具有较少企业社会绩效强项的公司工作的 CSMO 和 CFO 需要较少的人力资本，而在具有较多企业社会绩效忧患的公司工作的 CSMO 和 CFO 比在具有较少企业社会绩效忧患的公司工作的 CSMO 和

CFO 需要更高水平的人力资本，从而更好地满足他们所负责的利益相关群体的利益诉求。

正如上面的例子所显示的那样，公司的企业社会绩效强项可以简化那些只与单一利益相关群体打交道的非 CEO 高管的工作，而公司的企业社会绩效忧患则会使他们的工作复杂化。由于在具有较多企业社会绩效强项的公司，那些仅管理单一利益相关群体关系的高管（single-stakeholder executives）有效完成工作所需的人力资本水平会相对较低，因此我们预测，负责单一利益相关群体关系管理的高管的起始薪酬水平与企业社会绩效强项的正向关系弱于其他非 CEO 高管。反过来，因为负责单一利益相关群体关系管理的高管在具有较多企业社会绩效忧患的公司需要具备更多公司特殊人力资本，因此我们预测，与公司其他非 CEO 高管相比，负责单一利益相关群体关系管理的高管的起始薪酬水平与企业社会绩效忧患的正向关系更强。

假设 3a：负责公司单一利益相关方关系管理的高管的起始（第一年）薪酬水平与企业社会绩效强项的正向关系弱于其他非 CEO 高管。

假设 3b：负责公司单一利益相关方关系管理的高管的起始（第一年）薪酬水平与企业社会绩效忧患的正向关系强于其他非 CEO 高管。

方　法

数据和样本

我们以薪酬数据和企业社会责任数据均能够获得的公司的高管作为研究样本。分析所采用的单位是高管任职年（executive year）。我们的初始样本来自标准普尔 ExecuComp 数据库 1992（数据库包含的最早年份）至 2008 年（我们能够获取数据的最后一年）所包含的所有高管薪酬数据。ExecuComp 数据库基于标准普尔 1500 指数所列公司向美国证券与交易委员会报告的代理委托书内容对高管薪酬数据进行编辑和标准化。最初的样本包括薪酬数据 1992 年到 2008 年期间 ExecuComp 数据库的超过 30000 名高管的逾 200000 个高管任职年。

接下来，我们将 ExecuComp 数据库的薪酬数据与 Kinder、Lydenberg、Domini 和 Co., Inc.（KLD）数据库的企业社会绩效数据进行合并（KLD 数据库包含对公司在一系列社会问题上企业社会绩效表现的评级）。以往研究已对 KLD 社会评级数据所反映的公司层面社会活动做了分类（Mattingly & Berman, 2006），这个分类已成为对企业社会绩效进行学术研究的"当下实际标准"（Waddock, 2003）。因为在本样本涉及的时间期间内，被 KLD 数据库评价的公司数量不断增多，所以 20 世纪 90 年代中期以前，上述两套数据很少重叠。由此，我们对最初样本进行了限制：只选择有 KLD 评价的、发生在 1995~2008 年的高管任职年数据。因此得到的样本包含来自 1616 家公司的 56610 个高管任职年。最后，因为我们的研究主要考察企业社会绩效对高管是否决定进入某公司的影响，所以我们对样本进行了再一次限制：我们的样本仅包含高管任职的第一个完整年。最终样本包含来自 1596 家公司的 5193 个高管任职年。

另外，我们还从标准普尔 Compustat 数据库中获得了关于公司特征的数据。由于 Compustat 数据库覆盖了最终样本中所包含的所有公司，因此加入公司特征数据后并不需要对上述最终样本进行调整。

因变量

本研究希望解决的关键问题是企业社会绩效如何影响高管加入公司第一年的薪酬水平。因此，本研究中所用的因变量被称作总薪酬，是指高管在加入公司第一年内所获得的总体薪酬，我们采用 ExecuComp 数据库中主要用于测量总薪酬的指标 TDC1，该指标使用 Black-Scholes 公式估算公司期权在授予年份（而不是被执行年份）的价值。因为该指标反映了期权被授予高管时的实际价值，所以我们认为这是对高管总薪酬最合适的测量方法。

自变量

本研究中使用的最主要的自变量是企业社会绩效强项和企业社会绩效忧患指标。我们用 KLD 数据库中的数据构建这两个变量。KLD 数据库使用公司在环境或社会影响各方面所具有的强项或忧患来对公司的企业社会绩效进行评价。第一个自变量（即企业社会绩效强项）是 KLD 数据库所列出的公司在各方面社会绩效强项个数的总和；第二个自变量（即企业社会绩效忧患）则为 KLD 数据库所列出的公司在各方面社会绩效忧患个数的总和。为显示因果关系，企业社会绩效强项和企业社会绩效忧患的数据滞后一年，即使用比企业高管初始薪酬数据年份早一年的数据。

为检验假设 2a~3b（这些假设主要考察不同高管职位间的起始薪酬差异），我们为高管职位类型构建了三个相应的分类变量：①CEO，唯一对所有利益相关方负责的高管职位；②承担"单一利益相关方责任"的高管，仅对某一特定利益相关方负责的高管职位；③其他，即所有不是仅对单一利益相关方负责的非 CEO 高管（详见下文对单一利益相关方责任的定义）。变量 CEO 取值 1 表示该高管在该高管年担任公司 CEO，等于 0 则表示相反；单一利益相关方责任取值 1 表示该高管在该高管年担任公司 CFO、CHRO（或其他等价的职位，如人力资源副总 VP HR）、CSMO（或其他等价的职位，如营销副总 VP sales 或者市场副总 VP marketing）或者法律顾问。我们选择这几个高管职位主要是因为他们一般被认为属于七类常见公司"首席"高管职位行列（其他三个分别是 CEO、COO 和 CIO），并且他们仅对单一利益相关方负责，其中 CFO 负责管理公司与投资者的关系，CHRO 负责处理公司与员工的关系，CSMO 负责处理公司与顾客的关系，而法律顾问则负责处理公司与政府的关系（Groysberg，Kelly & MacDonald，2011）。"其他"是不属于上述两类的其他高管，取值 1 表示该高管的第一年工作职位不属于前述两种高管分类（很多公司的高管属于这一类别）。

计划的交互项

假设 2a~3b 认为，公司某些特定高管职位的起始薪酬水平与企业社会绩效强项和企业社会绩效忧患的关系不同于公司其他高管职位的起始薪酬水平与企业社会绩效强项和企业社会绩效忧患的关系。为了检验这些假设，我们考虑 CEO 和单一利益相关方责任分别与企业社会绩效强项和企业社会绩效忧患的四个交互关系。为减少交互项与自变量的共线性，在产生交互项时，所有自变量均经过中心化处理。

控制变量与分析

我们还在研究中控制了一些可能与高管薪酬有关的高管和公司特征。首先，我们引入各公司上一年的 ROA 值（ROA_{t-1}）以控制公司盈利对高管薪酬水平的影响。其次，我们对高管的董事会成员身份进行了控制。董事会成员身份取值 1 表示该高管兼任董事会成员，0 表示不兼任。另外，我们还引入了第二个分类变量来显示高管的薪酬委员会成员身份。薪酬委员会成员身份变量取值 1 表示该高管兼任薪酬委员会成员，0 表示不兼任。对这两个变量进行控制是考虑到高管的这些兼任身份对董事会的薪酬决定具有一定的影响力。最后，我们也对高管性别进行了控制。高管性别变量取值 1 代表女性高管，0 则代表男性高管。

我们还引入了反映公司规模的公司总资产（total assets）作为控制变量。总资产变量是公司总资产（以 10 亿[①] 美元做单位）的对数值。另外一个控制变量是流动率，即公司资产与公司负债的比率。在本研究中，流动率滞后一年，即使用高管薪酬数据前一年的流动率数据，用于解释公司流动性对高管薪酬的影响（Kadan & Swinkels，2008；Kim，2008；Liu & Mauer，2010）。我们还将两位数的标准行业分类（standards industrial classification，SIC）编码作为控制变量（行业固定效应），

---

① 原文似有误（thousands of dollars）——译者注。

以控制行业类型对高管薪酬的影响。最后，考虑到高管薪酬随时间变化的因素，我们在所有模型中都引入年固定效应（fixed year effects）作为控制变量。

我们对所有模型都采用普通最小二乘回归方法进行分析。然而，因为我们的数据存在以公司为单位的群（cluster），即同一家公司可能有多个高管同时存在于我们的样本中，如果公司间未被观察的异质性造成群内相关误差项的话，则最小二乘回归的假设条件可能就不满足。为了修正上述问题，在所有模型中我们仅报告按群修正的 Huber-White 误差（数据按公司组成群）。更进一步地，因为数据中包括同一公司随时间变化的重复观测值，如果观测值之间存在自相关的话，则最小二乘回归的假设条件也可能不成立。我们利用 Stata 软件中的 xtserial 功能对自相关进行了 Wooldridge 检验（Wooldridge，2002）。Wooldridge 检验统计量结果不显著，表明本研究样本中不存在自相关。

结　果

表 1 包含本研究中所有变量的描述性统计和相关性分析的结果。可以看出，没有任何两个变量的相关性高到足以让人担忧的地步。因此，变量间不存在影响分析结果的严重多重共线性问题。

表 2 显示了以高管起始总薪酬为因变量的回归分析估计值。模型 1 仅包括控制变量。从表 2 中可以看出，兼任董事会成员的高管的起始总薪酬高于不兼任董事会成员的高管的起始总薪酬；但是，兼任薪酬委员会成员的董事会成员高管的起始薪酬低于其他董事会成员高管的起始总薪酬。更进一步来说，样本中女性高管的起始薪酬低于男性高管的起始薪酬。另外，规模较大以及流动性较好的公司的高管起始薪酬比规模较小以及流动性较差的公司的高管起始薪酬高。模型 2 引入企业社会绩效强项和企业社会绩效忧患两个自变量。如表 2 所示，企业社会绩效强项的系数是正的且显著，表明在那些具有较多企业社会绩效强项的公司工作的高管的起始薪酬高于在具有较少企业社会绩效强项的公司工作的高管的起始薪酬。另外，企业社会绩效忧患的系数未能达到显著水平。上述发现强力支持了假设 1a，却不支持假设 1b。此外，我们还对模型 1 和模型 2 之间 R^2 的变化进行了 F 检验，F 检验结果表明 R^2 的变化略微显著（达到 0.07 的显著水平），意味着把企业社会绩效强项和企业社会绩效忧患纳入回归方程稍微提高了模型的拟合程度。

此外，企业社会绩效强项对高管起始薪酬水平的影响是比较大的，无论对高管和公司来说都具有经济意义。根据模型 2 的分析结果可以看出，在企业社会绩效强项高于平均水平一个标准差的公司工作的高管第一年的总薪酬比在企业社会绩效强

表 1 研究变量描述性统计和相关性分析

变量	平均值	标准差	最小值	最大值	样本量	1	2	3	4	5	6	7	8	9	10
1. 总薪酬（千美元）	2668.24	6482.88	31.31	273415.50	5193										
2. 企业社会绩效强项	1.81	2.36	0	22	5193	0.15									
3. 企业社会绩效优患	2.27	2.19	0	16	5193	0.10	0.39								
4. CEO	0.06	0.23	0	1	5193	0.21	-0.04	-0.03							
5. 单一利益相关方责任	0.25	0.44	0	1	5193	-0.08	0.02	0.06	-0.14						
6. ROA, t-1	0.04	0.15	-3.07	0.95	5193	0.00	0.03	-0.03	-0.04	0.03					
7. 董事会成员身份	0.13	0.34	0	1	5193	0.25	-0.04	-0.05	0.59	-0.20	-0.04				
8. 薪酬委员会成员身份	0.00	0.03	0	1	5193	-0.01	-0.01	-0.03	0.06	-0.02	0.00	0.07			
9. 性别（1=女性）	0.10	0.30	0	1	5193	-0.04	0.07	-0.02	-0.06	0.07	0.01	-0.07	0.05		
10. 总资产（10亿美元，对数值）	7.66	1.53	2.45	12.53	5193	0.22	0.47	0.57	-0.06	-0.04	0.07	-0.06	-0.04	-0.01	
11. 流动率, t-1	2.24	2.05	0.22	39.02	5193	-0.02	-0.12	-0.17	0.01	0.03	0.02	0.02	0.03	-0.01	-0.32

表 2 以高管总薪酬为因变量的普通最小二乘回归分析模型

变量	模型 1	模型 2	模型 3	模型 4
自变量和交互项				
企业社会绩效强项		146.32* (64.86)	147.77* (64.81)	267.01** (103.07)
企业社会绩效忧患		−9.23 (49.56)	−11.51 (48.88)	50.67 (54.40)
CEO			3270.37** (1059.31)	3869.25** (1249.45)
企业社会绩效强项×CEO				1136.90♣ (634.59)
企业社会绩效忧患×CEO				869.58** (338.30)
单一利益相关方责任			82.96 (101.29)	67.18 (94.36)
企业社会绩效强项×单一利益 相关方责任				−181.71* (81.26)
企业社会绩效忧患×单一利益 相关方责任				0.13 (49.01)
控制变量				
ROA，t−1	−404.71 (372.05)	−378.59 (360.96)	−274.07 (359.31)	−302.83 (259.39)
董事会成员身份	4877.67*** (554.19)	4880.95*** (553.98)	3555.76*** (491.12)	3522.26*** (489.83)
薪酬委员会成员身份	−2662.59* (1157.61)	−2726.78* (1107.76)	−3223.01*** (903.01)	−2215.12 (805.14)
性别（女性=1）	−487.94** (145.24)	−567.68*** (148.74)	−516.35* (142.38)	−538.95*** (141.22)
总资产（10亿美元，对数值）	1183.39*** (94.33)	1068.51*** (102.55)	1084.86*** (102.39)	1083.29*** (101.78)
流动率，t−1	100.80* (49.99)	99.69* (49.77)	104.68* (49.90)	103.25* (49.22)
行业固定效应（2位数标准行 业分类）	包含	包含	包含	包含
年固定效应	包含	包含	包含	包含
F	6.88***	6.93***	7.46***	8.43***
R^2	0.164	0.166	0.175	0.187

变量	模型1	模型2	模型3	模型4
ΔR^2		0.002	0.009	0.012
ΔR^2的F检验（相应模型的）		2.56♣ (M1)	4.91** (M2)	4.3** (M3)
N	5193	5193	5193	5193

注：*** 表示 $p < 0.001$；** 表示 $p < 0.01$；* 表示 $p < 0.05$；♣表示 $p < 0.10$。

项低于平均水平一个标准差的公司工作的高管第一年的总薪酬高大约70万美元。

模型3引入CEO和单一利益相关方责任两个分类变量。可以看出，CEO的系数是正的且非常显著，表明CEO的起始总薪酬显著高于其他高管职位。但是单一利益相关方责任的系数未达到显著水平，表明新聘的CFO、CSMO、CHRO和法律顾问的起始薪酬水平与其他非CEO高管的起始薪酬水平之间不存在系统差异。而且，对模型2与模型3之间 R^2 变化的F检验结果表明是非常显著的（在0.01的水平上显著）。这一结果意味着CEO和单一利益相关方责任两个变量的纳入显著提高了模型的拟合程度。

模型4将CEO和单一利益相关方责任与企业社会绩效强项和企业社会绩效忧患的四个交互项引入回归方程。CEO与企业社会绩效强项的交互项的系数是正的且略微显著，CEO与企业社会绩效忧患的交互项的系数是正的且非常显著。这些研究表明，企业社会绩效强项和企业社会绩效忧患都会导致更高的CEO起始薪酬水平，这为我们所提出的利益相关方—人力资本视角理论框架提供了证据支持，同时也强力支持了假设2b和温和地支持了假设2a。

单一利益相关方责任与企业社会绩效强项交互项的系数是负的且显著，表明相对于CEO和其他高管来说，仅负责管理公司与单一利益相关方关系的高管的起始薪酬水平受企业社会绩效强项的正向影响较小。尽管这一交互效应是负的，但该负向效应的强度比企业社会绩效强项的主效应小。因此，对于承担单一利益相关方责任的高管来说，企业社会绩效强项和高管起始薪酬水平关系的斜率仍然是正的，要比其他高管职位的斜率小。这一发现支持了假设3a。另外，单一利益相关方与企业社会绩效忧患交互项的系数与0没有显著差别，表明企业社会绩效忧患对仅承担单一利益相关方责任的高管和其他高管的起始薪酬水平无显著性影响。这一结果表明假设3b没能得到支持。对模型3和模型4之间 R^2 变化的F检验表明，R^2 这一变化是非常显著的（0.01的显著性水平），表明企业社会绩效强项和企业社会绩效忧患与高管职务变量的引入能显著提高模型的拟合程度。模型4所报告的企业社会绩效强项和企业社会绩效忧患与不同职位高管起始薪酬的关系如图1所示。

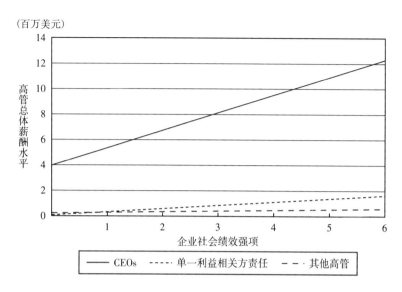

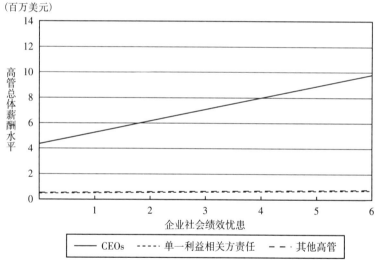

图 1 高管薪酬和企业社会绩效强项、企业社会绩效忧患的关系（所有其他变量保持平均值）

此外，在模型 4 中，企业社会绩效强项对高管起始薪酬的主效应要比在模型 2 中的大，在企业社会绩效强项高于平均水平一个标准差的公司工作的高管的第一年薪酬水平比在企业社会绩效强项低于平均水平一个标准差的公司工作的高管高出大约 120 万美元。这些发现进一步证实了把企业社会绩效强项和企业社会绩效忧患作为两个相对独立维度进行考察的价值。

稳健性检验

在上面的主要分析中，我们把高管职位分类中负责公司与单一利益相关方关系的若干高管职位引入模型。然而，为检验上述结果的稳健性，我们还做了两个补充性分析。在这两个补充性分析中，采用了若干区分上述高管职位的分类变量。第一个补充性分析采用了与表 2 数据分析相同的样本，但是对"单一利益相关方责任"高管进行了细分，并考虑了这些高管职位细分分别与企业社会绩效强项和企业社会绩效忧患的交互项。这个补充性分析还增加了"其他高管职位"分类中最常见的一个高管职位——COO（首席运营官）的分类变量以及这一变量分别与企业社会绩效强项和企业社会绩效忧患的交互项。第一个补充性分析的结果如表 3 所示。

表 3　稳健性检验 1

变量	系数	标准误
自变量和交互项		
企业社会绩效强项	166.96*	76.45
企业社会绩效忧患	−4.26	52.40
CFO	273.40*	130.40
企业社会绩效强项×CFO	−168.94*	80.21
企业社会绩效忧患×CFO	−42.71	62.40
CSMO	133.41	193.73
企业社会绩效强项×CSMO	−276.26♣	148.67
企业社会绩效忧患×CSMO	−42.50	105.03
CHRO	−172.09	175.61
企业社会绩效强项×CHRO	−326.50**	125.20
企业社会绩效忧患×CHRO	44.80	86.15
法律顾问	−156.49	133.36
企业社会绩效强项×法律顾问	−352.68**	116.56
企业社会绩效忧患×法律顾问	49.20	58.64
COO	1016.59*	436.75
企业社会绩效强项×COO	−131.53	179.49
企业社会绩效忧患×COO	265.12	197.20
控制变量		
ROA，t−1	−394.86	368.35

续表

变量	系数	标准误
董事会成员身份	4908.61***	562.69
薪酬委员会成员身份	−2646.19*	1084.89
性别（女性＝1）	−527.05***	148.19
总资产（10 亿美元，对数值）	1083.23***	102.41
流动率，t−1	101.06*	49.55
行业固定效应（2 位数标准行业分类）	包含	
年固定效应	包含	
F	7.55***	
R²	0.17	
N	5193	

注：*** 表示 p < 0.001；** 表示 p < 0.01；* 表示 p < 0.05 ；♣表示 p < 0.10。

从表 3 中可以看出，对每一个"单一利益相关方责任"高管职位细分的分析结果与前述主分析中"单一利益相关方责任"变量所得的结果类似。具体说来，企业社会绩效强项与四个高管职位（即 CFO、CSMO、CHRO 和法律顾问）交互项的系数都是负的且显著，与假设 3a 相吻合。然而，企业社会绩效忧患与四个高管职位交互项的系数都不显著，从而没能支持假设 3b（与表 2 的结果类似）。另外，COO 分别与企业社会绩效强项和企业社会绩效忧患交互项的系数均不显著。这一结果符合 COO 主要对公司内部运营负责，对外部利益相关方关系管理仅承担次要责任的看法。

第二个补充性分析同样对"单一利益相关方责任"高管职位进行了细分，但是在这个补充分析中，没有通过交互项检验企业社会绩效强项和企业社会绩效忧患对不同高管职位起始薪酬的影响，而是一次只用与某一特定高管职位相关的子样本数据，探讨与该高管职位有关的特定类型企业社会绩效强项和企业社会绩效忧患的效应。稳健性检验的结果如表 4 所示。

表 4 稳健性检验 2

变量	模型 1	模型 2	模型 3	模型 4	模型 5
	CSMO	CHRO	CHRO	法律顾问	法律顾问
自变量					
产品企业社会绩效强项	−1138.24* (486.45)				

续表

变量	模型 1	模型 2	模型 3	模型 4	模型 5
	CSMO	CHRO	CHRO	法律顾问	法律顾问
产品企业社会绩效忧患	−289.45 (371.68)				
员工企业社会绩效强项		58.05 (318.64)			
员工企业社会绩效忧患		−209.03 (349.86)			
多样性企业社会绩效强项			106.42 (194.86)	161.02 (109.29)	
多样性企业社会绩效忧患			796.11 (521.91)	458.84* (219.17)	
人权企业社会绩效强项					−956.08 (967.51)
人权企业社会绩效忧患					917.75** (352.93)
控制变量					
ROA, t−1	984.22 (1087.39)	−455.86 (2780.59)	−260.24 (2655.48)	460.83 (849.48)	309.78 (847.16)
性别（女性=1）	−331.08 (538.56)	−628.04 (527.47)	−489.25 (519.10)	146.78 (270.54)	208.74 (271.51)
总资产（10 亿美元，对数值）	783.44*** (127.67)	715.58*** (210.46)	695.10*** (201.39)	556.11*** (87.76)	556.77*** (81.25)
流动率, t−1	−77.61 (78.07)	72.47 (157.17)	95.15 (155.70)	−26.21 (63.62)	−34.48 (63.61)
行业固定效应（2 位数标准行业分类）	包含	包含	包含	包含	包含
年固定效应	包含	包含	包含	包含	包含
F	3.98***	2.93***	3.06***	3.06***	3.10***
R^2	0.55	0.48	0.46	0.46	0.46
N	262	120	309	309	309

注：*** 表示 $p < 0.001$；** 表示 $p < 0.01$；* 表示 $p < 0.05$。

表 4 中的模型 1 仅对与 CSMO 高管职位相关的分样本数据进行分析，考察与"产品"相关的企业社会绩效强项和企业社会绩效忧患（数据来自 KLD 评级）对 CSMO 起始薪酬的影响效应。正如我们前面所发现的，"产品"强项与 CSMO 起始薪酬水平负相关，而"产品"忧患则对 CSMO 起始薪酬水平无影响。模型 2 和模型

3 对有关 CHRO 高管职位的子样本数据进行分析，它们考察了"员工"强项或忧患及"员工多样性"强项或忧患对 CHRO 起始薪酬的影响效应。正如表 4 所示，"员工"强项或忧患及"员工多样性"强项或忧患对 CHRO 的起始薪酬水平均无影响（可能是因为 CHRO 的样本量比较小，仅为 120）。模型 4 和模型 5 仅对有关法律顾问职位的子样本数据进行分析。这两个模型针对可能对公司法律产生风险的两种形式（即员工多样性和人权）的社会绩效强项和忧患对法律顾问起始薪酬的影响效应进行了考察。尽管"员工多样性"强项和"人权"强项对法律顾问的起始薪酬水平无显著性影响，但是"员工多样性"忧患和"人权"忧患都与法律顾问的起始薪酬水平有正相关关系。综合这些结果可以得到，在不同高管职位分类以及使用不同模型的情况下都可以发现，不同的高管职位会导致不同的企业社会绩效—高管起始薪酬关系，这与前面研究的发现是相当一致的。

讨论与结论

本文的结果为企业社会绩效与企业高管加入该公司时所接受的起始薪酬之间存在相关关系提供了强有力的证据。我们的发现也支持以下观点：除了以往研究所提出的激励效应以外，公司的企业社会绩效还会通过筛选效应影响高管的初始薪酬（Berrone & Gomez-Mejia，2009；Coombs & Gilley，2005）。我们的研究发现，企业社会绩效强项对高管起始薪酬水平有正向影响，且独立于企业社会绩效忧患的影响。更进一步地，我们的结果还显示，企业社会绩效对高管起始薪酬水平的影响会随着高管职位的不同而不同。具体说来，企业社会绩效对 CEO 起始薪酬水平有更强的正向影响，而对仅负责处理公司与单一利益相关群体关系的其他高管（如 CFO、CMSO、CHRO 和法律顾问）初始薪酬水平的正向影响较弱（图 1 直观地显示了这些不同）。这些发现表明，企业社会绩效强项和企业社会绩效忧患对 CEO 起始薪酬的影响比其他高管要大得多，反映了 CEO 必须具备更高水平的人力资本，以便能够更有效地处理公司与众多不同利益相关群体的关系。更进一步地，尽管企业社会绩效强项对本研究所涉及的所有高管职位的起始薪酬水平的影响都是正向的，但是，相对于不涉及利益相关群体管理的高管（如 COO）来说，只负责单一利益相关群体关系管理的高管（如 CFO 和 CHRO）的起始薪酬水平受企业社会绩效强项的正向影响更小，反映了企业社会绩效强项在一定程度上对利益相关群体管理工作的简化，从而降低了负责单一利益相关群体关系管理的高管职位对人力资本水平的要求。

理论意义

本文对利益相关方理论和企业社会绩效研究有一定的贡献。本文基于利益相关方理论和人力资本理论，构建了一个关于企业社会绩效和高管薪酬关系的新理论视角。在以往关于利益相关方理论的研究领域，已有很多有关高管（特别是 CEO）与不同利益相关方关系的研究成果（Agle et al., 1999; Mitchell et al., 1997），但本文是第一个对"高管的利益相关方管理责任与高管初始薪酬的关系"进行探讨的研究。鉴于高管薪酬本身就是一个重要变量，同时也是公认的、与公司财务绩效相关的变量（Souder & Bromiley, 2012），本文把利益相关方理论的应用拓展到高管薪酬研究领域，是对已有研究的一个重要补充。

本文通过展示利益相关方关系管理如何使高管的某种重要人力资本成为必需，整合了利益相关方理论和人力资本理论（Becker, 1964）。这一视角不仅阐明了利益相关方关系管理与高管起始薪酬的关系，而且提出了人力资本理论和利益相关方理论的整合也可能适用于其他交叉领域的研究，如招募和保留公司高管过程中的利益相关方作用。据我们所知，本文是第一个整合人力资本理论和利益相关方理论的研究。

本文也对企业社会绩效研究做出了一定的贡献，从理论和实证层面考察了公司的企业社会绩效对高管起始薪酬的筛选效应。尽管过去的研究指出这样的筛选效应是可能存在的，但却并没有实证研究对此进行证明。而且，以往关于筛选效应的研究认为，公司的企业社会绩效会负向影响高管的起始薪酬（Bhattacharya et al., 2008）。然而，我们在本文中假设并证实了企业社会绩效对高管起始薪酬水平的正向影响。

除了证明正向筛选效应外，我们的研究还表明，公司不可能通过增加企业社会绩效强项和减少企业社会绩效忧患的策略在高管劳动力市场上获得成本优势。当然，这一发现不应被解读为企业社会绩效不能提高公司竞争优势，但是说明可能存在解释"企业社会绩效与竞争优势"关系的其他潜在机制（Orlitzky et al., 2003）。另外，本研究通过证实企业社会绩效强项和企业社会绩效忧患对高管起始薪酬的独立效应，为"二者无论从理论上还是从实证上来说都是独立存在的两个维度"的论断（Mattingly & Berman, 2006; Wong et al., 2011）提供了进一步的支持。这一结论具有特别重要的意义，特别是考虑到企业社会绩效强项和企业社会绩效忧患的作用常常是同向的。因此，任何将这两种企业社会绩效形式整合为单一指标的做法（通过取它们的差）——如以往一些关于企业社会绩效与高管薪酬关系的研究所做的那样——都会模糊该关系的真实程度（甚至影响相关方向）。基于以上原因，我们相信，我们的研究结论不同于以往那些发现企业社会绩效与高管起始薪酬存在负向关系的研究。例如，Brander（2006）在根据企业进入或未进入多米尼社会指数（Domini Social Index）（衡量企业社会责任的指标）的记录对高管薪酬进行研究分析时，并未对企业社会绩效强项和企业社会绩效忧患进行区分。

局限性

本研究存在若干局限。第一，最重要的是，本研究所涵盖的样本是标准普尔1500 所包含的大型上市公司。因此，尽管本研究结论可以适用于大型上市公司，但可能无法推广应用于小型公司或未上市公司。这一点十分重要，因为很多通过企业社会绩效建立声誉的公司都是小型公司或者家族企业（Bingham，Dyer，Smith & Adams，2011）。因此，本研究报告的结果很可能不适用于企业社会绩效极高的一类公司。第二，本研究所采用的数据截至 2008 年。如果企业高管薪酬实践在 2008 年以后发生了变化，本研究所报告的结论同样不能适用。第三，本研究采用 KLD 评级对企业社会绩效强项和企业社会绩效忧患进行度量。虽然 KLD 评级被其他研究广泛应用，且被证明与企业社会绩效的其他测量高度相关（Chatterji，Levine & Toffel，2009；Waddock，2003），但 KLD 评级并不是没有局限性的。KLD 评级所评价的企业社会绩效是非常高层次的（特别是在本研究中，还对该数据进行了整合）。如果能够针对某一特定社会问题的企业社会绩效进行研究，可能会产生不同类型的结果。更进一步地，因为 KLD 评级往往来源于公开的新闻报道和对公司代表人物的访谈，使得所收集的数据可能会受到晕轮效应或社会赞许效应（social desirability effects）的影响。第四，由于本研究仅考察企业社会绩效和高管第一年薪酬水平的关系，因此我们的研究发现不能用于解释企业社会绩效对在任高管第一年以后薪酬水平的影响。

结论

公司的企业社会绩效通过影响新聘高管的初始薪酬水平（即筛选效应），或者通过影响在任高管的薪酬水平变化（即激励效应）而与高管薪酬发生联系。以往关于企业社会绩效与高管薪酬关系的研究只针对激励效应进行了考察。本文从综合利益相关方理论和人力资本理论的新理论视角出发，研究分析了企业社会绩效对高管起始薪酬的筛选效应。研究发现，企业社会绩效强项和企业社会绩效忧患都会对高管起始薪酬水平产生显著影响，但是上述关系受高管所承担角色的显著影响。本领域的未来研究可以对高管角色在上述关系中所起的作用进行更为详细的考察，并在此基础上解决本文在研究样本、时间选择和变量度量等方面的局限。我们鼓励这些方向的研究。

参考文献

［1］Abdel-khalik, A. R. 2003. Self-sorting, incentive compensation and human-capital assets. European Accounting Review, 12: 661-697. http: //dx.doi.org/10.1080/09638180310001628428.

［2］Agarwal, N. C. 1981. Determinants of executive compensation. Industrial Relations, 20: 36-46. http: //dx.doi.Org/10.llll/j.1468-232X.1981.tb00180.x.

［3］Agle, B. R., Donaldson, T., Freeman, R. E., Jensen, M. C., Mitchell, R. K., & Wood, D. J. 2008. Dialogue: Toward superior stakeholder theory. Business Ethics Quarterly, 18: 153-190. http: //dx.doi.org/10.5840/beq200818214.

［4］Agle, B. R., Mitchell, R. K., & Sonnenfeld, J. A. 1999. Who matters to CEOs? An investigation of stakeholder attributes and salience, corporate performance, and CEO values. Academy of Management Journal, 42: 507-525. http: //dx.doi.org/10.2307/256973.

［5］Albinger, H. S., & Freeman, S. J. 2000. Corporate social performance and attractiveness as an employer to different job seeking populations. Journal of Business Ethics, 28: 243-253. http: //dx.doi.Org/10.1023/A: 1006289817941.

［6］Baker, W. E., & Sinkula, J. M. 2005. Environmental marketing strategy and firm performance: Effects on new product performance and market share. Journal of the Academy of Marketing Science, 33: 461-475. http: //dx.doi.Org/lO.l 177/0092070305276119.

［7］Banker, R. D., Hu, N., Pavlou, P. A., & Luftman, J. 2011. CIO reporting structure, strategic positioning, and firm performance. MIS Quarterly, 35: 487-504.

［8］Bauer, T. N., & Aiman-Smith, L. 1996. Green career choices: The influence of ecological stance on recruiting. Journal of Business and Psychology, 10: 445-458. http: //dx.doi.org/10.1007/BE02251780.

［9］Becker, G. S. 1962. Investment in human capital: A theoretical analysis. Journal of Political Economy, 70 (5): 9-49. http: //dx.doi.org/10.1086/258724.

［10］——1964. Human capital: A theoretical and empirical analysis, with special reference to education. New York: National Bureau of Economic Research.

［11］——1993. Human capital: A theoretical and empirical analysis, with special reference to education (3rd ed.). Chicago: University of Chicago Press. http: //dx.doi.org/10.7208/chicago/9780226041223.001.0001.

［12］Benson, B. W. &, Davidson, W. N. 2010. The relation between stakeholder management, firm value, and CEO compensafion: A test of enlightened value maximization. Financial Management, Autumn 2010: 929-963. http: //dx.doi.Org/lO.l 111/j. 1755-053X.2010.01100.x.

［13］Berrone, P., & Gomez-Mejia, L. R. 2009. Environmental performance and executive compensation: An integrated agency-institutional perspective. Academy of Management Journal, 52: 103-126. http: //dx.doi.org/10.5465/AMJ.2009.36461950.

［14］Bhattacharya, C. B., Sen, S., & Korschun, D. 2008. Using corporate social responsibility to win the war for talent. MIT Sloan Management Review, 49 (2): 37-44.

〔15〕 Bingham, J. B., Dyer, W. G., Smith, I., & Adams, G. L. 2011. A stakeholder identity orientation approach to corporate social performance in family firms. Journal of Business Ethics, 99 (4): 565–585. http: //dx.doi.org/10.1007/sl0551-010-0669-9.

〔16〕 Blair, M. M. 1995. Ownership and control: Rethinking corporate governance for the twenty-first century. Washington, DC: Brookings Institution.

〔17〕 Borjas, G. J. 2008. Labor economics (4th ed.). Boston: McGraw-Hill/Irwin.

〔18〕 Bowen, H. R. 1953. Social responsibilities of the businessman. New York: Harper & Row.

〔19〕 Bradley, M., Schipani, C. A., Sundaram, A. K., & Walsh, J. P. 1999. The purposes and accountability of the corporation in contemporary society: Corporate governance at a crossroads. Law and Contemporary Problems, 62 (3): 9–86. http: //dx.doi.org/10.2307/1192226.

〔20〕 Brammer, S., Millington, A., & Rayton, B. 2007. The contribution of corporate social responsibility to organizational commitment. International Journal of Human Resource Management, 18: 1701–1719. http: //dx.doi.org/10.1080/09585190701570866.

〔21〕 Brander, J. A. 2006. The effect of ethical fund portfolio inclusion on executive compensation. Journal of Business Ethics, 69: 317–329. http: //dx.doi.org/10.1007/sl0551-006-9093-6.

〔22〕 Brown, T. J., & Dacin, P. A. 1997. The company and the product: Corporate associations and consumer product responses. Journal of Marketing, 61 (1): 68–84. http: //dx.doi.org/10.2307/1252190.

〔23〕 Cable, D. M., & Turban, D. B. 2003. The value of organizational reputation in the recruitment context: A brand-equity perspective. Journal of Applied Social Psychology, 33: 2244–2266. http: //dx.doi.Org/10.llll/j.1559-1816.2003.tb01883.x.

〔24〕 Carroll, A. B. 1979. A three-dimensional conceptual model of corporate performance. Academy of Management Review, 4: 497–505.

〔25〕 Chatterji, A. K., Levine, D. I., & Toffel, M. W. 2009. How well do social ratings actually measure corporate social responsibility? Journal of Economics & Management Strategy, 18: 125–169. http: //dx.doi.Org/10.llll/j.1530-9134.2009.00210.x.

〔26〕 Cone Communications. 2007. 2007 cause evolution and environmental survey. Cone Communications Public Relations and Marketing, http: //www.conecomm.com/2007-cause-evolution-and-environmental-survey. Accessed February 6, 2014.

〔27〕 Coombs, J. E., & Gilley, K. M. 2005. Stakeholder management as a predictor of CEO compensation: Main effects and interactions with financial performance. Strategic Management Journal, 26: 827–900. http: //dx.doi.org/10.1002/smj.476.

〔28〕 Crook, T. R., Todd, S. Y., Combs, J. G., Woehr, D. J., & Ketchen, D. J. 2011. Does human capital matter? A meta-analysis of the relationship between human capital and firm performance. Journal of Applied Psychology, 96: 443–456. http: //dx.doi.org/10.1037/a0022147.

[29] Dacin, P. A., & Brown, T. J. 2006. Corporate branding, identity, and customer response. Journal of the Academy of Marketing Science, 34: 95-98. http://dx.doi.org/10.1177/0092070305284967.

[30] DeAngelo, L. E. 1982. Unrecorded human assets and the "hold up" problem. Journal of Accounting Research, 20: 272-274. http://dx.doi.org/10.2307/2490776.

[31] Deckop, J. R., Merriman, K. K., & Gupta, S. 2006. The effects of CEO pay structure on corporate social performance. Journal of Management, 32: 329-342. http://dx.doi.org/10.1177/0149206305280113.

[32] Dolan, K. A., & Munk, N. 1997. Kinder, gentler M.B.A.s. Forbes, 159 (11): 39-40.

[33] Eisenhardt, K. M. 1989. Agency theory: An assessment and review. Academy of Management Review, 14: 57-74.

[34] El Ghoul, S., Guedhami, O., Kwok, C. C. Y., & Mishra, D. R. 2011. Does corporate social responsibility affect the cost of capital? Journal of Banking & Finance, 35: 2388-2406. http://dx.doi.Org/10.1016/j.jbankfm.2011.02.007.

[35] Elms, H., Johnson-Cramer, M., & Berman, S. 2011. Bounding the world's miseries: Corporate responsibility and Freeman's stakeholder theory. In R. A. Phillips (Ed.), Stakeholder theory: Impact and prospects: 1-38. Northhampton, MA: Edward Elgar Publishing.

[36] Fombrun, C., & Shanley, M. 1990. What's in a name? Reputation building and corporate strategy. Academy of Management Journal, 33: 233-258. http://dx.doi.org/10.2307/256324.

[37] Freeman, R. E. 1984. Strategic management: A stakeholder approach. Marshfield, MA: Pitman.

[38] Friedman, M. 1970. The social responsibility of business is to increase its profits. New York Times Magazine (September 13).

[39] Frye, M. B., Nelling, E., & Webb, E. 2006. Executive compensation in socially responsible firms. Corporate Governance: An International Review, 14: 446-455. http://dx.doi.Org/10.llll/j.1467-8683.2006.00517.x.

[40] Godfrey, P. C., Merrill, C. B., & Hansen, J. M. 2009. The relationship between corporate social responsibility and shareholder value: An empirical test of the risk management hypothesis. Strategic Management Journal, 30: 425-445. http://dx.doi.org/10.1002/smj.750.

[41] Greening, D. W., & Turban, D. B. 2000. Corporate social performance as a competitive advantage in attracting a quality workforce. Business & Society, 39: 254. http://dx.doi.org/10.1177/000765030003900302.

[42] Groysberg, B., Kelly, L. K., & MacDonald, B. 2011. The new path to the c-suite. Harvard Business Review, 89 (3): 60-71.

[43] Hambrick, D. C., & Finkelstein, S. 1995. The effects of ownership structure on conditions at the top: The case of CEO pay raises. Strategic Management Journal, 16: 175-194. http://dx.doi.org/10.1002/smj.4250160304.

［44］Hambrick, D. C., & Mason, P. A. 1984. Upper echelons: The organization as a reflection of its top managers. Academy of Management Review, 9: 193–206.

［45］Harris, D., & Helfat, C. 1997. Specificity of CEO human capital and compensation. Strategic Management Journal, 18: 895–920. http: //dx.doi.oig/10.1002/(SICI) 1097–0266 (199712) 18: ll<895:: AID–SMJ931>3.0.CO; 2–R.

［46］Harrison, J. & Wicks, A. 2013. Stakeholder Theory, Value and Firm Performance. Business Ethics Quarterly, 23 (1): 97–124. http: //dx.doi.org/10.5840ˆeq20132314.

［47］Henderson, A. D., & Fredrickson, J. W. 1996. Information–processing demands as a determinant of CEO compensation. Academy of Management Journal, 39: 575–606. http: //dx.doi.org/10.2307/256656.

［48］Hill, C. W. L., & Jones, T. M. 1992. Stakeholder–agency theory. Journal of Management Studies, 29: 131–154. http: //dx.doi.Org/10.llll/j.1467–6486.1992.tb00657.x.

［49］Hillman, A. J., & Keim, G. D. 2001. Shareholder value, stakeholder management, and social issues: What's the bottom line? Strategic Management Journal, 22: 125–139. http: //dx.doi.org/10.1002/1097–0266 (200101) 22: 2<125:: AID–SMJ150>3.0.CO; 2–H.

［50］Ittner, C. D., & Larcker, D. F. 1998. Are nonfinancial measures leading indicators of financial performance? An analysis of customer satisfaction. Journal of Accounting Research, 36 (3): 1–35. http: //dx.doi.org/10.2307/2491304.

［51］——2003. Coming up short on nonfinancial performance measurement. Harvard Business Review, 81 (11): 88–95.

［52］Jawahar, I. M., & McLaughlin, G. L. 2001. Toward a descriptive stakeholder theory: An organizational life cycle approach. Academy of Management Review, 26: 397–414.

［53］Jensen, M. C. 2002. Value maximization, stakeholder theory, and the corporate objective function. Business Ethics Quarterly, 12: 235–256. http: //dx.doi.org/10.2307/3857812.

［54］Jensen, M. C., & Meckling, W. H. 1976. Theory of the firm: Managerial behavior, agency costs and ownership structure. Journal of Financial Economics, 3: 305–360. http: //dx.doi.org/10.1016/0304–405X (76) 90026–X.

［55］Jones, T. & Felps, W. 2013. Shareholder wealth maximization and social welfare: A utilitarian critique. Business Ethics Quarterly, 23 (2): 207–238. http: //dx.doi.org/10.5840/beq201323215.

［56］Kadan, O. , & Swinkels, J. M. 2008. Stocks or options? Moral hazard, firm viability, and the design of compensation contracts. Review of Financial Studies, 21: 451–482. http: //dx.doi.org/10.1093/rfs/hhm077.

［57］Kaplan, R. S., & Norton, D. P. 1996. Using the balanced scorecard as a strategic management system. Harvard Business Review, 74 (1): 75–85.

［58］Kim, S. H. 2008. Examination of executive compensation determinants in the hospitality industry: A quantile regression approach. Unpublished doctoral dissertation, Oklahoma State University, Oklahoma City.

[59] Kochan, T. A., & Rubinstein, S. A. 2000. Toward a stakeholder theory of the firm: The Saturn partnership. Organization Science, 11: 367–386. http://dx.doi.Org/10.1287/orsc.ll. 4.367.14601.

[60] Lazear, E. P. 1998. Personnel economics for managers. New York: Wiley.

[61] ——2000. Performance pay and productivity. American Economic Review, 90: 1346–1361. http://dx.doi.org/10.1257/aer.90.5.1346.

[62] Lazear, E. P. & Oyer, P. 2004. The structure of wages and internal mobility. American Economic Review, 94 (2): 212–216. http://dx.doi.org/10.1257/0002828041302253.

[63] Liu, Y., & Mauer, D. C. 2010. Corporate cash holdings and CEO compensation incentives. Journal of Financial Economics (October 25). Available at http://ssm.com/abstract=1492468. http://dx.doi.org/10.2139/ssm.1492468.

[64] Mackey, A., Mackey, T. B., & Barney, J. B. 2007. Corporate social responsibility and firm performance: Investor preferences and corporate strategies. Academy of Management Review, 32: 817–835. http://dx.doi.org/10.5465/AMR.2007.25275676.

[65] Margolis, J. D., & Walsh, J. P. 2003. Misery loves companies: Rethinking social initiativesby business. Administrative Science Quarterly, 48: 268–305. http://dx.doi.org/10.2307/3556659.

[66] Mattingly, J. E., & Berman, S. L. 2006. Measurement of corporate social action: Discovering taxonomy in the Kinder Lydenberg Domini ratings data. Business & Society, 45: 20–46. http://dx.doi.org/10.1177/0007650305281939.

[67] McGuire, J., Dow, S., & Argheyd, K. 2003. CEO incentives and corporate social performance. Journal of Business Ethics, 45: 341–359. http://dx.doi.Org/10.1023/A: 1024119604363.

[68] McWilliams, A., & Siegel, D. 2002. Additional reflections on the strategic implications of corporate social responsibility. Academy of Management Review, 27: 15–16.

[69] Mitchell, R. K., Agle, B. R., & Wood, D. J. 1997. Toward a theory of stakeholder identification and salience: Denning the principle of who and what really counts. Academy of Management Review, 22: 853–886.

[70] Mitroff, I. 1983. Stakeholders of the organizational mind. San Francisco: Jossey–Bass.

[71] Orlitzky, M., Schmidt, F. L., & Rynes, S. L. 2003. Corporate social and financial performance: A meta-analysis. Organization Studies, 24: 403–441. http://dx.doi.org/10.1177/0170840603024003910.

[72] Pandher, G. & Currie, R. 2013. CEO compensation: A resource advantage and stakeholderbargaining perspective. Strategic Management Journal, 34: 22–41. http://dx.doi.org/10.1002/smj. 1995.

[73] Penn, Schoen, & Berland Associates, 2010. Corporate Citizenship Study March. http://www.burson-marsteller.com/what-we-do/our-thinking/corporate-social-responsibility-branding-survey-2010/.

［74］ Porter, M. E., & van der Linde, C. 1995a. Green and competitive: Ending the stalemate. Harvard Business Review, 73 (5): 120-134.

［75］ ——1995b. Toward a new conception of the environment-competitiveness relationship. Journal of Economic Perspectives, 9 (4): 97-118. http://dx.doi.Org/10.1257/jep.9.4.97.

［76］ Prendergast, C. 1999. The provision of incentives in firms. Journal of Economic Literature, 37: 7-63 . http://dx.doi.Org/10.1257/jel.37.l.7.

［77］ Rupp, D. E., Ganapathi, J., Aguilera, R. V., & Williams, C. A. 2006. Employee reactions to corporate social responsibility: An organizational justice framework. Journal of Organizational Behavior, 27: 537-543. http://dx.doi.org/10.1002/job.380.

［78］ Schuler, D. A., & Cording, M. 2006. A corporate social performance-corporate financial performance behavioral model for consumers. Academy of Management Review, 3: 540-558. http://dx.doi.org/10.5465/AMR.2006.21318916.

［79］ Scoones, D., & Bernhardt, D. 1998. Promotion, turnover, and discretionary human capital acquisition. Journal of Labor Economics, 16: 122-41. http://dx.doi.org/10.1086/209884.

［80］ Souder, D., & Bromiley, P. 2012. Explaining temporal orientation: Evidence from the durability of fums' capital investments. Strategic Management Journal, 33: 550-569. http://dx.doi.org/10.1002/smj.970.

［81］ Sturman, M. C., Walsh, K., & Cheramie, R. A. 2008. The value of human capital specificity versus iransferability. Journal of Management, 34: 290-216. http://dx.doi.org/10.1177/0149206307312509.

［82］ Turban, D. B., & Cable, D. M. 2003. Firm reputation and applicant pool characteristics. Journal of Organizational Behavior, 24 (6): 733-751. http://dx.doi.org/10.1002/job.215.

［83］ Turban, D. B., & Greening, D. W. 1997. Corporate social performance and organizational attractiveness to prospective employees. Academy of Management Journal, 40: 658-672. http://dx.doi.org/10.2307/257057.

［84］ Waddock, S. 2003. Myths and realities of social investing. Organization & Environment, 16: 369-380. http://dx.doi.org/10.1177/1086026603256284.

［85］ Wartick, S. L., & Cochran, P. L. 1985. The evolution of the corporate social performance model. Academy of Management Review, 10: 758-769.

［86］ Whetten, D. A., Rands, G., & Godfrey, P. C. 2002. What are the responsibilities of business to society? In A. Pettigrew, H. Thomas, & R. Whittington (Eds.), Handbook of strategy and management: 373-410. London: Sage.

［87］ Wong, E. M., Ormiston, M. E., & Tetlock, P. E. 2011. The effects of top management team integrative complexity and decentralized decision making on corporate social performance. Academy of Management Journal, 54: 1207-1228. http://dx.doi.org/10.5465/amj.2008.0762.

［88］ Wood, D. J. 1991. Corporate social performance revisited. Academy of Management Review, 16: 691-718.

[89] ——2010. Measuring corporate social performance: A review. International Journal of Management Reviews, 12: 50–84. http: //dx.doi.0rg/lO.l 111/J.1468–2370.2009.00274.X.

[90] Wooldridge, J. M. 2002. Econometric Analysis of Cross Section and Panel Data. Cambridge, MA: MIT Press.

企业社会责任感知对员工态度的影响 *

Ante Glavas，Ken Kelley

【摘　要】本文探讨了员工对组织如何对待第三方（即企业社会责任）的认知对员工态度的影响，这远远超过了组织如何直接对待员工所产生的影响。对 18 个组织的 827 名员工的调查结果表明，员工的企业社会责任感知与下列因素具有正相关的关系：①组织承诺，其中工作意义和组织支持感（perceived organizational support，POS）对此关系起到部分中介作用；②工作满意度，其中工作意义对此关系起到部分中介作用，而组织支持感没有起到中介作用。此外，为了解决企业社会责任微观层面的受限问题，我们通过四项试点研究，提出了一个测量员工对企业社会责任感知的量表。应用双因子模型，发现社会责任对员工态度的影响超过了环保责任产生的影响，对此我们推断，是社会责任的关系性成分（relational component）（如与社区的关系）造成了这种情况。

【关键词】企业社会责任；环境责任；可持续发展；工作意义；员工态度；量表编制

企业社会责任的研究已历经数载，在过去十年间，无论是在学术层面，还是在实践层面，对于企业社会责任研究的热情有增无减。在分析企业社会责任文献的内容时，Aguinis 和 Glavas（2012）发现，有 181 篇文献发表在顶级管理学期刊上，其中约有一半的文献发表于 2005 年以后。此外，至少有 20 种同行评审期刊是企业社会责任的专业期刊（Serenko & Bontis，2009）。在企业领域，标普的 100 家企业中，93%的企业都在报告自己的企业社会责任活动（社会投资论坛，2009）。

学术界一直集中在制度层面和组织层面研究企业社会责任，重点是研究企业社会责任对外部利益相关方的影响。但是，就其本质而言，企业社会责任是连接微观层面与宏观层面的一个概念（construct）（Aguilera, Rupp, Williams & Ganapathi,

---

* Ante Glavas，Ken Kelley. 2014. The Effects of Perceived Corporate Social Responsibility on Employee Attitudes. Business Ethics Quarterly, 24（2）：165–202.
初译由殷格非完成。

2007；Lindgreen & Swaen，2010）。因此，最近学者们开始着手探究微观层面的企业社会责任。例如，已经发现企业社会责任与员工绩效（Jones，2010）、员工承诺（Maignan，Ferrell & Hult，1999）、人才吸引力（Greening & Turban，2000；Turban & Greening，1997）、组织公民行为（Ones，2010；Lin，Lyau，Tsai，Chen & Chiu，2010；Sully de Luque，Washburn，Waldman & House，2008）、参与度（Glavas & Piderit，2009）、员工留任（Jones，2010）、组织认同度（Carmeli，Gilat & Waldman，2007）、创造性参与（Glavas & Piderit，2009）、改善员工关系（Agle，Mitchell & Sonnenfeld，1999；Glavas & Piderit，2009）等因素具有正相关的关系。

虽然前面提到的文献都认为企业社会责任会影响员工，但是对于企业社会责任直接影响员工的方式和原因，我们知之甚少（Aguilera et al.，2007；Aguinis，2011；Lee，2008；Peloza，2009）。在企业社会责任内容的分析上，只有三篇文章聚焦于个体层面的中介物（mediators）（Aguinis & Glavas，2012）。如何测量企业社会责任是个体层面研究企业社会责任的一个障碍。大多数企业社会责任的测量都是采用总体性测量方法（aggregate measures），如 KLD 等（Chatterji & Toffel，2010；Waddock，2003）。由于大多数企业社会责任的测量方法都以组织外的个体和机构实施的评价为基础，这些评价在很大程度上受从外部看到的一些象征性企业社会责任（如慈善事业）而非与组织宗旨相关在组织内部全面实施的实质性活动的影响。象征性企业社会责任会导致一些不准确的评价。安然公司就是一个典型事例，该公司获得了第三方评价机构颁发的"对社会最负责的公司"奖（Sims & Brinkman，2003）。个体层面的测量方法可以更准确地捕捉到企业社会责任融入整个组织的程度。此外，现存的专业文献依然采用了组织外的机构构建的组织层面的测量方法来论述企业社会责任对员工的影响。例如，Albinger 和 Freeman（2000）做了一项关于企业社会责任与雇主吸引力之间关系的研究，该研究由七名外部专家组成一个评审小组，对企业社会责任做出评价，从组织层面测量了企业社会责任。然而，在谈到这些测量方法的局限性和未来研究方向时，Albinger 和 Freeman（2000）阐述道，"同 Turban 和 Greening（1997）的研究方法一样，本研究也以组织作为分析单元。个体层面的企业社会责任有待于做进一步的研究，以确定个体对组织的企业社会绩效的感知是否会影响他们的认知"（Albinger & Freeman，2000）。此外，最近通过对 588 篇期刊文章和 102 本专著的梳理发现，仍然需要对个体层面的测量方法进行研究（Aguinis & Glavas，2012）。我们响应这些号召，提出了一种测量个体层面企业社会责任的方法，然后，探究了员工对企业社会责任的感知如何影响着他们。

了解员工的感知非常重要，因为它们会显著地影响员工的工作态度、工作行为和工作绩效（Bargh & Burrows，1996；Cable & Judge，1996；Eisenberger，Huntington，Hutchinson & Sowa，1986；Snyder & Swann，1978）。然而，组织政策和实践感知的

研究往往是基于员工如何受到直接的影响而非员工对于组织对待第三方的认知进行的。组织支持感（perceived organizational support，POS）聚焦于员工对于组织如何看待他们的贡献并关心他们的利益的信念（Rhoades & Eisenberger，2002）。在传统意义上，组织公正聚焦于员工对资源的分配（分配公正）、组织应用的程序（程序公正）、组织对待员工的方式（互动公正）是否公平的认知（Colquitt，Conlon，Wesson，Porter & Ng，2001）。此外，学者们还研究了许多其他方面的感知，如工作特点（Hackman & Oldham，1975）、组织信任（Mayer，Davis & Schoorman，1995）、上级支持（Kottke & Sharafinksi，1988）等。因此，我们研究了员工对组织心理氛围的感知，也就是员工通过组织如何对待第三方形成的认识。

由于制定了一个量表，研究了企业社会责任的感知，我们的文章做出了以下六大贡献：

第一，本文为了解员工对组织对待第三方的认识如何影响员工做出了贡献，而不是组织如何直接影响员工的认知。在元分析（meta-analysis）中发现，员工如果认为组织对员工公平、关心员工的利益，这种认知会直接影响到工作满意度、组织承诺、对权威的评价、组织公民行为以及组织绩效（Colquitt 等，2001）。如果组织被认为是公平的而且关心他人（如社区）的利益，那么我们会发现类似的效应吗？

第二，识别了超越现有感知测量（如组织支持感）的企业社会责任影响员工的机制。具体来说，探讨了企业社会责任如何让员工发现更大的工作意义和目标。探讨工作意义的研究会为企业社会责任文献有所贡献，因为迄今为止，工作意义一直作为一种假设存在（Rosso，Dekas & Wrzesniewski，2010），没有将其作为企业社会责任与其结果之间关系的潜在中介因素进行检验。此外，我们还为管理学上取得更广泛的学术成就做出了贡献，因为工作意义虽然引起了越来越多的关注，但是依然缺乏实证研究（Dobrow & Tosti-Kharas，2011）。

第三，我们开发了一个从心理学角度测量员工对组织的社会责任和环境责任的感知的工具，即企业社会责任感知（perceived corporate social responsibility，PCSR）量表。现有的测量量表都是以组织外的评价机构（如专家小组、投资公司、道琼斯指数、财富杂志、KLD、LEED 等第三方机构）的评价为基础的组织层面的量表。我们的量表聚焦于嵌入的企业社会责任是如何贯穿于整个组织的（如融入组织的战略中、经营中、实践中），这也是它的与众不同之处。通过开发一种测量量表，测量员工的企业社会责任感知度，可以在未来的研究中探究企业社会责任感知在工作中影响员工的前因、后果和机制（Andersson & Bateman，2000；Linnenluecke，Russell & Griffiths，2009）。

第四，从方法论上来看，本研究应用双因子量表，在测量方法方面做出了贡献。在这个双因子量表中，每一个项目（items）都是一个双因子函数：①总因子

(general factor)，对所有项目负部分责任的一个共用概念（common construct）（即所有项目因一个总因子而显现出来）；②加载到各个项目子集中的一个具体概念。在我们的例子中，项目既是代表企业社会责任的一个总因子（即同时代表社会责任和环境责任的共用概念）的表现，也是代表一半项目即社会责任，或另一半项目即环境责任的具体因子的表现。正如我们所要说明的，这种方法有其必然性，因为两个子域因子（即社会责任和环境责任）都会参与到类似的结构中，但它们又是截然不同的因子。

第五，应用双因子模型，我们发现社会责任会影响工作满意度和组织承诺，这种影响超过了企业社会责任感知中一般常见概念所产生的影响，而环境责任则没有。我们认为区分社会责任与环境责任的关系机制促使对工作满意度和组织承诺产生了更多的影响。

第六，学者们呼吁在未来的研究中弥合宏观与微观之间的鸿沟（Aguinis, Boyd, Pierce & Short, 2011）。企业社会责任恰好为此提供了一个大好机遇——成为一个宏观层面的概念，通过它，我们可以更深入地理解微观层面的概念，如员工态度、员工行为等。

企业社会责任

尽管全面概述企业社会责任的相关文献远远超出了本文的范围（Aguinis & Glavas, 2012; Carroll, 2008），但我们还是简要地探讨这些文献，然后提出指导本研究的定义，进而制定企业社会责任感知量表。明确界定指导定义不仅是制定量表的一个重要组成部分（Hinkin, 1995），而且对于像企业社会责任这样的领域也具有重要意义，因为在如何定义企业社会责任的问题上一直缺乏清晰度，备受各界的批评（Carroll, 1999; Windsor, 2006）。例如，在回顾文献的过程中，Peloza（2009）就发现了 36 个独特的企业社会责任概念和度量（conceptualizations and metrics）。造成这些差异的原因之一就是"存在平行且有时混乱的宇宙"（Waddock, 2004）。学术界内还有像企业社会绩效、可持续发展、利益相关方理论、企业公民等大量相关且内容往往重复的文献。此外，Enderle（2010）指出企业社会责任定义的混乱不仅没有把企业社会责任与商业道德明确地区别开来，有时企业社会责任还被看做是商业道德的一个子领域，或者把商业道德看做是企业社会责任的一个子领域。由于各方对企业社会责任持有不同的见解，在以下章节中，我们简要概述了这些文献中的企业社会责任定义，并为本文提出了一个具有普遍指导性的定义，以确保定义的清晰性。更重要的是，下面的文献回顾有逻辑地说明了本文为什么使用我们的企业社会责任定义来指导开发量表和提出假设。

企业社会责任的研究至少可以追溯到 20 世纪 30 年代（Berle，1931；Dodd，1932）。在企业社会责任研究的最初阶段，常被称为社会责任，这一时期的文献主要集中在制度层面（Lee，2008），围绕公司在社会中的作用进行论述（Bowen，1953；Davis，1960，1973；Frederick，1960；Preston & Post，1975）。然而，对公司的作用和企业社会责任概念的清楚界定一直没有出现，在随后的几十年中甚至更加模糊。例如，Carroll（1979）的定义极大地影响了后来的企业社会责任研究，他把企业社会责任定义为社会在既定时点期望企业承担的经济责任、法律责任、伦理责任和自愿责任，其中自愿责任是指社会期望企业承担的超越经济、法律和伦理的所有其他责任。

因为相比于之前的定义增加了自愿责任——尽管后期修订为三个领域的责任，删除了自愿责任领域（Schwartz & Carroll，2003）——Carroll（1979）的方法也为测量企业社会责任增添了另一个层面的难度，具体原因如下：对于企业的期望（即经济、法律和伦理期望）处在不断变化中。由于受到社会规范的影响，自愿责任的期望（即社会期望企业履行的超出经济、法律和伦理的责任）甚至变化更大。如果社会规范在不断变化，那么企业社会责任的定义也会不断变化，这是合情合理的结论。难怪学者们一直无法达成一个统一的定义。关于企业社会责任含义的讨论实际上很有可能是讨论社会规范和企业的期望。因此，这也是解释难以形成企业社会责任的客观测量方法，而迫使更多地使用主观测量方法的一个原因，如测量员工、消费者等利益相关方的感知的方法。

随着企业社会责任领域的发展，许多相关的概念相继出现，如企业公民。有时，企业公民会与企业社会责任区别开来，有时又与企业社会责任概念互换使用（Carroll，1999）。为了区分企业公民和企业社会责任，Matten 和 Crane（2005）借鉴政治科学将企业重新定义为一个管理着某些公民要素的组织。这里仅举一例加以说明：一个公司可以在政府没有发挥期望的作用的情况下管理公民权利，如在某些国家让公民喝上清洁的水。

另一个相关潮流是公司对环境的影响以及公司环境绩效的驱动力（Etzion，2007）。尽管这类文献多种多样，但是往往都侧重于介绍环境绩效中的成本节约方面（Hart & Ahuja，1996）、提高声誉（Westley & Vredenburg，1991）、提高诸如创新和产品质量等方面的组织能力（Sharma & Vredenburg，1998）。这类文献还提及可持续性（Shrivastava，1995；Starik & Rands，1995）、可持续发展（Gladwin，Kennelly & Krause，1995），以及自然环境（Hart，1995）。虽然环境可以说是另一种利益相关方，也可以说是广泛的企业社会责任下的一个分类，但是这种文献有时并不包括社会维度。因此，一些学者呼吁建立一种既包含社会维度又包含环境维度的整体性观点（Aguinis，2011；Elkington，1997；Waddock，2004）——这也是本文研究所遵循的方向。

利益相关方理论是经常提到的与企业社会责任相关的一个概念（Freeman，1984；Wartick & Cochran，1985；Wood，1991；Laplume，Sonpar & Litz，2008；Harrison & Wicks，2013），它扩展了公司中的股东对利益相关方的看法，重点关注与各种利益相关方群体（如当地的社区、政府、非营利组织）的关系，履行对利益相关方群体的责任。此外，利益相关方群体——股东视角下的重要群体（例如，那些创收群体，如消费者、员工）——从更广泛的角度来看，不仅他们的收入重要，而且他们的福利也很重要。由于对利益关注不断增多，文献中涌现出很多这种辩论，如利益相关方理论是规范性的还是制度性的（Jones，1995），还是两者兼而有之（Freeman，1994；Donaldson & Preston，1995；Jones & Wicks，1999；Schreck，van Aaken & Donaldson，2013）——甚至认为企业决策与道德内容不可分割，又称为"分离命题"（Freeman，1994）。Margolis Walsh（2003）还认为，无论企业是否想要（Devinney，2009），社会需求和财务需求之间都存在着矛盾，问题是管理者们如何来应对这些矛盾。因此，通过帮助管理者弄清楚他们的公司应该发挥什么样的作用，应该对利益相关方履行什么责任等问题（Freeman，Wicks & Parmar，2004），学者们已经阐明，利益相关方理论不是规定性理论，而是管理理论。另外，Boatright（2006）发现了利益相关方理论中的一个关键缺陷，它假定要关心所有利益相关方是管理者的作用而不是相信当前的市场机制。

此外，还存在大量的相关概念，诸如商业公民、企业社会绩效、企业信誉、企业社会回应、企业社会品德（corporate social rectitude）、议题管理、公共责任，但是这些都不在本文研究的范围内。虽然企业社会责任的多种不同研究方法可能造成了混乱，但这也说明了不同概念之间存在很多重合的地方（Carroll，1999；Waddock，2004）。例如，环境责任和社会责任被认为是两个不同的概念（即环境责任的重点是企业与自然的关系，社会责任的重点是企业与社会的关系），但它们有很多共同点——这也正是本文采用双因子模型开展研究的原因。上述所有概念的研究重点都超越了短期内为股东创造最大价值的企业作用，确切地说，是企业对主要利益相关方（即客户、员工、股东、供应商等）和次要利益相关方（如社区、环境、政府和整个社会）的作用和影响。企业不只是为了追求短期利润，这种认识对管理学研究具有重要意义，因为已经发现企业社会责任感知会积极地影响个人（Carmeli et al.，2007；Jones，2010；Maignan et al.，1999；Sully de Luque et al.，2008；Turban & Greening，1997）。

通过简要回顾企业社会责任可以看出，企业社会责任无论是在研究方法上，还是在逻辑上都存在差别（Orlitzky，2011）。为了克服企业和社会界缺乏清晰定义的挑战（Carroll，1999；Waddock，2004；Windsor，2006），明确自己的逻辑，我们不仅结合了该领域中的主要研究方法，而且还与该领域内的学者们组成的专家小组合作，以清晰地界定所使用的定义。我们以 Waddock（2004）的企业社会责任概念为基础，因为它融合了上文中提到的概念——企业社会责任、可持续发展、企业公民、利益相关理论。正如 Waddock（2004）的推断，该领域内有很多重合的概念，因此，选择一个包含这种复杂性的定义十分重要。

同样重要的是，要清晰地阐明我们的定义，以便使用我们的模式和测量量表的研究人员可以理解它们的概念基础。我们以 Waddock（2004）的定义为基础，将企业社会责任定义为：以为企业创造价值为宗旨，关心环境和第三方的利益。企业社会责任体现在企业战略与运营实践之中，在管理所有关键利益相关方和自然环境的关系以及对它们造成的影响的过程中，企业得以发展。我们修改了 Waddock（2004）最初的定义，增加了对利益和为公司创造价值的关注，这符合 Jensen（2002）和 Orlitzky（2013）提出的主张，即"将企业社会责任与企业的经济基础捆绑在一起"。这个定义强调要通过战略、组织结构和实践，把企业社会责任嵌入企业中，这是对企业社会责任的承诺，要把企业社会责任贯穿于整个组织中——而并非一些象征性实践，仅有一个独立部门（如企业社会责任部或基金会）中的几个人管理企业社会责任。由于下列原因，用这种方式定义企业社会责任时还考虑了员工微观层面的研究。首先，可以在微观层面测量对利益相关方（即客户、员工、社区、地球）利益的关心程度。其次，定义的重点是通过战略和运营实践，将企业社会责任融入组织中的各个层面，这一点对于测量员工的认知程度至关重要，因为管理企业社会责任的部门（如企业基金会、企业社会责任部、环境安全与管理部、公共关系部等）如果完全脱离了大多数员工，而且员工不知晓该部门所组织的活动，则这样的企业社会责任很难测量。最后，我们纳入了环境和社会两个方面，这符合以往的企业社会责任定义（Aguinis，2011；Elkington，1997；Porter & Kramer，2006；Rupp，Williams & Aguilera，2010）。另外，有些以卡罗尔（1979）概念为基础的测量方法，如 Maignan 和 Ferrell（2000）提出的测量方法，没有区分环境与社会两个方面。通过在实施测量方法的过程中纳入社会和环境两个因子，该量表的用户可以区分每个特定因子的共同点和不同影响。

在下面的章节中，我们将阐述企业社会责任如何积极地影响员工，进而影响企业。阐述这一点很重要，因为已经发现企业社会责任也会对企业产生负面影响（Banerjee，2007；Friedman，1970；Levitt，1958），使企业未能履行股东的受托责任（Marcoux，2003）。在本项研究中，专门探讨了企业社会责任作为一种商业价值形式对员工工作态度的影响。

员工对企业社会责任的感知和假设

现存的文献表明，企业社会责任会积极地影响员工的工作行为和工作态度。Maignan 及其同事们（1999）发现，企业社会责任与员工的承诺具有正相关的关系。这些学者们假定员工承诺会受到企业社会责任的影响，因为企业社会责任会使工作活动更加令人愉快，会使员工对企业具有更高的自豪感。Carmeli 及其同事们（2007）探讨了感知形象或感知声誉如何积极地影响员工——学者们已发现企业社会责任会积极地影响组织认同感，与感知的市场和财务绩效相比，企业社会责任具有更大的作用。根据组织认同理论和信号传递理论，Turban 和 Greening（1997）发现，如果未来的员工认为组织对社会更负责任时，他们会更加认同该组织。此外，Jones（2010）发现，企业社会责任会影响员工的留任、角色内绩效以及组织公民行为。

然而，目前尚不清楚员工对企业社会责任的感知影响他们工作行为和工作态度的机制。在分析顶级管理学期刊中的 181 篇文章的内容时，发现只有 13 篇文章探究了企业社会责任的中介作用（Aguinis & Glavas，2012）。此外，只有 3 篇文章从个体层面的分析角度研究了这些中介变量，这些中介变量是追随者对愿景式领导的认知（Sully de Luque et al.，2008）、组织认同感（Carmeli et al.，2007）和自豪感（Jones，2010）。此外，还不是很清楚各个变量所发挥的作用，它们到底是前因、后果、中介变量还是调节变量（Aguinis & Glavas，2012），以及在哪些条件下发挥作用。例如，领导的影响力往往作为企业社会责任的前因进行研究（Agle et al.，1999；Ramus & Steger，2000；Weaver，Treviño & Cochran，1999），而 Sully de Luque 及其同事们（2008）把领导力作为中介变量进行研究。

在本项研究中，我们研究了员工对组织氛围感知的影响。组织氛围的研究主要是在组织层面进行，但是近年来也开始在个体分析层面上作为心理氛围进行研究（Brown & Leigh，1996）。心理氛围是员工在心理上认为工作环境是安全（如通过管理者支持）且有意义的（Brown & Leigh，1996）。在元分析中，发现员工对心理氛围的感知与员工的工作态度、工作动机和工作绩效显著正相关（Parker et al.，2003）。由于企业社会责任的感知会影响氛围（Aguilera et al.，2007），本文探讨了企业社会责任如何带来支持性和工作有意义的氛围。

有关组织公平感和组织支持感的文献进一步揭示了企业社会责任与后果的关系背后的潜在机制。研究发现，员工对于组织政策和实践的感知会影响他们的组织支持感（Rhoades & Eisenberger，2002）和组织公平（Colquitt et al.，2001）。然而，以组织公平为例，组织的政策与实践不必为了产生影响而直接针对员工制定——如果组织公平对待员工，员工可能就会积极响应。具体来说，Rupp、Ganapathi、Aguilera 和 Williams（2006）以及 Rupp（2011）断定，组织公平感传统关注点的范围会不断扩大，会纳入个人对组织如何对待他人的感知。如果组织公平形成了对公平的感知，那么组织如何对待他人（如组织为人们的福利做出了贡献）也会向员工发出信号，让员工感受到组织实践与政策（如企业社会责任实践与政策）的公平。类似地，Choi（2008）发现，除了组织如何对待员工的感知会影响员工外，员工对组织整体公平性的评价也会影响员工，反之，它也会影响组织承诺。此外，组织支持感关系到员工对组织公平性的感知（Wayne，Shore，Bommer & Tetrick，2002）。组织支持感与企业社会责任有很多相似之处。在组织支持感中，重点是组织如何关心员工的福利（Rhoades & Eisenberger，2002）。我们的企业社会责任定义也明确地说明了重点是关心福利，区别在于我们定义的企业社会责任不仅关注员工，而且关注其他利益相关方（如社区等）。换句话说，组织善待他人（如公平、关心福利等）就是向员工表明组织也会善待员工。例如，心理契约文献指出，对以往交流的解读和公平对待他人的见证会向员工发出信号，表明组织也会公平对待他们（Rousseau，1995）。

因此，同组织支持感和组织公平文献中的发现一样，我们预计企业社会责任也会对工作满意度和组织承诺产生类似的影响。当员工认为组织在支持他们时，他们相信组织是公平的，由此就会通过诸如提高工作满意度和组织承诺等做出积极响应（Rhoades & Eisenberger，2002）。在另一项元分析中，Colquitt 及其同事（2001）发现，组织公平感与工作满意度有关。Eisenberger、Armeli、Rexwinkel、Lynch 和 Rhoades（2001）发现，当组织支持员工时，员工感觉到做出回报的义务，从而提高了情感承诺。类似于前文中所讨论的组织公平的文献，我们预计员工对公平和关心他人的感知也会影响工作满意度和组织承诺。需要注意的是，我们不仅预计它会影响工作满意度和组织承诺，而且发现这两个变量是综合分析中预测员工行为最有力的两个变量，因此，建议把这两个变量作为测量工作态度的主要变量（Harrison，Newman & Roth，2006）。

前文中说明了企业社会责任感知——即组织关心和公平对待他人的认知——为什么会对员工产生影响，但是我们提出，还存在一些企业社会责任影响员工态度的中介机制。具体来说，企业社会责任可以增强员工的工作意义和目标感，以及组织支持感，这些也会进而影响工作满意度和组织承诺，如图1所示。

传统上，管理学和心理学的研究很少关注工作意义与目标感对员工的影响（Bunderson & Thompson，2009；Pratt & Ashforth，2003）。Wrzesniewski（2003）提出工作意义是员工的主观想法，不仅要探究工作的类型，而且探究员工与其工作和

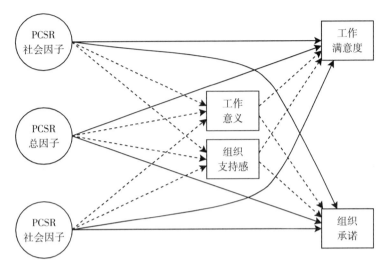

图1 将感知的企业社会责任与工作满意度和组织承诺联结起来的理论模型

组织的关系也很重要。Wrzesniewski（2003）进一步扩展了 Bellah 及其同事们（1985）以及 Schwartz（1986，1994）提出的框架。在框架中，员工对工作表现出三种不同的倾向：①工作导向，在这其中物质利益很重要；②职业导向，其中进步和成就（如工资、声望、地位等）是工作的主要目的；③成就倾向，其中，通过让世界变得更加美好，可以找到成就感。学术界对前两个倾向进行了更为广泛的研究，但是似乎忽视了第三个倾向对员工的影响。

与工作意义联系最为紧密的概念是任务重要性，学术界已经对此概念进行了更深入的研究（Hackman & Oldham，1976）。然而，Grant（2008）指出，"研究结果表明，任务的重要性不仅仅是来自于工作特点和社交暗示（social cues），然后被当作与他人无关的工作焦点认知来处理的事物"（Grant，2008）——相反，社会影响和社会价值的感知会影响员工对工作重要性和目标的感知。Grant（2008）还进一步指出，根据最初的研究成果，任务重要性影响员工的程度比以前文献中所认为的要大。我们推断，员工认为在为一个具有社会影响（即企业社会责任）的组织工作的认知也会影响员工工作的意义感。Pratt 和 Ashforth（2003）指出，员工不仅会在"工作中"，而且会在为组织"工作时"找到工作意义——工作意义不只是员工所做的工作，而且源于他们在组织中的成员身份。Beadle 和 Knight（2012）提出了一个模型，指出工作意义具有多个来源，尤其是那些与个人美德相匹配的工作。作者们重点介绍了内部实践中的商品生产，而工作意义源于员工认为他们正在为更伟大的事业做贡献。此外，在有关工作意义的文献中，Rosso 及其同事们（2010）还提出，当员工认为他们的组织正在为更高的利益做贡献时，他们会找到更大的工作意义。

最后，虽然同行评论的文献没有从实证的角度探究企业社会责任与工作意义之间的关系，但是有众多学者编写了这类书籍，以丰富的轶事、案例和故事介绍了员工认为他们在对社会负责的企业工作时，他们如何找到更深层次的目标感（Gardner, Csikszentmihályi & Damon, 2001; Novak, 1996; Paine, 2003; Sisodia, Wolfe & Sheth, 2007; Willard, 2002）。因此，我们认为，当员工认为组织关心了他人的利益，就是向员工发出信号，表明员工正在为一个具有更高目标的组织工作。

假设 1：员工认为在工作中找到了工作意义，这种认知会在企业社会责任感知与（a）工作满意度和（b）组织承诺之间的关系中起到中介作用。

为了进一步区分企业社会责任感知对员工的影响，我们以 Rupp、Shao、Thornton 和 Skarlicki（2013）提出的框架为基础，将企业社会责任对员工产生的第一方影响（first-party effects）与第三方影响（third-party effects）分开。当员工认为组织通过把社会利益和环境利益融入其产品和服务（如公平交易、可持续特点）等具体行动，关心组织外各方的利益时，就会产生企业社会责任的第三方影响。当组织善待员工时，就会产生企业社会责任的第一方影响。具体来说，Rupp 及其同事们（2013）认为，企业社会责任可以产生超越直接影响（如分配公平感、组织支持感）的影响，因为组织善待员工时，它就会向员工发出表明组织特点的信号。在前面的章节中我们指出，这种第三方影响会向员工发出信号，表明组织正在向更高的目标奋进，从而让员工找到工作的意义。为了进一步区分第三方影响，我们通过测量组织支持感对员工的中介性影响来说明第一方影响。如前所述，组织支持感与组织承诺（Choi, 2008; Rhoades & Eisenberger, 2002）和工作满意度（Colquitt et al., 2001; Rhoades & Eisenberger, 2002）具有显著的正相关关系。

假设 2：员工认为在工作中得到了组织的支持，这种认知会在企业社会责任感知与（a）工作满意度和（b）组织承诺之间的关系中起到中介作用。

研究方法

背景与参与者

本研究采用网络调查的方法，收集了总部位于北美的 18 个组织中 827 名员工的数据。为了开展这项研究，选择了粮食与农业作为研究行业，因为这一行业具有多样性。从事粮食与农业的组织对企业社会责任的承诺差异较大，有高度履行企业社会责任的企业，也有刚刚开始履行社会责任的企业（U.S. Dairy, 2012），由此造成员工对企业社会责任的感知差异较大——这是测试企业社会责任感知影响的一个重要条件。最后，组织的规模和范围也多种多样，包括小型家庭农场、大型食品公司、零售企业以及与行业相关的非营利性合作组织等。

我们专门与负责协调乳品行业的美国奶业管理公司进行了合作，以收集可以代表粮食与农业的不同样本。虽然粮食与农业部门在承诺上存在差异，但是乳品行业被看做是一个所开展的企业社会责任活动正从一些象征性的活动走向实质性的活动的行业。美国农业部正在该行业试点多项企业社会责任举措，以便应用到更广泛的食品业（参见 www.usdiary.com）。在调查中，共接触了 37 个组织，大部分组织除了从事乳品的生产与加工外，还从事食品和农产品的生产与服务，美国 80% 的乳品由它们生产和加工。在 37 个组织中，共有 18 个组织参与了调查，包括 13 个精选的组织和 5 个更广泛的食品业合伙组织。参与组织中的高级成员向员工发送了电子邮件，邀请员工参与网络调查，共有 827 名员工参与调查，回复率为 35%。参与者自愿在网络上完成了关于自我管理的调查。为了降低共同方法变异的影响，首先发出了测量企业社会责任感知的调查，大约一个月后，发出了测量评价结果指标的后续调查。其中，有一个组织通过邮寄的形式发送了纸质调查问卷，原因是该组织因内部隐私政策没有收集员工电子邮箱。该组织向所有全职员工发送了纸质调查问卷，回复率为 19%。因此，该组织将整体回复率拉低至 35%。如果不算发送纸质调查问卷组织的回复率，其他组织的回复率为 62%。为了确保该组织没有导致样本发生偏差，我们对比了调查人员统计资料和公司人员统计资料，发现该样本可以代表该组织。

在样本中，参与者的平均年龄为 44.3 岁（标准差=11.7），其中 40.5% 为男性。参与者来自各个行业的企业，其中，零售企业占 43.8%，非政府组织占 8.3%，乳品与农产品生产企业（即农业生产）占 7.1%，加工企业占 6.2%，交通运输企业占 4.5%，配送公司占 4.4%，包装企业占 2.3%，政府组织占 1.1%，其他部门占 22.4%。在参与者中，有 43% 已为他们的企业工作了 10 年以上，有 21.4% 工作了 5~10 年，有 26.7% 工作了 1~5 年，还有 8.6% 工作不足一年。大约有 45.2%，约占样本的一半，具有四年大学学历或更高的学历。

测量方法

企业社会责任的感知

应用企业社会责任感知量表测量了参与者对他们所在组织的企业社会责任的认识。以下章节中简要概述了量表开发和效度确定的过程，更详细的内容参见附录 1。

首先，依据本文前面阐述的文献和指导定义，应用演绎法形成了一些初始测量项目，然后从该领域有经验的学者那里获取项目的反馈意见和修改意见。其次，向由 17 位企业社会责任专家组成的专家组发送测试项目列表，由专家组评定每个测量项目与我们指导定义的拟合度。最后，开展一系列研究，进一步改进和验证测量量表。附录 2 列出了最终纳入测量量表的项目。表 1 列出了项目的描述性统计信息，表 2 列出了项目的方差、协方差和相关系数。

表 1 验证性研究中测量项目的响应频数、平均值和标准偏差

| | 测量项目响应频数 | | | | | | | 项目 | |
	1	2	3	4	5	6	7	均值	标准差
1	19	29	62	88	182	280	114	5.17	1.45
2	3	5	11	41	96	290	331	6.11	1.04
3	8	16	41	219	180	239	70	5.00	1.23
4	3	13	23	95	174	292	174	5.58	1.18
5	15	47	47	204	193	202	55	4.75	1.37
6	17	58	46	225	185	188	43	4.63	1.38
7	13	35	44	186	162	252	66	4.94	1.36
8	11	50	38	240	172	204	44	4.71	1.33

表 2 验证性研究中项目的方差（主对角线中的斜体）、协方差（主对角线下方）和相关系数（主对角线上方）

| | 社会 | | | | 环境 | | | |
	1	2	3	4	5	6	7	8
1	*2.09*	0.50	0.41	0.52	0.31	0.32	0.37	0.43
2	0.75	*1.08*	0.45	0.55	0.26	0.26	0.33	0.31
3	0.73	0.58	*1.52*	0.50	0.33	0.33	0.36	0.41
4	0.89	0.68	0.73	*1.40*	0.31	0.34	0.40	0.31
5	0.61	0.37	0.55	0.50	*1.88*	0.87	0.68	0.70
6	0.64	0.37	0.56	0.56	1.65	*1.91*	0.70	0.70
7	0.73	0.47	0.61	0.64	1.27	1.32	*1.85*	0.74
8	0.83	0.42	0.67	0.64	1.27	1.28	1.33	*1.76*

　　如图 2 和图 3 所示，每个因子（即社会与环境）都有由四个项目组成的独立测量量表，其中，社会责任测量量表的 α 系数为 0.78%（95%的置信区间为 [0.76，0.81]），环境责任测量量表的 α 系数为 0.92（95%的置信区间为 [0.91，0.93]）。共同（congeneric）量表（即社会责任与环境责任合并为一个综合量表）的 α 系数为 0.87%（95%的置信区间为 [0.86，0.89]）。

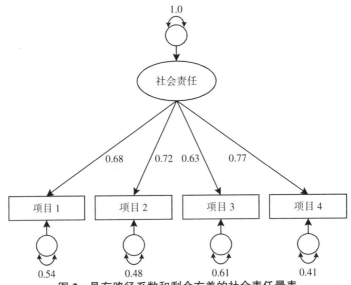

图 2　具有路径系数和剩余方差的社会责任量表

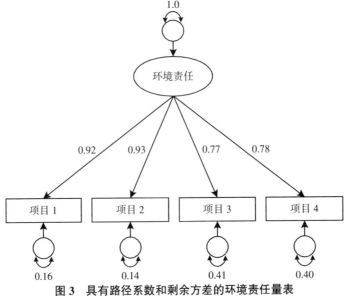

图 3　具有路径系数和剩余方差的环境责任量表

如前文和附录 1 中所述，预计社会责任和环境责任会有部分重合的地方，但是也具有不同的属性。因此，如图 4 所示，我们还制定了一个遵循双因子模型结构的量表，这最适合于我们的理论方法［理论模型的合理性见 Reise、Morizot 和 Hays（2007）；最初的研究见 Holzinger 和 Swineford（1937）］。在双因子模型中，项目是一个双因子函数：①总因子，表示对所有项目部分负责的共同概念（即所有项目因总因子而表现出来，它代表由社会责任和环境责任组成的总企业社会责任）；②由加载到一个项目子集上的一些具体概念组成。在本文的实例中，具体概念是指环境因子或社会因子，每个因子各加载到一半的项目上。由于有总因子存在，双因子模型不同于一个具有两个相互关联因子的模型。企业社会责任的双因子模型为文献做出了进一步的贡献，因为它有助于解释文献中相关概念的重合内容（如社会和环境内容），应把这些重合内容作为企业社会责任的一种优势，而不应把它看做是混乱来源或一种劣势。利用双因子模型，不仅可以研究通用于社会概念和环境概念的总因子如何影响结果变量（如工作满意度），而且可以测量一个具体因子（如环境因子或社会因子）对结果是否有超越总因子的影响。

测量结果表明，双因子模型的拟合度非常好，近似均方根误差（RMSEA）= 0.031、近似均方根误差 90% 的置信区间为 [0.003，0.053]，标准化均方根残差（SRMR）= 0.011，比较拟合指数（CFI）= 0.997，塔克—刘易斯指数（TLI）= 0.994。为了评价我们的量表与理论模型的符合程度，我们把双因子模型比作同属模型（即单因子模型）中的嵌套模型和一个双联因子模型（即分级的双因子模型）。如表 3 所示，双因子模型的拟合度高于同属模型（χ^2 差异 = 774.3，df = 8，p < 0.001）或双联因子模型（χ^2 差异 = 205.1，df = 7，p < 0.001）。最终，如附录 1 中所述，使用新数据（即主要研究中的样本）进一步评估概念的效度，具体来说，包括聚合（convergent）效度、区分（discriminant）效度和效标关联（criterion-related）效度。

同样，PCSR 量表显示：①与双因子模型非常拟合；②分别采取两个维度时（两个因子各对应的四个测量项目的总和），得到了满意的信度；③证明了聚合效度；④证明了区分效度；⑤用拟合度良好的结构方程模型中确认的点 c、d、e 证明了效标关联效度。总之，我们已经证明，PCSR 量表是一个优良的测量工具，既良好地吻合现有的文献，又通过提供企业社会责任多概念框架的测量方法拓展了文献。

工作满意度

对于因变量"工作满意度"，我们采用了整体工作满意度调查问卷（Cammann，Fichman，Jenkins & Klesh，1983），它包括三个测量全球工作满意度的项目，其中工作 $\alpha\alpha\alpha\alpha\alpha\alpha$=0.88（95% 的置信区间为 [0.87，0.90]）。对于工作满意度和以下各

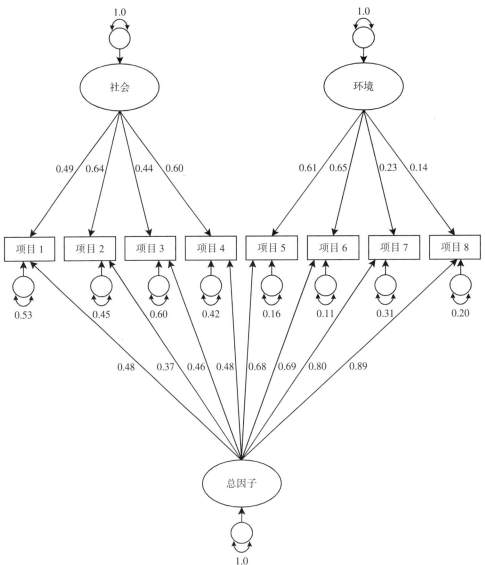

图 4　验证性研究中的双因子模型

表 3　验证性研究中不同验证性模式的项目辨别结果

	模型 A 同属 （congeneric）	模型 B 双联因子		模型 C 双因子		
		社会因子	环境因子	总因子	社会因子	环境因子
1	0.44	0.68		0.48	0.49	
2	0.38	0.71		0.37	0.64	

续表

	模型 A 同属 (congeneric)	模型 B 双联因子		模型 C 双因子		
		社会因子	环境因子	总因子	社会因子	环境因子
3	0.44	0.64		0.46	0.44	
4	0.46	0.77		0.48	0.60	
			0.91			
5	0.89		0.93	0.68		0.61
6	0.90		0.78	0.69		0.65
7	0.80		0.79	0.80		0.23
8	0.81			0.89		0.14
df	20	19		12		
c2	795.86	226.23		21.13		
CFI	0.776	0.940		0.997		
TLI	0.686	0.912		0.994		
SRMR	0.122	0.052		0.011		
RMSEA	0.223 [0.210, 0.237]	0.118 [0.105, 0.132]		0.031 [0.003, 0.053]		
模型比较		B vs A $\chi^2(1) = 569.63$, $p < 0.001$		C vs A $\chi^2(8) = 774.73$, $p < 0.001$		
				C vs B $\chi^2(7) = 205.1$, $p < 0.001$		

注：env = 环境因子；CFI = 比较拟合指数；TLI = 塔克—刘易斯指数；SRMR = 标准化均方根残差；RMSEA = 近似均方根误差；括号包含 90% 的置信区间；χ^2 = 卡方。

项标准，采用李克特 7 分量表描述所得到的回复，即 1 分=完全反对，7 分=完全赞同。项目和量表见附录 2。

组织承诺

对于第二个因变量"组织承诺"，我们使用 Allen 和 Meyer（1990）开发的组织承诺量表中情感成分的全部 8 个测量项目（$\alpha = 0.90$ 和 95% 的置信区间为 [0.89，0.92]）。

工作意义

对于中介变量"工作意义"，使用 Spreitzer（1995）的心理赋权概念代表工作意义的部分项目来测量（$\alpha = 0.97$ 和 95% 的置信区间为 [0.96，0.97]）。

组织支持感

对于第二个中介变量，采用了来自 Eisenberger、Cummings、Armeli 和 Lynch（1997）及 Lynch、Eisenberger 和 Armeli（1999）的 8 个项目组成的简易形式来测量（$\alpha\alpha$= 0.91 和 95%的置信区间为 [0.89，0.93]）。

控制变量

我们控制了性别、任职时间。

研究结果

表 4 列出了研究中各个变量的均值、标准差和相关性（intercorrelations）。系数 α 值列于对角线中。

表 4　描述性统计数据、信度估计值、研究变量的相关性

变量	均值	标准差	1	2	3	4	5	6	7
1. 性别	1.41	0.49							
2. 任职时间	3.98	1.06	−0.09#						
3. 工作满意度	5.46	1.09	0.04	0.06	(0.88)				
4. 组织承诺	4.88	1.19	0.06	0.19*	0.68†	(0.90)			
5. 工作意义	5.62	1.20	0.01	0.15#	0.63†	0.64†	(0.97)		
6. 组织支持感	5.31	1.17	0.09	−0.00	0.60†	0.53†	0.32†	(0.91)	
7. PCSR	5.12	0.94	−0.05	0.05	0.51†	0.459#	0.42†	0.66†	(0.87)

注：性别：1=女性，2=男性；任职时间：1=3 个月或以下，2=不到一年，3=1~5 年，4=5~10 年，5=10 年以上；性别和任职时间，N=827；工作满意度，N=783；组织承诺，N=351；工作意义，N=348；组织支持感，N=233；企业社会责任感知度，N=755；PCSR 指企业社会责任感知。信度系数（α）显示在对角线中。

* 表示 $p < 0.05$；# 表示 $p < 0.01$；† 表示 $p < 0.001$。

我们预计企业社会责任感知与工作满意度和组织承诺正相关。此外，员工对工作意义（假设 1）和组织支持感（假设 2）的认知会对企业社会责任感知与工作满意度和组织承诺之间的关系起到部分中介作用。正如 RMSEA（0.044）、RMSEA 90%的置信区间为 [0.041，0.048]、SRMR（0.058）、CFI（0.94）和 TLI（0.93）所示，我们的部分中介模型的拟合度非常高。同样，解释具体结构系数也是富有意义的。我们采用了间接影响分析法（即自变量到中介变量的路径乘以中介变量到因变

量的路径）来检验中介效应。具体来说，我们用标准化分数计算了标准化间接影响（Preacher & Hayes，2008；Raykov，Brennan，Reinhardt & Horowitz，2008），这种方法不仅受欢迎，而且能够解释影响的大小，还能够对比不同的研究结果（Cheung，2009）。使用这种方法，标准化形式下所有结构系数展示的间接影响和直接影响检验的结果如表 5 所示。

表 5　结构方程模型的结果

直接影响与间接影响	结构系数	标准误差
直接影响		
PCSR 总因子——工作意义	0.327†	0.051
PCSR 社会因子——工作意义	0.284†	0.055
PCSR 环境因子——工作意义	0.054	0.062
PCSR 总因子——组织支持感	0.574†	0.043
PCSR 社会因子——组织支持感	0.677†	0.048
PCSR 环境因子——组织支持感	0.042	0.062
工作意义——工作满意度	0.463†	0.039
工作意义——组织支持感	0.462†	0.044
组织支持感——工作满意度	0.364*	0.039
组织支持感——组织承诺	0.167	0.238
PCSR 总因子——工作满意度	0.080	0.093
PCSR 社会因子——工作满意度	0.114	0.117
PCSR 环境因子——工作满意度	−0.016	0.045
PCSR 总因子——组织承诺	0.133	0.145
PCSR 社会因子——组织承诺	0.250	0.164
PCSR 环境因子——组织承诺	−0.004	0.048
间接影响		
PCSR 总因子→工作意义→工作满意度（H1a）	0.151†	0.027
PCSR 社会因子→工作意义→工作满意度（H1a）	0.132†	0.027
PCSR 环境因子→工作意义→工作满意度（H1a）	0.025	0.029
PCSR 总因子→工作意义→组织承诺（H1b）	0.151†	0.028
PCSR 社会因子→工作意义→组织承诺（H1b）	0.131†	0.027
PCSR 环境因子→工作意义→组织承诺（H1b）	0.025	0.028
PCSR 总因子→组织支持感→工作满意度（H2a）	0.209*	0.086

续表

直接影响与间接影响	结构系数	标准误差
PCSR 社会因子→组织支持感→工作满意度（H2a）	0.247*	0.097
PCSR 环境因子→组织支持感→工作满意度（H2a）	0.015	0.022
PCSR 总因子→组织支持感→组织承诺（H2b）	0.096	0.138
PCSR 社会因子→组织支持感→组织承诺（H2b）	0.113	0.160
PCSR 环境因子→组织支持感→组织承诺（H2b）	0.007	0.014

注：模型拟合度：RMSEA=0.044，RMSEA 90%的置信区间 [0.041，0.048]，SRMR=0.058，CFI=0.94，TLI=0.93。

N=786；SE=标准误差；PCSR=企业社会责任感知；POS=组织支持感；Org=组织的；RMSEA=近似均方根误差；χ^2=卡方；CI=置信区间；SRMR=标准化均方根残差；CFI=比较拟合指数；TLI=塔克—刘易斯指数；H=假设。

* 表示 $p<0.05$；# 表示 $p<0.01$；† 表示 $p<0.001$。

假设 1a 提出，工作意义对企业社会责任感知（PCSR）与工作满意度之间的关系起到了部分中介作用。来自间接影响分析（即从 PCSR 到工作意义的路径乘以从工作意义到工作满意度的路径）的模型（b = 0.151，$p<0.001$）支持了这一假设。换句话说，PCSR 总因子增加了工作意义（b = 0.327，$p<0.001$），而工作意义增加了工作满意度（b = 0.463，$p<0.001$）。此外，从间接影响分析中得出，工作意义对 PCSR 社会因子和工作满意度（b = 0.132，$p<0.001$）之间的关系起到了中介作用。换句话说，PCSR 社会因子增加了工作意义（b = 0.284，$p<0.001$），而工作意义提高了工作满意度（b = 0.463，$p<0.001$）。然而，在工作满意度和特定环境因子（b = 0.025，p = 0.383）之间起到中介作用的模型在统计上不显著。虽然具有特定环境因子的中介模型不显著，但是假设 1a 也得到了支持，因为包含 PCSR 总因子的模型在统计上显著。换句话说，社会责任和环境责任在这一关系中起到了中介作用。此外，社会因子还产生了更多的影响，超越了由社会因子与环境因子构成的共用因子产生的影响。

假设 1b 提出，工作意义对企业社会责任感知（PCSR）和组织承诺之间的关系起到了部分中介作用，这一假设得到了模型（b = 0.151，$p<0.001$）的支持。换句话说，PCSR 总因子提高了工作意义（b = 0.327，$p<0.001$），而工作意义提高了组织承诺（b = 0.462，$p<0.001$）。因此，假设 1b 得到了证实。此外，从间接影响分析中得出，工作意义对 PCSR 社会因子和组织承诺（b = 0.131，$p<0.001$）之间的关系起到了中介作用。换句话说，PCSR 社会因子增加了工作意义（b = 0.284，$p<0.001$），而工作意义提高了组织承诺（b = 0.462，$p<0.001$）。然而，在组织承诺和特定环境因子之间起到中介作用的模型在统计上不显著（b = 0.025，p = 0.382）。

假设 2a 提出，组织支持感对企业社会责任感知（PCSR）和工作满意度之间的关系起到部分中介作用，间接影响分析（即从 PCSR 到组织支持感的路径乘以从组织支持感到工作满意度的路径）模型（b = 0.209，p < 0.05）支持了这一假设。换句话说，PCSR 总因子提高了组织支持感（b = 0.574，p < 0.001），而组织支持感提高了工作满意度（b = 0.364，p < 0.05）。此外，从间接影响分析中得出，组织支持感对 PCSR 社会因子与工作满意度（b = 0.247，p < 0.05）之间的关系起到了中介作用。换句话说，PCSR 社会因子提高了组织支持感（b = 0.677，p < 0.001），而组织支持感又提高了工作满意度（b = 0.364，p < 0.05）。然而，在工作满意度和特定环境因子（b = 0.015，p = 0.489）之间起中介作用的模型在统计上不显著。虽然具有特定环境因子的中介模型不显著，但是假设 2a 还是得到了支持，因为包含 PCSR 总因子的模型在统计上显著。换句话说，社会责任和环境责任在这一关系中起到了中介作用。此外，社会因子还产生了更多的影响，超越了由社会因子与环境因子构成的共用因子产生的影响。

假设 2b 提出，组织责任感对企业社会责任感知（PCSR）和组织承诺之间的关系起到部分中介作用，模型（b = 0.096，p = 0.485）没有支持这一假设。此外，在组织承诺与特定社会因子（b = 0.113，p = 0.479）和特定环境因子（b = 0.007，p = 0.604）之间起中介作用的模型在统计上不显著。因此，不支持假设 2b。

补充分析的结果

我们还测试了一个双联因子模型（即两个因子是相关的）。正如我们要在讨论部分阐述的一样，双因子和双联因子模型之间的不同结果为我们进一步从理论上阐述双因子论点奠定了基础。双因子和双联因子模型之间的主要区别在于，双因子模型中社会因子产生的影响远远超过了环境因子，这在双联因子模型中是无法辨别的。

此外，本文的主要命题之一是员工获得的工作意义源于他们对组织如何对待第三方的认识，而不是源于对组织直接对待员工的认识。为了排除工作意义源于组织对待员工的认识的可能性，如组织支持感，我们在研究中测试了相同的模型，但以工作意义作为结果变量。组织支持感与工作意义之间的关系不显著（b = −0.230，p = 0.339），有组织支持感中介 PCSR 总因子（g = −0.202，p = 0.343）、社会因子（g = −0.156，p = 0.347）和环境因子（g = −0.008，p = 0.617）的关系的间接影响也不显著。这些结果进一步证明了工作意义和组织支持感都是中介变量，因为它们参与了企业社会责任感知的不同方面。

讨 论

在本项研究中我们发现，企业社会责任感知（PCSR）与工作满意度和组织承诺有关，工作意义在这一关系中起到了中介作用，而组织支持感在 PCSR 与工作满意度之间的关系中起到了中介作用，但在 PCSR 与组织承诺之间的关系中没有发挥这个作用。PCSR 中的环境因子在这些情况中都没有显著的关系。由于我们正使用双因子模型，所以这并不意味着环境因子不会产生影响。PCSR 总因子说明了社会维度和环境维度之间的共同点。然而，社会因子与工作满意度和组织承诺的确具有显著的正相关关系，超越了总因子的影响，其中，工作意义在社会因子与工作满意度和组织承诺之间的关系中起到了中介作用，组织支持感仅在社会因子与工作满意度之间的关系中起到了中介作用。

因此，本文做出了下列四大贡献：第一，通过发现工作意义来自员工对组织如何对待第三方的认识，而不是来自组织如何对待员工的认识，我们为更广泛的管理学文献做出了贡献。传统上，工作意义是作为工作特点（如任务重要性）的一个部分进行研究的，但是关于个体如何在其认为具有社会目的组织的工作中找到工作意义在学术界一直缺乏经验性研究。在我们的研究中，第三方的实践和行动向员工发出了一个更高目标感的信号（如为更大的福利做贡献），这反过来提高了工作意义。有三项发现尤为有趣：首先，研究心理氛围的学者们发现，支持感可以促进工作意义（Brown & Leigh，1996），但是我们发现，员工感知到来自企业社会责任的支持（即组织支持感），对组织承诺没有丝毫影响。其次，我们发现，只有针对第三方做出行动时，员工才会从 PCSR 中找到工作意义。最后，PCSR 的社会因子产生的影响超越了总因子产生的影响。总之，这些研究结果表明，工作意义在本质上是关系性的，随着员工从组织如何对待员工的认识中找到更高的目标感，他们会找到更大的工作意义。

第二，本文响应开展微观层面研究和探究企业社会责任与结果的关系的潜在中介变量的号召，为企业社会责任文献做出了贡献（Aguinis & Glavas，2012；Carroll & Shabana，2010；Lee，2008）。现有的企业社会责任文献不确定企业社会责任是否会创造积极的商业价值。然而，许多学者提出，寻找一种广义的结果过于简单化——而企业社会责任具有正反两个方面的影响，这使得了解企业社会责任为什么以及如何创造积极的商业价值显得尤为重要（Aguinis & Glavas，2012；Wood，2010）。例如，我们没有发现 PCSR 与结果变量有任何重大的直接影响。然而，考虑到中介变量（即工作意义和组织支持感）时，PCSR 确实与结果变量具有显著的正相关关系。因此，在以往的研究中，企业社会责任对结果没有产生任何重要影响，它们很可能过早得出结论，认为企业社会责任与商业价值没有任何正相关关系。企业社会责任可能产生积极影响，但只能通过某些中介变量——和我们研究中一样的中介变量——才能发挥作用。

第三，本文创建了可靠而有效的量表，测量员工的企业社会责任感知（见附录1），从而为企业社会责任的微观研究和管理做出了贡献。同大多数宏观层面的综合性企业社会责任测量方法相比，企业社会责任感知量表聚焦于测量员工的感知度，可以帮助研究者研究员工感知度与个体行为、态度和绩效之间的关系。本文开发的量表为企业社会责任和管理学领域的融合研究开辟了更多的可能性。

第四，双因子模型不仅促进了我们对企业社会责任的理解，而且成为可用于管理学理论其他方面（如能力倾向测试等）的通用模型。双因子量表的潜在用途之一就是可以用于潜变量模型中（如结构方程模型），由此，各个因子可在今后的研究中用作预测变量或结果变量。在这些模型中，各个概念的相互关系会因显变量中存在的测量误差而进行校正。因此，通过各因子之间的相关性可以获得更多的纯相关系数，而单个变量则做不到这一点，因为单个变量有内在误差。具体而言，对于企业社会责任，双因子模型是有用的，因为以往该领域存在许多相互重合的概念，概念之间的界限也不清晰，使得这一领域显得混乱（Carroll，2008；Waddock，2004）。我们探讨的两个类似的概念是社会责任和环境责任，二者具有影响员工的共同要素（即双因子模型中的总因子），同时每个因子还具有可区分的性质，这一点超越了总因子。例如，我们发现社会责任与工作满意度和组织承诺具有显著的关系，这超出了总因子的范围，而环境责任则没有这种关系。因此，似乎还有其他影响员工的机制，在今后的研究中可以对此进行探讨。例如，社会责任可以深入到关系型更强的方法中。Aguilera 等（2007）提出，企业社会责任具有三个关键性机制，即工具性机制、道义（即道德）机制、关系机制。环境责任和社会责任既可以是工具性机制（即企业社会责任对企业有利），也可以是道义机制（即企业社会责任是应该做的正确的事）。然而，社会责任与环境责任的区别就在于关系性成分。社会责任，按其定义的性质，考虑了与其他人（如社区、客户、员工、供应商等）的关系。因此，社会责任对已有关于关系研究的文献敞开了大门，这些研究可以整合到社会责任研究中，以帮助解释对员工的影响。例如，Grant（2012）基于关系型工作设计，发现员工与他们的企业社会责任工作的受益者互动时，对员工成果的影响更大。Cropanzano 和 Rupp（2008）基于社会交流和组织公平的理论，提出了企业社会责任的关系模型。这里仅列举两例，但是像专门研究人与人之间的互动关系的其他研究领域也有可能纳入企业社会责任的研究中，如心理学、社会学等。因此，我们有可能进一步扩大对企业社会责任和管理学的理解。

现实意义

首先，通过探讨企业社会责任对员工的影响，以及员工（即作为中介变量）随后对商业成果的影响，企业社会责任感知量表能够为企业社会责任建立更好的商业理由。其次，双因子模型为探讨影响员工的机制从而向企业传递实施企业社会责任战略的信息奠定了基础。最后，PCSR 量表可以用于测量企业社会责任感知与企业社会责任实际应用之间的差异。由于我们的量表是以企业社会责任融入组织的程度为基础的，所以，员工很有可能都不知道企业的社会责任行动和政策，由此，这为与那些员工沟通，从而对其施加潜移默化的积极影响提供了机遇。然而，我们也想告诫企业，如果员工对企业社会责任的感知超越了企业实际所为，企业就会遭到员工的厌烦。企业可能有意或无意地展示出员工发现已久的虚伪企业社会责任形象，这会导致不良后果（Glavas & Godwin，2013）。

局限性和未来研究方向

一个局限是使用了横截面数据。但是，我们在两个不同的时间段进行了调查，帮助控制共同方法变异，并使用理论支持的结构方程模型来预测概念模型的因果方向。另一个局限是本项研究局限于粮食与农业产业。虽然该行业具有广泛性，代表了完整的供应链（如农民、制造商、运输、零售连锁店、各种相关协会、非营利组织、服务提供商等合作伙伴），但未来要在其他行业中复制此研究，提高研究成果的广泛适用性。

在未来的研究中，应探讨企业社会责任感知与结果的关系中的其他潜在中介变量（如组织认同感）和调节变量（如个体差异）。组织公平感的直接测量方法可以用于比较和对比企业社会责任感知与组织公平感对员工的影响，还可以测量其他成果和商业价值维度，以更全面地了解 PCSR 对商业价值的影响，以及 PCSR 在什么条件下会产生商业价值或导致商业价值的损失。此外，在未来的研究中，可以应用双因子模型探讨环境责任和/或社会责任是否会影响总因子范围以外的其他变量。研究人员还可以调整量表中的措辞，以便与其他利益相关方（如消费者、供应商、社区）一起应用该量表了解企业社会责任感知如何影响不同的利益相关方，要特别注意关乎企业的重要结果（如信誉、产品的选择等）。此外，还可以和利益相关方一起探讨调节机制和中介机制——在不同利益相关方的基本机制中，有可能会在关键机制中产生有趣的差异，这有助于为更复杂的模型提供关于如何与不同的利益相关方发生联系的信息。最后，同任何新量表一样，PCSR 量表有待于在未来的研究中进一步验证。

结　论

本项研究的结果表明，企业社会责任感知标准能够进一步促进企业社会责任微观层面的研究。个人和他们的认知而不是宏观层面的研究轨迹（如企业社会责任的综合测量方法）成为一个研究的中心——可以为现有的或新的微观层面研究敞开大门，帮助我们了解企业社会责任对员工的影响。集中于微观层面的研究——在个体分析层面或在多层面模型中的研究——可以使企业社会责任推动管理学文献的发展，形成一个可以探究其他影响工作的因素研究环境。

附　录

附录1　企业社会责任感知量表的开发

开发测量方法

我们开发了一个遵循双因子模型结构的量表（有关该模型更多的理论论证内容，参阅 Reise 等，2007）。通过使用双因子模型，我们可以探讨两个特定概念对既定结果的共同影响，还可以探讨一个概念（如社会因子或环境因子）产生的超过总因子（即社会与环境因子的共同影响）的影响，进而能够把它与企业社会责任理论更紧密地联系起来。

我们的测量量表整合了利益相关方、企业公民、可持续发展、伦理学等理论，主要区别在于企业社会责任是嵌入整个组织的。企业社会责任的嵌入程度是我们定义的核心，因为我们认为它会更直接地影响员工（Aguinis & Glavas，2013）。相反，表层的企业社会责任可能是由员工鲜有接触的企业基金会实施管理的。因此，组织层面的企业社会责任测量方法（如 KLD 指数），或者只有高级管理人员才可能完成的自我报告测量方法都未必能准确地测量出组织范围内员工的感知情况。此外，通过测量企业社会责任嵌入，已有的测量方法可以避免落入如下陷阱，即测量方法测量的是象征性的企业社会责任，进而错误地评价了负责任的组织（Entine，2003；Norman & MacDonald，2004；Reich，2008）。

为了开发一个满意而有效的量表，以测量员工对其所在企业的环境责任和社会责任的感知，我们以如下的方式制定项目：①依据前文"企业社会责任"章节中提到的文献和阐述的指导定义，应用演绎法形成测量项目；②从有经验的学者处得到反馈和修改意见；③从内容领域的专家处得到其对各个测量项目的评价；④评价心理特性，通过独立样本的几轮迭代，细化测量量表（Hinkin，1995；Nunnally & Bernstein，1994；Schwab，1980）。在开发测量项目的第一阶段，我们依据前文中提到的符合商业社会理论的定义框架形成了测试项目。我们使用指导定义框架回顾了企业社会责任相关文献，以形成社会责任和环境责任的测试项目（Nunnally & Bernstein，1994）。

形成最初的测试项目后，从该领域的专家处获取了反馈意见，形成了一整套45个测试项目，考虑包含到量表中。接着，专家小组评价了每个测试项目与我们的企业社会责任指导定义的拟合度（Hinkin，1995）。专家小组由美国多所大学的商业与社会领域的学者们组成，他们受邀评价每个测量项目对所研究概念进行操作化的适用性。我们向每一位评委提供了前文中提到的企业社会责任定义，让评委使用1~7分（1分为完全不相关，7分为完全相关）的评分制评价每个测试项目与一般企业社会责任的拟合度，以及每个测试项目与社会责任和环境责任的拟合度。我们只保留了平均分为5分以上的测量项目。收到评委们的反馈意见后，删除了31个测量项目（占69%），修改了测量量表，测量项目减至14个。

初步验证

对在测量项目的开发阶段形成的14个项目量表在四项独立研究中进行试点测试，直至形成我们研究的最终测量量表。试点研究中的测量量表采用了李克特7分量表，从1分（完全反对）到7分（完全赞成）。前三项试点研究的样本规模较小，主要是根据定量结果和参与者的反馈不断完善量表。在第一轮试点测试中，测试了6个组织的23名管理者。第一轮测试后，删除了2个问题，增添了引述部分，在不改变本质内容的情况下修改了问题的措辞。在第二轮测试中，测试了中型制造企业的57名员工。在第三轮测试中，测试了中西部一所中型高校中26名从事兼职工作的研究生。第四轮测试（即本研究前的一轮测试）的测试范围更为广泛，用于在实地背景中测试量表。

每一轮测试后，会计算各维度中测量项目的相关性。如果对于社会维度或环境维度中各项目的相关系数在5%的水平上不显著（即 $p < 0.05$），就删除该项目。例如，社会维度中的一个测量项目"在我公司，我们认为在道德上有义务把社会利益摆在首位"与社会维度中的其他任何测量项目都没有显著的相关性，因此我们删除了该项目。又如，项目"我们公司不会把利润看得比地球的健康更重要"与环境维度中的其他任何项目没有相关性，因此我们将其删除。在前三轮试点测试中形成量表后，使用更大范围的样本测试了量表，对总部位于北美的六家公司的347名员工进行了网上问卷调查，收集数据。为了得到尽可能精练的测量工具，同时平衡测量工具的品质——更易于研究人员的使用，因为他们还会在数据收集过程中提出与其

他概念相关的其他问题/项目,因此要进一步减少测量项目的数量。最终的测量量表(见附录 2)包括 8 个测量项目,其中,4 个是社会责任的测量项目,4 个是环境责任的测量项目。这 8 个测量项目形成的测量标准不仅保证了测量品质,而且精短简练。我们相信,测量量表对于想把企业社会责任感知融入工作中的研究人员是有用的。

最终测量方法

我们定义的核心是关心利益相关方的福利,社会因子中的测量项目直接与此对应。因此,每一个测试问题都体现了对主要利益相关方(如社区、供应商、客户、员工等)的企业社会责任。此外,关注利益相关方也保证了企业社会责任嵌入企业模型。对于环境因子而言,各测量项目都体现了企业社会责任融入组织战略和日常运营实践中的程度。

表 1 列出了响应频数、平均值和标准差。表 2 列出了方差(主对角线中的斜体)、协方差(主对角线下方)和相关系数(主对角线上方)。响应频数表明对于测试项目的回应分布良好,没有项目在某点上饱和(如某些测量项目的上下限效应都没有问题)。

如图 2 和图 3 所示,制定了两组 4 项目量表,一组测量社会责任,另一组测量环境责任。同属量表(环境责任与社会责任合并在一个综合量表中)的 Cronbach 信度系数 α 为 0.87(95% 的置信区间为 [0.86,0.89])。然而,我们还使用系数 ω(McDonald,1999;Kelley & Cheng,2012)计算测量标准的信度,这样不会像系数 α 一样做出 τ-等值的严格假设(Raykov,2002)。系数 α 对于不相关误差结构是合成信度的下限,而系数 ω 无偏地估计了测试人数系数的信度。社会责任量表中同类项目综合得分的信度为 0.79,相对应的 95% 的置信区间界限分别为 0.76 和 0.81(McDonald,1999;Raykov,2002)。环境责任量表中同类项目综合得分的信度为 0.90,相对应的 95% 的置信区间界限分别为 0.90 和 0.93。我们还计算了所有同类项目的综合量表(即社会责任和环境责任合并到一个由 8 个项目组成的综合量表中)的信度,发现内部信度一致性适中,为 0.67,相应的 95% 的置信区间界限为 0.64 和 0.71。虽然使用全量表时单个合成信度都低于 8 项综合量表,但是这也早在预料之中,因为阐述的论点就是两个量表既测量重合的概念,又具有不同的性质。实际上,如果整体测试项目是完全同质的,那么设立两个子量表就不合理,与理论也不一致。

实践中,综合测量方法是同属测量方法(即所有项目都允许有自己的装载和误差方差,McDonald,1999),也就是说,构成综合量表的项目都是来自同一基本概念的不同测量方法,但以不同程度的效果衡量该概念。事实上,一个具有路径系数的因子模型如果被限制在同一数值上,则通常没有现实意义。然而,测量项目的结构可以更复杂，如多组项目测量不同的概念（如社会责任和环境责任的两个具体因子可以分别用 4 个项目测量，共计 8 个项目）。其他结构还可以同时由单维和多维概念组成。也就是说，测量项目既可以是一个总因子的表现形式（即我们量表中 8 个项目的同属测量方法），也可以是一个特定因子（即社会因子和环境因子各对应的 4 个项目）的表现形式。如前所述，将两个模型合并为一个单一的统一模型称为双因子模型，因为每个测量项目都允许加载到一种总体特质上，该特质被假定为所有项目的基础，而且也是特定因子的函数（Gibbons & Hedeker，1992；Holzinger & Swineford，1937；Reise et al.，2007）。需要注意的是，特定因子彼此不相关，与总因子也不相关。换句话说，每个项目都会加载到两个因子上，即总因子（包含社会责任和环境责任）和特定因子（即社会责任或环境责任）。由于社会责任和环境责任在概念上不同但又相关——既不是一个分级的因子，也不是简单相关联的两个因子——本文第一部分中阐述的理论表明，我们的量表结构完好地映射到了双因子模型上，如图 4 所示，可即时评估。我们预计社会责任和环境责任会有部分重合，但也有不同的属性。为了评价我们的量表与理论模型的符合程度，我们把双因子模型比作同类模型（即单因子模型）中的嵌套模型和一个双联因子模型（即分级的双因子模型）。

此外，在检验模型中的差异时，如图 3 所示，双因子模型优于其他竞比模型，本身拟合度也很好。双因子模型的标准化均方根残差（SRMR）为 0.011，小于（即合意的）优良拟合度所建议的最大值 0.10，比较拟合指数（CFI）是 0.997，塔克—刘易斯指数（TLI）是 0.994，近似均方根误差是 0.031，90% 的置信区间是 [0.003，0.053]。因此，结果表明，双因子模型与数据完全拟合。在对比中，同属模型（RMSEA = 0.223；CFI = 0.776，TLI = 0.686；SRMR = 0.122）和双联因子模型（RMSEA = 0.118；CFI = 0.940；TLI = 0.912；SRMR = 0.052）的拟合度都没有双因子模型好。最后，似然比检验也表明，双因子模型在拟合度上明显优于双联因子模型（χ^2 差异 = 205.1，df = 7，p < 0.001）和同属模型（χ^2 差异 = 774.73，df = 8，p < 0.001）。从实证上来看，这个拟合度非常好的模型就是理论上认为的理想模型。

我们还应用这一数据评估了概念效度。如前所述和我们定义中的具体阐述，对社会负责的组织会关心所有利益相关方的利益。由于员工是关键利益相关方，我们预计企业社会责任感知会与组织支持感（POS）相关（r = 0.657，p < 0.001）。在区分效度上，任职时间（r = 0.046，ns）和性别（r = -0.047，ns）与 PCSR 不相关。为了进一步测试聚合效度，我们还随机抽取了 89 名员工作为子样本，其中，有 22 名员工（回复率为 24.7%）完成了 Maignan 和 Ferrell（2000）的量表和我们的最终量表，发现两个量表显著相关。然而，我们的量表与任职时间不相关（r = 0.169，ns），但他们的量表与任职时间相关（r = 0.489，p < 0.05）。这很可能是因为

Maignan 和 Ferrell（2000）的量表中的问题非常具体，因此，任职时间较长的员工可能会有更高的认知。相比之下，由于我们的指导定义以企业社会责任的嵌入度为基础，我们构建的量表更宽泛，这便于整个组织管理企业社会责任。例如，如果一个组织关心外部利益相关方的利益（如通过慈善事业），而员工对此不知，那么企业社会责任很可能没有嵌入组织的日常实践、服务和产品中。

最后，为了进一步评价概念效度，我们评估了效标关联效度。具体来说，我们测试了主要研究中基于理论证明的关系。如我们所指出的，企业社会责任感知在统计数据上与工作满意度和组织承诺明显相关，工作意义在它们之间起到了中介作用。此外，双因子模型使我们能够了解社会因子对工作满意度和组成承诺超越PCSR 总因子的那部分影响（社会因子与环境因子间的共用因子）。

附录 2　测量方法

企业社会责任感知量表
社会责任
1. 在我的组织中，致力于员工的福利具有高优先性。
2. 在我的组织中，致力于客户的福利具有高优先性。
3. 在我的组织中，致力于供应商的福利具有高优先性。
4. 在我的组织中，致力于社区的福利具有高优先性。

环境责任
1. 在我的组织中，环境问题是组织战略不可或缺的组成部分。
2. 在我的组织中，解决环境问题是组织日常运营的组成部分。
3. 我的组织非常关心我们的工作是否会破坏环境。
4. 我的组织在实现短期目标的同时始终关注对环境的影响。

工作满意度
1. 总体而言，我对我的工作满意。
2. 总体而言，我不喜欢我的工作。（R）
3. 总体而言，我喜欢在这里工作。

组织承诺
1. 我非常乐意在组织中度过我剩余的职业生涯。
2. 我喜欢与组织以外的人一起讨论我的组织。
3. 我真的觉得组织的问题仿佛就是我自己的问题。
4. 我认为我可以轻易地像爱慕自己的组织一样爱慕另一个组织。（R）
5. 在我的组织中，我不觉得是"组织大家庭中的一分子"。（R）
6. 我不觉得会"眷恋"这个组织。（R）

7.这个组织对我个人而言意义重大。

8.我没有感到对组织的强烈归属感。（R）

工作意义

1.我做的工作对我来说非常重要。

2.对个人而言，我的工作活动对我有意义。

3.我做的工作对我来说有意义。

组织支持感

1.我的组织重视对其福利的贡献。

2.我的组织真的关心员工的福利。

3.我的组织非常重视员工的目标和价值。

4.我的组织愿意在员工需要特殊照顾时帮助员工。

5.我的组织很少关心员工。（R）

6.我的组织为员工取得的工作成就感到自豪。

注：（R）=反向措辞。对于所有项目，1=完全赞同，7=完全反对。

参考文献

［1］Agle，B. R.，Mitchell，R. K.，& Sonnenfeld，J. A. 1999. Who matters to CEOs？ An investigation of stakeholder attributes and salience，corporate performance，and CEO values. Academy of Management Journal，42：507–525. http：//dx.doi.org/10.2307/256973.

［2］Aguilera，R. V.，Rupp，D. E.，Williams，C. A.，& Ganapathi，J. 2007. Putting the s back in corporate social responsibility：A multilevel theory of social change in organizations. Academy of Management Review，32：836–863.http：//dx.doi.org/10.5465/AMR.2007.25275678.

［3］Aguinis，H. 2011. Organizational responsibility：Doing good and doing well. In S. Zedeck （Ed.），APA handbook of industrial and organizational psychology：Maintaining，expanding，and contracting the organization：855–879. Washington，DC：American Psychological Association.

［4］Aguinis，H.，Boyd，B. K.，Pierce，C. A.，& Short，J. C. 2011. Walking new avenues in management research methods and theories：Bridging micro and macro domains. Journal of Management，37：395–403. http：//dx.doi.org/10.1177/0149206310382456.

［5］Aguinis，H.，& Glavas，A. 2012. What we know and don't know about corporate social responsibility：A review and research agenda. Journal of Management，38：932–968. http：//dx.doi.org/10.1177/0149206311436079.

［6］——2013. Embedded versus peripheral corporate social responsibility：Psychological foundations. Industrial and Organizational Psychology：Perspectives on Science and Practice，6：314–332. http：//dx.doi.org/10.1111/iops.12059.

［7］Albinger，H. S.，& Freeman，S. J. 2000. Corporate social performance and attractiveness as an employer to different job seeking populations. Journal of Business Ethics，28：243–253. http：//dx.doi.org/10.1023/A：1006289817941.

［8］Allen，N. J.，& Meyer，J. P. 1990. The measurement and antecedents of affective，continuance and normative commitment to the organization. Journal of Occupational Psychology，63：1–18. http：//dx.doi.org/10.1111/j.2044–8325.1990.tb00506.x.

［9］Andersson，L. M.，& Bateman，T. S. 2000. Individual environmental initiative：Championing natural environmental issues in U.S. business organizations. Academy of Management Journal，43：548–570. http：//dx.doi.org/10.2307/1556355.

［10］Banerjee，S. 2007. Corporate social responsibility：The good，the bad，and the ugly. Northampton，MA：Edward Elgar. http：//dx.doi.org/10.4337/9781847208552.

［11］Bargh，J. A.，& Burrows，L. 1996. Automaticity of social behavior：Direct effects of trait construct and stereotype activation on action. Journal of Personality and Social Psychology，71：230–244. http：//dx.doi.org/10.1037/0022–3514.71.2.230.

［12］Beadle，R.，& Knight，K. 2012. Virtue and meaningful work. Business Ethics Quarterly，22：433–450. http：//dx.doi.org/10.5840/beq201222219.

［13］Bellah，R. N.，Madsen，R.，Sullivan，W. M.，Swidler，A.，& Tipton，S. M. 1985. Habits of the heart：Individualism and commitment in American life. New York：Harper and Row.

［14］Berle，A. A. 1931. Corporate powers as powers in trust. Harvard Law Review，44：1049–1074. http：//dx.doi.org/10.2307/1331341.

［15］Boatright，J. R. 2006. What's wrong–and what's right–with stakeholder management. Journal of Private Enterprise，21：106–130.

［16］Bowen，H. R. 1953. Social responsibilities of the businessman. New York：Harper and Row.

［17］Brown，S. P.，& Leigh，T. W. 1996. A new look at psychological climate and its relationship to job involvement，effort，and performance. Journal of Applied Psychology，81：358–368. http：//dx.doi.org/10.1037/0021–9010.81.4.358.

［18］Bunderson，J. S.，& Thompson，J. A. 2009. The call of the wild：Zookeepers，callings，and the double–edged sword of deeply meaningful work. Administrative Science Quarterly，54：32–57. http：//dx.doi.org/10.2189/asqu.2009.54.1.32.

［19］Cable，D. M.，& Judge，T. A. 1996. Person–organization fit，job choice decisions，and organizational entry. Organizational Behavior and Human Decisions Processes，67：294–311. http：//dx.doi.org/10.1006/obhd.1996.0081.

［20］Cammann，C.，Fichman，M.，Jenkins，D. J.，& Klesh，J. R. 1983. Assessing the attitudes and perceptions of organizational members. In S. E. Seashore，E. E. Lawler III，P. H. Mirvis，& C. Cammann（Eds.），Assessing organizational change：A guide to methods measures and practices：71–138. New York：Wiley.

［21］Carmeli，A.，Gilat，G.，& Waldman，D. A. 2007. The role of perceived organizational performance in organizational identification, adjustment and job performance. Journal of Management Studies, 44: 972-992.http://dx.doi.org/10.1111/j.1467-6486.2007.00691.x.

[22] Carroll, A. B. 1979. A three-dimensional conceptual model of corporate performance. Academy of Management Review, 4: 497-505.

[23] ——. 1999. Corporate social responsibility: Evolution of a definitional construct. Business and Society, 38: 268-295. http://dx.doi.org/10.1177/000765039903800303.

[24] ——. 2008. A history of corporate social responsibility: Concepts and practices. In A. Crane, A. McWilliams, D. Matten, J. Moon, & D. S. Siegel (Eds.), The Oxford handbook of corporate social responsibility: 19-46. New York: Oxford University Press.

[25] Carroll, A. B., & Shabana, K. M. 2010. The business case for corporate social responsibility: A review of concepts, research and practice. International Journal of Management Reviews, 12: 85-105. http://dx.doi.org/10.1111/j.1468-2370.2009.00275.x.

[26] Chatterji, A. K., & Toffel, M. W. 2010. How firms respond to being rated. Strategic Management Journal, 31: 917-945.

[27] Cheung, M. W.-L. 2009. Comparison of methods for constructing confidence intervals of standardized indirect effects. Behavior Research Methods, 41: 425-438. http://dx.doi.org/10.3758/BRM.41.2.425.

[28] Choi, J. 2008. Event justice perceptions and employees' reactions: Perceptions of social entity justice as a moderator. Journal of Applied Psychology, 93: 513-528. http://dx.doi.org/10.1037/0021-9010.93.3.513.

[29] Colquitt, J. A., Conlon, D. E., Wesson, M. J., Porter, C. O. L. H., & Ng, K. Y. 2001. Justice at the millennium: A meta-analytic review of 25 years of organizational justice research. Journal of Applied Psychology, 86: 425-445. http://dx.doi.org/10.1037/0021-9010.86.3.425.

[30] Cropanzano, R., & Rupp, D. E. 2008. Social exchange theory and organizational justice: Job performance, citizenship behaviors, multiple foci, and a historical integration of two literatures. In S.W. Gilliland, D. D. Steiner, & D. P. Skarlicki (Eds.), Emerging perspectives on managing organizational justice: 63-99. Greenwich, CT: Information Age Publishing.

[31] Davis, K. 1960. Can business afford to ignore social responsibilities? California Management Review, 2: 70-76. http://dx.doi.org/10.2307/41166246.

[32] ——. 1973. The case for and against business assumption of social responsibilities. Academy of Management Journal, 16: 312-322. http://dx.doi.org/10.2307/255331.

[33] Devinney, T. M. 2009. Is the socially responsible corporation a myth? The good, bad and ugly of corporate social responsibility. Academy of Management Perspectives, 23: 44-56. http://dx.doi.org/10.5465/AMP.2009.39985540.

[34] Dobrow, S. R., & Tosti-Kharas, J. 2011. Calling: The development of a scale. Personnel Psychology, 64: 1001-1049. http://dx.doi.org/10.1111/j.1744-6570.2011.01234.x.

［35］Dodd，E. M. 1932. For whom are corporate managers trustees. Harvard Law Review，45：1145-1163. http：//dx.doi.org/10.2307/1331697.

［36］Donaldson，T.，& Preston，L. E. 1995. The stakeholder theory of the corporation：Concepts，evidence，and implications. Academy of Management Review，20：65-91.

［37］Dutton，J. E.，Roberts，L. M.，& Bednar，J. 2010. Pathways for positive identity construction at work：Four types of positive identity and the building of social resources.Academy of Management Review，35：265-293.http：//dx.doi.org/10.5465/AMR.2010.48463334.

［38］Eisenberger，R.，Armeli，S.，Rexwinkel，B.，Lynch，P. D.，& Rhoades，L. 2001. Reciprocation of perceived organizational support. Journal of Applied Psychology，86：42-51. http：//dx.doi.org/10.1037/0021-9010.86.1.42.

［39］Eisenberger，R.，Cummings，J.，Armeli，S.，& Lynch，P. 1997. Perceived organizational support，discretionary treatment，and job satisfaction. Journal of Applied Psychology，82：812-820. http：//dx.doi.org/10.1037/0021-9010.82.5.812.

［40］Eisenberger，R.，Huntington，R.，Hutchinson，S.，& Sowa，D. 1986. Perceived organizational support. Journal of Applied Psychology，71：500-507. http：//dx.doi.org/10.1037/0021-9010.71.3.500.

［41］Elkington，J. 1997. Cannibals with forks：The triple bottom line of 21st century business. Oxford：Capstone Publishing.

［42］Enderle，G. 2010. Clarifying the terms of business ethics and CSR. Business Ethics Quarterly，20：730-732. http：//dx.doi.org/10.5840/beq201020445.

［43］Entine，J. 2003. The myth of social investing：A critique of its practices and consequences for corporate social performance research. Organization & Environment，16：352-368. http：//dx.doi.org/10.1177/1086026603256283.

［44］Etzion，D. 2007. Research on organizations and the natural environment，1992-present：A review. Journal of Management，33：637-664. http：//dx.doi.org/10.1177/0149206307302553.

［45］Frederick，W. C. 1960. The growing concern over business responsibility. California Management Review，29：99-114.

［46］Freeman，R. E. 1984. Strategic management：A stakeholder approach. Boston：Pitman.

［47］——. 1994. The politics of stakeholder theory：Some future directions. Business Ethics Quarterly，4：409-421. http：//dx.doi.org/10.2307/3857340.

［48］Freeman，R. E.，Wicks，A. C.，& Parmar，B. 2004. Stakeholder theory and "the corporate objective revisited." Organization Science，15：364-369. http：//dx.doi.org/10.1287/orsc.1040.0066.

［49］Friedman，M. 1970. The social responsibility of business is to increase its profits. New York Times Magazine，September 13：33.

［50］Gardner，H.，Csikszentmihályi，M.，& Damon，W. 2001. Good work：When excellence and ethics meet. New York：Basic Books.

［51］ Gibbons, R. D., & Hedeker, D. R. 1992. Full-information item bi-factor analysis. Psychometrika, 57: 423-436. http: //dx.doi.org/10.1007/BF02295430.

［52］ Gladwin, T. N., Kennelly, J. J., & Krause, T. S. 1995. Shifting paradigms for sustainable development: Implications for management theory and research. Academy of Management Review, 20: 874-907.

［53］ Glavas, A., & Godwin, L. N. 2013. Is the perception of "goodness" good enough? Exploring the relationship between perceived corporate social responsibility and employee organizational identification. Journal of Business Ethics, 114: 15-27.

［54］ Glavas, A., & Piderit, S. K. 2009. How does doing good matter? Effects of corporate citizenship on employees. Journal of Corporate Citizenship, 36: 51-70. http: //dx.doi.org/10.9774/GLEAF.4700.2009.wi.00007.

［55］ Grant, A. M. 2008. The significance of task significance: Job performance effects, relational mechanisms, and boundary conditions. Journal of Applied Psychology, 93: 108-124. http: //dx.doi.org/10.1037/0021-9010.93.1.108.

［56］ ——. 2012. Leading with meaning: Beneficiary contact, prosocial impact, and the performance effects of transformational leadership. Academy of Management Journal, 55: 458-476. http: //dx.doi.org/10.5465/amj.2010.0588.

［57］ Greening, D. W., & Turban, D. B. 2000. Corporate social performance as a competitive advantage in attracting a quality workforce. Business and Society, 39: 254-280. http: //dx.doi.org/10.1177/000765030003900302.

［58］ Hackman, J. R., & Oldham, G. R. 1975. Development of the job diagnostic survey. Journal of Applied Psychology, 60: 159-170. http: //dx.doi.org/10.1037/h0076546.

［59］ ——. 1976. Motivation through the design of work: Test of a theory. Organization Behavior and Human Decision Processes, 16: 250-279. http: //dx.doi.org/10.1016/0030-5073 (76) 90016-7.

［60］ Harrison, D. A., Newman, D. A., & Roth, P. L. 2006. How important are job attitudes? Meta-analytic comparisons of integrative behavioral outcomes and time sequences. Academy of Management Journal, 49: 305-325. http: //dx.doi.org/10.5465/AMJ.2006.20786077.

［61］ Harrison, J. S., & Wicks, A. C. 2013. Stakeholder theory, value, and firm performance. Business Ethics Quarterly, 23: 97-124. http: //dx.doi.org/10.5840/beq20132314.

［62］ Hart, S. L. 1995. A natural-resource based view of the firm. Academy of Management Review, 20: 986-1014.

［63］ Hart, S. L., & Ahuja, G. 1996. Does it pay to be green? An empirical examination of the relationship between emission reduction and firm performance. Business Strategy and the Environment, 5: 30-37. http: //dx.doi.org/10.1002/(SICI) 1099-0836 (199603) 5: 1<30: : AID-BSE38>3.0.CO; 2-Q.

［64］ Hinkin, T. R. 1995. A review of scale development practices in the study of organizations.

Journal of Management, 21: 967–988. http: //dx.doi.org/10.1177/014920639502100509.

[65] Holzinger, K. J., & Swineford, F. 1937. The bi-factor method. Psychometrika, 2: 41–54. http: //dx.doi.org/10.1007/BF02287965.

[66] Jensen, M. C. 2002. Value maximization, stakeholder theory, and the corporate objective function. Business Ethics Quarterly, 12: 235–256. http: //dx.doi.org/10.2307/3857812.

[67] Jones, D. A. 2010. Does serving the community also serve the company? Using organizational identification and social exchange theories to understand employee responses to a volunteerism programme. Journal of Occupational and Organizational Psychology, 83: 857–878. http: //dx.doi.org/10.1348/096317909X477495.

[68] Jones, T. M. 1995. Instrumental stakeholder theory: A synthesis of ethics and economics. Academy of Management Review, 20: 404–437.

[69] Jones, T. M., & Wicks, A. C. 1999. Convergent stakeholder theory. Academy of Management Review, 24: 206–221.

[70] Kelley, K., & Cheng, Y. 2012. Interval formation for reliability coefficients of homogeneous measurement instruments. Methodology, 8: 39–50.

[71] Kelley, K., & Rausch, J. R. 2011. Sample size planning for longitudinal models: Accuracy in parameter estimation for polynomial change parameters. Psychological Methods, 16: 391–405. http: //dx.doi.org/10.1037/a0023352.

[72] Kline, R. B. 2005. Principles and practice of structural equation modeling. New York: Guilford.

[73] Kottke, J. L., & Sharafinski, C. E. 1988. Measuring perceived supervisory and organizational support. Educational and Psychological Measurement, 48: 1075–1079. http: //dx.doi.org/10.1177/0013164488484024.

[74] Laplume, A. O., Sonpar, K., & Litz, R. A. 2008. Stakeholder theory: Reviewing a theory that moves us. Journal of Management, 34: 1152–1189. http: //dx.doi.org/10.1177/0149206308324322.

[75] Lee, M. P. 2008. A review of the theories of corporate social responsibility: Its evolutionary path and the road ahead. International Journal of Management Reviews, 10: 53–73. http: //dx.doi.org/10.1111/j.1468-2370.2007.00226.x.

[76] Levitt, T. 1958. The dangers of social responsibility. Harvard Business Review, 36: 38–44.

[77] Lin, C., Lyau, N., Tsai, Y., Chen, W., & Chiu, C. 2010. Modeling corporate citizenship and its relationship with organizational citizenship behaviors. Journal of Business Ethics, 95: 357–372. http: //dx.doi.org/10.1007/s10551-010-0364-x.

[78] Lindgreen, A., & Swaen, V. 2010. Corporate social responsibility. International Journal of Management Reviews, 12: 1–7.

[79] Linnenluecke, M. K., Russell, S. V., & Griffiths, A. 2009. Subcultures and sustainability

practices: The impact of understanding corporate sustainability. Business Strategy and the Environment, 18: 432–452. http://dx.doi.org/10.1002/bse.609.

[80] Lynch, P., Eisenberger, R., & Armeli, S. 1999. Perceived organizational support: Inferiorversus-superior performance by wary employees. Journal of Applied Psychology, 84: 467–483. http://dx.doi.org/10.1037/0021-9010.84.4.467.

[81] Maignan, I., & Ferrell, O. C. 2000. Measuring corporation citizenship in two countries: The case of the United States and France. Journal of Business Ethics, 23: 283–297.

[82] Maignan, I., Ferrell, O. C., & Hult, G. T. M. 1999. Corporate citizenship: Cultural antecedents and business benefits. Journal of the Academy of Marketing Science, 27: 455–469. http://dx.doi.org/10.1177/0092070399274005.

[83] Marcoux, A. M. 2003. A fiduciary argument against stakeholder theory. Business Ethics Quarterly, 13: 1–24. http://dx.doi.org/10.5840/beq20031313.

[84] Margolis, J. D., & Walsh, J. P. 2003. Misery loves companies: Rethinking social initiatives by business. Administrative Science Quarterly, 48: 268–305. http://dx.doi.org/10.2307/3556659.

[85] Matten, D., & Crane, A. 2005. Corporate citizenship: Toward an extended theoretical conceptualization. Academy of Management Review, 30: 166–179. http://dx.doi.org/10.5465/AMR.2005.15281448.

[86] Mayer, R. C., Davis, J. H., & Schoorman, F. 1995. An integrative model of organizational trust. Academy of Management Review, 20: 709–734.

[87] McDonald, R. P. 1999. Test theory: Unified treatment. Hillsdale, NJ: Lawrence Erlbaum Associates.

[88] Norman, W., & MacDonald, C. 2004. Getting to the bottom of "triple bottom line." Business Ethics Quarterly, 14: 243–262. http://dx.doi.org/10.5840/beq200414211.

[89] Novak, M. 1996. Business as a calling: Work and the examined life. New York: The Free Press.

[90] Nunnally, J. C., & Bernstein, I. H. 1994. Psychometric theory. New York: McGraw-Hill.

[91] Orlitzky, M. 2011. Institutional logics in the study of organizations: The social construction of the relationship between corporate social and financial performance. Business Ethics Quarterly, 21: 409–444. http://dx.doi.org/10.5840/beq201121325.

[92] ——. 2013. Corporate social responsibility, noise, and stock market volatility. Academy of Management Perspectives, 27: 238–254. http://dx.doi.org/10.5465/amp.2012.0097.

[93] Paine, L. S. 2003. Value shift: Why companies must merge social and financial imperatives to achieve superior performance. New York: McGraw-Hill.

[94] Parker, C. P., Baltes, B. B., Young, S. A., Huff, J. W., Altmann, R. A., Lacost, H. A., & Roberts, J. E. 2003. Relationships between psychological climate perceptions and work

outcomes: A meta-analytic review. Journal of Organizational Behavior, 24: 389-416. http: //dx.doi. org/10.1002/job.198.

[95] Peloza, J. 2009. The challenge of measuring financial impacts from investments in corporate social performance. Journal of Management, 35: 1518-1541. http: //dx.doi.org/10.1177/ 0149206309335188.

[96] Porter, M. E., & Kramer, M. R. 2006. Strategy and society: The link between competitive advantage and corporate social responsibility. Harvard Business Review, 84: 78-92.

[97] Pratt, M. G., & Ashforth, B. E. 2003. Fostering meaningfulness in working and meaningfulness at work: An identity perspective. In K. Cameron, J. E. Dutton, & R.E. Quinn (Eds.), Positive organizational scholarship: 309-327. San Francisco: Berrett-Koehler.

[98] Preacher, K. J., & Hayes, A. F. 2008. Contemporary approaches to assessing mediation in communication research. In A. F. Hayes, M. D. Slater, & L. B. Snyder (Eds.), The Sage sourcebook of advanced data analysis methods for communication research: 13-54. Thousand Oaks, CA: Sage.

[99] Preston, L. E., & Post, J. E. 1975. Private management and public policy. Englewood Cliffs, NJ: Prentice-Hall.

[100] Ramus, C. A., & Steger, U. 2000. The roles of supervisory support behaviors and environmental policy in employee "ecoinitiatives" at leading-edge European companies. Academy of Management Journal, 43: 605-626. http: //dx.doi.org/10.2307/1556357.

[101] Raykov, T. 2002. Analytic estimation of standard error and confidence interval for scale reliability. Multivariate Behavioral Research, 37: 89 -103.http: //dx.doi.org/10.1207/S15327906 MBR3701_04.

[102] Raykov, T., Brennan, M., Reinhardt, J. P., & Horowitz, A. 2008. Comparison of mediated effects: A correlation structure modeling approach. Structural Equation Modeling, 15: 603-626. http: //dx.doi.org/10.1080/10705510802339015.

[103] Reich, R. 2008. The case against corporate social responsibility. Retrieved November 25, 2013, from http: //papers.ssrn.com/sol3/papers.cfm? abstract_id=1213129.

[104] Reise, S. P., Morizot, J., & Hays, R. D. 2007. The role of the bifactor model in resolving dimensionality issues in health outcomes measures. Quality of Life Research, 16: 19-31. http: //dx.doi.org/10.1007/s11136-007-9183-7.

[105] Rhoades, L., & Eisenberger, R. 2002. Perceived organizational support: A review of the literature. Journal of Applied Psychology, 87: 698-714. http: //dx.doi.org/10.1037/0021-9010.87.4. 698.

[106] Rosso, B. D., Dekas, K. H., & Wrzesniewski, A. 2010. On the meaning of work: A theoretical integration and review. Research in Organizational Behavior, 30: 91-127. http: //dx.doi. org/10.1016/j.riob.2010.09.001.

[107] Rousseau, D. M. 1995. Psychological contracts in organizations: Understanding written

and unwritten agreements. Newbury Park，CA：Sage.

［108］Rupp，D. E. 2011. An employee–centered model of organizational justice and social responsibility. Organizational Psychology Review，1：72–94.http：//dx.doi.org/10.1177/2041386610 376255.

［109］Rupp，D. E.，Ganapathi，J.，Aguilera，R. V.，& Williams，C. A. 2006. Employee reactions to corporate social responsibility：An organizational justice framework. Journal of Organizational Behavior，27：537–43. http：//dx.doi.org/10.1002/job.380.

［110］Rupp，D. E.，Shao，R.，Thornton，M. A.，& Skarlicki，D. P. 2013. Applicants' and employees' reactions to corporate social responsibility：The moderating effects of firstparty justice perceptions and moral identity. Personnel Psychology，66：895–933.http：//dx.doi.org/10.1111/peps. 12030.

［111］Rupp，D. E.，Williams，C. A.，& Aguilera，R. V. 2010. Increasing corporate social responsibility through stakeholder value internalization（and the catalyzing effect of new governance）：An application of organizational justice，self–determination，and social influence theories. In M. Schminke（Ed.），Managerial ethics：Managing the psychology of morality：69–88. New York：Routledge.

［112］Schreck，P.，van Aaken，D.，& Donaldson，T. 2013. Positive economics and the normativistic fallacy：Bridging the two sides of CSR. Business Ethics Quarterly，23：297–329. http：//dx.doi.org/10.5840/beq201323218.

［113］Schwab，D. P. 1980. Construct validity in organizational behavior. In B. M. Staw & L. L. Cummings（Eds.），Research in organizational behavior. Greenwich，CT：JAI Press.

［114］Schwartz，B. 1986. The battle for human nature：Science，morality，and modern life. New York：W. W. Norton.

［115］——. 1994. The costs of living：How market freedom erodes the best things in life.New York：W. W. Norton.

［116］Schwartz，M. S.，& Carroll，A. B. 2003. Corporate social responsibility：A three–domain approach. Business Ethics Quarterly，13：503–530. http：//dx.doi.org/10.5840/beq200313435.

［117］Serenko，A.，& Bontis，N. 2009. A citation–based ranking of the business ethics scholarly journals，International. Journal of Business Governance and Ethics，4：390–399. http：//dx.doi.org/10.1504/IJBGE.2009.023790.

［118］Sharma，S.，& Vredenburg，H. 1998. Proactive corporate environmental strategy and the development of competitively valuable organizational capabilities. Strategic Management Journal，19：729–753. http：//dx.doi.org/10.1002/（SICI）1097–0266（199808）19：8<729：：AID–SMJ967>3.0.CO；2–4.

［119］Shrivastava，P. 1995. The role of corporations in achieving ecological sustainability. Academy of Management Review，20：936–960.

［120］Sims，R. R.，& Brinkman，J. 2003. Enron ethics（or：culture matters more than codes). Journal of Business Ethics, 45: 243–256.

[121] Sisodia, R., Wolfe, D. B., & Sheth, J. 2007. Firms of endearment: How world-class companies profit from passion and purpose. Upper Saddle River, NJ: Wharton School Publishing.

[122] Snyder, M., & Swann, W. B. 1978. Behavioral confirmation in social interaction: From social perception to social reality. Journal of Experimental Social Psychology, 14: 148–162. http: //dx.doi.org/10.1016/0022-1031 (78) 90021-5.

[123] Social Investment Forum. 2009. December 16, 2009, press release. Retrieved from http: //www.siran.org/pdfs/SIRANPR20091217.pdf.

[124] Spreitzer, G. M. 1995. Psychological empowerment in the workplace: Dimensions, measurement, and validation. Academy of Management Journal, 38: 1442–1465. http: //dx.doi.org/10.2307/256865.

[125] Starik, M., & Rands, G. P. 1995. Weaving an integrated web: Multilevel and multisystem perspectives of ecologically sustainable organizations. Academy of Management Review, 20: 908–935.

[126] Sully de Luque, M., Washburn, N. T., Waldman, D. A., & House, R. J. 2008. Unrequited profit: How stakeholder and economic values relate to subordinates' perceptions of leadership and firm performance. Administrative Science Quarterly, 53: 626–654. http: //dx.doi.org/10.2189/asqu.53.4.626.

[127] Turban, D. B., & Greening, D. W. 1997. Corporate social performance and organizational attractiveness to prospective employees. Academy of Management Journal, 40: 658–672. http: //dx.doi.org/10.2307/257057.

[128] U.S. Dairy. 2012. 2011 U.S. Dairy sustainability report. Retrieved from http: //www.usdairy.com/Public%20Communication%20Tools/2011USDairySustainabilityReport.pdf.

[129] Waddock, S. A. 2003. Myths and realities of social investing. Organization and Environment, 16: 369–380. http: //dx.doi.org/10.1177/1086026603256284.

[130] ——. 2004. Parallel universes: Companies, academics, and the progress of corporate citizenship. Business and Society Review, 109: 5–42. http: //dx.doi.org/10.1111/j.0045-3609.2004.00002.x.

[131] Wartick, S. L., & Cochran, P. L. 1985. The evolution of the corporate social performance model. Academy of Management Review, 10: 758–769.

[132] Wayne, S. J., Shore, L. M., Bommer, W. H., & Tetrick, L. E. 2002. The role of fair treatment and rewards in perceptions of organizational support and leader-member exchange. Journal of Applied Psychology, 87: 590–598. http: //dx.doi.org/10.1037/0021-9010.87.3.590.

[133] Weaver, G. R., Treviño, L. K., & Cochran, P. L. 1999. Integrated and decoupled corporate social performance: Management commitments, external pressures, and corporate ethics practices. Academy of Management Journal, 42: 539–552. http: //dx.doi.org/10.2307/256975.

[134] Westley, F., & Vredenburg, H. 1991. Strategic bridging: The collaboration between

environmentalist and business in the marketing of green products. Journal of Applied Behavioral Science, 27: 65-91. http: //dx.doi.org/10.1177/0021886391271004.

[135] Willard, B. 2002. The sustainability advantage: Seven business case benefits of a triple bottom line. Gabriola Island, Canada: New Society Publishers.

[136] Windsor, D. 2006. Corporate social responsibility: Three key approaches. Journal of Management Studies, 43: 93-114. http: //dx.doi.org/10.1111/j.1467-6486.2006.00584.x.

[137] Wood, D. J. 1991. Social issues in management: Theory and research in corporate social performance. Journal of Management, 17: 383-406. http: //dx.doi.org/10.1177/014920639101700206.

[138] ——. 2010. Measuring corporate social performance: A review.International Journal of Management Reviews, 12: 50-84.http: //dx.doi.org/10.1111/j.1468-2370.2009.00274.x.

[139] Wrzesniewski, A. 2003. Finding positive meaning in work. In K. S. Carmeron, J. E. Dutton, & R. E. Quinn (Eds.), Positive organizational scholarship: Foundations of a new discipline. San Francisco: Berrett-Koehler.

为什么企业社会绩效会吸引求职者？试验和实地检验三项信号机制 *

David A. Jones，Chelsea R. Willness，Sarah Madey

【摘　要】员工招聘工作的研究表明，一个组织的企业社会绩效（CSP）会影响其作为雇主的吸引力，但是，对于发生这种影响的作用机制和过程，我们知之甚少。我们认为，求职者会从企业社会绩效中收到信号，形成三项信号机制，最终，这三项机制会影响组织的吸引力：求职者对加入该组织的预期自豪感，感知到与该组织的价值契合，对组织如何对待员工的期望。我们假设这些信号机制会在企业社会绩效和组织吸引力之间发挥中介作用，重点研究企业社会绩效的两个方面：组织的社会参与和环保实践。在试验中（n=180），我们通过一家公司的网页考察企业社会绩效。在实地研究中（n=171），我们测量了组织在招聘会上所用招聘材料中包含的企业社会绩效内容和求职者对组织的企业社会绩效的感知情况。结果验证了这三项信号机制，我们由此探讨了理论意义、未来的研究和实践意义。

员工招聘工作的研究揭示出，有多种因素会影响组织对求职者的吸引力（Breaugh，2008；Chapman，Uggerslev，Carroll，Piasentin & Jones，2005），其中包括组织的企业社会绩效，如组织的社会责任原则、政策和实践的承诺，以及组织与利益相关方的关系。研究表明，组织的社会绩效越强，就会吸引越多的求职者（Greening & Turban，2000），但对于这一作用过程，我们知之甚少。

我们利用信号传递理论（Rynes，1991）作为主要研究框架，检验了在企业社会绩效和组织吸引力的关系中起中介作用的三项信号机制的假设。我们认为，企业社会绩效会向求职者发出信号，形成他们对组织的认知和期望。正是通过这三项信号机制，企业社会绩效最终影响到了组织对求职者的吸引力。我们检验了三项中介

---

* David A. Jones，Chelsea R. Willness，Sarah Madey. 2014. Why Are Job Seekers Attracted by Corporate Social Performance? Experimental and Field Tests of Three Signal-Based Mechanisms. Academy of Management Journal，57（2）：383-404.

初译由殷格非完成。

机制——求职者对加入这一享有声望的组织的预期自豪感，他们对该组织的感知价值契合度，他们期望的待遇——目的是提出一个有关企业社会绩效与人才招聘的理论基础，指导未来的研究。招聘组织也可以从中获益，利用企业社会绩效吸引员工的作用，提高自身的招聘能力，雇用表现最为出色的员工。

我们采用互补的方法，在两项研究中检验了这些作用机制。在研究 1 中，我们设计了一个可以进行因果推论的试验，在高内部效度的情况下，检验了这些作用机制。在研究 2 中，我们利用活跃的求职者样本，让他们评价一个他们认为对就业选择具有吸引力的组织，以此实地检验了所做出的假设。据我们所知，这是首次应用此类方法进行检验的文献。与许多以往的研究相比，我们研究中所做的设计可以更现实地揭示出求职者自然地做出决策的过程。例如，我们的两项研究中包含了求职者可能掌握企业社会绩效信息的过程，而不是为他们提供企业社会绩效的数值评分或让他们评价一个已植入企业社会绩效操作的单一组织的信息。

我们研究了企业社会绩效中有关一个组织的社区参与和环保实践的影响。社区参与包括慈善事业、支持员工志愿者活动等（Grant，2012）。环保实践包括鼓励员工节约能源和资源，努力让供应链"绿起来"，提高环保意识等（Christmann，2000）。我们运用三种不同的企业社会绩效实施方法检验了这些实践的影响。这三种实施方法包括考察网页内容（研究 1），测量在招聘会上招聘组织所用招聘材料中包含的企业社会绩效信息程度（研究 2），以及测量求职者对企业社会绩效的认知（研究 2）。

企业社会绩效与员工招聘研究

招聘组织试图通过自己的与众不同来吸引求职者（Rynes，1991）。研究表明，薪酬、工作地点等工作特点和组织特点会直接影响就业选择的态度和行为（Chapman et al.，2005）。然而，在竞争同类求职者的组织中，这些特点往往显示出非常有限的差异性，因此，招聘组织并不总能有效地使自己从其他组织中脱颖而出（Lievens & Highhouse，2003）。相比之下，一些有关企业社会绩效的实践却反映了一个组织在分配组织资源方面的高度自由决策权，由此使自己脱颖而出，有别于其他雇主。

组织领导越来越把企业社会绩效视为一种战略手段，用以解决利益相关方不断变化的需求（Waddock，Bodwell & Graves，2002），包括未来员工的需求（McWilliams & Siegel，2001）。研究表明，企业社会绩效越强的企业，作为雇主的吸引力就越高（Aiman-Smith，Bauer & Cable，2001；Kim & Parke，2011；Luce，Barber & Hillman，2001；Schmidt Albinger & Freeman，2000；Tsai & Yang，2010；

Turban & Greening，1997）。研究还发现，企业社会绩效对招聘结果具有积极的影响，我们重点研究其中的两个方面：社区参与（Backhaus，Stone & Heiner，2002；Sen，Bhattacharya & Korschun，2006）与环保实践（Backhaus et al.，2002；Bauer & Aiman-Smith，1996；Behrend，Baker & Thompson，2009；Greening & Turban，2000）。通过吸引更多的求职者，企业社会绩效提高了人才选拔制度的利用率，提高了组织雇用顶尖人才的能力。

然而，我们几乎不了解求职者对企业社会绩效信息的掌握程度，以及他们获取这些信息的渠道。在以往的一些研究中，研究者们通过专家对真实企业的评级（Schmidt Albinger & Freeman，2000）、第三方机构在表面上对虚构公司的评级（Aiman-Smith et al.，2001），或者依据 KLD 数据库对多个公司的评级（Backhaus et al.，2002；Greening & Turban，2000），向参与者们提供了企业社会绩效评级。尽管这些研究做出了重要贡献，但是大多数求职者似乎并没有自主的企业社会绩效评级。有时，人们基本上不了解一个组织的企业社会绩效，这是限制企业社会绩效影响招聘结果的一个边界条件（Sen et al.，2006）。因此，我们认为，要将求职者了解企业社会绩效的可行途径纳入研究设计中，再运用这种研究设计检验企业社会绩效的影响，这一点非常重要。在研究 1 中，我们重点以公司网站作为操作企业社会责任信息的载体。因为，无论是公司还是求职者，都越来越多地把网站作为招聘信息的来源（Cober，Brown，Keeping & Levy，2004）。这些招聘信息中就有现成的企业社会绩效信息（Whitehouse，2006）。在研究 2 中，我们重点研究了企业在招聘会上向求职者披露的企业社会绩效信息，即招聘组织向求职者提供信息，鼓励他们应聘（Murphy & Tam，2004）。我们的研究背景是招聘工作的初期阶段，这一点很重要，因为在初期阶段，如果有多人应聘，招聘实践会影响到后期实践（Allen，Mahto & Otondo，2007）和人才选拔制度的利用率（Ployhart，2006）。

解释企业社会绩效吸引求职者的信号机制

在有关招聘的文献中，几乎没有重视中介机制的文献，中介机制往往被用作假设，但几乎没有对其进行过检验（Breaugh，2008）。有关个体对企业社会绩效反应的研究，也同样是这种情况（Aguinis & Glavas，2012）。因此，很少有人知道企业社会绩效与组织吸引力的关系程度以及形成这种关系的原因。我们使用信号传递原理作为主要研究框架，推导出潜在的心理学机制的假设。

信号传导理论为多个领域的文献提供了理论基础，如市场营销（Connelly，Ketchen & Slater，2011）和战略管理（Zhang & Wiersema，2011）。例如，在市场营销实践的研究中，Connelly 等（2011）认为，消费者、供应商和投资者很难评价一个公司的业务流程或产品的实际可持续发展程度，因此，外部利益相关方利用

ISO 14000 认证、绿色技术投资、回收再利用实践等可观察的因素作为组织做出可持续发展承诺的信号。同样，研究员工招聘的研究人员认为，求职者往往对招聘组织没有什么了解，因此，他们依靠所收到的信息传递出的信号，推断工作条件等组织特点 (Rynes, 1991; Rynes & Miller, 1983)。

研究表明，招聘经历确实能够发出信号，影响求职者的态度和就业选择 (Cable & Turban, 2003; Rynes, Bretz & Gerhart, 1991)，但是员工招聘研究中所使用的基于信号的模式由于不够完善而一直受到多方批评 (Breaugh, 2008)。特别是对连接信号和结果的各种机制——即人们根据获取的信号做出推断——几乎没有进行过检验，甚至没有明确的概念 (Celani & Singh, 2010)。虽然在某些研究中已经采用了信号传导理论，围绕企业社会绩效对招聘结果的影响提出了一些假设，但是这些研究都没有详细阐述这些信号的准确作用机制，仅有零星的几项研究借鉴了个人与组织的契合度理论 (Greening & Turban, 2000)。那么，求职者从组织的企业社会绩效中到底接收到了什么信号？企业社会绩效影响组织吸引力的机制是什么？

在组织发出的各类信号中，我们假设，社区参与和环保实践是有关该组织的声望、具体价值观、亲社会倾向的信号。反过来，这些信号构成了影响组织吸引力的三项相应的信号机制：求职者因组织的企业社会绩效受到赞许而加入这一具有声望的组织，由此形成的预期自豪感；与企业社会绩效所展现的组织价值观相关的感知价值契合度；依据组织通过自己的企业社会绩效为提高第三方福利而做出的亲社会努力，形成的期望待遇。

我们不仅没有忽视其他机制的存在，还因为体现在我们假设理由中的三个原因而特别重视这些特定的机制。首先，企业社会绩效可能发出的信号的机制在逻辑上都由以往研究中识别的信号产生。其次，三项信号机制全部建立在完备的理论基础上，研究人员已经利用这些理论了解了招聘过程和对企业社会绩效的反应。最后，每项信号机制都反映了求职者和员工在其就业经历中所重视和期望的东西：为成为该组织的一员而感到自豪 (Mael & Ashforth, 1992)，在一个可以分享其价值的组织中工作 (Cable & Judge, 1994)，员工会得到良好的对待 (Hom, Griffeth, Palich & Bracker, 1999)。由于人们都积极地追求有利的结果 (Vroom, 1964)，所以这些信号机制有助于说明展现出优秀企业社会绩效的组织为什么会吸引求职者。

传递预期自豪感信息的组织声望信号

一个组织的声望会向求职者发出信号，影响他们对潜在雇主做出推断 (Cable & Turban, 2003)，而企业社会绩效会影响组织的声望 (Fombrun & Shanley, 1990)。因此，研究人员认为，优良的企业社会绩效会向求职者发出信号，表明该组织久负盛名，备受各界重视 (Behrend et al., 2009)。我们认为，这个信号形成了求职者期望从加入该组织中获得的自豪感。

依据社会认同理论（Ashforth & Mael，1989；Collins & Han，2004；Tajfel & Turner，1992），我们认为，预期自豪感的信号机制产生于企业社会绩效中的组织声望信号，组织声望反过来影响潜在雇主的吸引力。人们通过他们所隶属的群体得到一些认同感，其中包括他们雇佣组织（Dutton & Dukerich，1991）。如果组织提高了个体的自我价值，个体就特别易于认同这个组织（Ashforth，Harrison & Corley，2008）。例如，当他们为组织的声望而感到自豪时，就会特别认同这个组织（Mael & Ashforth，1992；Riketta，2005）。声望的概念强调了一个组织信誉的多个方面，这个组织更易于受到面向社会的多种因素的影响，如加入组织的方式可能会得到社会的认可（Highhouse，Lievens & Sinar，2003）。正如 Highhouse、Thornbury 和 Little（2007）所描述的那样，"一个有声望的组织……在行业中似乎更优于其他组织，会给他人留下深刻印象"。在将组织声望与预期自豪感联系起来时，Smidts、Pruyn 和 Van Riel（2001）注意到，"人们为加入备受尊敬的组织中而感到自豪，因为它增强了自我价值的感觉，沉浸在所反映出的荣耀之中"。

研究人员还借鉴了认同感理论，针对企业社会绩效对招聘结果的影响，提出了一些假设，但是他们没有检验具体的影响机制（Backhaus et al.，2002；Greening & Turban，2000；Turban & Greening，1997）。有一个例外，Behrend 等（2009）发现，一个公司在网站上发布的环境信息提高了该组织的声望，组织声望转而也增强了参与者的求职意向。扩展这些研究成果时，我们在研究 1 中检验了预期自豪感在企业社会绩效的两个方面——社区参与和环保实践——影响组织吸引力过程的中介作用。在研究 2 中，我们检验了组织声望（已提出的信号）而非预期自豪感（已提出的信号机制）的中介作用。有关具体原因，我们会在后面的章节中论述。

假设 1：一个组织的企业社会绩效中的（a）社区参与和（b）环保实践与组织吸引力具有正相关关系。研究 1 中检验的预期自豪感和研究 2 中检验的对组织声望的信念在这一关系中发挥了中介作用。

传递感知价值契合度信息的组织价值观信号

十几年前，研究员工招聘的研究人员认为，一个组织的企业社会绩效会发出有关其价值观的信号，当人们认为组织的价值观与他们自己的价值观很匹配时，这个信号就会提高组织的吸引力（Aiman-Smith et al.，2001；Backhaus et al.，2002；Behrend et al.，2009；Greening & Turban，2000；Turban & Greening，1997）。一个组织的企业社会绩效使用我们的框架语言向求职者发出有关组织的具体价值观的信号，如承诺为社区做贡献、保护自然环境等。这些信号形成了另一个把企业社会绩效与组织吸引力联系在一起的信号机制：求职者的感知价值契合度。

元分析（meta-analytic）的证据表明，个人与组织的契合度是预测招聘结果的指标中最有力的指标（Chapman et al.，2005）。辅助性契合度就是其中一个类型（Kristof，1996），它强调个人与组织的感知相似性，包括与组织价值观的相似性。研究表明，人们感知的价值契合度越高，组织的吸引力就越大（Cable & Judge，1994，1996；Chatman，1989；Holcombe Erhart & Ziegert，2005），其中还研究了价值契合度的影响是否高于薪酬、晋升机会、工作类型等因素的影响（Judge & Bretz，1992）。

在研究企业社会绩效与员工招聘的过程中，已经发现了支持价值契合机制的证据。在一项研究中，分析了社会责任实践对学生评价组织吸引力的影响，其中，学生的感知价值契合度在这方面发挥了中介作用（Kim & Parke，2011）。在另一项研究中发现，人们对环境敏感度越强，企业社会绩效与组织吸引力之间的关系就越稳固（Tsai & Yang，2010）。然而，在其他研究中，没有发现组织的环保实践对持有环保价值观的人们具有更大的吸引力（Backhaus et al.，2002；Bauer & Aiman-Smith，1996；Behrend et al.，2009；Greening & Turban，2000）。出现这些不一致结果的一个可能原因就是，这些没有得到支持的研究侧重于环境实践，而且应用环境价值观和环境态度的测量来评价契合机制，这些测量标准很容易受到社会合意回应（socially desirable responding）的影响（Ewert & Galloway，2009）。因此，我们将价值契合机制的检验延伸到了企业社会绩效的另一个方面：组织的社区参与。与以前的大多数研究不同，我们检验了感知价值契合度直接测量标准是否在企业社会绩效效应中发挥中介作用（Kristof，1996），同时我们控制了其他两项假设信号机制的作用。

假设 2：一个组织的企业社会绩效中的（a）社区参与和（b）环保实践与组织吸引力具有正相关关系，感知价值契合度在这一关系中发挥了中介作用。

在研究 1 中，我们还利用与企业社会绩效每个方面对应的个体差异，检验了感知价值契合机制。在把个体与组织的社区参与联系在一起时发现，公共取向越强的个体对其他人的责任感越强，就越可能帮助有困难的人（Clark，Ouellette，Powell & Milberg，1987）。我们推断，为社区做出积极贡献的组织会特别容易吸引公共取向较强的个体，因为他们认为与组织的价值观很匹配。同样，积极参与环保实践的组织会更加吸引环保态度较强的个体，因为他们会感觉到较高的价值契合度。

假设 3a：积极开展社区参与的组织会更加吸引具有较高公共取向的个体。感知价值契合度在这一关系中发挥了中介作用。

假设 3b：积极参与环保实践的组织会更加吸引具有较强环保态度的个体。感知价值契合度在这一关系中发挥了中介作用。

传递期望待遇信息的亲社会倾向信号

企业社会绩效可能发出的另一个信号，在理论上解释了组织为什么花费资源提高他们的企业社会绩效。例如，为了应对员工的压力，履行与企业社会绩效相关的义务，组织可能就会这样做（Aguilera，Rupp，Williams & Ganapathi，2007）。Aguilera 等（2007）认为，员工把外部导向的企业社会绩效，如社区参与和环保实践）看做一种信号，表明了组织在总体上关注公平对待第三方。基于这个概念我们断定，企业社会绩效向求职者发出了组织总体上亲社会倾向的信号（即它真正关心和关注第三方的利益（Grant，Dutton & Rosso，2008）。这个信号进而形成了一个信号机制，我们称为期望待遇，即求职者期望组织从优对待自己的员工，更进一步说，如果他们在该组织工作，期望该组织从优对待他们。据此推测，求职者可能会得出这样的结论，总体上关心人们的组织可能会将这种关系延伸到他们自己的员工，按照他们所期望的那样，组织会公平地对待员工，给予员工尊严和尊重。

据我们所知，目前还没有在企业社会绩效影响招聘结果的环境中探讨这一期望待遇机制。然而，其他有关员工招聘的研究表明，人们甚至在开始工作以前就形成了对雇主的态度（Wanous，1992），包括它关注员工的态度（Hom et al.，1999）。研究还表明，品貌兼优（personable）的招聘人员可以向求职者发出信号，他们由此可以推断组织会善待他们（Breaugh & Starke，2000）。因此，我们提出了一个由企业社会绩效发出的亲社会倾向的信号驱动的类似信号机制。

尽管有各种有关企业社会绩效的实践都会发出组织亲社会倾向的信号，但是我们推测，社区参与在这方面会发出尤为合适的信号。一个组织关心他人的信号会更直接地从社会参与中产生，而不是从环保实践中产生。因为组织回报社会能发出组织关心人们的信号，而不是关心他们居住的环境。按照该逻辑，这个信号可以延伸到组织雇用的员工。

假设 4：一个组织的企业社会绩效中的（a）社区参与和（b）环保实践与组织吸引力具有正相关关系，个体对良好员工待遇的期望在这一关系中发挥了中介作用。

研究 1：研究方法

参与者

参与研究的对象来自加拿大西部一所高校的 180 名三年级大学生，他们因此也获得了奖励学分。① 只有大学三年级及以上的学生有资格参与研究，因为这些学生具有更多的工作经验，更有可能在上学期间寻找工作。他们的平均年龄为 22.56 岁（标准差为 4.65），80.56% 为女生。他们的平均工作年限为 5.83 年（标准差为 4.52）。其中有 121 名学生在上学期间工作，平均工作期限为 23.85 个月（标准差为 20.87），平均每周工作 16.79 个小时（标准差为 10.98）。

研究步骤

研究 1 是一个纵向试验。我们在相隔一周的两轮调查中收集数据，目的是在回答有关招聘组织的企业社会绩效问题时，减少产生的启动效应（priming effects），减少在单次调查中的相关个体差异。我们告诉参与者他们正完成两项独立的研究。让参与者生成一个识别码，在完成两项研究后，用来为他们分配奖励学分，同时用来匹配第一次和第二次收集的数据。在第一次调查会议中，告诉参与者研究 1 是关于人的价值观和政治信仰。在调查开始阶段，我们嵌入了与企业社会绩效相关的个体差异测量，并以政治信仰相关的选项来结束。

在第二轮调查中，我们让参与者评价从三家公司的网站上下载并打印在纸上的网页。我们抵消了顺序的影响，每家公司的网页要么第一个、第二个，要么第三个出现，正好与每个企业社会绩效条件中 1/3 的参与者相对应。我们指导参与者"要假装你目前正在找工作，每家公司发布的职位中至少有一个适合你"。

公司网页

我们为三家虚设的公司创建了网页。三家虚设公司都是服装制造商和经销商，它们在我们要收集数据的城市中有空缺职位。每家公司都列出了多个空缺职位，包括采购、零售、技术设计、产品检测、市场营销等方面的职位。网页设计上要显得很真实，包括每一页的网址、公司其他网页的链接、图片、具有专业眼光的布局、公司标志等。我们在每个目标公司的页面上植入了企业社会绩效操作项。我们还使用了其他两家公司的网页，以增强真实感，减少需求特性，因为求职者通常会考虑多个可行的就业选择，而不是局限于一个选择（Beach，1993；Soelberg，1967）。

我们进行了试点研究，以帮助我们改进网页材料，让三家公司在不提供企业社会绩效信息时具有类似的吸引力，并评价网页是否具有真实感。试点研究中的参与

---

① 这是两项研究的早期版本，它们发表在《管理学会年会公报》上（研究 1：Jones，Willness & MacNeil，2009；研究 2：Jones Willness & Madey，2010）。早期开展的两项研究以相同的样本为基础，包含了本文中所述的相同的测量方法，但有两点不同，即早期版本的研究 1 中不包含"预期自豪感"，"期望待遇"的测量方法中还包含了另外五个项目。

者来自美国东北部一所大学的本科生（n=74）。我们遵循了与研究 1 中第二轮收集数据时相同的流程。接着，让参与者口头反馈网页的真实感情况。根据这一反馈和组织吸引力的评级，我们修改了网页材料的措辞，以提高真实感，让三家公司在没有提供企业社会绩效信息时具备同等的吸引力。

企业社会绩效操作

我们向三个企业社会绩效条件中的每个条件随机分配了 60 名参与者。在每个条件中，目标公司的网页要么包含有关社区参与（企业社会绩效—社区）的信息和环保实践（企业社会绩效—环保）的信息，要么不包含任何企业社会绩效（无企业社会绩效）信息。除了我们增加的有关企业社会绩效的"我们关心"页面外，目标公司的网页内容（如公司规模、产品、发展历程等）在两个企业社会绩效条件之间都是一样的。企业社会绩效—社区信息的重点是慈善捐助和员工志愿服务计划。对于企业社会绩效—环保信息，我们使用了类似的措辞来描述公司在生态上的相关慈善活动和员工参与的节能减排以及回收再利用活动（见附录）。[①]

测量方法

个体差异。第一轮调查活动均以有关政治信仰的问题（如"社会问题在没有政府干预的情况下会自我解决"）开始和结束。我们使用 Clark 等（1987）的 14 题测量方法和反应量表进行测量，1 分为完全反对，7 分为完全赞成（如在决策时，我会考虑其他人的需求和感受）。我们使用了相同的标准测量了环保态度，其中有六个题目改编自 Bauer 和 Aiman-Smith（1996）的题目："我真的很关心环境"、"我已经知道要采取措施，保护环境"、"环境对我很重要"、"我非常热衷环保问题"、"我要采取措施，减少对环境的影响，即使对我不方便，也要这样做"、"对我而言，地球的健康是我最重要的事业"。

第二轮公司评价。在提供了参与者信息和工作经验信息后，参与者们先浏览公司的网页，然后完成对每一个公司的测量。我们使用 Cable 和 Turban（2003）的三项问题法测量了预期自豪感，按照 1 分（完全反对）到 5 分（完全赞成）的反应量表回答了下列问题："我为成为（公司）的员工而感到自豪"、"我会自豪地告诉其他人我为（公司）工作"、"我很自豪，我自己认同（公司）"。我们以 Cable 和 Turban（2002）的三项问题测量方法，测量了感知价值契合度："（公司）的价值观

---

① 在无企业社会绩效信息的条件下，目标公司的四个网页包含 358 字，其他两家公司的四个网页分别包含 479 字和 530 字。在第五个网页上介绍了目标公司的企业社会绩效，其中企业社会绩效—社区信息和企业社会绩效—环保信息各有累计 595 字和 587 字的介绍。

和文化与我生活中重视的东西很吻合"、"我生活中重视的一些东西同（公司）重视的东西类似"、"我个人的价值观与（公司）的价值观和文化匹配"。为了测量期望待遇，我们创建了五个题目，使用 1 分（完全反对）到 7 分（完全赞成）的反应量表测量。由于我们重点关注了组织对待员工的整体状况，因此，我们使用了一种测量整体正义（Ambrose & Schminke，2009）的方法，纳入了有关全体员工的问题 ["（公司）很可能会善待其员工"] 以及有关个别受访者的问题 ["我认为（公司）对我很好"]。由于理论认为企业社会绩效发出了组织关心是否公平对待第三方的信号，所以，我们还纳入了有关公平性的问题 ["（公司）很可能会公平对待其员工"]。另外两个问题侧重于日常的待遇："（公司）维护员工的尊严，给予其尊重"，"如果我在（公司）工作，我相信他们会履行所做的承诺"。

我们首先使用 Highhouse 等（2003）提出的五项问题测量法，如 "（公司）作为一个就业的地方，对我是有吸引力的"，以五分制的反应量表测量了因变量 "组织吸引力"。其次，我们使用七分制对被植入若干干扰项的检查项目进行操作，如 "（公司）努力降低对环境的影响"，"（公司）设法为经营所在的社区做出积极的贡献"。最后，我们让参与者对三家公司进行排名，说明他们的就业首选公司，并让他们评价参与研究的情况、网页的真实度。

测量方法评价

我们使用验证性因素分析（confirmatory factor analysis，CFA）评估了研究中的测量方法。在允许误差项目在公共取向的五对题目的共变（covary）后，六因子模型与数据拟合度良好：χ^2/df 的比例为 1.65，低于 2.00，增量拟合指数（IFI）和比较拟合指数（CFI）的值为 0.91，超过了一些研究者推荐的临界值 0.90（Kline，2005），近似均方根误差为 0.06（Browne & Cudeck，1993）。χ^2 序列差值检验显示，六因子模型与数据的拟合度明显优于其他可供选择的模式，证明了三个中介变量是不同的。

研究 1：研究结果

表 1 列出了平均值、标准差、内部一致性估值和研究变量之间的相关性。表 2 列出了在企业社会绩效条件中对平均差异的检验，包括综合方差分析，对比所有成对条件对三个假设中介变量和组织吸引力的影响。

表1 研究1中的平均值、标准差、相关系数、内部一致性估值

变量	均值	标准差	1	2	3	4	5	6	7	8
1. 企业社会绩效—社区参与对无企业社会绩效信息	0.50	0.50								
2. 企业社会绩效—环保实践对无企业社会绩效信息	0.50	0.50	0.00							
3. 公共取向	5.42	0.59	0.03	−0.09	(0.78)					
4. 环保态度	4.89	1.06	0.13	0.07	0.13	(0.89)				
5. 预期自豪感	3.59	0.86	0.43***	0.30**	0.06	0.23**	(0.93)			
6. 感知价值契合度	3.67	0.83	0.57***	0.46***	0.08	0.23**	0.71***	(0.93)		
7. 期望待遇	5.16	0.90	0.46***	0.28**	0.08	0.12	0.66***	0.59***	(0.92)	
8. 组织吸引力	3.64	0.85	0.44***	0.23*	0.01	0.15*	0.59***	0.66***	0.54***	(0.92)

注：n=180，变量1和变量2除外（n=120），它们是为两个试验条件构建的虚设编码，代表"有企业社会绩效信息"（编码1）和"无企业社会绩效信息"（编码0）的效应；内部一致性信度（Cronbach α 系数）列于对角线上的括号中。

* 表示 $p < 0.05$；** 表示 $p < 0.01$；*** 表示 $p < 0.001$。

表2 研究1中企业社会绩效条件影响目标公司评级的平均差：预期自豪感、感知价值契合度、期望待遇、组织吸引力

变量	1. 企业社会绩效—社区		2. 企业社会绩效—环境		3. 无企业社会绩效信息		F	η_p^2	t-检验		
	均值	标准差	均值	标准差	均值	标准差			1 对 3	2 对 3	1 对 2
预期自豪感	3.93	0.92	3.65	0.82	3.18	0.67	13.21***	0.13	5.12***	3.46**	1.75
感知价值契合度	4.09	0.75	3.81	0.68	3.10	0.71	30.76***	0.26	7.46***	5.57***	2.17*
期望待遇	5.57	0.81	5.20	0.86	4.72	0.83	15.75***	0.15	5.68***	3.13**	2.42*
组织吸引力	4.04	0.81	3.63	0.76	3.25	0.81	14.95***	0.15	5.37***	2.61*	2.91**

注：n=180；F 检验的 df=2177；η_p^2（部分埃塔平方，partial eta squared）是三个条件间方差检验分析的效应大小；t-检验的 df=118。

* 表示 $p < 0.05$；** 表示 $p < 0.01$；*** 表示 $p < 0.001$。

操作检查（manipulation checks），参与者参与和网页真实度

回应公司的社区参与情况的操作检查题目时，在企业社会绩效—社区条件（均值 = 6.27、标准差 = 0.97）下的评价明显高于企业社会绩效—环境条件（均值 =

5.62、标准差 = 0.83）和无企业社会绩效条件（均值 = 4.17、标准差 = 1.08，t（118）= 11.22、p < 0.001）下的评价。同样，回应公司环保实践情况的操作检查题目时，在企业社会绩效—环境条件（均值 = 6.40、标准差 = 0.94）下的评价明显高于企业社会绩效—社区条件（均值 = 4.68、标准差 = 1.48，t（118）= 7.58、p < 0.001）和无企业社会绩效条件（均值 = 3.90、标准差 = 1.02，t（118）= 13.94、p < 0.001）下的评价。参与者还认为网页具有真实感，他们以求职者的角色参与到了调查研究中，以七分制回答下列问题时，平均分超过了 5.5 分。这些问题是"公司网页中的信息看起来似乎来自真实的网页"（均值 = 5.73、标准差 = 1.24），"我真的试着去想象我正在找工作"（均值 = 5.57、标准差 = 1.05）"，"如果我确实找工作，我希望能读到像研究中的公司网站上一样的信息"（均值 = 5.82、标准差 = 1.38）。

企业社会绩效与组织吸引力之间的关系

表 2 显示，在有企业社会绩效两个条件下的组织吸引力明显高于无企业社会绩效条件下的组织吸引力。我们还研究了参与者对三个就业选择的等级排序，因为求职者通常会申请多家公司的职位，他们应该会接受等级最高的就业机会。我们以目标公司网页中包含和不包含企业社会绩效信息为条件，对比了目标公司的等级排序。回想一下，我们使用了试点研究来完善网页，因此这三家公司在没有提供企业社会绩效信息的情况下具有同等的吸引力，以减少不公平比较的影响（Cooper & Richardson，1986）。受试者内方差分析（within-subjects analyses of variance）表明，我们的努力取得了成功：在无企业社会绩效条件下，以一家目标公司与另外两家公司进行对比，未发现它们的组织吸引力有差异，F（2，118）= 0.46，p > 0.05。

我们还通过目标公司的排名，从 1 级（首选公司）到 3 级对企业社会绩效条件进行了 3 × 3 卡方分析，如预期的一样，目标公司的排名随条件不同而不同，χ^2 = 50.60，p < 0.001：当网页中分别包含企业社会绩效社区参与和企业社会绩效环保实践信息时，分别有 80.00% 和 73.33% 的参与者把目标公司排在首位，当网页中没有企业社会绩效信息时，仅有 23.33% 的参与者将目标公司排在首位。

检验多重介质模型

我们分析了多重介质模型，控制了年龄、性别和工作经验年限，通过三个假设的介质检验有企业社会绩效信息和没有企业社会绩效信息对组织吸引力的间接影响。我们还在同时控制另外两个变量的情况下，检验了每种情况的间接效应。这对于检验理论和构建简约解释模型至关重要（Preacher & Hayes，2008）。同时，检验多个介质也减少了因遗漏变量而造成的参数偏差（Judd & Kenny，1981）。

Preacher 和 Hayes（2008）建议使用自举法（bootstrapping）检验多重介质模

型。我们还使用了他们用 SPSS 做回归的宏。遵循他们的建议，我们列出了从 5000
个自举样本中按照偏置修正 95% 的置信区间得出的自举估计值，我们建立了企业社
会绩效信息对组织吸引力的直接效应模型。表 1 列出了存在与不存在每种企业社会
绩效信息与组织吸引力具有显著的正相关关系，由此，我们推断了基于间接影响检
验的中介作用，如表 3 所示。表 4 列出了图 1 中所示各个路径的系数。

表 3 预测组织吸引力的中介检验结果：通过三个介质，即企业社会绩效—社区和企业社会
绩效—环境产生的间接影响，通过感知价值契合度的个体差异产生的间接影响

间接影响	BC 95% CI				BC 95% CI			
	估计值	标准误差	下限	上限	估计值	标准误差	下限	上限
	预测指标：企业社会绩效—社区对比无企业社会绩效条件（n=120）				预测指标：企业社会绩效—环境对比无企业社会绩效条件（n=120）			
企业社会绩效条件的总间接影响	0.70	0.14	0.43	0.99	0.46	0.11	0.25	0.71
1. 预期自豪感	0.47	0.13	0.25	0.75	0.27	0.10	0.11	0.50
2. 感知价值契合度	0.22	0.12	0.01	0.47	0.21	0.08	0.07	0.40
3. 期望待遇	0.01	0.06	−0.11	0.14	−0.02	0.04	−0.09	0.05
	预测指标：在企业社会绩效—社区条件下检验的公共取向（n=60）				预测指标：在企业社会绩效—环境条件下检验的环保态度（n=60）			
通过感知价值契合度产生的间接影响	0.34	0.18	0.02	0.73	0.11	0.05	0.03	0.24

注：检验企业社会绩效条件的间接影响时，为两个试验条件构建虚设了编码，编码 1 代表"有企业社
会绩效信息"，编码 0 代表缺少企业社会绩效信息；BC 95% CI 指偏置校正 95% 的置信区间；估计值是指使用
5000 自举样本的效应估计值；未包含 0 的 CIs 估计值在统计学上显著；控制了性别、年龄和工作经验。

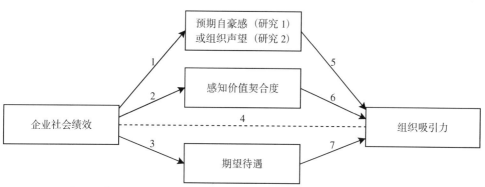

图 1 企业社会绩效—社区和企业社会绩效—环境影响组织吸引力的多重中介模型

注：表 3 和表 7 分别列出了研究 1 和研究 2 中的间接效应检验结果，表 4 列出了路径估计值。

表4　从研究1和研究2的多重中介模型检验中得到的路径系数

图1中所示路径	研究1（n=120）企业社会绩效条件对比无企业社会绩效条件		研究2（n=171）感知的企业社会绩效		研究2（n=153）招聘材料中的企业社会绩效	
	社区	环境	社区	环境	社区	环境
1. 企业社会绩效→预期自豪感（研究1）或组织声望（研究2）	0.75***	0.48***	0.26***	0.04	0.11	0.02
2. 企业社会绩效→感知价值契合度	0.99***	0.71***	0.18*	0.14*	0.25**	0.06
3. 企业社会绩效→期望待遇	0.85***	0.47**	0.37***	0.14*	0.17*	0.05
4. 企业社会绩效→组织吸引力	0.10	−0.10	−0.16**	0.15*	−0.09	0.10
5. 预期自豪感（研究1）或组织声望（研究2）→组织吸引力	0.63***	0.58***	0.29**	0.29**	0.22*	0.22*
6. 感知价值契合度→组织吸引力	0.22*	0.30**	0.40***	0.40***	0.47***	0.47***
7. 期望待遇→组织吸引力	0.01	−0.03	0.16*	0.16*	0.14*	0.15*
模型 R^2	0.69***	0.53***	0.51***	0.51***	0.50***	0.50***

注：在研究1中，控制了性别、年龄和工作经验；在研究2中，控制了组织熟悉度和企业社会绩效的另一个方面。

* 表示 $p < 0.05$；** 表示 $p < 0.01$；*** 表示 $p < 0.001$。

我们假设预期自豪感（假设1）、感知价值契合度（假设2）和期望待遇（假设4）在企业社会绩效对组织吸引力的影响中发挥了中介作用。对于有企业社会绩效—社区条件和没有企业社会绩效条件的影响，表3显示，假设1a和假设2a得到了支持。表4显示，通过预期自豪感和感知价值契合度，与中介效应有关的四个路径是显著的。然而，假设4a没有得到支持。表4显示，企业社会绩效—社区与期望待遇之间的路径是显著的，但是期望待遇与组织吸引力的关系不显著。对于企业社会绩效—环境的影响，我们发现，假设1b、假设2b和假设4b[①]的显著性和支持模式与企业社会绩效—社区中的相同。

为了补充假设2有关感知价值契合机制的检验，我们检验了假设3。假设3中明确提出，一个因社区参与和环保实践而闻名的组织对于在理念上具有较高个体差异的个体具有更大的吸引力，感知价值契合度在它们的关系中发挥了中介作用。因此，在每一个企业社会绩效条件下，我们检验了个体差异变量与组织吸引力之间是否存在正相关关系，感知价值契合度在这一关系中是否发挥了中介作用。表3显示，假设3a和假设3b都得到了支持。

---

① 事后分析显示，对于企业社会绩效的两个方面而言，当预期自豪感从模型中移除时，通过期望待遇的间接效应不显著。

从参与者的排名理由的内容分析中获得的确凿证据

其中一位作者抛开了试验条件，对参与者从三家公司选择首选雇主的书面理由进行了内容分析。表 5 所列结果表明，网页中的企业社会绩效信息在参与者选择他们的首选雇主的过程中发挥了显著的作用。在以企业社会绩效—社区为条件进行调查时，有 48 位参与者将目标公司作为他们的第一选择，其中有 41 位（占 85.42%）参与者在解释选择这一公司作为首选雇主的原因时都提到了公司的社区参与。在以企业社会绩效—环保为条件进行调查时，有 44 位参与者选择目标公司为首选雇主，其中有 40 位参与者（占 90.91%）在解释把目标公司作为首选的原因时都提到了公司的环保实践。

表5　分析研究 1 中参与者将目标公司作为首选就业公司的理由：通过给选择企业社会绩效条件的理由编号，说明参与者在每项内容范畴内做出选择的频次和比例

内容范畴	将目标公司列为首选的参与者			已编号的理由示例
	无企业社会绩效 n=14/60	企业社会绩效—社区 n=48/60	企业社会绩效—环境 n=44/60	
社区参与	1（7.14%）	41（85.42%）	10（22.73%）	"因为它们致力于回馈社会。我想知道我工作的公司是对社会负责的。另外，公司的凝聚力也很强，因为它致力于员工的发展，这一点也很吸引人，但没有社区投资方面的资料。" "我真的很喜欢它们参与到社区工作的方式。让员工带薪休假去参与志愿服务，很了不起！"
环保实践	2（14.29%）	3（6.25%）	40（90.91%）	"Active Style 公司的环保地位使它从其他公司中脱颖而出。为这样重视环保的公司工作，我感觉会很舒心的。" "Active Style 公司声称它们致力于环境的可持续发展。它们还认为，企业的目标不仅仅是赚钱。它们将税后收入的 2% 捐赠给了生态保护组织。"
声誉与声望	3（21.43%）	5（10.42%）	6（13.64%）	"它们似乎是久负盛名和成就卓著的公司。" "Active Style 听起来像是一个比较有声望的公司。"

续表

内容范畴	将目标公司列为首选的参与者			已编号的理由示例
	无企业社会绩效 n=14/60	企业社会绩效—社区 n=48/60	企业社会绩效—环境 n=44/60	
亲社会价值观和价值契合度	0	10 （20.83%）	11 （25.00%）	"它回馈社会，同时不以低成本生产、高利润回报为目标，这一点我很喜欢。似乎这是一家拥有良好价值观的公司，也是一家非常成功的公司。" "这家公司不仅关心客户和员工，还关心环境。它也在不断发展壮大中。它所显示出的价值观与我的类似，所以它对我来说是最有吸引力的。"
员工待遇	0	9 （18.75%）	9 （20.45%）	"似乎它是一家关心员工和社区的公司。慈善活动搞得非常棒……我觉得这家公司会重视和欣赏我的。" "如果一家公司非常关心环境，它就极有可能非常关心它的员工。"
培训与利益	0	5 （10.42%）	3 （6.82%）	"公司在不断发展，所以它的工资可能也会随之增长吧。"
其他价值	8 （57.14%）	8 （16.67%）	10 （22.73%）	"我喜欢它们努力把客户需求摆在首位。"
工作氛围	8 （57.14%）	5 （10.42%）	8 （18.18%）	"这似乎是一个富有朝气的环境，是一个精英工作的地方。它可能会很有趣。"
工作特点	6 （42.86%）	6 （12.50%）	5 （11.36%）	"这里有员工发展的机遇，有志愿服务的天地，有良好的就业岗位。"
公司整体	6 （42.86%）	4 （8.33%）	11 （25.00%）	"这些描述非常吸引人，因为该公司大小适中（稳定），并在不断扩大。"

注：如果参与者的理由中清晰地说明了一个或多个相关内容，那么对每个内容范畴中的参与者理由都标注了编号。

表 5 中的结果也证明了所提出的企业社会绩效会影响组织吸引力的潜在机制。第一，在有企业社会绩效的条件下，一些参与者在解释选择目标公司为首选公司的理由时，提到了目标公司的信誉和声望，但是他们没有明确地将这些要点与企业社会绩效联系在一起。在没有企业社会绩效信息的条件下，有几位参与者也提到了这几点。第二，在把目标公司作为首选公司的参与者中，有 20.83% 的参与者得到了企业社会绩效—社区信息，有 25.00% 得到了企业社会绩效—环保信息，他们都提到了公司的亲社会价值，其中有三位参与者还评价了公司的价值观与他们自己的价值观的契合度。然而，在没有企业社会绩效信息的条件下，参与者没有提到上述几点。第三，在没有企业社会绩效信息的条件下，参与者没有提到公司可能会善待员

工，但是，大约有 20% 已获得企业社会绩效中的两项信息的参与者提到了这一点，而且通常将他们的观点与公司的企业社会绩效联系在一起，如表 5 中所列引用部分。

我们为企业社会绩效的两个方面假设了三个介质，研究 1 的研究结果证实了其中的两个介质。通过检验潜在的心理机制，我们扩大了以前的研究范围，但是像所有以往的研究一样，我们的研究结果仅说明了人们在虚构的环境中如何回应企业社会绩效。因此，在研究 2 中，我们研究了企业社会绩效在活跃的求职者中的作用，他们评价了正在人才市场招聘员工的组织。与研究 1 不同，在研究 2 中，我们在控制了企业社会绩效一个方面的情况下，检验了另一个方面的效应。在检验过程中，我们检验了求职者对企业社会绩效的认识，并根据招聘组织在人才市场所使用的招聘材料，让求职者对其中的企业社会绩效进行独立评级。

让求职者评估一个他们选定的组织是研究 2 的一个独特优势。我们要求求职者独立地确定一个现实且合意的组织作为就业选择，并对该组织做出评价。在此过程中，我们没有向求职者提供任何企业社会绩效信息。我们认为这种方法可以准确地模拟出企业社会绩效的影响，因为人们并不总是很了解一个组织的企业社会绩效（Sen et al.，2006）。此外，就业选择是由对多个受青睐的就业选择进行对比来驱动的（Osborn，1990）。这一过程难以准确模拟，因为研究人员通常是在得知了该组织的企业社会绩效评级后，才选择参与者对组织进行评价。因为存在其他求职者认为有吸引力的工作和组织特点足以让他们作为首选工作，这让所有补偿性和非补偿性决策过程能够自然地展现出来，在这样的情景下我们进行了企业社会绩效效应的检验，因此我们的方法也是相当严格的。

在研究 1 中我们发现，预期自豪感可以在企业社会绩效对组织吸引力的影响中发挥中介作用。在研究 2 中，我们使用不同的方法。我们假设，企业社会绩效会发出有关组织声望的信号，形成预期自豪感。然而，有关组织的社会影响等企业社会绩效的其他信号也有可能推动了研究 1 中预期自豪感的形成。因此，在研究 2 中，我们检验了组织声望的中介效应，代替研究 1 中所检验的预期自豪感。

研究 2：研究方法

参与者

研究 2 的参与者是 171 位参加人才招聘会的求职者（其中，58 位男性，113 位女性；均值=21.16 岁；标准差=3.85）。大多数参与者是大学本科生（n=155；研究生：n=14；非学生：n=2），平均工作年限4.73年（标准差=3.33）。一些参与者已经就职（n=95），但每周平均只工作16.46小时（标准差=11.17）。许多参与者报告显示，他们在参加招聘会以前已经求职数月（均值=5.29；标准差=6.29）。

实地研究背景：各个组织在招聘会上招聘

我们在美国东北部一所大学举办的两场历时三小时的招聘会上收集数据，其中一场招聘会是在2008年11月举行（有50个组织参加），另一场招聘会是在2009年3月举行（有51个组织参加）。两场招聘会向所有公众开放。招聘组织所在的行业包括工程、技术、农业、非营利性组织、政府等。每个组织都配备了一张招聘桌，可安排1~4名招聘人员，他们可以展示招聘材料，多数招聘材料通常包括一张大海报和一些分发给求职者的传单。根据我们研究的招聘材料，一些组织在材料中介绍了组织所开展的社区参与实践，其中包括支持和鼓励员工自愿参与社区活动的计划（如"送餐服务"、辅导计划、儿童权益保障项目等）、配对捐助、提高认识活动（如提高健康倡议等）以及赞助社区活动等。招聘材料中提到的环保实践包括使用再生材料或环保材料、供应链中的可持续发展实践、支持环境事业的无偿捐赠和员工志愿服务、倡导环保、努力降低企业对环境的影响等。

研究步骤

在两次招聘会上，研究人员位于出口处，邀请求职者完成纸质调查问卷。研究人员向所有参与调查的求职者赠送了一块巧克力或同等价值的食品作为回报，感谢他们抽出时间填写问卷。我们要求参与者评估他们真正感兴趣的一个组织，以增加他们审阅组织的招聘材料、与招聘人员交谈，从而形成对组织的企业社会绩效和作为雇主的吸引力的评论意见的可能性。然而，我们希望尽量减少诸如组织吸引力等变量的范围限制，因此，我们对参与者关注他们的首选就业选择（n=88，"请说明在此次招聘会上招聘的组织和公司中，你最想去的公司"）或者关注其他一些现实性的选择进行了平衡（n=83，"请写出现实中你有兴趣在那里工作的一家公司或组织，但是它不是你最想去的公司。如果可能的话，从此次招聘会上招聘的公司中选择一家公司作为你的最后选择"）。我们没对"首选"与"其他选择"进行控制，因为这样做会违背我们操作的理由：在测量中获取足够的差异。

测量方法

招聘材料中的企业社会绩效内容。 研究助理评价了组织的招聘材料中所包含的企业社会绩效—社区和企业社会绩效—环境内容的程度。在招聘会期间，研究助理简要记录了招聘海报等宣传板中的企业社会绩效内容，并做出了初步评价，在适当的时候还得到了招聘宣传单。在招聘会后，研究助理立即查阅了宣传单，最终以 1 分到 4 分的分值评价了所有招聘材料中的企业社会绩效内容。这些测量方法的分析样本量是 153，因为有 9 人没有标明他们评价的组织的名称，一些招聘人员在审阅他们的招聘材料之前就离开了。

感知企业社会绩效。我们为感知企业社会绩效的每一个方面创建了一个由四个题目组成的测量方法，采用 1 分（完全反对）到 7 分（完全赞成）的分制进行测量。企业社会绩效—社区的题目包括"这家公司回报其社区（本地的、本国的和/或国际的）"，"这家公司参加志愿活动或慈善活动"，"这家公司积极帮助社区"，"这家公司努力积极地影响社区"。企业社会绩效—环境的题目有"这家公司制定了良好的环保政策"，"这家公司关心环境可持续发展"，"这家公司努力减少对环境的影响"，"这家公司是一家环保型公司"。

介质和标准。我们使用的测量方法与研究 1 中测量感知价值契合度、期望待遇和组织吸引力所使用的方法一样。我们采用五项题目测量方法，以 Highhouse 等（2003）提出的五分量表测量了组织声望，如"我发现这家公司是一个有声望的工作场所"。

评价测量方法。表 6 列出了描述性统计数据、内部一致性估值和相关性。CFA 表明六因子模型与数据的拟合度良好：χ^2/df 的比例为 2.06，增量拟合指数和比较拟合指数的值为 0.91，近似均方根误差（RMSEA）为 0.08。所有因子载荷显著（$p<0.001$），都在预期的方向内。标准化载荷范围为 0.52~0.93。模型比较表明，六因子模型与数据的拟合度明显优于其他可用模型，这支持了研究结构的独特性。

表 6　研究 2 中的平均值、标准差、相关性和内部一致性估值

变量	均值	标准差	1	2	3	4	5	6	7	8	9
1. 组织熟悉度	3.19	1.48									
2. 企业社会绩效—社区（招聘材料）	2.66	1.21	0.10								
3. 企业社会绩效—环境（招聘材料）	2.25	1.27	0.20*	0.54***							
4. 企业社会绩效—社区（感知）	5.17	1.30	0.12	0.32***	0.25**	(0.88)					
5. 企业社会绩效—环境（感知）	4.67	1.41	0.13	0.27**	0.50***	0.68***	(0.93)				
6. 组织声望	3.79	0.79	0.22**	0.20*	0.15	0.48***	0.37***	(0.86)			
7. 感知价值契合度	3.52	0.98	0.11	0.35***	0.25**	0.38***	0.37***	0.59***	(0.91)		

续表

变量	均值	标准差	1	2	3	4	5	6	7	8	9
8. 期望待遇	4.98	1.05	0.14	0.23**	0.18*	0.60***	0.51***	0.47***	0.47***	(0.87)	
9. 组织吸引力	3.62	0.96	0.17*	0.20*	0.25**	0.32***	0.42***	0.55***	0.64***	0.48***	(0.87)

注：n=171，招聘材料中有关企业社会绩效的相关性除外（变量2和变量3；n=153）；对角线上的括号内列出了内部一致性估计（Cronbach α 系数）。

* 表示 $p < 0.05$；** 表示 $p < 0.01$；*** 表示 $p < 0.001$。

研究 2：研究结果

企业社会绩效与组织吸引力之间的关系

与研究1一样，我们使用了多重中介模型，检验每一个假设的介质，同时通过其他两个介质控制间接影响。我们还控制了对组织熟悉度的单项目的测量（在此次招聘会以前，我对这家公司有一些了解），因为它与招聘结果联系在一起（Chapman et al.，2005），与组织吸引力等指标具有显著的关系（见表6）。我们使用同研究1中描述的一样的自举方法和模拟方法，但有一个重要的例外情况：在研究2中，我们检验了企业社会绩效每一个方面的假设，同时控制了企业社会绩效的其他方面。表7列出了检验结果，表4列出了图1中的路径系数。

表7 研究2中预测组织吸引力的中介检验结果：通过组织声望、感知价值契合度和期望待遇，企业社会绩效—社区和企业社会绩效—环境产生的间接效应

间接效应	企业社会绩效—社区				企业社会绩效—环境			
	估计值	标准误差	BC 95% CI		估计值	标准误差	BC 95% CI	
			下限	上限			下限	上限
感知企业社会绩效的总间接效应	0.20	0.06	0.08	0.33	0.09	0.06	−0.01	0.21
独特的间接效应								
1. 组织声望	0.08	0.03	0.03	0.14	0.01	0.02	−0.02	0.05
2. 感知价值契合度	0.07	0.04	0.00	0.15	0.05	0.04	−0.01	0.15
3. 期望待遇	0.06	0.03	0.02	0.13	0.02	0.02	−0.00	0.08
招聘材料中的企业社会绩效总间接效应	0.17	0.05	0.08	0.27	0.04	0.05	−0.05	0.13

间接效应	企业社会绩效—社区				企业社会绩效—环境			
	估计值	标准误差	BC 95% CI		估计值	标准误差	BC 95% CI	
			下限	上限			下限	上限
独特的间接效应								
1. 组织声望	0.02	0.02	0.00	0.07	0.00	0.01	−0.02	0.04
2. 感知价值契合度	0.12	0.04	0.05	0.21	0.03	0.03	−0.03	0.10
3. 期望待遇	0.02	0.02	0.00	0.07	0.01	0.01	−0.01	0.04

注：分析感知企业社会绩效时，n=171；分析招聘材料中的企业社会绩效时，n=153；BC 95% CI 指偏置校正 95% 的置信区间；估计值是指使用 5000 自举样本的影响估计值；未包含 0 的 CIs 估计值在统计学上显著；控制了组织熟悉度等其他形式的企业社会绩效。

表 7 显示，求职者感知的企业社会绩效—社区对组织吸引力的总间接效应是显著的，这同三个假设介质的独特间接影响一样。尤为重要的是，使用企业社会绩效—社区的其他指标——依据组织招聘材料的独立评价——得到了同样的结果。因此，有关三个中介机制的假设 1a、假设 2a 和假设 4a 都得到了支持。然而，表 7 显示，企业社会绩效—环保的间接效应结果明显不同，所有间接效应都不显著，包括通过感知价值契合度和期望待遇带来的感知的企业社会绩效—环保的间接效应，但所有相关路径系数显著（见表 4）。

讨论部分

越来越多的研究证据表明，一个组织的企业社会绩效会影响它作为雇主的吸引力，但是我们还不是很清楚这一作用过程，也不知道在主动求职者中是否能看到这一作用过程。我们检验了外部导向的企业社会绩效的两个方面：社会参与和环保实践。在研究 1 中，我们通过在公司的网站上操控是否发布企业社会绩效信息以及信息的类型实施了我们的研究。研究结果证实了企业社会绩效对组织吸引力具有因果关系的影响。在研究 2 中，我们在招聘会上现场收集数据，发现组织的企业社会绩效—社区方面的绩效越强，吸引的求职者越多。通过独立评价组织招聘材料中的企业社会绩效内容，也证实了这一点。据我们所知，这些结果作为第一手证据证明了试验研究中所显现出的企业社会绩效效应的确出现在了实际中。

通过发展和检验企业社会绩效影响组织吸引力的三项信号机制理论，我们为这一领域的文献做出了贡献，说明了企业社会绩效如何以及为什么会吸引求职者。我们假设，企业社会绩效发出的组织声望信号形成了求职者预期加入该组织的自豪感，发出的组织价值观信号形成了求职者的感知价值契合度，发出的组织亲社区倾向信号形成了求职者对组织如何对待员工的期望。通过实施三种不同的企业社会绩效，从两项研究得到的证明支持了所提出的三项信号机制。

对比社区参与与环保实践的影响

在研究 1 中，我们对企业社会绩效的两个方面进行了单独检验，两个方面通过预期自豪感和感知价值契合度对组织吸引力产生了显著的间接效应。然而在研究 2 中，我们控制了企业社会绩效的一个方面来检验另一个方面。无论是测量企业社会绩效—社区—求职者对社区参与的认知度，还是依据招聘材料进行的独立评价，我们都找到了证据支持所有三个介质会产生独有的间接效应。相比之下，在企业社会绩效—环保的检验中，虽然它与介质和组织吸引力具有显著的关系，但没有找到任何证据支持任一中介变量。对企业社会绩效—社区的效应的控制，似乎压制了企业社会绩效—环保方面的任何潜在间接效应，同企业社会绩效—社区相比，它与所有三个介质的关系都比较弱。

求职者选择评价的组织在企业社会绩效的一个或两个方面的参与程度都可能影响这种压制作用。在研究 2 中，2/3 的求职者（65.36%）评价了招聘材料中提到企业社会绩效的全部两个方面的组织，或未提到任何一个方面的组织，这反映了采纳两种类型实践的共同原因，如组织领导视其为战略投资的程度等（Pedersen，2010）。这一发现表明，企业社会绩效两个方面的感知测量方法之间存在着密切的关系，当这两个方面出现在这些组织中时，这一关系反映了真实的协方差，然而这提高了压制作用的程度。此外，只有 7.19% 的求职者评价了招聘材料中含有企业社会绩效—环保内容但未含有企业社会绩效—社区内容的组织。因此，与存在环保实践有关的企业社会绩效—环保的差异可能会与企业社会绩效—社区实践产生的差异重叠。相比之下，有 27.45% 的求职者评价了招聘材料中仅提到了企业社会绩效—社区内容的组织，因此，与存在相关实践有关的企业社会绩效—社区的差异中，更多的部分与企业社会绩效—环境差异不发生重叠，即使控制了企业社会绩效—环保方面，企业社会绩效—社区的间接效应也会出现。这种可能性强调，在相同模式下，检验企业社会绩效多个方面时，这些实践在相关组织内同时发生的真实程度会影响检验结果，因此，应该在那样的情境下进行解释。

企业社会绩效通过声望和预期自豪感产生的影响

在研究 1 中，我们发现企业社会绩效的两个方面都通过预期自豪感与较高的组织吸引力相关。然而，正如我们所主张的，这种信号机制不是由一个组织声望信号推动的，而是由企业社会绩效的其他信号（如组织的社会影响等）推动的，这是合情合理的。因此，在研究 2 中，我们检验了组织声望的中介作用，因为组织声望是我们提出的会形成预期自豪感信号机制的一个信号。我们还找到证据证实了组织声望是企业社会绩效—社区方面影响组织吸引力的三个介质之一。

在未来的研究中，应该检验吸引一些个体到某一个组织的预期自豪感在这些个体被组织录用后是否会继续产生影响。一项研究表明，如果现任员工因对雇主的志愿服务计划的态度而感到更加自豪，那么他们往往会有更强烈的组织认同感，反过来，这也与忠诚度和留在组织中的意愿具有正相关关系（Jones，2010）。这些发现再加上本研究的结果，得出了一个有趣的推测：企业社会绩效通过组织声望带来的预期自豪感吸引求职者，最终他们会成为员工。他们在被录用后，会最为积极地回应企业社会绩效。

企业社会绩效通过感知价值契合度产生的影响

我们发现了大量支持感知价值契合机制的证据。在研究 1 中，企业社会绩效的两个方面通过感知价值契合度与组织吸引力联系在一起，它所产生的影响超过了其他两个机制带来的影响。通过分析参与者选择首选公司的理由，我们发现，有些参与者提到了与企业社会绩效相关的组织价值观。对个体差异衡量的经验分析也证实了契合机制：在获得企业社会绩效任一方面信息的参与者中，越是热衷于测量公共取向和环保态度的参与者，越认为组织更具吸引力。感知价值契合度在这些影响中发挥了中介作用。在研究 2 中，企业社会绩效—社区方面的两个测量指标通过感知价值契合度对组织吸引力产生了显著的间接效应。

同我们的研究结果相反，以前的几项研究没有支持采用与环保态度相关的个体差异指标的价值契合机制（Backhaus et al.，2002；Bauer & Aiman-Smith，1996；Behrend et al.，2009；Greening & Turban，2000）。我们推测，这可能是因为使用了环保态度的指标，它们特别容易受到社会合意回应的影响（Ewert & Galloway，2009）。但是，我们在研究 1 中找到了使用这一指标的价值契合机制的证据。尽管如此，在未来的研究中，应该控制社会合意回应，因为我们的研究结果表明，感知价值契合度是一个重要机制。在未来的研究中，还应该检验这种机制是否会受到企业社会绩效的组织亲社会导向信号的影响，我们提出把组织亲社会导向作为形成期望待遇的一个信号。

企业社会绩效通过期望待遇产生的影响

研究 2 的结果通过企业社会绩效—社区的效应支持了期望待遇机制。在研究 1 中，分析了参与者选择目标公司为首选雇主的原因，分析结果表明，在每种企业社会绩效的条件下，都有大约20%的参与者提到了公司可能对待员工的方式，有时还明确地将员工待遇与企业社会绩效联系在一起，而在没有企业社会绩效的条件下，没有做出这种评论。然而，研究1中的实证分析没有对期望待遇机制超过其他两个假设的介质提供支持，虽然分析表明，当从模型中删除预期自豪感时，它支持了企业社会绩效的两个方面。这种研究结果表明，由于参与者对虚设的公司没有先验信念，所以公司的企业社会绩效发出了强大的声望信号，最终通过预期自豪感带来了相对较强的影响，这压倒了通过期望待遇带来的任何潜在影响。我们还需要做更多的研究，以更好地了解在此情况下组织声誉的先验信念的影响。

研究的局限性

在我们的样本中，参与者的年龄相对较小，这可能会使我们研究结果的普遍适用性遭到质疑，但是这并不会削弱这些样本的重要性，因为许多公司明确地调整了他们的招聘工作，以吸引大学生（Dineen & Noe，2009）。目前尚不清楚企业社会绩效是否会对较年轻的求职者更有吸引力，这需要在未来研究中加以检验。我们对早期招聘工作的研究结果是否可以延伸到后期招聘工作，这一点也不清楚。一项研究表明，招聘市场中提供的招聘信息在招聘工作的后期依然会影响求职者（Saks & Uggerslev，2010），但是有关这一课题还需做更多的研究。

研究1的一个局限性是，相比于有企业社会绩效信息的情况，在没有企业社会绩效信息的情况下的目标公司网页中包含的信息较少，积极性表述也较少。因此，企业社会绩效的影响可能不归因于人们对公司抱有好感而发出的信息，而是在于他们得到了更多的信息，接触到了更多的提高公司吸引力的积极表述所发出的信号，就像其他关于公司做了哪些事情的积极性表述所发挥的作用一样。研究2中也同样会出现这些可能情况。传递企业社会绩效信息的组织可能只传递了更多的总体性信息、更多的积极信息，由此提高了组织对求职者的吸引力。由于若干原因，我们排除了这些替代性解释，其中的重要原因是来自我们的研究的结果模式。研究1中定性数据和两项研究都采用了企业社会绩效三种不同操作方法的实证证据，极大地支持了我们的推断，即企业社会绩效会通过我们检验的信号机制影响组织吸引力。

走向企业社会绩效与人才招聘的信号理论

企业社会绩效信号有助于将一个组织突出出来。研究1的结果表明，目标公司的企业社会绩效有助于将它与其他公司区分开来。在没有企业社会绩效信息的情况下，仅有不足1/3的参与者将目标公司列为就业首选公司，但是在有企业社会绩效信息的情况下，大多数参与者都把它列为就业首选公司，其中，85%以上的参与者在阐述选择目标公司为就业首选公司的原因时提到了公司的企业社会绩效。正如表5中所列的第一项和第三项引述部分所述，有些参与者还特别提到了公司的企业社会绩效如何让公司脱颖而出，引人注目。表5还表明，与了解公司的企业社会绩效并在选择理由中提及企业社会绩效的参与者相比，未得到企业社会绩效信息的参与者更可能提到有关工作氛围、工作特点、公司总体状况等信息。这些结果表明，未来研究的一个兴趣点在于检验：当求职者收到了可明确区分一个组织的信号时，他们可能会倾向于根据信号做出果断的推断，同时几乎不会考虑其他可用的信息；反之，他们会更多地考虑这些本可能忽略的信息。

企业社会绩效的不同方面会发出不同的信号。企业社会绩效信号的作用和基于信号的机制似乎取决于企业社会绩效实践的本质。在研究1中，预期自豪感对企业社会绩效—社区方面的间接效应比对环境方面的间接效应明显要强。在研究2的组织声望检验中也可以看到这种差异。我们推断，求职者往往会认为一个组织的社区参与同环保实践相比，对于"底线"作用的帮助相对较小，因此更值得称道，更是实至名归，而环保实践与诸如降低成本等公司目标更明确地相关联。对于期望待遇机制，我们在研究2中找到了证据支持企业社会绩效—社区方面的作用，而没有找到支持企业社会绩效—环保方面的证据。我们预料到了这种相对差异，因为同环境实践相比，社区参与发出的信号与组织如何对待员工的相关性更大。我们认为这一点相当有逻辑地向员工传递了这种信号。研究者们应该检验员工待遇的信号是否更直接地源于以人为本的企业社会绩效实践（如社区参与、多元化实践、员工关系等），相比之下，不太以人为本的实践（如产品安全、公司治理）发出的信号则没有那么大的直接效应。同预期自豪感和期望待遇机制相比，研究1中的感知价值契合度对企业社会绩效两个方面的间接作用相对一致。

为了检验求职者可能会从企业社会绩效中收到其他潜在的信号，还需要做进一步的研究。这些信号包括组织的财务稳定性、组织的增长潜力、收到高于或低于平均薪酬的可能性、在组织工作的人员类型等。研究人员还应该调查我们检验的基于信号的机制是否可以充分解释企业社会绩效其他方面的作用。例如，与我们检验的信号和机制相一致，与组织的道德行为相关的企业社会绩效可能会发出有关道德价值观的信号，这会形成求职者的感知价值契合度（Zhang & Gowan，2012）。但是有关道德实践的企业社会绩效还可能发出信号，形成我们的框架未覆盖到的机制，如有关组织氛围的信号（Zhang & Gowan，2012）。例如，求职者由此推断，组织是否鼓励、容忍或者拒绝"凶狠的"（cut-throat）销售策略。

企业社会绩效信号的强度取决于环境。招聘环境中的任何信号强度大概都取决于感知者对组织信息的了解程度（Celani & Singh，2010）。例如，企业社会绩效信号在已经（如通过与在职员工的友谊）了解公司工作条件和员工待遇的求职者中，不太可能会对期望的待遇产生影响。当求职者掌握了更多有关潜在雇主的信息时，所有基于信号的作用都会变弱。在进行到招聘工作的后期阶段时，就很可能发生这种情况。甚至随着求职者进展到招聘过程的不同阶段，求职者收到的企业社会绩效信号的性质也会不断发生变化，像薪资待遇等工具属性在早期阶段更为重要，而像组织的亲社会倾向等象征性意义在后期阶段会显得更为重要（Celani & Singh，2010）。

信号机制作用的其他边界条件还有待研究。例如，在对社会认可和自尊需求较低的求职者中，预期自豪感机制的作用就会变弱；在没有将企业社会绩效相关价值观内在化的求职者中，价值契合度机制的作用就会变弱；在对组织公平待遇不敏感的求职者中，期望待遇机制的作用就可能变弱。当求职者将企业社会绩效归为企业的虚假动机时，三种机制的作用都会变弱。

未来的其他研究和实践意义

当把这些结果推广到求职者决策的程度时，企业社会绩效对组织的求职群体规模和选拔制度的应用会产生有意义的影响（Boudreau & Rynes，1985）。人们通常会申请多个他们感兴趣的工作岗位，一般只会接受一个工作机会。因此，我们的研究结果——绝大多数了解一个公司的企业社会绩效的参与者都会把该公司列为他们的首选目标——凸显了招聘过程中利用企业社会绩效的潜在好处。

企业可通过其网站、招聘资料上的企业社会绩效宣传和招聘人员获益。我们非正式地浏览了几家世界500强公司的网站，从中注意到，即使在歌颂其企业社会绩效的公司中，也有许多公司在"职业生涯"和"工作机会"的网页上未提及企业社会绩效。如果公司做到了这一点，或许会遇到吸引高端人才的机会。由于求职者首先要知晓一个组织的企业社会绩效，以便接受其中的信号，因此，招聘组织可以通过宣传自己的企业社会绩效或者让企业社会绩效的信号更加清晰明确，从而获益。为了利用声望信号以及相应产生的预期自豪感，组织可以宣传它们从外部获得的企业社会绩效方面的嘉奖或奖励。为了加强形成感知价值契合度的信号，招聘人员可以说明公司价值观与公司的企业社会绩效实践之间的联系（例如，"我们关心社区"，因此我们鼓励员工定期在工作期间参加志愿服务）。为了加强亲社会倾向的信号，以形成对员工待遇的期望，招聘信息中可以将企业社会绩效与这些信号联系在一起（例如，"我们不仅关心环境利益，也关心员工的利益"）。

企业社会绩效是否会影响求职群体的特点是未来研究中一个具有实际意义的重要问题。企业社会绩效可能不仅会吸引更多的求职者，而且会吸引更好的求职者。Schmidt Albinger 和 Freeman（2000）发现，在获得 MBA 学位的个体和失业的非学生个体中，公司的企业社会绩效对于前者更具有吸引力。由此推测，获得 MBA 学位的参与者会有更多的就业选择。那么，有机会从多个就业选择中择业的个体可能会使用企业社会绩效在潜在的雇主之间进行区分和比较。

在未来的研究中，研究人员应该测量一般心理能力、责任感等预测工作绩效的指标，以检验企业社会绩效对求职群体质量的影响。我们的研究结果表明，企业社会绩效可以为组织带来竞争优势，吸引更大的求职群体，从中选拔人才。我们希望未来可以对我们提出的问题和主题开展研究，从而阐明企业社会绩效在什么情况下、如何以及为什么会与积极的招聘结果联系在一起。

附录　研究 1 网页中有关企业社会绩效的内容

企业社会绩效—社区条件

在 Active Style，我们致力于为我们接触的社区做出贡献。凭借多个专为社区做贡献的前瞻性计划，我们非常自豪地成为行业的引领者。当客户购买了 Active Style 的服装时，他们不仅仅是穿上了漂亮的服装，而且他们穿着的服装也体现了我们在支持社区上的共同价值观。

社区慈善

我们认为企业的目标不仅仅是赚钱。我们认为，我们有责任在所有决策中考虑对社区造成的影响。自从 2001 年以来，我们每年捐助税后收入的 2% 给非营利性组织，如联合之路（United Way）、当地的粮食储备库等。

员工志愿服务

通过我们的 Active Volunteer™ 计划，所有员工都可以选择在非营利性组织开展长达 30 个小时的带薪志愿服务。我们的员工在各类非营利性组织中服务，如"国际仁人家园"、"艾滋徒步行动"等，在 2007 财年，他们提供了超过 1 万小时的志愿服务。通过该计划参与志愿服务的员工人数连续三年增长了 10%~13%。根据 2006 年员工工作组的建议，我们启动了"儿童服务捐助计划"，根据该计划，员工每捐助一件衣服，公司就同样捐助一件 Active Style 的衣服。查看一下我们的 "Active Volunteer" 信息，就会看到我们在社区中开展的倡议活动。

企业社会绩效—环境条件

在 Active Style，我们致力于履行我们的环境可持续发展原则。凭借多项前瞻性的环保实践和计划，我们非常自豪地成为行业的排头兵。当客户购买了 Active Style 的服装时，他们不仅仅是穿上了漂亮的服装，而且他们穿着的服装也体现了我们在保护环境上的共同价值观。

生态"逻辑"慈善事业

我们认为企业的目标不仅仅是赚钱。我们认为，在我们的所有决策中，我们有责任提高环保意识，考虑我们对环境造成的影响。自从 2001 年以来，我们每年捐助了税后收入的 2%给环保组织，如塞拉俱乐部、Care 2 等。

员工驱动可持续发展

通过我们的 Eco Action™ 计划，我们的员工发挥带头作用，创建并实施了多项创新计划，使 2007 年全公司不可回收垃圾减少了 11%，连续三年降低能耗 10%~13%。去年，我们实施了员工工作组提出的三项生态保护建议。如今，全公司中只使用再生纸张，所有会议室都转变为"无纸化"会议室，所有办公室都参与了"无能耗"周末活动，即所有办公室在周末关闭所有不必要的电脑和设备。查看一下我们的"Eco Action"信息，就会看到我们在社区中开展的一些环保倡议活动。

参考文献

［1］Aguilera, R. V., Rupp, D. E., Williams, C. A., & Ganapathi, J. 2007. Putting the S back in corporate social responsibility: A multilevel theory of social change in organizations. Academy of Management Review, 32: 836-863.

［2］Aguinis, H., & Glavas, A. 2012. What we know and don't know about corporate social responsibility: A review and research agenda. Journal of Management, 38: 932-968.

［3］Aiman-Smith, L., Bauer, T. N., & Cable, D. M. 2001. Are you attracted? Do you intend to pursue? A recruiting policy-capturing study. Journal of Business and Psychology, 16: 219-237.

［4］Allen, D. G., Mahto, R. V., & Otondo, R. F. 2007. Webbased recruitment: Effects of information, organizational brand, and attitudes toward a web site on applicant attraction. Journal of Applied Psychology, 92: 1696-1708.

［5］Ambrose, M. L., & Schminke, M. 2009. The role of overall justice judgments in organizational justice research: A test of mediation. Journal of Applied Psychology, 94: 491-500.

［6］Ashforth, B. E., Harrison, S. H., & Corley, K. G. 2008. Identification in organizations:

An examination of four fundamental questions. Journal of Management, 34: 325–374.

［7］ Ashforth, B. E., & Mael, F. 1989. Social identity theory and the organization. Academy of Management Review, 14: 20–39.

［8］ Backhaus, K. B., Stone, B. A., & Heiner, K. A. 2002. Exploring the relationship between corporate social performance and employer attractiveness. Business and Society, 41: 292–318.

［9］ Bauer, T. N., & Aiman-Smith, L. 1996. Green career choices: The influences of ecological stance on recruiting. Journal of Business and Psychology, 10: 445–458.

［10］ Beach, L. R. 1993. Image theory: An alternative to normative decision theory. Advances in Consumer Research, 20: 235–238.

［11］ Behrend, T. S., Baker, B. A., & Thompson, L. F. 2009. Effects of pro-environmental recruiting messages: The role of organizational reputation. Journal of Business and Psychology, 24: 341–350.

［12］ Boudreau, J. W., & Rynes, S. L. 1985. Role of recruitment in staffing utility analysis. Journal of Applied Psychology, 70: 354–366.

［13］ Breaugh, J. A. 2008. Employee recruitment: Current knowledge and important areas for future research. Human Resource Management Review, 18: 103–118.

［14］ Breaugh, J. A., & Starke, M. 2000. Research on employee recruitment: So many studies, so many remaining questions. Journal of Management, 26: 405–434.

［15］ Browne, M. W., & Cudeck, R. 1993. Alternative ways of assessing model fit. In K. A. Bollen & J. S. Long (Eds.), Testing structural equation models: 136–162. Thousand Oaks, CA: Sage.

［16］ Cable, D. M., & DeRue, D. S. 2002. The convergent and discriminant validity of subjective fit perceptions. Journal of Applied Psychology, 87: 875–884.

［17］ Cable, D. M., & Judge, T. A. 1994. Pay preferences and job search decisions: A person-organization fit perspective. Personnel Psychology, 47: 317–348.

［18］ Cable, D. M., & Judge, T. A. 1996. Person-organization fit, job choice decisions, and organizational entry. Organizational Behavior and Human Decision Processes, 67: 294–311.

［19］ Cable, D. M., & Turban, D. B. 2003. The value of organizational image in the recruitment context: A brand equity perspective. Journal of Applied Social Psychology, 33: 2244–2266.

［20］ Celani, A., & Singh, P. 2010. Signaling theory and applicant attraction outcomes. Personnel Review, 40: 222–238.

［21］ Chapman, D. S., Uggerslev, K. L., Carroll, S. A., Piasentin, K. A., & Jones, D. A. 2005. Applicant attraction to organizations and job choice: A meta-analytic review of the correlates of recruiting outcomes. Journal of Applied Psychology, 90: 928–944.

［22］ Chatman, J. A. 1989. Improving interactional organizational research: A model of person-organization fit. Academy of Management Review, 14: 333–349.

［23］ Christmann, P. 2000. Effects of "best practices" of environmental management on cost advantage: The role of complimentary assets. Academy of Management Journal, 43: 663–680.

［24］ Clark, M. S., Ouellette, R., Powell, M. C., & Milberg, S. 1987. Recipient's mood, relationship type, and helping. Journal of Personality and Social Psychology, 53: 94–103.

［25］ Cober, R. T., Brown, D. J., Keeping, L. M., & Levy, P. E. 2004. Recruitment on the net: How do organizational web site characteristics influence applicant attraction? Journal of Management, 30: 623–646.

［26］ Collins, C. J., & Han, J. 2004. Exploring applicant pool quantity and quality: The effects of early recruitment practice strategies, corporate advertising, and firm reputation. Personnel Psychology, 57: 685–717.

［27］ Connelly, B. L., Ketchen, D. J., Jr., & Slater, S. F. 2011. Toward a theoretical toolbox for sustainability research in marketing. Journal of the Academy of Marketing Science, 39: 86–100.

［28］ Cooper, W. H., & Richardson, A. J. 1986. Unfair comparisons. Journal of Applied Psychology, 71: 179–184.

［29］ Dineen, B. R., & Noe, R. A. 2009. Effects of customization on application decisions and applicant pool characteristics in a web–based recruitment context. Journal of Applied Psychology, 94: 224–234.

［30］ Dutton, J. E., & Dukerich, J. M. 1991. Keeping an eye on the mirror: The role of image and identity in organizational adaptation. Academy of Management Journal, 34: 517–554.

［31］ Ewert, A., & Galloway, G. 2009. Socially desirable responding in an environmental context: Development of a domain specific scale. Environmental Education Research, 15: 55–70.

［32］ Fombrun, C., & Shanley, M. 1990. What's in a name? Reputation building and corporate strategy. Academy of Management Journal, 33: 233–258.

［33］ Grant, A. M. 2012. Giving time, time after time: Work design and sustained employee participation in corporate volunteering. Academy of Management Review, 37: 503–523.

［34］ Grant, A. M., Dutton, J. E., & Rosso, B. D. 2008. Giving commitment: Employee support programs and the prosocial sensemaking process. Academy of Management Journal, 51: 898–918.

［35］ Greening, D. W., & Turban, D. B. 2000. Corporate social performance as a competitive advantage in attracting a quality workforce. Business and Society, 39: 254–280.

［36］ Highhouse, S., Lievens, F., & Sinar, E. F. 2003. Measuring attraction to organizations. Educational Psychological Measurement, 63: 986–1001.

［37］ Highhouse, S., Thornbury, E. E., & Little, I. S. 2007. Social–identity functions of attraction to organizations. Organizational Behavior and Human Decision Processes, 103: 134–146.

［38］ Holcombe Erhart, K., & Ziegert, J. C. 2005. Why are individuals attracted to organizations? Journal of Management, 31: 901–919.

［39］Hom, P. W., Griffeth, R. W., Palich, L. E., & Bracker, J. S. 1999. Revisiting met expectations as a reason why realistic job previews work. Personnel Psychology, 52: 97–112.

［40］Jones, D. A. 2010. Does serving the community also serve the company? Using organizational identification and social exchange theories to understand employee responses to a volunteerism programme. Journal of Occupational and Organizational Psychology, 83: 857–878.

［41］Jones, D. A., Willness, C. R., & MacNeil, S. 2009. Corporate social responsibility and recruitment: Person–organization fit and signaling mechanisms. In G. T. Solomon (Ed.), Proceedings of the 69th Annual Meeting of the Academy of Management, Vol. 1: 1–6. Chicago: Academy of Management.

［42］Jones, D. A., Willness, C. R., & Madey, S. 2010. Why are job seekers attracted to socially responsible companies? Testing underlying mechanisms. In L. A. Toombs (Ed.), Proceedings of the 70th Annual Meeting of the Academy of Management, Vol. 1: 1–6. Chicago: Academy of Management.

［43］Judd, C. M., & Kenny, D. A. 1981. Process analysis: Estimating mediation in treatment evaluations. Evaluation Review, 5: 602–619.

［44］Judge, T. A., & Bretz, R. D. 1992. Effects of work values on job choice decisions. Journal of Applied Psychology, 77: 261–271.

［45］Kim, S., & Parke, H. 2011. Corporate social responsibility as an organizational attractiveness for prospective public relations practitioners. Journal of Business Ethics, 103: 639–653.

［46］Kline, R. B. 2005. Principles and practice of structural equation modeling. New York: Guilford Press.

［47］Kristof, A. L. 1996. Person–organization fit: An integra-tive review of its conceptualization, measurement, and implications. Personnel Psychology, 49: 1–50.

［48］Lievens, F., & Highhouse, S. 2003. The relation of instrumental and symbolic attributes to a company's attractiveness as an employer. Personnel Psychology, 56: 75–102.

［49］Luce, R. A., Barber, A. E., & Hillman, A. J. 2001. Good deeds and misdeeds: A mediated model of the effect of corporate social performance on organizational attractiveness. Business and Society, 40: 397–415.

［50］Mael, F. A., & Ashforth, B. E. 1992. Alumni and their alma mater: A partial test of the reformulated model of organizational identification. Journal of Organizational Behavior, 13: 103–123.

［51］McWilliams, A., & Siegel, D. 2001. Corporate social responsibility: A theory of the firm perspective. Academy of Management Review, 26: 117–127.

［52］Murphy, K. R., & Tam, A. P. 2004. The decisions job applicants must make: Insights from a Bayesian perspective. International Journal of Selection and Assessment, 12: 66–74.

［53］Osborn, D. P. 1990. A reexamination of the organizational choice process. Journal of

Vocational Behavior, 36: 45-60.

[54] Pedersen, E. R. 2010. Modelling CSR: How managers understand the responsibilities of business towards society. Journal of Business Ethics, 91: 155-166.

[55] Ployhart, R. E. 2006. Staffing in the 21st century: New challenges and strategic opportunities. Journal of Management, 32: 868-897.

[56] Preacher, K. J., & Hayes, A. F. 2008. Asymptotic and resampling strategies for assessing and comparing indirect effects in multiple mediator models. Behavior Research Methods, 40: 879-891.

[57] Riketta, M. 2005. Organizational identification: A metaanalysis. Journal of Vocational Behavior, 66: 358-384.

[58] Rynes, S. L. 1991. Recruitment, job choice, and post-hire consequences: A call for new research directions. In M. D. Dunnette & L. M. Hough (Eds.), Handbook of industrial and organizational psychology, Vol. 2: 399-444. Palo Alto, CA: Consulting Psychologists Press.

[59] Rynes, S. L., Bretz, R. D., Jr., & Gerhart, B. 1991. The importance of recruitment in job choice: A different way of looking. Personnel Psychology, 44: 487-521.

[60] Rynes, S. L., & Miller, H. E. 1983. Recruiter and job influences on candidates for employment. Journal of Applied Psychology, 68: 147-154.

[61] Saks, A. M., & Uggerslev, K. L. 2010. Sequential and combined effects of recruitment information on applicant reactions. Journal of Business and Psychology, 25: 351-365.

[62] Schmidt Albinger, H., & Freeman, S. J. 2000. Corporate social performance and attractiveness as an employer to different job seeking populations. Journal of Business Ethics, 28: 243-253.

[63] Sen, S., Bhattacharya, C. B., & Korschun, D. 2006. The role of corporate social responsibility in strengthening multiple stakeholder relationships: A field experiment. Journal of the Academy of Marketing Science, 34: 158-166.

[64] Smidts, A., Pruyn, A. T. H., & van Riel, C. B. M. 2001. The impact of employee communication and perceived external prestige on organizational identification. Academy of Management Journal, 49: 1051-1062.

[65] Soelberg, P. O. 1967. Unprogrammed decision making. Industrial Management Review, 8: 19-29.

[66] Spence, M. 1973. Job market signaling. Quarterly Journal of Economics, 87: 355-374.

[67] Tajfel, H., & Turner, J. 1992. An integrative theory of intergroup conflict. In W. G. Austin & S. Worchel (Eds.), The social psychology of intergroup relations: 33-47. Monterey, CA: Brooks/Cole.

[68] Tsai, W. C., & Yang, I. W. F. 2010. Does image matter to different job applicants? The influences of corporate image and applicant individual differences on organizational attractiveness. International Journal of Selection and Assessment, 18: 48-63.

［69］ Turban, D. B., & Greening, D. W. 1997. Corporate social performance and organizational attractiveness.Academy of Management Journal, 40: 658–672.

［70］ Vroom, V. H. 1964. Work and motivation. New York: Wiley.

［71］ Waddock, S. A., Bodwell, C., & Graves, S. B. 2002. Responsibility: The new business imperative. Academy of Management Executive, 16: 132–148.

［72］ Wanous, J. P. 1992. Organizational entry: Recruitment, selection, orientation and socialization of newcomers (2nd ed.). Reading, MA: Addison–Wesley.

［73］ Whitehouse, L. 2006. Corporate social responsibility: Views from the frontline. Journal of Business Ethics, 63: 279–296.

［74］ Wood, D. J. 1991. Corporate social performance revisited. Academy of Management Review, 16: 691–718.

［75］ Zhang, L., & Gowan, M. A. 2012. Corporate social responsibility, applicants'individual traits, and organizational attraction: A person–organization fit perspective. Journal of Business and Psychology, 27: 345–362.

［76］ Zhang, Y., & Wiersema, M. F. 2011. Stock market reaction to CEO certification: The signaling role of CEO background. Strategic Management Journal, 30: 693–710.